샬롬 한반도

2005-2021 북미 교회 한반도 통일 심포지엄

샬롬 한반도

2021년 4월 22일 초판 1쇄 인쇄
2021년 4월 29일 초판 1쇄 발행

엮은이 ㅣ 샌프란시스코지역한인교회연합회
지은이 ㅣ 김용환 외 18인
책임편집 ㅣ 조은석
펴낸이 ㅣ 김영호
펴낸곳 ㅣ 도서출판 동연
편　집 ㅣ 김구 박연숙 전영수 정인영 김율 ㅣ 디자인 ㅣ 황경실
등　록 ㅣ 제1-1383호(1992. 6. 12)
주　소 ㅣ 서울시 마포구 월드컵로 163-3
전　화 ㅣ (02)335-2630
전　송 ㅣ (02)335-2640
이메일 ㅣ yh4321@gmail.com

ISBN 978-89-6447-658-1 03200

샬롬 שָׁלוֹם
한반도

2005-2021
북미 교회
한반도 통일 심포지엄

김용환 외 18인 지음
샌프란시스코지역한인교회연합회 엮음
조은석 책임편집

동연

감사

죽을 수밖에 없는 죄인들에게 거룩한 말씀으로써 구원의 소망을 주신 아버지
하나님, 그 모든 말씀을 십자가 순종으로 이루신 주 예수 그리스도,
날마다 은혜의 자리로 이끌어 주시는 성령님께 감사드립니다.
천국 소망을 품게 하시고, 한반도는 물론 온 땅의 모든 분단 슬픔을 극복하여
샬롬으로 하나 되게 하시는 하나님의 은혜에 감사드립니다.

드림

한반도를 비롯한 분단의 통일을 꿈꾸며 기도하는 나라들
모든 하나님의 자녀들 손에 드립니다.

조은석

축하의 글

전 세계가 코로나바이러스로 힘들어할 때, 대한민국은 역설적으로 세계의 리더 국가 중 하나로 자리를 잡아 가고 있습니다. 제가 살고 있는 SF에는 태평양을 바라보는 곳에 한국전쟁 기념관(Korean War Memorial)이 있습니다. 훌륭한 예술가들과 시민들의 자원으로 세워진 아름다운 건축물은 전쟁을 딛고 일어선 남한의 모습과 이 전쟁이 먼 과거의 이야기라고 말하는 것처럼 느끼게 해줍니다. 사람들의 기억 속에서 점점 흐려져 가는 6.25 전쟁이 올해로 70주년을 맞았습니다. 그러나 불행하게도 상처는 여전히 가슴 속 깊이 남아 있습니다.

남·북 간에는 여전한 갈등이 있고, 북한에는 수많은 사람이 극단적 빈곤과 인권의 사각지대에 놓여 있습니다. 마음 아픈 상황입니다. 통일은 분단의 아픔을 치유하는 방법 중 하나입니다. 그러나 통일은 많은 대가를 요구합니다. 그래서 통일을 부담스러워하는 사람도 많고, 원치 않는 사람도 있습니다. 귀담아들어야 할 여러 이유가 있지만, 그리스도인들은 한 곳에 귀를 기울여야 합니다. 역사의 주인이신 하나님의 뜻입니다. 그분께서 주신 화목케 하는 직책은 원수까지도 사랑하라는 말씀에 이어집니다.

유사 이래 가장 강한 시대를 살고 있는 남한과 가장 빈곤한 시대를 살고 있는 북한의 대비는 역설적으로 통일의 시대가 다가오고 있음을 기대하게 합니다. 기독교인들이 신학적으로 통일을 바라보는 시야를 넓히고 정리하는 노력을 해야 할 때입니다. 이 책은 통일을 준비하는 엄중한 일에 한 부분을 차지하는 소중한 노력의 결실입니다. 수고한 분들의 노고와 결실에 축하를 드립니다.

2020년 12월
샌프란시스코지역한인교회연합회
회장 박용준 목사

추천의 글

올해는 미국장로교에 속한 NCKPC(미국장로교 한인총회)가 50주년을 맞이하는 희년입니다. 희년은 모든 구속에서 자유와 해방을 선포합니다. 조국의 희년을 갈망하는 모든 이들에게 단비와 같은 소중한 책이 나와서 강력히 추천합니다.

올해는 1945년 8월 15일 일본 식민통치의 압제에서 해방된 지 76년째를 맞이합니다. 남과 북이 막혀있는 분단의 속박에서 자유하고 해방을 맛보는 해가 되기를 소원합니다. 통일된 대한민국으로 다시 원상 복귀하는 희년을 꿈꾸는 모든 사람에게 통일의 길을 보여주는 이 책을 추천합니다.

2021년 3월
NCKPC 총회장, 베다니장로교회 담임
최병호 목사

머리말

한반도 평화통일은 세계가 주목하는 주제다. 다양한 접근법이 제시되었지만, 이 책의 저자 모두가 동의한 큰 주제는 네 가지, 곧 "성경", "교회", "샬롬" 그리고 "통일"이다.

2005년부터 2019년까지 미국 샌프란시스코(이하 SF) 베이지역에서 열린 여러 차례의 한반도 통일 심포지엄 발제 원고들을 하나로 묶었다. 여기에 2021년 5월 미국장로교 한인총회(NCKPC) 때 특강할 원고를 포함했다. 북미에서 생산된 이 책은 오늘 이 시대를 살아가는 지역과 인종 모두를 독자로 초대한다. 우리가 성경의 빛에서 한반도 통일을 조망하도록 돕는다. 우리의 궁극적인 기도는 세상의 다양한 모든 분리 고통이 치유되는 은혜다.

2005년에 SF의 세 개 단체, 곧 SF한인교회연합회와 SF한인회 그리고 SF평통이 공동주최하여 다운타운 메리어트호텔에서 "광복 60주년 통일학술 심포지엄"을 열었다. 이후 2019년 겨자씨선교회가 주최한 통일 심포지엄까지 14년간 SF에서는 한반도 통일을 주제로 여러 차례 모임이 있었다. 이 물결이 이제 북미 전체로 퍼졌고, 한반도로 상륙한다.

2005년에 전례 없이 교회와 공동주최의 결단을 내린 한인회 김홍익 회장과 평통 정에스라 회장께 감사드린다. 이를 동포 사회에 널리 알려 아름다운 축제가 되게 했던 한국일보의 강승태 사장과 크리스찬타임즈의 임승쾌 사장을 감사한 마음으로 기억한다. 당시 정상기 총영사의 적극적 지원에도 감사드린다. 미주 한인교회 총연합회 김원삼 목사께도 감사드린다. 교회연합회 모든 회원교회는 물론 특히 임원으로 밤샘 작업을 마다하지 않았던 임명순 목사와 박찬길 목사께 감사드린다. 영어로 진행된 심포지엄의 사회를 맡아 국제대회 수준으로 끌어올린, 당시 *LA Times* Staff Writer 강견실(K. Connie Kang, 1942-2019) 장로께 감사드린다. 그는 금문교회가 설립한 강센터를 위하여 한반도 통일운동 기금 조성에 큰 힘을 보탰다.

SF 한인교회연합회 중심으로 시행하던 한반도 통일 심포지엄을 2016년부터 겨자씨선교회가 제2의 구심점을 형성하여 활발하게 활동하고 있다. 이 책의 책임편집자도 두 차례 그 심포지엄에 참여하여 각각 논찬자와 강사로 섬겼다. 겨자씨선교회 이사장 김홍기 박사께 감사드린다. 특별히 에스겔의 통일 비전을 강의한 박준서 박사께 감사드리는 것은 1979년 연세대 신학과 입학 때 첫 구약 과목 강의로 내 일생 전공의 비전을 보게 한 그의 성경 신학적 통찰력 때문이다.

　　NCKPC 총회 특강은 미국장로교 한인총회가 "한인총회 희년기념 통일세미나" 주제 강의로 기획하여 2020년 5월, 텍사스 휴스턴에서 진행될 예정이었다. 그러나 코로나바이러스 때문에 그해 9월로 연기했다가 이듬해 2021년으로 재차 연기되었다. 내게 특강 기회를 허락하여 통일 심포지엄 불길을 전국적으로 확산시켜 준 총회장 최병호 목사와 차기 회장 이재호 목사께 감사드린다. 총회 분과 모임으로 초대한 김경재 목사와 실무 도움을 주신 사무총장 이유신 목사께도 감사드린다. 총회 강의 촬영을 맡은 최광서 목사, 동영상을 제작한 김재은 목사, 교정을 도운 염정현 장로, 편집을 도운 이태웅 목사와 박민규 집사 그리고 정석구(전 구리 YMCA 총무)의 이름을 여기 적어 감사를 표한다.

　　2005년 학술 심포지엄은 영어로 진행되었다. 영어 원고를 한국어 번역과 함께 싣는다. 이후 심포지엄 때도 한·영 두 개 언어로 발표한 원고를 그대로 싣는다. 우리 세대는 물론 다음 세대, 한국어권은 물론 영어권도 배려하려는 것이다.

　　창조와 출애굽은 하나님께서 하셨다. 1945년 광복도 그랬다. 한반도 통일도 하나님의 일이다. 그만큼 거룩하고 그만큼 중대한 일이다. 문제는 우리의 준비다. 하나님께서 이루시는 통일을 어떻게 맞을까. 옷깃을 여미고 하나님 말씀 앞에서 그 길을 모색한다.

　　교회가 사회 리더십을 회복하여 한반도 통일의 주역으로 우뚝 서야 한다. 이 소중한 일에 이 책이 작은 계기가 되기를 바란다. 무엇보다도 하나님께서 남북분단의 슬픔을 통일의 아름다움과 기쁨으로 바꾸어 주실 것을 간절히 기도드린다.

    이 책이 한국에서 출판되는 의미가 크다. 출판을 추진하게 된 건 대학 동기인 도서출판 동연 김영호 사장 덕택이다. 진정한 보수의 목소리를 듣고 싶다고 했다. 사실 이 책이 품은 다양한 목소리를 한꺼번에 "보수"라고 말하기는 어렵다. 그러나 한결같이 "지켜야 할 가치"를 담고 있다는 점에서 "가치보수"라고 할 수 있다. 모두가 동의한 가치는 앞서 언급한 바 이 책의 뿌리가 되는 성경, 교회, 샬롬, 통일 등 네 가지였다. 이런 점에서 이 책에 소개된 강사들은 "가치보수주의자들"이다. 가치를 지켜내기 위해서 치르는 희생은 어쩌면 당연하다. 샬롬 통일의 소망이 그 보상이다. 김영호 사장과 편집, 교정의 모든 과정에 참여한 도서출판 동연 여러분께 진심으로 감사한다. 우리 주님께서 후하게 갚아 주시기를!

조은석

차례

2005년 광복 60주년 학술 심포지엄

한반도의 통일을 바라보며

한반도 내·외의 사회

– 정치 및 외교적 변화를 분석하고, 미주 한인교회가 통일을 위해
감당할 사역을 내다보기 위하여

일시 2005년 9월 3일 (토요일) 오후 3–9시

장소 샌프란시스코 Marriott Hotel (55 4th St., San Francisco, CA 94103)

공동주최 샌프란시스코지역한인교회연합회 & 샌프란시스코지역한인회

& 대한민국민주평화통일자문회의샌프란시스코지역협의회

In Anticipation of the Reunification of the Two Koreas

The Memorial Symposium of the Sixtieth Year Independence of Korea (1945-2005)

An Analysis of the Rapidly Changing Socio-Political and Diplomatic Context around the Korean Peninsula and an Examination of the Function of Korean-American Church Waiting for the Coming Reunification

When: September 3 (Saturday) 3:00-9:00pm

Where: San Francisco Marriott Hotel (55 4th St. San Francisco, CA 94103)

San Francisco Peninsula Korean Church Federation & Korean-American Association of SF and Greator Bay Area & The Advisory Council on Democratic and Peaceful Unification of Korea San Francisco Chapter

해방의 노래
Song of Liberation

해방 예순 돌을 기리며 "광복 60주년 학술심포지엄"에 붙여

In the memory of the 60th Korean Independence Memorial Symposium at San Francisco

염천석*

녹슨 쇠사슬에 얽매여 서른여섯 해

그 날이 오면 그 날이 오면

오 그 날이 오면 목이 메어 목이 메어

기다려 오던 이 날이 아니었던가

그렇게도 서러웠던 종살이의 굴레에서

훌훌 벗어난 지 어언 반세기를 한참 웃돌아

이제 예순의 고빗길

저 찬란한 역사의 빛살은

저기 조국의 성산 백두 꼭대기에서 뻗어내려

한라의 정수리에 찬란한 황금빛으로 서렸네

여기 오직 겨레도 하나

조국도 하나

---

* 시인 염천석 목사는 「현대문학」 추천과 「새시대문학」 추천을 받았으며, 제1회 미주국제펜문학상을 수상한 샌프란시스코의 시인입니다.

지구촌 구석구석 그 정기 높이 솟아올라
기쁨에 찬 해방의 노랫소리
온 누리에 크게 크게 울려 퍼졌네

저기 파아란 동해 바닷물도 일어나
덩달아 춤추던 해방의 도도한 물결이여

그 기쁨 그 흥분
가시나도 머슴아들도 아바이도 아재비도
함께 어우러져 저 신바람 나게 춤추며
아름다운 내 나라 내 조국 강산 뒤흔들며
저 종소리 징소리 북소리 크게 울렸네

오늘 여기 산 넘어 강 건너
험한 파도치는 태평양 건너
이렇게 아름다운 도시 샌프란시스코에
우리 다 함께 모여 신나는 해방의 춤판을 벌렸네

이렇게 흥겨운 노랫가락
마을과 마을 이웃과 이웃 그리고 도시와 도시
나라와 나랏 사이에 크게 울려 퍼졌네

등지고 갈라선 남과 북
우린 다 하나 같이 한 핏줄 같은 살붙이
분단의 아픔과 부끄러움 흘러가는 저 강물에
말갛게 씻어내고 들뜬 장단 소리에
발맞추어 어깨춤도 덩실덩실

해방의 노래에 이어지는
꿈에도 우리의 소원은 통일 통일의 그날까지
우리의 뜨거운 가슴 가슴에
꺼지지 않고 타는 불길을 훨훨 지피며

손에 손을 마주 잡고
목메어 목메어 부르던 사랑의 노래
여기 겨레도 하나 조국도 하나 땅도 하나

우리 다 함께 힘차게 힘차게 통일의 노래 부르자

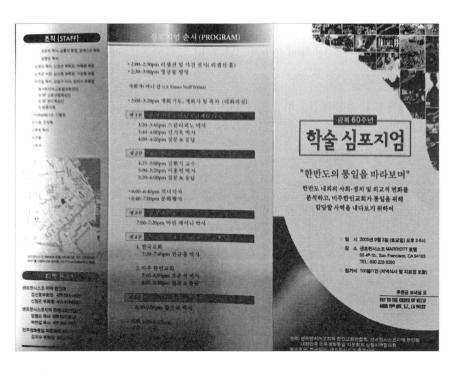

심포지엄 팜플렛

취지 해설

일제 식민으로부터 광복 60주년이 되었다(1945-2005). 샌프란시스코는 일제 강점기 한반도 밖의 독립운동을 주도한 거점 도시 중 하나였다. 그때로부터 미주 한인교회는 많은 지도자를 배출했다. 통일 조국을 바라보는 오늘, 샌프란시스코지역 한인교회와 평통 그리고 한인회가 합력하여 "광복 60주년 학술심포지엄"을 개최한다.

일제 강점기 독립운동의 발자취와 광복 이후 60년의 활동을 돌아보고, 평화통일을 열매로 거두는 새로운 내일을 내다본다는 기본 취지다. 현시대를 살아가는 우리가 이 주제를 깊이 나눔으로써 평화로운 통일을 준비하는 데 뜻이 있다. 또 현재의 논의를 학술적 성과물로 축적하여 통일 한국에서 살아갈 다음 세대에게 선물한다는 생각이다. 그들이 우리의 노력을 바로 이해하여 새로운 조건에서 내일을 개척하는 데 도움이 되길 바란다.

한국과 미국, 동아시아 속의 남·북, 한국과 북한, 한국-한국교회 등의 주제는 모두 "교회"와의 관계라는 제한된 조건 속에서 취급될 것이다. 여기서 "교회"는 이미 "민족과 세계 속에서의 교회라는 역사적 지평을 확보한 교회"를 말한다. 지난 60년간 교회는 역사적 의무를 감당했고, 부당한 통합, 전쟁의 고통, 비인간화의 질곡을 헤쳐 나왔다. 샬롬 통일을 위해 싸웠다. 오늘 우리는 여기서 긍정적이면서도 비판적인 분석을 통해 오늘의 교회가 내일을 위해 어떤 자리에 서야 하는지 검토할 것이다. 개혁교회(Reformed Church)는 변화하는 세상을 이끌기 위해 늘 개혁하는 교회(Reforming Church)로 자리매김해야 한다.

한반도의 평화는 세계의 평화다. 따라서 이번 심포지엄은 세계평화에 어떤 단서를 제공할 것이다. 광복의 회갑을 맞아 남-북과 한-일 관계가 예사롭지 않은 요새, 동아시아의 여러 나라 그리고 미북의 입장을 다이내믹한 국제관계 속에서 분석할 것이다. 특별히 성경과 역사에 바탕을 두고 있는 기독교회의 목소리를 주의 깊게 듣고자 하는 수많은 사람을 배려했다.

　하나님의 크신 은총이 필요한 때다. 편견을 버리고 세상을 바르게 이해하며 힘을 모을 때다. 이 심포지엄은 한반도의 평화로운 통일을 바라는 모든 이들에게 어떤 중요한 계기를 제공할 것으로 믿는다.

조은석

초대의 글

　"우리의 소원은 통일"입니다. 분단의 아픔을 안고 오늘까지 살아오면서 남·북한 모든 한국인의 공통된 소원입니다. 광복 60주년을 맞는 올해, 샌프란시스코에 사는 한인들이 힘과 지혜를 합하여 학술심포지엄을 엽니다. "구하고 찾고 문을 두드리는" 마음과 열심으로 이 자리를 마련했습니다. 사랑의 하나님께서 우리의 기도를 들으시고, 한반도에 평화로운 통일을 주실 줄 믿습니다. 너무 늦지 않게, 기다림에 지치지 않도록 힘과 위로를 주시는 가운데, 평화통일이 하나님의 선물로 임할 것을 믿습니다.

조은석
샌프란시스코지역한인교회연합회장

초대의 글

나라 잃은 고통 속에서 시름 하던 우리 민족이 독립의 기쁨을 맞이한 지 60년이 되는 뜻깊은 해를 맞이했습니다. 우리는 나라를 잃고 고생한 선조들의 아픔과 조국독립이 주는 의미를 절대 잊어서는 안 됩니다.

이곳 북가주는 지난해 이민 100주년 기념행사를 했습니다. 처음 이민 오신 분들은 이민 후 바로 1905년의 을사조약으로 외교권이 없어 힘없는 대한제국의 국민의 비애를 느끼며 살아야 했습니다. 북가주는 안창호, 장인환, 전명운 선생님을 비롯한 많은 독립유공자가 활동하였으며, 초창기 이민자들은 모두 독립유공자라 할 만큼 조국독립을 위해 협력하며 싸웠습니다. 이러한 독립운동의 구심점 역할을 한 곳이 한인교회라는 것을 생각할 때 이번 행사는 특별한 의미가 있습니다.

대한민국 국민의 20% 이상이 기독교인이며 특히 이곳 북가주에는 40-50% 가량의 동포들이 교회를 다닌다고 합니다. 이제 교회를 통해 우리 민족의 영적인 재충전이 필요한 시대라고 생각합니다.

따라서 이번 심포지엄을 통해 하나님이 우리 민족에게 주시고자 하는 사명을 다시 한번 깨닫는 계기가 되기를 바랍니다. 심포지엄을 위해 기도하시고 봉사하신 교역자, 교인 여러분께 다시 한번 감사의 말씀을 전합니다.

김홍익
샌프란시스코지역한인회장

초대의 글

일제의 온갖 핍박 속에서 해방이 된 지 60년, 조국은 그 독립으로부터 환갑을 맞이했습니다. 물론 저는 그 서글펐던 시대에는 존재해 있지 않았습니다. 하지만 저의 존재유무를 떠나서 조국의 분단은 우리 부모님 세대가 겪은 역사의 아픈 기록일 수밖에 없습니다. 이 아픔은 부모를 통해서, 조국의 역사를 통해서 저의 가슴에 있습니다. 60년이 흐른 지금, 비록 용서하려고 노력은 할 수 있을지라도 결코 잊어서는 안 될 아픔입니다. 따라서 이 60년을 맞이하여 준비한 "학술심포지엄"을 통해 우리 조국의 통일문제를 논의한다는 것은 너무나도 뜻깊은 자리라고 봅니다.

저는 "우리의 소원은 통일"이라는 노래를 부를 때마다 우리 세대에서는 통일이 이루어지기를 꿈꾸어 왔습니다. 그토록 견고했던 베를린 장벽이 무너질 때 저는 우리의 조국을 생각하며 더욱 꿈을 키우기도 했습니다. 그 후 민주평통샌프란시스코 지회에 몸을 담고 "우리의 소원은 통일"이라는 노래를 부르며 한발 한발 평화공존의 장이 열리는 것을 보았습니다.

이제 오늘의 이 행사가 북가주의 역사는 물론이고 조국의 역사에 일익을 담당할 자리가 될 것임을 믿습니다. 그리고 이 심포지엄을 위해 사명감을 갖고 수고하신 분들과 참가자 모두에게 깊은 감사를 드리며, 축하와 경의를 표하는 바입니다.

정 에스라
민주평통샌프란시스코지역협의회장

KOREA AND THE UNITED STATES IN THE CONTEXT OF EAST ASIA

Robert A. Scalapino
Professor, UC Berkeley

Korea and the United States were brought together in political-strategic as well as economic terms only after circumstances forced a close relationship. Historically, Korea had three broad alternatives with respect to protecting its independence: isolation; balanced, positive relations with all neighbors; or alignment with a distant, non-threatening power. Isolation ceased being feasible many decades ago although North Korea has sought to maintain that stance in considerable degree until recently. Balanced relations with neighbors was a laudable objective, but frequently, it proved impossible and one large power nearly managed to achieve dominance on the Korean peninsula. Thus, it is not surprising that in the first decade of the twentieth century, the Korean Emperor sought the support of the United States in fending off the Japanese threat. However, the US had its principal Asian interest at that time in the newly acquired Philippines, and thus preferred an accommodation to Japan's interests.

World War II produced strategic decisions that also affected Korean-US relations profoundly. American strategy centered upon isolating Japan by concentrating upon air and sea operations involving the islands and waters of the Pacific. While US forces provided some support to the Chinese Nationalists, the principal operations involved US air and sea forces were on the perimeters of the Asian continent, in such areas as Saipan, Okinawa, and the Philippines. Thus, as the war came to a close, with Soviet troops moving across Manchuria toward the Korean peninsula, the US was a distant onlooker.

As a result of this situation, the devision of Korea occurred. The Korean peninsula might have been unified, but it would have been united under Soviet auspices. Since the USSR and the US were allies at this point, however, Moscow agreed to what was supposed to be a temporary division of Korea at the 38th parallel.

When the trusteeship plan advanced by the allies meeting in Moscow in the winter of 1945 was rejected by almost all Koreans, two states were eventually created. The US, however, retained minimal interest, and shortly after the Russian troop wiTh.D.rawal in the North, American forces were wiTh.D.rawn from the South. Moreover, in the fall of 1949, Secretary of State Acheson made it clear that Korea was not included in the US defense perimeter. This tragic error almost certainly persuaded Kim Il-sung that he could unify Korea by force without US intervention.

In the aftermath of the Korean War, with its high costs both in terms of human and economic costs, the United States assumed a new role, accepting the ROK as an ally, to be protected militarily. Indeed, the two alliances with South Korea and Japan together with ties to select Southeast nations provided the basis for American strategic policies in Asia. The subsequent acceptance of defeat in Vietnam temporarily reduced American credibility among its Asian allies. President Park Chung-hee, for example, told this author in the early 1970s that the US was going to wiTh.D.raw from Vietnam, and possibly from Asia. "You must give me time to get ready for this!" he asserted. Getting ready involved the Yushin Constitution and increasing authoritarianism in ROK politics, even as Park continued to focus upon strengthening the South Korean economy.

Despite the trauma connected with the Vietnam defeat and the thrust of Nixon's call for allies to assume greater responsibilities for their own defense, the United States did not wiTh.D.raw from Asia strategically, and with the rise of the People's Republic of China, the commitment to a strategic balance strengthened.

Against this background, how would one define Korean-American relations at present, and how do they relate to each nation's relations with the other East Asian states? First, it is to be noted that beginning with President Kim Dae-jung and continuing with President Roh Moo-hyun, ROK strategy has centered upon an effort to combine alternatives two and three as outlined earlier. On the one hand, Seoul has sought to improve relations with all neighbors, Japan being a recent exception. At the same time, the ROK government has reiterated its commitment to an alliance with the United States.

Kim's Sunshine Policy that followed his summit meeting in Pyongyang with Kim Il-sung has been continued under Roh. The effort is to use economic and cultural enticements to shift North Korea from its aloof, traditionalist position to greater interaction with the South and others, thereby inducing domestic change, commencing in the economic sphere. Thus, a range of approaches have been undertaken. Major economic aid from the ROK has gone to the North, and projects from the Mt. Kumgang tourist program to the Kaesong Special Economic Zone have been launched. Cultural interaction in sports and other fronts has been encouraged. Progress on certain fronts has been sporadic, with retreats as well as advances. Moreover, reciprocity has been strictly limited, with the DPRK receiving far more than it has given. Yet most programs have gone forward, and at present, while negative words are sometimes exchanged, and the economic exchanges are very uneven and still modest, contact is more meaningful than at any time in the past.

The approach of the United States, at least until very recently, has been significantly different. Initially, the George W. Bush administration made it clear that it was not prepared to follow the Sunshine Policy. Generally, an hard line was pursued, with an insistence that the DPRK agree to the abandonment of all nuclear programs, with complete, irreversible, verifiable dismantlement taking place prior to political and economic concessions. The North was defined as a part of the "Axis of Evil," and its leader labelled a tyrant.

The policy differences with respect to the North pursued by the ROK and the

US after 2000 led to rising tension, both in government circles and at the level of the citizenry, especially in South Korea. Polls indicated that the US was blamed for heightened tension on the peninsula by a sizeable number of South Koreans. Among young Koreans in particular, anti-American sentiments rose.

Meanwhile, China, like the ROK, anxious to avoid either the collapse of the North or another conflict, worked to launch the Six-Party Talks, and finally succeeded. However, the first three sessions produced no meaningful result, with the principal parties deeply separated.

Only in the opening months of 2005 did a certain modification of US policies make itself manifest. Symbolizing the shift, President Bush referred to Kim Jong-il as "Mr." rather than by the epithets used in the past. Further, the Bush administration showed a willingness to hold informal bilateral talks with Northern representatives in New York, and reiterated its promise to avoid the use of force while underlining a proposal first put forth at the third Six-Party Talks with respect to strategic and economic concessions following actions taken by the North toward nuclear dismantlement. In addition, bilateral discussions were conducted with South Kora, China, Russia and Japan with respect to future course of action. In sum, while differences within the Bush administration regarding policies toward the DPRK continued to exist, the President appeared to have put his imprimatur on a more flexible approach.

Meanwhile, the ROK had been engaging the North in high level bilateral dialogues, and in the course of these, had set forth among other proposals a willingness to furnish a significant amount of energy—so desperately needed by the North—under certain conditions.

Thus while far from identical, the policies of the US and the ROK toward the DPRK were more compatible as the 4th session of the Six-Party Talks opened at the end of July than they had been since the Clinton years. The 4th session continued for thirteen days until a three week recess was finally declared on August 7. Despite arduous negotiations including a number of bilateral US-DPRK talks on the sidelines, no breakthrough on the critical issues was achieved. The North insisted upon its right to continue a nuclear program to obtain energy, and declined the various proposals for subsequent political and economic concessions in exchange for total nuclear abandonment. Whether any agreement is possible upon a resumption of talks is unclear at this point.

Meanwhile, in broad terms, ROK relations with the United States remain on balance positive despite domestic pressures on the Roh administration. Roh's recent visit to Washington, while lacking in the intimacy of certain other high level meetings, illustrated the strong interest of both parties in maintaining a relationship that is positive. The fact that Korea has maintained a small military force in Iraq to aid the United States speak to the Roh government's firm commitment to the alliance.

Clearly, however, various issues remain to be resolved. Certain figures in the ROK government have been unhappy with the US strategic policies earlier outlined, including a wiTh.D.rawal of American forces from the DMZ, and the reduction as well as replacement of certain bases, fearing that this signals a weakening of the US commitment to ROK defense. In point of fact, US revised strategic policies relate not only to the ROK but also to Japan and other allies. The new emphasis is upon ultra-modern weaponry, long range deployment and bases kept in readiness by allies, with a reduction of American forces stationed overseas. Such a development was inevitable at some point, given the changing nature of weaponary and modern warfare. Moreover, certain alterations such as the movement of the US base out of Seoul should have been undertaken much earlier for political reasons.

South Korea's relations with Japan have constituted another problem impacting on relations between Seoul and Washington. A combination of rival territorial claims over the islet of Dokdo (Takeshima), Japanese treatment of Koreans—including "comfort women"—during World War II, and the general heritage of Japanese imperialism weigh heavily upon many Koreans, South and North. Bolstering these issues is the rise of nationalism throughout East Asia, including the ROK, the DPRK, Japan, and China.

As ideology has declined as a force inducing loyalty and unity, nationalism has risen to play that role. Thus, every nation must seek to balance three semi-conflicted forces: internationalism, nationalism, and communalism. Communalism refers to the quest of individuals in this revolutionary age for psychologically satisfying identity, hence, the closer affiliation with religion, ethnicity, or one's local community. Reflecting the nationalist surge, the feeling is rising in contemporary Japan that the nation has apologized enough for its past, with attacks now continued to justify further remuneration, and that Japan should not make further concessions—territorial or otherwise. The claim to permanent membership in the UN Security Council is another example; Japan wants to revision to give the nation full military options an increasing likelihood.

The nationalist tides presently advancing in China are especially strong, and on occasion, have led Beijing to damage its image even with those whom it seeks to cultivate. For example, its claim that the ancient Korean kingdom of Gokuryu was part of China alienated both South and North Koreans.

In this context, the respective relations of the ROK and the US with other East Asian nations have an impact on the capacity of the two states to cooperate in international affairs. In contrast to the strains in Korean-Japanese relations, US relations with Japan at present are probably as good as at any time since World War II. The worries regarding Japanese economic primacy so prevalent in the 1980s have shifted to a concern as to whether Japan can carry out the reforms necessary to put it back on the path of sustained growth, but US-Japan economic relations are on balance positive. Politically, Japan and the United States are essentially on the same wave length. Both are currently led by Center-Right forces, and while Prime Minister Koizumi is having problems in controlling his own party, his replacement will not basically alter the Japanese political landscape.

Strategically, the US and Japan are cooperating on a missile defense program, and the fact that Japan has greatly broadened its strategic commitments, and may soon alter the "Peace Constitution" in order to fully legalize its military policies does not worry Washington. On the contrary, Japan's willingness to play a more active role in its defense and that of the region fits the new US strategic policies.

In contrast, present trends with respect to Japan's security policies are unquestionably troublesome to the two Koreas and China.

China provides anther contrast with respect to its relations with the ROK and the US. In the economic arena, China overtook the United States in becoming the ROK's chief source of foreign investment as of 2001. Further, Sino-South Korean trade has taken on ever greater proportions in recent years, making China a critical factor in the ROK economy. While some Korean observers are concerned that Chinese competition with South Korea in the international market will become increasingly severe, up to date, the economic relationship has been greatly beneficial to the ROK.

In contrast, despite the critical importance of economic relations to both nations, the United States and China have been engaged in a series of economic disputes in the recent past. The US suffers from a massive trade deficit with China, amounting to some $162 billion in 2004, and it has ascribed the size of this deficit to the fact that until recently the yuan was frozen to the dollar at a low rate. The removal of tariffs on China's textile exports added to the problem, and created a major protectionist campaign in US textile producing regions. Intellectual piracy has been another issue. While discussions concerning these matters has been extensive, and some remediatory measures have been taken by Beijing, economic tension remains.

Meanwhile, on the political front, differences in Sino-Korean and Sino-American relations are also prevalent. China has pursued policies toward the DPRK that are generally in accord with those of ROK at present. It has also sought to encourage cultural interaction, being careful not to appear too close to Pyongyang—which in fact it is not. Thus, in general, the image of the PRC as a peace-making power in South Korea is favorable. There is no strong sense of threat—at least at present.

US-PRC relations are considerably more complex, although on balance, both parties seek to maintain North Korea to engage in dialogue, but only recently has it begun to show the degree of flexibility that China has privately urged upon it.

In the past, the US has indicated that if the DPRK continues to retain its nuclear program, it may take the issue to the UN Security Council. Yet neither the PRC nor the ROK are prepared to support international sanctions at this point. Thus, the result of on-going dialogues with the North will have a substantial impact on the policies of other parties, and their capacity to work together.

Meanwhile, on the strategic front, Sino-Korean relations are a complex combination of cooperation and competition. On issues like terrorism, cooperation exists as well as with respect to the North Korea neclear issue (despite certain policy differences). Yet China has been concerned about what it regards as American encirclement, and the rising power of the American-Japanese strategic alliance. Meanwhile, some in the US worry about the expanding PRC military program, with the China threat thesis promoted in certain quarters.

Despite the differences in and complexities of the US-PRC relationship, as noted, leaders on both sides want to maintain a relationship that is positive on balance, with their own national interests in mind. However, all Asian states including South Korea will need to observe trends in this respect closely.

With respect to East Asia in its border dimensions, the ROK has signalled its desire for deeper involvement. President Roh has talked of his country being the hub of economic interaction, especially in Northeast Asia. This region is indeed a natural economic territory (NET), given the interplay between available resources and expanding needs. Some have even suggested the creation of a Northeast Asia Organization dedicated to handling all economic, political and strategic issues. However, political divisions are likely to continue to make such a development difficult if not impossible. Yet the ROK is certain to increase its regional interaction, focussing for the present on Free Trade Agreement. FTA negotiations have been underway with Japan since 2003 despite political complications, and various Southeast Asian nations are also being approached.

These developments are not worrisome to the United States. US policies in East Asia will continue to rest on two foundations: a concert of powers and a balance of power. The US will help to create groups of nations—closely or loosely organized—having a common interest in a given problem or problems and dedicated to dialogue. Such groups will frequently include the ROK as well as major nations like China. At the same time, American policy will continue to underwrite various alliances, albeit with strategic conditions altered, in an effort to preserve a balance of power in the region, and more specifically to persuade China to abide by its promise to operate internationally via the five principles of peaceful coexistence.

Despite the existence of two troublesome issues not likely to be resolved quickly or easily, namely, the DPR K nuclear issue and the Taiwan issue—the prospects for an avoidance of a major Asia-Pacific conflict are reasonably good. No one could win such a war, and that fact is recognized by all parties. Thus, tensions will rise and decline, but means are likely to be found to contain the threats.

Meanwhile, internationalism will continue to increase in importance despite the obstacles in its path. Especially in the economic sphere, nations will become increasingly intertwined, with the economic strengths and weaknesses of one nation having a growing impact upon others.

At the same time, nationalism will contain to gain strength, posing its own problems in Asia-Pacific international relations. How to use nationalism and at the same time, control its excesses constitutes a major challenge for all nation-states today.

In this context, the prospects for US-ROK relations are reasonably good. Almost certainly, President Roh's successor will find that South Korea's interests lie in maintaining strategic ties with the United States while at the same time, seeking balanced relations with the other major powers—including Japan. Neither an hostile ROK-Japan relation nor the over-reliance of the ROK upon China can be of benefit. Yet if it is to be strong, and have the support of the South Korean people, the ROK-US relationship must be under-written by continuous dialogue, with key issues discussed in depth, and official exchanges matched by Track II meetings, including ones focusing on younger generations. Now is the time to look forward.

동아시아 상황에서의 한국과 미국*

로버트 A. 스칼라피노

UC Berkeley 교수

한국과 미국은 국제상황이 두 나라의 협력을 요구한 이래로 정치적인 전략과 경제적인 입장에서 관계를 맺어왔다. 역사적으로 한국은 국가의 주권을 지키기 위하여 세 가지 정치적 대안이 있었다. 첫째는 고립정책, 둘째는 주변국들과의 균형적이고 적극적인 관계유지, 셋째는 자기 나라에 위협이 되지 않는 지리적으로 동떨어진 강대국들과 동맹을 맺는 것 등이다. 비록 북한은 최근까지 상당히 오랫동안 고립정책을 유지해왔지만, 한국에 있어서 이 고립정책은 이미 수십 년 전에 실효성을 잃었다. 주변국들과의 균형적인 관계는 바람직한 목표였지만, 종종 그 관계는 불가능한 것으로 판명되었고, 주변의 강대국들이 한반도에서 영향력을 장악하곤 했다. 그리하여 20세기 초반에 한국의 황제가 일본의 위협을 막기 위해 미국에 원조를 구했던 것은 별로 놀랄 일이 아니다. 그러나 미국은 당시에 그들이 아시아에서 획득한 필리핀에 더 관심이 있었기에, 일본의 한국 영토에 대한 관심에 동의해 주었다.

제2차 세계대전은 미국이 새로운 전략적 결정을 제공하는 동기를 제공했다. 이것은 또한 한국과 미국의 관계에 깊은 영향을 주었다. 미국의 전략은 태평양의 군도와 연안을 중심으로 해군과 공군의 군사작전을 밀집시킴으로써

---

* 번역 류원열 목사: 서강대 국문과, 에모리대 신대원 졸업. GTU Ph.D. 과정/현재 평택대 피어선신학대학원 실천신학 교수

일본을 고립시키는 데 중점을 두는 것이었다. 비록 미국의 군사력이 중국의 민족주의자들에게 어느 정도 원조를 제공했지만, 미국의 공군과 해군을 중심으로 한 주요 군사작전은 사이판, 오키나와 그리고 필리핀과 같은 아시아 대륙의 다른 지역이었다. 그리하여 전쟁이 끝나고 소련의 군대가 만주를 지나 한반도를 향해 남하할 때 미국은 멀리서 그저 바라보는 방관자였던 것이다.

이런 상황의 결과로 한국은 분단되었다. 어쩌면 한반도는 그때 통일이 될 수도 있었다. 그러나 그것은 소련의 영향 하에서의 통일이었을 것이다. 그 당시 소련과 미국은 동맹국이었기 때문에 모스크바는 일시적으로 위도 38도선에 분단선을 긋자는 제안에 동의했다.

1945년 겨울 모스크바에서 열린 동맹국 회담에서 제출된 신탁통치안이 거의 모든 한국인에 의하여 거절되었을 때, 결국 한반도에 두 개의 국가가 탄생했던 것이다. 그러나 미국은 남한 정부에 대하여 최소한의 관심밖에 없었기 때문에 소련의 군대가 북한으로부터 철수한 후 미군도 남한에서 철수했다. 더욱이 1949년 가을에 미국 국무장관이었던 애치슨(Acheson)은 한국은 미국의 방위망에 포함되지 않는다고 명시했다. 이 비극적인 실수는 김일성에게 미국의 간섭 없이 무력으로 한반도를 통일할 수 있다는 오판의 근거를 확실히 제공했다.

수많은 사람의 희생과 막대한 경제적인 손실을 자아낸 한국전쟁의 결과에 따라 미국은 대한민국을 하나의 동맹국으로 받아들이고 군사적으로 보호하는 새로운 역할을 취하게 된다. 이제는 남한과 일본과의 두 동맹 그리고 동남아시아의 몇몇 국가들과의 관계가 아시아에서 미국의 전략적 정책에 토대를 제공하게 된다. 한편 이후 베트남에서의 패배 인정은 일시적으로 아시아의 동맹국들로부터 미국의 신뢰성을 감소시키는 결과를 가져온다. 예를 들면, 박정희 대통령은 1970년대 초반, 필자에게 미국이 베트남에서 철수할 것이고, 아마도 아시아에서 철수하게 될 것이라고 했다. "여러분은 나에게 이것을 준비할 시간을 보장해야 한다"고 그는 주장했다. 준비한다는 것은 유신헌법이었다. 비록 박 대통령이 남한의 경제를 발전시키기 위해 목표를 두고 계속 노력했지만, 대한민국의 정치는 권위적 독재로 변질되어 갔다.

베트남전쟁 패배와 연관된 충격과 아시아의 동맹국들에 자기 국가의 방위에 대하여 스스로 책임을 지라는 닉슨 독트린의 주창에도 불구하고, 미국은 전략적으로 아시아에서 철수하지 않았다. 그리고 중국인민공화국의 등장과 함께 미국은 전략적인 균형에 대한 입장을 강화했다.

지금까지 이런 한미관계의 배경에 근거할 때, 우리는 어떻게 현재의 한국-미국 관계를 규정할 수 있을까? 두 나라는 각각 동아시아의 다른 나라들과 어떤 관계를 맺고 있는가? 첫째, 김대중 대통령을 시작으로 현재의 노무현 대통령에 이르기까지 대한민국의 전략은 앞서 언급한 세 가지 정치적 대안 중에서 두 번째와 세 번째 대안들을 결합하려는 노력에 주안점을 두었다고 볼 수 있다. 한편, 서울은 주변의 모든 이웃 국가들과의 관계를 향상하려는 노력을 계속해 왔다. 물론 최근에 일본은 거기서 제외가 되었지만… 그와 동시에 대한민국 정부는 미국과의 동맹에 대해서도 거듭 그 결속을 확인, 천명했다.

김일성과 평양정상회담 후 뒤따른 김대중 대통령의 햇볕정책은 노무현 대통령 때도 계속되었다. 이 정책은 북한이 그들의 냉담하고 전통적인 입장으로부터 남한과 다른 주변국들과 더 많은 교류를 하도록 변화를 주기 위해 경제적이고 문화적인 미끼를 사용하는 것인데, 이렇게 함으로써 북한 체제의 변화를 유발하고, 경제 영역에서 새로운 출발을 하도록 돕는 것이다. 그리하여 많은 접근이 시도되었다. 주요한 경제원조가 대한민국으로부터 북한으로 전달되었고, 금강산 관광객 프로그램으로부터 개성 특별경제구역에 대한 계획들이 착수되었다. 스포츠와 다른 여러 문화적인 교류가 권장되었다. 어떤 영역에서는 관계의 진보가 후퇴와 전진을 통해 간헐적으로 나타났다. 호혜성은 북한이 대한민국에 주는 것보다 상대적으로 많이 받기에 철저히 제한적일 수밖에 없었다. 그러나 대부분의 프로그램이 상당히 진전되었다. 비록 현재 때때로 부정적인 말들이 오가고, 경제적 교환이 아주 불균형적이라

신중함이 고려되지만, 상호 간의 접촉은 과거의 어느 때보다도 상당한 의미를 내포하고 있다.

미국의 접근 방식은 적어도 아주 최근까지는 상당히 다른 것이었다. 초기에 조지 W 부시 행정부는 햇볕정책을 따를 준비가 되지 않았다고 분명히 명시했다. 일반적으로 강경한 방침이 그어졌는데, 그것은 북한이 핵 프로그램을 완전히, 되돌릴 수 없을 정도로 확실하게 폐기 처분하기 전에는 결코 정치적, 경제적인 양보가 있을 수 없다는 것이었다. 북한은 "악의 축"의 한 부분으로 명명되었고 북한의 지도자는 독재자로 규정되었다.

2000년 이후 북한과 관련한 대한민국과 미국의 정책 차이는 특별히 남한에서 정부 차원에서만이 아닌 일반 시민들 사이에서도 긴장이 유발되었고, 여론조사에 의하면 상당한 수의 남한 국민은 한반도에서 고조된 긴장에 대하여 미국이 비난받아 마땅하다고 했다. 특별히 젊은 층에서 반미 감정이 일어났다.

한편, 대한민국의 경우처럼, 북한의 붕괴 혹은 또 다른 충돌을 유려한 중국은 6자회담에 가담하게 되었고, 결국 성공하게 된다. 그러나 초반 세 차례의 회담은 의미 있는 결과를 도출하지 못하였고, 그 대신 주요 회담 당국 간의 깊은 분열만 초래하게 되었다.

하지만 2005년에 들어서면서 미국의 정책에 어떤 변화가 나타났다. 변화의 상징으로써, 부시 대통령은 과거의 김정일을 호칭하는 좋지 않은 여러 표현 대신 "미스터 김정일"이라는 호칭을 사용했다. 한 걸음 더 나아가, 부시 행정부는 뉴욕에서 북한의 대표들과 비공식 양자 회담을 여는 의욕을 보였고, 또한 세 번째 6자회담에서 제안된 북한의 핵 폐기조치를 취하면 바로 전략적이고 경제적인 양보를 하겠다는 결의안을 강조하면서 북한에 결코 무력을 사용하지 않을 것이라는 약속을 반복했다. 그리고 남한, 중국, 러시아, 일본과 앞으로의 문제 결정에 관하여 각각 양자 간의 회의를 진행하였다. 요점을 말하면, 비록 부시 행정부 안에 북한과 관련한 정책에 관하여 여러 이견이 계속 존재하지만, 부시 대통령은 좀 더 융통적인 접근 방식을 허용했다.

한편, 대한민국은 북한과의 고위급 양자 회담을 해왔는데, 그 결과로 다른 안건 중에서 상당한 양의 에너지—북한에게 절대로 필요한—를 특별한 조건 하에서 공급하고자 하는 계획을 세웠다.

그리하여 비록 북한에 대한 미국과 대한민국의 정책이 결코 동일하지는 않았지만, 7월 말에 열린 네 번째 6자회담은 클린턴 행정부 이래로 과거 그 어느 때보다도 미국과 대한민국의 정책이 좀 더 양립할 수 있었다. 네 번째 6자회담은 13일 동안 계속되었고, 8월 7일에는 3주간의 휴회를 선포했다. 미국과 북한의 많은 양자 회의를 포함하여 힘든 협상이 진행되었지만 중요한 쟁점에 관해서는 어떤 돌파구도 성취하지 못했다. 북한은 에너지를 얻기 위해 핵 프로그램을 계속할 권리를 주장했고, 완전한 핵 폐기의 대가로 정치적 이고 경제적인 도움과 관련한 다양한 제안들을 거부했다. 6자회담이 다시 시작되면 어떤 동의가 가능할지 확실한 것이 하나도 없다.

한편, 넓은 의미에서 대한민국과 미국의 관계는 비록 한국 내의 사정이 노무현 행정부에 압력을 가하지만, 여전히 긍정적이다. 최근 노 대통령의 워싱턴 방문은 비록 어떤 고위급 회의들에서는 친밀감이 좀 부족했지만, 긍정적인 관계를 유지하는 데 있어 양측의 강한 관심을 보여 주었다. 한국이 미국을 돕기 위해 약간의 군대를 이라크에 주둔시킨 것은 노무현 정부가 미국과의 동맹을 확고히 하고 있다는 사실을 의미했다.

그러나 분명한 것은 해결해야 할 수많은 이슈가 남아 있었다. 한국 정부 내의 어떤 사람들은 미군의 비무장지대(DMZ) 철수와 어떤 기지들을 축소, 재배치하는 것을 포함하는 미국의 전략적인 정책들에 불만을 토로해왔다. 그 이유는 이런 정책의 변화가 한국 방위에 대한 미국의 의지 약화로 여기고 그 사실을 두려워하기 때문이다. 사실상 미국의 수정된 전략적 정책들은 한국뿐 아니라 일본과 다른 동맹국들과도 연관이 있다. 새로운 전략의 특징은 초강력 현대 무기에 있는데, 동맹국들이 쉽게 접근할 수 있는 장거리 무기와 기지를 배치하고 해외에 주둔하고 있는 미군들을 감축하는 것을 골자로 하고 있다. 무기와 현대 전쟁의 특징적 변화를 볼 때, 이런 조치는 어떤 점에서 필수불가결한 것이었다. 더욱이, 서울의 미군기지 이전과 같은 어떤 변화들은 정치적인 이유로 인해서도 좀 더 일찍 실행되었어야 했다.

한국과 일본의 관계는 서울과 워싱턴의 관계에 영향을 주는 또 다른 문제를 야기했다. 작은 섬 독도(다케시마)에 대한 경쟁적인 영토권 주장, 일본의 제2차 세계대전 동안 "위안부"를 포함한 한국인들에 대한 취급 그리고 일본 제국주의의 일반적인 잔재들로 인한 복합적인 사항들은 남한과 북한의 많은 한국인에게 무거운 문제로 남아 있다. 이런 이슈들에 대한 지지는 동아시아에서 한국, 북한, 일본 그리고 중국에서의 민족주의 상승을 야기했다.

충성과 단결의 힘이었던 이데올로기가 퇴색하게 되면, 민족주의가 그 역할을 대신하게 된다. 그러므로 모든 국가는 세 가지 반-갈등적인 요소들인 국제주의, 민족주의 그리고 공동체주의 사이에서 반드시 균형을 추구해야 한다. 공동체주의는 오늘날과 같이 급변하는 시대의 개인들에게 심리적 만족을 주는 정체성을 전달함으로써 그들의 요구에 부응하는데 그것은 종교, 민족, 혹은 지역의 공동체에 대한 친밀감으로 나타난다. 민족주의적인 동요를 언급한다면, 현재 일본에서 발생하고 있는 감정을 주목할 필요가 있다. 그것은 일본이 과거에 대하여 충분히 반성하였지만, 지금도 계속해서 좀 더 많은 보상을 요구하는 공격을 받고 있기에, 이제는 그것이 영토문제이건 다른 문제이건 더 이상의 양보를 해서는 안 된다는 것이다. 유엔의 안전보장이사회의 상임 회원이 되고자 하는 요구는 또 하나의 실례가 된다. 일본은 이제 최고의 권력을 소유한 하나의 주요국가로 대우받기를 원한다. 군사력의 보강과 팽창에 대하여 헌법을 수정하면서까지 앞으로 있을 위기에 대비하여 국가에 완전한 군사력을 제공하도록 입장을 조정하였다.

중국에서 진행되고 있는 민족주의적인 분위기는 특별히 강력하여, 때때로 그들이 노력해 왔던 베이징의 좋은 이미지에 먹칠을 해왔다. 예를 들면, 중국인들은 과거 한국의 왕국이었던 고구려를 자기들의 영토였다고 주장하여 남한과 북한의 한국인을 화나게 했다.

이런 상황 속에서 한국과 미국이 각각 형성한 동아시아 국가들과의 관계는 국제적인 문제들을 위해 협조하는 두 나라의 입장에 영향을 미친다. 한국과 일본은 긴장 관계에 있지만, 반대로 현재 미국과 일본의 관계는 아마도 제2차 세계대전 이후 그 어느 때보다도 가장 좋은 관계를 유지하고 있다. 1980년대 퍼진 일본 경제의 수위론에 대한 염려가 이제는 일본이 계속해서 경제발전을 위해 필요한 개혁 프로그램을 가동할 수 있을지에 관한 관심으로 바뀌었고, 현재 미국과 일본의 경제적 관계는 균형적인 면에서 긍정적이다. 정치적으로, 일본과 미국은 본질적으로 같은 입장에 있다. 두 나라가 경제 중도 우익세력에 의해 다스려지고 있고 고이즈미 수상이 집권당을 장악하는 데 문제점들이 보이지만, 어떤 후임자가 와도 일본의 정치적 환경의 근본적인 변화는 없을 것이다.

전략적으로, 미국과 일본은 미사일 방위프로그램에 관하여 협력하고 있다. 그래서 일본이 그들의 전략적 입장을 크게 확대하였고, 조만간에 "평화헌법"을 군사정책의 완전한 합법화를 위해 개조할 것이라는 사실을 놓고 워싱턴은 아무런 염려도 하지 않는다. 반대로, 일본의 자국 방위와 동아시아 지역의 방위를 위해 적극적인 역할을 하겠다는 의지는 미국의 새로운 전략적인 정책들과 잘 들어맞는다. 대조적으로, 일본의 안보정책에 관한 현재의 경향들에 대하여 남한과 북한 그리고 중국에는 의심할 여지 없이 문제를 내포하고 있다.

중국은 각각 한국과 미국과의 관계 속에서 대조되는 또 다른 모습을 띤다. 경제적인 영역에서 중국은 2001년 이래로 미국을 제치고 한국의 외국투자에 있어 주요국가가 되었다. 더욱이 중국과 한국의 교역은 최근 들어 더 많은 양의 교류가 있었으며, 이는 중국을 한국경제에 있어서 중요한 요인으로 만들었다. 비록 일부 한국인들은 국제시장에서의 중국과 한국의 경쟁이 최근까지 계속해서 심해지는 것에 대하여 염려하기도 하지만, 현재까지 경제적인 측면에서 한국은 많은 혜택을 받았다.

이와 대조적으로, 두 나라 사이에 경제적 관계의 중요성에도 불구하고, 미국과 중국은 최근까지 일련의 경제적 분쟁을 겪어왔다. 미국은 중국과의 교역을 통하여 거대한 무역 손실을 보았다. 2004년에 그 액수는 자그마치 1,620억 달러에 이르렀다. 미국은 이러한 막대한 손실의 이유를 최근까지 계속된 달러에 비해 위안화의 평가가 절상되는 것이 아니라 낮은 가격에 동결되었기 때문이라고 간주했다. 중국의 섬유수출품에 관한 관세의 면제도 문제를 더 야기시켰고, 미국의 섬유생산 지역에서 주요 보호무역주의 운동을 일으키게 했다. 지적 저작권 침해 역시 또 다른 쟁점이 되었다. 비록 이런 사항들에 대한 토의가 넓게 진행되었고, 어떤 개선책들이 베이징으로부터 취해졌지만, 경제적 긴장은 여전히 남아있다.

한편, 정치적인 분야에서 중국-한국 그리고 중국-미국의 차이 또한 분명하다. 중국은 북한을 대하면서 현재의 한국 정책들과 일반적으로 일치하는 정책을 추구해 왔다. 또한, 중국은 문화적인 교류를 권장해 오면서 평양에 너무 가깝다는 인식을 주지 않으려고 주의해 왔는데, 실제 중국은 북한과 그렇게 가깝지 않다. 그리하여, 일반적으로 한국에서 평화를 유지하는 힘으로써 중국의 이미지는 우호적으로 전달되고 있다. 적어도 현재로서는 어떤 위협에 대한 징후는 없다.

미국-중국의 관계는 비록 균형을 유지하며 현실적인 역량을 유지하고자 노력하지만, 이 두 나라의 관계는 상당히 복잡하며, 자국의 이익을 위한 생각에 몰두하고 있다. 미국은 북한을 대화의 장으로 나오도록 하는 중국의 역할에 고마워하지만, 사실 최근에 이르러서야 중국의 비공식적인 관여에 대하여 유연하게 대처하기 시작하게 된 것이다. 과거에 미국은 만약 북한이 핵 프로그램을 계속 보유하고자 한다면 유엔 안전보장이사회로 이 문제를 회부할 것이라고 언급해 왔다. 하지만 중국이나 한국 어느 쪽도 현재로선 북한에 대한 국제적인 제재를 지지할 준비가 되어있지 않다. 그러므로 북한과 계속되는 대화의 결과는 다른 국가들의 정책과 그들 국가의 공조 능력에 지대한 영향을 행사할 것이다.

한편, 전략적인 영역에 있어서 중국-미국의 관계는 협력과 경쟁이 복잡하게 결합되어 있는 양상을 보인다. 비록 몇몇 정책에는 차이가 있지만, 테러리즘과 같은 이슈들에 관하여는 협력 관계가 유지되며, 북한의 핵문제에 관하여도 서로 공조하고 있다. 그러나 중국은 소위 말하는 미국의 에워싸기 식 외교나 미국-일본의 전략적인 동맹이 강하게 상승하는 것에 대해 우려를 해오고 있다. 한편, 미국 내의 어떤 사람들은 중국의 군사력 프로그램이 확산되는 것에도 우려를 보이는데, 이는 중국의 군사력 증가가 어떤 지역에서는 아주 위협적인 결과를 초래할 수 있기 때문이다.

앞서 언급한 바와 같이 미국-중국 관계의 복잡함과 차이점에도 불구하고, 양국의 지도자들은 자국의 국가적 이익을 염두에 둔 채로 상호 간 균형유지에 적극적이다. 그러나 한국을 포함한 모든 아시아 국가들은 이 점에서 주도면밀 하게 정치적인 정세를 관찰할 것이다.

더 넓은 측면에서 동북아시아와 관련하여, 한국은 동아시아에 더 깊이 관련을 맺고자 하는 바람을 표시했다. 노무현 대통령은 한국이 특별히 동북아 시아에서 경제교역의 중추가 되는 국가가 될 것에 대하여 언급했다. 이 지역은 실제로 천연적인 경제활동의 영역(a natural economic territory, NET)인데, 이 영역에서는 사용 가능한 자원들과 더 확장될 필요가 함께 어우러져 있는 곳이다. 혹자는 모든 경제적, 정치적 그리고 전략적인 이슈들을 다루기 위해 만들어진 하나의 동북아시아 조직을 만들 것을 제안하기도 했다. 그렇지만 이 지역에서의 정치적 분열이 아주 불가능한 것은 아니지만 이와 같은 발전을 이룩하기가 쉽지 않을 것이다. 그러나 한국은 현재의 자유무역협정에 초점을 두면서 이 지역에서의 교역을 계속 늘려 갈 것이다. 일본과의 자유무역협정 (FTA) 협상이 정치적 분규에도 불구하고 2003년 이래로 진행 중이고, 여러 동남아시아 국가와도 계속해서 협의 중이다.

이런 개발들은 미국에는 아무런 염려가 되지 않는다. 동아시아에서의 미국 정책은 계속해서 두 가지 원칙에 의해서 이루어진다. 여러 세력 간의 조화 그리고 힘의 균형이다. 미국은 면밀하게, 혹은 느슨하게 조직된 국가 간의 그룹들을 만들도록 도울 것인데, 이 국가들의 그룹들은 주어진 문제 혹은 문제들에 대한 공동의 관심을 가지고 대화하는 일에 전념하게 될 것이다.

이러한 그룹들 혹은 연합체에는 중국과 같은 주요국가들뿐 아니라 종종 한국을 포함하게 될 것이다. 동시에 미국의 정책은 이 지역에서 세력의 균형을 유지하기 위해 그리고 좀 더 구체적으로는 중국으로 하여금 평화로운 공존의 다섯 가지 원칙에 대한 약속을 준수할 것에 대하여 설득하기 위한 노력의 일환으로 다양한 동맹국들과의 관계를 전략적 수정을 통해 계속 유지할 것이다.

문제가 되는 두 가지 쟁점들이 조만간에 쉽게 해결될 것 같지는 않다. 다시 말하면 북한의 핵 문제와 타이완 문제, 아시아-태평양에서의 주요한 충돌 가능성에 대한 전망은 실제로 아주 희박하다. 어느 누구도 이런 전쟁에서 승리할 수 없다. 그리고 이런 사실은 모든 국가에 의해 인식되고 있다. 그러므로 긴장은 나타났다가 수그러질 것이다. 그러나 아마도 위협을 내포하는 수단들이 사용될 것이다.

한편, 국제주의는 반대하는 장애물에도 불구하고 계속해서 중대성에 대한 인식이 증대될 것이다. 특별히 경제적인 영역에서, 국가들은 계속해서 상호연관을 맺게 될 것인데, 한 국가의 경제적인 강점들과 약점들이 다른 국가에 계속해서 영향을 행사하게 될 것이다.

동시에, 민족주의는 계속해서 힘을 얻을 것이지만, 결국에는 아시아-태평양의 국제적인 관계에서 그것이 갖는 문제점들을 노출하게 될 것이다. 민족주의를 사용하는 방법과 동시에 그것의 지나친 사용을 막는 것은 오늘날 모든 민족국가가 겪는 중요한 도전이 된다.

이런 상황에서, 미국-한국의 관계에 대한 전망은 합리적으로 볼 때 밝다. 거의 확실한 것은 노무현 대통령의 후임자들은 남한의 이익은 미국과의 전략적인 연대를 유지하고 동시에 일본을 포함하는 다른 주요 국가들과 균형 잡힌 관계를 추구하는 데 있다는 것을 알게 될 것이다. 적의가 있는 한국-일본 관계나, 혹은 한국의 중국에 대한 지나친 의존 그 어느 것도 이롭지 못하다. 그러나 한국-미국 관계가 강화되고 한국인의 지지를 얻으려면 두 나라의 관계는 계속되는 대화를 통해 인정되어야 하는데, 이는 중요 쟁점들에 대한 심층적인 토의와 새로운 젊은 세대에게 초점을 두는 것을 포함하는 새로운 진로(Trak II)를 위한 회담을 통한 공식적인 교류를 의미한다. 자, 이제는 앞을 바라보아야 할 때다.

남·북한 통일의 이상과 현실*

이홍영

UC Berkeley 교수

오늘 이 자리에 모여서 광복 60주년과 그 이후 이룩한 경제발전과 정치
민주화를 기념하고 있지만, 우리는 한민족의 염원에도 불구하고 여전히 한반
도에 지속되고 있는 분단의 비극을 목도 하고 있다. 미국이든 한국이든 북한이
든 사는 곳이 어디든지 간에, 우리는 모두 한민족이며, 그러기에 우리 모두
한반도의 궁극적인 통일을 열망하고 있음을 부인할 수 없다. 그러나 유감스럽
게도 현실은 그렇지 않다. 가까운 장래에 통일을 달성하기까지는 수많은
장애와 난관들이 내·외적으로 우리를 둘러싸고 있다. 염원과 열망만으로는
통일의 꿈을 실현할 수 없다. 우리는 통일의 염원을 달성하기 위해서 한반도의
정치지형을 형성하고 있는 복잡한 현실들을 직시하고 인정해야 한다. 그런
것들에는 세계열강들의 이해관계를 비롯하여 남·북한 체제의 이질성과
분단을 현상 유지하고자 하는 복잡한 이권들이 포함되어 있다. 그러므로
우리는 분단을 극복하려고 하는 윤리 도덕적 헌신과 정치학적 분석의 지혜를
결합함으로써 남·북한의 궁극적 통일에 이바지할 수 있다.

---

* 번역 백충현 목사: 서울대 철학과, 장신대 신대원, 프린스턴 신대원, 예일대 신학부 졸업.
 GTU Ph.D./현재 장신대 교수

자주와 대동단결

통일이라는 문제를 다룰 때 한 가지 특징이 있다. 그것은 통일이 지니는 이중적 성격이다. 즉, 통일은 외적으로는 국제정치적 문제인 동시에 내적으로는 한민족에게 가장 중요한 국내적 문제다. 통일이 지니는 이런 이중적 성격 때문에 외부의 영향력으로부터의 독립을, 즉 단일민족이라는 관점에서 자주 또는 대동단결을 우리가 어떻게 이해하고 있는지 이론적으로 먼저 고찰해야 한다. 추상적으로 보자면, 통일의 원리는 자주와 대동단결이며, 통일을 추구하는 수단은 평화적이어야 한다는 북한의 입장은 일견 옳은 것처럼 보인다. 그러나 한국사를 면밀하게 살펴보면, 외부 세력의 개입으로부터 자주와 대동단결 중에서 무엇을 우선순위에 두어야 하는지 의문이 생긴다. 대동단결 없이는 외부 세력을 물리칠 수 없다. 그러나 남북분단을 초래한 피비린내 나는 한국전쟁은 말할 것도 없이, 정치집단 간의 알력으로 인해 외국 세력이 개입하는 예가 종종 있었다는 점 또한 사실이다. 그리고 남·북한의 정치 지도자들이 너무 자주 외국 세력의 위협을 이용하여 자신들의 독재통치를 정당화했다는 것도 사실이다. 외부 세력의 개입으로 인하여 국내의 피비린내 나는 전쟁을 가장 안전하게 방지할 수가 있다면 어떻게 해야 하는가? 더욱이 남한은 정치적 민주화를 이룩해 오면서 남한의 대북정책에 대한 국민적 합의를 도출하기가 훨씬 더 어려워졌다. 북한은 김일성 수령체계를 확립하여 "단결"을 이룩하려고 노력했지만 이런 방법은 국민적 합의를 이끌어내는 올바른 방법이 아님은 분명하다. 그리고 남한에 진주하고 있는 미국과 미군이 한반도의 문제를 해결하는 데 커다란 장애가 된다는 비난 또한 잘못된 진단이 분명하다.

한국은 지정학적 요충지에 위치하고 있어서, 한반도를 둘러싸고 있는 열강들 사이에 변화무쌍한 권력 관계 때문에 직접적으로 민감하게 영향을 받아 역사적으로 항상 전쟁터가 되어왔다. 명치유신을 통해 근대화에 성공한 일본의 발흥과 중국의 몰락으로 인해 한국은 일본 제국주의의 희생물이 되었다. 일본의 패전과 더불어 한국은 독립을 획득했지만, 미국과 소련의 경쟁으로 인해 한반도는 분단이 되었고, 양극체제의 최전선이 되었다. 북한의 핵문제와 관련하여 진행되고 있는 6자회담은 한반도의 문제가 국제적 측면을 지니고 있음을 알려주는 증거다.

그러나 한반도는 근대화의 비극적 역사에 대하여 스스로 짊어져야 할 책임이 있다. 조선의 독립을 상실하게 되는 위험에 직면했으면서도 지배 엘리트들은 정치적 당파들로 분열되었으며, 각각의 당파들은 외국 세력으로부터 지원을 받고자 시도하였다. 동시에 그런 지원을 이용하여 국내정치에서의 자신의 입장을 유지하고 확대하고자 했다. 불행하게도 한국의 근대화를 지원할 수 있었던 유일한 나라는 일본이었으며, 이런 일본은 그들만의 행동강령을 가지고 있었다.

일본 패전 이후의 한반도 분열은 국내정치와 국제정치가 훨씬 더 불가분리적으로 얽히는 계기가 되었다. 한반도를 분할하고자 하는 첫 결정은 외부의 강대국들, 즉 미국과 소련에 의해 이뤄졌다. 그러나 한국 정치 지도자들의 당파적 분열도 한반도 분할에 대해 부분적인 책임이 있다. 일본이 항복할 즈음에 한국 정치세력들은 세계에 분산되어 있었으며, 상이한 이데올로기들로 인해 분열되어 있었고, 실질적인 정치적 지도력을 경험하지 못했다. 다만 여러 외국 세력의 지원을 받거나 관계를 맺고 있었다. 한국 정치 지도자들 사이의 이런 분열들로 인해 한국은 일치된 하나의 나라로서 움직일 수 없었고, 또한 미국이나 소련의 선택을 거부할 수도 없었다. 그 대신 두 개의 상이한 정권들이 수립되었다. 국가와 국민에게 재앙이 되었던 한국전쟁은 어떤 대가를 치르고서라도 한국을 공산주의 이념으로 통일하고자 했던 김일성이 시작한 전쟁으로 모스크바 스탈린의 승인을 받았다. 유엔군이 한국전쟁에 참여하고 이후에 중국이 개입하면서 한국전쟁은 "자유세계"와 "사회주의" 간의 대리전이 되었다. 그 이후로 남한과 북한은 이 세상에서 가장 심하게 중무장한 곳인 비무장지대(DMZ)를 경계로 서로 대치하고 있다.

이렇게 복잡한 남·북 간의 관계를 이해하기 위해서는 적어도 세 가지 다른 수준의 분석들을 구별해서 실시해야 한다. 첫째는, 민족적 관점으로서, 이것은 한국이 공동의 문화적, 민족적, 언어적 유산을 가지고 있는 단일국가라는 역사적 사실을 강조한다. 남한과 북한이 모두 이런 관점을 공유하고 있기 때문에 첫 번째 수준의 관계는 수월하게 이해되며, 또한 이런 수준의 관계는 통일의 당위성을 주장하는 근거가 된다. 이런 수준의 분석은 통일의 당위성을 강조하지만, 통일을 어떻게 달성해야 하는지에 관해서는 아무런 단서도 제공하지 못한다. 남한과 북한에 있는 정치 활동가들은 이런 관점을 강조하는 경향이 있다. 그러나 이들은 훨씬 더 냉정한 분석과 연구를 요구하는 통일의 다른 측면들을 자주 무시하곤 한다. 우리는 이런 관점을 결코 잊어선 안 된다. 그러나 그것은 한국의 실제의 모습을 보여주는 많은 측면 중에서 단지 하나의 관점일 뿐이다.

한민족이 반세기 이상 분단되어 왔으며, 남한과 북한 각 진영이 국가 확립과 경제발전을 위해 상이한 길을 걸어왔다. 그리고 다양한 정치적 경제적 사회구조들, 특히 통일문제에 관하여 상충하는 이해관계와 의제들을 지닌 집단들을 형성해 왔다. 그러므로 두 번째 수준의 분석, 즉 국가적 관점의 분석을 통해 볼 때, 두 개의 국가가 한반도에 존재하고 완전무장하여 한반도 전역과 한민족 전체를 통치할 정당성이 각자에게 있다고 각각 주장한다. 이 두 번째 수준에서는 통일을 소망하기에는 너무도 지난한 문제들이 엄연히 존재한다.

세 번째 수준의 분석은 구체적인 정권을 주목하는데, 여기에는 남한과 북한 사이에 현저한 차이점들이 있다. 남한은 국가수립 이후로 여덟 차례의 정권교체가 있었다. 남한의 많은 정치 지도자가 자신의 국내적 정치 이득을 꾀하고자 정권교체를 활용했지만, 이런 정권의 변화로 인해 남한 지도자들의 개인적인 이익과 민족 전체의 이익과의 차이점을 구별하는 것이 수월하게 되었다. 반면에 북한은 김일성으로부터 그의 아들 김정일로의 권력 이양 외에 지난 반세기를 거쳐 오면서 어떤 정권교체도 없었다. 한반도의 분단이 없었다면 김일성 일가가 반세기 동안 절대적 독재자로 군림할 수 없었을 것이다. 결과적으로 북한의 최고 지도자들의 이익과 북한이라는 국가의 이익을 분리하는 것은 불가능하다. 더욱이 북한의 모든 엘리트는 특권적 지위를 국가로부터 받은 것이기 때문에 현 체제를 유지하고 그럼으로써 통일문제에 관한 유연성을 훨씬 감소시키는 데 있어서 김일성과 동일한 이해관계를 공유하는 것처럼 보인다. 북한 정권에 무슨 일이 발생한다면, 대략 이백만 명의 엘리트들이 누리는 기득권이 심각하게 위협받을 것이다. 이런 의미에서 북한 엘리트들의 운명은 김정일 개인과 밀접하게 관련되어 있다. 비록 북한이 통일을 원한다고 주장하더라도, 김일성 일가의 개인적 정치기반을 전복시키지 않고서는 남한과 북한 사이의 이런 차이점들을 조정할 수 있는 길은 없다.

북한의 통치이념은 주체사상이며, 이를 기반으로 수령이론을 발전시켰다. 다시 말하면 주체사상 체계를 지지하고 옹호하기 위해 수령의 절대 권한이 절대적으로 필요하다. 혁명이 구체적인 상황에서 무엇을 의미하든지, 한민족 "혁명"의 구체적인 요건들을 강조하기 때문에, 주체사상은 반외세적 감성이며 민족에 대한 충성을 포함한다. 오늘날과 같이 국가 간의 상호연관성이 강조되는 시대에서, 반외세적 감성을 무조건 지지하고 민족에게 충성하는 유일한 방법은 수령이 명령한 바라고 가정하는 것은 아무리 줄잡아 말하더라도 극단적으로 단순한 견해다. 공식적인 통치이념하에서 견고하게 단결하고 있다고 북한이 주장한다고 해도, 중국의 경우가 충분히 입증하듯이, 구체적인 현실 여건들에서 이탈한 어떤 정치적인 세뇌도 오래 지속되지 못할 것이라는 점을 우리는 가정할 수 있다.

통일을 추구하고자 한다면, 남한과 북한의 공식적인 의사결정과정에서 배제된 모든 정치집단과 사회집단들의 선택과 이익들을 고려해야 한다. 남한의 경우에는 지난 수년 동안 진행되어 온 정치 민주화로 인해 여러 사회집단이 남북관계에 대한 자신들의 입장들을 개진하는 것이 더 용이해졌다. 또한, 남한의 정권은 권력을 유지하기 위해서 대중여론에 더 주목하여 왔다. 그러므로 남한에서는 다양한 사회집단들의 상이 하고도 때때로는 상충되는 이해관계들과 관점을 조화시켜 통일에 대한 사회적 합의를 어떻게 발전시킬 것인가 하는 문제가 더욱 복잡해졌다. 북한에는 이러한 문제가 생기지 않으며, 오직 하나의 공식통로만 있을 뿐이다. 남·북한 간의 이러한 차이점으로 인하여, 북한은 전략적으로 특정 집단을 지지하되 다른 집단들은 비판하는 것을 목표로 삼는 "통일전선" 전술의 혜택을 극대화할 수 있다. 그러나 남한의 노동자계급이 통일문제에 대하여 가지는 관심이 북한과 진보적인 학자들이 기대했던 것보다 훨씬 적다는 것은 매우 아이러니한 사실이다. 개개의 노동자들은 통일이라는 민족의 목적이 실현된다면 북한의 값싼 노동력과 경쟁하게 될 것을 매우 잘 알고 있다. 그 결과, 그들은 햇볕정책이 시행한 북한 경제원조에 대하여 매우 비판적인 입장을 지니고 있는 것 같다. 반면에, 남한의 자본가들은 —예를 들면, 현대—아마도 동일한 이유로, 즉 값싼 노동력을 확보할 수 있다는 가능성 때문에 북한을 경제적으로 지원하고자 한다. 간단히 말하면, 민주화가 필연적으로 민족의 일치를 달성하는 것은 아니다.

요약하면, 위와 같은 분석을 통해 얻을 수 있는 전반적인 역사적 교훈은 한국이 국가적 합의를 이룩하지 않고서는 외세의 압력과 개입의 위협을 다룰 수 없다는 점이다. 그러나 국가적 합의를 달성하려고 할 때, 북한의 강제동원 방식은 경제발전의 수단으로서 그리고 민족의 통일이라는 목적을 이룩하는 방법으로써 모두 실패했다. 마찬가지로, 남한의 지도자들은 남한의 대북정책을 국내의 당파정치들로부터 절대적으로 분리하고 격리해야 하며, 잘 알려진 엄연한 사실들을 바탕으로 공개적인 대화와 토론을 통하여 국가적 합의를 달성해야 한다. 그러한 초당적 국가적 합의는 특별히 중요하다. 왜냐하면, 북한과의 접촉 과정에서 남한이 얻게 될 유형적 이득이 실현되기까지는 오랜 시간이 걸리기 때문이다. 이런 점에서, "햇볕" 정책을 옹호하는 사람들은 북한의 객관적인 여건에 대한 평가를 정확하게 발표해야 할 필요가 있으며 동시에 북한과의 협상 과정을 좀 더 투명하게 할 필요가 있다. 북한의 주요한 문제들에 관하여 국가적 합의가 나온다면, 남한의 대중은 햇볕정책으로 인한 과도한 재정적 부담을 아마도 기꺼이 감당할 것이다.

북한과 핵 선택

　국가의 수준에서, 남한과 북한 간의 힘은 결정적으로 남한에 유리한 방향으로 이동하였다. 남한의 경제는 북한보다 30배 이상 성장하였다(남한은 6천5백억 불, 북한은 200억 불). 그리고 남한은 중국과 러시아와도 공식 외교 관계를 맺고 있다. 반면에, 북한의 외교는 고립되었고, 경제는 침체하였으며, 주민들을 제대로 먹여 살리지 못하고 있다. 이러한 차이점 외에도 한반도 남반부에 대규모의 미군이 진주하고 있는데, 미군 진주는 모든 경제적, 군사적 힘을 함축한다. 남·북한 간의 이러한 경제적 불균형에도 불구하고 북한은 남한의 군사력과 동등한 군사력을 유지해야 하는데, 이러한 과제는 작은 경제 규모에 점점 더 많은 부담을 주고 있다. 북한의 연간 국방예산이 13억 불이라고 가정한다면, 이 수치는 국내총생산(GDP)의 15%를 차지한다. 북한이 57억 불을 매년 국방비로 사용한다면, 이 수치는 국내총생산의 30%에 해당한다. 남한의 공식적인 국방예산은 120억 불이며, 이 수치는 국내총생산의 2%에 불과하다.

　세계정치에서 냉전과 양극체제의 종식에도 불구하고, 남한과 북한 간에 비대칭적으로 점점 더 벌어지는 힘의 관계는 남북관계의 타협과 화해를 가로막는 주된 방해물이 되었다. 남한 정부는 경쟁과 대결보다는 화해와 경제교류를 추구하는 "햇볕"정책을 추구해 오면서, 북한의 경제적 곤궁을 돕기 위하여 남한의 우월한 경제력을 사용하겠다고 약속했다. 그러나 남한과 북한 두 국가가 통일을 경쟁적으로 추구하는 것은 분단된 반도의 구조적인 측면이기 때문에, 북한은 남한 정부의 구두 약속에 의존할 수 없다. 정권의 안정과 자신들의 안전에 대한 염려는 너무나 중요해서 북한의 지도자들이 남한 정부의 의도를 신뢰할 수 없다.

　남한과 북한 간의 비대칭적 힘의 관계로 인하여 북한은 지속적인 생존을 위한 최선의 선택으로 핵무기를 고려하게 되었던 것처럼 보인다. 미국이 북한의 안전을 위협하고 있다는 점에서 북한은 핵 계획을 정당화한다. 그리고 북한은 미국이 북한 체제의 안전을 보장할 불가침협정에 서명할 것을 요구해 왔다. 사실, 외부 세력들은 북한 정권과 북한의 엘리트들을 위협하는 유일한 요인은 아니다. 북한 정권이 북한 사회와 북한 주민들을 독재적으로 통제하고 있음을 고려한다면, 북한 정권은 내부적인 위협을 항상 경계하고 있음이 틀림없다. 북한이 자신의 군사적 필요를 충족시켜주는 것이 특별히 중요하다. 왜냐하면, 군사력은 정권을 궁극적으로 방어해 줄 뿐만이 아니라 김정일의 가장 중요한 정치기반이기 때문이다. 핵무기는 북한 주민들이 보기에 정권의 정당성을 강화해주며, 지난 반세기 동안 지속하였던 경제적 곤궁을 상쇄해 준다. 짧게 말하면, 북한의 지도자들은 핵무기가 북한의 군사적 필요를 채우고 주민들의 눈에 정권의 정당성을 강화하여 주기에 핵무기는 북한 내부의 안정을 향상할 것이라고 믿는 것 같다.

북한의 핵 계획은 한반도 문제를 국제적 문제가 되게 했다. 북한의 핵을 용납하지 않는 외국 강대국들의 개입 없이는 통일문제가 해결될 수 없게 되었다. 만약 핵이 있는 북한에 내부적인 혼란이 발생한다면 미국과 중국 같은 외부의 열강들은 군대를 파견할 충동을 심하게 느낄 것이다. 외국의 열강들이 핵무기를 통제하기 위하여 평양에 급히 가는 시나리오는 미래 통일한국에 대해서 우리가 생각할 수 있는 최악의 시나리오다. 이래서 남한 정부는 북한 정권의 몰락에 대비하는 작전계획의 개발에서 미국과 함께 활동하는 것을 거부한다. 반면에, 미국은 북한의 핵 계획은 지구의 비핵화라는 목적에 심각한 도전이 될 뿐만 아니라, 한반도 지역의 평화와 안전에 대한 중대한 위협이 된다고 간주한다. 미국은 북한이 북한 주민들을 기아의 고통에 허덕이게 하면서도 부족한 자원들을 핵 계획으로 전환하고자 하는 북한의 의도를 인간의 존엄성과 합리성에 대한 침해로 규정한다.

북한은 핵확산방지조약이 배타적인 핵클럽 회원국들이 원자력을 갖고 있지 않은 국가들을 차별하고자 하는 사악한 시도라고 간주한다. 북한은 소수의 핵폭탄을 소유하는 것은 자기방어를 위한 주권적 권한의 일부로 보아야 한다고 주장하며, 북한은 핵클럽의 회원국들은 이 엄청난 양의 대량살상 핵탄두를 소유하고 있는 아이러니한 사실들을 지적한다(다음은 나라별 핵 탄수 소유량이다. 미국은 12,400개, 러시아는 8,400개, 중국은 약 400개, 프랑스는 약 350개, 영국은 약 200개, 인도와 파키스탄은 55-115개, 이스라엘은 110-190개).

부시 행정부의 워싱턴은 핵무기에 관한 북한의 의도들을 의심하면서 "북한 정권의 교체"를 염두에 두었음이 틀림없다. 그러나 정권교체는 실현 가능한 선택이 아니다. 북한의 제도적인 구조들이 김일성과 김정일의 우상화에 전적으로 기반하고 있는 점을 고려하면, 정권교체는 정권몰락을 의미한다. 그러나 중국은 북한 정권의 몰락을 원하지 않는다. 북한의 지도자들은 외세들이 추구하는 북한전복의 조치들에 대한 억지책으로서 핵무기를 소유하고 싶어 한다. 북한은 그것이 원자력이라고 주장하고 있기 때문에, 북한의 정권교체를 추구하는 어떠한 시도도 방사능 낙진의 잠재적 가능성으로 인하여 훨씬 더 위험스러운 것이 되었다. 남한의 정부와 인사들도 방사능 낙진의 잠재적 가능성 때문에 정권교체를 추구하는 정책이 치러야 할 희생이 남한이 감당하기에는 너무 크다고 보기에, 그런 정책을 반대한다.

부시 행정부는 북한에 대해서 비타협적이고 강경한 정책을 취하였고, 협상의 선결 조건으로서 CIVD(포괄적이고 완전하고 검증 가능한 북 핵 폐기)를 요구했다. 그러나 이러한 강경책은 워싱턴이 북한을 불신하고 있음을 고려하면 이해할 수 있긴 하지만, 북한이 핵 계획을 추진할 수 있는 충분한 시간을 주었다고 비판을 받았다. 미국은 6자회담의 4차 및 최종회의에서 강경노선의 입장을 약간 수정했으나, 회담은 아무런 공동합의도 없이 끝났다. 일반에게 공개된 불일치의 이유는 북한이 평화적 목적으로 핵에너지를 사용할 수 있느냐 없느냐의 여부 때문이다. 그러나 계속 합의하지 못하는 실제적 이유는 북한이 핵시설들을 어느 정도로 해체할 것이며 국제사회가 그것을 투명한 방식으로 어느 정도로 검증할 것인가에 달려있다. 북한이 자신의 속내를 다 보여주지 않을 것이며 모든 협상 카드를 공개하지 않을 것이라는 점과 오히려 북한은 "전략적 애매모호성"을 지속하고 싶어할 것이라는 점은 쉽게 이해할 수 있다. 이와는 대조적으로, 미국은 북한 정권이 앞으로 핵 카드를 사용하지 못하도록 할 수 있는 완전한 비핵화를 원한다.

워싱턴의 강경노선 입장이 문제를 해결하는 데에 기여하지 않았다면, 평화적 해결을 강조하는 남한 정부 입장도 마찬가지다. 군사적 대결을 남한이 두려워하고 있다는 점을 이해한다고 하더라도, 적극적인 유인책들을 제공하겠다는 약속만으로는 북한이 핵 계획을 철회하도록 설득할 정도로 충분히 효과적이지 못했다. 미국과 남한의 두 동맹국 사이에 존재하는 불협화음은 오히려 북한이 핵 계획을 계속 추진하면서 군사행동을 할 기회를 제공할 뿐이다.

핵으로 인한 교착상태의 궁극적인 결과는 북한을 사실상 핵보유국으로 인정하거나 혹은 중간단계로서 북한의 계속되는 핵 계획을 동결시킨 후에 궁극적으로 완전한 비핵화를 추구하여 나가는 것이다.

몇 가지 제안들

북한의 핵 문제를 해결하지 않고서는 남·북 간에 진정한 화해와 협력이 불가능하다. 만약 북한이 사실상의 핵보유국으로 인정된다면, 북한은 외부세계에 더 많이 개방되고 경제적 구조를 더 기꺼이 개혁할 것이며, 남한과도 협력할 것이다. 그러나 남한은 핵을 보유한 북한을 용납할 수 없다. 왜냐하면, 핵보유국과 비핵보유국 사이에는 동등성이 존재하지 않기 때문이다. 동시에, 결과와는 상관없이 북한은 적어도 원자력을 소유한 국가로 간주되기 원하는 내적인 동인을 가지고 있다.

평양에 대처하는 최선의 전략은 불가침조약, 외적인 안전보장, 경제원조와 같은 적극적인 유인책들이나, 북한 경화의 거부, 탄도미사일 해상운송 금지의 확대, 유엔 제재로의 회부와 같은 강제적인 소극적 제재들까지 제시하는 것이며, 심지어는 핵시설에 대한 제한적인 선제공습과 같은 제한적인 군사행동들까지도 배제하지 않는 가능성도 포함하는 것이다. 이러한 일련의 유인책들은 점차적이며 연속적으로 증대할 것이 아니라, 북한이 처음부터 결정하는 선택에 달려 있는 것임을 북한이 인식하도록 미국과 남한이 노력해야 한다.

한반도의 궁극적인 통일인 한민족의 역사적 사명이며 이를 위하여 모든 한인이 노력해야 한다는 점을 아무리 강조해도 지나치지 않다. 남·북한 사이에 존재하는 근본적인 이해 상충을 전적으로 무시하면서 민족 단결에 과도하게 감정적으로 호소하거나 대규모의 남·북한 공동보조를 취하는 것은 한반도의 평화와 번영과 궁극적인 통일에 기여하지 못한다는 점을 한인들은 동시에 주목해야 한다. 모든 한인은 궁극적 통일이 불가피하다는 믿음을 견지하면서도, 동시에 모든 관련 있는 집단들의 상충되고 다양한 이해관계들을 일견 조정할 수 없을 것만 같은 현실을 직시할 정도로 실제적이어야 한다. 이러한 협상들과 관련된 내·외적 이해관계들의 복잡한 망을 풀고 통일을 위한 합의를 해내기 위하여, 우리는 통일이라는 이상과 이것을 방해하는 객관적인 장애물들이 존재하는 현실 사이에서 균형감각을 유지해야 할 필요가 있다. 현실 속에서 상충하는 이해관계들을 무시하면서 민족의 공동유산을 강조하는 극단적 입장은 1950년에 성급하게 시작된 한국전쟁의 경우에서 보는 것처럼, 도리어 궁극적인 통일을 지연시킬 뿐임을 기억해야 한다.

오늘날 한민족이 직면하고 있는 가장 급박한 과제들 중 하나는 장기적인 목표로서의 통일과 서로 충돌하는 중대 이해관계들의 신중한 해결 사이에서 어떻게 균형을 유지할 수 있을지 국가적 합의를 도출해 내는 것이다. 만약 남한이 국가적 합의를 만들어내지 못하고 그 대신에 다양한 정치집단들이 자신들의 이념적이고 당파적인 목적을 위하여 통일의 의제들을 이용한다고 한다면, 통일의 꿈은 공허한 것이 된다. 이와 같은 핵심적인 문제들에 관하여 남한이 국가적 합의를 도출할 수 없다면, 남한이 한반도 주위 세계열강들의 이해와 야심을 무력화하고 북한과 협상하면서 종합적인 해결책을 만들어내는 것이 극단적으로 불가능할 것 같다.

남·북한이 협력할 수 있는 가장 유망한 분야는 경제 영역이다. 상호이익과 협력을 위한 가장 많은 여지가 있기 때문이다. 북한의 긴급한 필요들을 해결하도록 도우면서 모든 남한 사람들이 궁극적인 통일에 관심을 갖게 하는 한 가지 방법은 투자조합회사를 설립하고 모든 한국인이 정부에 지불하는 세금의 형태로든 현금의 형태로든 그 조합의 출자 분담을 감당하는 것이다. 그리고 이러한 조합회사는 전적으로 외국기업으로서든 혹은 북한 기업들과 합작의 형태로서든, 전기, 석탄, 에너지와 같이 어려운 분야에 장기적인 투자를 할 수 있다. 남한 정부는 그러한 투자들이 북한의 군사적 목적으로 사용되는 것을 방지하면서, 한국이 통일되는 경우에 투자된 부문에 대한 소유권을 보증해야 한다. 이와 같은 제안은 장기화되는 통일의 과정에 모든 한국인이 참여할 수 있도록 해주며, 차세대들도 그들이 통일에 개인적으로 공헌하고 있다는 자부심을 느낄 수 있도록 해준다.

IDEALS AND REALITY IN KOREAN REUNIFICATION

Hong Yung Lee

Professor, Department of Political Science, UC Berkeley

Although we are here to celebrate the 60th anniversary of Korean in-
dependence from Japanese colonial rule, and the subsequent economic develop-
ment and political democratization that the Korean people have been able to ach-
ieve, we are also keenly aware of the continuing tragedy of the division of the
Korean peninsula, a division that exists against the wishes of the Korean people.
It is also undeniable that irrespective of whether one live in the United States,
South Korea, or North Korea, we are all the Koreans and enthusiastically wish for
Korea's eventual unification. However, the unfortunate reality remains that there
are too many obstacles and constraints, both external and internal, for unification
in the near future. Wishes and ambition alone are not enough to bring about this
dream. In order to realize Korean hopes for unification, we need to know and ac-
cept the complex realities that make up the political landscape of the Korean pen-
insula, from the interests of the major global powers to the systemic differences
between the two Koreas to the complex network of interests that are tied to the
existing status que of the division. Only by combining the wisdom of political
analysis with moral commitment to overcoming divisions can we hope to contrib-
ute to Korea's eventual reunification.

AUTONOMY (JAJU) AND NATIONAL UNITY (DAEDONG DANKYUL)

One defining characteristic of the issue of Korean unification is its duality: it is simultaneously an international political issue and an internal matter of the utmost importance for the Korean people. Because of this duality, the first theoretical question we must consider is how to understand independence from external influences or jaju in light of national unity or daedong dankyul. When looked at abstractly, the North Korean position that unification should be based on the principles of independence, jaju, and on grand national unity, and achieved through peaceful means, seems correct. However, a careful look at Korean history raises the question of what should come first, independence from outside intervention or national unity. Without grand national unity, there is no way of excluding foreign intervention. However, it is equally true that dissension among Korean political groups--not to mention the bloody civil war that resulted in the division-- has frequently invited foreign intervention, and political leaders in both the South and the North quite often used the threat of outside influence to legitimate their own authoritarian rule. What should be done when external intervention is the safest way of preventing the occurrence of a bloody internal war? In addition, the political democratization of the South has made the question of how to build up national consensus around any South Korean policy toward the North much more difficult to answer. It is clear that North Korea's effort to create "solidarity" through the Suryong system is not the right way to build up consensus. It is also clear that condemning the US and the troops that it has stationed in South Korea as the main obstacle to resolving the Korean problem is a wrong diagnosis.

Because of its strategic location, Korea has historically always been a battleground where changing power relations among the major players surrounding the peninsula were felt more immediately and sensitively. With the decline of traditional China and rise of Japan, successfully modernized through the Meiji restoration, Korea fell victim of Japanese colonialism. With the defeat of Japan, Korea gained independence, but due to the American-Soviet rivalry, the Korean peninsula was divided, becoming the frontline of the bi-polarized world. The on-going Six-Party Talks on the North Korean nuclear issue is a continuing testimony of the international aspect of the Korean issue.

However, the Korean peninsula has its own share of responsibility for its tragic modern history. Confronted with the danger of losing Chosun's independence, the ruling elite split into various political factions, each of which attempted to en-list support from different foreign powers while at the same time using that sup-port to preserve and enhance its position in domestic politics. Unfortunately, the only country that could provide assistance to Korean modernization was Japan, which had its own agenda.

The division of Korea after the Japanese defeat rendered the linkage between internal and external politics even more inextricably intertwined. The initial deci-sion to divide the Korean peninsula was made by external powers--the United States and the Soviet Union--but the factionalization of Korean political leaders was also partially responsible for the outcome. At the time of Japan's surrender, Korean political forces were dispersed throughout the world, divided by different ideological orientations, without real political leadership experience, but enjoy-ing the support of and connection to different foreign powers. These divisions among the Korean political leadership made it impossible for Korea to act as a uni-fied nation and resist the preference of either the United States or the Soviet Union. Instead, two separate governments were set up. The Korean War-initiated by Kim Il Sung in an attempt to unify Korea at any cost under the ideology of com-munism--was approved by Stalin in Moscow and proved to be a disaster for the nation and its people. When the UN forces entered the Korean War, and China subsequently intervened, Korea's civil war became a proxy struggle between the "free world" and "socialism." Ever since, the two Koreas have been facing each other across the de-militarized zone, the most heavily armed place in the world.

To understand this complex inter-Korean relationship we must distinguish between at least three different levels. The first level is a national perspective, which stresses the historical reality that Korea has been a single nation with a common cultural, ethnical, and linguistic heritage. This level is the easiest to understand, since both South Korea and North Korea share this view, and it forms the basis for the imperative for reunification. However, this level of analysis stresses the normative "ought" while offering no clue about how to achieve such a reunification. Most activists for reunification in both Koreas tends to stress this perspective, while frequently disregarding the other dimensions of the problem that require much more cooler analysis and consideration. Koreans should never forget this perspective, but it is only one of many aspects of the Korean reality.

Equally relevant is that Korea has been divided for more than a half century, with each side following divergent paths for state building and economic development, creating diverse political, economic, and social structures--including groups with conflicting interests and agendas, particularly with regards to reunification. Therefore, at the second level of analysis, the state level, there are two Korean states, each of which, armed to teeth, claims legitimacy to governing the entire territory and the whole Korean population. It is on this level that the most intractable problems for any hopes of reunification exist.

At the more concrete level of regime, the third circle, one can see striking differences the South and the North. South Korea has had about eight regime changes since it was founded. Although many South Korean political leaders have exploited the for their own domestic political gains, these regime changes make it easy to distinguish between the personal interests of the South Korean leaders and the national interests. In North Korea, on the other hand, there has been no change in regime over the past half century besides the succession of supreme authority from Kim Il Sung to his son, Kim Jong Il. It is unthinkable that the Kim family could have been remailed indisputable dictators for a half century without the division of Korea. Consequently it becomes impossible to separate the interests of North Korea's supreme leaders from those of the North Korean nation. Moreover, all North Korean elites, whose special privileged positions are derived from the state, appear to share the same interests with Kim Jong Il in preserving the current system, thereby further reducing their flexibility in dealing with the unification issue. If anything happens to the North Korean regime, the vested interests of about two million elite in the North will be seriously threatened. In this sense, the fate of the North Korean elite is tied to the person of Kim Jong Il. There is no way of reconciling the differences between the two Koreas without undermining the Kim's personal power base, despite the claim by the North Koreans that they want reunification.

North Korea accepts Juche as its guiding ideology, and has developed the Suryong theory on the basis of it; that is to say the absolute authority of Syryong is absolutely necessary in order to uphold and defend the Juche system. Underscoring the specific conditions of Korean "revolution"--whatever revolution means in a concrete context--Juche is not only anti-foreign in sentiment, but also includes loyalty to the "minjok." In this age of interdependence, categorically upholding anti-foreign sentiments, and assuming that the only way to be loyal to the nation is as dictated by Suryong is a simplistic view, to say the least. Despite the North Korean claims that they are tightly united under the official ideology, it is fair to assume that any political indoctrination that departs from the concrete conditions of reality will not last long, as the Chinese case has amply demonstrated.

An attempt for unification also has to take into account the preferences and interests of all political and social groups located outside the formal decision making process in both Koreas. In the case of South Korea, political democratization over the past several years has made it easier for various social groups to assert their views about inter-Korean relations, and the South Korean regime has had to pay more attention to public opinion in order to stay in power. Therefore, the question of how to harmonize the divergent and sometimes conflicting interests and perspectives of various social groups in developing a societal consensus for reunification is becoming more complex in the South. Such problem does not exist in North Korea, where only one official line exists. This difference allows North Korea to maximize the benefits of a "united front" policy, which is aimed at tactically patronizing specific groups while criticizing others. However, it is extremely ironic that South Korean working class interest in the unification issue has turned out to be less than what North Korea and progressive scholars had expected. It seems that individual members of the working class know very well that when the national goal of unification is realized, they may find themselves in competition with cheap labor from the North. As a result, they appear to be even more critical about economic assistance to the North as practiced by the Sunshine Policy. On the other hand, it turns out that South Korean capitalists--for example, Hyundai--are more willing to assist the North economically, perhaps for the same reasons--the possibility of tapping into a cheap labor force. In brief, it has become clear that democratization does not necessarily lead to national unity.

To summarize, the broad historical lesson from the preceding analysis indicates that Korea cannot handle the pressure from and threat of intervention by external powers without building up national consensus. However, when attempting to build up a national consensus, the North Korean style of forced mobilization has failed both as a means of economic development and as a method for advancing the goal of national unification. Similarly, it is absolutely imperative for South Korean leaders to separate and insulate South Korea's policy toward the North fro domestic partisan politics and to build up a national consensus through open dialogue and debate on the basis of well known and indisputable facts. Such a bipartisan national consensus is particularly important because any tangible fain for South Korea in any process of engagement with the North will take a long time to be realized. In this regard, those advocating the "Sunshine Policy" need to articulate their appraisal of North Korea's objective conditions and thus the rationale behind of its Sunshine Policy, while at the same time making the process of negotiating with North more transparent. If a national consensus emerges on key aspects of North Korea, the South Korean public will probably be willing bear a heavier financial burden for the Sunshine Policy.

NORTH KOREAN NUCLEAR OPTION

At the state level, the relative power of the two Koreas has shifted decisively in favor of the South, whose economy has grown to more than thirty times that of the North's (about $20 billions compared to South Korea's $650 billions), and which maintains formal diplomatic relations with China and Russia. North Korea, on the other hand, remains diplomatically isolated, while its economy has stagnated, making even the feeding of its population difficult. Adding to this discrepancy is the large contingent of US troops stationed in the southern part of the peninsula, with all the economic and military muscle that implies. Despite this economic disparity, North Korea feels that it has to maintain a military capability equivalent to that of South Korea--a task that poses an increasingly heavy burden on its small economy. If the North Korean annual defense budget is assumed to be $1.3 billions, it comprises 15% of its GDP, and if it uses $5.7 billions per year for defense, it amounts to 30% of its GDP. In South Korea, the official defense budget of $12 billions amounts to only 2% of its GDP.

Despite the end of the Cold War and bipolarity in world politics, this widening asymmetrical power relation between the divided Koreas has proved to be a major impediment for compromise and reconciliation in inter-Korean relations. The South Korean government has been pursuing the "Sunshine Policy" that seeks reconciliation and economic exchange rather than competition and confrontation, promising to use its superior economic strength to assist North Korea's economic plight, but North Kora is unable to rely on the verbal promises of the South Korean government since competition for the unified Korea by the two states is a structural dimension of the divided peninsula. Concern about their own personal as well as regime security is too critically important for North Korean leaders to rely on the intentions of the South Korean government.

This asymmetrical power relations seems to have lead North Korea to consider nuclear weapons as the best option for its continued survival. North Korea justifies its nuclear project in terms of the external threat posed by the United States to its national security, and has demanded that the US sign a non-aggression pact with Pyongyang that will guarantee its security. However, this argument is only partially true. In truth, external forces are not the only potential threat to the North Korean regime and to its elites. Given its authoritarian nature and the tight controls it imposes on its society and people, the regime must constantly be on the look out for the potential internal threats. It is particularly important to keep the needs of the North Korean military satisfied because the military is not only the ultimate defender of the regime, but also KIm Jong Il's most important political support. Nuclear weapons also enhance past half century. In short, North Korean leaders seem to believe that nuclear weapons will improve its internal security by pacifying its military and increasing its legitimacy in the eyes of its people.

North Korea's nuclear project has further internationalized the Korean issue, making it almost impossible for the unification issue to be resolved without the intervention of foreign powers, which find the prospect of a nuclear North Korea unacceptable. External powers like the United States and China would be too greatly tempted to send in troops if any internal disorder takes place in a nuclear North Korea. This scenario of foreign powers rushing to Pyongyang for control over nuclear weapons is one of the worst one can think of for a future unified Korea. This might be the reason why the South Korean government refuses to work with the US military in developing an operational plan for the contingency of the collapse of the North Korean regime. On the other hand, the Untied States regards North Korea's nuclear project as not only a serious challenge to the global goal of non-proliferation, but also as a great threat to the peace and stability of the region, interpreting North Korea's willingness to divert scarce resources to its nuclear project while allowing its own people to suffer from starvation as violations of human decency and rationality.

For its part, North Korea views the non-proliferation treaty as a sinister attempt by members of an exclusive nuclear club to discriminate against non-nuclear powers. North Korea would argue that possessing a few nuclear bombs should be considered as part of its sovereign right to self defense, stressing the irony of the large quantities of mass destructive warheads possessed by the members of the nuclear club--USA with 12,400 warheads; Russia with 8,400; China with about 400; France with 350; England with 200; India: 55-115; Pakistan:55-100; Israel: 110-190.

Suspicious of North Korean intentions regarding nuclear weapons, Washington under the Bush administration must have entertained the idea of "regime change." But regime change is also not a feasible option. Given that North Korea's institutional structures are build exclusively upon the personality cult of Kim Il-sung and Kim Jong Il, a regime change would mean a regime collapse, which is something China does not want. North Korean leaders like to have nuclear weapons as a deterrence against precisely such subversive moves by foreign powers; its claim that it is a nuclear power makes any attempt at regime change much more dangerous in terms of potential fall outs. The potential fall out from any effort at regime change has also caused the South Korean government and people to be opposed to this policy option, the cost of which would be too high for the South.

The Bush administration has taken an intransigent and tough policy toward North Korea, insisting on CIVD--comprehensive, irreversible, verifiable destruction of nuclear weapons--as a precondition for any serious bargaining. However, this hard line posture, understandable though it might be given Washington's distrust of North Korea, has come under criticism for having allowed North Korea enough time to advance its nuclear project. The US modified this hard line posture slightly in the fourth and latest round of the Six-Party Talks, but the meeting ended without any common resolution. The publicly announced reason for the disagreement centers on North Korea's right to use nuclear energy for peaceful purposes. However, the real reason for the continued disagreement seems to center on the extent to which North Korea will dismantle their nuclear facilities and allow the international community to verifying its actions in a transparent way. North Korea understandably does not want to "take off" its underwear and reveal all its cards, but rather hopes to keep its "strategic ambiguity." In contrast, the US wants complete denuclearization, which would make it impossible for the regime to use the nuclear card in the future.

If Washington's hard line position has not been conductive to resolving the issue, neither has the South Korean government position stressing peaceful resolution. Understandable though South Korean fear of military confrontation may be, the promise of positive incentives alone has not been powerful enough to persuade North Korea to discard its nuclear project. The discordance between these two allies only produces further opportunity for North Korea to maneuver while continuing its nuclear project.

The ultimate outcome of the nuclear stalemate can range from accepting the North Korea as a de facto nuclear power to the freezing of North Korea's ongoing nuclear project as an intermediary step toward an eventual complete denuclearization.

SUGGESTIONS

Without resolving the North Korean nuclear issue, any genuine reconciliation and cooperation between the two Koreas is impossible. If North Korea is recognized as a de facto nuclear power, it could become more open to the outside world, more willing to reform its economic structure, and to cooperate with South Korea. But a nuclear North is unacceptable to South Korea, because quality does not exist between nuclear and non-nuclear powers. At the same time, regardless of consequences, North Korea has a built in incentive to be at least viewed as a nuclear power.

The best strategy to deal with Pyongyang would be to offer from the outset a range of positive incentives such as non aggression pacts and economic aid with some type of guarantees for external security or more forceful negative sanctions such as denying hard currency to North Korea, extending interdiction of ballistic missile shipment, and referring matters to UN Security sanctions, without ruling out the possibility of limited military actions, such as naval blockades and limited preemptive air strikes on nuclear facilities. The United States and South Korea should jointly let the North know that this range of incentives depends on the choices made by North Korea from the beginning, instead of relying on gradual and sequential escalation.

One cannot stress too much that the eventual unification of the peninsula is a historical mission for the Korean people, and towards which every Korean should endeavor. At the same time, every Korean should know that attaching too much weight to emotional appeals for national unity or large scale joint activities between the two Koreas while completely disregarding the fundamental conflict of interests between the tow Koreas is not conductive for peace, prosperity and eventual unification in the peninsula. While all Koreans need to sustain their faith in the inevitability of eventual unification, they should not the same time be realistic enough to recognize to seemingly unmanageable reality of the conflicting and diverse interests of all relevant parties. In order to untangle the web of external and internal interests involved in these negotiations, and to reach a consensus for unification, Korea needs to maintain a balance between the idealism of unification and the realism of objective constraints. One should remember that any extreme position that emphasizes common national heritage while neglecting real conflicts of interest may work to delay an eventual unification, as was the cae with the hastily initiated Korean War in 1950.

This means that one of the most urgent tasks confronting the Korean people today is how to achieve a national consensus on this complicated question of balancing the long term goal of unification with the considered resolution of clashing high-stakes interests. If South Korea cannot form a national consensus, and instead continues to allow various political groups to exploit unification issues for their own ideological and partisan gains, unification will continue to remain an empty dream. If South Koreans are unable to form a national consensus on this critical issue, it is extremely unlikely that the South will never be able to negotiate with the North for an overall solution while neutralizing the interests and ambitions of the major powers surrounding Korea.

The most promising area for cooperation is economic, since it is in this arena that there is the most room for cooperation and mutual benefit. One way of mobilizing every South Korean for eventual unification, while helping North Korea to resolve it urgent needs, is to set up an investment corporation, a share of which all Koreans would be entitled to purchase with cash or in the form of taxes paid to the government. Such a company could, in turn, make long term investments in such bottleneck areas as electricity, coal, and energy, either as an exclusively foreign corporation or in partnership with North Korean corporations. The South Korean government should ensure that the property right of the invested portion in the case of Korea's reunification, while preventing such investments from being channeled to North Korea's military use. This idea will allow every Korean to participate in the prolonged process of unification, leaving to the next generation something that they can feel proud of as their personal contribution toward unification.

동아시아 컨텍스트에서 한국과 미국*

신기욱

스탠포드대학교 교수

오늘의 한국

● 북한, 미국 그리고 중국에 대한 달라지는 견해들
● 북한에 대한 동정, 미국에 대한 불만 그리고 아시아(중국)으로 향한 방향전환
● 글로벌(미국), 지역적(중국) 그리고 민족적(북한) 세력들을 마주한 한국의 입장
   을 (재)정립하려는 노력
● 19세기 후반/20세기 전반과 평행

북한에 대하여

● 한국 조선-갤럽 여론조사(16-25세/ 2005년 8월): 북한에 대하여 호의적인 태도
   (62.9%)
● 노무현 대통령의 파리 연설(2004년 12월)

프랑스의 매력은 미국과 다른 가치들을 추구한다는 사실에 있다. 우리[남한
사람들]는 우리 자신을 포용해야 하겠다. 우리가 북한의 체제변화를 추구하는
어떤 나라 사람들과 함께해야 한다면.

---

* 번역 조은석 목사(금문교회/GTU)

Table. News Tone by Article Focus

	Chosun Ilbo		Hankyoreh Shinmoon		p-values	
	Weighted Tone	Average Tone	Weighted Tone	Average Tone	Weignted Tone	Average Tone
US	-162545	-0.23871	-412171	-0.9082	p<.01	p<.01
	(n=465)		(n=305)			
US-ROK	-126487	-0.42366	-442957	-1.11035	p<.01	p<.01
	(n=262)		(n=289)			
US-DPRK	-167013	-0.65698	-70917	-0.30952	p<.01	p<.01
	(n=172)		(n=168)			
Total	-456045	-0.37264	-926045	-0.85321	p<.01	p<.01
	(n=899)		(n=762)			

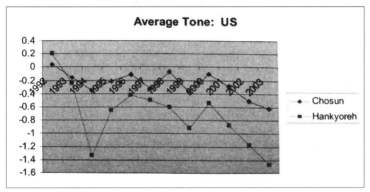

중국에 대하여

● 지역주의자로서 노무현 정권: 한국은 동북아시아 경제의 허브다

● 우리당 당원들 의식조사: 한국의 가장 중요한 동맹국으로 중국(50%) vs 미국 (42%)

● 동아시아 정상회의(미국 배제)

일본에 대하여

● 김대중 정권 동안 어느 정도의 진전

● 독도를 둘러싼 최근의 분쟁들 (스탠포드대에서 김대중이 일본에 대하여 실시한 최근 언급들)

● 일어나고 있는 민족주의(한국만 아니라 일본과 중국에서)

변화하는 관계들 요약(자료: 조선일보 2005년 8월 15일자)

무엇이 발생했는가?

● 북한에 대한 개입정책이 연장되다(2000년 정상회담)
● 정치적 리더십의 세대변화(386 세대)와 새 민족주의가 일어남(프라이드와 갈등)
● 세계화의 해로운 영향에 대한 경계심(1997년 위기)
● 미국 일방주의에 대한 불만(북한에 대한 정책에 대한 반대)
● 중국과 경제와 문화적 상호교류("한류"-한국 물결)
● 지역에서 중국이 주요 역할을 맡음: 6자회담의 주역

미래 이슈들

● 새로운 민족적 아이덴티티를 추구하는 한국인들
● 민족적, 지역적 그리고 세계적 세력들과 지속적인 상호작용
● 공적인 견해의 양극화와 일치를 구축할 긴급함
● 미주 한인들의 역할은 무엇인가?

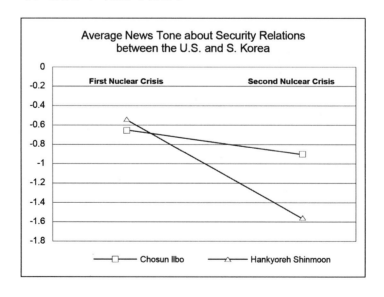

KOREA AND THE US IN THE CONTEXT OF EAST ASIA

GI-WOOK SHIN

Professor, Stanford University

KOREA TODAY

● Changing views of North Korea, US and China

● Sympathy toward the North, discontent with the US, and turn to Asia (China)

● Seeking to (re)define Korea's position vis-a-vis global (US), regional (China), and national (North) forces

● Parallel to late 19th/early 20th century

ON NORTH KOREA

● Chosun-Gallup Korea poll (ages of 16-25/Aug. 2005): "favorable attitudes toward the North" (62.9%)

● Roh's speech in Paris (Dec 2004)

"The charm of France is its pursuit of different values from America... We [South Koreans] might embrace ourselves, if we are in tune with the people of the country that seeks a regime change in North Korea."

Table. News Tone by Article Focus

	Chosun Ilbo		Hankyoreh Shinmoon		p-values	
	Weighted Tone	Average Tone	Weighted Tone	Average Tone	Weighted Tone	Average Tone
US	-162545	-0.23871	-412171	-0.9082	p<.01	p<.01
	(n=465)		(n=305)			
US-ROK	-126487	-0.42366	-442957	-1.11035	p<.01	p<.01
	(n=262)		(n=289)			
US-DPRK	-167013	-0.65698	-70917	-0.30952	p<.01	p<.01
	(n=172)		(n=168)			
Total	-456045	-0.37264	-926045	-0.85321	p<.01	p<.01
	(n=899)		(n=762)			

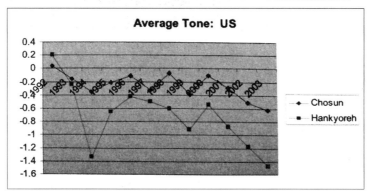

ON CHINA

● Roh government as regionalist: Korea as hub of the Northeast Asian economy

● Survey of the Uri party members: China (50%) vs US (42%) as Korea's most important ally

● East Asian Summit (excludes the US)

ON JAPAN

● Some improvement during the DJ Kim government

● Recent disputes over the Dokdo island (DJ Kim's recent remarks on Japan at Stanford)

● Rising nationalism (Japan and China as well as in Korea)

SUMMARY OF THE CHANGING RELATIONS

(source: Chosun Ilbo (8/15/2005))

What has happened?

- Prolonged engagement policy toward the North (2000 summit)
- Generational change in political leadership (386 generation) and rise of new nationalism (pride and conflict)
- Awareness of harmful effects of globalization (1997 crisis)
- Discontent with US unilateralism (disagreement over policy toward the North)
- Economic and cultural interaction with China ("hallyu"-Korean wave)
- China as a key player in the region: host of the Six-Pary Talks

FUTURE ISSUES

- Koreans in search of a new national identity
- Continued interaction among national, regional, and global forces
- Polarization in public opinion and urgency of consensus building
- Role of Korean Americans?

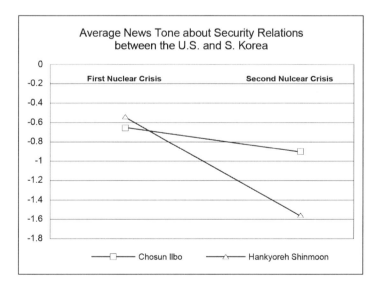

북조선의 통치이념과 통일전략

김현식

전 김형직사범대 교수

I. 북조선 통치이념에서 기본은 수령 (김일성, 김정일) 신격화

북조선 사람들은 김일성과 그의 아들 김정일을 신으로 받들어 모시고 있다.

북조선에서 김일성은 하나님, 김정일은 예수님으로 되어있다.

북조선 사람들의 삶의 목적은 수령(김일성, 김정일)에게 기쁨을 드리는 것이다.

그리하여 그들은 다음과 같은 구호를 가슴에 안고 일하며 살고 있다.

― 우리는 수령님께 기쁨을 드리기 위하여 살며 일한다.

― 수령님을 위한 길에서는 죽어도 영광, 살아도 영광이다.

― 수령님을 위하여 한목숨 기꺼이 바치자.

― 수령님을 정치 사상적으로, 목숨으로 옹호 보위하자.

성경에는 다음과 같은 말씀이 있다. "우리 가운데는 자기 자신을 위해 사는 사람도 없고 자기 자신을 위해 죽는 사람도 없습니다. 우리는 살아도 주님을 위해 살고 죽더라도 주님을 위해 죽습니다. 그러므로 우리는 살아도

주님의 것이고 죽어도 주님의 것입니다."(북조선판 성경, 로마서 14장 7-8절)

수령에 대한 북조선 사람들의 충성심은 하나님에 대한 기독교인들의 신앙심과 하나도 다를 바 없다. 이것은 김일성의 부모, 김정일의 조부모(김형직, 강반석)가 독실한 기독교인이었으며, 김일성 자신도 초등학교 시절에는 부모와 함께 열심히 교회에 다녔고, 중학교 때는 찬양대 지휘까지 했던 기독교인으로서, 기독교의 교리를 북조선 국가통치에 그대로 적용하였다는 것을 말해준다.

이처럼 김일성은 어찌 보면 주님을 열심히 따라다니다가 배반한 가룟유다와 같이 하나님을 배반하고 자기를 하나님 자리에 올려세운 것이다. 그러므로 우리는 북조선을 특수한 종교 국가, 김일성을 하나님으로 하고 김정일을 살아 있는 예수로 하는 김일성교의 종교 국가라고 이름 붙이게 된다.

II. 수령(김일성, 김정일) 신격화의 표현 형태와 형성과정

1. 수령 신격화의 표현 형태

(1) 김일성의 시신을 미라로 만든 것

김일성의 시신을 미라로 만든 목적은 김일성이 북조선 사람들의 가슴 속에 언제나 함께 있는 아버지이고, 민족과 세계를 이끄는 위대한 지도자이며, 영생하는 불멸의 신이라는 것을 보여주기 위해서다.

지금 김일성의 시신은 그의 아들 김정일의 특별지시로 금수산 기념궁전이라고 이름 붙인 곳에 있다. 금수산 기념궁전은 세계에서 대비할 대상이 없을 만큼 웅장 화려하게 꾸려졌다. 궁전은 아무나 방문할 수 없다. 북조선 사람인 경우에는 특출한 공훈을 세운 사람들, 외국인 중에서는 북조선에 많은 도움을 준 사람들만이 방문할 수 있는 특별한 곳이다.

(2) 연호를 바꾼 것

북조선에서는 금년을 2005년이 아니라 주체 94년이라고 부르고 있다. 즉, 서기 대신에 주체라는 말로 연호를 바꾸었다. 94년은 김일성의 출생연도 1912년을 기점으로 한 것이다. 예수 탄생을 기점으로 한 서기연호를 주체(김일성)라는 연호로 바꾼 것은 김일성을 예수보다 더 위대한 존재로 본다는 것이다.

(3) 김일성 생일을 태양절이라 부르는 것

북조선에서는 김일성의 생일 4월 15일을 태양절이라고 부르고 있다. 이것은 김일성이 태양과 같은 존재여서, 김일성 없이는 이 세상이 존재할 수 없다는 것이다.

(4) 김일성 동상을 세운 것

북조선의 수도 평양시 중심에 있는 언덕 위에는 높이 90피트에 달하는 세계 최대의 인물 동상, 김일성 동상이 있다. 이 동상은 김일성 생존 시에 이미 세워졌다. 이 동상에는 국가적 명절일, 김일성의 생일뿐만 아니라 평일에도 수많은 사람이 찾아와 참배한다. 평양을 방문하는 외국인들 경우에는 그 첫 일정이 김일성 동상 참배로부터 시작된다. 그들은 동상 참배가 끝나야 호텔로 안내된다. 크고 작은 김일성 동상은 전국에 3만 개 이상이 있다.

(5) 김일성 배지를 달고 다니는 것

북조선의 어른들은 누구나 김일성의 배지를 달고 다니게 되어있다. 이것은 언제 어디서나 김일성을 심장으로 모시고 따르며, 언제 어디서나 김일성의 지도를 받고 있다는 것을 상징하는 표시이다. 김일성 배지를 가슴에 달지 않으면 대학에서 교수는 강의할 수 없고, 대학생들은 강의를 받을 수 없다.

(6) 김일성, 김정일의 초상화를 걸어 놓은 것

김일성, 김정일의 초상화는 북조선의 매 직장, 가정, 교실뿐만 아니라,

버스, 기차 칸에도 걸어 놓게 되어있다. 사람들은 김일성, 김정일의 초상화를 목숨보다 더 귀중히 다룬다. 직장이나 가정에 불이 나면 목숨 바쳐 초상화를 꺼내온다.

(7) 김일성 연구실에서 학습하는 것
북조선에 각 도와 군 소재지에는 거대한 규모의 김일성 연구실이 있다. 김일성 연구실은 직장, 학교들에도 마련되어 있다. 거기에서 사람들은 김일성의 가계, 혁명 활동, 저서들을 학습하며 토론한다.

2. 수령 신격화 형성과정

(1) 전국에 하나의 사랑, 하나의 당만이 있게 한 것
김일성 사상(김일성주의), 김일성 당(조선로동당) 이외의 그 어떤 다른 사상, 다른 당의 존재를 허용하지 않고 있다.

(2) 국민 모두가 김일성주의를 학습하게 하는 것
북조선의 모든 사람은 하루 2시간 이상 김일성, 김정일의 저서와 덕성 자료를 학습한다. 사람들의 학습 정도를 시기별로 시험의 방법으로 검열한다.

(3) 학교 교육에서 기본을 수령 신격화에 두는 것
수령에 대한 충실성 교육내용이 없는 수업은 할 수가 없게 되어있다.

(4) 국민 전체를 연령, 직업, 성별에 따라 해당 정치조직(소년동맹, 청년동맹, 직업동맹, 농민동맹, 여성동맹)에 의무적으로 망라시켜 김일성주의자로 훈련시킨 것

(5) 모든 주민에게 인간적 권리와 자유를 주지 않는 것

- 언론, 집회, 결사, 신앙의 자유를 주지 않는 것
- 거주지와 직업선택의 자유, 여행의 자유를 주지 않는 것
- 모든 인사는 선거가 아닌 당이 임명하는 임명제로 하는 것
- 사람들의 직업이나 출세의 높이가 가정환경에 따라 정해지게 하는 것

(6) 외부세계와의 접촉을 차단한 것
- 라디오, TV의 채널을 고정시켜 북조선의 것만 시청할 수 있게 한 것
- 외국 서적을 볼 수 없게 한 것
- 외국 유학, 외국 여행을 할 수 없게 한 것
- 외국인들과 접촉할 수 없게 한 것

이런 상황으로 북조선 사람들은 나라 밖에서 일어나는 일에 대해서는 전혀 알지 못하고 있다. 그리하여 그들은 북조선이 지상낙원인 줄로 알고 있다.

(7) 수령 신격화에 어긋나는 행위에 대한 감시와 처형을 하는 것
- 비밀경찰, 일반 경찰망이 전국 구석진 곳까지 들어가 있다.
- 주거지역 민간인들 속에도 비밀 정보원이 있다.
- 수령을 배반하는 사람이 적발되면 가족 전체를 정치범 수용소에 보내고 있다.

3. 북조선의 통일전략

북조선 통치자들의 속셈은 한마디로 북조선뿐만 아니라 남조선까지 자기들의 통치 수중에 넣으려는 것이다. 그들은 남조선 해방과 남북통일이 현시기 민족 지상의 과업이라고 하고 있다. 그들은 남조선 해방과 남북통일이라는 투쟁목표를 달성하기 위해서 다음과 같은 전략을 세우고 있다.

(1) 남조선에서 미군을 철수시키기 위한 전략

이것을 위해서 그들은 남조선 인민들 속에서 반미 감정을 불러일으키고 있다.

- 미국은 백여 년 전부터 조선 인민의 철전지원수다.
- 1950년 조선전쟁 시기, 미국 때문에 남북통일이 이루어지지 못했다.
- 미국은 남조선을 식민지, 군사기지로 하고 있을 뿐만 아니라, 북조선까지 강점하려고 하고 있다.
- 지금 남북통일을 가로막는 기본 장애물은 미국이다.

(2) 남북통일을 외세의 간섭 없이 평양이 중심이 되어 자체의 힘으로 하려는 전략

이것을 위해서 조선민족 제일주의 사상을 만들어내고 있다.

- 조선민족은 5천 년의 유구한 역사와 찬란한 민족문화를 가진 슬기로운 민족이고 단일민족이다.
- 조선민족은 남의 나라를 침략한 적이 없는 정의로운 민족이다.
- 조선민족의 조상은 5천여 년 전에 실제로 있었던 인물 단군이다.
- 평양에 단군 묘가 있으며, 조선은 예로부터 평양이 중심이 되어 발전되어 왔다.

(3) 해외 기독교인들을 통한 통일전략

북조선은 1980년대부터 교회와 신학교를 세우고 성경, 찬송가까지 찍어내는 기만극을 벌였다. 기독교 말살 정책을 써오던 북조선이 이런 초지를 취한 것은 그들 나름대로 목적이 있었다.

- 우선 북조선에 종교의 자유가 있는 것처럼 대외적으로 선전하여 해외 기독교인들의 지지와 동정을 얻으려는 것
- 다른 나라의 기독교인들로부터 경제적 지원을 받아 어려운 경제 형편을 풀어보려는 것

• 해외 기독교인들을 북조선에 불러들여 그들을 친북세력으로 만들며, 그들을 통하여 북조선 체제의 우월성을 해외에 소개 선전하는 것

4. 전쟁을 통한 통일전략

(1) 전쟁을 대비한 사상적 준비를 갖추는 것
• 남조선 해방과 남북통일을 이룩하자면 전쟁은 불가피하다.
• 우리가 하려는 전쟁은 미제 침략자들로부터 조국을 수호하는 정의의 전쟁이다.
• 김정일 장군님이 진두지휘하는 전쟁이기에 우리는 반드시 승리한다.
• 국민이 모두 군대를 사랑하고 지원해야 한다.
• 전사자 가족, 전상자들에게 특별한 배려를 돌려야 한다.
• 사회생활 전반을 군사적 체계로 개편해야 한다.

(2) 전쟁에 대한 물질적 준비를 갖추는 것
• 모든 군수시설을 지하에 꾸려 전국을 철벽의 요새로 만드는 것
• 청소년, 민간인들의 군사훈련을 강화하여 전민을 철저히 무장시키는 것
• 현대전에 필요한 핵무기, 미사일, 생화학무기를 개발하는 것
• 군인들의 군사복무 기간을 늘려 군사적 자질을 높이는 것

III. 북조선의 문은 열리고야 말 것이다.

1940년대에 북조선을 동방의 예루살렘이라 불렀다. 그러던 곳이 북조선 통치자들의 기독교 말살 정책으로 지난 반세기 동안 완전한 무기독교 지역으로 변해 버렸다. 그 사이 북조선 체제는 수령(김일성, 김정일)에 대한 인민들의 절대적인 충성심으로 유지됐다. 그러던 북조선이 지금에 와서 조금씩 기울어지기 시작했다.

사회주의 모범의 나라라고 하던 북조선이 경제적 몰락으로 전 세계에

구걸하여 살지 않으면 안 되는 거지 나라로 되어 버렸다.

북조선에 마치 종교의 자유가 있는 듯 보이게 하여 해외 기독교인들로부터 경제적 지원을 받고, 그들을 친북세력으로 만들기 위하여 북조선 통치자들은 평양에 중앙당이 직접 통제하는 가짜교회도 만들어 놓았다.

한편 북조선 통치자들을 반대하여 북조선을 탈출하여 남조선으로 넘어가는 탈북자들이 수도 없이 생겼다. 이런 것들은 이전에는 상상도 하지 못했던 일이다. 하나님의 힘이 얼마나 크고 위대한가는 나의 경우를 들어 말할 수 있다. 하나님께서는 나를 평양-모스크바-서울을 거쳐, 오늘은 미국에 있는 세계적 명문대학인 예일대학교 교단에까지 세워주셨다. 하나님께서는 어머니 뱃속에서부터 예수를 믿었던 나를 꼭 필요한 때에, 꼭 필요하게 쓰시려고 이렇게 이끌어 주고 계신다.

하나님께서는 50년간의 김일성 당원, 20년간의 김일성 처가의 가정교사, 38년간의 북조선 명문대 교수, 3년간의 러시아대학 초빙교수 하던 나를 하루아침에 마음을 바꾸게 하셔서 북조선 선교 길에 나서도록 이끌어 주셨다.

이것은 오직 전지전능하신 하나님께서만이 하실 수 있는 일이다. 하나님께서는 독실한 기독교 신자였던 김일성의 부모, 김정일 조부모의 기도, 남·북조선과 전 세계의 복음화를 위한 그들의 기도에 반드시 응답하여 주실 것이다.

하나님께서는 정하신 시간에, 필요한 방법으로 북조선의 문을 열어주실 것이다. 북조선은 하나님의 뜻대로 복음화될 것이다. 그리하여 북조선은 잃어버렸던 예루살렘의 옛 지위를 반드시 되찾고야 말 것이다.

ISRAEL AND KOREA: COMPARATIVE HISTORY AS A TOOL OF BIBLICAL INTERPRETATION*

Marvin L. Chaney
Professor of Old Testament, GTU/SFTS

I am deeply honored and grateful to be invited to participate in this Memorial Symposium on the sixtieth anniversary of Korean independence. Please accept my hearty congratulations to Koreans everywhere on this auspicious occasion. Alongside my gratitude and joy, however, I must confess at the outset of my trepidation in two fundamental respects. 1) While my interests in Korean and Korean-American history and culture have been genuine and robust since the late 1970's, my knowledge of matters Korean is at a layman's level. I neither speak not read the Korean language, a fact that precludes my having firsthand access to historical sources and, indeed, to much that is intrinsically and essentially Korean. 2) Although my training and experience as a scholar of the Hebrew Bible grant me some credentials for the biblical half of the investigation here proposed, the historical comparison of biblical Israel and pre-modern Korea is academically unprecedented. Given the vast and obvious specific differences between the two, such an undertaking may well appear idiosyncratic at best, if not quixotic and

---

* This essay is largely a revision and abridgement of my article previously published in Korean translation by Dr. Eun Suk Cho as, "Pluralism in Text and Context: Some Feflections on a Hermeneutic of Dynamic Analogy between Biblical Israel and Historical Korea," *Christian Thought* 513 (2001), pp. 198-219.

doomed to failure from the beginning.

These blatant liabilities in my background and project would have induced me to decline today's gracious invitation were it not for repeated experiences epitomized in a conversation I had a number of years ago with a Korean colleague in theological education. He had received his doctoral education in this country and visited here often. He asked me to share with him what a Korean-American colleague, the Rev. Dr. Warren Lee, and I were doing in a course we were teaching entitled, "Israel and Korea: Comparisons." I replied that while I would happy for him to see the materials we had developed, he could learn nothing from me about Korea, and that, in fact, I had learned much of my meager knowledge from him. I have never forgotten his rejoinder. He told me that while I knew the history and culture of the United States in far more detail than he, he could show me things I did not see because I was too close to them. In that regard, his "outsider" status gave him a perspective that was impossible for me to gain unaided. Conversely, he said, I occupied an analogous perspective vis-a-vis Korean history and culture. He promised to correct my errors of fact and naive misinterpretation, but urged that he was actively interested in what my outsider's eye saw. We pledged to each other that day continuing and candid sharing of what we thought we saw when we looked and each other's churches and their environments and backgrounds.

It is in the posture and the spirit taught me that day--and on many other days by many other Korean and Korean-American colleagues--that I come here today. I do not in any way presume to interpret Old Testament for Korean or Korean-American churches nor to tell them how they should interpret it for themselves. I have neither standing nor ability to assume such a posture. What I will try to offer is a very preliminary sketch of what I think I see when I juxtapose my work as a scholar of the Hebrew Bible with my interested beginner's knowledge of matters Korean. I hope and expect to be corrected on matters large and small.

For any comparison of biblical Israel and preindustrial Korea to have any hope of success, it must be broad enough to be representative and yet sufficiently focused to avoid utter superficiality. On the biblical side, I have chosen to begin with the so-called "primary history" of the Hebrew Bible, Genesis through 2 Kings, (less Ruth, which appears at a completely different place in the Hebrew canon). This portion of the Old Testament could scarcely be more central or representative. It is also widely viewed by historical-critical scholars as literarily composite, with strands of composition that can be related plausibly to different historical periods and dynamics. Those historical dynamics, in turn, can serve as lenses to focus comparisons with Korea.

In the narratives of Genesis through 2 Kings, no less a topic than divine manifestation exhibits a striking diversity of conceptualization and description. The variation is not random or haphazard. In one group of texts in the Tetrateuch (Genesis-Numbers) exhibiting great distinctiveness and cohesion of theme, style, and perspective, Yahweh simple "appears"[1] to the human characters in the narrative and speaks with them. The unself-conscious anthropomorphism of these texts gives no hint of anxiety or concern for the protection of divine transcendence. A second group of Tetrateuchal texts, equally distinctive and cohesive, pictures Elohim's manifestation to human beings as mediated through "visions, dreams, angelic messengers," or "prophets."[2] In stark contrast to the first set of texts, these verge on obsession with safeguarding divine transcendence. A third set of texts in the Tetrateuch is characterized by its priestly perspective and language and by a formally periodized structure of covenants. In these texts, the "glory" of God is said to "tent" or "tabernacle" with Israel.[3] Such theological language seems motivated to assure divine imminence and protect divine transcendence simultaneously.

Finally, unlike any of the three ways of characterizing God's presence in the Tetrateuch, the Deuteronomistic History (Deuteronomy through 2 Kings) rou-

---

1 Cf. Gen 12:7; 26:2, 24; Exod 3:16; 4:1, 5; etc.
2 Cf. Gen 20:3, 6, 7; 21:17; 22:11, 15; 28:12; 31:11; 46:2; etc.
3 Cf. Exod 24:16-17; 29:43-46; 40:34-38; Lev. 9:6, 23; Num 14:10; 16:19, 42 (Heb. 17:7); 20:6; etc.

tinely speaks of "the place which Yahweh will choose to put his name there."[4] The context of this language in the Deuteronomistic History makes clear that "place" is the temple in Jerusalem. Solomon's dicdatory prayer for the temple explicate this conceptualization of the tension between God's imminence and transcendence. Yahweh's "name" is uniquely present and accessible in the Davidid's temple in Jerusalem, but that in no way traps or confines the deity. "But will God indeed dwell on the earth? Behold, heaven and the highest heaven cannot contain thee; how much less this house which I have built!"[5]

These four different ways of depicting divine manifestation--along with many other clusters of features--are characteristic of four literary strands frequently distinguished by historical-critical scholars in Genesis through 2 Kings. The distinctions are not much sharper focus. Space permits only the briefest of hints at that discussion.

The first set of Tetrateuchal texts, in which Yahweh simply "appears" to human beings without fanfare or apology, is commonly called the Yahwist or "J" strand. One plausible of "J" argues that it was a product of David's court, written in part to legitimate the newly-founded Davidic state and to help consolidate its disparate factions.[6] (I note in passing that each of Korea's so-called Three Kingdoms -Paekche, Koguryo, and Silla- produced works of similar genre and function, although like "I," they have been preserved only by inclusion in later recompositions.)

The second Tetrateuchal strand mentioned agonizes over the mediation of Elohim's presence for good reason. Its composer(s) knew firsthand the dangers of a God domesticated and made too familiar by David's successors, just as they wished to assure their audience (and themselves) that God was with them even when the evidence of that divine presence seemed far from overwhelming. Thus,

---

4 Cf. Deut 12:5, 11, 21; 14:23-24; 16:2, 6, 11; 1 Kgs 8:29; 9:3; 11:26; 14:21; 2 Kgs 21:4, 7; etc.

5 1 Kgs 8:27.

6 Bobert B. Coote and David Robert Ord, *The Bible's First History* (Philadelphia: Fortress Press, 1989).

it has been maintained credibly that these Elohistic or "E" texts constitute a polemical recomposition of "J," written at the secessionist northern court of Jeroboam I. Legitimating both the north's wiTh.D.rawal from Davidic rule and Jeroboam's attempt to found a new dynasty in the north, the Elohist recomposition of "J" was calculated to have the Davidids "hoist with their own petard."[7]

If we move in the probable chronological order of composition, the Deuteronomistic History comes next. A growing consensus of scholars now views the primary "edition" of this work as a product of the court of Josiah.[8] As such, it, too, addresses regional and factional tensions, but in a changed historical context. After two centuries of independent existence, the northern state of Israel fell to the Assyrian superpower in 722 BCE. For another century, its territory was divided among several Assyrian provinces and ruled by foreigners brought in for that purpose. Judah, too, had come into Assyrian orbit during that period, but as a vassal state till ruled by Davidids. Josiah came to throne as a child because his father had been assassinated in infighting between pro- and anti-Assyrian factions. When Josiah's arrival at the age of majority coincided with the crumbling of Assyrian power, however, he led a movement of resurgent national independence.

---

7 Robert B. Coote, *In Defense of Revolution: The Elohist History* (Minneapolis: Fortress Press, 1991).

8 Cf., inter alia, Frank Moore Cross, *Canaanite Myth and Hebrew Epic: Essays in the History of the Religion of Israel* (Campridge, MA: Harvard University Press, 1973), pp. 274-89; Richard D. Nelson, *The Double Redaction of the Deuteronomistic History*, JSOTSup 18 (Sheffield: JSOT Press, 1981); Marvin L. Chaney, "Joshua," in *The Books of the Bible*, ed. by Bernhard W. Anderson (New York: Charles Scribner's Sons, 1989), Vol. 1. pp. 103-12; Gary N. Knoppers, *Two Nations Under God: The Deuteronomistic History of Solomon and the Dual Monarchies*, Vol. 1: The Reign of Solomon and the Rise of Jeroboam, HSM 52 (Atlanta: Scholars Press, 1993),; idem, *Two Nations Under God: The Deuteronomistic History of Solomon and the Dual Moanrchies*, Vol. 2: The Reign of Jeroboam, the Fall of Israel, and the Reign of Josiah, HSM 53 (Atlanta: Scholars Press, 1994); Eun Suk Cho, "Josianic Reform in the Deuteronomistic History Reconstructed in the Light of Factionalism and Use of Royal Apology" (Ph.D. diss, Graduate Theological Union, 2002).

The Deuteronomistic court historian(s) addressed a number of issues crucial to the success of Josiah's "reform." Foreign influences, wich had dominated the former northern kingdom and heavily impacted Judah itself, must be expunged. The central authority of the Davidic dynasty, denied in the north for three centuries and greatly effaced even in Judah by over a century of Assyrian vassalage, must be strengthened and reasserted. Local and regional sites of worship, which drew worshippers, revenues, allegiance, and jurisdiction away from the Davidid's dynastic chapel in Jerusalem, must be eradicated. Chief among such sites was Bethel, situated just north of the border between Judah and northern Israel. Since it had been chosen by Jeroboam I as a principal site for the cultus legitimating his secessionist state, it was interpreted by Josiah's court historian(s) as idolatrous and apostate, the very epitome of all that sundered the unity of Israel as people, nation, and worshipping community (1 Kgs 11-13) Over against that pluralism, which the Deuteronomistic History excoriates unrelentingly, Jerusalem with it dynastic temple is proffered as the sole location for the legitimate worship of Yahweh. It is in this polemical context that the phrase, "the place which Yahweh will choose to put his name there," punctuates the Deuteronomistic History like a drumbeat.

The fourth literary strand delineated above involves that final; priestly recomposition of the Tetrateuch into something appraching its current form. Here in "P," as well, knowledge of the context of composition goes far to explicate the preferred nomenclature for divine presence. While this priestly stratum obviously contains much material of far greater antiquity, a majority of critical scholars locates its primary, structuring composition among the priests exiled to Babylon.[9] A sacerdotal world view suffuses that work. These exiled priests' identities, both personal and professional, found their taprott in the temple in Jerusalem and its cultus.

---

9 Cf. Cross, *Canaanite Myth and Hebrew Epic*, pp. 293–325; and Robert B. Coote and David Robert Ord, *In the Beginning: Creation and the Priestly History* (Minneapolis: Fortress Press, 1991).

But that temple had been destroyed as part of the defeat by the Babylonians of the Davidic dynasty for which it served as legitimating chapel. Removed by exile from even the ruins of what had previously been the center of their universe, the exiled priests needed an understanding of God's presence grounded in the temple institution, but not bound to it spatially. They found that conceptualization in the premonarchic, pre-temple traditions of the "tabernacle" or "tent" and its cultus. Here the heavy cloud of smoke above the sacrificial altar served as a symbol both of God's presence and God's unboundedness. The "glory" of God, once uniquely present in Jerusalem's temple, was not conceived to be portable, as in the days of the wilderness wandering, so that it could "tent" or "tabernacle" with "Israel" and its priesthood wherever they were--even in Babylonian exile.

Many poorer and less educated Judahites, meanwhile, remained in Palestine. There they sought God's presence as mediated by institutions at some spatial and conceptual remove from Jerusalem's exiled elites. When Persian policy later allowed and even encouraged the return of some exiles and the rebuilding of the temple, the experiential and conceptual gulf was to figure prominently in factional conflict of yet another sort.

Thus, our brief survey of the primary history's pluralism in conceptualizing God's presence has produced a generic constant amidst the complex diversity of specific contexts-factional tension and conflict are involved in each and every case. None of the Old Testament text's differing representations of God's presence is neutral or articulated in a vacuum. Each is polemical relative to factional opponents whose nature and identity can be ascertained with some probability.

It is at just this point that I wish to lay the groundwork for the possibility of a hermeneutic of "dynamic analogy" between biblical Israel and historic Korea. For beneath the great and obvious specific differences between Israel and Korea's generic similarities of considerable number, depth, and significance. Korean Christians have sensed this comparison intuitively for as long as they have had access to the Hebrew Scriptures. Using the categories of the comparative social sciences, I now want to undertake a more analytical reprise of that intuitive insight.[10]

In Korea, as in biblical Palestine, the arable land occurs in relatively small re-
gion units, cantons separated from one another by various topographical impedi-
ments and characterized by certain differences in climate, topography, soil, and
means of subsistence. In both cases, this situation contrasts with the oldest, larger,
near neighbor--Egypt in the Palestinian instance, China in the case of Korea. Major
riverine systems in Egypt and China facilitated communication and transportation
over far more extensive inland areas, while simultaneously providing powerful in-
centive for the centralized control of the political economy necessary to bring
large river valleys to their full potential for agricultural production. Egypt and
China also present social historians with major examples of "primary state
formation."[11]

Israel and Korea, on the other hand, provide textbook illustrations of
"secondary state formation."[12] The earlier chapters of the political history of both
are dominated by city-states under the impress of the larger and older neighbors.

---

10 Previously proposed this same basic analysis in my essay, "Debt Easement in Israelite
    History and Tradition," in *The Bible and the Politics of Exgesis: Essays in Honor of Norman
    K. Gottwald on His Sixty-Fifth BirTh.D.ay*, ed. by David Jobling, Peggy L. Day, and
    Gerald T. Sheppard (Cleveland:, The Pilgrim Press, 1991), p. 128 and f.n. 6, p.
    326. The theoretical perspective of Gerhard E. and Gerald E. Lenski informs my
    analysis and the basis for its comparisons; cf. Gerhard E. Lenski, *Power and Priviledge:
    A Theory of Social Stratification*, 2nd ed. (Chapel HIll, NC: The University of North
    Carolina Press, 1984); and Patrick Nolan and Gerhard Lenski, *Human Societies: An
    Introduction to Macrosociology*, 9th ed. (Boulder, CO: Paradigm Publishers, 2004).
11 Cf. Morton H. Fried, *The Evolution of Political Society: An Essay in Political Anthropology*.
    New York: Random House, 1967) and Elman R. Service, Origins of the State and
    Civilization: The Process of Cultural Evolution (New York: Norton and Co., 1975).
12 Cf. Frank S. Frick, T*he Formation of the State in Ancient Israel, Vol. 4 of The Social
    World of Biblical Antiquity Series*, ed. by James W. Flanagan (Sheffield: JSOT Press,
    1985); Robert B. Coote and Keith W. Whitelam, *The Emergence of Early Israel in
    Historical Perspective, Vol. 5 of The Social World of Biblical Antiquity Series*, ed. by James
    W. Flanagan (Sheffield: Sheffield Academic Press, 1987); Volkmer Fritz and Philip
    R. Davies, eds., *The Origin of the Ancient Israelite States*, JSOTSub 228 (Sheffield:
    Sheffield Academic Press, 1996); and Mong-Lyong Choi, *A Study of the Oonsan River
    Valley Culture: The Rise of Chiefdom Society and State in Ancient Korea* (Seoul: Dong
    Son Sa, 1984).

Regional centers of power later emerged, vying with one another for control of still wider areas. National unification--David's kingdom in Irael and the so-called Silla unification in Korea--involved one region's dominating the others through a combination of military and diplomatic means. Whenever central control weakened in either of the resulting nation-states, however, regional identities and loyalties born of the geographic environment produced a fractious gaggle of rival candidates for national leadership.

The larger geopolitical location, moreover, reinforced this topographical productivity for factionalized elites in both Irael and Korea. Biblical Palestine was flanked by societies more populous and powerful than itself. A significant role for these superpowers in the political economies of Palestine did not begin with their defeat and exile of the national leaders of Israel and Judah. Long before these larger powers dominated the petty states of Palestine outright, they never ceased meddling in the affairs of their smaller neighbors, who occupied the land bridge where superpower interests met and clashed. Under such circumstances, Egyptian, Mesopotamian, and other foreign diplomats sought influence with various factions of the Israelite and Judahite elites. The latter, just as obviously, sought to strengthen their own hands domestically through powerful international connections, while at the same time regaining as much autonomy as possible from their foreign allies. Specific alignments were as intrinsically unstable as the generic dynamic was constant over extended periods.

Similarly, the factionalization of the elites of agrarian Korea was exacerbated by its geopolitical position in northeast Asia as "a shrimp among whales."[13] Korea occupied the "turf" where the regional superpowers--China and, later, Japan (to whom Korea had mediated much in Chinese culture), and, latter still, Russia, the powers of western Europe, and the United States of America--contested claims and influence. Specific links between any given Korean elite faction and one of

---

13 The expression comes from a Korean proverb often quoted to me by Korean friends as an epitome of their nation's history: "When the whales fight, the shrimp's back gets broken."

the larger, foreign powers often proved ephemeral, but the generic pattern of such alliances describes a powerful constant in Korean history: Ki-baik Kee, the father of Korean historiography in the period following independence from Japan, in fact, takes factional elite as the single most salient factor in Korean history. In the Korean-language original of his widely used textbook, a concluding chapter, "The Ruling Elite and the Course of Korean History"--not translated in the English version of the book--develops the theoretical point at some length.[14]

Religious ideology in both Israel and Korea was rarely far removed from the dynamics of such factionalism. Each of the four major portions of the Old Testament's primary history has already been explicated briefly in terms of such tensions and conflicts. Historic Korea, I believe, presents a number of sustained parallels when viewed through the same methodological lenses.

Allusion has already been made to the fact that each of Korea's "Three Kingdoms" produced a national history, all lost save for their probable incorporation into Pu-sik Kim's History of the Three Kingdoms. In genre and purpose, these histories occupy much common ground with the Bible's "J," "E," "P," and Deuteronomistic History. "The compilation of these national histories reflects the common desire of the rulers of the Three Kingdoms to display the sovereign dignity of their centralized aristocratic states to the contemporary world and to posterity."[15] In each case, this legitimating function had regional and factional rivals as its foil. And it had an explicitly religious component, undertaken by the rulers as something of an innovation.

In all of the Three Kingdoms the principal initiative for the acceptance of

---

14 Cf. Ki-baik Lee, *A New History of Korea*, trans. by Edward W. Wagner with Edward J. Shultz (Cambridge, MA: Harvard University Press, 1984), esp. p. vi; James B. Palais, *Politics and Policy in Traditional Korea* (Cambridge, MA: Harvard University Press, 1975), pp. 15-16, and f.n. 30, pp, 291-92; and idem, *Confucian Statecraft and Korean Institutions* (Seattle: University of Washington Press, 1996), passim.
15 Carter J. Eckert, Ki-baik Lee, Young Ick Lew, Michael Robinson, and Edvard W. Wagner, *Korea Old and New: A History* (Cambridge, MA: Harvard University Press, 1990), p. 37.

Buddhism "was taken by the royal houses, probably because it was seen to be well-suited to undergird the new governing structure centered on the authority of the throne. The concept of a single body of believers all devoted to observing the way of the Buddha, combined with the notion of the whole of the nation's people serving the king as one, surely played a major role as a force for unity and cohesion in the early Korean states."[16]

David, Jeroboam I, and Josiah all understood their own counterparts of this dynamic well.

Buddhism remained "the dominant system of thought in Unified Silla."[17] Among the various Buddhist sects of the period, Hwaom "was accorded the most devout adherence by aristocratic society when Silla was in full flourish."[18] Since it "taught the doctrine of all encompassing harmony, that the one contains the multitude and that the multitude is one," it was "well suited to a state with a centralized power structure under an authoritarian monarchy."[19] But the ruling elite of United Silla became increasingly effete, self-indulgent, and indifferent to the hardships their policies worked on the vast majority of their people. The great popularity of Pure Land Buddhism at this time, principally among the common people, resulted "in part because of the accessibility of its practice and in part because it offered hope of an escape from the despair of lives filled with day to day suffering, a condition brought about by the gross inequalities in Silla society under authoritarian rule."[20]

When the decadence of Unified Silla led to a decentralization of power in "The Age of Powerful Gentry Families,"[21] Son (Zen) Buddhism grew in popularity. "Son... basically developed as the religion of the local gentry and understandably

---

16 Ibid, pp. 37-38.
17 Ibid., p. 50.
18 Ibid.
19 Ibid., pp. 50-51.
20 Ibid., p. 51.
21 This title is the characterization of the period by Ki-baik Lee in chapter 5 of *A New History of Korea*, pp. 92-109.

so, for the individualistic element in Son provided an ideological basis for the assertion of their independence from the power structure centered in the capital."[22]

Such decentralization begot its own reaction in the Koryo social order that followed. This newly defined aristocratic order obtained much of its cohesion from the enduring connections made by its sons while attending private Confucian academies. The growing acceptance of Confucianism in this period favored "a rational approach to the problems of human society."[23] But if rational, Confucian modes of thought appealed to the minds of the men who ruled Koryo, a form of Buddhism still held the allegiance of both their hearts and purses.

Buddhism was integral to everyday life in Koryo society and was the major creative force shaping its cultural achievements. In particular, the belief that personal or even national well-being will be assured through the accumulated effect of pious acts was the motivating force behind Koryo's construction of so many temples and monasteries and its enforced observance of the various Buddhist ceremonies.[24]

Both the royal house and the aristocracy donated large landholdings to Buddhist monasteries, and "because this land enjoyed tax exemption, the Buddhist establishment grew ever more powerful economically."[25]

The aristocratic rulers of Koryo prized their military officials far less, however, leading to military revolt and a period in which "power shifted again and again from one military strong man to another."[26] Internal chaos and foreign invasion ensued. The vacuum left by the collapse of military rule was filled, in part, by the rise of the Neo-Confucian literati. "The spread of Neo-Confucianism gave rise to an intensifying repudiation of Buddhism"[27] by the literati-bureaucrats. They "attacked the abuses of the Buddhist establishment--its grasping concern with wealth and power, and the misconduct of its monks."[28] When Song-gye Yi seized

---

22 Ki-baik Lee, et al., *Korea Old and New*, p. 65.
23 Ibid., p. 79.
24 Ibid., p. 81.
25 Ibid., p. 83.
26 Ibid., p. 87.
27 Ibid., p. 102.

power and founded the Chosun dynasty, the stage was set for the ascendancy of Neo-Confucianism in Korea and the circumscription of established Buddhism to its isolated mountains retreats. Bereft of its political power and rich trappings, Buddhism lived on in the private spirituality of many Koreans, including some kings of the Chosun dynasty who proscribed Buddhism in its institutionally established forms as destructive of family mores and ruinous to the state.

Despite its many glories and accomplishments--epitomized in the reign of King Sejong, a ruler brilliantly ahead of his time--the Chosun dynasty created a state characterized by a relatively weak central government and a Noe-Confucian, yanban aristocracy noted for its factionalism and its rapacity. While avoiding significant contributions to state coffers with uncommon success, this elite yangban class was often merciless in applying "the squeeze" to the peasant majority that supported it.[29]

The Neo-Confucianism of these yangban literati was not the practical lore of rational statecraft that marked the earlier penetration of Confucianism into Korea. It was a philosophical system that sought to explain the origins of human beings and the universe in metaphysical terms. "An intolerant doctrine, quick to reject all other teachings,"[30] it served to reinforce the factionalism already seen to typify the elites of Korea. While the configuration of specific factions was ever shifting, and the political fortunes of a given faction waxed and waned, the dynamic of infighting was a generic constant. Far more ofen than not, the conflicts were waged or legitimated on ideological grounds. Appeal to the same Neo-Confucian classic, differently interpreted, characterized all parties to the dispute.

Such dynamics were rife in the latter decades of the nineteenth century, when Protestant Christianity came to Korea in the train of the political, economic, tech-

---

28 Ibid.

29 Palais, *Politics and Policy*.

30 KI-baik Lee, et al., *Korea Old and New*, p. 102; cf. Martina Deuchler, *The Confucian Transformation of Korea: A Study of Society and Ideology* (Cambridge, MA: Harvard University Press, 1992).

nological, and military forces of westernization. The Chosun national state was no match for those forces. Its treasuries and armed forces--indeed, its ability to govern--had been depleted by generations of graft, corruption, and denial. As its vulnerability to the technological and military superiority of the western powers and Japan became ever more apparent, ideologically charged factional infighting among Korea's elites intensified, spurred on by ephemeral alliances with one of the several intruding powers, each bent, in turn, on its own aggrandizement.

In what was to prove a decisive instance of this imperialism, President Theodore Roosevelt, impressed with Japan's defeat of Russia in war, violated a treaty in which the United States had pledged to defend Korean neutrality and national integrity. In exchange for Japan's recognition of the United States' hegemony in the Philippines, Roosevelt secretly agreed to acquiesce to Japanese claims in Korea. Official annexation followed a few years later, ushering in several decades of brutal colonial rule.

The history of Protestant Christianity in Korea from the time of its introduction in the late nineteenth century to the termination of Japan's colonial rule at the end of World War II is complex and, as yet, incompletely written. Certain generalizations pertinent to the present discussion, nevertheless, may be hazarded.[31]

In the closing decades of the Chosun dynasty, the weakness, ineptitude, and corruption in Korea's ruling classes had led many among Korea's dispirited lower classes to lose faith in what had been their culture's unifying symbol system. The

---

31 The generalizations are my own, based upon the following sources: L. George Paik, *The History of Protestant Missions in Korea, 1832-1910* (Seoul: Yonsei University Press, 1929, 1970); Charles Allen Clark, *Religions of Old Korea* (Seoul: The Christian Literature Society of Korea, 1932, 1961); Everett N. Hunt, Jr., Protestant Pioneers in Korea (Maryknoll, NY: Orbis Books, 1980), Ki-baik Lee, *A New History of Korea*; Tong-Hwan Moon, "The Cocial Character of the Korean Churches," in *Fire Beneath the Frost*, ed. by Peggy Billings (New York: Friendship Press, 1984), pp. 13-27; Allen D. Clark, *Christianity in Modern Korea* (Lanahm, MD: University Press of America, 1986); James Huntley Grayson, Korea: A Religious History (Oxford: Oxford University Press, 1989); Ki-baik Lee, et al., *Korea Old and New*; and Bruce Comings, *Korea's Place in the Sun: A Modern History* (New York: WW. Norton, 1997).

rise of an indigenous Korean religion, Chondogyo, gave form to one response. Other lower class elements, who felt they had little or nothing to lose in breaking away from the old order, constituted the majority of early converts to Protestant Christianity. Women were disproportionately represented in this group, commensurate with their having born a disproportionate share of the burden.

The increasingly aggressive Japanese presence in Korea impacted the further growth of Protestant Christianity in Korea. While the Japanese administration sought to ban or circumscribe most institutions around which Korean national identity and resistance could coalesce, its desire not to antagonize the western powers gave the growing Church limited immunity from being crushed outright. The Church, as a result, became one of a relatively few centers of resistance. It attracted a number of patriotic intellectuals, who saw in the West's religion and political democracy an answer to Korea's ills.

In this context, Korean Protestantism developed several emphases, some of them contradictory. For "this-worldly" activists, Christianity was a religion of liberation from oppression. A new Protestant translation made the book of Exodus available in the Korean language at a time when the Japanese colonial administration had become particularly harsh. Sermon after sermon in the Korean churches of the period retold this story of the Hebrew slaves' escape from Pharaoh, the current implications being only too patent.

The Japanese authorities, of course, disapproved of a religion with such implications. Most of the western, Protestant missionaries were ambivalent. While many sympathized deeply with the plight of their Korean coreligionists, and some wrote chapters in the history of heroism defending their Korean friends, their own individualistic faith left many ill-equipped to address the pressure of both sending western churches and Japanese officials to keep Christianity a matter solely of personal salvation. Under this combination of influences, many Korean Protestants embraced a faith that was "other-worldly," defensive, and absolutist. The brutality of Japanese rule left title room or nourishment for religious tolerance or dialogue.

The legacies of Neo-Confucianism also played a role in this mix, because many of the structures and functions of Protestant Christianity as introduced into Korea were strongly reinforced by parallel tendencies long present in Korean Neo-Confucianism. Like Korean Neo-Confucianism, western Protestantism was factionalized, many of the factions being absolutist in their claims and intolerant of rival views. Just as competing Noe-Confucian factions justified their claims by varying explications of the same authoritative texts, so different Protestant dominations legitimated their rival theologies and ecclesiologies in different interpretations of the same authoritative Christian Bible. Historically, the geographic division of the peninsula among the western denominations for purposes of missionary work exacerbated these tendencies, even though the initial arrangements were often made in the spirit of cooperation. Many Korean Protestants and western missionaries in the field favored a union Church, in fact, but jealousies and opposition within denominational structures in the West insured that such a union died aborning.

Such a summary account of Korean religious history obviously leaves a great deal out of account. Even if they contain some conceptual truth, the gross generalizations made rune a high risk of distorting the far more complex historical realities. Moreover, the history of the Korean Church after 1945 strikes many as more exciting and important than anything I have sketched here. My criteria of selection, however, have sought to emphasize dynamics that aid the understanding of Korean religious pluralism in a systemic, socio-historical context, and that allow for its generic comparison with the religious pluralism of biblical Israel. On both sides of the comparison, I have tried to connect the "head" of religious ideology with the "body" of its institutional context.

Such generic comparison can make possible a hermeneutic of "dynamic analogy" in biblical interpretation. Much of the "meaning" of biblical text is not singled by the texts themselves in forms that are obviously or necessity "timeless" or "universal," either in the world of their composition or that of any modern reader. But neither is much of it trapped in the sui generis specifics that are the focus of historical particularism. Between the hermeneutical extremes of (alleged) universalism and (antiquarian) particularism lies a large, but mostly unutilized "generic middle." By "generic middle" I intend to refer to categories of meaning that are part of the immediate cultural experience of broad classes of people, (and hence are not particular to the specifics of one time, place, event or culture), but that are not universal in the immediate cultural experience of all human beings. For example, national histories written in the form of religiously couched apologies are generically common to agrarian monarchies--including, as seen above, those of agrarian Israel and Korea--but not universal as a form of religious expression. Much of the "meaning" of such texts is relative to the preunderstandings of the genre employed and the generic context it presupposes.

Please allow me to illustrate briefly, using examples that employ or expand materials already treated. All these illustrations are tentative and partial, for I can speak in any context of Koreans only as a concerned colleague who is, nevertheless, very much an outsider. In the end, only Korean Christians can determine what the Bible means in and for their situation. My intent is not to arrogate to myself interpretive work that only others have right and ability to perform, but to call attention to interpretative tools that may be of use in their work.

The first stream of Old Testament tradition I sketched was that of the "Yahwist." In generic terms, this portion of the biblical text addresses, in the first instance, the situation of a monarchic nation-state newly formed. It exults in Israel's recent successes and denigrates David's rivals and detractors. One of its leitmotivs is the "blessing" of Israel and its elect line of forebears in world history.[32]

As noted above, several of the agrarian monarchic states of Korea's history produced documents similar in genre and purpose. But how does that fact impact the interpretation of Yahwistic texts by the Korean Church today? Korea is no longer

---

32 Cf. Coote and Ord, The Bible's First History, esp. pp. 74-78; 285-97; and Hans Walter Volff, "The Kerygma of the Yahwist," in *The Vitality of Old Testament Traditions*, 2nd ed., by Walter Brueggemann and Hans Walter Wolff (Atlanta: John Knox Press, 1982), pp. 41-66.

an agrarian monarchy. Some dynamic analogies of significant exist, however. Industrial development of Korea during the Japanese colonial period was heavily skewed to serve Japanese, not Korean interests. Korea emerged from the ravages of what the West calls World War II still preponderantly an agrarian nation. Ignorance, condescension, neglect, and ideological motivation manipulation on the part of numerous American officials after the war aided and abetted national partition, devastating civil war,[33] and the stagnation and corruption of the Rhee presidency.

Against that background, beginning in the 1960's, Korea has experienced a remarkable national revival. Although still very close to its agrarian rots at the beginning of this period, Korea has rapidly become an industrial power in what amounts to a national rebirth. Is it any wonder that ebullient Yahwistic texts, flush with David's unprecedented successes, have found particular resonance in those times and places when Korean and Korean-American churches have achieved rapid and impressive affluence? A theology of "blessing" has seemed even more obvious to many Korean and Korean-American Christians of the last two decades than it did to David's court historian. Given all they have suffered for so many generations, Korean and Korean-American Christians have both need and right to exult.

Still, there is more to the Yahwist than the motif of blessing. In many ways, the goal and culmination of this portion of the Bible is the Exodus, Yahweh's deliverance of Israel from state slavery in Egypt viewed as the birth of the nation. No Korean who survived the Japanese colonial period requires discourses from an European-American professor to grasp the "dynamic analogy" there. But the Yahwist's version of the Exodus projected the evil of oppression onto foreign villains, leaving the domestic oppressions of David and his successors comfortably

---

33 See the extensive treatment of Bruce Comings, *The Origins of the Korean War*, Vol. 1: *Liberation and the Emergence of Separate Regimes 1945-1947* (Princeton: Princeton University Press, 1981); idem, *The Origins of the Korean War*, Vol. 2: *The Roaring of the Cataract 1947-1950*. (Princeton: Princeton University Press, 1990).

out of view. Other voices in canon explore those oppressions, however, openly acknowledging them as justifiable cause of northern Israel's secession from the rule of the Davidids.[34] And as we have seen, the Bible presents the Yahwist's triumphalist narrative framed in the Elohist's polemical recomposition that hints broadly that the Davidids have beaten Pharaoh at his own oppressive game.[35] In contrast to Yahweh's unconditional promise to Abraham and his descendants in the Yahwist, moreover, the Elohist's Mosaic covenant makes God's relationship to Israel conditional upon the keeping of various ethical stipulations.

Without presuming to tell Korean colleagues what this polemical dialogue within canon means to and for them, I note the following realities within modern Korea's meteoric rise. All regions of the country and all classes of the population have not participated equally in the economic "miracle." Affluence for some areas come at the cost of virtual slavery for many workers, young women from the country being disproportionately represented in their numbers. Whereas the early converts to Protestantism in Korea came mostly from the lower classes, Christians today are overrepresented among newly affluent urbanites. According to a hermeneutic of dynamic analogy, how do these realities inform Korean Christian interpretation of Yahwistic and Elohistic texts in the Bible?

The Deuteronomistic History, too, exhibits many dynamic analogies to Korean experience. In it we hear the voice of a small but proud nation, independent again after a long period of foreign domination. Part of the Deuteronmomistic reaction involves a sustained and righteous anger against the alien powers that had sullied Judah's identity as a political, cultural, and religious entity. Given Korea's history, Korean Christians can scarcely avoid, I suspect, feeling deep empathy with this dimension of the text. Parenthetically, as I often say to my fellow European-Americans, a hermeneutic of dynamic analogy suggests that we read the Deuteronomistic Historian's anger "with our Assyrian hats on." In terms of power

---

34 1 Kgs 9:11-12.
35 Coote, *In Defense of Revolution.*

dynamics, we are the modern counterpart, not of Judah, but of Assyria. It is we who have viewed and used other, smaller nations as pawns and surrogates. At this level, the Deuteronomistic History offers trenchant commentary on the history of Korean relations with the United States.

Another dimension of the Deuteronomistic History has impacted relations between Korean and American Christians in quite a different way. As we saw, Josiah's court historian polemicized, not only against foreigners, but against all local and regional leaders not a part of his program of royal centralization. All sites of worship other than the Davidid's dynastic chapel in Jerusalem were declared illegitimate and their worship judged apostate and idolatrous. This viewpoint predominates, not only in the Deuteronomistic History, but in the Deuternomistic editing of a number of the prophetic books.

In the historical dynamics that brought Protestant Christianity to Korea, this Deuteronomistic polemic became one of the grounds for the widespread negation of Korean culture in the process of evangelization. In the minds of most western missionaries of the late nineteenth and early twentieth centuries, western culture and political institutions, industrial technology, capitalistic economy, "progress," and Christian religion came in one, indivisible package. Indeed, they were often embodied in the same persons. From that triumphalist and un-self-critical perspective, a Deuteronomistic polemic framed in and for specific historical circumstances and countered by others voices within canon became God's unconditional condemnation of religious cultures that were "heathen" and "pagan," that is, not western. As a result, the Korean churches were bequeathed a problem with "indigenization" that persists to this day.

I do not propose to solve that problem here. I do note again, however, that the Deuteronomistic Historian's views do not remain unchallenged within the Bible itself. Elohistic texts not only presume the legitimacy of the very sites and cults condemned in Deuteronomistic texts, but they include legitimating accounts of their founding by the eponymous ancestor of Israel.[36] The "golden calves" at Dan and Bethel, denounced by the Deuteronomistic Historian as patent idols, are regarded by many historians of religion as pedestals on which Yahweh was conceived as invisibly enthroned.[37] In this regard, they were no more pagan idols than was the ark in Jerusalem, which functioned iconographically in a parallel fashion. The conflict was political, but waged in part in the realm of religious ideology. The Davidids had the ark. Jeroboam I reverted to an even older patriarchal iconography to express God's presence in his royal shrines. Here a hermeneutic of dynamic analogy points out that the Deuteronomistic polemic against "pagan shrines" was far more partial and controverted in the religion of biblical Israel than has been the western-inspired condemnation of indigenous religious cultures in Korea by most Protestants. Such an observation does not settle any of the issues raised, but it does focus them in a new and different biblical light.

Finally, the priestly texts of the Tetrateuch, read in the context of their composition, also provide some suggestive analogies to Korean experience. The priestly writers, like contemporary Koreans, had lived through transformative change. They struggled to articulare expressions of faith that were firmly rooted in the institutions of their ancestors but vital in their address to contextual dynamics unimaginable even to their immediate forebears. Under such circumstances, generational variations in perspective were marked and inevitable. Exacerbating those tensions between and among different cohorts was the widening gap between the experience of Jews left in or returned to Judah and those living in exile or diaspora amidst many other nations and cultures. For the priestly writers and their constituencies, as for contemporary Korean Christians, the faithful choice was not tradition or change, but rather religious expression somehow accountable to the realities of both. A focus solely on ideological absolutes--that often, in fact, express the experience of one in-group, while denigrating or denying that of others--can

---

36 Ibid, pp. 95-101.

37 Cf. Cross, *Canaanite Myth and Hebrew Epic*, pp. 73-75; Roland de Vaux, *The Bible and the Ancient Near East*, trans. by Damian McHugh (Garden City: Doubleday, 1971), pp. 97-110; Mark Moore, "Jeroboam's Calves: Idol or Imitations?" *The Bible Translator* 41 (1990), pp. 421-24; and Wesley I. Toews, *Monarchy and Religious Institution in Israel under Jeroboam I.* SBLMS 47. Atlanta: Scholars Press, 1993).

only intensify fractioning.

I have tried--all too schematically!--to hint at how and why pluralism in the form of such factionalization was characteristic, both of biblical Israel and historic Korea. In both cases, differing religious conceptualizations become more intelligible and more meaningful when viewed in the context of their articulation. Fidelity to the truth of any these religious expressions requires acknowledgement that all are partial--in both senses of the English word--and conditioned by the contexts they address. None alone is adequate or sufficient to all contexts. Only as they complement, supplement, and correct one another in a conversation between and among their partialities can our discernment of biblical faith be full and faithful. Such partiality may be a theological problem, but it is also an irreducible theological resource, calling for mutually transforming dialogue, not the deadening anathemas of factional infighting.

이스라엘과 한국
: 성경해석 방법으로서의 비교역사학*

마빈 L. 체이니
SFTS/GTU 구약학 교수

한국 광복 60주년에 열리는 기념심포지엄에 참여하도록 초대받아 매우 영광으로 생각한다. 이 경사스러운 날에 이 땅에 살아가는 모든 한국인에게 진심 어린 축하를 드린다. 그러나 나는 감사와 기쁨과 함께 처음에 두 가지 근본적인 면에서 나의 두려움을 고백할 수밖에 없다. 첫째로, 비록 한국과 한미 역사와 문화에 대한 나의 관심은 1970년대 이후로 진심이고 확고하지만, 한국의 문제에 대한 지식은 기초적이다. 둘째로, 비록 구약학자로서 나의 훈련과 경험은 여기에 제시된 성경연구를 어느 정도 믿을만하게 하지만, 구약시대의 이스라엘과 근대이전의 한국에 대한 역사적 비교는 전례가 없는 것이다. 둘 사이에는 거대하고 명백한 실제적 차이가 존재하기 때문에 이런 노력은 만일 비실제적이거나 처음부터 실패할 운명이 아니더라도 기껏해야 색다르게 보일 뿐이다.

나의 배경과 프로젝트의 이런 뻔한 부담감 때문에 나는 몇 년 전 신학을 가르치는 한국인 동료와의 대화 중에 축약된 경험을 반복하지 않도록 오늘 이 호의적인 초대를 정중하게 거절하려고 했다. 그는 박사 공부를 미국에서

---

* 번역 이기준: 서울대 공대, 장신대 신대원, 프린스턴 신대원, 에모리대 신대원 졸업. GTU Ph.D. Candidate. 현재 산호세 시온영락교회 담임목사

했고 이곳을 자주 방문했다. 그는 나에게 나와 함께 "이스라엘과 한국: 비교연구"라는 과목을 가르치던 한국계 미국인 동료인 워렌 리 박사에 대하여 나누어 달라고 부탁했다. 나는 비록 우리가 만든 자료를 그가 보는 것이 좋지만, 그가 한국에 대해서 내게 배울 것이 없을 것이고, 사실 나는 그로부터 나의 빈약한 지식의 많은 것을 배웠다고 대답했다. 나는 그의 대답을 결코 잊을 수 없다. 내가 비록 미국의 역사와 문화에 대해서 그보다 훨씬 자세하게 알고 있을지라도 그는 내가 그것들에서 너무 가깝기 때문에 보지 못한 것들을 보여줄 수 있다고 대답했다. 그런 면에서, 그의 "외부인" 신분은 다른 도움 없이는 내가 얻기 불가능한 관점을 주었다. 그는 또한, "그와 반대로 나는 한국역사와 문화에 대한 비유적인 관점을 가지고 있다"라고 말했다. 그는 사실에 대한 나의 오류와 지나치게 단순한 해석에 대한 오류를 바로잡아 줄 것을 약속했으나, 내가 외부인의 관점으로 본 것이 무엇인지에 대해 매우 관심 있다고 했다. 우리는 그날 각자의 교회와 환경과 배경에 대한 생각과 시각을 지속적이고 솔직하게 나누기로 약속했다.

오늘 내가 여기 온 것은 그 태도이며 그 날과 다른 한국인들과 한국계 미국인 동료들과의 많은 날에 성령님이 내게 가르치신 것 때문이다. 나는 어떠한 경우라도 한국인이나 한국계 미국 교회들을 위해 구약성경을 번역하려고 하지 않는다. 더구나 그들에게 어떻게 그들이 성경을 자신들을 위해 번역할 수 있는지 말하려고 하지 않는다. 그러한 태도를 취할 자리에 있지도 않고 능력도 없다. 내가 제공하고자 하는 것은 구약학자로서 내 일을 한국 문제에 관심이 있는 초심자의 지식과 나란히 놓았을 때 내가 생각하고 본 것에 대한 매우 개괄적인 그림이다. 나는 크고 작은 문제들에 있어서 이 그림이 교정되기를 바란다.

성경의 이스라엘과 산업화 이전의 한국 간의 어떤 비교도 성공할 가능성이 없어서 그 비교는 전형적이기에 매우 넓어야 하고, 또한 완전한 피상화를 피하기 위해서는 충분히 집중되어야 한다. 성경적인 측면에서 나는 창세기에서 역대하까지 이어지는 (히브리 정경에서 완전히 다른 자리에 나타나기 때문에

릇기는 제외한다) 구약성경의 소위 "최초의 역사"로 시작하려고 한다. 구약성경의 이 부분은 더 이상 중심적이거나 대표적이지 않다. 그것은 또한 주로 역사 비평적인 학자들에 의해서 각기 다른 역사적 시기와 역학과 그럴듯하게 연관될 수 있는 합성의 가닥을 가진 문학적인 합성물로 여겨진다. 다시 말하면, 이러한 역사적인 역할들은 한국과의 비교에 집중할 수 있는 렌즈로서의 역할을 할 수 있다.

창세기로부터 역대하까지 이야기에서 하나님에 대한 표현보다 더 놀랍게 개념과 묘사의 다양성을 나타내는 주제는 없다. 그 변화는 임의적이거나 우연한 것이 아니다. 사경(창세기부터 민수기까지) 내의 한 그룹 안에서 주제, 스타일 그리고 관점에 있어서 구분되기도 하고 결합하기도 하면서, 여호와는 이야기 안에서 인간의 특징으로 "나타나고" 그들과 대화한다. 스스로 의식하지 못한 이러한 텍스트의 인간화에는 신적인 초월성을 방어하려고 하는 어떤 걱정이나 관심도 없다. 동일하게 구분되어 있으면서도 결합되어 있는 사경의 두 번째 그룹은 "비전, 꿈, 천사와 같은 메신저, 또는 예언자"를 통하여 명상된 엘로힘의 표현을 인간들에게 묘사한다. 본문의 첫 번째 부분과 분명히 대조되면서, 이 그룹은 신적인 초월성을 지키려는 강박관념 비슷한 것을 가지고 있다. 사경의 세 번째 부분은 제사장적인 관점과 언어 그리고 정연하게 시대 구분된 언약의 구조로 특징지어진다. 이러한 본문들에서 하나님의 "영광"은 이스라엘과 함께 있었던 "장막" 또는 "성막"으로 불려진다. 이러한 신학적 언어는 신적인 내재를 확신하고 동시에 신적인 초월성을 보호하기 위한 동기로 사용되었던 것으로 보인다.

마지막으로 사경에서 하나님의 임재를 특징짓는 이 세 가지의 어떤 방법과도 다르게 신명기 역사(신명기에서 열왕기하까지)는 지속적으로 여호와가 그의 이름을 거기 두기 위해 선택할 장소를 말한다. 신명기 역사 안에서 이 언어의 상황은 "장소"가 예루살렘 성전임을 분명히 보여준다. 솔로몬의 성전 봉헌기도는 하나님의 내재와 초월 사이의 긴장 개념을 상세히 설명한다. 여호와의 "이름"은 예루살렘 내에 있는 다윗의 성전에서 독특하게 표현되고 접근되지만,

그것은 신성을 가두거나 구금 하지 못한다. "하나님이 참으로 땅에 거하시리이까? 하늘과 하늘들의 하늘이라도 주를 용납하지 못하겠거든 하물며 내가 건축한 이 전이오리이까?"

하나님을 표현하는 이 네 다른 방법들은 많은 다른 특징들과 함께 창세가열왕기하에서 역사비평학자들에 의해 자주 구분되는 네 가지 문학 층들의 특징이다. 그 구분은 단순히 문학적인 것만은 아니다. 역사학자들은 이 본문들과 그것이 구성된 시대 간의 관계를 보다 날카로운 관점으로 바라보았다. 여기서는 이 토의의 짤막한 힌트만을 제공하기로 한다.

여호와가 화려한 신전이나 변명 없이 단지 인간적으로 "나타나는" 첫 번째 사경 그룹은 보편적으로 야위스트 또는 J 문서라고 불린다. "J"에 대한 하나의 그럴듯한 분석은 새로 세워진 다윗 왕국을 합법화하고, 공통점이 없는 파벌들을 강화하는 것을 돕기 위한 다윗왕실의 소산물이라는 것이다(나는 이전에 한국의 소위 삼국—백제, 고구려, 신라—도 비록 "J"처럼 후대의 재구성 내에 포함되어 있을 뿐이지만 비슷한 장르와 기능을 가진 작품들을 생산했다고 쓴 적이 있다).

위에 언급된 두 번째 사경의 문서는 좋은 이유로 엘로힘의 임재의 중재를 위해 분투한다. 이 책의 편찬자는 일차적으로 그들 자신이 하나님의 임재의 증거가 너무 멀어 보이는 때라 하더라도 하나님은 그들과 함께 계셨고 그들의 청중(그리고 자신들)을 확신시키려 했던 것처럼 다윗의 후예들을 통해 형성된 길들여지고 너무 익숙해져 버린 하나님에 대한 위험성을 알고 있었다. 그래서 "E" 본문은 분리된 여로보암 1세의 북 왕국 왕실에서 기록되었고, "J"에 대한 논쟁적인 재구성이라는 주장은 믿을만하다. 다윗 통치로부터 북왕국이 분리된 것과 북쪽에 새로운 왕조를 개창한 여로보암의 시도를 합법화하기 위한 "J"의 엘로힘 재구성은 다윗왕조가 "그들 자신의 폭죽을 높이 올리려고" 계산됐다.

만일 우리가 구성 가능한 역사적 순위 안에서 움직인다면 신명기 역사는 E 바로 다음에 온다. 이 작품의 "초판"이 요시야 왕실의 산물이라는 것이 학자들 사이에서 점점 동의를 얻어가고 있다. 마찬가지로, 이 책도 지역적이고 당파적인 긴장을 기술했으나, 역사적인 환경이 변했다. 독립한 지 2세기 이후, 북이스라엘은 주전 722년에 아시리아의 강한 힘에 굴복했다. 또 한 세기 후에 그 영토는 몇 개의 아시리아의 주로 나뉘었고 그 땅을 다스리기 위해 보내진 외국인에 의해 다스려졌다. 유다도 그 시기에 아시리아의 반경 안에 들어와 있었으니, 마치 제후와 같은 상태로 다윗의 후손들에 의해 다스려 졌다. 요시야는 그의 아버지가 친아시리아파와 반아시리아파의 분쟁 중에 암살되었기 때문에, 어린 나이에 왕위에 올랐다. 하지만 요시야가 성년이 되었을 때는 아시리아의 힘이 쇠퇴하는 시기였기 때문에 그는 국가 독립의 부활운동을 이끌었다.

신명기 왕실 역사가(들)는 요시야 "개혁"이 성공한 많은 주요한 이슈들을 기록했다. 이전의 북왕국을 지배했고 유다에도 심각하게 영향을 준 외국의 영향들은 말살되어야 했다. 북왕국에서 3세기 동안 부인되어왔고 1세기 동안 아시리아의 봉신 기간에 유다에서도 많이 삭제된 다윗왕국 중심권위는 강해지고 재확신 되어야 했다. 예배자들, 소득, 충성 그리고 재판권을 예루살렘에 있는 다윗왕조의 예배실로부터 멀어지게 했던 지역적인 예배처소는 근절되어야 했다. 그러한 예배처소 중 가장 중요한 곳이 유다와 북이스라엘의 경계선 북쪽에 위치한 벧엘이었다. 이 자리는 여로보암 1세가 그의 분리된 왕국을 합법화하기 위한 제사의 주요 장소로 선택했었기 때문에 그곳은 요시야의 왕실 역사가에 의해서 우상숭배와 배교, 즉 민족, 국가, 예배공동체로서의 이스라엘 연합을 흩뜨리는 전형으로 해석되었다(열왕기상 11-13장). 신명기 역사가 쉬지 않고 벗겨낸 복수성에 반해서 그 왕조의 성전과 함께 예루살렘은 여호와 예배를 위한 유일한 장소로 제공되었다. 신명기 역사가 북소리처럼 강조하는 "하나님이 그 이름을 두시려고 선택하신 장소"라는 문장은 이러한 논쟁적인 상황에서 비롯되었다.

위에서 묘사된 네 번째 문학층은 사경의 최종적인 제사장적 재구성을 포함하고, 그것은 지금의 현재 모습에 어느 정도 접근해 있다. "P"에서도 마찬가지로 이 층이 구성된 상황에 대한 지식은 하나님의 임재를 선호하는 명명법으로 설명할 수 있다. 비록 이 제사장층이 명백하게 시대가 앞선 문서를 많이 포함하고 있더라도 비평학자 대부분은 이 층의 주된 구조적 구성은 바빌론 포로가 된 제사장들에 의한 것이라고 본다. 성직자의 세계관이 이 작품에 펼쳐진다. 포로가 된 제사장들의 정체는 인간적이고 직업적인 그들의 주된 뿌리를 예루살렘 성전과 그 제의에 두고 있는 사람들이었다.

하지만 그 성전은 법적인 예배당으로 쓰였기 때문에 바빌론이 다윗 왕조를 물리칠 때 파괴되었다. 포로가 되면서 전에는 우주의 중심이었던 성전의 폐허로부터 옮겨졌기 때문에 포로가 된 제사장들은 비록 성전제의에 바탕을 두지만, 공간에 매여 있지 않은 하나님의 임재에 대한 이해가 필요했다. 그들은 왕조 이전, 성전 이전의 전통 중에서 "성막" 또는 "장막"과 그 제의의 개념을 찾아냈다. 여기에서 제단 위의 짙은 연기구름은 하나님의 임재와 그분의 매이지 않음에 대한 상징의 역할을 담당했다. 한때 예루살렘 성전에서 독특하게 나타난 이 하나님의 "영광"은 이제 광야에서 방황하던 때와 같이 움직일 수 있는 것으로 여겨졌다. 그래서 이스라엘이 어디에 있건—심지어 바빌론 포로 기간에도— 그것은 이스라엘과 그 제사장직과 함께 하는 "장막"이나 "성막"이 될 수 있었다.

그 와중에 가난하고 교육 수준이 낮은 많은 유대인은 팔레스타인에 남았다. 거기서 그들은 관심에 의해 중재 되는 하나님의 임재를 찾았기에 예루살렘에서 포로로 잡혀간 엘리트들과 공간적으로뿐만 아니라 개념적으로도 멀어졌다. 후에 페르시아의 정책이 포로들이 돌아가는 것을 허락하고 장려하여 성전을 다시 지을 때 이 경험적이고 개념적인 차이는 주로 파벌분쟁의 모습으로 나타났다.

그러므로 하나님의 임재를 개념화하는 주된 역사적 다양성에 대한 짧은 조사는 특정한 환경—파벌 간의 긴장과 다툼이 각각 그리고 모든 상황에 포함된—의 복잡한 다양성 안에서 일반적인 일관성을 제공한다. 구약성경 안의 하나님의 다른 대표성에 대한 어떤 본문도 중립적이거나 진공상태에서 표현되지 않았다. 각각은 그 특질과 신분이 어느 정도 확정될 수 있고 대립되는 파벌 간의 논쟁적 관계다.

내가 성경의 이스라엘과 역사적 한국 간의 "역동적 비유" 해석의 가능성을 위해 바탕을 놓기를 원했던 것이 바로 이것이다. 왜냐하면, 이스라엘과 한국 사이의 크고 명백한 세세한 차이점들 아래에는 상당한 수와 깊이와 중요성을 지닌 일반적인 공통점이 있기 때문이다. 한국의 기독교인들은 구약성경을 접하기만 하면 직관적으로 이러한 비교의식을 가진다. 나는 이제 비교사회학의 범주를 사용하여 그러한 직관적 통찰을 보다 분석적으로 재현하려고 한다.

성경의 팔레스타인과 마찬가지로 한국에서는 경작할 수 있는 땅이 상당히 작은 구획으로 나누어져 있다. 읍, 면은 다양한 지형적 방해물로 나뉘어 있고, 기후, 지형, 토지 그리고 물질의 어떠한 차이에 의해 특징지어진다. 두 경우 모두 이러한 상황은 오래되고 크고 가까운 이웃과 비교된다. 팔레스타인의 경우는 이집트이고 한국은 중국이다. 이집트와 중국 간의 구조는 먼 내륙 지방과의 소통과 교통을 용이하게 했다. 동시에 이 구조는 커다란 강의 계곡을 자신들의 경작지로 삼기 위해 정치적 경제를 중앙집권화하여 통제하려고 하는 강력한 동기를 낳았다. 이집트와 중국은 사회역사학자들에게 "주된 국가형태"의 대표적인 예로 제시된다.

반면에, 이스라엘과 한국은 "종속국가형태"의 교과서 같이 묘사된다. 두 나라의 정치적 역사의 시작은 더 크고 오랜 이웃의 압제하에서도 도시국가 형태로 다스려졌다. 더 넓은 영토를 다스리기 위해 서로 다투면서 지역적인 힘의 중심이 후에 나타났다. 국가의 통합은 이스라엘에서는 다윗왕국이고 한국에서는 통일신라다. 군사적이고 외교적인 연합을 통해 하나의 지역이 다른 지역을 지배하는 것을 포함했다. 하지만 중앙집권이 약해질 때마다 그로 인한 각각의 나라들 내에서는 지역 환경에서 배태된 지역적인 동일성과 충성으로 국가의 리더십을 잡기 위한 라이벌이 될 듯한 사람의 일단이 나타난다.

보다 큰 지정학적인 위치는 이스라엘과 한국의 엘리트 파벌들의 지형적 경향을 고양 시켰다. 성경의 팔레스타인은 인구도 더 많고 힘도 센 사회와 접해왔다. 팔레스타인의 정치적 경제 내에서 이러한 초강대국의 중요한 역할은 그들의 패배와 이스라엘과 유다의 국가 지도자들이 포로가 된 것으로 시작하지 않았다. 이러한 커다란 힘을 가진 나라들이 팔레스타인의 작은 나라들을 공공연하게 지배하기 훨씬 이전에도 그들은 초강대국의 이익이 만나고 충돌하는 교두보를 차지한 이 작은 나라들의 문제에 참견하기를 쉬지 않았다. 이러한 상황 하에서 이집트, 메소포타미아 그리고 다른 외국의 외교관들은 이스라엘과 유다 엘리트의 다양한 파벌들에 영향을 미치고자 했다. 그 엘리트들은 명백하게 힘이 센 외국과의 연계를 통해 그들의 국내적 영향력을 강화하고자 했다. 하지만 동시에 그들은 외국 동맹국들로부터 가능한 많은 자율을 확보하려고 했다. 구체적인 제휴는 일반적인 역학이 오랜 기간 변하지 않는 만큼 본질적으로 불안정했다.

비슷하게 농업사회였던 한국의 파벌은 동북아시아에서 "고래 사이의 새우"와 같은 지정학적인 위치에 의해서 악화되었다. 한국은 지역적인 초강대국들—중국, 후에는 일본(한국은 많은 중국문화를 일본에 중계해 주었다), 더 나중에는 러시아, 서유럽 그리고 미국—이 소유권을 주장하고 영향을 미치기 위해 각축하는 "지역"에 자리 잡고 있었다. 한국의 어떤 엘리트 파벌과 보다 큰 외국의 힘과의 연관성은 때때로 극히 짧았다고 밝혀졌으나, 그러한 연맹의 일반적인 모습은 한국역사 내에서 지속되었다. 일본으로부터 독립한 직후에 한국역사의 아버지라고 불리는 이기백은 파벌화된 엘리트들을 한국역사에서 가장 현저한 사실로 꼽았다. 영어로 번역되지는 않았지만, 그는 교과서로 널리 사용되는 그의 한국어 원문의 마지막 장인 "지배 엘리트들과 한국역사의 방향"에서 어느 정도 이론적인 관점을 발전시킨다.

이스라엘과 한국에서 종교적인 이상은 그러한 파벌주의의 역동성과 멀리 떨어질 수 없다. 구약성경의 원시역사의 각 네 부분은 이미 긴장과 갈등의 관점에서 짧게 풀이했다. 내가 믿기엔 한국의 역사도 방법론적인 시각으로 볼 때 몇 가지의 병렬이 나타난다.

비유는 한국의 "세 왕국"이 각 나라의 역사를 기록했지만, 모두 없어지고,

오직 김부식의 삼국사기에서만 있을법한 혼합물로 보존되었다는 사실에서 이미 나타난다. 장르와 목적에 있어서 이 역사는 성경의 "J," "E," "P"와 신명기적 역사와 공통점이 많다. 이 국가역사의 편집은 세 왕국의 통치자가 그들의 중앙집권화 된 귀족정치의 탁월한 위엄을 동시대와 후세대까지 보여주려는 공통된 욕구가 있었음을 반영한다. 각 경우에 있어서 이렇게 정당화하는 기능은 그와 대조되어 돋보이게 하는 인물로 표현하기 위해 지역적이고 당파적인 라이벌을 가진다. 그리고 그것은 명백하게 지도자에 의해 수행된 어떤 혁신으로서 진행된 종교적 요소를 가진다.

모든 세 왕조가 불교를 수용하는 주도권은 불교가 왕권의 권위를 중심으로 하는 새로운 통치제도를 강조하기에 적합하게 보였기 때문에 왕실이 가지고 있었다. 부처의 길을 찾는데 헌신한 모든 신자가 한 몸이라는 개념은 모든 백성이 하나로 왕을 섬겨야 한다는 언급과 맞물려 한국 고대국가의 통일과 일치를 강조하는 주된 역할을 감당했다. 다윗과 여로보암 1세 그리고 요시야는 모두 이러한 역학관계에서 그들의 상대를 잘 이해했다.

불교는 통일신라에서 사상을 지배하는 시스템으로 남아있었다. 그 시기의 다양한 불교의 종파 중 화엄종은 "신라가 가장 번성할 때 귀족사회의 독실한 신자들과 가장 잘 조화되었다." 그것이 "하나가 다수를 내포하고 다수는 하나라는 완전히 포용하는 조화의 교리를 가르쳤기 때문에," 그것은 "영향력 있는 왕국 아래 중앙집권화된 권력 구조를 가진 국가와 잘 맞았다." 그러나 통일신라의 통치 엘리트들은 점점 활력을 잃고, 자기 방종에 빠졌으며, 그들의 정책이 대부분의 백성에게 영향을 미치는 어려움에 무관심해졌다. 이 시기에 많은 평민이 정토종을 믿었는데 "한편으로는 종교 행위에 접근하기 쉬웠기 때문이었고, 또 다른 한편으로는 그 종교를 통해 독재 아래서 신라 사회의 총체적인 불평등에 의해 야기된 매일매일 고통으로 가득 찬 삶의 절망으로부터 구원받을 것이라는 희망을 주었기 때문에" 나타난 결과였다.

통일신라의 멸망이 "강력한 호족들의 시대"에 권력의 분산을 가져왔을 때, 선불교가 숫자적으로 성장했다. "선은 기본적으로 지방 호족들의 종교로 성장했고, 선에 있는 개인주의적 요소는 중앙집권적 권력 구조로부터 독립의 확신에 대한 이론적인 기초를 제공했다."

그러한 권력의 분산은 이어지는 국가인 고려의 사회질서에서 반응이 나타났다. 이렇게 새롭게 재편된 귀족사회의 질서는 개인적인 유교 학원에 참여하면서 그 아들들에 의해 만들어진 지속적인 연속성을 얻었다. 이 시기에 점차적으로 증가한 유교의 수용은 "인간사회의 문제에 대한 이성적 접근"을 선호하게 되었다. 하지만 생각에 관한 이성적인 유교적 모습이 고려를 지배하던 사람들의 마음을 움직였다면 불교는 그들의 마음과 기부금을 붙잡고 있었다.

불교는 고려사회의 일상에 통합되었고, 그 문화적 성취를 구성하는 주된 창조적 힘이 되었다. 특히 개인적이고 국가적인 안녕이 신실한 행동의 축적된 결과를 통해 확실해질 것이라는 믿음은 고려시대에 수많은 절과 암자들을 짓고 다양한 불교의식을 의무적으로 지키게 하는 동기가 되었다.

왕실과 귀족들은 많은 땅을 불교사원에 기부했고, "이 땅은 세금이 면제되었기 때문에 불교는 점점 더 경제적으로도 힘이 강해졌다."

하지만 고려의 귀족들은 그들의 군대 장군들에게는 매우 적게 포상했기 때문에 무신정변이 일어났고, "권력이 강한 장군에서 다른 장군으로 연속적으로 옮겨지는" 시대가 생겨났다. 내부적인 혼돈과 외국의 침략이 잇따라 일어났다. 무신들의 통치가 무너지면서 나타난 공백은 신유교의 지식계급이 생겨나면서 일부 채워졌다. "신유교의 확산은 지식계급인 양반에 의해서 불교에 대한 강력한 거부를 가져왔다." 그들은 "불교의 권력 남용—재물과 권력에 대한 지나친 관심, 중들의 잘못된 행위—을 공격했다. 이성계가 권력을 잡고 조선왕조를 건국했을 때, 한국에서는 신유교가 주도권을 잡은 시기였고, 불교 건축에 대한 제한으로 인해 불교는 산으로 물러가고 고립되었다. 불교는 정치적 권력과 부를 빼앗긴 채 가정의 관행을 파괴하고 국가를 황폐하게 한다는 이유로 불교를 제도적으로 금지했던 조선왕조의 몇몇 왕들을 포함한 많은 한국인의 개인적인 영성으로 살아남았다.

그 많은 영광과 치적에도 불구하고—그의 시대보다 앞선 왕이었던 세종대왕의 통치를 요약했다— 조선왕조는 비교적 약한 중앙정부와 신유교주의자인 양반계급의 파벌주의와 탐욕으로 특징지어진다. 놀라운 성공으로 국고에 중요한 공헌을 하지 않으면서 이 엘리트 양반계급은 자주 국고를 지탱하는 대부분의 농민계급을 무자비하게 "쥐어짰다."

이 양반계급의 신유교는 유교가 한국에 전파되던 초기에 강조되었던 이성적인 정치의 실천적인 교훈이 아니었다. 그것은 인간과 우주의 근원을 형이상학적 용어로 설명하려는 철학적 제도였다. "다른 모든 가르침을 쉽게 거부해버리고 인내하지 못하는 교의"로서 신유교는 한국의 엘리트를 상징하는 것으로 보았던 분파주의를 강화시켰다. 비록 구체적인 파벌의 형태는 계속 바뀌었고, 한 파벌의 정치적 성쇠는 강해지기도 하고 약해지기도 했지만, 갈등의 역학은 일반적으로 일정했다. 때때로 분쟁은 이론적 기초 위에서 이루어지거나 합법화되었다. 같은 신유교의 고전을 말하면서도, 모든 파벌들은 그것을 서로 다르게 해석하여 논쟁거리로 삼았다.

그러한 역학들은 프로테스탄트 기독교가 서구의 정치적, 경제적, 군사적 힘과 함께 한국에 들어왔던 19세기 후반에 유행했다. 조선은 이러한 힘들을 감당하지 못했다. 그 재화들과 군대—실은 그것을 통솔할 수 있는 힘—는 부정이득, 부패, 부인의 세대에 의해 고갈되어갔다. 서구 세력들과 일본의 기술적, 군사적 탁월함으로 인해 조선의 약점이 보다 명백해졌으므로, 자기 자신을 과장하는 경향이 있는 여러 침략세력 중 하나와 덧없는 유대에 박차를 가하면서 이론적으로 무장된 한국 엘리트들 간의 파벌싸움은 심해져 갔다.

이 제국주의의 중요한 순간으로 밝혀진 것은 일본이 전쟁에서 승리한 것에 감명받은 미국 대통령 루스벨트가 미국이 한국의 중립성을 지키고 나라를 보전한다는 약조를 어긴 것이다. 루스벨트는 일본이 필리핀에서 미국의 주도권을 인정해 주는 대가로 일본이 한국을 점유하는 것을 묵인하는 것에 조용히 동의했다. 수십 년간의 혹독한 식민지배를 알리는 공식적인 합방이 몇 년 후에 이뤄졌다.

19세기 말에 전해진 시기로부터 시작해서 2차 세계대전의 마지막에 일본의 식민지배가 끝날 때까지 개신교의 역사는 복잡하고 완전하게 기록되지 못했다. 그럼에도 불구하고 어느 정도 일반화하는 것은 현재의 토의를 해칠 위험이 있다.

조선왕조의 마지막 시기에 한국 통치계급의 약함, 어리석음, 부패는 한국의 기가 꺾인 하층민들이 그들의 문화를 하나로 묶는 것에 대한 믿음을 포기하게 했다. 한국의 고유 종교인 천도교의 발흥은 하나의 답을 주었다. 구시대로부터 떨어져 나와도 거의 잃을 것이 없다고 여긴 다른 하층민들이 초기 개신교 회심자의 대부분을 차지했다. 여자들은 이 그룹에서 그들이 타고 난 불균형적인 의무에 상응하도록 불균형적으로 묘사되었다.

한국에서 증가하는 공격적인 일본인의 존재는 한국에서 더 자라는 데 영향을 주었다. 일본 정부는 한국의 국가 정체성과 항일운동과 연결될 수 있는 기관 대부분을 금지하고 제한했으나, 서구열강과 적대관계가 되지 않으려는 일본의 욕망은 교회를 폭발적으로 자라게 했다. 그 결과로 교회는 비교적 드문 항일운동의 중심 중의 하나가 되었다. 이는 서구 종교와 민주정치 제도 안에서 한국의 병에 대한 대답을 찾으려는 많은 애국지사를 매료시켰다.

이런 상황에서 한국의 개신교는 몇 가지의 강조점을 개발했다―그중에 몇은 대조적이다―. "이 세상적인" 활동가들에게 기독교는 압제로부터 해방시켜주는 종교였다. 출애굽기에 대한 새로운 개신교 한국어 번역은 일본의 식민정책이 특별히 힘들어졌을 때 읽을 수 있었다. 현재의 암시들이 너무나 명백했기에 한국교회에서는 이 시기에 히브리 노예들이 바로로부터 탈출한 이야기를 끊임없이 설교했다.

물론 일본의 권위는 그러한 함축적인 의미를 가진 종교를 불허했다. 대부분의 서양 개신교 선교사들은 상반되는 감정을 가지고 있었다. 그들 중의 다수는 기독교를 함께 믿는 한국인 신자들의 고통을 깊이 공감했고, 일부는 그들의 한국인 친구들을 보호하기 위해 영웅의 역사의 한 장을 쓰기도 했으나, 그들의 개인적인 믿음은 서구교회와 일본인 관리들이 내린 기독교를 단순히 개인적 구원의 문제로 묶어두라는 압력을 견딜 만큼 잘 준비되어 있지 않았다. 이러한 영향들 아래서 많은 한국인 개신교인들은 방어적이고 확실한 "저 세상"에 대한 믿음을 품었다. 일본의 잔인한 통치는 종교적인 관용과 대화를 풍성하게 할 어떤 자리도 남겨놓지 않았다.

한국에 소개된 많은 개신교의 많은 구조와 기능은 오랫동안 있어왔던 한국의 새로운 유교에 병행하는 경향에 의해 강조되어 왔기 때문에, 신유교의 유전도 이 혼합 속에서 하나의 역할을 감당했다. 한국의 신유교와 마찬가지로 서구 개신교도 분파로 나뉘었고, 많은 분파는 자신들의 주장을 절대화하고, 다른 시각들을 용납하지 않았다. 신유교 분파들이 동일한 영향력 있는 본문들의 다양한 해석을 통해 그들의 주장을 합리화했던 것처럼, 다른 개신교 교단들도 같은 권위를 가진 기독교 성경의 다른 해석을 통해 상대방의 신학과 교회학을 합리화했다. 비록 처음에는 협력의 영 안에서 만들어졌지만, 역사적으로 선교사역을 위한 서양 교단 간의 질시와 지역적 분할은 이러한 경향을 악화시켰다. 많은 한국 개신교인들과 서양 선교사들은 연합된 교회를 선호했지만, 서구에서 교단 간의 질시와 반목은 그런 연합을 저해시켰다.

비록 어떤 부분에서는 개념적으로 사실이지만, 한국과 이스라엘의 상황을 직접 비교한다는 것은 복잡한 역사적 사실들을 왜곡할 수 있는 매우 위험한 일이다. 특히 1945년 이후 한국교회의 역사는 내가 여기에서 기술한 어떤 것보다 흥미롭고 중요하다. 하지만 나는 조직적이고 사회역사적 상황에서 한국 종교의 복수성을 이해하는 데 도움을 주는 역학을 강조하려고 한다. 이것은 성경 이스라엘의 종교적 특수성과의 일반적 비교를 할 수 있도록 해 줄 것이다. 나는 비교하는 양쪽 방면에서 모두 종교적 이론의 "머리"를 그것의 제도상 환경의 "몸"과 연결하도록 노력할 것이다.

이미 다뤄진 문건들을 사용하고 확장하는 예화들을 사용해서 짧게 예시하는 것을 허락해 주기 바란다. 내가 한국의 어떤 상황에 대해서 단지 관심 있는 외국인으로서밖에 말할 수 없기 때문에, 이 모든 예시는 직관적이고 부분적이다. 결국, 단지 한국 기독교인들만 그들의 상황에서 성경이 어떤 의미인지를 결정할 수 있다. 내 의도는 나 자신의 해석적 연구를 자랑하는 것이 아니라, 그들의 연구에서 사용되었을 해석학적 도구들에 주의를 환기시키려는 것이다.

내가 묘사한 성경 전통의 첫 줄기는 "야위스트"다. 일반적 용어로 성경의 이 부분은 왕조가 새로 구성되었을 때 기록된 것이다. 그것은 이스라엘 현재의 성공을 찬양하고, 다윗의 라이벌과 그를 비방하는 사람들을 깎아내린다. 그것의 중심사상은 이스라엘의 "복"과 세상 역사 속에서 선조들이 선택받은 것이다.

위에서 언급했듯이 한국역사에서 몇 개의 농경왕조는 장르와 목적이 비슷한 문서들을 생산했다. 하지만 어떻게 그 사실이 오늘날의 한국교회가 야위스트 문서들을 해석하는 데 어떤 강조점을 줄 수 있을까? 한국은 더 이상 농경왕조가 아니다. 하지만 중요성에 대한 어떤 역학적 비유는 존재한다. 일제 강점기 하에서 이뤄진 한국의 산업적 발전은 일본을 섬기기 위한 것이었지 한국민의 이익을 위한 것이 아니었다. 서방이 제2차 세계대전이라고 부르는 황폐로부터 나타난 한국은 여전히 압도적 농업 국가였다. 전쟁 이후에 수많은 미국인 관리들에게 있었던 무지, 겸손한 체하기, 태만, 이데올로기의 조작은 나라의 분단, 한국전쟁 그리고 이승만 정권의 침체와 부패를 돕고 부추겼다.

그런 배경과는 반대로 1960년대의 시작에 한국은 놀라운 국가적 부흥을 경험했다. 비록 이 시기의 처음에는 농경의 뿌리에 매우 가까웠지만, 한국은 빠르게 산업화되어 갔고, 어느 정도로는 국가의 재탄생이 이뤄졌다. 다윗의 미증유 성공이 흘러넘치는 야위스트의 원기 왕성한 본문들과 한국, 한국계 미국인 교회가 빠르고 놀라운 번성을 이룬 이런 시기나 장소에서 특별한 공통점을 발견했다고 해서 무엇이 이상한가? "복"의 신학은 다윗의 궁정 역사가가 했던 것보다 지난 40년 동안 많은 한국 교인들과 미국 기독교인들에게서 더욱 명백하게 나타났다. 그렇게 많은 세대 동안 그들 모두가 고생했다는 것을 가정하면, 한국 교인과 한국계 미국 기독교인들은 승리를 뽐낼 필요와 자격을 모두 갖추고 있다.

야위스트에는 복의 모티브 말고도 다른 것들도 있다. 성경 여러 방면에서 이 부분의 목적과 극점은 하나님이 이집트의 노예 상태에서 구속해서 나라를 세우신 사건인 출애굽에 있다. 일제 강점기에서 살아남은 한국인은 누구도 유럽과 미국의 교수들로부터 "역동적 비유"를 찾기 위해 강연을 들을 필요가 없다. 하지만 야위스트 버전의 출애굽기는 다윗과 그 후계자들의 내국에서의 압제는 북이스라엘에 대해 적합하다고 인정하면서 그러한 압제에 대해 공개적으로 탐구한다. 그리고 우리가 보았듯이 성경은 야위스트의 승리의 이야기를 다윗 왕조가 그 자신의 압제 놀이에서 바로를 이겼다고 일러주는 야위스트의 논쟁적 재구성을 액자 삼아 기술한다. 야위스트 안에 있는 아브라함과 그의 자손들과 맺었던 하나님의 무조건적인 약속과는 반대로 엘로히스트의 모세 언약은 이스라엘과 하나님의 관계를 다양한 윤리적 조항들을 지키는 조건으로 만들었다.

나는 한국인 동료들에게 정경 안에서의 이런 논쟁적 대화가 그들에게, 그들을 위하여 어떤 의미가 있느냐고 말한다는 것을 가정하지 않고 이어지는 현실을 근대 한국의 급속한 성장 내에서 쓴다. 그 나라의 모든 지역과 국민 모두는 함께 경제적인 "기적"에 동참하지 못했다. 어떤 것의 발전은 숫자에서 비교가 되지 않는 시골에서 올라온 많은 노동자와 여성들의 희생으로부터 왔다. 한편 한국에서 초기 개신교 개종자들은 대부분 하층민이었는데, 지금의 기독교인들은 새로 등장한 유복한 도시인들로 지나치게 대표되어 있다. 역학적 분석의 해석에 따르면, 이런 상황들은 한국 교인들이 성경 안에 있는 야위스트, 엘로히스트 문서들을 해석하는 데 무엇을 알려주는가?

신명기 역사 또한 한국인의 경험과 많은 역학적 유사점을 보여준다. 그 안에서 우리는 외국의 오랜 강점기 이후에 다시 독립한 작지만 자랑스러운 나라라는 음성을 듣는다. 신명기적 반응의 일부는 유다의 정치적, 문화적, 종교적 정체성을 침범한 외국 세력들에 대한 지속적이고 의로운 분노를 포함하고 있다. 주어진 한국역사 안에서 한국 교인들은 내가 생각하기에 성경의 이러한 면에 감정을 깊이 이입하는 것을 거의 피하지 않는다. 내가 내 동료, 유럽, 미국인들에게 말하듯이 역학 분석과 해석은 우리가 신명기 역사가의 분노를 "앗수르의 입장에서" 읽는 것이다. 힘의 역학적인 면에서 우리는 현대에서 유다가 아닌 앗수르의 대응부이다. 다른 작은 나라들을 전당품이자 대용물로 보고 사용하는 것이 바로 우리다. 이런 면에서 신명기 역사는 미국과 관련되어 있는 한국의 역사에서 통렬한 주석을 제공한다.

신명기 역사의 또 다른 면은 한국 교인과 미국 교인들 사이의 관계에 꽤 다른 방법으로 영향을 주어왔다. 우리가 보았듯이, 요시야의 궁전 역사가는 외국인들뿐 아니라 왕위의 중앙집권화의 한 부분이 되지 않으려는 지방 지도자들과도 논쟁했다. 예루살렘에 있는 다윗 왕조의 예배실 외에 모든 장소는 부적합하다고 선포했고, 그들의 예배는 배교적이고 우상 숭배적인 것으로 판단했다. 이런 시각은 신명기 역사뿐 아니라 많은 예언서의 신명기적 편집에서도 두드러진다.

한국에 개신교회를 가져온 역사적 역학에서 신명기적 논쟁은 복음화 과정에서 한국의 고유문화가 널리 거절되는 근거 중 하나가 되었다. 19세기 후반과 20세기 초반 대부분의 서구 선교사들의 마음에는 서구문화와 정치제도, 산업적 기술, 자본주의, "진보" 그리고 기독교는 하나의 나누어지지 않는 종합계획으로 들어가 있었다. 참으로 그것들은 같은 사람들 안에서 때때로 구체화 되었다. 이러한 승리감과 자기에 대한 무비판적인 관점에서, 구체적인 역사의 환경을 위해 고안되었고 정경 안에서 다른 사람들의 음성을 만나는 신명기적 논쟁은 "이방인," 즉 서구적이지 않은 종교적 문화에 대해서 하나님의 무조건적인 저주가 되었다. 그 결과로 한국교회는 오늘날에도 지속되는 "토착화"의 문제를 후세에 남겼다.

나는 이러한 문제들을 여기서 해결하려고 하지 않는다. 하지만 신명기 역사는 성경 안에서 도전받지 않는 것이 아니다. 엘로히스트 본문은 신명기 역사가들이 비판했던 그 장소와 제의들을 정당화했을 뿐 아니라, 이스라엘 선조들의 시조에 의해 세워진 합법적인 설명도 포함하고 있다. 신명기 역사가들이 명백한 우상숭배라고 말했던 단과 벧엘의 금송아지는 하나님이 눈에 보이게 임재하는 발등상으로 여겨졌다. 그런 면에서 보면 성궤만큼 이방인의 우상을 닮은 것도 없다. 분쟁은 정치적인 것이었으나 그 결과가 종교적인 영역에 일부 들어왔다. 다윗 왕조는 성궤를 가지고 있었고 여로보암 1세는 하나님의 임재를 표현하는 보다 오래된 조상들의 형상을 회복하려고 했다. 여기에서 역학 분석의 해석은 "이방 제단"에 대한 신명기적 논쟁이 한국에서 대부분 개신교도에 의한 토착 종교에 대해 서양에서 영감을 받은 비난보다 성경 이스라엘의 종교에서 더욱 부분적이고 더 많이 부정되었다. 그런 관찰은 제시한 어떤 논점도 만족시키지 못하지만, 그 논점들을 새롭고 색다른 성경적 빛 안에서 집중해 볼 수 있게 한다.

마지막으로, 그것들의 혼합으로 읽히는 사경의 제사문서도 한국인의 경험에 중요한 유비를 제공한다. 제사장 기자들은 한국인들과 마찬가지로 변화하는 시대 속에 살았다. 그들은 조상들의 제도에 깊이 뿌리박고 있는 신앙을 올바로 표현하기 위해 노력했으나, 동시에 그들의 바로 직전 조상들이 꿈도 꾸지 못했던 환경적 역동성을 표현하기 위해 또한 노력했다. 이런 상황에서 관점에 있어서 세대 간의 차이를 피할 수 없었다. 유다 땅 안에서 계속 살았거나 다시 포로에서 돌아온 사람들과 여전히 포로 생활을 하거나 다른 나라에서 살아가는 디아스포라 사이의 커다란 차이는 서로 다른 무리 사이와 그 무리 안에서 긴장을 더욱 심화시켰다. 현재 한국 교인의 상황과 마찬가지로, 제사장 기자와 그 지지자들에게는 믿음의 선택이 전통이냐 변화냐 하는 것이 아니라, 이 둘에 모두 연관되어 있었다. 실제적으로, 목사의 용어로, 그러한 일은 때때로 다른 그룹들과 세대들이 서로 서로가 살아가는 현실을 이해하도록 도움을 준다. 이데올로기적인 절대성에만 집중하는 것은—그것은 때때로 다른 사람의 것을 모독하거나 부인하면서 그룹 내에서 한 명의 경험을 표현한다— 분화만 강화할 뿐이다.

나는 그러한 분파주의적 모습 안에 있는 복수성이 어떻게 그리고 왜 이스라엘과 역사적 한국 모두의 특징이 될 수 있는지에 대해 비록 너무 개괄적이기는 하지만 암시하려고 노력했다. 두 나라 모두 서로 다른 종교적 개념화는 그들의 연합이라는 환경에서 볼 때 더 알기 쉽고 보다 의미 있었다. 이러한 종교적 표현 중 어떠한 진리에 대한 충실함에는 모든 것이 부분적이라는 그것과 그것들이 표현된 환경에 의해서 제한되어 있다는 것을 인식하는 것이 필요하다. 혼자서는 어떤 것도 모든 상황에 적합하거나 충분하지 못하다. 단지 그들이 보완하고 보충하고 그들의 부분성 간에 그리고 그 안에서 이뤄지는 대화 안에서 서로를 교정하면서 우리의 성경적 믿음의 구분은 완전해지고 신실해진다. 그러한 부분성은 아마도 신학적 문제일 것이지만, 파벌싸움의 죽어버린 저주가 아니라 변화시키는 대화의 장으로 서로를 부르기 때문에 그것은 또한 단순화할 수 없는 신학적 자산이다.

규범 없는 물량적 생존 욕구 그리고 자본주의의 체제를 절대선으로 신봉하는 반공주의의 가해자적 존재의식을 가지고 있다는 것이다.

평화통일과 한국교회의 역할

연규홍

한신대학교 총장

제2차 세계대전의 아우슈비츠와 히로시마 사건이 민족과 개인의 역사를 새롭게 보게 하였듯이 21세기에 들어 미국의 9-11 사건은 오늘의 세계사를 새롭게 보는 인식의 전환을 가져왔다. 미국과 소련의 냉전체제가 무너지고, 미국의 단일지배구조 하에서 다시 제기되는 문제가 민족주의 문제다. 사무엘 헌팅턴이 말하는 문명의 충돌 이전에 그것은 신자유주의 경제구조 하에서 제국으로서의 미국을 비롯한 자본주의 국가들에 대항하는 민족들의 생존과 이익에 관한 것이다. 이라크전쟁이 그 대표적인 예이고, 또 오늘의 북핵 문제를 둘러싼 전쟁 가능성이 또 하나의 예다. 이와 같은 위급한 상황에서 한국이 일본의 식민지에서 해방된 지 60주년을 맞이하며 평화통일을 위한 교회의 역할을 모색하는 심포지엄을 갖는 것은 매우 의미 있는 일이라 생각한다.

민족통일의 과제는 우리 민족의 생존과 번영 그리고 동북아를 비롯한 세계평화와 관련된 한국교회의 선교적 지상명령이다. 민족분단은 20세기의 마지막 유물로서 적대와 미움의 대결 구도로 그리스도의 사랑에 근거한 정의와 평화를 파괴하는 "탈냉전시대"의 냉전 구조다.

본 글은 평화통일을 위한 오늘 한국교회의 역할을 논구하는 데 그 목적이 있다. 그러나 이것은 먼저 해방 후 민족분단과 한국교회 형성의 문제를 살펴보고, 다음으로 분단 극복을 위한 그동안 교회의 노력을 고찰한 후에 다루어져야 할 것이다.

I. 민족의 분단과 한국교회

　일본 식민지하에서 36년 간 노예로 살았던 한국민족에게 1945년 8월 15일 해방은 하나의 기회요, 가능성이었다. 물론 이것은 우리의 주체적 힘으로서가 아닌 세계 제2차 대전에서 연합국의 승리로 주어진 것이었지만 말이다. 그래서 한국교회는 8.15해방을 하나님의 은혜요 선물로까지 고백하였다. 일부 해방을 준비한 이들이 있었지만 갑작스럽게 다가온 해방은 이후 자주적 민족국가 건설을 위한 구체적 대안을 마련할 여유가 없었다. 이것은 곧 미소를 중심으로 한 전승국들이 남한과 북한의 분할점령으로 이어지고, 드디어 민족분단으로 고착화되었다. 북한에는 사회주의 국가가, 남한에는 자본주의 국가가 건립되며, 이른바 한 민족 두 국가를 수립하였다. 민족의 분단은 교회의 분단을 가져왔다. 해방은 미소 냉전체제 하에서 민족분단으로 결과되었기에 미완의 해방이었다. 특히 이 미완의 해방은 북한으로 하여 통일전쟁이라는 이름 하에 6.25 전쟁을 일으키게 하고, 궁극적으로 150만 명의 외국 군대까지 참여하는 세계 내전을 치르게 한 것이다. 한국전쟁의 결과는 참혹하였다. 3년간의 전쟁에서 물적 피해를 차치하고라도 600만의 희생을 내며 남과 북의 분단은 영토와 민족의 분단을 넘어 증오와 적대라는 문화와 정서적 분단을 가져왔다.

　문제는 한국전쟁을 통해 우리 민족은 가장 큰 피해자이며 가해자라는 점이다. 이후 남·북의 적대관계에 대화의 창구가 열린 1972년 7.4 남북공동선언에 이르기까지 우리는 서로에게 반제국주의와 반공주의의 기치를 내세우고 서로를 적대시하였다. 그렇다면 여기서 우리가 묻고자 하는 것은 이것이다. 즉 해방 후 한국전쟁에 이르는 과정에서 한국교회는 분단을 어떻게 이해하고, 무엇을 하였는가 하는 것이다.

1. 교권과 교회 분열

해방 후 한국교회는 분단 상황 하에서 새로운 자주적 통일 민주국가 건설에 대한 관심보다는 해방 후 교권 확보와 이권 쟁탈에 더 분주하였다. 북한교회는 북한교회대로 사회주의 체제와 대립과 하찰 속에서 교회의 기득권을 유지하기 위해 박해를 받았고, 남한은 이승만의 기독교 정권에 무비판적으로 참여함으로 권력의 시녀 역할을 하였다. 해방 이전 식민지 하에서 형성된 한국교회의 종교 권력적 요소와 친일활동에 철저한 검증과 비판이 없었다는 점에 그 근본 이유가 있다. 따라서 한국교회는 민족의 분단이라는 현실을 매개로 더욱 분열한 것이다.

2. 물량적인 성장 정서

오랜 식민지 사회의 억압과 착취의 경험은 한국교회에도 타율적 의식과 빈곤의식을 가져왔다. 해방 후 한국교회는 외국의 인적자원과 재정적 지원 하에서 재건되었다. 그리고 6.25 전쟁을 통한 생존 욕구에 근거한 빈곤의식의 심화는 한국교회의 민족분단에 대한 역사의식과 공동체의 윤리를 파괴하고 오직 생존을 위한 삶과 물량적 성장을 추구하게 되었다. 분단은 서로를 적대시하는 것에 사상적 정당성을 부여하고, 전쟁은 자신의 생존만을 최고의 가치로 여기게 하였다. 한국교회가 대형화를 추구하며 성장 일변도를 지향한 배후에는 이와 같은 해방 이후에 민족의 분단 상황과 한국전쟁의 경험을 반영한 것이다.

3. 반공주의 교회 형성

해방 후 미국에 의한 남한의 분할통치는 한국교회로 하여금 반공적 교회 성격을 강화시켰다. 특히 일제 하인 1920년대부터 한국의 자생적 공산주의 세력들과 갈등 관계를 보이며 반공주의에 서 왔던 한국교회는 해방 후 민족분단 상황에서 북한 사회주의의 종교억압 정책과 남한 자본주의 후원 하에서 반공주의의 성격을 더 확고히 갖게 되었다. 한국교회의 이와 같은 민족분단 상황에 대한 인식과 그 대응은 북한 사회와 교회를 철저히 이질적이고 적대적인 집단으로 보고 분단을 내재화하게 되었다.

오늘 우리에게 중요한 것은 이와 같은 한국교회의 민족분단에 대한 철저한 자기인식이다. 앞서 말한 바처럼, 한국교회는 미소를 비롯한 세계국가들의 냉전체제로 인한 민족분단의 피해자이면서도 해방 이후 한국 현대사에서 스스로 분단이 배태시킨 교회분열을 죄 없이 생각하는 분열주의와 윤리적 규범 없는 물량적 생존 욕구 그리고 자본주의 체제를 절대 선으로 신봉하는 반공주의의 가해자적 존재의식을 가지고 있었다는 것이다.

II. 분단 극복을 위한 한국교회의 노력

한국교회가 해방 후 한국 사회 분단구조의 피해자이면서 가해자라는 것은 교회가 하나님 나라의 종말론적 실재로서 민족분단을 극복하여 화해와 평화의 공동체를 이루지 못하고 오히려 분단 상황을 내면화하여 확대 재생산 하였다는 뜻에서다.

1. 1단계: 민주화와 인권운동

민족분단의 비극적 상황은 1960년 이후 한국 사회를 남·북 간의 긴장을 고조시켜 계획적 경제개발과 권위적 권력 구조를 창출하였다. 남·북 간의 휴전이란 군사적 긴장 관계에서 반공을 국시로 출발한 제3공화국 박정희 정권이었다. 그는 미국 등의 자유우방과 유대를 강화하며 북한 체제와의 대결에서 이길 수 있는 실력을 먼저 배양해야 한다는 분단의식을 확고히 갖고 있었다. 그래서 그는 차관경제를 통한 3차에 걸친 경제개발에 몰두하며, 인간의 기본권과 자유를 권위적 통치로 제한하고 억압하였다. 1974년 7.4 공동성명을 통해 남북대화의 문을 연 것처럼 하였으나, 그것은 실제 권력 연장을 위한 방편이었을 뿐이다. 따라서 한국교회의 분단 극복을 위한 제1차적 노력은 민주화와 인권운동이었다.

통일은 민주화를 전제하고 있으며, 민주화는 통일을 전제하고 있다. 우리는 이 둘을 끊어서 생각할 수 없다. 민주화의 한걸음, 한걸음이 곧 통일에 이르는 길이다. 민주화가 곧 통일의 터전을 닦는 일이다(문익환, "민주화와 통일운동", 씨알의 소리 1978년 7, 8월호).

민족적 분단의 모순으로서 통일논의가 절대적으로 금지되는 상황에서 한국교회의 분단 극복을 위한 1차적 노력은 민주화와 인권운동의 참여였다. 사상과 언론의 자유를 억압하고 제한하는 것은 하나님의 형상으로 지음 받은 인간의 권리를 유린하는 것이다. 또한, 노동악법으로 열악한 작업환경과 저임금 하에서 인간을 도구화하고 착취하는 것은 민주주의의 근본원칙에 어긋나는 것이다. 따라서 한국교회는 분단 극복의 노력으로 한국 사회 내부에 내재화된 계층과 계급 그리고 성의 차별과 소외를 극복하는 민주화와 인권운동을 전개하여 나간 것이다.

2. 2단계: 세계교회의 평화운동과 연대

한국교회의 분단 극복을 위한 2단계의 노력으로는 5.18 광주민주항쟁이 미친 세계교회적 영향으로부터 활발히 추진되었다. 한국교회는 1980년 민주화의 봄을 꽃피우지 못하고 좌절을 겪으며 분단 극복의 문제가 단순히 남 · 북한의 관계만이 아닌 세계평화에 관련된 문제라는 것을 인식하였다. 그리고 민족분단을 우리 사회의 가장 근본모순이라는 것과 더불어 통일이라는 민족적 과제를 세계평화를 위한 하나님의 선교적 소명으로 자각하였다. 1984년 10월 세계교회협의회 국제위원회가 주최한 "동북아시아 정의와 평화 협의회"가 일본 도산소에서 모였다. 이 회의는 한반도의 평화와 통일문제를 해외교회들과 함께 한국교회가 본격적으로 협의한 에큐메니칼 회의라는 것에 중요성이 있다. 참석자들은 다음과 같은 것을 합의하였다. 첫째, 분단을 한반도에서 모든 악의 근원으로 전쟁과 위협과 독재와 인권유린을 비롯한 경제적 손실 등의 고통의 원인으로 보았다. 그리고 이것의 극복이 평화와 정의를 실현하는 필수요건이라 생각하였다.

둘째, 분단을 극복하기 위해서는 군비경쟁을 지양하고 남·북 교회의 만남과 교류가 있어야 하고, 이를 위해 해외교회들의 협력을 요청하였다.

셋째, 남·북의 적대관계를 극복하기 위해서는 북한에 대한 정확한 정보와 접촉 교류가 필요하다. 이를 위해 해외교회들이 여건조성을 후원한다. 도산소 회의를 계기로 한국교회는 세계교회와의 연대 속에서 민족분단과 통일문제를 평화문제로 인식하며, 남·북 교회 당사자들의 만남을 이루어갔다.

3. 3단계: 남·북 교회의 만남과 희년 선포

한국의 분단 극복을 위한 노력은 통일의 주체로서 분단체제 속에서 가장 고난받는 민중에 대한 발견이며, 이를 돕기 위한 남·북 교회 간에 희년 나눔 운동의 추진이었다. 한국교회의 통일은 세계교회의 평화문제와 연결되어 있다. 한국교회는 1986년 9월 스위스 글리온에서 남·북 교회가 함께 모여 제1회 한반도 통일을 위한 협의회를 개최하고, 평화통일의 원칙과 선교적 과제를 협의하였다. 이것이 1988년 2월 한국기독교협의회 총회가 채택한 "민족의 통일과 평화에 대한 한국기독교의 선언"으로 종합되었다. 이 선언에 중요한 것은 첫째, 분단구조와 반공주의 속에서 무비판적으로 살아온 것에 대한 한국교회의 죄책 고백과 신학적 오류에 대한 반성이다.

둘째, 7.4 남북공동성명에 "자주, 민주, 평화"라는 통일 3원칙에 민중 참여의 원칙과 인도주의 원칙을 추가한 것이다. 셋째, 1985년을 평화통일 희년으로 선포하고, 남·북 교회의 나눔과 더불어 전쟁방지와 평화정책에 대한 제언을 한 것이다. 이것에 대해 한국교회의 일부에서 비판도 있었지만, 이것은 노태우 정부에 통일방안과 정책수립에 일정한도 영향력을 끼쳤다는 것을 중요하게 평가해야 할 것이다. 또한, 한국교회의 분단 극복을 위한 노력은 1980년대에 들어 문익환 목사를 비롯한 다양한 계층의 사람들 방북이 활발히 진행되어 통일의 창구가 다양화되고, 한국교회의 남북나눔운동을 통해 민족적 동질성을 회복하는 통일 준비 과정을 진행해갔다.

III. 평화통일을 위한 한국교회의 역할

한반도 통일문제는 당사자인 남·북한의 민족 문제만이 아닌 동북아를 비롯한 세계평화의 문제이며, 한국교회의 역사적 선교 소명의 문제이다. 그렇다면 오늘 한국교회는 어떻게 세계평화와 밀접히 관련된 남·북의 분단을 극복하고 민족통일을 이루는 데 기여할 것인가?

1. 반전운동과 평화통일 교육의 활성화

남·북 두 정상의 만남이 이루어진 2000년 6.15 회담은 남북관계의 커다란 전환점이 되었다. 분단 극복과 통일의 문제를 남·북이 스스로 결정권을 가지고 자주적으로 해결하자는 시도였다. 그러나 이것은 냉혹한 국제정치의 이해관계 변수 속에서 계속 진행될 수 없었다. 특히 북한의 핵 보유를 둘러싼 미국과의 외교 전략은 6자회담의 결과를 불투명하게 하고 있다. 핵 문제는 민족의 생존과 함께 세계평화를 위협하는 문제이다. 또다시 이 땅에 전쟁이 있어서는 안 되기에 우리는 이 문제를 도외시할 수 없다. 이와 같은 때 한국교회가 할 수 있는 것은 반전운동과 더불어 기독교적 평화와 통일 교육을 활성화해 가는 것이다. 오늘 한국교회는 남·북의 분단과 평화통일을 말하기 전에 분단구조를 내재화한 한국교회의 자기비판과 반성이 우선되어야 한다. 그리고 오는 평화통일을 가로막는 분단시대의 논리와 역사 인식을 가진 한국교회를 새롭게 계몽하고 교육할 필요가 있다.

예수는 세상의 평화로 그리고 화해자로 오셨다. 서로 다른 것이 틀린 것이 아니다. 다른 것을 수용하고 함께 공존할 수 있는 것이 적대와 대립의 전쟁을 막고 평화를 이루는 길이다. 그동안 한국교회는 민족의 분단 속에서 숱한 분열을 해왔을 뿐만 아니라 오늘도 적대와 미움의 분단 논리를 가지고 보수와 진보 간, 교파와 교파 간, 성직자와 평신도 간 분열과 파쟁에 휩싸여 있다. 해방 60주년 그러나 정작 분단 60주년 동안 한국교회는 분열과 적대가 얼마나 큰 죄인가를 모르고 분단구조를 더욱 심화하고 확대해 온 우리 자신에 대한 비판과 민족과 역사 앞에 죄책 고백이 있어야 할 것이다. 교회는 하나님 앞에 민족과 세계를 책임질 공동체이다. 분단과 전쟁의 원인이 어디에 있건 오늘까지 분단과 전쟁을 끝내지 못하고 한반도에 긴장과 갈등이 존속하도록 하고 있는 것은 한국교회의 선교적 소명에 대한 직무유기요 나태이다.

"민족통일을 일상화"하기 위해서도 우리는 매일매일 우리의 기도와 신앙생활 속에 분단구조에 대한 우리 자신의 죄책 고백이 있어야 한다. 그리고 이와 같은 분단구조를 극복하는 평화교육에 대한 커리큘럼과 교과 내용 등이 창의적으로 개발되어야 한다.

2. 통일 이후 민족국가 구상과 남북선교

분단을 극복하고 남·북이 통일을 이루는 방식은 결코 흡수통일이어서는 안 된다. 현 정부에 들어서 대북관계는 대화창구의 다양화와 경제사회문화의 폭넓은 교류협력이 추진되고 있다. 때로 이것을 밑 빠진 독에 물 붓기로 비판을 하는 것이 사실이다. 그러나 북한의 경제는 오늘 수많은 탈북자의 예에서 보듯이 매우 심각한 수위에 있다. 자칫 내부붕괴가 아니면 마지막 수단으로서의 전쟁으로 나갈 수도 있는 것이다. 따라서 그동안 한국교회의 북한선교는 북한의 공식기관인 그리스도연맹 등 외부로 나타난 교회와 교회

지도자들을 불신하고 남한교회의 선교구상을 북한에 심는 흡수식 선교인 북한선교를 주장해 왔다. 흡수식 선교방식은 자본주의적 남한교회의 확산일 뿐 진정 통일이 바라는 민족국가 건설에 기여 하는 선교방식이 아니다. 한국교회는 분단으로 깨어지고 퇴색된 민족의 동질성을 하나님 나라의 종말론적 빛 안에서 다시 회복시켜야 한다.

민족의 회복은 단순한 경제 관계 개선이나 군사 관계 개선 또는 정치적 합의로 이루어지는 것이 아니다. 그것은 남·북이 한 민족으로 역사적 정통성을 회복하고 민족공동체의 가치를 이루어가며 새로운 미래를 창조하는 정의와 평화에 가치를 둔 민족공동체를 창출하는 것이다. 한국교회는 분단 후, 분단 극복과 민족통일을 통해 새로운 민족성을 제시해야 한다. 그것은 전통적인 혈연중심이나 지역주의의 폐쇄성을 벗어나 세계적 보편성을 가진 문화적 민족개념으로 바뀌어야 할 것이다. 혈통이 어떠하든 그리고 어느 곳에 살든 민족분단의 아픔을 겪고 서로 다른 이들 사이에 적대를 넘어 화해와 일치를 이루는 정의롭고 평화스러운 공동체를 지향하는 일이 민족공동체의 새로운 주체이다. 그리고 이 주체를 양육하고 성장시켜 세계평화를 위해 봉사할 수 있도록 하는 것이 북한선교의 대안으로서 남북선교라 말할 수 있다.

3. 2/3 세계와의 연대와 희년운동

세계의 평화와 연결된 한반도의 분단과 핵 문제는 오늘 20대 80의 부와 가난이 대립하는 지구화 시대의 자본주의 시장경제의 모순과 관련되어 있다. 북한이 지난 분단 60년간 폐쇄적 사회주의 국가를 유지하며 현재 정치적 고립과 경제적 궁핍을 해결할 길은 더 강력한 내부통제와 핵무기 전술밖에 없다. 북한을 세계자본주의 영역으로 영입하려면 북한 사회를 일방적으로 압박하기보다는 경제적 원조와 지원을 통해 내부의 변화와 개혁을 유도해 가야 한다. 오늘 주요 관심사로 제기되는 탈북자들 문제도 인권이라는 보편적 가치의 문제보다 북한 사회와 세계의 2/3 국가의 빈곤 상황이라는 차원에서 이해할 필요가 있다고 본다. 우리는 북한 사회의 붕괴가 동북아 세력변화의 주요변수이며 세계평화의 위기문제로 보아야 한다. 오늘 북한 사회를 비롯한 세계 2/3 저개발 국가들은 평화의 핵심내용으로 빈곤으로부터의 해방을 주장하고 있다. 한국교회는 선교 120년을 맞이하여 한국 사회에 커다란 영향력을 끼치는 경제력을 가진 종교 권력을 형성하였다. 복음에 빚진 한국교회에서 세계선교에 무엇보다 앞서야 할 것은 자본주의적 물량적 선교이다. 지배정복의 문화 식민주의적 선교가 되어서는 안 된다는 것이다.

오늘 세계는 평화를 원하고 있다. 한국교회는 민족분단을 극복하고 평화통일을 모색하는 과정에서 희년 정신과 그 실천 운동을 새롭게 성경에서 발견했다. 희년은 철저한 나눔과 더불어 사는 정신이다(레위기 25:10). 평화는 나눔의 정의와 더불어 삶의 사랑에서 이루어지는 것이다. 1986년 글리온 회담에서 남·북 교회 지도자들이 제안한 한국교회의 희년 운동은 해방 50주년이 된 1995년이었다. 그러나 희년의 정신과 그 실천 운동은 세계교회로 퍼져 지난 WCC 총회를 비롯한 세계교회가 2/3 세계의 채무국들의 빚 탕감 운동과 나눔 운동으로 확산되었다. 이것은 민족통일과 세계평화를 위한 방법론으로 분단과 전쟁을 겪은 한국교회에 주신 하나님의 특별한 은총의 선물이었다.

맺음말

해방 60주년, 그것은 분단 60주년이었다. 평화로운 통일은 분단 60년을 극복하고 완전한 해방을 이루는 길이다. 평화는 통일의 방법일 뿐만 아니라 통일의 목적이다. 한국교회는 평화통일의 과제를 선교적 소명으로 받아들이고, 통일이 단순한 지리적 통일이거나 정치적 통일이 아닌 희년 정신에 기초한 정의와 평화가 넘치는 민족공동체를 형성하는 통일이어야 한다. 희년은 성경의 이상이다. 그뿐만 아니라 분단 극복과 평화통일을 위한 노력의 과정에서 한국교회가 끊임없이 추구해야 할 이상이다. 희년 정신에 의해 한국교회는 스스로 분단 논리를 내재화한 적대 구조를 개선해 가야 할 것이다. 그리고 오늘날 "세계화의 덫" 한에서 채무에 허덕이며 빈곤과 전쟁 그리고 질병에 시달리는 가난한 국가들과 연대해서 지구촌에 평화를 실천하는 희년 선교를 추진해 가야 할 것이다.

지금부터 120년 전 한국교회는 격동하는 근세 역사에서 반봉건 개화와 독립의 민족적 과제를 선교적 소명으로 삼고 한국 사회의 나아갈 길을 밝혔다. 오늘도 한국교회는 지난 세기의 냉전 시대의 유물인 민족분단을 극복하고 평화통일을 이루어야 할 역사적 과제를 세계평화실현의 선교적 과제를 삼고, 다시 한번 하나님의 소명에 응답해야 할 것이다.

미주 한인교회와 통일신학-통일교육-통일선교

조은석
금문교회/BST

들어가면서

하나님 아버지께 영광 돌립니다. 나는 이 글을 항일투사 출신으로서 평양형무소에서 복역 중에 광복을 맞았고, 가난한 목회자로 살면서 평생 두고 온 가족이 있는 북쪽을 바라보고 눈물 기도를 드린 존경하는 아버지 조종희 목사님과 그런 힘든 아버님을 평생 받들고 살면서 마지막까지 아버님의 구국교회 헌신자로 살아오신, 지금은 병상에 계신 내 사랑하는 어머님 김필규 사모님께 바칩니다.

남·북한의 평화로운 통일은 가능한가? 부정적인 대답을 품고 있는 질문은 대체로 이렇다:

1. 남·북한 내부에 얼마나 많은 실질적인 지도력을 행사하는 계층의 사람들이 통일을 원하는가?
2. 새로운 세대는 통일을 부담스럽게 여기지는 않는가?
3. 엄청난 영향력을 미치고 있는 한반도 주변의 강대국들이 통일을 원하는가?
4. 통일 비용은 확보되어 있는가?

이런 질문 앞에 서면 통일은 불가능하다. 그런데 보라. 기독교 신앙은 가능성이 아니라 "당위성"으로부터 출발한다. 당위성은 하나님의 뜻이다. 그 형태는 "명령"이다. 세상을 지어내실 때 첫째 날 하나님께서 "빛이 있으라!" 처음 명령을 내리셨다. 통일은 그분께서 창조하시면 가능하다. 창조주 하나님을 믿는 신앙 안에서 가능성이 확보될 것이다. 하나님께서는 사람의 마음과 환경-여건을 새롭게 창조하셔서 가능하게 하실 것이다.

또한, 당위성은 구원에서 강하게 드러난다. 이스라엘을 애굽의 손에서 구출하실 때 안팎의 사람들은 "불가능하다!"라고 결론 내렸다. 모세를 괴롭힌 것은 또한 자기 속에서 끝없이 솟아나는 불가지론이었다. 그러나 하나님께서 "명령"하셨고, 모세는 그 명령을 전달했다. 그대로 재앙이 내렸고, 그대로 바다가 갈라졌다.

그러므로 통일은 세상이 아니라 하나님을 바라보아야 그 답이 풀린다. 하나님의 뜻은 성경에 있다. 성경은 모든 갇힌 자의 해방을, 슬픈 자의 위로를 전한다. 한민족이 거기서 배제될 이유가 없다.

누구보다도 한민족이 통일 소망을 품어야 한다. 힘을 모아 하나님께 기도해야 한다. 그래서 "하나의 소원"을 공유하여 품을 수 있어야 한다. 그리고 열강들의 정치적 이해를 포함한 모든 "여건"들을 움직여야 한다. 당위성이 가능성을 이끌어 가야 한다. 여기서 나는 평화통일의 당위성으로 "통일신학"을, 그 가능성을 열어가는 구체적인 방안으로 "통일교육"과 "통일선교"를 말하려고 한다.

제1장_ 통일신학

성경의 이스라엘은 한반도 역사와 공통점이 많다. 보통 둘 중 하나로 시작하여 다른 하나를 비교할 때, 사회과학적인 역사방법론(socio-scientific historical method)에 주로 사용되는 "역사유형의 다이내믹한 비교"(dynamic analogy)를 틀로 삼는다.

"분단된 이스라엘의 통일"이라는 신학적 주제가 성경 내에 차지하는 위치 점검을 "통일신학"이라고 부르기로 한다. "통일은 대단히 성경적인 주제"다. 어쩌면 그것은 성경의 처음과 나중을 연결하는 중추일지도 모른다.

구약과 신약은 메시아니즘(Messianism)이라는 주제에서 일관성이 있다. 메시아니즘의 전형은 다윗과 요시야다. 다윗은 남유다와 북이스라엘을 통일한 왕이다. 그의 통치 40년 가운데 처음 7년은 유다의 왕이었고, 나머지 33년은 유다와 이스라엘의 통일 왕이었다. 그의 아들 솔로몬의 죽음(922 BC) 이후 이스라엘 역사는 200년 동안 분열의 고통을 겪었다. 북이스라엘의 멸망(722 BC) 이후 135년 동안은 유다 독존의 시대였다. 남북공존 때도 그랬는데, 더욱이 북이스라엘 멸망 이후 유다는 바람 앞의 등불이었다. 특히 내부 분열이 사회변동의 커다란 동력을 제공했다.

남북분열 이래 사실 여러 차례 통일이 시도되었다. 대개는 보다 강력한 북쪽이 남쪽을 위협하는 형국으로 나타났다. 그런데 양국이 공존하던 기간, 즉 주전 931-722년 중에는 통일이 이루어지지 않았다. 강대국들이 남북 공존을 오히려 보장한 탓도 컸다.

급기야 아시리아가 북쪽을 제거했다. 시리아를 비롯한 몇 개 나라를 연합하여 항거한 때문이었다. 그런데 남유다는 파괴를 면했다. 거의 계륵과 같아서, 별로 유익하지 않았다. 차라리 아시리아가 애굽과 직접 대면이 불편한 처지였는데, 유다는 일종의 완충지대 혹은 비무장지대(DMZ) 역할을 맡았던 것이다. 살려둘 가치가 충분했다.

바로 그 기간에, 즉 북이스라엘이 망하고 유다가 독존하던 암울하던 시기에 놀랍게도 남북통일이 성공한다. 요시야 왕(640-609 BC)이 종교개혁을 일으켰던 때(622 BC)다. 그는 남·북 왕들을 통틀어 가장 기반이 약한 왕이었다. 겨우 여덟 살 때 왕이 되었는데, 아버지 왕 아몬이 궁중 반란에 피살된 것이다. 암하레츠라는 친 아시리아파가 소년 요시야를 왕으로 세웠고 뒤를 댔다. 그러면 통일이라는 관점에서 최악의 상태다. 아시리아를 쳐내야 북쪽으로 진격해서 옛 땅을 회복할 수 있었는데 오히려 그 아시리아가 그의 힘의 기반이었으니.

요시야의 반아시리아 개혁은 이렇게 가능했다. 우선 주변의 사람들을 대폭 물갈이했다. 친다윗계를 몰아내고 북이스라엘 출신 인재를 대거 등용했다. 예루살렘으로 시작하여 유다 전역, 끝내는 아시리아가 점령했던 북부 이스라엘 영토를 대부분 회복했다.

그의 통일 모델은 얼핏 다윗처럼 보인다. 다윗은 유다의 왕으로서 북이스라엘을 품었던 것이다. 그러나 보다 근본적인 의미에서 요시야 통일의 모델은 모세-여호수아였다. 출애굽에서 광야 생활, 가나안 정복 그리고 사사시대로 이어지는 동안 이스라엘은 "열두 지파 연합체"를 구체화했다. 정치 체제로서만 아니라 그 종교적 이념으로서도. 사사시대 열두 지파는 "여호와 신앙"이라는 "당위성"이 서로 다른 구슬을 하나로 꿰는 노끈이었다. 이스라엘 열두 지파가 하나로 모일 때는 거국적 "유월절"을 지킬 때였다. 열왕기하(23:21-23)와 역대하(35:16-19)는 공히 요시야의 유월절이 사사시대 이래 최초였다고 평가했다. 다윗-솔로몬 시대에도, 히스기야 때도 감히 실시하지 못했던 그 유월절, 그것은 이스라엘 열두 지파의 온전한 연합으로써, 완전한 의미에서 남북통일이었다. 종교적 합일체를 이루지 못한 다윗-솔로몬 시절은 오월동주처럼 결국 적과의 동침이었던 셈이다. 그런데 요시야는 열두 지파를 모아 바로 그 거국적 유월절을 지켜냄으로써 그의 개혁, 그의 남북통일을 마무리 지었다.

요시야의 종교개혁은 종교적 통일 외에 "정치적 통일"이라는 열매까지 부산물로 얻었다. 이 통일은 그의 죽음으로 유다가 다시 왜소해지는 609 BC까지 13년 동안 계속되었다.

이후 구약에서는 메시아니즘이 거론될 때마다 요시야가 일시 성공시켰던 "남북통일"이 비전으로 제시되었다(참고. 에스겔 37:15-28). "하나의 왕 다윗" —옛날 다윗이 아니라 새로운 다윗—이 통일된 이스라엘을 영원히 통치하게 되는 그 날이 곧 올 것이다. 여기는 요시야가 역사적으로 성취한 통일이 전제되어 있다. 더욱이 요시야개혁의 신학적 모토인 "모노야위즘" 곧 "여호와 유일 신앙"은 메시아니즘에 있어서 배타적인 유일신 신앙의 기반을 제공했다.

신약의 궁극적인 증언은 메시아니즘에 대한 대답이다. "나사렛 예수님께서 바로 그 메시아"라는 것이다. 과연 예수님께서는 십자가의 희생으로써 흩어진 민족을 하나로 모으시는 역사를 이루셨다. 유다와 사마리아를 따로 구별하지 않으신 것이다. 온 세상의 흩어진 자녀들을 모아들이셨다. 두 번에 걸친 성전청결 사건은 예수님의 공생애의 전반부와 후반부에 각각 배치되었다(요한복음 2:13-22; 마태복음 21:12-17). 예수님께 있어서 성전과 그 제사는 중요했다. 그러나 그것은 건물과 형식이라는 점에서가 아니라, 예수님 당신의 온몸으로 구현된 바, 진정한 희생 제사라는 점에서 그렇다. 다윗에서 시작되어 요시야에게서 꽃 피운 거룩한 성전예배가 예수 그리스도의 삶의 모형으로 작용한 것이다.

1. 구약의 통일

구약을 역사로 보면 이스라엘 역사를 포함한 역사다. 그런데 예수 그리스도 안에서 신약의 교회는 새 이스라엘이다. 특정 민족의 범위를 넘어선다. 구약에서 하나님께서는 이스라엘을 선택하셔서 거룩하게 하셨다. 신약에서 예수 그리스도는 교회를 세우시고 거룩하게 구별하셨다. 세계만방에 죄에서 자유케 하신 구원의 기쁜 소식을 전하게 하려는 목적에서다.

솔로몬의 죽음 이후(931 BC) 이스라엘은 분단되었다. 이집트가 큰 역할을 했다. 여로보암을 지지하여 북이스라엘을 세우도록 도운 것이다. 유다(수도, 예루살렘)와 북이스라엘(수도, 사마리아)이다. 주로 상호갈등의 역사가 계속되다가, 209년 후에 북이스라엘이 아시리아에 멸망 당했다. 유다는 홀로 남겨졌다. 그로부터 100년 후인 622년 BC, 요시야의 남유다는 남북통일을 성취했다. 종교개혁을 통해서였다. 이는 단순히 "종교적 개혁"을 넘어선다. 종교적 열심을 동기로 시작했지만, 엄청난 정치-경제-외교적 결과를 낳았다.

1) 요시야의 개혁

요시야의 아버지 아몬이 신하들에게 살해된 직후, "암하아레츠," 곧 "땅의 사람들"이 그 신하들을 제거하고 어린 요시야를 왕위에 앉혔다. 그는 8세 때 왕위에 올랐다. 640 BC였다. 그 후 18년이 지난 622 BC, 그는 대대적인 종교개혁을 실시했다. 분단 300년, 북이스라엘 멸망 100년 만의 일이었다.

(1) 종교적 특성

요시야개혁은 "예배개혁"이다. 그는 예루살렘에 존재하던 여러 이방신 숭배의 흔적을 없앴다. 사사시대 이래로 한 번도 실행된 적이 없던 "유월절"을 성대하게 지켰다.

신학적인 측면에서, 출애굽 공동체를 중심으로 사사시대의 열두 지파를 하나로 묶었던 "모노야위즘"의 실천이었다. 여기서 "여호와 하나님"은 이스라엘을 애굽에서 구원해 낸 하나님이시다. 요시야개혁의 종교적 배경은 모세-여호수아로 시작하여 사사시대에 꽃피웠던 출애굽 신학이었다.

(2) 정치적 특성

남유다와 북이스라엘이 통일되었다. 요시야 통일의 정치적 모델은 다윗-솔로몬 때 확립된 통일왕국이었다. 혹자는 통일이란 현존하는 두 개의 나라 혹은 체제가 연합하는 것이지 이미 100년 전에 망한 북이스라엘과의 통일이 무슨 통일이냐고 묻는다. 그러나 북이스라엘 출신 사람들이 이 새로운 정치 체제의 주역으로 활동했다. 영토가 북이스라엘이 통치하던 지역까지 확장되었다. 이 두 가지 점에서 볼 때 이는 명실공히 남북통일이다.

이것은 609 BC까지 13년간 지속되었다. 요시야의 외교가 빛났다. 그는 당시 내분으로 여력이 없던 아시리아에 반기를 들었다. 대신 떠오르던 바빌로니아와 합력을 기대했다. 아시리아를 지원하던 이집트의 북진을 봉쇄했다.

요시야는 이집트 왕 느고에 의해 살해되었다. 친이집트 당파를 활용하지 못한 실책이었다. 바빌로니아가 최대 강국이었고 그 나라의 도움이 있었다면 좋았겠지만, 그들은 애굽을 칠 마음이 없었다. 한 나라에 모든 것을 걸고 절대적으로 의존했던 유다의 외교는 실패를 이미 확보하고 있었다. 강한 바빌로니아는 친구가 아니었고, 만만하게 보았던 이집트는 강했다.

요시야 사후 등장한 왕들이 바빌로니아와 외교에 실패했다. 예레미야가 제안했던 것처럼 바빌로니아에 구애했더라면 살길이 있었을 것이다. 이들은 애굽을 의존했다. 애굽은 무너지는 유다를 지탱해 주지 않았다. 이것은 유다 멸망의 주요 정치적 원인을 제공했다.

요시야 사후 유대는 바빌론과 아시리아 그리고 이집트의 오가는 간섭 하에 22년간 더 버티다가 587 BC에 결국 멸망했다. 정치-외교적 관점에서만 보면, 급변하는 국제정세에 다이내믹한 대처가 없었던 터였다. 이런 현상은 급변하는 강대국들 사이에 선 약소국의 처지라는 점에서 보면 전혀 예외적인 것이 아니다. 유다의 멸망은 충분히 예고된 것이었다. 다만 그것을 볼 줄 아는 인재가 없었다.

종교적 관점에서 더 의미가 깊다. 오늘 우리가 한반도 문제를 풀 때 성경의 이스라엘-유다에서 배우자면 이 관점이 절대다. 사회과학은 "모델"을 제공하지만, "성경 말씀"은 믿음이 삶이 되는 원리를 주는 능력이기 때문이다. 유다는 하나님의 말씀을 버렸고, 선지자의 권고를 듣지 않았다. 솔로몬의 실책 가운데 유일신 사상 희석이 반복되었다. 요시야 이후 네 명의 왕들은 믿음의 사람 요시야가 마련한 유일신 신앙을 버렸고, 하나님의 예언자들을 무시했다. 예언자를 앞세웠던 요시야와 달리 그들은 예언자를 가두고 위협했다.

이후 이스라엘 역사는 다윗의 통일 및 요시야의 재통일을 그리워하며, 남북통일을 미래 메시아 사역의 전거로 삼았다. 포수기 때도, 포수 이후 제2 성전 시대 때도, 신약시대가 되어 예수 그리스도 안에서 "새 이스라엘의 비전"으로 온 세상에 교회를 세워나갈 때도.

2) 요시야개혁의 영향

(1) 종교적 영향

요시야개혁은 신명기에 신학적 바탕을 둔 예언자들의 역사신학을 제공했다. 이들은 여호수아열왕기하에 이르는 소위 "신명기 역사서" 편집을 주도했다.

메시아니즘의 태동을 이끌었다. 다윗 때 성취되었던 통일에 대한 막연한 희망사항이 아니라 요시야 때 "성공"한 통일을 거점으로 삼은 것이다. 더욱이 다윗 때와 달리 요시야는 모노야위즘을 국가의 신학으로 자리매김했다.

예레미야
이스라엘과 유다가 "다윗 왕"을 중심으로 회복될 것이다(30-33장). 다윗은 "통일왕국"의 실제적인 건설자였다. 따라서, 다윗을 중심으로 "통일"될 이스라엘과 유다의 미래를 본 것이다. 그런데 그 비전은 "새 언약"(31:31)의 빛에서 성취될 것이다. 그 새 언약의 "다윗"은 옛날 사람이 아니다. 그는 "새로 나야 하는 메시아"다. 예레미야의 비전은 옛날로 회귀하자는 르네상스가 아니다. "백 투더 퓨처"(back to the future)다.

요시야와 동시대인인 예레미야는 요시야에게서 모세-여호수아의 전형을 보았다. 그는 북이스라엘에 보존되어 내려온 신명기 신학을 바탕으로 요시야 개혁을 지지했다. 소위 "성전설교"(예레미야 7:1-15)에서 개혁 이전의 형식적 제사를 비판했다. 예레미야가 주도하여 기록한 역사서인 여호수아-사사기-사무엘상하-열왕기상하에서 요시야는 제2의 여호수아였다. 그는 다윗-솔로몬 왕조 신학을 버리고 모세-여호수아에서 북쪽 예언자 그룹으로 이어간 모노야 위즘을 바탕으로 기존 질서를 개편했다. "너희는 이것이 여호와의 성전이라, 여호와의 성전이라, 여호와의 성전이라 하는 거짓말을 믿지 말라!"(예레미야 7:4).

에스겔

에스겔은 이스라엘과 유다를 각각 상징하는 두 개의 막대기에 관한 말씀을 전했다(에스겔 37:15-28). 하나님께서는 이 두 막대기를 하나로 묶어 둘이 하나의 통일된 나라를 이룰 것을 예고하셨다. 새 다윗이 그들의 영원한 왕이 될 것이다.

이 "통일비전"은 바로 앞의 골짜기 마른 뼈 비전(에스겔 37:1-14)에 이은 것이다. 말라 쌓인 뼈들이 군대를 이루는 비전이다. 죽은 이스라엘이 살아나는 비전이다. 그 구체적인 회복의 내용이 바로 "통일"이다. 하나님의 명령으로써 비로소 가능해지는 통일, 그것은 "죽은 자들이 살아나는" "부활" 같은 무게가 있다. 인간 누가 그 일을 할 수 있는가? 창조주요 구원주이신 여호와 하나님 외에 없다.

이사야

하나님의 종이 야곱의 지파들을 일으킬 것이다. 새롭게 일어선 이스라엘 지파들은 이방의 빛이 되어, 땅끝까지 구원을 베풀 것이다(이사야 49장). 이스라엘이 회복되어 열방의 빛으로 나아올 것을 예언했다.

이스라엘이 열방의 빛이 되기 위해서는 먼저 스스로 "회복"되어야 했다. 그것은 "통일"이다. 그래서 "빛을 발하기 전"에 우선 "일어나야" 했다.

(2) 정치-경제의 영향

요시야개혁의 성공은 남북통일로 나타났다. 다윗-솔로몬 이래 최대의 영토를 확보했다. 경제적 번영도 이룩되었다. 종교적 성공이 세속적 성공을 이끌어 온 것이다. 이 원칙은 적어도 하나님의 나라, 즉 하나님의 통치 영역에서는 맞는 말이다. 그 역은 성립하지 않는다. 바꾸어 말하면 경제적 성공은 결코 교회를 부흥시키지 않는다.

남북통일을 꿈꾸는 사람들에게 말한다. 하나님께서 교회를 사용하시고, 교회의 거룩함을 확장하는 외연 끝에 통일이 거기 있다. 그러나 정치적 통일만을 위해 교회가 존재하거나 기능하지 않는다. 여기 세속적 기대를 교회가 결코 채워줄 수 없는 근본적인 간극이 있다.

(3) 예배개혁

개혁된 교회(Reformed Church)는 항상 개혁되는 교회(Reforming Church)여야 한다. 교회개혁의 중심은 아무래도 "예배개혁"이다. 예배가 살아야 교회가 산다. 교회 부흥의 기본은 예배의 순수성 회복이다. 신령(성령)과 진정(말씀)이 그 중심이다.

예배가 살아야 통일을 주도할 수 있는 "저력"을 확보할 수 있다. 예배가 살아 있는 교회는 부흥한다. 부흥은 개혁을 필요로 한다. 하나님의 말씀을 따라 늘 새롭게 개혁되는 교회는 부흥한다. 형식적 예배가 아니라, 신령과 진정의 예배여야 한다. 참된 예배는 억압과 착취를 정당화하지 않는다. 참된 예배인간은 하나님을 두려워한다.

예배 중에 하나 됨을 경험한다. 시편 133편의 "형제가 연합하여 동거함"은 예배의 컨텍스트다. 진정한 예배는 하나님 한 분을 섬기며 말씀을 따라 온전히 살아가는 가운데 드릴 수 있다. 따라서 통일은 참된 예배공동체가 주도한다. 교회가 세상을 하여 선포하는 메시지는 그 결론이 이렇다. "우리 함께 예배드리자." 예배로 초대. 여기 교회가 제시하는 성경적 통일방안이 들어있다.

2. 신약의 통일

예수님께서 유대와 사마리아를 "하나의" 선교 범위로 정하셨다. 물론 이는 땅끝 전도를 위한 발판이었다. 역시 "빛을 발하기 전"에 "일어나야" 하는 원리다.

1) 사마리아에 대한 관심

사마리아는 당연히 통일을 꿈꾸는 "새 이스라엘"이 품어야 하는 동포다.

예수님께서는 당시 유대인들에게 금기 사항이었던 사마리아인들과 접촉을 과감하게 실시하셨다. 돌아가는 길도 버리고 그리로 진입하셨다. 단순한 접촉 정도가 아니라 큰 관심을 보이셨다. 차별을 두지 않으셨다. 대화하셨고, 치료하셨다. 복음을 전하셨고, 구원하셨다.

(1) 사마리아 여인(요한복음 4장)

사마리아 여인과의 대화는 "참된 예배"에 초점을 두었다. 참된 예배로 "통일"이 된다는 뜻이다. 참된 예배가 회복될 때, 사마리아 사람들에게 복음이 전파되었고, 그들이 예수님을 그리스도로 영접하게 된 것이다.

사마리아 여인은 전도인이 되었다. 이에 사마리아 사람들은 유대인인 예수님께 나왔다. 과연 "구원이 유대인에게서"(요한복음 4:22하) 나왔다. 영적인 이스라엘의 하나 됨을 여기서 읽는다.

(2) 선한 사마리아인 비유(누가복음 10:25-37)

단순히 "차별당하던 사람의 선행"으로 축소될 수 없는 메시지다. "강도 만난 자의 이웃"은 바로 사마리아인이었다.

자기중심의 개혁은 히스기야 때로 충분하다. 히스기야는 북이스라엘의 멸망이라는 호기를 남북통일로 엮어내지 못했다. 가장 열악한 여건에서 오히려 요시야개혁은 자기 버림이었다. 자기를 버리고 여호와 하나님을 택했다. 거룩한 자에게 하나님께서 통일을 선물로 주셨다.

오늘 누가 거룩한 교회인가? 넘쳐나는 인력과 재력의 남한 교회인가, 핍박받아 존재조차 의심스러운 북한 지하교회인가? 되새겨 물어야 할 질문이다. 하나님께서 사용하시는 교회는 거룩한 교회다. 그뿐이다!

2) 세상에 대한 관심

"땅끝까지 이르러 내 증인이 되라" 하셨다. 세계선교 명령은 사마리아에 대한 관심의 연장 선상에 있다. 아니, 땅끝 전도는 통일의 발판에서 가능한 시나리오였다. 육체적 "아브라함의 자손"은 "영적" 아브라함의 자손인 "교회"를 통해 가능하게 된 명령이었다.

통일 한반도를 꿈꾸는가. 세상을 보아야 한다. 통일은 남·북 당사자의 문제가 아니다. 전체 문제다. 큰 그림을 그려라. 세상 모든 분단을 아파하는 한국인, 하나님께 그 위로를 구하는 그가 통일의 주체다.

3. 한국교회의 통일 논의

한국교회는 이미 통일에 대한 구체적인 논의를 시작했다. 1988년 2월 29일, 한국기독교교회협의회(KNCC)는 "민족의 통일과 평화에 대한 한국기독교회 선언문"을 발표했다. 여기서 다룬 가장 중요한 이슈는 "기독교가 왜 통일을 선교의 과제로 삼는가"였다.

또한, 민족의 통일을 위해 기독교가 제시하는 원칙은 1. 민족자주, 2. 평화우선, 3. 신뢰와 교류 우선, 4. 민주적 참여, 5. 인도주의 등이다. 또한, 교회의 실천사항을 다음과 같이 제시한다. 1. 평화교육과 통일교육, 2. 이산가족 교류, 3. 남·북 교회 간 교류, 4. 평화와 통일을 위해 동북아시아와 세계교회와의 유대강화.

이 KNCC의 선언문은 핵무기 철거, 미군철수 등의 민감한 내용까지 포함하고 있어서 보수교회들은 물론 정부로부터도 눈총을 받았다. 1996년 12월 17일, 보수단체인 한국기독교총연합회(한기총)는 "한국교회의 통일정책 선언문"을 발표했다. 그 중심내용은 다음과 같다.

1. 통일한국: 하나님의 공의와 사랑이 지배하는 민족공동체

2. 통일방법: 이산가족문제 해결 등 다각적인 남북교류협력을 통한 평화적 방법

3. 실천과제: 통일을 위한 교회교육, 북한 동포 돕기, 탈북자 돕기 등 여러 문제를 수용한다.

이 두 단체의 통일전략을 "통일교육"과 "통일선교"로 종합-압축할 수 있다.

1. 통일을 위한 교육이 시급하다. 통일의 당위성 교육이 먼저 이뤄져야 한다. 시간이 지날수록 남·북의 격차가 벌어진다. 교육이 강화되지 않으면 일체감은 점차 상실될 것이다.

2. 기독교는 통일을 선교의 과제로 삼아야 하는데, 선교의 내용은 다각적인 남북교류협력과 북한 동포 돕기, 탈북자 돕기 등을 포함한다.

4. 미주교회의 통일신학

1) 지도자

하나님의 통치를 가장 효과적으로 행사할 수 있는 "새 다윗 같은 지도자," "요시야 같은 개혁가"가 나와야 한다. 분단을 극복하고 통일된 나라를 이끌 수 있는 통치력을 지닌 지도자를 기다려야 한다. 그런 지도자상을 기대하는 교육을 실시해야 한다. 그런 교육을 "교회"가 맡을 일이다. 교회는 하나님의 말씀 성경이 있기 때문이다.

이런 점에서 진정한 지도자는 "목회적 마인드"를 품어야 한다. 지난날의 한국교회가 그랬듯, 한반도의 통일이라는 엄청난 과제를 맡을 지도자는 교회에서 길러내야 한다.

2) 교회

미주 한인교회는 미국이라는 특수상황 내에 존재하고 있다. 미국은 다인종

이 공존하는 사회다. 한인 2세들은 다인종 사회에서 교육받고 직장생활을 하고 있다. 저들의 언어와 문화는 다인종적이다. 게다가 상당한 수의 한인 2세들은 타인종과 결혼하여 자녀를 낳는다. 한인교회는 자연스럽게 다인종교회로 가야 하는 이유가 여기 있다.

다인종화 하는 한인교회가 한반도 통일에 대단히 긍정적으로 기여할 수 있다. 어차피 미국 자체가 움직여야 한다. 미국 사회 속에 파고 들어간 한인교회는 미국이 한반도의 평화통일에 구체적인 도움을 줄 수 있도록 영향력을 행사할 수 있다. 또 세계가 움직여야 한다. "통일 선교" 부분에서 다루겠지만, 통일 선교는 일종의 "민간외교" 역할을 맡는다. 행정부가 정책적 결정을 내리기 훨씬 이전에 민간교류로서 마음이 열리고 삶의 물꼬가 터져야 한다. 정치-외교적 전망으로는 도저히 "가능성이 없는 사안"일지라도 민간차원에서 공감대가 형성되고 나면 정책은 자연히 그 길을 따를 것이다. 신앙적 공감대는 가장 큰 영향력이 있다.

단일민족에 단일 언어권인 한국과 한국교회가 실시하기 어려운 일을 미주 한인교회가 맡는다. 이것은 하나님께서 우리에게 주신 대단히 귀한 사명이다.

3) 통일

미주 한인교회의 통일운동은 이전 세대의 독립운동과 맥이 닿아 있다. 이제 나는 다음과 같이 미주 한인교회의 통일운동 방향을 제시한다. 그것은 "통일신학"에 바탕을 둔 "통일교육"과 "통일선교"다.

제2장_ 통일교육

교회는 교육의 장이다. 부모세대와 자녀세대가 한자리에 모여, 같은 설교를 듣는 것은 얼마나 놀라운 일인가! 어떤 교육기관이 이런 일을 감당할 수 있는가? 성경을 바탕으로 한 기독교 신앙의 본질은 "다세대 교육"이다. 신명기 6:4-9의 "쉐마"가 좋은 예다.

1. 교육의 자리

교회당은 "예배" 위주의 공간 활용이 대부분이었다. 단순히 사용되는 시간만 따진다면, 교회처럼 비효율적인 공간도 없다. 일부 사무실을 제외하고 예배실 등 상당 부분의 공간이 정기예배 때를 제외하고는 비어 있다.

신축의 경우, 다용도를 위한 배려가 필요하다. 예배실도 개신교는 다양하게 사용할 수 있는 융통성이 있다. "역사문화를 위한 교육센터"를 포함할 필요가 있다. 교회는 한인사회가 공동으로 사용하고, 한인과 주류사회가 한데 어울릴 수 있는 "마당"이 될 수 있다.

기존 건물의 경우에도, 여러 가지 행사를 위한 공간으로 활용할 수 있다. 예를 들면, 강단(무대)을 새롭게 리모델링하여, 강대상 등 몇 가지만 옮기면 음악 연주회가 가능하다.

물론 한 교회가 다 할 수 없다. 지역을 단위로 나누어, 한 단위 내의 교회들은 일정한 몫을 분담한다. 즉, 어떤 교회가 도서관 기능을 강화하면, 다른 교회는 체육관이다. 단위별로 계획을 짜서, 그 구간 내에 거주하는 사람들이 교회 건물을 잘 이용할 수 있도록 돕는다.

샌프란시스코는 현재 20여 개의 회원교회가 있다. 이 중에 절반이 넘는 14개 교회가 자체 교회당을 소유하고 있다. 놀랍다. 미국 전역에 4,000여 개의 한인교회가 있다. 상당수의 교회가 자체 예배당을 마련했다. 전체적으로 보면 한인은 다른 소수인종에 비하여 많은 교육공간을 확보한 셈이다. 어려운 이민 생활 중에 교회당 마련에 최선을 다한 결과다. 이제 이 공간을 "예배와 성경교육"은 물론 "통일교육"의 장으로 활용할 수 있어야 한다.

교육의 기본 내용은 역사다. 키에르케고르(S. Kierkegaard)의 말대로 "현재화 할 수 없는 과거는 기억할 가치가 없다." 교육은 "현재의 필요"에 따라야 한다. 현재의 필요는 물론 통일이다. 신세대의 현재적 필요가 "통일"일 가능성은 점차 희박해진다. 그래서 교육이 필요하다. 교육이 "필요"를 느끼게 한다. 현재의 필요와 교육의 상관관계를 바르게 이해해야 한다.

2. 교육 내용

"통일"이라는 주제에 걸맞게 간단하게 언급한다.

1) 이민 1세대 교육

이민 1세대는 분단의 현실을 체험한 세대다. 그렇지만 미국에 와서 살면서 그 현실감각이 많이 약화 되었다.

(1) 교육의 내용

성경
이스라엘 역사는 한국사와 대단히 유사하다. 여기서 해석학적 다이내믹스를 얻을 수 있다. 이스라엘 역사를 공부하면서 한국사의 어제와 오늘 그리고 내일을 유추할 수 있다.

교회는 성경이 있다. 성경은 이스라엘의 역사를 바탕에 깔고 있다. 성경에 나타난 이스라엘은 한민족의 역사와 대단히 흡사하다. 지정학적 위치나 국제적 역할 그리고 신앙으로 살아가면서 온갖 시련을 이겨낸 점이 그렇다. 물론 그게 다가 아니다. 그런 공통점이 영적 메시지를 보장하지 못한다. 여기 교육의 노력이 필요하다. 성경의 이스라엘이 오늘 한반도로 읽힐 수 있는 것은 "해석학적 치열함"이 있어야 가능한 "영적 비약"이다. 진리의 영, 하나님의 성령님께서 그 가능성을 열어주신다.

이민 1세대 기독교인은 성경을 통해 한국사를 다시 읽을 수 있다. 교회는 성경 읽기를 통해 통일의 필요성을 강화할 수 있다. 말하자면, 요시야개혁은 "통일선교"였다. 선교를 통해 통일을 이뤘기 때문이다.

한국사

이민 1세대는 한국사를 공부한 세대다. "한국사를 통한 성경 읽기"가 가능하다. 특히 비기독교인 한인으로서 한국사와 통일에 깊은 관심을 가지고 있는 이들에게 전도하는 좋은 방법이 될 수 있다.

한국사 공부의 필요성은 심각하다. 함석헌은 뜻으로 본 한국역사를 썼다. 원제는 성경의 입장에서 본 한국역사였다. 성경을 읽다가, 그 눈으로 한국사를 다시 읽은 것이다. 그의 말년에 나타난 다원주의를 주목하지 않는다. 그건 아니다. 통일을 위해 신앙을 버린다면, 지나친 값을 지불 했다. 게다가 그 통일도 온전하지 않다. 요시야의 유일신 신앙 아니면 통일은 이합집산이다. 솔로몬의 만신전-외교학 처방전으로는 안 된다.

중국과 일본의 한반도가 포함된 역사 왜곡은 감정으로 대응할 일이 아니다. 역사를 왜곡하는 그들의 "현재의 필요"를 파악해야 한다. 우리도 현재의 필요(특히, 하나님께서 선물로 주시는 평화통일)에 맞추어 새롭게 역사를 해석해야 한다. 우리의 현재적 필요라는 안목을 가지고 성경을 읽으면, 성경에서 한국사에 관한 적절한 해석을 얻을 수 있다.

2) 이민 2세대 교육

광복을 경험한 세대가 떠나고 있다. 이민 1세대가 떠나고 있다. 한인들만의 교회로는 안 된다. 주류 교회와 대화의 통로가 열려야 한다. 한인교회의 미래를 보아도 그렇다. 한인만의 교회로는 미래가 없다.

2세가 교회를 떠나고 있다. 온갖 노력을 다하고 있지만, 이 물결은 막을 도리가 없어 보인다. 오랜 역사를 가진 교회들도 2, 3세가 공존하는 교회는 거의 없다. 있어도 대단히 미미하다. LA 영락교회 영어교회는 주일예배 출석

인원이 1,200명에 달한다. 그렇지만 그중에 이민 2-3세는 상대적으로 소수다. 3세는 다섯 손가락에 꼽는다고 한다. 미주에서 가장 오래된 한인교회가 샌프란시스코에 있다. 아쉽게도 거기도 2-3세는 주류가 아니다.

교회 안에 남아있는 2세들의 대부분은 통일 같은 이슈를 자기들의 숙제로 취급하지 않는다. 스스로를 "미국인"으로 인식하는 탓일 것이다. 이민이 끊기면 한인교회들도 교회당을 타민족에게 넘겨주어야 하는 위기가 도래할 것이다. 미국이 언제까지나 이민 문호를 개방할지 우리는 알 수 없다. 타인종도 흡수해야 한다. 미주에 사는 모든 민족에게 전도의 문을 열어야 한다. 앞서 지적한 바, 한인 2-3세가 교회를 떠나는 현상과 이민 문호가 계속 열릴 것인가에 대한 의문 말고도, 두 가지 점에서 그 필요성이 있다.

한인 2-3세가 타인종과 결혼하는 경우가 점점 늘고 있다. "한인교회"라고 할 때 혈통만 강조한다면 타인종과 결혼한 가정은 한인교회 안에 설 자리를 잃는다.

실제로 우리는 미주에서 타인종과 공존하고 있다. 학교나 직장, 거리에서 우리는 그들과 함께 살고 있다. 한 분 하나님을 모시고 사는 그리스도인들이 교회 안에서 인종적 벽을 넘을 수 없다면 얼마나 비복음적인가? 미주에 사는 한인교회는 선구자적 자리에 선 것이다.

(1) 성경

많은 경우, 2세대의 성경 읽기는 "개념 중심"이다. 성경의 "역사"에 소외된 공부다. 이번 심포지엄을 준비하면서 2세 예배에 참석해서 참여를 호소했다. 반응은 놀랍게도, "우리는 정치를 배격한다"라고 했다. 성경의 빛에서 한반도 분단을 보자는데, 내가 정치꾼이 되었다. 신앙의 내용은 역사를 포함한다.

사실은 사건이 개념의 산실이다. 이스라엘 역사를 공부하면서, 역사 속에 개념이 어떻게 자리 잡게 되었는가를 가르치자. 역사 공부에서 자연스럽게 "이스라엘과 한국"을 연결할 수 있다. 2세대는 "성경공부를 통해서 한국사를 보다 깊이 이해하게 될" 것이다.

(2) 한국사

이민 2세대는 한국사를 체계적으로 공부하지 못한 세대다. 그렇지만, 성경을 통해 한국사를 공부할 수 있다. 2세대 성경공부는 "한국사 공부"를 전제로 하면 훨씬 효과적이다.

세계 모든 그리스도인이 "새 이스라엘"이다. 당연히 한국인은 그리스도 안에서 성경으로 우리 역사를 읽을 수 있다. 어제의 하나님은 오늘의 하나님, 영원하신 분이시며, 모든 나라와 민족의 아버지 하나님이시기 때문이다.

3) 교육의 장

미주 한인교회는 일부 데이케어(day care)나 노인학교를 운영하는 교회를 제외하고 주중에는 거의 비어 있다. 교회 건물을 가장 효과적으로 이용하는 방법을 모색해야 한다.

교회를 주중에 여는 것이다. 교회교육이 사회교육으로 확장해 나가야 한다. 복음의 본질을 철저하게 지키면서.

4) 교육 네트워크

서로 긴밀한 관계를 가져야 한다. 3.1운동 때 한국기독교 인구는 1%를 겨우 넘었다. 2천만 인구 가운데 25만 명이 그리스도인이었다. 그러나 교회는 3.1운동의 실질적 리더였다. 1. 교회는 방방곡곡까지 파고들어 전국적 네트워크를 형성했다. 2. 신앙과 민족의식이 하나였다. 성경을 읽으면서 "이스라엘과 한국"을 비교하다 보면 명쾌해진다. 성경을 읽은 한민족이 어떤 의식을 가지게 되었는가? 따라서 태극기와 독립선언서를 전달하며 3.1운동을 준비하다가 일경에 잡히면 차라리 죽음을 선택했다. 유관순이 좋은 예다.

미주에 교회가 없는 지역은 거의 없다. 또, 교회 간의 관계도 좋다. 혹자는 "교회 이기주의"를 지적하지만, "그리스도 안에서 모두 한 형제요 자매"라는 인식은 생각보다 훨씬 크다. 그렇다면 교회는 엄청난 네트워크다. 여기서 성경과 한국사를 다시 읽고, 한민족의 평화로운 통일을 위해 기도한다면 3.1 운동 때의 역사가 다시 일어날 것이다.

미주에 있는 한인교회는 그 위치적 의미 또한 크다. 미국은 한반도 통일에 주요한 변수로 작용한다. 독일통일의 경우도 미국과의 관계가 중요했다. 그렇다면 독일통일은 일종의 외교적 성과물이다. 미주 한인교회는 미국 사회에 뿌리박고 있다. 미국은 교회의 목소리를 무시하지 않는 전통을 가지고 있다. 한인교회는 미국 주류 교회와의 관계를 발전시켜야 한다. 그리고 한인 기독교인들의 목소리를 전달해야 한다.

제3장_ 통일 선교

교회는 선교 없이는 존재할 수 없다. 선교는 교회의 존재 이유다. 미주 한인교회의 단합 문제는 종종 거론되었다. 그러나 선교대회처럼 활발하게 모이는 경우가 없다. 선교는 주님께서 교회에 주신 지상명령이다. 따라서 선교는 흩어진 교회를 하나로 모으는 좋은 주제다. 교회가 통일을 생각하고 통일을 위해 어떤 일을 한다면, 그것은 선교의 일환이다. 이제 통일문제를 정치적 이슈가 아니라 선교의 하나로 보기로 하자.

통일이 그렇게 필요한데, 교회가 통일을 위한 역량을 발휘하기 가장 좋은 여건이 "통일+선교"다. 교회가 통일만을 염두에 두고 움직이기에는 "통일"은 대단히 정치적 범주다. 통일 자체는 비정치적이지만 통일을 말하는 사람들은 자연스럽게 정치적 범주로 구분되기 때문이다.

교회는 "선교"에 상당한 시간과 예산을 투입한다. 교회마다 다르겠지만,

그래도 선교는 교회의 중심사역이다. 통일이 교회의 힘을 받으려면 "선교"의 모양을 띠어야 한다. 그냥 "통일운동"은 정치적 견해 차이 때문에 교회의 전폭적인 지지를 얻어내기 어렵다.

실제로 교회는 통일이 선교적 차원에서 가능해진다고 믿는다. 북한에 교회가 들어서고 마을마다 골목마다 기도와 찬양이 넘쳐나면, 남·북의 이질감은 자연스럽게 해소될 것이다. 정치는 교회의 뒤를 따르게 될 것이다. 실제로 정치가 사회 자체를 이끌어 간 경우는 드물다. 정치는 사건을 따라간다. 그러나 교회사는 사건을 만들어내는 역사였다. 역사를 주관하는 분은 창조주 하나님이시기 때문이다.

현재 한국교회 혹은 미주한인교회의 선교는 "통일을 염두에 둔 선교"(통일선교)와 "통일을 염두에 두지 않은 선교"(비통일선교)로 나눌 수 있다(통일선교와 비통일선교는 전적으로 이번 심포지엄을 위해 신조한 내 용어다. 문자적으로 이해하여 선교의 '질'을 차별화를 시도하는 것은 전혀 내 의도와 다르다). 통일선교는 "북한선교"를 중심으로, 한반도 정세에 영향을 끼치는 국가에 대한 선교를 포함한다. 비통일선교는 통일선교의 범주를 벗어나는 국가에 대한 선교를 말한다(넓게 보면, 여기 '비통일선교'도 한반도 통일에 우회적으로나마 영향을 미칠 것이다. 결국, 통일은 하나님께서 주셔야 오는 것이기 때문이다. 다만, 여기서 나는 우리의 노력의 가시적 범위를 정해 본 것이다).

한국교회와 해외 한인교회는 해외선교의 상당 부분을 비통일선교에 주력했다. 4,000개의 미주한인교회가 모두 선교하는 교회라고 할 때, 전체 예산의 10%는 선교에 투입되었을 것이다. 그러면 선교예산 가운데 통일선교는 얼마나 될까?

나는 여기서 미주 한인교회가 교회의 선교초점을 궁극적으로 "통일선교"로 수정할 것을 제안한다. 그러나 이는 중심점의 이동을 말하지, 비통일선교를 포기하라는 말은 아니다(땅끝까지 가는 모든 선교는 결국 한반도 통일선교다. 지구상에 유일하게 남은 분단지역 한반도를 기도 중에 기억하는 한). 조금 더 통일을 생각하고, 앞으로는 통일을 염두에 둔 선교에 비중을 더하자는 말이다. 새롭게 예산을 들여 '선교'하려는 교회는 "통일"을 조금 더 염두에 두고 선교지를 정하자는 말이다. 기왕에 통일선교 해당 지역에 선교하고 있는 교회는 자부심을 가지고 힘을 더하자는 말이다.

미주한인교회가 통일선교에 초점을 둔다면, 이 흐름은 전 세계에 퍼진 한인교회는 물론 한국 내 교회들에 영향을 끼칠 것이다. 얼마나 많은 예산이 통일선교에 투입될 것인가? 이것은 소위 "통일 비용"에 이미 포함되는 일이라고 생각한다. 말하자면, 통일에 투자하는 것이다.

1. 북한선교

북한은 선교지로 가장 시급하다. 북한선교의 "당위성"은 다음과 같다.

1) 평양 대부흥 운동 등 역사적 사실에도 불구하고 북한은 복음화의 현실로 볼 때 가장 미개척 지역이다.
2) 기독교인들이 큰 탄압을 받고 있다. 김순옥 씨 등 최근 탈북 한 기독교인들의 증언이다. 그냥 외면할 수 없다. 이런 점에서 통일선교는 해방선교다.
3) 무엇보다 교회는 "북한선교"가 통일의 지름길임을 잊지 않아야 한다. 주체사상으로 무장한 북한을 "복음"으로 다가가야 한다. 우리에게 다른 대안이 있는가? 없다.

북한을 선교지로 생각할 때, 그 방법은 현 분단체제 고수를 전제하지 않는다. 즉 "남·북한 공존"이 아니라 "남북통일"이 전제되어야 한다. 즉, "연방제"는 아니다. 그건 통일하지 말자는 말이다. 우리가 추구해야 하는 진정한 가치는 "하나됨"이지 나누어 둘이 됨이 아니다. 통일이 그 구조적 문제를 해결하는 유일한 방안이다. 그렇다면, 자연스럽게 우리의 "북한선교"는 "통일선교"로 귀착한다.

2. 주변국 선교

통일을 염두에 둔 주변국 선교전략은 중요하다. 주변 네 개 나라가 지닌 "통일 결정력"은 결코 무시될 수 없다. 시간관계상 중국과 미국에 집중한다.

이상하게도 아시아 내 한반도 주변의 강대국들은 비기독교 국가다. 이중 중국은 최근 가장 빠른 속도로 기독교화하고 있어서 주목받고 있다. 여기 한국교회의 중국선교가 큰 몫을 감당했음을 부인할 수 없다.

1) 중국

중국은 한반도와 국경을 가장 넓게 맞대고 있는 강대국이다. 북한뿐만 아니라 남한도 대중국 관계가 다양해지고 심화하고 있다.

무엇보다 중국은 교회가 부흥하고 있다. 핍박 속에서도 교회가 급성장하고 있다. 수많은 한국선교사가 중국교회 지도자를 양육했다.

(1) 탈북자 선교

중국 내 거주하는 탈북자 선교는 그들이 다시 북한으로 돌아가지 않는다고 해도 중요하다. 이들은 통일 한반도로 가는 길을 안내하고, 통일된 한반도가 탄탄하게 자리 잡도록 돕는 손길이다.

이들이 독자적으로 교회를 세우고 설교자가 나오고 전도자가 되는 길은 중요하다.

(2) 조선족 선교

조선족은 중국 내의 위상이 크다. 소수민족으로서 중국인이기 때문이다. 또한, 조선족은 북한과 연계된 위상으로써 그 역할이 주목받아야 한다. 그와 마찬가지로 조선족은 남한과 교류가 깊다. 한반도 통일을 말할 때 조선족을 주목해야 하는 많은 이유 가운데 겨우 몇 개 짚었을 뿐이다.

(3) 중국인 선교

중국 자체가 기독교 신앙으로 일어선다면, 한반도는 그 통일의 길에 천군만 마를 얻은 것이다. 그런데 놀랍게도 이것은 지금 현실이 되고 있다. 핍박 중인 교회는 오히려 영적 순도가 높다. 나는 중국교회가 북한 지하교회 다음으 로 그 거룩함이 탁월하다고 생각한다.

일방적으로 가르치던 때는 충분히 지났다. 중국교회 지도자들에게 배워야 한다. 그들이 교사가 되어 우리를 가르친다면 우리는 대단한 응원군을 만난 것이다.

2) 일본

가깝지만 먼 나라다. 교세도 열악하다. 그러나 일본교회는 신학이 있다. 몇 사람 그리스도인을 만나도 금세 힘이 난다.

일본교회가 한반도 통일을 저들의 주제로 삼게 된다면 과거 식민통치의 죄책감을 결정적으로 벗을 길을 스스로 마련하는 셈이다.

(1) 재일동포

재일동포 3세 김성제 목사는 내 GTU 선배다. 그는 구약에서 "나그네"를 주제로 학위논문을 썼다. 일본 한인교회가 인권을 위해 기도하면서 투쟁하는 모습은 많은 영감을 준다.

분단된 나라라면 남에 있든지 북에 있든지 결국 나그네 신세 아닌가! 자기 땅에서 나그네 된 사람들! 우리는 재일동포의 피눈물 나는 영적 자기성찰과 자유를 위한 쉬지 않는 투쟁의 길에서 배워야 한다. 이들에게 물어야 한다.

(2) 일본인 선교

한반도 통일의 길에 일본인은 사실 원수가 아니다. 과거사의 쓴맛을 알고 있는 일본인보다 더 잘 도울 수 있는 사람도 흔하지 않다. 일본인 그리스도인 한 명이 생기면 통일은 그만큼 앞당겨진다고 해도 틀리지 않는다.

일본인에게 예수 그리스도를 전하자. 로마를 향해 복음의 깃발을 들고 나갔던 예수님의 제자들처럼.

3) 러시아

한반도 끝과 국경을 대고 있는 러시아는 한반도 분단의 주체였다. 결자해지! 그러므로 그들의 역할이 있는 것이다.

(1) 고려인 선교

고려인들이 질기게 유지하고 있는 한민족 자긍심은 한민족이 결코 나뉠 수 없다는 영적 "당위성"을 재확인해 준다.

많은 한인 러시아 선교사들이 고려인들과 합력하는 것은 사실이다. 고려인들이 러시아교회에서 지도자로 부상하고 있다. 그들을 지원해야 한다.

(2) 러시아인 선교

실제로 많은 러시아교회가 한인 선교사의 지원 아래 성장하고 있다. 모스크바와 뚤라 지역을 돌아보면서 여러 교회에서 설교했는데, 놀랍게도 한반도를 위해 기도하는 그리스도인이 많았다.

4) 미국

한반도 통일에 있어서 미국이 끝내 중요한 변수다. 나는 "미국=땅끝"이라고 생각한다. 예수님께서 "땅끝까지 이르러 내 증인이 되라" 하셨다. 예수님 당시 "땅끝"이 어디였을까? 시대적 제한을 염두에 두고 말한다면 그건 "로마제국"이 아니었을까? 로마는 다민족 다인종으로 구성된 대제국이었다. 초기기독교가 선교 목표로 세웠던 "땅끝"은 로마제국 자체가 아니었을까?

그렇다면 같은 맥락으로 미국이 땅끝이다. 모든 인종이 모여 함께 산다는 점에서 그렇다. 더욱이 샌프란시스코는 세계가 모였다가 흩어지는 자리다.

나는 미국이라는 나라가 전 세계에 미치는 영향력을 주시한다. 정치, 경제, 문화적인 면에서 그렇다. 또, 나는 "영어"라는 언어가 세계 공용어가 된 사실을 주목한다. 세계 각국 언어는 다 할 수 없어도 영어 하나로 통하는 나라가 참 많다.

바로 이 두 가지 점에서 미국은 고대 로마의 재현이다. 좋은 점과 나쁜 점이 있다. 나쁜 점이 더 많을지도 모른다. 그러나 사도 바울이 로마가 뚫어놓은 로마가도를 타고 당시 세계로 복음을 전했다면, 오늘 우리는 미국이 개척해 놓은 정치, 경제, 문화적 통로를 타고 복음을 전할 기회를 얻은 것이다.

미주 한인 동포들이 미국에 영향을 끼치기 위해서는 교회의 역할이 가장 중요하다. 한인들끼리의 모임으로 그쳐서는 안 된다. 주류교단의 경우, 미국 행정부의 방향설정에 영향을 끼친다. 미국장로회(PCUSA), 미국연합감리교회(UMC), 미국루터교(ELCA) 등은 이런 역할을 감당하고 있다.

1995년 총회 때 미국장로회는 "광복희년특별예배"를 드렸다. 남·북한 교회 지도자들을 청하고, 저들에게 각각 한라산과 백두산의 소나무를 가져오도록 부탁했다. 이를 엮어 십자가를 만들고 한반도가 예수 그리스도 안에서 하나 될 것을 기원했다. 에스겔 37장을 본문으로 한 예배였다. 미국 행정부가 이 예배와 이어진 결의문에 주목했다. 당시 한반도 위기설은 그냥 "설"로 그칠 것은 아니었다.

그러나 한인교회만으로 구성된 교단이라고 해도 걱정할 필요가 없다. "샌프란시스코지역한인교회연합회"(SF 한교연) 같은 초교파 모임을 통해 미국 행정부와 선교적 채널을 확보할 수 있기 때문이다.

미국은 전통적으로 기독교 국가다. 그렇지만 미국은 선교지로서 부각되고 있다. 기독교성을 상실해가는 미국에 영적으로 도전해야 한다. 미국 동포들이 통일선교로 뭉쳐있다면, 미국의 기독교인들은 그를 주목할 수밖에 없다. 비기독교인이라고 해도 마찬가지다. 미국은 저들의 대한반도 정책에 미주 동포들의 태도를 반영하게 될 것이다. 구체적으로 통일선교의 방안을 생각해본다.

제4장

1. 교회가 주체다

교회의 통일선교는 국가 대 국가의 "외교"에 의존할 수 없다. 정치-외교는 변화무쌍하다. 정당의 이해관계에 따라 변한다. 교회가 주님으로부터 받은 항구적인 선교명령이 "인간적인 때와 장소"라는 변수에 의존될 수 없다.

그렇지만 교회는 국가 간의 정치적 행위들을 "주목"할 필요가 있다. 신문방송을 통해 언급되는 정치-외교적 흐름을 가능한 한 바르게 파악할 필요가 있다. 여러 책이나 자료 등을 수집해서 정확한 정보를 입수해야 한다. 말하자면 교회는 통일선교에 필요한 '정보'를 적극적으로 수집하고, 공부해야 한다.

또한, 교회는 정부와 대화해야 한다. 경우에 따라서 정부에 도전하거나 설득해서 통일을 위한 적극적인 자세로 나가도록 도와야 한다. 미주 한인교회는 미국에 있다. 미국은 남한-북한을 연결하는 제3의 지점이다. 미주 기독인들은 미국에 거주하는 영주권-시민권자로서, 남한의 기독교인들이 할 수 없는 역할을 맡는다. 그것은 제3의 지점에서 북한을 다른 각도로 상대할 수 있다는 점이다. 미국과 북한 외교 관계의 예민한 흐름에 따라, 미주 한인 기독교인들은 물량투입 이전에 어떤 "관계"를 형성하여 통일을 준비할 수 있다.

2. 선교 내용은 "복음"이다

복음은 인간화를 전제한다. 여기는 억압에서의 해방도 포함한다. 복음은 "정치적 공약"과 다르다. 복음은 현실에서 출발하지 않는다. 하나님의 명령에서 출발한다. 따라서 복음은 리서치 한 결과가 아니라 계시로서 선포된다.

교회가 전하는 메시지는 기본적으로 "설교" 형태를 띤다. 마틴 루터 킹 주니어(Martin Luther King, Jr.)의 메시지는 "설교"였다. 그는 "가능성"에 바탕을 두지 않았다. 오히려 성경에 바탕 한 "당위성"을 내세웠다. 그 내용은 "비전"으로 선포되었다. 교회의 메시지는 복음이다. 복음의 한가운데 "예수 그리스도"께서 계시다. 예수님께서는 "화목케 하신 주님"이셨다. 동족이 상잔하는 현실은 복음으로써 극복해야 할 상황이다.

3. 식량

나눔은 복음전파와 함께 간다. 형제가 기아 중에 있다면 먹여야 한다. 물질이 주가 되어선 안 되지만, 굶주리는 북한의 현실에서 식량 지원은 필수다. 새크라멘토 이두섭 목사의 국수 공장 지원은 아주 좋은 예다.

4. 민간접촉의 형태를 띤다

미주교회는 민간접촉의 형태를 따라 통일선교의 전략을 세운다.

1) 경제교류

아무래도 교회가 주관하는 경제교류는 한계가 있다. "식량 지원"의 자원에서 시작해야 할 것이다. 그러나 교회가 1. 미국 정부를 통해, 2. 북한의 정부에 식량을 지원하는 것이 아니다. 어떤 정치적 배려를 바라지 않기 때문이다.

미주교회가 미국 정부를 대변할 수 없다. 어떤 정치 논리가 아니다. 동족애나 인류애의 차원도 오해의 가능성이 있다. 북한을 "적"으로 규정하고, 북한에 전달되는 어떤 형태의 "지원"도 적의 군사력 증강에 기여한다는 주장을 반박할 도리가 없는 것이다. 따라서 "선교"의 차원이어야 한다. 선교에 어떤 국가가 개입하는 것은 명분이 없다.

가장 이상적인 것은 미주교회가 북한의 교회를 지원하는 것이다. 그러나 북한의 교회는 "북한의 잠정적 그리스도인"을 대표한다고 보기 어렵다. 따라서 미주교회는 장기적으로 북한의 주민을 상대로 선교전략을 세워야 한다.

교회는 북한의 정부를 상대로 지원하는 것보다 북한의 주민을 상대하는 것이 좋다. 지원의 "투명성"을 확보하기 위해서도 그것이 좋은 전략이다.

2) 이산가족 교류

지난 8.15 때 있었던 "화상 만남"이라도 좋다. 없는 것보다는 낫기 때문이다. 어쨌든 이산가족은 생존 여부라도 알 수 있도록 도와드려야 한다. 그것이 한을 품고 세상을 떠나는 최악을 막는 일이다.

정리

통일선교는 분산시대를 살고 있는 한국 사람 입장에서 슬픔을 극복하는 보다 적극적인 차원의 선교다. 한국은 세계 유일의 분단국이다. 통일은 선택이 아니다. 필수다. "복음"을 전한다는 차원에서의 선교에 "통일"을 위해 구체적인 사역을 감당한다는 차원을 포함 시킨 것이다. 교회가 "통일선교"를 선교의 중점으로 삼을 때, 교회 안에 통일에 대한 구체적이며 심도 있는 논의가 계속될 것이다. 아울러, 기도할 때마다 통일을 간구하게 될 것이다.

결론

이민 교회의 위기를 말하는 때다. 이민 문호가 언제까지 열릴지 걱정한다. 이민 2세 3세들이 교회를 떠난다. 이민 2-3세가 공존하는 교회를 찾아보기 어렵다. 부모의 품을 떠나는 대학시절, 교회 출석은 50%로 줄어든다. 대학 졸업 이후는 20% 선이다.

그런데 문제는 이민사회가 교회의 패턴을 닮아 간다는 사실이다. 부정적으로 볼 것만은 아니다. 이민 3세대쯤 되면 민족을 생각하게 되고, 돌아오려고 한다. 회귀본능이랄까? 돌아오고 싶을 때 자연스럽게 돌아올 수 있도록 "역사-문화-선교센터"가 건립되고 운영되어야 한다. 물론 센터는 2-3세들의 이탈 최소화를 도울 것이다 돌아오는 2-3세들을 훨씬 더 자연스럽게 받아 줄 것이다. 이 일을 교회가 맡아야 한다. 교회는 이 사명을 잘 수행해 왔다. 앞으로는 더 체계적이어야 한다. 모든 교회, 모든 교회당 건물이 역사와 문화 그리고 선교를 위해 기능해야 한다.

현재 한인교회는 4,000여 개다. 예산은 장년 100명 출석하는 교회를 기준으로 약 20만 불이다. 비영리단체로 이보다 더 크고 조직적으로 운영되는 단체는 없다.

미주 한인교회는 태생적으로 "열린 교회"여야 한다. 타인종에 대해서도 그 문을 열어야 한다. 우선 교회 대 교회로 "교류"가 활발해야 한다. 또 교회 안에 타인종이 들어와 함께 예배드릴 수 있는 분위기로 가야 한다. 영어 예배가 활성화되어야 한다. 한국어 예배도 영어 자막이나 통역이 제공되어야 한다. 교회의 존폐가 결정적으로 이민 물결에 달려있다면 불행한 일이다.

눈을 돌려, 미국 내 거주하는 수많은 사람을 모두 잠정적 교인으로 볼 수 있어야 한다.

열린 교회는 단지 "교회"의 살길일 뿐만 아니다. "한반도 평화통일"에 "미국"이 중요하고, 미국 내의 "모든 인종"이 중요하다. 따라서, 열린 교회로서의 미주 한인교회는 그 존재가 "통일신학" 구현의 한 모습이며, 그 활동으로써 이미 "통일교육"과 "통일선교"를 감당하고 있는 셈이다.

민족, 통일 그리고 교회
: 한국 통일의 소망과 성경의 교훈

김윤국

전 영락교회 담임목사/장신대 교수

광복 60주년을 맞이하는 샌프란시스코의 동포 여러분이 학술 심포지엄을 주최하고 고명한 강사들을 초청하여 귀한 말씀을 들으며 조국 통일의 기대를 새롭게 하시는 일에 대하여 깊이 축하드리는 바입니다. 또 멀리 동부에 사는 저에게 이 귀한 자리에 참여하도록 주선해 주신 조은석 박사에게 감사드립니다. 오늘 순서에 따라 강사들께서 진지하게 발표해 주신 학술논문을 듣고 깊은 감명을 받았습니다. 그 받은 감동을 되새기며 저는 성경이 보여주는 세상, 민족, 교회 등의 의미를 참작하여 민족통일에 관한 기독교인의 입장을 다음과 같이 정리해 보았습니다.

I. 인류를 향하신 하나님의 뜻

저희는 우리가 구약이라고 부르는 히브리 성경 창세기 속에서 인류를 향하신 하나님의 뜻을 찾습니다. 하나님께서는 천지 만물을 단계를 따라 지으시면서 매 단계 끝에 가서 "하나님 보시기에 좋았더라"(창세기 1:4, 10, 13, 18, 22, 26) 하는 기록을 창세기에 전해주었습니다. 그리고 하나님이 자기 형상에 따라 남자와 여자를 지으시고 "그들에게 복을 주시며 그들에게 이르시되 생육하고 번성하여 땅에 충만하라"(창세기 1:27-28) 말씀하셨습니다. 그리고 그 후에 창세기 기록은 "하나님이 그 지으신 모든 것을 보시니, 보시기에 심히 좋았더라"(창세기 1:31)라고 하셨습니다.

만물을 지으시며 "보시기에 좋았더라" 말씀하신 하나님. 사람을 지으신 후에 "보시기에 심히 좋았더라" 하신 하나님. 인류에게 복을 내리시며 번성하여 땅에 충만하라 말씀하신 하나님은 천하 만민이 세상에 흩어져서 평화를 누리며 행복하기를 바라십니다.

신약성경 사도행전에 의하면 사도 바울은 희랍 나라 아덴 사람들에게 인류를 향하신 하나님의 뜻을 다음과 같이 설명했습니다. 하나님께서 "인류의 모든 족속을 한 혈통으로 만드사, 온 땅에 거하게 하시고, 저희의 연대를 정하시며 거주의 경계를 한하셨으니"(사도행전 17:26).

창세기의 기록과 바울의 말씀을 연결하여 생각하면 저희는 인류를 향하신 하나님의 선하신 뜻을 알 수 있습니다. 창조주 하나님께서는 세상의 흩어져 사는 모든 백성이 하나님이 정해 준 지경에서 하나님의 축복을 누리고 행복하게 살기를 원하십니다. 생육하고 번성하며 이웃 사람들과 평화를 누리면서(스가랴 8:19; 마태 5:9; 고린도전서 14:33) 땅에 충만하기를 바라고 계십니다.

II. 인간의 욕망과 침략전쟁

그러나 역사의 증거를 살피면 욕심 많은 사람이 자기에게 지정된 땅에 사는 것으로 만족하지 않고 이웃 사람들의 영토를 침략하여 전쟁을 일으켰습니다. 그 결과로 개인이 망하고, 가정이 분열되고, 민족이 도탄에 빠지며, 땅이 황폐해지고, 많은 사람이 죽고, 남은 사람들이 비참한 환경에서 불행하게 살아왔습니다. 그런 것이 인간사회에 일어나는 일반적인 일이고, 우리가 경험한 사실입니다.

우리는 몽골 계통에 속한 배달민족으로서 서양 사람들이 극동이라고 부르는 지대에 주전 3천 년대부터 독특한 말과 문화를 유지하며 살아왔습니다. 우리 민족의 역사를 논하는 사람들에 의하면 우리 조상이 고조선이라는 이름으로 주전 5천 년대와 4천 년대에 시베리아의 바이칼호(Baikal)를 중심으로 러시아, 몽골, 만주 지방의 광대한 지역을 다스렸다고 합니다. 그러다가 주전 2,333년에 한반도에 단군조선을 창업했다는 것입니다.

그 후 우리 백성은 삼국시대(주전 100-주후 918)를 지나 주후 660년에 통일을 이루고 신라(660-918), 고려(918-1392), 이씨조선(1392-1910)으로 이어가며 통일을 유지하고 살았습니다.

불행하게도 이웃 나라들은 우리 땅 한반도를 전략적인 발판으로 삼고, 여러 차례 우리 땅을 습격해 왔습니다. 주후 13세기에는 몽골의 큰 무리가 북방에서 습격했고, 16세기에는 일본이 남방에서 침범했고, 19세기 말에는 중국이 서북에서 공격했고, 20세기 초에는 러시아가 동북에서 쳐들어왔습니다. 그 가운데 일본이 다른 나라들을 물리치고 우리나라를 점령하여 36년 동안 횡포를 부리다가 세계대전 끝에 물러났습니다. 그것이 60년 전 일이었습니다.

III. 한국 민족의 분열

세계대전에 승리한 연합군 미국 소련 영국 등은 우리 땅을 북위 38도선으로 갈라놓고 이북을 소련군에게 맡기고 이남을 미국군에게 맡겼습니다. 소련은 북쪽에 국제공산주의의 전초기지로 북조선인민공화국을 세웠고, 미국은 국제연합 UN의 도움을 얻어 남한에 총선거를 통하여 대한민국을 세웠습니다.

북한 공산정부는 나라를 통일할 목표로 1950년에 남쪽을 침략했고, 남한은 미국을 위시하여 유엔 15국의 도움을 얻어서 공산 침략을 물리쳤습니다. 3년간의 싸움 끝에 남·북이 휴전협정을 체결함으로써 우리 땅은 전과 다름없이 38도선을 중심으로 남·북으로 갈라졌습니다.

북한 정부는 소련이 망한 뒤에도 파멸된 공산주의를 붙들고 일당독재로 백성을 다스려왔습니다. 현지에서 경험한 김현식 교수가 지적한 바와 같이 북한정권은 국가정책의 하나로 기독교 말살을 도모했습니다. 인간이 생각할 수 있는 악독한 방법을 모두 동원하여, 즉 협박, 공갈, 납치, 투옥, 살해 등의 방법으로, 그들은 북한 전역에서 기독교인의 활동을 철저히 없애버렸습니다. 그리고 그 신앙을 대치할 뜻으로 세상 떠난 지도자 김일성을 신으로 격상하여 백성들의 경배를 강요하며 그의 아들 후계자 김정일에 대한 절대적인 충성을 요구하고 있습니다.

신기하게도 근년에 북한정권은 교회라는 이름의 국립기독교를 세상에 내놓았습니다. 그 목표는 김현식 교수가 지적한 바와 같이 남한을 위시하여 세계 각지에 산재한 동포 기독교인들의 동정을 얻고, 그것을 통하여 경제적 원조를 획득하며, 세상 사람들에게 북한에도 교회가 있다는 것을 내세우기 위한 것으로 보입니다. 어쨌든 그들은 교회라는 이름을 내세우고 새로운 방식으로 정권의 선전 유지 확대를 기하고 있습니다.

북한의 지도체제는 구시대의 군왕제도와 비슷합니다. 아들이 아버지의 대를 이어 강권으로 백성을 다스리며 국민의 고통에 관심을 보이지 않습니다. 그 통치 아래서 백만이 넘는 인민이 굶어 죽었고, 수십만의 동포가 국경을 넘어서 중국으로 탈출했으며, 국내에서는 수십만이 강제수용소에서 죽어간다는 것입니다. 그러는 중에도 정권은 무력통일의 꿈을 이루려고 핵무기를 개발해 왔고, 지금은 핵무기를 보유한다고 호통을 치고 나섰습니다.

그러나 북한정권도 역사의 교훈을 묵살하지 못하는 것 같습니다. 망해버린 소련에 7,000여 기의 핵무기를 쌓아놓고도 백성들에게 살길을 마련해 주지 못해서 고스란히 붕괴된 사실을 인식한 것 같습니다. 그 까닭에 최근에는 북한 정부가 닫힌 문을 조금 열고 이웃 나라의 도움을 구하고 있으며, 핵무기 관계로 이웃 나라와 흥정하는 6자회담에도 참여하는 것 같습니다. 그러나 그 진의를 아는 사람은 없습니다.

그동안에 남한은 6.25 전쟁의 잿더미를 정리하고 국제사회의 협력을 얻어 외국과의 통상을 넓히며 피땀 흘리는 노력으로 기술과 산업을 개발하여 한강의 기적을 만들어냈습니다. 지난 60년 동안 한국은 경제 문화 정치 등 모든 면에서 놀랄만한 발전을 이루고 가까운 장래에 선진국 반열에 참여할 것을 기대하고 있습니다.

역대의 한국정부는 기독교의 자유로운 활동을 허용했습니다. 그 결과로 한국에서 수다한 교단과 교회가 발전했고, 기독교인의 수는 1천 200만에 이르러, 남한 총인구의 3분의 1에 달했다고 보고되어 있습니다. 그뿐만 아니라 여러 교단에 속한 교회들이 만 명이 넘는 선교사를 외국에 파송하여 그리스도의 이름으로 봉사하도록 하고 있습니다.

IV. 통일에 대한 소망

이런 상황에서 남·북에 갈려 사는 우리 백성은 우리나라가 통일되기를 갈망합니다. 북한 공산정부는 시초부터 무력으로 남한을 점령하고 공산주의 체제 밑에 통일할 것을 지상의 과업으로 삼아왔습니다. 그런가 하면 고향 땅 북한을 탈출하여 남한과 세계 각지에 흩어져 사는 천만의 피난민은 북한의 독재정권이 무너지고 자유민주주의 나라로 남·북이 통일되기를 갈망하고 있습니다. 독재정권 밑에서 60년간 살아온 북한 동포들은 비록 바깥세상을 알지 못하고 마음의 소망을 표현할 수 없으나, 민족이 하나로 통일되어 사람처럼 살기를 바랄 것이 틀림없습니다. 근년에 중국으로 탈출한 20만이 넘는 탈북자는 물론이고 북한의 강제수용소에서 죽어가는 수십만의 동포들도 통일의 날을 기다리고 있을 것입니다.

신기욱 교수께서 금년 8월 한국에서 시행한 갤럽폴(Gallup Pol)을 전해주었습니다. 이에 의하면 한국에 사는 16-25세 사이의 젊은이들 62.9%가 북한을 좋아하고, 만일 북한과 미국이 전쟁을 한다면 66%가 북한을 돕겠다는 것입니다. 그렇다면 이 젊은이들도 통일을 원할 것은 분명합니다.

그러나 과거에 한국을 점령하려던 이웃 나라들은 한국이 통일되기를 바라지 않을 것입니다. 스칼라피노 박사가 동북아시아의 정치형태와 권력의 균형에 대하여 자세히 알려주었습니다. 우리 민족과 깊은 관계를 유지해온 나라들, 즉 미국, 중국, 일본, 러시아 등은 각각 자기 이권을 구하기에 몰두하여 우리 민족의 통일을 구태여 바라지 않을 것입니다. 도리어 한국이 통일되어 경제, 문화, 정치, 군사 면에서 강대국으로 일어서는 것을 염려하고 경계할 것입니다. 물론 북한의 지도자들은 자기의 권력을 포기하면서 남한과 통일하는 일을 원치 않을 것이고, 남한의 지도자 중에도 같은 이유로 통일을 원하지 않는 사람이 있을 것입니다. 남한에서 풍부하게 살며 현 상태에 만족하는 사람들은 통일이 되어 북한에서 밀려올 많은 피난민을 염려하여 통일을 원치 않을 것입니다.

V. 민족통일과 하나님

성경에 의하면 우주를 주관하시는 하나님은 애굽 나라에서 종살이하던 이스라엘 민족을 해방시키시고 자유를 주셨습니다(출애굽기). 또 하나님은 전쟁포로로 바빌론에 끌려갔던 이스라엘 백성에게 고국으로 돌아갈 길을 열어 주셨습니다(에스라, 느헤미야). 마빈 L. 체이니 교수는 이스라엘과 한국역사를 비교하면서 역동적인 다이내믹 유비를 말씀했습니다. 같은 맥락으로 조은석 박사는 성경의 유추적 해석을 제안했습니다. 그들의 제안은 이스라엘 민족을 애굽의 종살이에서 해방시키시고 바빌론 포로 생활에서 해방시킨 하나님께서 한국민족을 일본의 손아귀에서 구해 주신 역사와 비교할 때에 잘 적용되는 것으로 보입니다.

어쨌든 하나님은 세상의 만백성이 구원을 받고 축복을 누리며 살기를 원하십니다(창세기 22:18; 이사야 2:2; 시편 96:7). 하나님은 마침내 세상의 만민이 그리스도 안에서 하나로 통일되어 자유 평등 평화를 누리며 행복하게 살기를 바라고 계십니다.

바울은 에베소교회에 보낸 편지에서 "그 뜻의 비밀을 우리에게 알리셨으니"라고 전제하고, 그 내용을 다음과 같이 설명했습니다. "곧 그 기쁘심을 따라 그리스도 안에서 때가 찬 경륜을 위하여… 하늘에 있는 것이나 땅에 있는 것이 다 그리스도 안에서 통일되게 하려 하심이라"(에베소서 1:9-10). 그러므로 우리는 하나님께서 사상과 정권의 대립으로 동족이 둘로 갈라져 적대하는 것을 원치 않으시며, 민족이 통일되어 평화롭게 상부상조하며 살기를 바라시는 줄 압니다. 이 신앙으로 우리는 한국의 통일을 위하여 노력하는 것이고, 오늘과 같은 학술연구회도 가지는 것입니다.

한국의 기독교인들은 연규홍 교수께서 지적해 준 바와 같이, 역사가 흐르는 동안에 하나님을 사랑하고 동포를 사랑하고 나라를 사랑하는 사람들로서 직접-간접으로 나라일에 참여했습니다. 일본 통치하에서 독립운동도 했고, 분단 후 북한에서는 신앙을 자유를 위하여 피 흘리는 싸움도 했고, 남한의 군정 아래서 정의사회의 구현과 인권의 창달을 위하여 많은 힘도 썼습니다. 그리고 오늘의 한국 기독교인들은 그리스도의 이름으로 민족과 국가의 통일을 위하여 다양한 방식으로 애쓰고 있습니다. 잘 하는 일로 경하할 것입니다.

VI. 통일 노력에 대한 성경의 교훈

성경을 통하여 말씀하시는 하나님은 우리가 하는 통일 노력에 관하여 어떤 뜻을 보여주실까 하는 것을 찾아보았습니다. 거기 관한 대답은 묻는 사람의 관점에 따라 같지 않겠습니다만, 저는 다음과 같은 뜻을 발견했습니다.

1) 우리는 통일 노력의 목표를 분명히 밝히며 나가야 할 것입니다

우리는 물어야 합니다: "우리는 무엇 때문에 조국의 통일을 원하는가?"

대답은 많을 것입니다. 우리 민족의 고통을 덜고 애타는 심정을 해소하고자 하는 뜻이 있겠습니다. 천만이 넘는 이산가족을 다시 합하게 하자는 인도적인 뜻도 있겠습니다. 독재정권 밑에서 60년 고생해 온 동포를 구출하자는 의도도 있겠습니다. 복음을 듣지 못한 동포들에게 하나님의 구원의 소식을 전하자는 선교의 뜻도 있겠습니다. 사람이 자유롭게 하는 길을 북녘의 동포에게도 알게 하자는 마음도 있겠습니다.

분열된 우리 민족이 통일을 이룸으로써 동부 아시아에 평화를 끌어내고 나아가서는 세계평화에 기여하자는 뜻도 있겠습니다. 북한의 닫힌 문을 열고 자유롭게 통상하며 잘살아 보자는 뜻도 있겠습니다. 혹은 7천만 우리 민족이 단합하여 극동에 우뚝 서서 세계 만백성 앞에 민족의 위력을 나타내고, 으뜸가는 우리 문화를 자랑하자는 욕망도 있을 것입니다.

이 수다한 목표 중에서 우리는 무엇을 위하여 노력할 것입니까? 한가지입니까? 몇 가지입니까? 위에 적은 모든 것을 모두 포함하는 것입니까? 그러나 알아야 할 것은 우리가 소망하는 통일이 세상적인 욕망을 채우는 것이라면 우리가 추구할 것은 아니라는 사실입니다. 사도 요한이 요한일서 편지에 다음과 같이 말했습니다: "여러분은 세상이나 세상에 속한 것을 사랑하지 마십시오. 세상을 사랑하는 사람에게는 그 마음속에 아버지를 향한 사랑이 없습니다. 세상에 있는 모든 것, 곧 육체의 쾌락과 눈의 쾌락을 좇는 것이나 (세상일로) 재산을 가지고 자랑하는 것은 아버지께로부터 나온 것이 아니고 세상에서 나온 것입니다. 세상도 가고 세상의 정욕도 다 지나가지만, 하나님의 뜻대로 사는 사람은 영원히 살 것입니다(공동번역 요한일서 2:15-17). 이 말씀에 의하면 우리가 하는 일이 세상적인 욕구의 추구이면 하지 말라는 것입니다.

2) 민족통일을 향하는 우리의 노력이 하나님 나라와 그의 의를 구하는 한 가닥이 되어야 할 것입니다

예수께서 말씀하셨습니다. 너희는 세상의 모든 것을 구하기 전에 "먼저 그의 나라와 그의 의를 구하라"(마태복음 6:33). 우리 개인의 안위나 가정의 행복이나 민족의 번영이나 국가의 통일과 같은 세상에 속한 것을 구하기 전에 먼저 하나님의 나라와 그의 의를 구하라는 말씀입니다.

우리가 해야 할 우선적인 일, 곧 하나님의 나라와 그의 의를 구하는 일 속에 우리가 하는 통일의 노력이 포함되어야 할 것입니다. 그래야 그 한도 안에서 우리의 노력은 하나님의 뜻에 합당한 일이 될 것이요, 가치 있는 일이 될 것이고, 해야 할 일이 될 것이고, 하나님의 도우심을 기대할 수 있는 일이 될 것입니다. 반면에 우리의 노력이 하나님의 나라와 그의 의에 관계없이 세상의 욕망을 이루는 뜻이라면 가치 없는 일이 될 것이고 세상과 더불어 없어질 헛된 일에 지나지 않을 것입니다.

그러므로 우리는 통일을 위하는 노력으로 걸음을 옮길 때마다 하나님 나라를 구하는 근본 자세를 확인하며 전진하여야 할 것입니다. 그래서 우리의 노력이 우주를 운영하시는 하나님의 선하시고 기뻐하시는 뜻에 합하게 되어야 할 것입니다.

3) 남북통일의 과업은 사람의 계획대로 이루어질 것은 아닙니다

통일을 원하는 우리 앞에 외적 내적 장애 조건이 많다는 사실을 이홍영 교수께서 상세히 설명해주셨습니다. 통일과업이 우리 민족의 역사적 사명으로 등장했으나, 짧은 시일에 이루어질 가망은 별로 보이지 않는다는 현실도 알게 되었습니다. 그런 마당에서 우리는 옛 성도들의 말씀에 귀를 기울여야 하겠습니다. 잠언 16:1의 말씀입니다. "마음의 경영은 사람에게 있어도 말(일)의 응답은 여호와께로서 나느니라"(개역). "계획은 사람이 세우고 결정은 야훼(하나님)께서 하신다"(공동번역). 아울러, "사람의 마음에는 많은 계획이 있어도 오직 여호와의 뜻이 완전히 서리라." "사람이 많은 계획을 세워도 성사는 야훼(하나님)의 뜻에 달렸다"(잠언 19:21). 같은 의미로 옛 시인이 노래했습니다. "여호와께서 열방의 도모를 폐하시며, 민족들의 사상을 무효케 하시도다. (오직) 여호와의 도모는 영영히 서고, 그 심사는 대대에 이르리로다"(시편 33:10-11). 우리의 경영과 노력에 따라 통일이 이루어지리라는 보장은 없습니다. 오직 하나님의 섭리 속에서 그의 선하신 뜻에 따라 하나님께서 이루실 것입니다.

4) 민족의 통일을 이루려는 일이 한인교회의 유일한 과업은 아닙니다

교회는 세상에서 죄인 인간의 개혁을 맡은 하나님의 기관입니다. 이 기관이 맡은 책임은 크고 넓고 많습니다. 그 많은 책임 중에 통일을 위한 노력은 한 가닥에 불과합니다. 그러므로 교회가 다른 일을 제쳐놓고 민족통일에만 집착할 수는 없습니다. 그렇게 해서는 안 될 것이고, 실제로 그렇게 되지도 않습니다. 비록 우리가 갈라진 조국의 남녘이나 북녘이나 외국에 살면서 통일을 갈망할지라도, 우리 할 일의 큰 부분은 우리가 사는 곳에서 하나님의 뜻을 구하며 그리스도를 증거 하는 일입니다. 민족통일에 집착하여 교회 본래의 중요한 사명을 멀리할 수는 없습니다.

그러므로 저는 교회가 균형 있고 충실하게 하나님의 사역을 담당하기 위하여 통일업무에 주력할 교회 부속기관의 설립을 제안하고 싶습니다. 한국과 세계에 산재한 한인교회가 힘을 모아 민족통일선교에 주력할 기구의 조직입니다. 교회마다 통일분과위원회(가칭)를 두고, 지방마다 통일분과협의회(가칭)를 두고 나라 안에 전국통일협회(가칭)를 두고, 세계를 망라하여 '한국민족통일 복음선교 세계협회(가칭) 같은 것을 조직하여 노력해 보자 하는 말씀입니다.

오늘 훌륭한 강의를 해주신 손님 강사님들, 각 분야에서 책임을 담당하신 여러분, 오늘 이 자리에 참여하여 진지하게 청취하고 토의해 주신 여러분, 본 심포지엄을 주최하고 후원하신 이곳 여러분께 감사의 말씀을 드립니다. 하나님의 축복하심을 기원합니다.

NATION, REUNIFICATION, AND CHURCH
: Biblical Implications on Reunification of Korea

Rev. Yunkuk David Kim

Former Pastor, Youngrak Presbyterian Church, Seoul, Korea

I would like to congratulate you for hosting this Memorial Symposium to commemorate the sixtieth anniversary of the liberation of Korea from Japan. The stated purpose of the Symposium is to review the history of Korea for the past 60 years to look forward to the future and thus contribute to the desired reunification of Korea. I am grateful to the Rev. Dr. Eun Suk Cho for inviting me to participate in the Symposium. I have been impressed by the insightful messages that our guest scholars have presented this day. My job is to glean my impressions in reference to the biblical teachings about the world, human race and the Christian church, and draw out some implications on the question of reunification of Korea. With this in mind I have formulated what I believe to be a proper posture for pursuing reunification of Korea.

I. God's Design for Humankind

In the Hebrew Bible that we call the Old Testament we discover God's design for humankind. According to the Book of Genesis, God created the universe in a number of stages and at the close of every stage, Genesis said, "God was pleased with what he saw" (Genesis 1:4, 10, 12, 18, 21, Good News Bible). At the last stage God created man and woman in his own image and "blessed them and said, Have many children, so that your descendants will live all over the earth and bring it under their control" (Genesis 1:28). Afterwards the Genesis describes, "God looked at everything he had made, and he was very pleased" (Genesis 1:31).

God was pleased with what he saw after he created the universe and he was very pleased with what he saw after he created man and woman. Then he blessed them to multiply, fill the earth, and control the world.

In the Acts of the Apostles (17:26) of the New Testament, Paul spoke to the people of Athen in Greece, explaining what God had done for humankind. He said, "From one man he (God) created all races of mankind and made them live throughout the whole earth. He himself fixed beforehand the exact times and the limits of the places where they would live" (Good News Bible).

When we compare the statement of Paul with the account in Genesis we learn that God who created the universe and humankind assigned certain places to certain people to live and he determined times and limits of their habitation. God designed that all people of the world live in peace with their neighbors (Zechariah 8:19; Matthew 5:9; 1 Corinthians 14:33) in their assigned places.

II. Human Greed and Aggression

Contrary to God's design, however, people were not satisfied with their assigned lands and seeking to expand their habitation waged aggressive wars against their neighbors. In consequence, lives of people were shattered, families were separated, tribes were driven out of their lands and civilizations were destroyed. Starvation, misery and death prevailed in many parts of the world. Such is the tragic state of affairs, and we have experienced some of it in our own lives.

Korean people have lived in the Far East as a distinct race of Mongloian stock with a unique language and culture since the third millennium BC. Some home-spun historians assert that Ancient Korea had ruled over the areas around the Lake Baikal of Siberia. They were spread out in Russia, Mongolia and Manchuria during the fourth and fifth millennia BC, and finally settled in Korea as Dangun Chosun in 2,333 BC.

After the period of three kingdoms (100 BC-AD 918), in AD 660, Silla Dynasty unfied Korea and ruled over the people as one nation (660-918). After Silla came Koryo (918-1392) followed by Yi Dynasty (1392-1910). All these years Korea was one nation of one people.

Unfortunately, our neighbors, China, Russia, Japan and others considered Korea as a strategic stepping-stone for expanding their power beyond the peninsula and they invaded Korea from all sides. In the 13th century the Mongol hordes struck down from the north; in the 16th century the Japanese invaded from the south. In the 19th century, the Chinese came from the northwest and early in the 20th century the Russians invaded from the northeast. Eventually, the Japanese overcoming other nations conquered Korea and ruled over the people for 36 years until the victorious allied forces at the end of World War II drove them out in 1945. That was 60 years ago.

The victorious allies, the United States of America, the Soviet Union and Great Britain, arbitrarily divided the peninsula of Korea on the 38th parallel, as a means of postwar settlement. The northern part was given over to the Soviet Union while the southern part was given to the United States of America. In the north, the Soviet Union set up a communist regime, the Peoples Republic of Korea as an out-post of international communism, while in the south the United States of America in cooperation with the United Nations helped establish the Republic of Korea.

In 1950, the North Korea communist military invaded the South and South Korea with the help of the United States of America and 15 others from the United Nations successfully resisted the aggression. After three years of savage war the hostile forces signed a truce, leaving Korea as divided at it had been before.

The northern communist regime maintained its dictatorial rule even after the collapse of the Soviet Union. As Professor Him Hyun Sik, who had lived in North Korea over 50 years in close contact with the leaders of that regime, has indicated, the North Korea government framed a policy and caried it out to eradicate Christian activities from its land. By means of intimidation, kidnap, imprisonment, banishment and liquidation the regime effectively wiped out any vestige of the Christian church in North Korea. To fill the vacuum for the benefit of the government, the regime invented an incredible cult by elevating the dead leader Kim Il Sung to a divine being. It was forced citizens to venerate him as a god and demanded absolute loyalty with undivided devotion to his successor, Kim Jung Il as his incarnate son.

Strangely, however, in 1980s the communist regime organized and exhibited to the world a homespun Christian church controlled by the communist government. As Professor Kim Hyun Sik has pointed out, its aims seem to be to gain sympathies from the Christians compatriots in South Korea a well as in foreign lands, to obtain financial supports from them and to propagate the existence of a Christian church in North Korea. The regime must have conceived that the creation of the Christian church in its land would advance the cause of the communist regime in today's world.

The leader of North Korea acts like an ancient king of bygone age. He has inherited his power from the deceased father and rules over the people with an iron fist with little concern for the welfare of the people. Under his dictatorship over a million people perished in starvation, over two hundred thousand people crossed over the border to China, and about an equal number of innocent people languish in forced labor camps. At the same time, he spent resources to build nuclear weapons, presumably to achieve unification of Korea under his rule. He has recently declared that North Korea has nuclear weapons.

Notwithstanding his possession of nuclear weapons, it seems that he could not entirely ignore the lesson of history, the collapse of the Soviet Union that owned over 7,000 nuclear warheads but fell apart miserably because its economy could not feed its own people. That lesson must have moved the North Korean leader to open the doors of his regime a little bit and seek economic assistance from other nations of the world. Perhaps that is why he is willing to negotiate with his neighbors recently at the Six-Party Talks. We certainly hope so, although we cannot be sure of his radical whims.

The people in the South, on the other hand, have succeeded in improving their lives by hard work, ingenuity and international cooperation. They have achieved what some people call a miracle of the Han River and made great strides to enrich their lives in all areas of the society. They now look forward to joining the developed nations of the world.

The succeeding generations of the South Korean government, despite their defects, have consistently granted freedom to Christian churches. In consequence, churches of all denominations have flourished in South Korea. The membership of all churches is 12 million people that are about one third of the total population. They have sent out over 10 thousand missionaries to many parts of the world.

III. Long for Reunification

In such a situation, Koreans long for the reunification of their country. Millions of North Korean refugees, who have been obliged to live in the South or foreign lands, yearn to return home. The North Korea, would want to see a new light in a united Korea, even thought they have no way of expressing their desires. The thousands of people who are imprisoned in the North Korean labor camps and thousands of refugees, who have crossed over the borders to China, would pay for the reunification of Korea as soon as possible.

Professor Shin Ki-wook has enlightened us with an amazing result of a Gallup Pol taken last month (August 2005) in South Korea among the young people between the ages of 16 and 25. He indicated that 62.9% of them have favorable attitudes toward North Korea and in case of war between North Korea and the United States of America, 66% of them would support North Korea. These young people no doubt would want to see South Korea united with North Korea.

We are aware, however, that the neighbor nations that had attempted to swallow Korea in the past would have no interest in seeing Korea united. Professor Scalapino has delineated for us the balance of power in Northeast Asia and the varied national interests of our neighbors. It is unlikely that the leaders of China, Japan and Russia have concerns enough for our people to help us reunite. Rather they may be nervous about the possibility of a rising power of a united Korea. The ruling cliques of both sectors of Korea, despite their claims, may not really be eager to work for the unification, lest they lose their high positions in the government. It is conceivable also that affluent Koreans in South Korea, who feel comfortable in the present state of affairs, may not want unification, lest they be burdened with caring for the flood of northern refugees.

IV. God's Desire for Unity of People

According to the Bible, God who created the universe initiated to liberate the people of Israel from Egyptian bondage (Exodus). He opened the way for the Babylonian captives who were the exiles of Israel to return to their homeland (Ezra, Nehemiah). In comparing the history of Israel with that of Korea, Professor Marvin L. Chaney recommended that we apply the principle of "dynamic analogy." Dr. Cho Eun Suk following the same principle alluded the advantage of analogical interpretation of Scriptures. I believe the events of the liberation of Israel from Egypt and the release of the Israelite captives from Babylon will serve as good examples of their suggested principle. In any case, we are assured that the almighty, merciful and gracious God intends to bless all peoples of the world (Genesis 22:18; Isaiah 2:2; Psalms 96:7).

Apostle Paul, in his letter to the Ephesians said, "In all his wisdom and insight God did what he had purposed, and made known to us the secret plan he had already decided to complete by means of Christ. This plan, which God will complete when the time is right, is to bring all creation together, everything in heaven and on earth, with Christ as head" (Ephesians 1:8-10).

In light of these teachings of the Bible, we believe that God wants the divided people of Korea to unite again. In this faith, as we have gathered here today, we endeavor and search for a better way that will lead us to reunification.

As Professor Yun Kyu Hong indicated, Korean Christians have taken parts in national affairs because of their love for God, for their people and for their country. They took part in the Independent Movement under the Japanese. After Korea was divided, the Christians in the North struggled hard to gain freedom to worship and serve God, and those in the South worked to establish justice in society and ensure human rights in South Korea under the military rule. And now Korean Christians work hard in variety of ways to lay a foundation for eventual reunification of Korea.

V. Admonition of the Bible on Our Efforts

We ask, "What does the Bible say about our endeavors?" In the light of what the Bible says, I would like to suggest guideline for our endeabor to unify Korea.

1) We Must Clarify Our Purpose in Seeing to Unify Korea

We need to raise the question: "Why do we want to have Korea united?" There may be many answers to the question. Some may want it for humanitarian reasons, to help reunite separated families or to relieve the plight of tens of thousands of North Korean refugees who are obliged to live in South Korea or in foreign lands. Others may want it to liberate the unfortunate compatriots under the tyrannical rule of North Korea. Some may want it to bring peace to our homeland, to East Asia to the world. Others may want to open the door of North Korea to bring the good news of Jesus Christ to the compatriots. Some may want it to extend the democratic way of life to the people in the North.

Others may want unification to make money by free trade with the people in the North. Still others may want it to claim the power of 70 million people of United Korea and thus attain national pride, glory of Korean race and superiority of Korean culture. If such should be our desire, we should know that it comes from our selfish ambitions, worldly interests and love for the world.

Apostle John in his First Epistle admonished: "Do not love the world or anything that belongs to the world. If you love the world, you do not love (God) the Father. Everything that belongs to the world—what the sinful self desires, what people see and want, and everything in this world that people are so proud of— none of this comes from (God) the Father; it all comes from the world. The world and everything in it that people desire is passing away; but he who does the will of God lives forever" (1 John 2:15-17).

If our desire for reunification is for aggrandizement of our ego, race, tribe, nation or culture, we would remember that it does not come from God but from the world that will pass away.

2) Our Efforts to Unify Korea Should Come Out of Our Desire to Seek God's Kingdom and His Righteousness

Jesus said before we see things of the world, we must "seek first his kingdom and his righteousness" (Matthew 6:33, RSV). "Be concerned above everything else with the Kingdom of God and with what he requires of you" (Matthew 6:33, GNB).

We muse keep our focus on what God requires of us. As we undertake to work for the reunification of Korea, we must examine ourselves whether we are in line with seeking the Kingdom of God and meeting what God requires of us. To the extent that our endeavor takes place within the confines of the Kingdom of God and meeting God's requirement for his righteousness, our efforts will be justified, valuable and successful. Contrarily, if any of our efforts take place outside the Kingdom of God having little to do with meeting God's command for righteousness, our efforts have no value but only blur our vision and confuse our focus. It is essential for us to examine every step of our action as we proceed with our work.

3) We must Keep in Mind that the Desired Reunification of Korea may not Occur in Accordance with Our Plans

We recall the statement of Professor Lee Hong Young that there are obstacles and constraints, both external and internal for unification in the near future.

The ancient sages said in the Book of Proverbs: "We may make our plans, but God has the last word" (Proverbs 16:1). "People may plan all kinds of things, but the Lord's will is going to be done" (Proverbs 16:1). In the same vein, a psalmist of old said, "The Lord frustrates the purposes of the nations, he keeps them from carrying out their plans. But his plans endure forever, his purposes last eternally" (Psalm 33:10-11). There is no guarantee that our plans will work, for ultimately God has the key to accomplish what he intends.

4) We must not Forget that the Task of Pursuing the Reunification of Korea is only One of the Ministry of the Church

In a broad sense, the ministry of the church is to change sinful men and women to become servants of God in the world. The responsibilities of the church are numerous, broad and varied, and the work for the reunification of Korea is only one part of that ministry. It is not correct for Korean church to say that working for the reunification of Korea is the prime task of the church at this time. The church must not set aside other tasks of ministry to concentrate on one thing. Whether we live in either sector of the divided Korea or in a foreign land, longing for the day of re-unification, we, the church, have our ministry to perform and our mission to carry on in the place where we live. We cannot neglect our responsibilities and pre-occupy ourselves with one task, however weighty it might be.

For the churches to serve the Lord satisfactorily without sacrificing any part of our ministry, it seems necessary for the Korean churches of all denominations to organize a worldwide church—related agency that could be devoted entirely to the work of reunification of Korea. As a start, we encourage every congregation to set up a committee on reunification of Korea. Then we encourage church coun-cils in towns, cities and provinces to set up associations of reunification commit-tees, after which we organize a national association of committees on re-unification of Korea. Finally we create World Christian Mission for the Reunification of Korea. Then we muster our church's resources and personnel to help the agency to proceed and achieve what we desire.

최석원 권사 통일장학생 에세이*

한 재외동포 여인의 죽음

채충원

SFTS 재학. 목사

지난 7월 31일 한국 천안의 월세 8만 원짜리 전세방에서 카자흐스탄 출신의 재외동포 이리나 씨가 목을 매었습니다. 밀린 월급과 퇴직금을 한 푼도 받지 못하고 일하던 공장에서 일방적으로 해고당한 후 딸 대학 등록금과 생활비를 마련하지 못해서 눈물로 세월을 지내다가 딸의 대학 등록금 최종 납부일에 유서 한 장을 남기고 세상을 떠났습니다.

저는 구소련의 우즈베키스탄 페르가나에서 2년간 한글학교를 설립하여 동포들에게 한글과 한국문화를 가르치면서 그들의 삶을 함께 경험할 수 있었습니다. 그들은 스탈린에 의해 중앙아시아 허허벌판에 버려졌지만, 겨레의 문화와 전통을 지키면서, 자녀들을 구소련 및 러시아의 뛰어난 인재들로 길러냈습니다. 자신들 먹을 것은 없어도 후손들만은 공부시켜서 뜻을 펴며 살 수 있도록 돕겠다는 것이 우리 한민족의 가슴입니다.

그러나 구소련이 붕괴된 이후 이들은 하루아침에 철저히 소외되기 시작했습니다. 러시아를 비롯하여 중앙아시아의 나라들에서 일어난 민족주의 발흥

---

* 2005년 심포지엄은 통일에세이를 공모, 이 글을 선정했다.

은 구소련 재외동포들의 자아실현의 길을 막아버렸습니다. 젊은 학생들이 아무리 공부를 잘해도, 정부 요직과 기업의 중요한 직책은 현지인들만의 것이었습니다. 그들은 절망했습니다.

그래서 그들 중 많은 이들이 한국행을 선택하게 되었습니다. 조국은 불러주지 않았지만, 그들에게는 다른 길이 없었습니다. 그래, 죽어서도 잘 사는 조국에 가자. 그곳에서 접시라도 닦으며, 공장에서 허리가 부러지도록 일해서라도 가족을 살려보자. 이런 생각으로 지금도 수많은 사람이 한국대사관에서 비자발급을 신청하고 있습니다.

그렇지만 그들 중 대다수의 가난한 사람들은 방문비자 발급마저 거부당합니다. 대학교수, 사업가, 공무원 경력이 있는 이들을 제외한 보통 재외동포들은 특별히 뛰어난 학생인 경우가 아니면 비자를 받기가 극히 어렵습니다. 오히려 우즈베키스탄 사람들 같은 현지 외국인들이 비자를 받기가 더 쉽습니다.

저는 한국에 있을 때 많은 재외동포를 한국으로 초청하려고 시도했습니다. 몇 명은 수년간 보지 못했던 가족들과 3개월 동안이나마 서로 얼굴 보며 지낼 수 있게 해 주었습니다. 그러나 대부분의 경우 비자발급을 거부당했습니다. 그중 한 번은 한국에서 불법체류를 하게 된 젊은 부부가 5년이 넘도록 자녀를 만나지 못하고 지내는 것이 안타까워서, 그 자녀를 초청하려고 대사관에서 비자발급을 신청했습니다. 만일 문제가 생길 경우에 제가 보증을 서겠다고까지 했습니다. 그러나 한국대사관은 비자발급을 거부했습니다.

제가 대사관 소속 한국해외봉사단원(Korean Overseas Volunteer)으로 2년간 근무할 때, 왜 구소련 재외동포에게 방문비자 발급을 자유롭게 해 주지 못하는지 담당 영사에게 질문한 적이 있었습니다. 그의 대답 요지는 보안상의 이유 때문에 비자발급이 자유롭지 못하다는 것이었습니다. 우즈베키스탄을 비롯한 상당수의 구소련 지역 국가들이 북한과 수교를 하고 있고, 북한의 영향을 받는 해외 동포들이 아직도 상당수 암암리에 점조직으로 활동하기 때문에 구소련지역의 해외동포들에게 방문 비자발급이 제한적일 수밖에 없다는 것이었습니다.

조국이 광복된 지 벌써 60년이 지났고, 냉전체제가 종식된 지도 20여 년이 넘었습니다. 그러나 해외에는 일평생 조국의 땅 한번 밟아볼 수 없는 사람들이 아직도 많이 있습니다. 어떤 이들은 안보 및 사상적 이유로, 어떤 이들은 법 제도적인 한계 때문에, 어떤 이들은 심지어 돈이 없어서 조국에 돌아갈 수 없습니다. 재외동포보다 오히려 외국인들이 한국 방문 비자를 받는 것이 더 쉬운 것이 기가 막힌 우리의 현실입니다.

우리가 살고 있는 이 미국 땅에도 조국광복의 기쁨을 누리기보다는 조국분단의 아픔 때문에 일생을 고통 중에 지내다가 삶을 마감하시는 분들이 많습니다. 광복의 기쁨을 누릴 새도 없이 찾아 든 분단의 고통으로 60년을 지내오면서 조국통일의 그 순간을 학수고대하며 살아온 나그네 이민자들이 많습니다.

이제 이러한 고통은 사라져야 합니다. 살길이 막막하여 조국에 오기 위해 브로커들에게 삼천 달러 이상의 막대한 돈을 주고 조국에 왔는데 빚도 제대로 못 갚고 불법 체류자 신분이 되어, 인간으로서의 정당한 권리마저 박탈당한 채 목숨을 끊는 일, 이제는 사라져야 합니다. 해외에서 동포를 만났을 때 친남인지 친북인지 성분을 밝혀야 하는 비극은 이제 막을 내려야 합니다.

저는 꿈을 꿉니다. 조국이 통일되어, 북한지역에 돌아가서, 구소련과 북미를 비롯하여 온 세계에서 온 동포들과 함께 어울려 땀을 흘리면서 공동체 마을을 세우고, 가을에 수확한 오곡백과로 추수감사절을 보낼 것입니다. 그날은 속히 올 것입니다.

2015년 광복 70주년 통일 심포지엄

성경의 빛에서 보는 한반도 통일

한반도 주변의 재빨리 변화하는 사회

－정치 그리고 외교적 컨텍스트를 분석하고,
통일을 기다리는 한인교회의 역할을 살피다

일시 2015년 10월 14일 오후 2:30－8:00
장소 샌프란시스코지역한인회관
주최 샌프란시스코지역한인교회연합회 & 샌프란시스코지역한인회

The 70th Independence Memorial San Francisco Reunification Symposium

Korean Reunification in Light of the Bible

An Analysis of the Rapidly Changing Socio-Political and Diplomatic Context around the Korean Peninsula and an Examination of the Function of Korean-American Church Waiting for the Coming Reunification

When: October 14 (Saturday) 2:30-8:00pm
San Francisco Peninsula Korean Church Federation &
Korean-American Association of San Francisco

개회사

들어가면서

설교

제1강 ㅣ 1447-587 BC, 출애굽부터 예루살렘 멸망까지 _ 조은석

서론

1. 이집트 제18왕조 A

2. 출애굽

3. 사사시대

4. 통일왕국

5. 분열왕국

6. 예루살렘 멸망

결론

제2강 ㅣ 587 BC-AD 70: 바빌론 포로기부터 제1차 유대전쟁까지 _ 하시용

서론

1. 유다와 사마리아의 갈등에 대한 역사적 고찰

2. 신약성경 속의 사마리아와 유다

3. 유다와 사마리아의 갈등이 한반도 통일에 주는 교훈

결론

개회사

10년은 확실히 강산도 변하게 만드는 세월이다. 2005년에 전혀 새로운 각도로 제안된 논지들이 오늘의 눈으로 볼 때 상당히 빛이 바랬거나, 그때는 긴급한 사안이었던 것이 오늘은 토론의 가치도 상실한 것도 있다.

그러나 상황은 여전히 변하지 않았다. 분단 고착화가 훨씬 강화되었고, 남북대립은 여전하다. 오히려 악화된 부분도 많다. 지난 5년 전에 발생한 천안함 사태는 남북갈등을 훨씬 크게 증폭시켰다. 10년 전에는 북한의 핵 개발을 우려하면서 지켜보았으나, 지금은 북한이 핵보유국이라는 걸 의심하는 사람이 오히려 적다. 그래서 10년 전에 제기된 여러 논지가 아직 유효하다.

더구나 10년 전보다 통일의 열기가 드높다. 박근혜 대통령이 "통일은 대박"이라는, 전혀 상상도 못 했던 발언을 내놓았다. 어떻게 더욱 악화된 여건을 품고 통일의 커다란 꿈을 품을 수 있을까? 이것이 오늘 우리가 10년 전에 제기되었던 이슈를 다시 읽을 이유가 있다.

지난 10년 중에 우리는 강사 중 한 분인 로버트 스칼라피노 박사를 잃었다. 그가 일평생 연구했던 동아시아 문제는 거기서 멈출 수 없다. 그의 목소리를 다시 읽으면서 새로운 세대의 학자들이 나서는 계기가 마련되기를 바란다.

일본의 독도 영유권 주장이 미-일 우호관계 진전으로 힘을 받는 오늘, 우리 조국 한반도에 평화가 오기를 간절히 빈다. 우리 아버지 하나님의 은혜와 사랑으로써.

조은석

들어가면서*

　광복 70주년을 맞아 샌프란시스코지역한인교회연합회와 샌프란시스코지역한인회는 하나님의 말씀인 성경으로써 한반도 통일을 조망하는 자리를 마련합니다. 샌프란시스코는 한국인 해외 독립운동의 주요 거점이었을 뿐 아니라 한반도를 주제로 삼은 각국 정상들의 모임을 치러내었고 통일한반도를 위한 제3의 축입니다. 우리는 샌프란시스코에서 한국사의 관점에서 이스라엘 역사를 새롭게 읽고 이를 바탕으로 한반도 통일을 조망합니다. 이는 지난 2005년 9월 3일 샌프란시스코 다운타운 매리어트 호텔에서 열린 광복 60주년 기념 학술심포지엄에서 제기한 문제를 점검하고, 말씀의 빛으로 오늘을 살피고, 내일을 위한 새로운 문제를 던지는 의미가 있습니다.

　통일은 분명히 옵니다. 가능성이 아니라 오히려 당위성이 근거입니다. 이스라엘의 오랜 분단을 극복하고 선교 사명을 띠고 세계 땅끝으로 나아가게 하신 하나님의 뜻입니다. 70년 전에 광복을 은혜의 선물로 주셨던 것처럼 거룩하신 아버지 하나님께서 분단의 슬픔 중에 있는 한민족을 불쌍히 여기셔서 하루속히 평화로운 통일의 날을 허락하실 줄 믿습니다. 남·북한이 정치-군사-외교적 긴장 관계로 대치하는 것은 오늘 우리만 아니라 후손들에게도 견디기 어려운 고통입니다. 수천 년 이어 온 한민족의 아름다운 하나 됨이 하루속히 회복되어야 합니다. 그리하여 세계평화에 크게 기여하는 나라로 우뚝 서야 합니다. 하나님의 뜻은 이루어지므로 당신의 약속대로 통일은 하나님께서 반드시 주십니다. 통일은 하나님의 뜻 안에서 이미 당위성입니다. "나는 내게 말씀하신 그대로 되리라고 하나님을 믿노라"(사도행전 27:25)

　그러나 준비 없는 통일은 좋은 일이 아닙니다. 통일을 축복으로 맞이할 수 있도록 오늘 우리가 여기 기도하면서 모입니다. 샌프란시스코 지역의

---

* 이 글은 광복 70기념 통일 심포지엄 및 통일음악회 팜플렛 제2면에 실린 글로, 행사 관계자들의 의견을 모아 조은석 목사가 초안을 작성했다.

교회연합회와 한인회는 물론 모든 언론, 모든 문화단체, 모든 학교가 한마음입니다. 통일을 기도하며 꿈꾸는 전 세계에 사는 모든 그리스도인이 이번 심포지엄 주체입니다. 지난 2005년 학술심포지엄의 발표원고를 묶어 책으로 출간합니다. 이번 2015년 광복 70주년 기념 통일 심포지엄의 원고도 책으로 묶습니다. 이 두 가지 작업은 통일로 가는 길에서 지난날을 돌아보고 오늘을 점검하여 통일 한반도라는 내일을 준비하려는, 우리만 아니라 다음 세대를 위한 작은 노력입니다.

사진 컨테스트를 실시합니다. "모든 길은 통일로 간다"라는 의미로 주제를 "길"로 삼았습니다. 이 시도는 우리가 찾아내고자 하는 길의 실마리를 뚜렷하게 보여줄 것입니다. 우리는 그 성과물을 달력과 책자 같은 통일을 준비하는 모든 프로젝트에 사용할 것입니다. 그리하여 계속 살아 숨 쉬는 포인트로 거듭날 것입니다.

우리는 2005년에 이어 올해 심포지엄의 취지를 이어가는 하나의 열매로 "샌프란시스코코리언크리스찬센터"(SFKCC: San Frnacisco Korean Christian Center) 설립을 제안합니다. SFKCC는 성경 말씀을 따라 한반도 통일을 연구하고 나누는 기관으로 강의실, 도서관, 극장, 태권도장, 게스트 하우스 등을 포함하는 종합 프로젝트입니다. 하루아침에 이루어지는 프로젝트가 아니지만, 하나님의 은혜와 동포 여러분의 기도에 힘입어 그 소중한 첫 발걸음을 이 자리에서 내딛습니다. 이번 심포지엄 발표문 저자들은 책자의 인세를 SFKCC에 영구기증하기로 동의했습니다. 이번 심포지엄의 자문위원 전원을 SFKCC 자문위원으로 초청합니다. SFKCC를 비영리 종교기관으로 등록합니다. 뜻을 함께하는 모든 분이 참여할 수 있기를 기도합니다.

우리는 거룩하신 하나님의 은혜 아래서 거룩한 성도들의 기도와 정성으로 정치, 경제, 외교, 군사적 모든 어려움을 이기고 끝내 평화로운 통일을 이루어 갈 수 있음을 믿습니다. 이 믿음을 허락하신 성삼위 하나님께 모든 영광을 돌려 드립니다. 합력하여 선을 이루도록 부르심 받은 모든 분들에게(로마서 8:28) 하나님의 은혜를 빕니다.

여호수아는 그 안에 영이 머무는 자니*

배성태
수원명선교회 담임목사

> 여호와께서 모세에게 이르시되, "눈의 아들 여호수아는 그 안에 영이 머무는 자니, 너
> 는 데려다가 그에게 안수하고"(민수기 27:18).

사람은 누구를 막론하고 특징적인 면이 있다. 외형적인 것, 내면적인
것, 영적인 것… 우리가 사람을 기억할 땐 주로 이런 특징을 이미지화하여
기억하게 된다. 그리고 특징은 알게 모르게 삶에 영향을 미치게 되고 이력과
경력이 된다. 결국, 그것을 통해 사람을 평가하게 된다. 어쩌면 오늘 나의
삶은 그 특징이 가져다준 결과가 아닐까라는 생각이 든다.

오늘 성경에는 여호수아에 대한 매우 중요한 사실 하나를 소개하고 있다.
민수기 27:18을 보라. 하나님께서 "여호수아는 그 안에 영이 머무는 자니"라고
말씀하신다. 이는 여호수아의 인생을 좌우하게 된 매우 중요한 삶의 요소였다.

여호수아가 누구인가? 모세의 후계자로 출애굽 한 하나님의 백성들을
가나안 땅으로 인도하고 정착하게 한 이스라엘의 건국 지도자다. 이건 쉬운
일이 아니었다. 엄청난 수의 백성들이 "백인백색"이란 말처럼 기질이 참으로
다양했을 것이다. 그리고 호전적인 가나안 족속들, 낯선 환경들이 있다. 그런데

---

* 여호수아는 요시야가 그의 통일 개혁에 모델로 삼은 이스라엘의 지도자다. 통일 심포지엄
  전 금문교회에서 행한 설교에서 배성태 목사는 하나님께서 가나안 땅 정복에 사용하신 여호수아
  를 오늘 그리스도인의 샬롬 통일 길에 재조명했다.

그의 성공적인 지도력을 가능하게 한 것이 바로 그 안에 영이 머물고 있었기 때문이다. 오늘 성경은 이를 우리에게 가르쳐주신다. 그러므로 "하나님의 영이 내 안에 머문다"라는 것이 얼마나 중대한 사실인지 잊지 말아야 한다.

하나님께서 이 말씀을 하셨던 때가 언제였나? 모세의 40년 사역 막바지에 이르렀을 때다. 당시 모세는 차기 지도자 선정을 두고 깊은 고민에 잠겨 있었다. 그는 아비림 산맥의 느보산 최고 봉우리에 올랐다. 그리고 기도드렸다. "차기 지도자를 세워주소서!" 민수기 27:16-17절을 보라.

> 여호와, 모든 육체의 생명의 하나님이시여. 원하건대 한 사람을 이 회중 위에 세워서, 그로 그들 앞에 출입하며, 그들을 인도하여 출입하게 하사, 여호와의 회중이 목자 없는 양과 같이 되지 않게 하옵소서!

사실 지나온 광야 40년의 세월도 쉬운 건 아니었지만 앞으로 가나안땅에서의 삶 역시 만만치 않을 것이다. 이를 잘 알고 있는 모세는 누구를 후계자로 세울 것인가에 대해 부담이 컸을 것이다. 그래서 노심초사하며 하나님께 기도했던 것이다. "한 사람을 세워주옵소서!"

그런데 참으로 의외인 것은 하나님께서 즉답하셨다는 것이다. 마치 기다렸다는 듯이, 모세의 말이 떨어지기가 무섭게 대답하신 것이다.

> "눈의 아들 여호수아는 그 안에 영이 머무는 자니, 너는 데려다가 그에게 안수하고, 그를 제사장 엘르아살과 온 회중 앞에 세우고, 그들의 목전에서 그에게 위탁하여, 네 존 귀를 그에게 돌려, 이스라엘 자손의 온 회중을 그에게 복종하게 하라"(18-20절).

하나님께서는 이미 여호수아를 마음에 두고 계셨던 것이다.

그때 하나님께서 여호수아에게서 차기 지도자의 조건으로 주목한 것이 바로 "여호수아는 그 안에 영이 머무는 자"라는 것이었다. 그렇다. "하나님의 영이 우리 안에 머묾" 이것이 하나님이 주목하시는 사람의 특징인 것이다.

얼마 전 성경을 읽어가는 중에 이 말씀에 이르게 되었다. "눈의 아들 여호수아는 그 안에 영이 머무는 자니." 그런데 갑자기 가슴이 뛰고 숨이

멎는 듯했다. 이는 하나님께서 보신 여호수아의 특징적인 면이었다. "여호수아는 그 안에 영이 머무는 자니, 데려다가 그에게 안수하고 백성 앞에 세워라!" 다른 말씀은 일체 없으셨다. 오직 이 한마디였다.

즉시 깨달음이 왔다. "아! 이것이 믿음의 길이로구나. 하나님께서 쓰시는 사람의 특징이로구나!" 그날 이후 이 말씀을 읽고 또 읽었다. 아침에 일어나서도 저녁에 잘 때도… 하루 종일 묵상했다. 감격, 눈물, 통곡, 고백 그런 일은 한 달쯤 계속되었다.

그날 이후 이 말씀은 내게 있어 가장 중요한 삶의 과제가 되었다. "하나님의 영이 여호수아를 통해 일하셨구나. 바로 이것이 그가 열악한 환경 가운데서도 성공적인 삶을 살 수 있었던 이유였구나. 주의 영이 내 안에 충만하심, 이것이 성공의 열쇠요, 능력의 열쇠요, 행복한 삶의 열쇠였구나!

여호수아는 그 안에 영이 머무는 자니
데려다가 안수하라!

이는 보통 말씀이 아닌 것이다. 여호수아가 하나님께 쓰임 받게 된 결정적 조건이었기 때문이다.

하나님께서는 평소 이러한 여호수아의 영적 상태를 눈여겨보셨던 것이다. 그리고 이것이 그를 선택하신 이유가 되었다. 그렇다. 하나님께서는 그의 지식, 재주, 기술, 경험보다 "하나님의 영이 그 안에 머물고 있는 것"을 보셨던 것이다. 어쩌면 지난 40년 그가 그 궂은일들을 마다하지 않을 수 있었던 것이 바로 하나님의 영으로 충만해 있었기 때문이었던 것이다.

사실 당시 이스라엘 회중 가운데는 재주 있고 실력 있는 사람이 많았을 것이다. 그리고 여호수아보다 젊고 건강한 광야 세대들도 많이 있었을 것이다. 그런데 하나님께서는 나이 많은 여호수아를 택하셨다. 이는 여호수아 안에 하나님의 영이 머물고 있었다는 것이 결정적인 이유였던 것이다. 하나님께서는 그 어떤 것보다 이것을 귀히 보셨던 것이다. 그래야 새로운 땅에서 새로운 일을 할 수 있는 것이다.

사실 여호수아도 처음엔 볼품없었던 사람이었다. 그의 어렸을 적 모습에 대해 잘 알 수는 없으나 충분히 짐작할 순 있다. 그는 노예 집안의 자녀로 노예살이, 매일 동네 아저씨 아주머니 형 누나들의 한숨 소리를 듣고 자랐을 것이다. 그들의 눈물, 불평, 원망… 그리고 그 역시 그랬을 것이다. 이것이 출애굽 하기 전까지 그의 일상이었다.

그러니 여호수아 안에도 노예근성이 가득했을 것이다. 눈치 봄, 적당히 시간 때우려는 마음, 꿈도 없이 그날그날만… 그렇다. 이처럼 그의 시작은 아주 초라했다. 드러낼 만한 아무것도 없었다.

이러한 그가 광야 40년을 모세와 함께 지내면서 대단한 스펙을 쌓았던 것이다. 아말렉 전쟁, 시내산 율법 수여 동행, 금송아지 숭배사건 처리, 성막 건축, 가나안 정탐. 출애굽기 33장을 보면 심지어 기도하러 가는 데도 데리고 다녔다. 그리고 기타 등등… 보라. 온갖 궂은일을 다 했던 것이다. 여호수아는 40년을 한결같이 모세 곁에서 모든 일에 수행하며 섬겼던 것이다. 한 곳에서 40년, 이게 어디 쉬운 일인가? 이 하나만으로도 그가 어떤 사람이었는지를 짐작하게 한다. 40년을 모세 옆에서 온갖 궂은일을 다 했던 것이다. 그런데 하나님께서 여호수아를 모세 다음 후계자로 세우신 건 이런 스펙이 아니었다. "하나님의 영이 그 안에 머물고 있다"는 것이었다.

스펙보다 중요한 것, 그것은 하나님의 영이 내 안에 머무는 것이다. 어떤 리더십보다 중요한 것은 하나님의 영의 충만함이다. 어떤 직분, 신앙 연륜보다 중요한 것도 하나님의 영이 내 안에 머무는 것이다. 이것 안 되면 빈 수레일 뿐이다.

그러므로 이제 하나님의 영이 내 안에 머무는 삶을 사는 것, 이제 이것이 우리의 삶의 과제가 되어야 한다. 하나님의 영은 크게 두 가지 측면에서 역사하신다.

● 은혜로 역사하심─구원, 거듭나게 하심, 이는 하나님 단독 결정이다.

● 은사로 역사하심–하나님의 일을 감당하기 위한 특별한 능력이다.

그런데 은사로 역사하실 때 일방적으로 행하시기도 하지만 대게 교행적으로 역사하시고 또 지속해 가신다. 교행적이라는 말은 사람이 하나님께 어떻게 반응하느냐에 따라 크게 역사하기도 하시고, 작게도 역사하기도 하시고 거두어가기도 하신다는 말이다.

구약시대 하나님의 영은 유동적이었다. 사역을 위해 임하기도 하시고 경우에 따라서는 떠나기도 하셨다. 사사들이나 사울 임금의 경우를 보라! 초대교회 때도 그랬고, 지금도 그렇다.

그러면 여호수아에겐 어떤 교행적 조건이 있었던 것일까? 몇 가지 짐작가는 것이 있다.

● **첫째로, 여호수아는 언제나 "예" 하는 사람이었다.**

하나님께 언제나 '예'로 반응했다.(요단강, 여리고) 그가 예할 수 있었던 것은 '하나님은 항상 옳으시다'라는 믿음이 있었기 때문이다. 이것이 하나님에 대한 믿음을 견고하게 하는 것이다. ex) 히11장

지도자 모세에게 "예"하는 사람이었다. 출애굽기 17장에서 아말렉과 전쟁할 때, 출애굽기 19장에서 시내산 율법을 수여할 때, 민수기 13-14장에서 가나안 땅 정탐할 때, 출애굽기 25-40에서 성막을 건축할 때 등을 생각해보라. 어떻게 이것이 가능한가? 지도자에 대한 존경과 지도자를 신뢰하는 마음이 있었기 때문이다. 모세도 허물 있는 사람 아닌가? 40년 동안 곁에서 다 보았을 것이다.

우리교회는 "예예하우스"가 있다. 예수님께 예하는 사람들의 집이란 뜻이다. "예예펜션", "예예홀", "예예." 그저 듣기만 해도 기분이 좋다. "예" 하는 사람을 누가 싫어하겠는가?

아라비아 명마 조건 이야기를 들어 보았는가?

요 며칠 전 이른 아침 어딜 가면서 라디오를 듣고 있는데, 실패한 사람들의 공통적 특징에 대해 하는 얘기를 듣게 됐다. 미국의 어느 대학교수가 연구결과를 그의 저서에서 밝혔다는 것인데 그것이 뭐냐면 "질질 끄는 것"이라고 했다. 공감이 갔다. 그래서 돌아와서 곧바로 인터넷을 통해 시중에 나와 있는 자기개발서를 쭉 살폈다. 그중에서도 실패한 이유에 관한 책 10권을 골라 살펴봤다. 2000년부터 2013년까지의 저작인데 여러 국내 · 외 저자들이 썼다. 그런데 놀라운 것은 하나같이 실패하는 사람들의 공통된 특징을 지적하기를 "질질 끄는 것"이라고 했다. 생각해보면 질질 끄는 그곳에 하나님의 영이 역사하시겠나? 나는 어떤가?

어떤 분이 은퇴하면서 하는 말이다. "그동안 '아니요'만 해서 미안했습니다." 그리고 보니 그분은 늘 그랬다. 자기 의견이 언제나 앞섰다. 늘 이유가 많았고 선동적이었다.

● **둘째로, 여호수아는 기도하는 사람이었다.**

출애굽기 33:9-11을 보라. 모세의 회막(기도처소)에 관한 말씀이다. 출애굽기 33:11절에는 이런 말씀이 있다.

사람이 자기의 친구와 이야기함 같이 여호와께서는 모세와 대면하여 말씀하시며 모세는 진으로 돌아오나 눈의 아들 젊은 수종자 여호수아는 회막을 떠나지 아니하니라.

여호수아는 기도가 습관이 된 사람이 되었던 사람이었다. 이런 기도, 깊은 기도를….

사실 여호수아가 주의 백성을 이끌고 가나안 땅을 향해가는 길에는 수많은 난제가 있었다. 가나안 족속들과 수많은 전쟁, 열악한 환경, 신출내기 지도자로서의 리더십과 백성들의 통합, 땅의 분배 등등…. 어느 것 하나 만만한 게 없었다. 그런데 여호수아는 이 모두를 원만하게 이루었다.

이런 난제 앞에서 여호수아가 최우선으로 행한 것은 하나님께 무릎을 끓는 일이었다. 그는 하나님께 길을 물었다. 그때마다 하나님께서는 지혜를 주셨고 난국을 극복해가게 하셨다. 단 두 차례를 빼놓고: 아이 성 때와 여부스 사람들 때.

그렇다. 기도는 우리의 삶을 풍성하게 하고 하나님의 임재를 구체적으로 경험하게 한다. 하나님께 교행적 역사하심에 있어 기도는 매우 중요하다. 남을 위한 기도, 이것은 매우 중요하다. "내 집은 기도하는 집이라"는 말씀을 알 것이다. 여기 "기도"라는 단어는 히브리어로 "테필라"이다. 이 단어는 중보기도라는 의미를 담고 있다. 그렇다고 볼 때 하나님께서는 "교회를 중보기도 하는 집"으로 작정해 놓으셨다는 것이다. 그러므로 성도들에게 있어 중보기도는 선택이 아니라 의무다. 하나님께서는 우리를 중보기도의 사람으로 세우셨다. 잃어버렸던 기도를 회복해야 한다.

● 셋째 여호수아는 사람들과 관계가 좋았다. 다툰 적이 없었다.

모세의 부관으로 있을 때나 지도자로 있을 때도 그랬다. 이 민족의 지도자로 살면서 별의별 일이 많았을 것이다. 그런데도 다투지 않았다. 땅 분배할 때도 맨 나중에 했다. 그것도 산지를… 이는 천성이 좋아서라기보다 하나님 영의 교행적 역사의 결과였을 것이다. 그리고 이런 태도가 하나님의 영이 그 안에 계속 머무시게 하는 바탕이 됐던 것이다. 하나님의 영이 그를 이렇게 다듬어 가신 것이다. 사람이 좋은 습관을 가지려면 성령의 도우심과 함께 나의 노력이 필요한 것이다.

그렇다. 하나님의 영은 종교적인 영역에만 영향을 미치는 것이 아니다. 삶의 틀을 바꾸고 사람의 성품을 변화시키는데 얼마나 큰 영향을 미치는가! 하나님의 영이 내 안에서 충만케 되면 몰인정했던 사람의 마음에 사랑하는 마음이 생긴다. 이기적인 마음에 너그러움이 생긴다. 마음에 기쁨이 넘쳐 표정이 밝아진다. 사람에 대해 늘 불평하고 비난하던 사람이 참을성도 생기고 거칠던 마음은 온유하게 된다. 감성지수도 높아지게 된다.

이처럼 사람의 성품은 책으로 배워서 되는 게 아니다. 주님의 영이 임해야 바뀐다. 그 열매로 나무를 알 수 있는 것이다. 그러므로 가정, 일터, 교회, 조국 통일을 위해서도 그 안에 하나님의 영이 머무는 자가 필요하다.

시작은 변변찮았던 사람 여호수아 그러나 "그 안에 영이 머물고 있다"는 이 한 가지 사실만으로 하나님께서는 그를 들어 쓰셨다.

"하나님의 영이 내 안에 머무심." 이것이 하나님께 사랑받는 길, 쓰임받는 길이다. 그러므로 이제 이것이 내 삶에 가장 중요한 과제가 되어야 한다. 직분자든, 성도든 주의 영이 내 안에 머물러야 한다. 그리고 교행적 역사를 통해 "영의 충만"은 계속 되어야 한다.

하나님의 영이 내 안에 머물기를 소원하도록 하자. 이것이 나의 우선적 관심사가 되고 갈망이 되었으면 한다. 그래서 은혜로 새롭게 된 나를 영으로 강하게 하고, 하나님의 사람으로 제대로 세워지도록 하자.

지금 우리 시대는 그 어느 때보다 여호수아 같은 사람이 필요한 시대이다. 교회에도 그렇다.

그런데 나는 어떠한가?

- 지금 내 안에 가장 크게 자리하고 있는 것은 무엇인가?
- 나는 하나님의 영으로 충만한가?
- 내가 가장 중요하게 여기는 것은 무엇인가?
- 내 자신감의 근원은 무엇인가?

1447-587 BC, 출애굽부터 예루살렘 멸망까지

조은석

금문교회/BST

서론

우리가 한반도의 평화통일을 말할 때 "가능성"의 문을 두드리면 누구도 그 문을 열어주지 않는다. 정치, 경제, 외교, 군사적 관점에서 한반도 평화통일 가능성은 제로다. "평화"를 뺀 통일을 말한다면 그건 누구에게도 축복이 아니다. 평화통일은 가능성의 세계가 아니라 "당위성"에서 구해야 한다. 성경에서 읽는 바, 이 당위성은 하나님의 뜻이다.

이스라엘의 역사를 출애굽부터 예루살렘 멸망까지 조망하는 한 방법으로, 가나안 땅을 중심으로 이스라엘의 동선을 그려볼 수 있다. 애굽을 떠난 이스라엘이 광야를 지나 가나안에 입성한다. 여호수아의 지도력 하에 가나안 땅을 정복하고 지파 분배를 마친다. 사사시대를 거쳐 이스라엘은 통일왕국을 이루고 명실공히 가나안의 주인으로 자리 잡는다. 그러나 내리막길이 시작되는데, 이스라엘이 남·북으로 분열되어 대립한다. 북이스라엘과 남유다가 차례로 각각 아시리아와 바빌로니아에 멸망한다. 이렇게 하여 이스라엘은 결국 가나안을 떠난다. 말하자면 출애굽부터 예루살렘 멸망에 이르는 세월은 이스라엘이 가나안 땅에 대한 하나의 분명한 동선, 곧 IN & OUT을 그려낸다.

이스라엘의 가나안 IN & OUT이 오늘 통일 한반도를 꿈꾸는 우리에게 어떤 메시지를 주는가? 모든 역사는 현재사다. 키에르케고르(S. Kierkegaard, 1813-1855)가 『공포와 전율』에서 말했다.

> 현재가 될 수 없는 과거는 기억할 가치가 없다.
> It is not worthwhile to remember past
> that cannot become present.

오늘 우리가 이스라엘 역사를 읽는 것은 우리의 관심을 바탕 삼기 때문이다. 이런 점에서 이스라엘 역사는 세계 어떤 나라 역사와 통한다. 우리는 어떤 역사를 읽으면서도 새겨들을 교훈이 있다.

그러나 우리가 읽는 이스라엘 역사는 성경 역사다. 오늘 여기 우리는 성경 밖의 이스라엘과 그 역사에 대하여 관심이 없다. 성경의 중요 일부가 된 이스라엘 역사는 하나님의 구원사다. 하나님께서 이스라엘과 그 역사 여정을 세상에 드러내신 까닭은 세상을 구원하시려는 뜻에서다. 하나님께서 오늘 분단의 고통 중인 한반도를 불쌍히 여기신다. 성경의 이스라엘은 오늘의 한반도와 분명한 신학적 관계가 있다. 우리는 이 관계를 주목한다.

앞서 언급한 이스라엘의 가나안 IN & OUT에서 통일 한반도를 꿈꾸는 우리가 결코 간과할 수 없는 중요한 사건이 하나 있다. 유다 제16대 왕 요시야(Josiah, 640-609 BC)의 개혁이다. 그는 주전 622 BC에 "여호와 하나님 유일신 개혁"을 성공시켰다. 그 신학적 전거는 성전에서 발견한 여호와 하나님의 율법책, 곧 "모세오경"이었다. 말하자면 그는 모세오경을 다시 읽었고, 거기서 요시야 당시 오늘의 메시지를 읽었다. 모세오경은 출애굽 이스라엘이 어떻게 광야를 지나 모압에 이르게 되었는지 그리고 가나안을 바라보는 모압에서 어떻게 과거를 회고하고 내일을 조망하게 되었는지, 이스라엘이 하나님의 뜻으로 깨닫는 바가 그 내용이다. 바로 그 모세오경을 요시야 당시의 유다가 읽었다. 요시야는 자기의 옷을 찢으며 말씀대로 살지 못한 죄를 회개했다. 예레미야를 비롯한 여러 예언자와 함께 그는 예루살렘을 필두로 유다와 북이스라엘 지역을 아우르는 말씀 개혁을 실시했다. 종교개혁의 정치적 결과는 남북평화통일이었다. 한반도 평화통일을 기도하며 바라는 오늘 우리가 구하는 바로 그 영적 메시지다.

I. 이집트 제18왕조 A

아모세(Ahmose, Nebpehtyre, 1522-1527)는 제15왕조부터 이집트를 식민통치 했던 힉소스를 몰아내고 민족주의 독립왕국을 건설했다. 그가 연 왕국을 이집트 "제18왕조"(1552-1305)라고 부르고, 역사가들은 이집트 제18왕조부터 "새왕국"(New Kingdom, 1552-1069)이 시작되었다고 기록한다. 이집트의 새왕국은 제18왕조부터 제20왕조까지 포함한다.

새왕국부터 이집트는 피라미드 시대를 끝냈다. 대신 "왕들의 계곡"에 파라오들과 귀족들을 묻었다. 국력을 피라미드 건설 같은 초대형 기념물 건축에 소진하지 않았다. 대신 대내·외 실용주의 노선을 택했다. 피식민 경험이 크게 작용했다. 대내적으로는 이집트 민족주의를 강화했고, 대외적으로는 다양한 정복 전쟁을 수행했다. 이에 따라 전통적으로 지역 맹주들 사이의 합종연횡 성격이 강했던 이집트의 정치-종교 세력 전통을 버리는 시도가 수차례 실시되었다. 그중 제18대 왕조 제10대 파라오 아케나텐의 태양신 아톤을 중심으로 하는 유일신 개혁이 주목받아야 한다. 새왕조 때 강력한 중앙집권적 정권이 들어섰고 파라오와 국가를 동일시하는 절대권력이 등장했다. 그러나 이를 거부하는 지방 귀족들의 견제도 중요한 변수로 떠올랐다. 고대 근동의 대부분 종교현상이 그러했듯이 이집트 제18왕조에서 종교가 정치적 역학 구도에 맞는 역할을 찾아내고 있었다.

이집트 제18왕조에서 종교는 귀족종교와 평민종교로 양분되는 현상을 띠게 되었다. 이 양분화의 배후에는 이스라엘의 "유일신 종교"가 있었다. 유일신 여호와 신앙은 이집트 새왕국의 정치-종교적 양극화에 중요한 동기를 제공했다.

이집트 제18왕조가 오늘 우리에게 특별히 중요한 까닭은 이스라엘이 출애굽한 컨텍스트가 바로 그 자리였기 때문이다. 이집트 제12왕조 때 애굽에 들어가 자리를 잡은 요셉의 초청에 따라 이스라엘은 제13왕조부터 제17왕조 때까지 이집트 내 이민자로 살아왔다. 제18왕조에 들어서서 발생한 대내 정치의 급격한 변화에 따라 이스라엘은 성경에서 "창조"와 함께 가장 중요한 신학적 모티브를 제공하는 "출애굽" 사건에 휘말리게 된다. 출애굽은 이스라엘 의 자발적 선택이 아니었다. 대부분은 이집트 땅에 남기를 바랐다. 그러나 두 가지 강력한 힘이 출애굽 사건을 가능하게 했다. 여호와 하나님과 이집트 파라오다. 첫째로, 여호와 하나님께서 당신의 강력한 힘으로 당신의 백성을 애굽 땅에서 이끌어 내셨다. 둘째로, 이집트 제18왕조는 이스라엘을 저들의 땅에서 "추방"해 버렸다(출 12:33). 파라오가 유용한 노동력을 포기하고 추방을 결정하게 된 구체적인 이유는 이스라엘 때문에 이집트에 내린 열 가지 재앙 때문이었다.[1] 이로써 출애굽 사건을 신학적으로 "하나님의 이끄심"이며 정치 적으로 "이집트의 추방"이라고 각각 해석할 여지를 남겼다.

나는 성경의 진술을 따라 출애굽 연도를 1447년으로 본다.[2] 때는 이집트 제5대 파라오 투트모세 3세(Ththmose III, Menkhpererre,1490-1436 BC) 제43년이 었다. 그것은 또한 투트모세 3세의 섭정이자 제6대 파라오 핫셉수트(Hasepsut, 1490-1468) 사후 제21년이었다. 당시 모세는 80세, 여호수아는 23세였다.

---

1 모세가 파라오에게 여덟째 재앙을 예고하고 궁에서 나가자, 신하들이 그에게 따져 물으며 이스라엘의 추방을 강력하게 요청했다. "어느 때까지 이 사람이 우리의 함정이 되리이까? 그 사람들을 보내어 그들의 하나님 여호와를 섬기게 하소서. 왕은 아직도 애굽이 망한 줄을 알지 못하시나이까?"(출애굽기 10:7). 신하들의 주장은 이집트 백성의 반 이스라엘 정서를 반영한 것이다.
2 "이스라엘 자손이 애굽 땅에서 나온 지 사백사 년 시브월 곧 둘째 달에 솔로몬이 여호와를 위하여 성전 건축하기를 시작하였더라"(열왕기상 6:1).

요셉을 알지 못하는 새 왕이 일어나 애굽을 다스리더니(출애굽기 1:8).

이 "새 왕"이 이집트 제18왕조를 창건한 아모세(Ahmose, Nebpehtyre, 1552-1527 BC)였다.

그가 그 백성에게 이르되, 이 백성 이스라엘 자손이 우리보다 많고 강하도다. 자, 우리가 그들에게 대하여 지혜롭게 하자. 두렵건대 그들이 더 많게 되면 전쟁이 일어날 때에 우리 대적과 합하여 우리와 싸우고 이 땅에서 나갈까 하노라 하고(출애굽기 1:9-10).

여기 드러난 바 저들의 상황파악과 지혜 결의 그리고 전쟁염려 등은 가나안 지역민 힉소스(Hyksos)에게 식민통치 당했던 부정적 경험이 반영된 것이다. 이집트는 다시 이민족의 말발굽 아래 들어가지 말아야 했다.

감독들을 그들 위에 세우고 그들에게 무거운 짐을 지워 괴롭게 하여 그들에게 바로를 위하여 국고성 비돔과 라암셋을 건축하게 하니라(출애굽기 1:11).

이집트는 이스라엘의 신분을 "노예"로 전락시켰다.

그러나 학대를 받을수록 더욱 번성하여 퍼져나가니 애굽 사람이 이스라엘 자손으로 말미암아 근심하여(출애굽기 1:12).

그러나 이스라엘은 번성했다. 이것은 이집트에게 근심거리였다.

이스라엘 자손에게 일을 엄하게 시켜 어려운 노동으로 그들의 생활을 괴롭게 하니, 곧 흙 이기기와 벽돌 굽기와 농사의 여러 가지 일이라. 그 시키는 일이 모두 엄하였더라 (출애굽기 1:13-14).

사람의 가학행위는 주로 두려움이 그 동기다. 즉, 용맹한 자는 겁쟁이와 일치한다.[3] 출애굽을 하나님께서 역사하신 바 억압받는 백성을 불쌍히 여기셔서 "원수의 손에서 해방"시키신 사건으로 이해할 수 있다. 공포정치의 그늘에 신음하던 사람들이 이제 "광복"의 길로 들어선 것이다. 이제 바야흐로 출애굽의 날이 밝았다.

II. 출애굽

1. 창세기: 출애굽의 역사책

하나님께서 모세를 부르셨다(출애굽기 3-4장). 하나님께서는 당신을 "아브라함의 하나님, 이삭의 하나님, 야곱의 하나님"으로 계시하셨다(출 3:6a). 모세는 하나님의 부르심을 동의하지 않는 이스라엘을 걱정했다. 바로 여기서 창세기 집필의 필요성이 대두되었다. 하나님께서 성령으로 감동하셔서 모세는 출애굽을 위한 역사책으로 창세기를 기록했다.[4]

창세기는 크게 네 덩어리로 구성된다.

1. 1:1-2
2. 1:3-2:25
3. 3-11장
4. 12-50장

이것은 SPR을 중심으로 -, +, -, +의 구도를 형성한다. 이것은 +SPR이라는 신학적 동기를 품은 출애굽 사건을 이끌어내는 가장 강력한 역사교육 다이내

---

3 무릇 독재자들의 정서는 두려움이다.
4 창세기는 성령님의 감동을 받아 기록한 모세의 역사신학이다.

믹스다. 여기서 SPR이란, 각각 Separation, Placement, Rest의 첫 알파벳 모음이다. 분리, 파송, 안식 등으로 번역한다. 창조와 출애굽 사건 기술에 공히 사용한 패턴이다.[5]

창세기는 천지창조의 과학적 전거를 제공하는 대신, 출애굽 사건을 가능하게 하시는 하나님의 역사적 능력을 제시한다. 그중에 창조 사건을 기술한 1:3-2:25가 핵심이다. 창조 이전(1:2)의 상태는 "혼돈"과 "공허" 그리고 "흑암이 깊음 위에 있음"이었는데, 각각 -Separation, -Placement 그리고 -Rest의 상태였다. 창조 사건은 이 마이너스 상태를 플러스로 전환시킨 것이다.

창세기 3-11장은 네 가지 이야기로 구성되었다. 그 속성 내지 평가는 각각 -SPR이다.

창세기	이야기	-S	-P	-R
3	아담과 하와	사탄의 편에	실낙원	고통
4-5	가인과 아벨	사탄에 속함	에덴 동쪽 추방	불안
6-10	노아 홍수	자기 좋은 대로	홍수	죽음
11	바벨탑	자기 이름 내기	지면에 흩어짐	고독

창세기 12-50장은 네 가지 +SPR 이야기가 들어있다.

창세기	이야기	+S	+P	+R
12-25	아브라함	우르/하란 떠남	가나안으로 가다	제단을 쌓다
21-35	이삭	블레셋 떠남	가나안으로 가다	제단을 쌓다
25-50	야곱	애굽 떠남	가나안으로 가다	제단을 쌓다

---

5 창조 때 처음 3일은 "분리"(Separation)다. 1. 빛과 어둠이 분리되었다. 2. 하늘(궁창)과 물이 분리되었다. 3. 육지와 바다가 분리되었다. 두 번째 3일은 "파송"(Placement)이다. 4. 해가 빛(낮)으로, 달과 별들이 어둠(밤)으로 파송되었다. 5. 새가 하늘(궁창)로, 물고기가 물로 파송되었다. 6. 동물과 사람이 육지로 파송되었다. 제7일은 "안식"(Rest)이다. 이런 3단 패턴이 출애굽에 적용되었다. Separation: 이스라엘이 애굽에서 분리되었다. Placement: 이스라엘이 가나안 땅에 파송되었다. Rest: 이스라엘이 예배를 통해 안식했다. S, P, R이라는 세 가지 요소를 마이너스와 플러스라는 두 속성을 -, +, -, + 라는 병렬배치로써 역사기록예술(historiography art)의 극치를 이뤄냈다. 나는 헤겔의 변증법 역사철학이나 그에 근거한 다양한 역사이론에서 모세를 능가하는 누구도 발견하지 못했다.

특히 야곱 이야기는 두 개의 에피소드를 품고 있다. 하나는 유다 에피소드이며 다른 하나는 요셉 에피소드다. 이 두 에피소드는 야곱 이야기 안에서 다이내믹하게 결합하여 야곱으로 대표되는 이스라엘이 애굽에 들어가는 동기와 머지않은 미래에 출애굽 하여 가나안으로 되돌아오는 약속의 자리를 마련한다.

창조 이전의 -SPR 상태를(1:2) 창조로써 +SPR로 바꾸시고(1:3-2:25), 불순종한 사람들을(3-11장) 벌주시고 순종의 사람들을(12-50장) 선택하셨다. 모세에게 계시하신 여호와께서는 순종의 사람들 대표인 아브라함과 이삭과 야곱의 하나님이셨다.

창세기를 기록한 모세는 최고의 역사가였다. 무릇 역사란 과거에 대한 해석이다. 가장 바른 해석은 하나님의 뜻이 드러난다. 인간 집단이나 개인의 이익을 바탕으로 한 이데올로기 해석은 사람의 마음을 감동하는 힘을 결정적으로 상실한다. 애굽에 들어간 지 400년 이상 된 이스라엘이 저들의 오랜 노예 생활을 끝내고 자유의 불가능성과 부조리와 불확실성으로 자신을 내맡기고 광야 길로 걸어나간 것은 믿음의 발로였다. 예수님께서 "네 믿음이 너를 구원하였다" 하셨는데, 이스라엘은 이 믿음으로써 구원 얻은 것이다. 이는 아브라함이 믿음으로 의롭다 하심을 받은 사건(창세기 15:6)에 그 기초를 둔다. 불가능한 것을 믿었다는 것은 그것을 믿게 하신 하나님께 모든 영광을 돌려야 마땅하다. 믿을 수 없는 것을 믿게 하신 분은 과연 "믿음의 주"(Author of faith)이시며 "온전케 하시는 이"(Perfector)셨다(히브리서 12:1-2).

한반도 역사를 창세기 관점에서 재구성할 수는 없을까? 창조//출애굽 다이내믹스의 공통요소인 SPR을 기준으로 -, +, -, +의 병렬 흐름으로 따라가노라면 오늘은 비록 마이너스(-)가 발에 걸린다 할지라도 내일은 플러스(+)의 날이 올 줄 믿는다.

2. 이집트에서 시내산까지

노예 생활을 마친 이스라엘이 이집트를 출발하여 시내산에 이르기까지 두 달 걸렸다. 이 동안 이스라엘은 오랜 세월 이국땅 거류를 마치고 독립한 민족을 경험했다.

이스라엘은 홍해를 건넜다. 추격하는 이집트 군대와 가로막은 바다를 두고 이스라엘은 하나님만 바라보아야 할 절대절명의 순간을 맞았다.

> 모세가 백성에게 이르되, 너희는 두려워하지 말고 가만히 서서 여호와께서 오늘 너희를 위하여 행하시는 구원을 보라. 너희가 오늘 본 애굽 사람을 영원히 다시 보지 아니하리라(출애굽기 14:13).

과연 하나님의 영감을 받아 창세기를 기록한 대역사가 모세였다. 그는 자기 자신만 아니라 자기의 지도를 기다리는 이스라엘 모든 백성을 하나님의 손에 놓아 드렸다.

이집트 땅에서 이방인의 통치 아래 저들의 지시를 기다리던 이스라엘이 광야로 나와 하나님의 전능하신 손에서 일용할 양식을 먹으며, 반석의 물을 마시며, 기도로써 아말렉 전쟁을 영적 전투로 경험하며 하나님 절대 의존이라는 영적 성장의 길을 걸었다.

3. 시내산에서

이스라엘은 모세를 만나 사명을 주셨던 하나님의 산 시내에 도착했다. 이집트에서 시내산까지 이스라엘의 여정을 하나님께서는 "독수리 날개로 너희를 업어 내게로 인도하였음"(출애굽기 19:4)으로 묘사하셨다. "독수리 날기"는 히브리어 "라카프"다. 창세기 1:2b에 처음 사용된 이래 구약에 단 두 차례만 더 사용된 특수용어다.

하나님의 신은 수면 위에 운행하시니라(창세기 1:2b).

여기서 "운행하시니라"가 "라카프"다. 이는 어미 독수리가 새끼 독수리를 훈련시킬 때만 사용한다. 두 번째 라카프는 신명기 32:11에 기록되었다.

마치 독수리가 자기의 보금자리를 어지럽게 하며 자기의 새끼 위에 너풀거리며 그의 날개를 펴서 새끼를 받으며 그의 날개 위에 그것을 업는 것 같이 여호와께서 홀로 그를 인도하셨고 그와 함께 한 다른 신이 없었도다(신명기 32:11-12).

여기서 "너풀거리며"가 라카프다. 특기해야 할 것은 창세기 1:2b는 "창조 사건"을, 신명기 32:11b는 "출애굽 사건"을 묘사하고 있다는 것이다. 바로 여기서 "라카프"라는 하나의 단어가 창조//출애굽 다이내믹스를 풀어내고 있다.

구원의 현장에서 여호와 하나님은 창조주로 선포된다.
구원은 "새 창조"로 이루실 것이기 때문이다.
낡은 것을 고쳐냄(remodeling)이 아니라,
완전히 새롭게 하심이다.

이것이 창조//출애굽(구원) 다이내믹스다. 다윗이 범죄 직후 하나님 앞에 드린 회개의 기도가 이의 한 면을 보여준다.

하나님이여, 주의 인자를 따라 내게 은혜를 베푸시며 주의 많은 긍휼을 따라 내 죄악을 지워 주소서. 하나님이여 내 속에 정한 마음을 창조하시고 내 안에 정직한 영을 새롭게 하소서(시편 51:1, 10).

하나님의 산에서 이스라엘은 십계명을 포함한 거룩한 하나님의 말씀을 받았다. 성막 건설 사명을 받고 구체적인 지시를 받았다.

금송아지 제작과 숭배의 죄를 저질렀으나, 하나님께서 용서하셨다. 기왕에 받은 성막 건설 명령을 따라 이스라엘은 성막과 그에 따른 제사 기구 제작을 마쳤다. 이스라엘은 하나님께서 임재하심을 예배 중에 경험했다.

모세는 하나님의 지시를 따라 레위기라는 제사 율법을 기록했다. 이는 크게 제사의 거룩(1-7장), 제사장의 거룩(8-10장) 그리고 백성의 거룩(11-27장) 등으로 구별한다.

4. 시내산에서 모압까지

이스라엘은 시내산을 출발했다. 가데스 바네아 사건으로 이후 이스라엘은 38년 동안 광야를 떠돌아야 했다. 하나님의 약속을 믿은 여호수아와 갈렙은 가나안 땅에 들어갈 자격을 얻었지만, 상황을 신뢰한 나머지는 저들의 불평대로 광야에서 죽어가야 했다.

너희 말이 내 귀에 들린 대로 내가 너희에게 행하리라(민수기 14:28).

입에서 낸 모든 말은 하나님께서 들으신다. 믿음의 언어로 거룩하고 정결하게 제련되도록 우리는 성령 충만을 간절히 구한다.

5. 모압에서 가나안까지

신명기의 컨텍스트다. 현재가 되는 기억은 모세가 기록한 모세오경 중에 특히 신명기의 신학적 특징이다. 신명기는 1. 기억하라, 2. 순종하라 등 두 가지 기둥 위에 자리 잡고 건설된 역사 구조물이다. 출애굽 제2세대인 신명기 공동체가 기억해야 할 역사 사건의 핵심은 창조//출애굽 다이내믹스였다.

오늘 한반도의 평화로운 통일을 기다리며 기도하는 우리가 기억해야 할 것은 첫째로, 일제의 손아귀에서 우리를 구원해 내신 분이 여호와 하나님이시라는 믿음, 둘째로, 우리를 지어내신 하나님께서 새로운 창조로써 우리를 분단의 질곡에서 다시금 구원해 내실 것이라는 소망이다.

6. 가나안 정복 (1407-1360 BC)

여호수아서의 컨텍스트다. 여호수아서는 1-12장에서 정복을, 13-24장에서 분배를 기록했다. 여리고성 정복을 기점으로 이스라엘은 모든 전쟁에서 만군의 여호와 하나님을 신뢰했다. 과연 모든 전쟁을 결정하시는 만군의 여호와 하나님이셨다. 전쟁은 여호와께 속한 것이다(사무엘상 17:47).

이집트 제18왕조 제10대 파라오 아케나톤이 실시한 유일신 종교개혁의 여파로 아마르나 시대가 열렸다. 현장에서 발견한 문서들 중에 이스라엘의 가나안 정복 전쟁을 시사하는 문건이 많다.

7. 가나안 분배

열두 지파에게 가나안 땅이 분배되었다. 이로써 이스라엘은 명실공히 가나안을 회복했다. 그러나 사사기에 드러난 바 이스라엘은 여호와 하나님을 온전히 섬기는 왕을 두지 못했다. 이 아쉬움은 훗날 말씀으로써 종교개혁을 이룬 요시야 왕 때 가서야 비로소 해소되었다.

8. 이집트 제18왕조 B

1) 아케나톤의 유일신 개혁(1360 BC)

아케나톤(Amenhotep IV, "Akhenaton," Neferkheperurawaenre, 1364-1351 BC)의 유일신 개혁은 그 동기가 이스라엘의 출애굽 사건(1447 BC)이다. 유일신

신앙의 임팩트가 가나안은 물론 저들이 떠나 온 이집트에도 87년 만에 강력한 후폭풍으로 임한 것이다.

일부 학자들은 아케나톤과 모세를 비교한다. 아스만은 이런 흐름을 주도하는 독일 이집트학 학자다. 그는 출애굽을 13세기, 곧 이집트 제19왕조로 보는데, 그의 단행본 Moses the Egyptian의 제2장 "Suppressed History, Repressed Memory: Moses and Akhenaten"에서 아케나톤의 유일신 개혁이 모세의 출애굽 사건 기억형성에 어떤 영향을 끼쳤는지 기술한다. 그의 주장이 신빙성이 높지 않은 것은 출애굽 시점을 잘못 계산했기 때문이다. 그러나 주전 15세기 출애굽을 전제하고 그의 주장을 읽으면 오히려 그가 어떤 큰 공헌을 하고 있음을 알 수 있게 된다. 적어도 모세와 아케나톤의 유일신 신앙의 상관관계다. 그러나 유일신 개혁의 유산인 유일신 신앙을 "반종교"(counter-religion)[6]로 취급하는 점은 그가 모세와 아케나톤 비교작업을 수행하는 동기를 드러낸다. 그는 출애굽 사건을 객관적 사실이 아니라 "기억"에 불과하다는 판단 아래, 출애굽 사건 기록 내용인 출애굽기 및 출애굽 신학에 바탕을 둔 모든 성경의 역사를 "반역사"(counter-history)로 규정한다.[7] 그러나 그는 모든 역사 기록(historiography)이란 기억할 가치가 있는 것의 모음이라는 사실을 애써 부정하고 있을 뿐이다. 모든 종교의 "공존"을 최고의 가치로 여기는 현대 이집트학 학자로서 자기의 "기억가치" 관점에 따라 역사 내용을 취사선택하고 재배열 배치함으로써 새로운 기억을 스스로 만들어내는 그의 이론은 확실히 이율 배반이다.

아케나톤의 개혁으로 소위 "아마르나 시대"(1360-1347 BC)가 열렸다. 이집트인들은 이 시기를 역사에서 지워버리고 싶었다. 그러나 고고학 발굴을 통해 재구성한 역사는 최소한 이스라엘의 가나안 정복 사건 이해에 대한 여러 가지 자료를 제공하고 있다.

---

6 Assmann, 38
7 Assmann, 33

2) 투탕카문 콤플렉스

투탕카문을 옹립하고 배후조종한 세력이 있었다. 아홉 살 어린 나이에 왕위에 오른 그를 내세워 아마르나 시대를 끝낸 그들은 결국 그를 제거하고 차례대로 왕위에 올랐다. 아이와 호렘헵이 그들이다. 그들은 다종교적 지방세력을 등에 업고 아케나톤의 유일신 개혁을 원점으로 돌려놓았다.

나는 여호와 하나님 유일신 신앙을 스스로 파기하려는 병적 사상을 투탕카문 콤플렉스라고 부른다.

오늘날 소위 인본주의가 발달한 선진국에서 여호와 유일신 신앙을 부끄럽게 여기고, 종교혼합주의나 다원론을 선호하는 분위기다. 성전 안에 각종 우상을 채운 솔로몬이나 요시야개혁 직전의 이스라엘처럼 하나님의 진노를 피할 길 없다. 성전을 강도의 소굴로 바꾸어 버린 유대인들처럼 예수님의 채찍을 피할 길 없다.

III. 사사시대

1. 신정 통치

아이러니칼하게도 혼돈 중의 사사시대를 통해 우리는 신정 통치의 진면목을 발견한다.

2. 분열의 씨앗

열두 지파의 관계는 "여호와 하나님 신앙" 외에 달리 하나로 묶을 수 있는 정치-경제-문화적 끈이 느슨했다. 한마디로 이스라엘 열두 지파는 "예배 공동체"였다. 출애굽 사건을 공유하면서 열두 지파는 "한 민족"보다는 "한 하나님의 백성"이라는 동질성을 품었다.

영적 상태가 해이해지면서 열두 지파는 분열의 길을 걸었다. 예배의 기쁨이 사라지고, 예배의 긴장의 끈이 풀리며, 사죄의 은혜를 망각하면 어떤 공동체도 분열의 길이 시작된 것이다.

IV. 통일왕국

1. 사울

사울은 그의 겸손함으로 부르심을 받았다. 그러나 그가 순종의 길을 버리고 거짓과 교만의 길을 걸었을 때 하나님께서 그를 버리셨다. "헤렘"으로 표상되는 온전한 헌신, 곧 참된 제사를 무시한 그는 악한 영에 사로잡히고 말았다.

2. 다윗

다윗이 하나님의 사람으로 부르심을 받은 것은 그가 하나님의 말씀을 순종한 데 있었다. 그는 예배의 사람이었다. 법궤를 성전으로 이전할 때 그는 기쁨을 이기지 못했다.

그는 또한 불행의 사람이었다. 그의 모든 불행은 예배의 영적 긴장이 해이해진 데서 왔다. 세익스피어의 4대 비극을 모두 합쳐도 다윗의 비극을 이겨내지 못할 것이다.

그러나 그는 다시 일어섰다. 하나님의 영을 의지한 사람에게 오는 소망의 길이었다.

사무엘상은 Up & Down의 책이다. 한나의 기도(사무엘상 2)에 드러난 것처럼, 하나님께서는 낮은 자를 높이시고, 높은 자를 낮추신다. 사무엘과 다윗을 높이셨고, 엘리와 사울을 낮추셨다.

사무엘하는 또 다른 UP & Down의 책이다. 왕이 된 다윗이 추락했다. 그러나 추락한 다윗은 다시 일어섰다. 참된 예배인간의 길은 일곱 번 넘어져도 여덟 번째 다시 일어나는 것이다(잠언 24:16).

3. 솔로몬

솔로몬은 지혜를 구했다. 그 말은 "말씀 순종"의 길을 사모한 것이다. 그로써 하나님께서는 그를 높이셨다.

그러나 솔로몬은 추락했다. 하나님의 지혜를 버리고 인간의 간지를 추구한 것이다. 그로써 이스라엘은 "분열"의 형벌을 피하지 못했다. 솔로몬 사후 이스라엘은 남과 북으로 분열되었다.

1) 통합

솔로몬이 하나님의 지혜로서 이스라엘을 다스렸을 때, 그들은 하나의 국가로 하나님 안에서 통합되었다. 한 하나님을 모시고 한 성전에서, 한 백성이 되었다. 이것은 훗날 요시야가 종교개혁으로 다시 회복해야 했던 소중한 가치였다.

2) 분열

솔로몬의 범죄 결과는 이스라엘의 분열이었다. 무릇 모든 분열은 성령님의 역사가 아니다. 육신의 열매는 "원소 맺는 것과 분쟁과 시기와 분냄과 당 짓는 것과 분열함과 이단과 투기"(갈라디아서 5:20b-21a) 등을 포함한다. 성령님께서는 하나 되게 하시는 분이시다.

평안의 매는 줄로 성령이 하나 되게 하신 것을 힘써 지키라(에베소서 4:3).

솔로몬 범죄는 그가 성령 충만을 버린 데 있다. 그 결과는 분열이었다.

V. 분열 왕국

1. 분열 왕국의 북이스라엘

여로보암은 저의 분열을 정당화하기 위해 말씀을 변개 했다. 제사를 자의적으로 실시했다. 사울의 길을 걸은 것이다.

북이스라엘은 여호와 하나님 유일 신앙을 품은 예언자 전통이 있다. 엘리야, 엘리사, 아모스 같은 이들이다. 그러나 불행하게도 통치자들과 백성은 하나님의 말씀에 귀를 기울이지 않았다. 주전 722년, 이스라엘은 아시리아의 손에 망했다.

1) 북이스라엘의 예언자들

엘리야는 아합왕과 이세벨에게 맞섰다. 그는 모세처럼 호렙산으로 가서 여호와 하나님을 뵈었다.

엘리사는 제자를 통해 예후에게 기름 붓는 사명을 감당함으로써 나라의 통치가 결국 하나님의 손에서 이루어져야 함을 천명했다.

2) 사마리아의 멸망

사마리아의 멸망은 하나님 말씀 불순종 결과였다(열왕기하 17장). 아시리아는 하나님의 도구였다.

2. 분열 왕국의 남유다

1) 남유다의 예언자들

이사야는 창조//출애굽 다이내믹스를 효과적으로 선포했다. 그 핵심은 메시아 선포였다. 메시아의 통치는 하나님의 공의를 온전히 이루는 날이다. 여호와 하나님을 신뢰하는 길이다.

주께서 심지가 견고한 자를 평강하고 평강하도록 지키시리니

이는 그가 주를 신뢰함이니이다(이사야 26:3).

잠잠히 여호와 하나님을 신뢰함. 이것은 출애굽 사건 때 모세를 통해 하나님께서 명령하신 믿음의 길이었다. 그로써 이스라엘을 하나님의 증인으로 세상에 세우시는 것이다.

2) 히스기야 개혁

히스기야의 개혁은 아쉽게도 유다의 범위를 벗어나지 못했다. 그의 생전에 북이스라엘의 멸망을 경험했고, 유민들이 남쪽으로 흘러들어왔으나 온전한 열두 지파 통일을 이루지 못했다.

그는 하나님의 놀라우신 은혜를 경험하였으나 자기 세대 이후를 내다보는 영적 예안을 품지 못했다.

3. 유다 독존

북이스라엘 멸망 이후의 시대를 유다 독존 시대로 구분한다. 예레미야를 위시한 북이스라엘에서 내려온 예언자들이 유다에게 영적 활기를 불어넣었다.

1) 유다의 예언자들

예레미야, 나훔, 스바냐, 하박국, 요엘 같은 예언자들은 요시야를 도왔다. 유다가 멸망할 무렵의 예언자들은 에스겔, 오바댜 등이었다.

2) 요시야개혁

요시야개혁은 1. 한 하나님, 2. 한 성전, 3. 한 백성 등 "Three Ones"로 특징된다. 요시야 때 유다는 많은 신을 섬겼다. 예루살렘에서 자행된 종교 행위는 혼합종교였다. 또한, 유다는 많은 산당을 두었다. 지역마다 정치-종교적 세력이 득세하면서 나라는 수없이 분열되었다. 특히 유다는 북이스라엘 출신을 인정하지 않았다. 열두 지파를 예배공동체로 묶은 사사시대의 "여호와 신앙동맹"은 사라져 버렸다. 요시야가 이 세 가지를 "하나"로 묶는 개혁을 실시했는데, 그 바탕은 성전에서 발견한 "모세오경"이었다.

모세오경은 그 자체로 창조//출애굽 다이내믹스가 세대를 지나면서 교육 내용으로 자리 잡은 경전이다. 요시야는 이 말씀을 읽으면서 옷을 찢고 회개했다. 신명기에 이어 "제3의 출애굽 세대"로 스스로를 인식하고, 1. 옛날을 기억하고, 2. 말씀을 순종하는 예배 인간의 길을 걸었다.

VI. 예루살렘 멸망

요시야의 개혁에도 불구하고 예루살렘은 멸망의 길을 걸었다. 이는 요시야의 할아버지 므낫세가 지은 죄에 대한 벌이었다. 아울러 요시야개혁의 정신을 제대로 살리지 못한 네 명의 왕들과 유다 지도자들의 영적 타락이 문제였다.

하나님께서는 예루살렘을 멸망시키심으로써 새로운 영적 예루살렘 건설의 길을 준비하셨다. 이를 위한 용광로는 587BC부터 538BC에 이르는 49년간의 고통스러운 세월이었다. 50년, 즉 희년에 이르러 여호와 하나님께서 포로된 이스라엘을 돌이키셨다.

> 여호와께서 시온의 포로를 돌려 보내실 때에 우리는 꿈 꾸는 것 같았도다(시편 126:1).

1. 예루살렘 멸망과 예언자들

에스겔서는 하나님께서 성전에 임재해 계심(IN), 이스라엘의 불의함으로 인해 성전을 떠나심(OUT) 그리고 하나님의 성령님으로서 이스라엘을 정결케 하시고(에스겔 36장) 새 성전 비전을 주신 후(에스겔 40-48장), 그 성전으로 돌아오심(IN)을 그려내고 있다.

특히 에스겔 37장은 남유다와 북이스라엘을 각각 다른 막대기로 표상하시고, 그 둘을 하나로 묶는 "통일" 이스라엘 비전이다. 바로 여기서 "메시아"가 통일 이스라엘의 통치자로 등장한다. 참된 예배 회복으로써 이스라엘이 통일될 것임을 미루어, 이 메시아는 당신 스스로를 거룩한 제물로 하나님께 드릴 "고난 당하는 메시아"였다.

2. 새로운 시작

예루살렘 멸망은 끝이었다. 출애굽 사건으로 시작하여 가나안 땅에 입성(IN)한 이스라엘은 결국 그 땅에서 쫓겨났다(OUT). 이것은 창세기에 이미 네 차례나 드러난 바(창세기 3-11장), 하나님 앞에 거룩함을 상실한 인간의 결말이었다.

그러나 하나님께서는 당신의 약속으로 허락하신 가나안 땅을 다시 이스라엘에게 돌려주셨다. 단순한 정치-경제-군사-외교적인 구도가 아니라 영적 이스라엘이다.

우리는 이어지는 글에서 바빌론 포수를 시작으로 하나님께서 어떻게 흩어진 이스라엘을 모아 가시는지, 예수 그리스도 안에서 "참 이스라엘"이 어떻게 온 세상의 증인으로 땅끝을 밟아 가게 되는지 읽게 될 것이다.

예수 그리스도를 통해 "특정한" 민족 이스라엘이 "보편적" 예배인간 이스라엘이 되었다. 종교적 타부로 치부될 수도 있던 "율법"이 예수 그리스도 안에서 영적 보편성을 획득하여, 이 땅의 모든 민족이 시대와 장소를 불문하고 구원의 길을 얻어가는 결정적인 은혜의 말씀이 되었다. 우리는 구약성경을 예수님께서 그리스도이심을 증거 하는 신약의 눈으로 읽어, "이스라엘"이 특정 지역(중동)에 사는 특정 민족(유대인)이 아니라, 십자가의 그늘 아래 모여든 온 세상 모든 민족임을 깨닫게 되는 것이다.

우리는 아브라함의 자손이다. 혈통이 아니라 믿음의 계보로서 그러하다. 하나의 믿음 조상을 가진 우리는 하나가 되어야 할 당위성을 품는다. 성령 충만으로 확증하는 이 당위성으로서 악한 영이 던져 준 분열과 갈등, 당 짓는 것과 시기 같은 육신의 열매를 잘라내 버린다. 죄악을 속성으로 입은 우리는 어찌 할 수 없을지라도, 날마다 거룩함의 길을 소망하며 엎드려 기도하기를 그치지 않는 예배인간으로서 우리는 그 길로 인도함 받을 것이다. 우리는 할 수 없을지라도, 우리를 구원의 길로 이끄시는 예수님께서 가능하게 하실 줄 믿는다.

나가면서

교회가 세상의 걱정이 되는 안타까운 현실이다. 교회가 사명을 회복해야 한다. 교회는 세상을 위해 기도하고, 한반도의 통일을 놓고 울부짖으며 간구해야 옳다. 성령님께서 하나 되게 하셨다(에베소서 4). 그 아름다운 사명을 힘써 지키자(에베소서 4).

교회가 영적으로 거룩해야 한다. 세습 같은 죄악을 멈춰야 한다. 성적인 타락의 길에서 벗어나야 한다. 돈을 사랑하는 죄를 회개해야 한다. 교회는 말씀에 서야 한다. 말씀을 다시 발견해야 한다. 요시야처럼 성경 읽기를 통해 옷을 찢어 회개해야 한다. 나는 한민족 교회가 한반도 통일을 영적으로 책임져야 한다고 믿는다. 정치-종교적으로 억압받는 북한 땅의 슬픔을 끌어안고 기도해야 한다. 북한이 진정으로 변화되도록 날마다 기도해야 한다. 요시야처럼 예루살렘 성전을 출발하여 온 유대와 사마리아를 거쳐 "이스라엘 온 땅"으로 말씀 개혁의 불길이 퍼져나가도록 기도해야 한다. 이것은 기도하자마자 곧 이루어 주실 하나님의 약속이다. 하나님께서 당신의 책에 그렇게 기록하셨기 때문이다. 신실하신 하나님께서는 당신의 약속을 반드시 이루실 것이다. 여기 다시 내 믿음의 말씀, 곧 "아멘신앙"의 고백을 옮겨 적는다.

나는 내게 말씀하신 그대로 되리라고 하나님을 믿노라(사도행전 27:25b).

참고자료*

1. 구약 컨텍스트

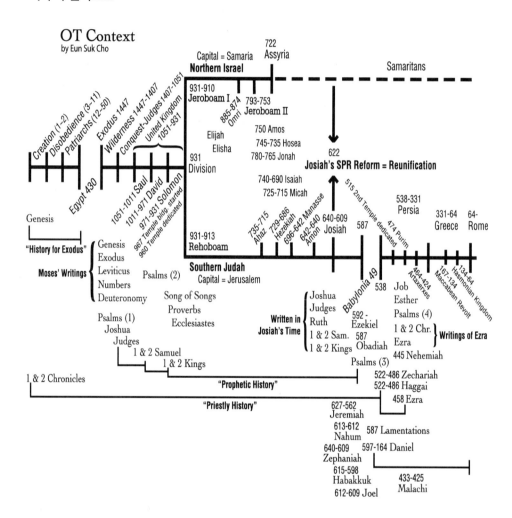

OT Context
by Eun Suk Cho

---

* 이하 "구약 컨텍스트" 외에 모든 참고자료는 카이저(Kaiser 1998), 브라이트(1981) 등을
참고하여 제작한 것이다. 구체적인 인용에 한계가 있음을 지적해 둔다.

2. From the Patriarchs to the Divided Israel and Judah (Kaiser 1998:490)

Approximate Date	Event	Biblical Reference
Ca. 2092	Abraham's journey into Canaan	Genesis 12
Ca. 2092-1875	Age of biblical patriarchs	Genesis 12-50
Ca. 1876	Jacob and his sons go to Egypt to join Joseph	Genesis 37-50
1720-1570	Hyksos domination of Egypt	
Ca. 1447	Exodus	Exodus 1-15
Ca. 1407-1400	Conquest of Canaan	Joshua 1-13
1360-1350	Transition period between Joshua and the judges	Judges 1:1-3:6
1360-1084	The period of the judges	Judges 3:7-1 Samuel 7
1051-1011	The reign of King Saul	1 Samuel 8-31
1029	David appointed by Samuel	1 Samuel 16
1011-971	The reign of King David	1 Samuel 16-1 Kings 2
971-931	The reign of King Solomon	1 Kings 3-11

3. Kings of Israel and Judah (cf. Kaiser 1998:298)

South Judah	North Israel	Events	Biblical Reference
Rehoboam 931-913	Jeroboam 931-910	Fifty years of hostilities between Israel and Judah. Two weak kingdoms fighting each other and draining their mutual resources	
Abijam 913-911			
Asa 911-870	Nadab 910-909		
	Baasha 909-886		
	Elah 886-885		
	Zimri 885		
Jehoshaphat 873-848	Omri 885-874		
	Ahab 874-853		
Jehoram 848-841	Ahaziah 853-852		
Ahaziah 841	Joram 852-841		
Athaliah 841-835	Jehu 841-814	Jehu Dynasty 841-753. A strong Northern Kingdom that enjoys international prestige emerges in this era	
Joash 835-796	Jehoahaz 814-798		
Amaziah 796-767	Jehoash 798-782		
Uzziah 792-740	Jeroboam II 793-753		
Jotham 750-731	Zechariah 753		
	Shallum 752		
	Menahem 752-742	The Assyrian Domination 745-627. The Assyrians dominated Israel while Jduah survived by being a vassal of Assyria	
	Pekahiah 742-740		
Ahaz 735-715	Pekah 752-732		
Hezekiah 729-686	Hoshea 732-722		

	Fall of Samaria 722		
Manasseh 696-642			
Amon 642-640			
Josiah 640-609		Josiah' s Reform 622	2 Kings 22-23 2 Chr 34-35
Jehoahaz 609		Babylonian Domination of Judah 605-586	
Jehoiakim 609-598			
Jehoiachin 598-597			
Zedekiah 597-587			
Fall of Jerusalem 587			

4. Exilic and Postexilic Era (587-331) (cf. Kaiser 1998:491-492)

Approx. Date	Events	Biblical Reference
605	Deportation of Daniel?	
597	1st exile	
589	encompass of Jerusalem	2 Kings 25; 2 Chronicles 36
587	Fall of Jerusalem 2nd exile	2 Kings 25; 2 Chronicles 36
565?	3rd exile	
606/5-536	70-year Babylonian Captivity	Jeremiah 25
539	Fall of Babylon	Daniel 5
538	Cyrus Decree	2 Chr 36:22-23; Ezr 1:1-4
536	First return under Zerubbabel	Ezra 1-6
	Haggai, Zechariah	
520	Rebuilding temple starts	Haggai 1-2; Zech 1
515	2nd Temple Dedication	
458	2nd Return under Ezra	Ezra 7-10
445	3rd Return under Nehemiah	Nehemiah 1-10
	Malachi	
331	Battle of Issus; Persia falls to Greece	

5. The Greek Era (331-64) (cf. Kaiser 1998:492)

Approximate Date	Event	Biblical/ex-tra-biblical Reference
333-323	Alexander the Great conquers most of the known world	1 Maccabees 1
167-134	Maccabean Revolt	1 Maccabees 1-2
142-63	Hasmonean Kingdom	
63	Pompey makes Judea part of the Roman Empire	1 Maccabees
	Herod the Great	
6 BC-AD 30	Jesus of Nazareth ministers	Gospels
AD 70	Temple is destroyed	

6. Egypt in 18th Dynasty (cf. Kaiser 1998:86-87)

Pharaoh	Egypt	Israel
Amosis 1570-1546		
Amenhotep I 1546-1526		
Thutmose I 1526-1512		
Thutmose II 1512-1504		
Hatshepsut 1503-1483		
Thutmose III 1504-1450		Exodus 1447; Conquest 1407
Amenhotep II 1450-1425		
Thutmose IV 1425-1417		
Amenhotep III 1417-1379		
Amenhotep IV 1379-1362		
Smenkhare 1364-1361		
Tutankhamon 1364-1352		
Ay 1352-1348		
Horemheb 1348-1320		

7. Egypt in 19th Dynasty (part. Kaiser 1998:87)

Pharaoh	Egypt	Israel
Rameses I 1320-1318		The period of Judges 1360-1084
Seti I 1318-1304		
Rameses II 1304-1236		
Merneptah 1236-1223		

8. The Neo-Assyrian Kings (cf. Kaiser 1998:321)

Neo-Assyrian Kings	Assyria	Israel/Judah
Adad-nirari II 911-891		Jeroboam I 931-910
Tukulti-Ninurta II 890-884		Omri 885-874; Ahab 874-853
Assurnasirpal II 883-859		
Shalmaneser III 858-824		Athaliah 841-835; Jehu 841-814
Shamshi-Adad V 823-811		Jehoahaz 814-798
Adad-Nirari III 810-783		Uzziah 792-740
Shalmaneser IV 782-773		
Assur-dan III 772-755		Jotham 750-731
Assur-nirari V 754-745		
Tiglath-pileser III 745-727		Ahaz 735-725; Hezekiah 729-686
Shalmaneser V 727-722		Fall of Samaria
Sargon II 722-705		
Sennacherib 705-681		Manasseh 696-642
Esarhaddon 681-669		
Ashurbanipal 668-627		Amon 642-640
Ashur-etil-ilani 627-623		Josiah 640-609
Sin-sum-lisir 623		
Sin-sar0iskun 623-612		
Assur-ubait II 612-609		

9. The Neo-Babylonian Kings (cf. Kaiser 1998:416)

Babylonian King	Babylonia	Judah
Nabopolassar 626-605		
Nabuchadnezzar II 605-562		1st Deportation 597; Fall of Jerusalem 587
Evil-Merodach 562-560		
Neriglissar 560-556		
Labashi-Marduk 556		
Nabonidus 555-539		
Belshazzar 552-539		

10. The Persian Kings (cf. Kaiser 1998:428)

Persian King	Persia	Jewish Community
Cysus II 559-530		First return under Zerubbabel
Cambyses II 530-522		
Gaumata 522		
Darius Hystaspes 522-486		Rebuilding Temple starts 520; Dedication of Temple 515
Xerxes 486-465		
Artaxerxes I 464-424		2nd return under Ezra 458; 3rd return under Nehemiah 445
Darius II 423-404		
Artaxerxes II 404-358		

11. Before Patriarch

Egypt	Palestine	Mesopotamia
Early Dynastic Period 3100-2686 1st Dynasty 3100-2890 2nd Dynasty 2890-2686		Sumerian City-States 2850-2360
Old Kingdom 2686-2181 3rd Dynasty 2686-2613 Sanakht (=Nebka?) 2686-2667 Djoser (Netjerikhet) 2667-2648 Imhotep, Constructor and administrator under Djoser Sekhemkhet 2648-2640 Khaba 2640-2637 Huni 2637-2613		horses domesticated Ziggurats Empires
4th Dynasty 2613-2494 Khufu Khafre Menkaure		

The three Pyramids at Giza		
5th Dynasty 2494-2345		Empire of Akkad ca. 2360-2180
6th Dynasty 2345-2181		Ur III: ca. 2060-1950
The First Intermediate Period 2181-2055		
7th Dynasty 2181-2125		
8th Dynasty 2181-2125		
9th Dynasty 2160-2025	2137 Birth of Abraham	
10th Dynasty 2160-2025		

12. Patriarchs Period 2092-1875

Egypt	Hittites	Palestine	Mesotamia
11th Dynasty (Thebe) 2125-2055 Mentuhotep I Intef I (Sehertawy) 2125-2112 Intef II (Wahankh) 2112-2063			
Intef III (Nakhtnebtepnefer) 2063-2055		2062 Call of Abraham Intef III, the second year	
Mentuhotep I 2055		2051 Birth of Ishmael Abraham 86 years Sarah 76 years	
Middle Kingdom 2055-1650		2037 Birth of Isaac Abraham 100 years Sarah 90 years Ishmael 14 years	Chariots spoked wheels Early Alphabet
		2000 Death of Sarah in 127 years Abraham 137 years	
		1997 Marriage of Isaac (40 years) to Rebecca Abraham 140 years	
12th Dynasty 1985-1795		1977 Birth of Jacob Isaac 60 years Abraham 160 years	
Amenemhat I (Sehetepibre) 1985-1955 Senusret I (Kheperkare) 1965-1920		1962 Death of Abraham (175 years) Isaac 75 years	

Amenemhat II (Nubkaure) 1922-1878		1894 Birth of Joseph Jacob 83 years	
Senusret II (Khakheperre) 1880-1874		1877 Joseph's Entrance to Egypt Joseph 17 years Jacob 100 years Senusret I 3rd year	
Senusret III (Khakaure) 1874-1855	City-States Hittite Old Kingdom Labarnas Hattusilis I Mursilis I	1864 Joseph enters Prime Ministry Joseph 30 years Senusret III 11th year 1864-1856 Construction of Faiyum Senusret III in the 11-19 years	
Amenemhat III (Nimaatre) 1855-1808 Amenemhat IV (Maakherure) 1808-1799		1856-1849 Seven years of abundance 1849-1842 Seven years of famine 1847 Jacob's entrance to Egypt Jacob 130 years Amenemhat III 8th year 1830 Death of Jacob, 147 years Amenemhat III in the 25th years	
Sobekneferu (Sobekkare) 1799-1795		1784 Death of Joseph in 110 years	
			Assyria Warad-sin ca. 1770-1759 Rim-sin ca. 1758-1698 Mari "The Mari Age" ca. 1750-1697 Shamshi-adad I 1750-1718
			Hammurabi ca. 1730-1697 ca. 1728-1686
			Kassite Dynasty Dynasty of the Sea Lands

13. Hyksos Domination of Egypt 1720-1570

Egypt	Palestine	Hittites	Mitanni	Assyria
13th Dynasty 1795-1650 About 70 kings: Hor, Awibre, etc. Khendjer, Userkare Sobekhotep III, Sekhemrasewadjtawy Neferhotep I (Khasekhemre) Sobekhotep III (Khaneferre)				
14th Dynasty 1750-1650 Some kings not famous				
The Second Intermediate Period 1650-1552				
15th Dynasty 1650-1552? 16th Dynasty 1650-1552? 17th Dynasty 1650-1552?				
		Old Kingdom Mursilis I Hitite Empire Shuppiluliuma ca. 1375-1335 Muwattalis ca. 1306-1282 Hattusilis III ca. 1275-1250 Hittite Empire ends	Shuttarna I Saushatar Artatama Shuttarna II Tushratta	Asshur-uballit I ca. 1356-1321 Adad-nirari I ca. 1297-1266 Shalmanesser I ca. 1265-1235 Tukulti-ninurta I ca. 1234-1197

14. The Exodus 1447

Egypt	Israel	Assyria
New Kingdom 1552-1069 18th Dynasty 1552-1305 Ahmose (Nebpehtyre) 1552-1527 Amenhotep I (Djeserkare) 1527-1506	1527 Birth of Moses Amenhotep I first year	
Thutmose I (Aakheperkare) 1506-1494	1506 Tuthmose I first year Moses 21 years Thutmose I's first year	
Thutmose II (Aakheperenre) 1494-1490	1494 Tuthmose II first year Moses 33 years Thutmose II's first year	

	1490 Tuthmose I first year Hatshepsut's first year Moses 37 years	
Thutmose III (Menkhpererre) 1490-1436	1490 Tuthmose I first year Hatshepsut's first year Moses 37 years	
Hatshepsut 1490-1468	1487 Moses' exile to Midian Tuthmose III the 4th year Hatshepsut 4th year	
	1487-1447 Moses at Midian	
	1470 Birth of Joshua Moses 57 years	
Amenhotep II (Aakheperure) 1468-1412	1468 Death of Hatshepsut Moses 59 years Joshua 2 years	
	1447 Moses' Entrance to Egypt The Exodus Ththmose III 43rd year 21st year of death of Hasepsut Joshua 23 years	
		Tukulti-ninurta I ca. 1234-1197

15. From Desert to Canaanite Conquest 1447-1360

Egypt	Israel	Mesopotamia
Thutmose IV (Menkheperure) 1412-1402	1447-1407 40 Years in the Dessert	
	1407 Death of Moses	
Amenhotep III (Nebmaatre) 1402-1364 Amenhotep IV ("Akhenaton," Neferkheperurawaenre) 1364-1351	1407-1360 Canaanite Conquest	
1360 Monotheistic Reform 1360-1347 Amarna Period Nefernefruaten (Smenkhkare) 1351-1347	1360 Death of Joshua	
Tutankhamun (Nebkheperure) 1347-1337	1360-1051 Period of the Judges	

16. The United Kingdom of Israel 1051-931

Egypt	Israel/Syria	Assyria
20th Dynasty 1186-1069 Sethnakhte (Userkhaure Meryamun) 1186-84		
Ramesses III (Usermaatre Meryamun) 1184-53		

Ramesses IV-XI 1153-1069	Saul 1051-1011		Assytian weakness Tiglath-pileser I ca. 1116-1078 Brief Assyrian revival Assyrian weakness
1069-656 The 3rd Intermediate Period	David 1011-971 1011-1004 David, King of Judah		
21st Dynasty (Tanite) 1069-945 Smendes (Hedjkheperre Setepenre) 1069-43 Amenemnisu (Neferkare) 1043-39 Psusennes I (Pasebakhaenniut, Aakheperre Setepenamun) 1039-991	1004-971 David, King of the United Kingdom		
Amenemope (Usermaatre Setepenamun) 993-984 Osorkon the Elder (Aakheperre Setepenre) 984-978 Siamun (Netjrkheperre Setepenamun) 978-959 Psusennes II (Pasebakhaennuit, Titkheperure Setepenre) 959-945	Egyptian Wisdom Cf. Prov. 22:17- Solomon 971-931 967-960 Temple building	Syria Rezon Ben-hadad I 885-870 Ben-hadad II 870-842	Asshur-dan II 935-913 Assyria's recovery begins. Asshur-dan II 935-913
22nd Dynasty 935-715 Sheshonq I (Hedjkheperre Setepenre) 945-924	931 Death of Solomon Division of Judah and Israel		

17. The Divided Kingdoms: Israel and Judah 931-722

Egypt	Judah	Israel	Syria	Assyria	Babylonia
22nd Dynasty (continued) Osorkon I (Sekhemkheperr e) 924-889	Rehoboam 931-913	Jeroboam 1 931-910		Adad-nirari II 912-892 Asshur-na-sir-pal II 884-860	Adad-nirari II 911-891
	Abijah 913-911	Nadab 910-909			
Sheshonq 2 about 890	Asa 911-870	Baasha 909-886			Tukulti-Ninurta II 890-884
Takelot 1 889-874		Elah 886-885			
		Zimir 885			
		Omri 885-874			Assur-nasirpal II 883-859
Osorkon 2 874-850	Jehoshaphat 873-848	Ahab 874-853			Shalmaneser III 858-824
		Ahaziah 853-852		Shalmaneser III 859-825 Battle of Qarqar 853	
Takelot 2	Jehoram	Joram	Hazael		

			842-806 Ben-ha- dad III		
850-825	848-841	852-841	842-806 Ben-ha- dad III		
	Ahaziah 841	Jehu 841-814		Shamshi-ad ad V 824-812	
	Attaliah 841-835				
23rd Dynasty 818-715 Sheshonq 3 825-773	Joash 835-796	Jehoahaz 814-798		Adad-nirari III 811-784	Shamshi-Adad V 823-811 Adad-Nirari III 810-783
Pimai 773-767	Amaziah 796-767	Jehoash 798-782			
Sheshonq 5 767-730	Uzziah 792-740	Jeroboam 2 793-753		Assyrian weakness	Shalmaneser IV 782-773 Assur-dan III 772-755 Asshu-nirari V 754-745
25th Dynastry ca. 780-656		Zechariah 753			
		Shallum 752			
	Jotham 750-731	Menahem 752-742		Tiglath-pi- leser III 745-727	Tiglath-pileser III 745-727
		Pekahiah 742-740			
Osorkon IV 730-715	Ahaz 735-715	Pekah 752-732	Rezin 740-732		
	Hezekiah 729-686	Hoshea 732-722		Shalmanese r V 726-722	Shalmaneser V 727-722
				Sargon II 721-705	Sargon II 722-705

18. Judah Before the Fall 722-587

Egypt	Judah	Assyria	Babylonia
24th Dynasty 727-715	Hezekiah 729-686	Sennacherib 704-681	
The Late Period 656-343 26th Dynasty 656-525 Necho I 672-664 Psamtek I, Wehinre 664-610	Manasseh 696-642	Esarhaddon 680-669	
	Amon 642-640	Asshurbanapal 668-627	
Necho II, Wehemibre 610-595	Josiah 640-609 627- Jeremiah's Prophecy 622 Josiah's Reform 609 Death of Josiah	Sin-shar-ishkun 629-612 612 Fall of Nineveh Asshur-uballit II 612-609	Neo-Babylonian Empire Nabopolassar 626-605

	Jehoahaz 609		
	Jehoiakim 608-598 605 Battle at Carchemish End of Assyria		Nebuchadnezzar 605/4-562
	Jehoiachin 598-597		
Psamtek II, Neferibre 595-589	Zedekiah 597-586 587 Destruction of Jerusalem		Amel-marduk 562-560 Neriglissar 560-556 539 Cyrus takes Babylon

19. The Babylonian Exile 587-538

Egypt	Babylonia	Media
Apries, Haaibre 589-570	Nebuchadnezzar 605/4-562	Cyaxares, 625-585
Ahmose II (Khnemibre) 570-526	Amel-marduk 562-560 Neriglissar 560-556	Astyages 585-550 550 Cyrus overthrows Astyages
	Nabonidus 556-539 539 Cyrus takes Babylon	Cyrrus 550-530
		Cambyses 530-522
		Darius I Hystaspes 522-486 490 Battle of Marathon
		Xerxes 486-465 480 Sea Battle at Salamis
		Artaxerxes I 465-424
		Xerxes II 423 Darius II Nothus 423-404 Artaxerxes II Mnemon 404-358 Artaxerxes III Ochus 358-338 Arses 338-336 Darius III Codomannus 336-331

20. Persian Period 538-312

Egypt	Persia	Greece
Psamtek III (Ankhkaenre) 526-525	539 Fall of Babylonia 538 Verdict by Cyrus	
	536 First Return of the Exiles (Zerubabel and Joshua)	
	520-516 Reconstruction of the Temple 499-478 The Persian Wars 490 The Battle of Marathon 480 Salamis	

	458 Second Return of the Exiles (Ezra)	
	445 Third Return of the Exiles (Nehemiah)	
	343-332 Persian Re-conquest Period	Alexander the Great 336-323 Battle of Issus 333

21. Greece Seleucids Period 312-150

Egypt	Judea	Greece
		Gaugamela, 331
		The Seleucids Seleucus I 312/11-280 Antiochus I 280-261 Antiochus II 261-246 Seleucus II 246-226 Seleucus III 226-223 Antiochus III (the Great) 223-187 Seleucus IV 187-175
	167-143 Maccabean Revolt	Antiochus IV (Epiphanes) 175-163 Antiochus V 163-162 Demetrius I 162-150
	142-63 Hasmonean Kingship	
	63 Judea was Colonized by Rome	

22. Greece Ptolemy Period 323-146

Egypt	Ptolemy	Judea
	The Ptolemy I Lagi 323-285 Ptolemy II Philadelphus 285-246 Ptolemy III Euergetes 246-221 Ptolemy IV Philopator 221-203	
	Ptolemy V Epiphanes 203-181	Seleucid Conquest of Palestine 200-198
	Ptolemy VI Philometor 181-146	The Jews under the Seleucids Profanation of the Temple 167(168) Dec Judas Maccabeus 166-160 Rededication of the Temple 164(165) Dec Jonathan 160-143

23. Roman Period 31 BC-AD 395

Rome	Judea
Augustus 30 BC-AD 14	6 BC The Birth of Jesus 4 BC The Death of Herod
Tiberius, AD 14-37	AD 27 The Cross
Caligula 37-41	

Claudius 41-54 Nero 54-68 Galba Otto Vitellius 68-69	
Vespasian 69-79	70 Destruction of Jerusalem
Titus 79-81 Domitian 81-96 Nerva 96-98 Hadrian 117-138	

References for the History Charts Above

Bright, John. *A History of Israel* Third Edition. Philadelphia: Westminster Press, 1981.

Kaiser, Walter C, Jr. *A History of Israel. From the Bronze Age through the Jewish Wars.* Nashville, TN: Broadman & Holman Publishers, 1998.

Oakes, Lorna & Lucia Gahlin. *Ancient Egypt. An Illustrated Reference to the Myths, Religions, Pyramids and Temples of the Land of the Pharaohs.* London: Anmess Publishing Ltd, 2006.

참고문헌

조은석. *SPR*. 서울: 쿰란출판사, 2012.

_____. 『예배인간 욥기』. 서울: 제라서원, 2012.

Cho, Eun Suk. "Josianic Reform in the Deuteronomistic History in the Light of Factionalism and Use of Royal Apology." Ph.D. Dissertation. Berkeley: GTU, 2002.

_____. *What Is SPR*. Kindle Direct Publishing, 2019.

Guinan, MIchael. *The Pentateuch*. Abingdon Press, 1996.

Kaiser, Walter C., Jr. *A History of Israel. From the Bronze Age through the Jewish* Wars. Nashville, TN: Broadman & Holman Publishers, 1998.

Kim, Uriah Y. "Josiah." Pp. 413-415 in *The New Interpreter's Dictionary of the Bible*. Vol. 3. Nashville: Abingdon Press, 2008.

Provan, Iain & V. Philips Long & Tremper Longman III. *A Biblical History of Israel*. Louisville & London: Westminster John Knox Press, 2003.

Sweeney, Marvin. *King Josiah of Judah: The Lost Messiah of Israel*. Oxford University Press, 2001.

587 BC~AD 70, 바빌론 포로기부터 제1차 유대전쟁까지
: 유다와 사마리아의 분열과 갈등이 한반도 통일에 주는 교훈

하시용

S. Y. Ha, Ph.D. (참빛교회/BST)

서론

일제 강점기로부터 조국 대한민국이 해방된 지 70년을 맞는다. 이것을 달리 말하면 2015년 올해는 한반도에서 휴전선을 가운데 두고 남과 북으로 분단된 지 70년이 되는 해라는 뜻도 된다. 제2차 세계대전이 끝나면서 식민통치의 영향으로 분단되었던 베트남, 독일과 예멘은 이미 통일을 이루었는데 한반도는 여전히 남과 북으로 대치하고 있다. 단순히 남과 북으로 갈라진 것이 아니라, 이념은 물론 정치 군사적 갈등까지 개선된 것 없이 서로 대치하고 있는 형국은 안타깝다 못해 부끄러울 지경이다. 같은 말을 쓰고, 같은 문화를 공유한 민족이 강산도 변한다는 10년을 일곱 번 맞이하도록 통일을 이루지 못했다는 사실 앞에 가슴을 치게 된다.

지난달에는 금강산에서 약 2년 만에 남북이산가족 상봉이 이뤄졌다. 남·북에서 각각 100명이 선발되어서 상봉의 기쁨을 맛보았지만, 여전히 생존해 있는 7만 이산가족들에게는 복권이 당첨되는 것보다 어려운 상봉의 기회일 뿐이다. 게다가 상봉을 기다리는 남한과 북한의 이산가족들의 연령대가 고령화되면서 하루속히 이산가족 만남이 정례화하지 않는다면 남과 북으로 갈라진 가족들을 마음에 그리면서 이 세상을 하직하는 비극을 막을 길이 없을 것이다.[1] 언제까지 이들의 생이별을 보고만 있을 것인가!

한반도가 남과 북으로 분열되어 서로 대치하고 있는 것은 구약시대 이스라엘의 남·북왕조를 연상케 한다. 다윗 왕이 예루살렘을 수도로 삼고 그의 아들 솔로몬이 예루살렘 성전을 지으면서 통일왕국이 견고히 서는 듯했지만, 솔로몬 이후에 이스라엘은 르호보암의 남 왕국과 여로보암의 북 왕국으로 분열되었고, 통일을 이루지 못한 채 아시리아와 바빌론에 의해서 각각 멸망하였다. 그때 남북 왕조를 남유다와 북이스라엘로 불렀고, 북 왕국은 사마리아에 수도를 정했기에 사마리아로 불리기도 했다.

이스라엘 역사 속에서 유다와 사마리아의 갈등과 분열은 솔로몬 이후 이스라엘 민족이 주후 70년 로마에 완전히 귀속되기까지 수백 년 동안 계속되었으니 민족의 화해와 통일이 얼마나 어려운지 가늠할 수 있다. 본 논문에서는 이스라엘이 바빌론에 멸망한 주전 586년부터 신구약 중간기를 거쳐 로마에 멸망했던 주후 70년까지의 기간 동안 유다와 사마리아의 갈등 국면들을 주요사건별로 살펴보고, 그들의 갈등이 한반도의 분단과 통일에 어떤 교훈을 주는지 고찰하고자 한다.

---

1 정부통계에 의하면, 1988년부터 2015년 9월까지 이산가족으로 등록된 숫자가 130,409명이고, 이 중에 66,488명이 생존해 있고, 절반에 해당하는 63,921명이 사망한 것으로 집계되었다. 이산가족정보통합시스템, (https://reunion.unikorea.go.kr/reunion/jsp/user/ud/ udl0101V?q_idx =220&q_section=REQUEST&q_argKeyGubun=&q_argKeyWord=&currentSN=).

I. 유다와 사마리아의 갈등에 대한 역사적 고찰

1. 유다와 사마리아 갈등의 시작

유다와 사마리아의 갈등은 솔로몬 시대로 거슬러 올라간다.[2] 솔로몬 왕조는 후대로 가면서 신앙적인 면에서 급격하게 쇠퇴한다. 솔로몬은 이방 여인들을 후궁으로 맞이한다. 그와 함께 이방신을 섬기는 종교와 우상들도 함께 예루살렘에 수입이 되었다. 나이가 들어서 분별력을 잃은 솔로몬은 이방 아내들이 하자는 대로 예루살렘에 이방 신전을 짓는 등 아버지 다윗의 신앙에서 점점 멀어진다. 동시에 그는 요셉 가문을 부역에 동원한다. 북쪽 지파를 차별대우한 것이다. 그때 솔로몬이 요셉 가문의 부역을 감독할 책임자로 여로보암을 세웠는데 훗날 여로보암이 북이스라엘 즉 사마리아의 초대 왕이 되는 역사의 아이러니가 현실로 나타난다.

북쪽 지파에 대한 차별 대우와 학정은 솔로몬 사후 그의 아들 르호보암 시대에 절정에 이른다. 그는 북쪽 지파를 너그럽게 대하라는 원로들의 조언을 무시하고, 북쪽 지파를 아버지 솔로몬보다 더욱 심하게 대하라는 젊은 그룹의 조언을 따르면서 이스라엘이 남과 북으로 갈라지는 결정적인 원인을 제공한다. 르호보암의 학정에 반기를 든 북쪽 열 지파가[3] 남유다인 르호보암에게 등을 돌려서 여로보암을 왕으로 삼고 북 왕국을 세운 것이다. 이처럼 유다와 사마리아가 남과 북으로 갈라진 단초는 결국 솔로몬이 요셉 가문에게 부역을

---

2 유다는 남 왕국을 일컫는 말이다. 야곱의 열두 아들 가운데 유다로부터 시작된 지파로, 다윗의 조상이 되었고 예루살렘과 성전을 근거로 세워진 본래의 다윗왕조를 가리킨다. 열왕기상 16장 24절에서 북 왕국의 왕 오므리(주전885-874)는 은 두 달란트를 주고 세멜이라는 사람에게서 땅을 사서 그곳에 북이스라엘의 수도로 삼았다. 그곳의 원래 땅 주인이었던 세멜의 이름을 따서 사마리아로 명명했다. 솔로몬 사후에 북 왕국이 세워진 것은 사마리아가 세워지기 이전이지만 본 논문의 주제를 고려해서 북 왕국을 사마리아로 부르려 한다.

3 이스라엘이 열두지파인데 열왕기상 11장 31절 이하에 의하면 아히야 선지자가 옷을 열두 조각을 낸 후에 열 조각을 여로보암에게 주면서 북쪽 열 지파가 그를 따를 것이라고 말한다. 나머지 두 조각은 유다와 남과 북에 공통적으로 걸쳐있던 베냐민을 가리킬 것이다.

시키는 것으로부터 시작되었다. 이후에 그의 아들 르호보암이 이스라엘의 왕이 되었지만, 북쪽 지파들에게 학정을 베푼 것이 여로보암이 북이스라엘을 세우는 결정적인 계기가 되었다.

신명기 역사서에[4] 속하는 열왕기상에서는 솔로몬 왕이 하나님과의 언약을 지키지 않고 이방여인을 아내로 삼고 예루살렘에 이방신을 섬기면서 하나님을 떠났기에 아히야 선지자의 예언대로 르호보암의 남왕국과 여로보암의 북왕국으로 갈라졌다고 기록했다. 하지만 열왕기상의 기록에 근거해서 살펴보면, 솔로몬과 그의 아들 르호보암이 북쪽 지파들을 부역에 동원하고 그들을 차별대우하면서 통일왕국이 와해되고 남과 북으로 갈라졌음을 알 수 있다.

2. 남·북 왕조 시대의 유다와 사마리아의 관계

솔로몬 사후에 통일왕국이 와해되고, 남유다와 북이스라엘 즉 사마리아로 분열된 남·북 왕국은 각자의 길을 걷게 된다. 유다와 사마리아 모두 하나님과 다윗이 맺은 언약을 지키지 않고 하나님을 섬기는 길에서 떠난 것은 공통적이다. 그래도 비교적 다윗왕의 후손임을 자부하는 유다에서 신앙을 지키려는 왕들이 등장했다. 히스기야는 예루살렘에 있던 우상들을 제거하고 야훼 하나님을 믿는 신앙을 회복하려 노력했다. 반면에 사마리아의 왕들은 산당을 짓고 바알 신을 공식적으로 섬기는 등 야훼신앙에서 급격하게 벗어났다. 북이스라엘의 왕 가운데 하나님을 섬긴 왕을 찾아보기 힘들 지경이다. 반면에 북이스라엘이 멸망한 후에 남유다의 왕이 된 요시야는 제2의 다윗 왕이라고

---

4 모세오경을 지나서 여호수아부터 열왕기하까지를 신명기역사서(Deuteronomistic historical books)라고 부른다. 신명기서의 신학에 근거해서 기록되었기에 그러한 명칭이 붙여졌다. 신명기서에서는 야훼 하나님만을 섬길 것과 우상숭배를 금지하고, 예루살렘 중심의 성소와 하나님과 이스라엘간의 언약, 유월절을 비롯한 절기를 지킬 것을 강조한다. 신명기 역사서는 이스라엘 민족이 약속의 땅에 들어가서 야훼신앙보다 우상숭배에 빠지면서 결국 남·북 왕조가 아시리아와 바빌론에 멸망한 것에 주목한다. 남유다에 비해서 북이스라엘의 우상숭배가 훨씬 심했다.

불릴 정도로 신명기서에 근거한 종교개혁을 단행하였다.

남·북 왕조 시대에 유다와 사마리아가 늘 적대관계를 유지한 것만은 아니다. 아합왕이 이세벨이라는 이방 왕비를 들이고 바알 종교를 도입하는 잘못을 범했지만, 그가 다스리던 북이스라엘은 의외로 강했다. 하지만 인접한 시리아와 관계가 좋지 않았다. 시리아가 북이스라엘을 괴롭히면서 시비를 걸었기 때문이다. 그때 남유다의 여호사밧 왕과 북이스라엘의 아합왕이 연합해서 시리아를 물리친 사건이 있는데, 그 전쟁에서 아합은 전사한다.

감정의 골은 깊었지만 남과 북의 교류도 지속적으로 이어졌다. 예언자 아모스는 남쪽 출신이지만 북이스라엘에 가서 그들의 죄악상을 고발하고 심판을 예고했다. 이것을 본 북이스라엘의 선지자 아마샤는 남유다 출신 아모스가 북에 와서 반란을 선동하고 나라를 혼란케 한다고 당시 이스라엘의 왕 여로보암에게 보고한다. 남쪽 선지자가 밥벌이를 위해서 북쪽에 와서 예언 활동을 한다는 것이다(아모스 7:10-17).

이처럼 남과 북이 분열된 이후에 각자의 길을 걸었지만, 필요할 때는 서로 협력해서 시리아를 물리치고, 아모스와 같이 북쪽과 남쪽을 번갈아 가면서 종교 활동을 하는 경우도 있었다. 한반도의 경우처럼 인적 교류가 완전히 막힌 것은 아니었고, 처음부터 끝까지 적대관계를 유지한 것도 아닌 어떤 면에서 느슨한 남북분단이었다. 하지만 예루살렘 중심의 남유다와 사마리아 중심의 북이스라엘간의 감정의 골은 만만치 않게 깊었다.

3. 사마리아와 유다의 멸망

북이스라엘은 주전 722년 아시리아에게 멸망한다. 아시리아는 서진정책을 펴면서 기회가 있을 때마다 팔레스타인 지역을 공격했는데 살만헤셀 (Shalmanezer)왕이 결국 북이스라엘을 정복한다. 북이스라엘의 마지막 왕 호세아는 아시리아에게 조공을 바치는 대신 이집트와 연대해서 아시리아에 맞설 계획을 하지만 그것이 도리어 제국 아시리아의 심기를 건드리게 되고 결국 북이스라엘이 정복당하는 빌미가 된다. 외교의 실패였다. 신명기 역사가는 북이스라엘의 멸망한 원인을 다음과 같이 분석한다.

> 이렇게 된 것은, 이스라엘 자손이 자기들을 이집트 땅에서 이끌어 내어 이집트 왕바로의 손아귀로부터 구원하여 주신 주 하나님을 거역하여, 죄를 짓고 다른 신들을섬겼기 때문이며, 또 주님께서 이스라엘 자손의 면전에서 내쫓으신 이방 나라들의관습과 이스라엘의 역대 왕들이 잘못한 것을, 그들이 그대로 따랐기 때문이다(열왕기하 17:7-8).

북쪽 지파를 향한 솔로몬의 학정이 남유다와 북이스라엘로 분열되는단초가 되었다면, 사마리아의 멸망은 남과 북이 신앙적으로 결별하는 계기가된다. 사마리아를 정복한 아시리아는 정복민과 피정복민간의 혼합정책을폈다. 사마리아 주민들을 아시리아로 잡아가서 여러 지역에 이주시켰고(열왕기하 17:6), 동시에 아시리아 사람들을 사마리아에 정착하게 했다(열왕기하17:24). 아시리아 사람들은 자신들의 문화와 종교를 갖고 사마리아로 들어왔고,아시리아의 식민지가 된 사마리아는 하나님도 믿고 이방신도 믿는 혼합주의종교행태를 갖게 되었다.

이렇게 그들은 주님도 경외하면서, 다른 한편으로는 그들이 잡혀 오기전에 살던 그 지역의 관습을 따라, 자신들이 섬기던 신도 섬겼다. 그들은오늘날까지도 그들의 옛 관습을 따르고 있어서, 주님을 바르게 경외하는사람이 없다. 그들은 주님께서 이스라엘이라고 이름을 지어 주신 야곱의자손에게 명하신, 그 율례와 법도와 율법과 계명을 지키지 않는다(열왕기하17:33-34).

사마리아에 아시리아 주민들이 유입되고 그들이 이방신을 섬기고, 동시에그곳에 남아있던 이스라엘 사람들이 하나님과 이방신들을 섬기는 종교 혼합주의(religous syncretism)를 목격한 남유다 사람들은 사마리아와 그들의 종교를무시하기 시작했다. 자신들의 신앙도 확고한 것이 아니지만, 이방 민족과 혼합해서 살고 있는 사마리아를 인정하지 않겠다는 것이다. 이에 대해서, 사마리아 사람들은 자신들이 이방신을 믿은 것이 아니라 아시리아 이주민들이 우상을 숭배한 것임을 강조하면서 자신들만의 야훼신앙을 만들어갔다. 하지만 종교 정치적인 이유로 남과 북이 대치할 때 보다, 사마리아가 멸망한 이후에 유다와 사마리아의 갈등은 더욱 악화되었다.

북이스라엘이 멸망한 후에 남유다에 요시야 왕이 나와서 종교개혁을 단행한다. 성전 보수 공사를 하다가 발견된 신명기 두루마리에 맞춰서 우상을 타파하고, 예루살렘 중심의 성지를 강화하고, 절기를 회복하는 등 요시야는 다윗 이후에 가장 위대한 왕으로 자리매김한다. 요시야가 성전에서 발견한 두루마리가 북이스라엘의 학자들이 보존하고 기록했던 것이라는 것 역시 아이러니다. 그때는 아시리아의 세력이 약화되고 바빌론이 새롭게 등장하던 과도기였기에 요시야는 편하게 종교개혁을 진행할 수 있었다. 하지만 그의 나이 32세에 이집트왕 느고(Pharaoh Necho)와의 전투에서 전사한다.

요시야가 전사한 이후에 남유다의 국력은 급격하게 쇠퇴한다. 동으로 바빌론과 남으로 이집트 중간에 낀 남유다는 두 제국 사이에서 줄타기하다가 결국 주전 586년 바빌론의 느브갓네살 왕에게 멸망당한다. 그때 선지자 예레미야가 나서서 이집트가 아니라 바빌론 편에 설 것을 외쳤지만 남유다의 마지막 왕들은 결국 이집트를 의지하다가 다윗왕조는 물론 예루살렘 성전까지 무너지는 수모를 당한다. 북이스라엘의 멸망과 마찬가지로 남쪽의 이집트와 북쪽의 바빌론 사이에서 펼친 외교정책의 실패였다.

남유다의 마지막 왕 시드기야는 아들이 목전에서 살해되고 눈이 빠진 채로 쇠사슬에 묶여서 바빌론에 포로로 잡혀간다. 예루살렘의 유력자들도 모두 포로 잡혀가고 예루살렘에는 가난한 백성들만 남아서 농사를 짓게 되었다(열왕기하 25:12). 성경은 남유다의 멸망 역시 다윗의 후손인 남유다의 왕들이 다윗과의 언약을 지키지 않고 우상을 섬기는 등 하나님을 떠난 것에서 찾고 있다. 예루살렘이 무너지면서 다윗왕조는 역사에서 자취를 감췄다. 팔레스타인 전역은 아시리아에 이어서 바빌론이 통치하게 되었고, 하나님을 믿는 야훼신앙의 중심은 예루살렘에서 바빌론 포로 지역으로 옮겨갔다. 이것을 에스겔 선지자는 다음과 같이 기록했다.

> 그러므로 너는 그들에게 일러라. "나 주 하나님이 이렇게 말한다. 비록 내가 그들을 멀리 이방 사람들 가운데로 쫓아 버렸고, 여러 나라에 흩어 놓았어도, 그들이 가 있는 여러 나라에서 내가 잠시 그들의 성소가 되어 주겠다" 하여라(에스겔 11:16).

이처럼 바빌론 포로기 70년은 이스라엘 역사에서 하나님의 심판을 혹독하게 경험한 시간이었다. 하지만 포로기 동안 이스라엘 백성들은 다윗왕조가 멸망하고, 예루살렘이 무너지고, 자신들이 이방 땅에 포로로 잡혀 온 것을 두고 신앙적으로 숙고하는 시간을 갖게 되었다. 에스겔 선지자의 예언대로 에스겔 골짜기의 마른 뼈들이 살아나고 새로운 성전이 세워지는 하나님의 비전을 갖게 되었다. 바빌론 포로기 동안 사마리아는 성경의 역사 속에 등장하지 않는다.

4. 포로후기 유다와 사마리아의 갈등

바빌론이 페르시아의 왕 고레스(Cyrus)에게 무너지고 페르시아가 고대 근동을 제패한다. 고레스는 칙령(Cyrus Decree, 주전536)을 내려서 바빌론에 잡혀 온 포로들 가운데 원하는 사람들은 예루살렘으로 귀환할 수 있도록 허용한다. 페르시아는 식민지국들을 향해서 관용정책을 펼쳤다. 그들의 종교와 문화를 인정한 것이다. 페르시아의 호의에 힘입어 스룹바벨과 에스라, 느헤미야와 같은 지도자들의 인도로 포로에서 돌아온 이스라엘 백성들은 느헤미야의 지도하에 예루살렘성곽을 복구하고, 에스라와 여호수아 제사장의 지휘로 예루살렘 성전을 다시 짓는다. 이것이 제2 성전이고 이 시기를 제2 성전기(The Second Temple Period)라고 부른다.

포로에서 돌아온 이후, 유다와 사마리아의 갈등이 본격화된다. 바빌론 포로에서 돌아온 이스라엘 백성들은[5] 2년이 지나면서 스룹바벨 총독과 여호수아 제사장이 중심이 되어서 예루살렘 성전을 다시 짓는 프로젝트를 실행한다. 성전의 기초석이 놓일 때 제사장과 레위 사람들의 찬양으로 온 백성이 기쁨의 찬송을 부른다. "주님은 어지시다. 언제나 한결같이 이스라엘을 사랑하신다" (에스라 3:11). 반면에 바빌론에 포로로 잡혀가기 전에 솔로몬이 지은 화려한 성전을 보았던 원로들은 다시 짓는 성전의 초라함에 눈물을 흘린다(에스라 3:12). 그때의 회한을 에스라서는 다음과 같이 실감 나게 전하고 있다.

> 그러나 첫 성전을 본 나이 많은 제사장들과 레위 사람들과 가문의 우두머리들은, 성전 기초가 놓인 것을 보고, 크게 통곡하였다. 또 다른 쪽에서는, 많은 사람들이 기뻐하며 즐거이 노래하였다. 환성과 통곡이 한데 뒤섞여서, 소리가 너무나도 크고 시끄러웠다. 그 소리는 멀리서도 들을 수 있었으나, 어느 누구도 환성인지 통곡인지 구별할 수 없었다(에스라 3:12-13).

이렇게 두 번째 성전의 기공식이 끝나고 아쉬움과 기쁨이 뒤섞인 가운데 성전공사가 시작되고 있을 때, 사마리아 사람들이 스룹바벨과 지도자들을 찾아와서 성전공사에 동참할 뜻을 전한다.

> 아시리아 왕 에살핫돈이 우리를 여기로 데려왔을 때부터 이제까지, 우리도 당신들과 마찬가지로 당신들의 하나님을 섬기며, 줄곧 제사를 드려 왔으니, 우리도 당신들과 함께 성전을 짓도록 하여 주시오(에스라 4:2).

에스라서에서는 성전공사를 하겠다고 찾아온 사람들을 "유다와 베냐민의 대적"(에스라 4:1) 또는 "그 땅 백성"(에스라 4:4)이라고 했다. "그 땅 백성"이라고

---

5 포로후기가 되면서 이스라엘 백성들(the Israelites)이라는 용어보다 유대인들(the Jews)이라는 용어가 사용되고, 에스라 느헤미야를 거치면서 유대교(Judaism)라고 불리는 하나의 종교가 태동하게 된다. 유대인들은 다른 말로 유다사람들(the Judeans)라고 하는데 이것은 포로후기의 이스라엘 역사를 주도한 세력이 사마리아가 아니라 남유다였음을 암시한다.

하면 포로에서 돌아온 이스라엘 백성들이 성전을 짓는다는 소문을 듣고 두려워하던 예루살렘 거주민들을 가리킬 것이다(에스라 3:3). 여기서 주석가들의 어려움이 있다. 1절의 유다와 베냐민의 대적들이 그 땅의 백성과 일치하는지, 대적이라고 부른 것으로 보아서 순수한 사마리아 사람들인지 아니면 북이스라엘이 망하면서 아시리아의 이주정책에 따라서 사마리아로 이주한 사람들인지, 열왕기하 17장의 기록대로 종교는 물론 인종까지 혼합된 사람들인지 본문이 정확히 알려주지 않기 때문이다. 그렇기에 본문에서 성전 짓는 것에 동참하기를 원했고, 제안이 거절되자 페르시아 왕에게 편지를 보내면서 성전 짓기를 방해했던 그룹들의 정체를 규명하는 것에 한계가 있음을 인정할 수밖에 없다.

하지만 본문 전후 사정과 열왕기하 17장을 참고해서 다음과 같은 추론이 가능하다. 사마리아가 멸망하면서 원래 사마리아 사람들과 이주한 외국인들 가운데 종교는 물론 문화와 인종 간에 혼합이 발생했을 것이다. 이들은 바빌론에 예루살렘이 멸망했을 때, 폐허가 되다시피 공동화(空洞化)된 예루살렘에 내려와서 영향력을 행사했을 것이다. 예루살렘의 지도자들이 바빌론에 포로로 잡혀갔고, 바빌론이 세운 그다랴 총독 체제가 붕괴되고 나머지 예레미야 선지자를 비롯한 예루살렘 거민들마저 이집트로 내려갔기 때문이다. 따라서 바빌론 포로에서 귀환했을 때 사마리아 사람들이 예루살렘에 거주했고, 이들과 포로에서 돌아온 백성들과 갈등이 생겼을 것이다.[6]

포로에서 돌아왔을 때, 성전 짓기를 방해한 "유다와 베냐민의 대적들"은 사마리아 출신의 예루살렘 거주민으로 에스라가 "이 땅 백성"이라고 부른 사람들 가운데 일부로 보는 것이 좋을 것이다. 이들은 성전 짓기에 동참하기를 희망했다. 자신들도 아시리아 왕 에살핫돈(Esarhaddon, 주전 681-668)이 이주시

---

6 포로기 이후에 예루살렘의 상황은 해방 이후 대한민국의 상황과도 유사하다. 중국 임시정부에서 귀환한 그룹들과 일제치하 동안 서울을 비롯한 한반도에 남아있던 사람들이 충돌한다. 한반도의 경우, 돌연 신탁통치 안을 찬성한 북쪽의 김일성은 북한을, 친미세력 이승만과 일제 강점기에 활약한 소위 친일파들은 남한에서의 독립정부 수립을 주도했다. 반면에 김구를 비롯한 상해임시정부 요인들은 고국에 귀환했지만 결국 제거된 것이 이스라엘 역사와 다를 뿐이다.

켰을 때부터 이스라엘의 하나님을 섬기고 제사를 드렸다고 성전 짓기에 동참하는 이유까지 제시했다. 성전에 대한 지분을 확보하려는 의도로 볼 수 있다. 그때 스룹바벨과 포로에서 귀환 그룹들은 사마리아 사람들의 제안을 거절한다.

> 스룹바벨과 예수아와 그 밖에 이스라엘 각 가문의 우두머리들이 그들에게 대답하였다. "당신들과는 관계가 없는 일이오. 주 우리의 하나님께 성전을 지어 드리는 것은, 우리가 할 일이오. 페르시아 왕 고레스가 우리에게 명령한 대로, 주 이스라엘의 하나님의 성전을 짓는 것은, 오로지 우리가 할 일이오(에스라 4:3).

여기서부터 그 땅 백성들과 포로에서 돌아온 본래의 예루살렘 거민들, 즉 훗날 유다사람들(the Judeans) 사이에 감정의 골이 깊어진다. 에스라 4-6장은 사마리아 사람들의 방해로 성전건축이 지연되고, 페르시아의 지원으로 성전건축이 재개되어 봉헌하는 과정을 자세하게 기록했다. 유다와 사마리아 양측은 페르시아 왕에게 편지를 보내면서 자신들의 입장을 호소하지만 결국 예루살렘 성전은 완공된다.

사실 여기서부터 포로 후기 이후의 유다와 사마리아의 갈등이 본격화된다. 포로에서 돌아온 유다 사람들은 순혈주의를 중요하게 생각했다. 에스라 10장에서 이방 여인과 결혼한 제사장들과 유대 거민들에게 결혼을 포기할 것을 명령할 정도였다. 유대 사람들이 갖고 있었던 순혈주의의 기준에서 보면 사마리아 사람들을 동족으로 받아들이는 것은 불가능했다. 이들은 주전 722년 아시리아에 멸망한 이후에 자연스레 이방 민족들과 종교를 받아들이면서 혼합주의 야훼신앙을 유지해왔기 때문이다.

에스라서에서 성전을 짓는 것을 방해한 사마리아 사람들이 등장했다면, 또 다른 포로후기의 지도자였던 느헤미야가 예루살렘 성전을 재건할 때도 사마리아 사람들의 방해 공작이 나타난다. 느헤미야와 지도자들은 사마리아 사람들로부터 암살위협까지 받는다. 느헤미야는 페르시아의 아닥사스다 왕

밑에서 술을 관리하던 관원이었다. 그가 예루살렘을 향하여 기도하던 차에 고향에 돌아가서 예루살렘의 재건을 위해서 일할 소명을 받고 왕의 허락 하에 예루살렘에 귀환했다. 그의 사명은 무너진 예루살렘 성벽을 재건하는 것이었다. 느헤미야가 예루살렘 성벽 재건을 시작하자마자 호론 사람 산발랏과 암몬 사람 도비야와 아랍사람 게셋이 소식을 듣고 와서 방해하기 시작한다. 산발랏으로 대표되는 그룹과 느헤미야의 대화가 느헤미야서에 자세히 기록되어 있다.

> 그러나 이 일이 호론 사람 산발랏과 종노릇을 하던 암몬 사람 도비야와 아랍 사람 게셈에게 알려지니, 그들은 우리에게로 와서 "당신들은 지금 무슨 일을 하고 있는 거요? 왕에게 반역이라도 하겠다는 것이오?" 하면서, 우리를 업신여기고 비웃었다. 내가 나서서 그들에게 대답하였다. "하늘의 하나님이 우리를 위하여 이 일을 꼭 이루어 주실 것이오. 성벽을 다시 쌓는 일은 그분의 종인 우리가 해야 할 일이오. 예루살렘에서는 당신들이 차지할 몫이 없소. 주장할 권리도 기억할 만한 전통도 없소"(느헤미야 2:19-20).

여기서 호론 사람 산발랏은 사마리아의 총독(the governor of Samaria)이고, 느헤미야는 그의 타이틀 대신에 호론 사람이라고 그의 출신지를 따라서 불렀다. 산발랏이 총독인 것을 인정하고 싶지 않았을 수 있다. 호론은 벳-호론을 가리키는데 예루살렘 북동쪽에 위치한 에브라임에 속한 지역으로 알려진다. 산발랏이 암몬 총독 도비야와 아랍사람 게셋과 연합해서 느헤미야의 예루살렘 성곽복원을 방해한 것이다. 이들은 이미 느헤미야의 계획을 입수했고, 본격적으로 찾아와서 업신여기고 비웃으면서 성곽 보수를 방해했다.

이에 대한 느헤미야의 대답에 주목할 만하다. "예루살렘에서는 당신들이 차지할 몫이 없소 주장할 권리도 기억할 만한 전통도 없소"(느헤미야 2:20)라는 대답에는 사마리아 총독인 산발랏에 대한 예루살렘의 간섭을 배제하려는 의도를 읽을 수 있다. 산발렛은 집요하게 예루살렘성곽 보수를 방해하고 느헤미야를 살해하겠다고 위협한다. 그 와중에 대제사장 엘리아삽의 손자인 요야다의 아들 가운데 산발랏의 딸과 결혼해서 그의 사위가 된 경우도 있는데 느헤미야는 그 사람을 추방해 버렸다(느헤미야 13:28).

이처럼 포로 후기에 유다와 사마리아의 갈등은 첨예화되었다. 유다는 순혈주의와 자신들이 다윗의 후손이라는 자긍심에서 사마리아를 배척했다. 사마리아는 포로에서 돌아온 유다 사람들이 성전과 성을 짓는 것을 보고 자신들도 지분을 확보하려는 계획을 세웠지만 결국 실패로 돌아가자 지속적으로 방해했다. 그럼에도 불구하고 유다는 사마리아와 화해할 수 없었다. 유다의 입장에서 보면—이것이 곧 성경의 입장이기도 한데— 사마리아 사람들은 이방인과 혼합된 혼혈이라는 인상이 강하다. 하나님의 백성으로 적합하지 않다는 것이다. 이처럼 유다와 사마리아의 갈등은 현실이 되었고 이것은 신구약 중간기에도 계속되었다.

5. 신구약 중간기의 유다와 사마리아의 갈등

신구약 중간기 동안 유다와 사마리아의 갈등에 대한 역사적 기록은 그리 많지 않다. 본 논문에서는 요세푸스 (Flavius Josephus, 주후37-100)의 『유대 고대사』(Jewish Antiquities)에 나타난 사마리아에 대한 기록을 중심으로 유다와 사마리아의 관계를 추정해 보고자 한다.

요세푸스는 로마에 항거한 유대독립 전쟁에 참여했다가 로마에 투항한, 훗날 유대의 역사가로 활동했던 인물이다. 그는 자신이 경험했던 유대 전쟁 (First Jewish-Roman War, 주후 66-73년)에 대한 기록과 이스라엘의 역사를 구약시대부터 신구약 중간기는 물론 요세푸스 당대까지 유대 고대사를 집필했다. 요세푸스의 역사기록은 성경 이외의 문서로서 당시의 상황을 이해하는데 커다란 도움을 준다. 그는 『유대 고대사』와 『유대 전쟁사』(The Jewish Wars)에서 사마리아에 대해서 간헐적으로 언급한다.

요세푸스의 사마리아에 대한 기록은 앞에서 말했던 열왕기하 17장 24-41절을 자신의 말로 개작(revision)한 것으로 시작한다(이하, 『유대사』, 9.288-291). 성경의 기록에 요세푸스가 첨가한 내용에 주목할 만하다. 그는 아시리아에서 사마리아로 이주한 외국인들을 그들의 출신지 이름을 따서 쿠티안(Cutheans)이라고 부른다. 그에 의하면 쿠티안은 히브리 명칭이고, 헬라어로 하면 사마리아 사람들(Samarians)라는 것이다.[7] 요세푸스에게 있어서 사마리아 사람들은 아시리아에서 이주한 사람들을 가리키는데, 이들은 유대인들과 친화 관계를 유지하기 위해서 자신들이 창세기의 요셉 자손이라고 말하는 등 이스라엘화 되려고 애를 썼다는 기록을 남겼다. 사마리아가 극심하게 종교 혼합주의에 물들었음을 유대 역사가 요세푸스는 강조하고 있다.

그는 에스라와 느헤미야 시대의 성전건축과 성곽 재건 프로젝트를 진행할 때 유다와 사마리아의 갈등도 기록하였다. 요세푸스는 에스라 13장 28절에서 산발랏의 딸 니카소(Nikaso)와 결혼한 유다 제사장의 아들은 므낫세이며, 산발랏이 므낫세를 회유하기 위해서 그림신산에 사원을 짓고 거기에 대제사장으로 임명했다고 기록했다. 요세푸스가 참고한 역사 기록의 근거가 분명하지 않지만, 그가 실명을 거론하면서 구체적으로 기록하였다는 점에 주목할 만하다. 성경 외적인 증거가 빈약한 상태에서 요세푸스의 유대 고대사에 의존한다면 사마리아의 그림신산이 성지가 된 것은 유다 출신 므낫세와 관련이 있다. 이것을 보면, 포로 후기 예루살렘 성전 건축에 참여하려던 사마리아 사람들에게 성전에 대한 열등의식이 있었음을 알 수 있다. 요세푸스는 산발랏이 그림신 신전을 지은 것이 알렉산더 왕 시대였다고 본다. 이후 알렉산더 사후에 마케도니아 제국은 넷으로 갈라지는데, 그 과정에서 죄를 짓거나 비천한 유다인들이 그림신 산이 있던 세겜 지역으로 도피해 왔다는 기록도 있다.

---

7 학자들은 영어로 Samarians들은 아시리아가 사마리아를 점령한 후에 이주한 사람들을 또는 당시에 사마리아에 살던 모든 사람들을 가리키고, Samaritans은 야웨 하나님을 믿고 그림신 산에서 예배하는 특정 종교그룹을 가리키는 것으로 구분하기도 한다. 요세푸스는 Samarians을 아시리아 구티안 이주민으로 보았다.

알렉산더 사후, 그의 제국은 계승자들(the Diadochi)에 의해 나뉘어졌다. 그림신산(Mount Garizein)에 있던 신전은 그대로 남겨졌다. 그리고 예루살렘 주민들 가운데 부정한 음식을 먹었거나, 안식일을 범했거나, 그 밖에 어떤 죄를 범해서 고소를 당하면 세겜 사람들에게 피신을 오곤 했는데 그들은 부당하게 추방을 당한 것으로 알려졌다(『유대사』, 11.346-347).

요세푸스에 의하면, 유다와 사마리아의 구분은 있었지만 어떤 이유와 경로였든지 교류가 있었음을 알 수 있다. 유다에서 죄를 지은 사람들이 사마리아로 피신했다는 것은 사마리아가 그들을 받아 주었다는 뜻이기에 두 그룹 간에 사마리아가 더 관용적이라고 보기 쉽다. 하지만 유대의 역사가였던 요세푸스는 사마리아가 율법을 범한 유다 사람들까지 받아 줄 정도로 타락했음을 강조하고 싶었을 것이다. 물론, 알렉산더 대제 시대(주전 336-323)까지 산발랏이 살아 있었고 알렉산더가 그림신 신전을 짓도록 허락했다는 요세푸스의 기록에 역사적 신빙성을 확보하기는 쉽지 않다.

요세푸스는 대제사장 토비아드(Tobiads) 시대에 대한 기록도 남겼다. 당시에 사마리아는 매우 강성했다. 그들은 유다를 침범해서 유다 사람들을 노예로 삼았다(유대사, 12.156). 제사장 토비아드는 사마리아에 친구들을 보내서 돈을 차용하기도 했다(유대사, 12.168). 반대로 요세푸스가 알렉산드리아에 있던 철학자 아피온(Apion)에 대항해서 유대교를 변호한 그의 글(Against Apion)에서는 알렉산더 대왕이 유다를 잘 보아서 사마리아를 유다에 귀속시켰다고 기록했다 (아피온, 2.43). 이처럼 요세푸스의 기록을 따른다면 신구약 중간기 동안에 유다와 사마리아는 적대관계를 유지했고, 서로 침범하고 귀속당하는 등의 역사의 부침이 있었음을 알 수 있다.

요세푸스는 알렉산드리아 제국 이후에 안티오커스 4세(Antiochus IV) 시대에 사마리아와 유다의 관계에 대해서도 언급한다. 마카비 1서 2장에서부터 이어지는 기록이다. 유다와 예루살렘은 안티오커스 4세에 의해서 침공당하고 예루살렘 성전이 이방 군대에 의해서 유린되었다. 그때 사마리아는 유다

편을 들지 않고 안티오커스 4세 편을 들면서 자신의 안전을 확보하려 했다는 비판이다(유대사, 12. 257-264). 다음은 사마리아 사람들이 자신을 시돈 사람들(Sidonians)라고 부르면서 안티오커스에게 보낸 편지의 일부이다.

> 그러므로 왕에게 간청합니다. 당신은 우리의 보호자이자 구원자가 되십니다. 우리 지역을 다스리는 아폴로 총독과 왕의 집정관인 니카르토로 하여금 유대인들이 고소당한 같은 죄목으로 우리를 벌하지 않도록 해 주십시오. 우리는 그들 "유대인"과 전혀 다른 국가이고 그들의 관습도 우리에게는 생소할 뿐입니다. 현재 우리 신전에는 아무 이름도 없으니 주피터 헬레니우스 신전이라고 이름을 붙이겠습니다. 그리고 우리는 더 이상 어떤 소동도 부리지 않고 조용하게 우리의 자리를 지키겠습니다(유대사, 12.261).

요세푸스가 사마리아를 비판적으로 묘사한 것도 있지만, 위의 서신에 의하면 사마리아는 자신들을 유대인들과 구별하고, 그림신 신전을 주피터 신전으로 바꿀 수 있다고 말한다. 식민지 하의 유다와 사마리아가 각자 생존하기 위해서 제국의 눈치를 살폈으며, 그 과정에서 두 그룹이 화해하거나 협력하지 않고 자체 분열과 갈등을 지속했다는 사실은 마치 지난 70년 한반도에서의 갈등이 생각난다.

유대와 사마리아는 이집트에서도 서로 갈등을 빚는다. 현재 아프리카 북쪽 남 알렉산드리아에 거주하는 유대인들은 모세의 율법을 중요하게 생각했고 예루살렘만이 유일한 성소라고 여겼다. 반면에 사마리아 사람들은 여전히 그림신산이 모세의 율법에 맞는 성소라고 주장했다. 유대 역사가 요세푸스는 예루살렘이 유일한 성소라는 편에 선다(유대사, 13.74-79).

한편, 사마리아 사람들은 주전 4세기경 자신들의 정체성을 성경에서 찾기 위해서 모세오경만을 정통으로 인정하는 사마리아 오경을 제정한다. 사마리아 오경은 예루살렘이 아니라 그림신 산이 성소의 중심인 것으로 묘사하지만, 모세를 자신들의 조상으로 삼는 것은 기존의 모세오경과 동일하다. 사마리아 사람들은 구약성경의 다른 책들을 인정하지 않고 모세오경에 근거한 사마리아 오경을 정경으로 삼으면서 자신들이 진정한 모세의 후손임을 강조하였다.

6. 로마 시대의 유다와 사마리아

로마 시대로 접어들면서 사마리아와 유다의 갈등은 예루살렘 중심의 유다가 승리하는 것처럼 보인다. 유대전쟁까지 사마리아에 대한 기록은 미미하다. 주전 40년경 헤롯 왕조가 세워지면서 예루살렘 성전을 증축했지만, 사마리아는 예루살렘과 갈릴리 사이에 위치한 부족처럼 전락하였다. 이처럼 사마리아 사람들은 그림신 산이 있는 세겜을 중심으로 자신들의 공동체를 이루어 살았고, 유대인들은 사마리아 지역에 접근하지 않으면서 자신들의 우월성을 지키려 했다. 유대인들 입장에서 사마리아는 혼합된 민족으로서 다윗의 자손이 될 수 없다고 보았다. 이에 반해서 사마리아 사람들은 자신들도 모세로부터 내려온 정통 이스라엘 백성이라고 생각했다.

요세푸스가 로마시대에 유다와 사마리아의 갈등에 대한 흥미진진한 사건을 기록했다(유대사, 20.118-136). 주후 48-52년 사이 벤티디우스 쿠마누스(Ventidius Cumanus)가 행정장관(procurator)으로 있을 때 일어난 유다와 사마리아의 분쟁이다. 갈릴리 사람들이 예루살렘에서 열리는 절기 행사에 참석하기 위해서 사마리아 국경을 통과할 때, 사마리아 사람들이 그들을 모두 살해했다. 이에 격분한 갈릴리 사람들이 행정장관인 쿠마누스를 찾아가서 사건을 조사해서 사마리아 사람들을 처벌할 것을 요구했지만, 요세푸스가 판단하기에 사마리아로부터 뇌물을 받은 행정장관은 차일피일 조사를 미뤘다.

갈릴리 사람들이 축제에 오다가 사마리아 사람들에게 죽임을 당했다는 소식을 들은 예루살렘의 유대인들은 분노한 나머지 엘리에젤이라는 강도를 동원해서 사마리아 마을을 약탈했다. 이 소식을 들은 쿠마누스 행정장관은 군대를 동원해서 사마리아를 약탈한 무리를 추적해서 죽이고 생포한다. 그럼에도 불구하고 사마리아 사람들은 시리아의 최고 지도자인 움미디우스 쿼드라투스(Ummidus Quadratus)를 찾아가서 유대인들이 사마리아를 침탈한 것은 단순한 민족 감정이 아니라 로마제국에 대한 증오심 때문이었다고 제보한다. 퀴드라투스는 사마리아를 거쳐서 예루살렘에 올라가서 사건을 조사한 후에 사마리아의 당사자들과 사마리아를 약탈하는데 공조했던 유대 사람들을 모두 처벌하고 어떤 이들은 십자가형에 처한다. 또한, 정확한 판결을 위해서 사마리아의 대표와 예루살렘의 지도자들을 로마 황제에게 보낸다. 로마 황제 역시 처음에는 유대인들이 로마에 저항했다는 사마리아 사람들의 증언을 듣고 유대인들에게 불리한 판정을 내리지만, 황제 부인의 충고를 듣고 유대인을 죽인 사람들을 처벌하라고 판결한다. 행정장관 쿠마누스는 귀향 가고, 나머지 주동자들도 사형에 처해진다.

요세푸스는 유대인들의 입장에서 역사를 기록했기에 사마리아에 불리한 증언을 했을 것이다. 하지만 요세푸스의 기록을 통해서 주후 50년경까지도 유다와 사마리아의 분쟁이 계속되었음을 알 수 있다. 로마에서 파견한 행정장관과 로마 황제까지 나서서 중재하는 등 유다와 사마리아의 갈등은 매우 심각했다.

II. 신약성경 속의 사마리아와 유다

신약성경에서 사마리아에 대한 언급은 20회에 불과하다. 그것도 복음서와 사도행전에만 나올 뿐 로마서 이후에는 등장하지 않는다. 유대인의 복음서라고 해도 과언이 아닌 마태복음에 사마리아가 한번 등장한다. 예수님께서 열두 명의 제자들을 여러 마을에 파송하면서 전도훈련을 시킬 때, 이방인이나 사마리아 땅에는 들어가지 말라고 부탁하신다. 사마리아에 대해서 부정적이다. 마가복음에는 사마리아에 대한 언급이 없다.

누가복음 9장 51-56절은 예수님께서 예루살렘을 떠나서 갈릴리로 내려가시는 장면이다. 갈릴리로 가는 도중에 잠시 머무를 곳을 찾기 위해서 사마리아

마을을 찾지만, 그곳 사람들이 예수님을 받아들이지 않았다. 사마리아와 유다의 적대 감정이 그대로 나타나 있다. 예수님의 제자 야고보와 요한이 자신들을 받아들이지 않은 사마리아에 불이 떨어져서 망하게 할 것을 요청했지만, 예수님께서는 그들을 꾸짖으셨다. 어떤 사본에는 꾸짖으시면서 "너희는 어떤 영에 속해 있는 줄을 모르고 있다. 인자가 온 것은 사람의 생명을 멸하려 함이 아니라 구원하려 함이다"(누가복음 9:55)라고 말씀하셨다고 첨가했다.

예수님의 일행에게 거처를 제공하지 않은 사건 직후에 예수님은 누가 진정한 이웃인지에 대한 비유를 말씀하신다. 어떤 사람이 예루살렘에서 여리고로 내려가다가 강도를 만났다. 그 옆을 지나던 제사장과 레위인은 강도 만난 사람을 무시하고 지나갔지만, 한 사람이 그의 상처를 치료해 주고 인근 여관까지 데리고 가서 투숙비까지 제공하였다. 강도 만난 사람을 도운 사람이 유대인들이 증오하는 사마리아 사람이었다고 예수님은 말씀하신다. 누가복음 9장에서 사마리아가 예수님을 영접하지 않았는데, 누가복음 10장에서 사마리아 사람을 선하다고 치켜세우시는 예수님의 의도가 흥미롭다(누가복음 10:33). 거기에 그치지 않는다. 누가는 열 명의 나병 환자가 고침을 받았지만, 사마리아 사람만이 예수님을 찾아와서 사례했다고 전한다(누가복음 17:16).

요한복음에서는 예수님께서 직접 사마리아 땅에 들어가셨고, 복음을 들은 한 여인을 통해서 수가라는 사마리아 동네가 하나님 나라 복음을 듣게 된 사건이 등장한다. 요한복음 4장에 의하면 예루살렘에 올라가시던 예수님 일행은 사마리아의 수가성 한 마을에 들어가신다. 요세푸스의 기록에도 있듯이 유대 사람들은 사마리아를 통과하지 않았다. 사마리아 사람들이 예루살렘을 성소로 인정하지 않고 이방인들과 혼합된 야훼종교를 믿었다고 생각했기 때문이다. 사마리아 사람들 역시 유대인들이 자신들의 영역에 들어오는 것을 좋아하지 않았고 앞에서 소개한 예처럼 분쟁이 일어나기도 했다. 그런데 예수님께서 사마리아의 성지인 세겜 근처 수가 성을 직접 찾아가신 것이다.

우물가에 물을 길으러 온 여인에게 먼저 다가가시고, 그에게 생수의 복음을 약속하신다. 물을 달라는 예수님의 말씀에 대한 사마리아 여인의 첫 번째 반응이 유다와 사마리아의 갈등을 그대로 보여준다.

> 사마리아 여자가 예수께 말하기를 "선생님은 유대 사람인데 어떻게 사마리아 여자인
> 나에게 물을 달라고 하십니까?" 하였다. 유대 사람은 사마리아 사람과 상종하지 않기
> 때문이다(요한복음 4:9).

사마리아 여인의 말에 의하면 유대인이 사마리아 여인에게 물을 달라고
하는 것은 금기 사항이다. 당시에 여인에게 물을 달라는 것도 점잖은 행동이
아닌데, 그 대상이 사마리아 여인이기에 더욱 정상이 아니다. 우리말 성경
요한복음에는 이것을 두고 유대인이 사마리아인과 상종하지 않았다는 해설을
덧붙였다. 예수님은 여인에게 생수를 약속하신다. 여인에게 남편이 다섯
있었지만, 현재 사는 남자도 남편은 아니라는 예언자적 통찰력도 보여주신다.
부정한 여인이라는 것이다. 이 여인은 사람들이 잠을 자거나 쉬고 있는 한낮에
사람들의 눈을 피해서 우물가에 왔고, 예수님은 이 여인의 실체를 모두 알고
계시면서 그에게 물을 달라고 먼저 말을 거신 셈이다.

수가성에 물을 길으러 온 사마리아 여인은 사마리아인을 대표하는 인물일
수 있다. 그에게 남편 다섯이 있었다는 예수님의 말씀은 사마리아 사람들이
정경으로 인정하는 사마리아 오경을 연상시킨다. 그것은 다섯이라는 숫자에
연연한 해석일 뿐이다. 이 여인이 성적으로 바르지 않았다는 것은 사마리아가
아시리아에 멸망한 이후에 혼합정책과 종교 혼합주의에 빠져든 것으로 보는
것이 바람직하다. 이에 대해서 부루스(F.F. Bruce)는 그의 요한복음 주석에서,
북이스라엘이 아시리아에 멸망하고 종교 혼합주의에 빠진 이래의 모든 사건을
함축한 것이라고 본다. 예수님이 언급하신 다섯 남편은 열왕기하 17장 24절에
등장하는 이방신을 믿던 이방 도시 다섯을 가리킨다는 것이다. 흥미로운
것은 현재 사마리아 여인이 결혼하지 않은 채 살고 있는 여섯 번째 남자를
이스라엘 하나님을 상징하는 것으로 해석한 대목이다. 결국, 사마리아는
다섯 명의 남편 즉 이방신들과는 정식 결혼을 했고, 하나님과는 비공식적인

동거를 하고 있는 상태임을 예수님께서 지적했다고 보는 것이다.[8]

그럼에도 불구하고 예수님께서는 사마리아를 찾아가셔서 그들에게 생수의 복음을 전하셨다. 여인과 예수님의 대화는 메시아로 이어지고 결국 사마리아 사람들이 예배하는 그림신산과 유대인들이 예배하는 예루살렘으로 발전한다. 사마리아와 예루살렘은 성소를 놓고 갈등했다. 자신들이 정통이라고 서로 주장한 나머지 화해의 길은 멀기만 했다. 그때 예수님께서 예배라는 주제를 갖고 다음과 같이 정리해 주신다.

> 예수께서 말씀하셨다. "여자여, 나의 말을 믿어라. 너희가 이 산 위에서도 아니고 예루살렘에서도 아닌데서 너희가 아버지께 예배를 드릴 때가 올 것이다. 너희는 너희가 알지 못하는 것을 예배하고 우리는 우리가 아는 분을 예배한다. 구원은 우대 사람에게서 나기 때문이다. 참되게 예배를 드리는 사람들이 영과 진리로 아버지께 예배를 드릴 때가 온다. 지금이 바로 그 때다. 아버지께서는 이렇게 예배를 드리는 사람들을 찾으신다. 하나님은 영이시다. 그러므로 하나님께 예배를 드리는 사람은 영과 진리로 예배를 드려야 한다"(요한복음 4:21-24).

예수님은 사마리아와 예루살렘이라는 지역감정을 극복하셨다. 성별은 물론 종교적 이념도 개의치 않으셨다. 구원이 유대인에게서 난다는 말씀은 예수님 자신이 다윗의 자손 유대인의 혈통임을 밝히신 것으로 이해해야 할 것이다. 하나님을 함께 예배할 때가 올 것이라는 희망의 메시지를 전하셨다. 민족이나 지역갈등이 아니라 영과 진리로 하나님 아버지를 예배할 때가 올 것이다. 예배공동체로의 화해요 통일이다. 예수님께서 이때를 위해서 오셨고, 예수님께서 사마리아에 들어가신 것도 바로 이때인 것이다. 복음을 들은 여인은 물통을 두고 마을로 들어가서 자신이 메시아를 보았다고 전파한다. 사마리아 수가성 사람들도 예수님께 와서 그곳에 머무시기를 요청하고

---

8 F.F. Bruce, *The Gospel and the Epistle of John* (Grand Rapids: Michigan, 1983), 107.

예수님은 이틀을 더 머무시면서 복음을 전하셨다.

이런 연유 때문인지 요한복음 8장 48절에서 유대인들은 예수님을 사마리아 사람이라고 부른다.

> 유대 사람들이 예수께 말하였다. "우리가 당신을 사마리아 사람이라고도 하고, 귀신이 들렸다고도 하는데, 그 말이 옳지 않소?"(요한복음 8:48).

사마리아 사람과 귀신이 들린 것을 평행으로 언급한 것을 보면 예수님 당시 유대인들이 갖고 있었던 사마리아인에 대한 적대 감정이 여실히 드러난다.

신약성경에서 사마리아가 언급되는 마지막 책은 사도행전이다. 사도행전의 주제 절을 찾으라 하면 누구든지 사도행전 1장 8절을 제시할 것이다: "오직 성령이 너희에게 임하시면 너희가 권능을 받고 예루살렘과 온 유대와 사마리아와 땅끝까지 이르러 내 증인이 되리라 하시니라." 사도행전은 예수님께서 약속하신 대로 오순절 성령이 임하면서 예루살렘으로부터 땅끝까지 복음이 전파되는 것을 기록한 누가의 또 다른 문서이다. 부활하신 예수님께서 장차 성령이 임하면 예루살렘과 유다를 거쳐서 사마리아에도 복음이 전해질 것을 말씀하셨다. 예수님께서 사마리아에 가셨듯이 성령을 받은 제자들도 사마리아에 가서 복음의 증인이 될 것이라는 말씀이다.

사도행전 8장은 스데반이 순교한 이후에 예루살렘의 제자들이 사방으로 흩어진 것을 전한다.

> 그 날에 예루살렘 교회가 크게 박해받기 시작하여, 사도들 이외에는 모두 유대 지방과 사마리아 지방으로 흩어졌다(사도행전 8:1).

사도행전 1장의 약속이 예루살렘의 박해를 통해서 성취되는 첫걸음이다. 그때 누가는 예수님 말씀대로 유대와 사마리아를 모든 땅과 함께 언급한다. 그리고 8장 5절부터 예수님의 제자 빌립이 사마리아에 가서 복음을 전하는 것을 보도한다.

> 무리는 빌립의 말을 듣기도 하고, 그가 하는 기적을 보기도 하는 가운데서, 한 마음으로 빌립이 하는 말을 좇았다. 그것은 귀신들린 많은 사람에게서, 악한 귀신들이 큰소리를 지르면서 나갔고, 많은 중풍병 환자와 지체장애인들이 고침을 받았기 때문이다. 그래서 그 성읍에는 큰 기쁨이 넘쳤다(사도행전 8장 6-8절).

성령을 받은 제자들이 예루살렘에서 사방으로 흩어졌고, 그 가운데 빌립이 사마리아 성에 들어가서 복음은 전했는데, 예수님께서 행하셨던 기적이 유대인들이 경멸하는 사마리아 땅에서 그대로 일어났다. 빌립이 전하는 복음을 듣고 사마리아 사람들이 한마음이 되어서 예수님을 믿고 복음의 기쁨에 참여했다. 사마리아에 하나님 나라가 임한 것이다. 사마리아에 복음이 전파되었다는 소식을 들은 베드로와 예루살렘의 지도자들이 진상을 파악하기 위해서 사마리아를 방문한다. 베드로가 사마리아 사람들에게 안수하니 그들에게도 성령이 임했다. 예수 그리스도의 복음이 사마리아의 한 도시에서 화해와 하나 됨의 기쁨을 경험했다.

사도행전 9장 31절에서는 예루살렘에서 흩어진 사도들의 선교로 유대와 갈릴리와 사마리아에 교회가 든든히 서 갔다고 전한다: "그러는 동안 유대와 갈릴리와 사마리아 온 지방에 들어선 교회는 안정이 되어 터전을 튼튼히 잡았고, 주님을 두려워하는 마음과 성령의 위로로 정진해서 그 수가 점점 늘어갔다." 사마리아의 교회들도 평안을 얻었다.

유다와 사마리아의 분쟁과 다툼을 기록한 요세푸스의 역사서와 성경의 기록이 대조를 이룬다. 요세푸스는 유다와 사마리아의 갈등을 기록했지만, 사도행전을 비롯한 성경 기자들은 유다와 사마리아의 화해와 평화를 전한다. 사도행전 15장 3절은 신약성경에서 사마리아가 언급된 마지막 구절이다. 바울 일행이 예루살렘에 올라가면서 사마리아를 거쳐 간다. 바울은 사마리아에 있는 교회를 방문해서 이방인들이 예수님을 믿은 것을 보고 했고, 그들도 바울과 함께 기뻐했다. "그들은 교회의 전송을 받고 떠나서, 베니게와 사마리아를 거쳐 가면서, 이방 사람들이 회개한 일을 이야기하였다. 그래서 그들은 그곳의 모든 신도를 매우 기쁘게 하였다."

이처럼 신약성경 속에서 사마리아는 당시의 유대인들이 생각하던 것과 매우 다르다. 사마리아는 분쟁이나 다툼의 대상이 아니다. 차별이나 구별의 대상도 아니다. 마태복음의 한 구절을 제외한다면, 사마리아와 그곳 사람들은 전도의 대상이며, 찾아가서 만나야 할 사람들이다. 세상 끝까지 복음이 전해지는 데 꼭 필요한 중간기착지이다. 예수님께서 사마리아 수가성을 찾아가셨고, 빌립이 사마리아에 복음을 전했고, 베드로가 내려와서 안수했을 때 성령이 임한 것을 통해서 신약성경은 유다와 사마리아의 갈등을 알고 있었지만, 그것을 초월해서 복음으로 화해하고 함께 기쁨을 누리는 화해와 통일의 메시지를 담고 있다.

III. 유다와 사마리아의 갈등이 한반도 통일에 주는 교훈

1. 남북분단의 역사

한반도의 남북분단은 1945년 8월 15일 일본이 연합군에 항복하고 36년의 일제치하에서 해방되면서 시작되었다. 일제 강점기가 끝남과 동시에 한반도에 독립 국가가 세워지는 것이 정상이었지만, 미국과 소련이 남과 북을 차지하고 38선을 경계로 남과 북이 갈라지는 역사가 시작되었다. 이 열강들의 신탁통치에 반대하는 운동이 있었지만, 결국 남한의 이승만과 북한의 김일성이 주도하는 정부가 세워지게 되었다. 하지만 그 과정에서 남한과 북한은 물론 중국 상해 정부에서 돌아온 그룹과 일제치하에서 친일을 했던 그룹 간의 갈등이 있었다. 남과 북으로 구분하는 38선은 열강에 의해서 정해졌지만, 남한과 북한 정부의 수립은 우리 민족 자체 분열의 결과라고 볼 수도 있다.

구약성경에서 남유다와 북이스라엘이 민족들이 화해하지 못하고, 왕들의 권력욕이 가져온 결과라는 점과 유사하다. 남북분단의 과정을 구교형은 『뜻으로 본 통일한국』에서 다음과 같이 남·북의 분열을 요약했다.

> 미국은 한국인들의 주도적 건국 운동을 처음부터 거부했고, 소련 역시 38선 이북에 진주하면서 한국인들의 자발적 활동을 사사건건 통제했다. 결국, 미국과 소련은 한반도에서 자국의 이익을 관철시키기 위해 한국 사람들의 자유로운 선택 대신 형식적 절차를 거쳐 이승만과 김일성을 대리자로 내세웠다. 그 과정에서 이승만과 김일성은 민족의 이익보다 자신의 권력욕을 불태우며 서둘러 분단국가를 수립하는 원죄를 저질렀다.[9]

역사의 기록은 역사가의 관점에 따라서 상이할 수 있다. 구교형의 경우 이승만과 김일에게 원죄라는 표현을 사용할 정도이다. 그의 사관에 동의하지 않더라도, 이스라엘 역사와 대비해서 행방 이후 남과 북의 분단을 살펴보면 지도자들의 과오를 지적하지 않을 수 없다. 또한, 남북분단의 과정에서 우리 민족의 의견은 반영되지 않은 채 외부 세력에 의해서 주도되었다는 아쉬움이 크다.

1950년 6월 25일 북한의 남침으로 동족상잔의 비극인 6.25 전쟁이 일어났다. 1953년 7월 27일 정전 협상의 결과 3년 1개월 동안 계속된 전쟁은 끝이 났지만, 종전이 아니라 휴전으로 마무리되면서 한반도는 영구한 평화가 아니라 현재까지 휴전상태를 지속하고 있다. 열강들이 대치하는 한반도의 지정학적 위치로 인해서 남과 북의 주체적인 통일이나 화해를 위한 협상이 이뤄지지 못하고, 주변 국가들의 이해관계 속에서 남과 북이 대치하는 것이 현재 우리의 현실이다. 게다가 남과 북이 분단될 당시에 민주주의와 공산주의라는 이념적 갈등은 이데올로기 시대가 끝이 난 지금까지 남한과 북한의 갈등과 분열에

---

9 구교형, 『뜻으로 본 통일 한국』(서울: 한국기독학생회출판부, 2014), 38.

저해요소가 되고 있다.

그동안 남북화해와 공존을 위한 시도가 있었다. 1972년 7.4 남북 공동성명은 한반도에 평화를 가져오려는 남과 북의 첫 번째 노력이었다. 당시 남과 북은 자주, 평화, 민족 대단결이라는 3대 목표를 정하고 한반도 평화 선언을 했다. 명분은 훌륭했지만 미흡한 후속 조치로 공동성명의 정신은 상실되었다. 1988년 서울 올림픽 이후 수차례의 남북고위급 회담을 통해서 1991년 12월 "남북 사이의 화해와 불가침 및 교류, 협력에 관한 기본합의서"가 체결되었지만 큰 효력을 발휘하지 못했다. 1990년 초반 남·북 모두 유엔에 가입하고, 2000년 6월 남한의 김대중 대통령과 북한의 김정일 주석 사이에 첫 정상회담이 개최되고 6.15 남북공동선언을 채택했다. 개성공단과 금강산 관광의 길이 열리는 등 남과 북의 경제 문화 교류가 활성화되는 듯했지만, 제2연평해전, 천안함 사건, 북한의 핵무기 개발, 최근의 휴전선 폭발사건 등에서 알 수 있듯이 남과 북 화해의 길은 점점 멀어지는 느낌이다. 그럼에도 불구하고 "통일대박"이라는 말이 등장했듯이 한반도의 화해와 통일은 분명히 다가올 것이라는 분위기가 점점 무르익어 가는 것도 사실이다.

2. 유다와 사마리아의 갈등과 한반도

성경이 전하는 이스라엘의 역사와 한반도의 역사에 유사점이 있는 것은 사실이다. 따라서 솔로몬 사후에 남유다와 북이스라엘로 분열된 후 천여 년 이상을 계속되어온 유다와 사마리아의 갈등이 한반도에 주는 교훈이 있을 것이다. 물론 수천 년 전에 그것도 팔레스타인 지역에서 있었던 남북분열의 역사를 21세기 한반도의 역사에 적용한다는 것에 무리가 있다. 그럼에도 불구하고 "성경으로 내다보는 한반도의 통일"이라는 광복 70주년 통일 심포지엄 주제에 맞춰서 이스라엘의 분열과 갈등이 우리에게 주는 교훈을 생각해보고자 한다.

이스라엘이 남과 북으로 분열된 것은 솔로몬이 북쪽 열 지파를 부역에 동원하는 등 차별대우한 것이 발단이었다. 심하게 표현하면 북쪽 지파들을 학대하면서 시작되었다. 솔로몬의 후계자 르호보암이 솔로몬의 차별정책을 그대로 계승한다. 당시에 북쪽 지파의 대표로서 부역에 참여했던 여로보암이 르호보암을 찾아와서 부역의 고충을 덜어주면 유다 출신 르호보암에 협력하겠다고 제의했지만, 르호보암은 아버지 솔로몬보다 더욱 심한 정책을 펴면서 남과 북으로 갈라지는 실제적 원인을 제공했다. 물론 북쪽을 대표하는 여로보암도 올바른 사람은 아니었다. 성경은 여로보암의 죄로 인해서 북이스라엘이 멸망했다고 말한다. 하지만 남과 북으로 갈라진 원인을 제공하고 그것을 실행한 사람은 솔로몬과 르호보암이었다. 부자가 현명하게 행하지 못함으로 남과 북으로 분단되고 통일을 성취하지 못한 채 이스라엘이 멸망하는 비극의 단초를 제공했다. 지도자들의 현명한 판단이 민족과 국가의 미래를 좌우한다는 교훈을 얻는다.

한반도는 외부 세력에 의해서 남과 북으로 나뉘었다. 5년 신탁통치를 결정할 때도 대한민국 임시정부나 국민의 의견은 반영되지 않았다. 2차 세계대전이 끝났지만, 전쟁의 여파가 한반도에 그대로 임한 것이다. 그런 점에서 자국 내의 갈등으로 인해서 남과 북이 분열된 이스라엘과 외세의 영향으로 38선 이남과 이북으로 분열된 한반도의 상황은 엄연히 구별된다. 하지만 앞에서 밝혔듯이, 외세의 영향으로 남북분단이 이뤄지는 과정에서 지도자들이 합심해서 현명하게 대처했으면 좋았겠다는 아쉬움이 남는다. 역시 지도자들이 중요하다.

물론 꼭 일치하지 않지만 유사한 점도 있다. 이스라엘이 남과 북으로 분열되면서 북이스라엘은 사마리아를 거점도시로, 남유다는 예루살렘을 수도로 삼았다. 사마리아는 아시리아에 멸망하기 이전부터 우상숭배의 온상지가 되었다. 자신들만의 성소인 벧엘과 단을 만들고 사마리아만의 야훼종교를 만들어갔지만, 혼합주의와 우상숭배 속에서 하나님 백성의 정체성을 상실해 갔다. 이에 비하면 남유다는 상대적으로 야훼신앙을 충실하게 보전했다. 북이스라엘과 남유다가 야훼종교를 중심으로 차별화되었다면, 한반도는 공산주의와 민주주의라는 이념으로 차별화되었다. 북이스라엘이 사마리아를 중심으로 자신들만의 역사와 전통을 만들어서 정통이라고 주장하듯이, 김일성으로 시작된 북한 정권도 자신들이 한반도에서 정통국가임을 주장한다. 민주주의와 평화통일을 내세우는 대한민국이 정통성을 주장하는 것은 당연하다. 하여튼 남과 북이 서로 정통성 주장을 하는 것은 남·북 이스라엘의 역사와 같다.

남과 북이 좀처럼 화해하지 못하고 갈등, 다툼, 분열의 과정을 겪는 것도 비슷하다. 북이스라엘은 남유다에게 큰 부담이었다. 오므리 왕조처럼 북이스라엘이 남유다에 비해서 강성한 적도 있지만, 그 외에는 남유다의 국력이 강했다. 따라서 사마리아가 먼저 외세의 침입을 많이 받았고 그것이 남유다의 침공으로 이어지곤 했다. 주전 722년 북이스라엘이 아시리아에 멸망한 후에 남유다의 히스기야 왕이 아시리아의 위협을 받은 것이 대표적이다. 외세의 영향을 받은 것 역시 한반도와 고대 이스라엘 간의 유사점이다.

앞에서 살펴보았듯이 포로기 이후, 예루살렘 성전과 성곽을 재건축하는 과정에서 남과 북은 심하게 갈등했다. 유다 사람들은 사마리아 사람들을 업신여겼고, 사마리아 사람들은 페르시아 권력에 호소하는 등 무력으로 유다를 저지했다. 유다와 사마리아의 갈등은 구약시대를 이어 신구약 중간기 시대와 신약시대까지 계속되었다. 이스라엘 역사에서 남유다와 북사마리아의 갈등은 주후 70년 로마에 대항하던 유다 군대가 패배하고 모두 디아스포라의 신세가 되면서 끝이 난다.

한반도에서 갈등과 다툼도 끊이지 않고 있다. 남·북 정부의 화해와 협력이 시도되지만, 약속은 지켜지지 않는다. 현재는 이념의 갈등이 아니라 3대를 세습한 북한의 독재정권과 대한민국 정부 사이에 각자의 정권을 유지하기 위한 도구로 한반도의 분할이 이용되기도 한다. 최근 들어서 동북아의 정세가 급변하고 있지만, 얼마 전까지 북한은 러시아와 중국, 대한민국은 미국과 일본 간에 동맹 체제를 결성했었다. 마치 구약시대에 북이스라엘이 시리아와 연합군을 결성했던 것을 연상시킨다. 요세푸스의 유대사에서 보았듯이 로마 식민통치하에서 자신들의 문제를 로마 행정장관과 황제에게 가져간 것처럼 한반도 역시 자주적인 화해와 문제 해결 능력이 결여된 것도 유사점이다.

지속적인 분열과 갈등은 민족의 화해와 통일에 치명적이다. 자주적인 대화와 화해 노력 없이 외세에 의존하거나 외세의 간섭과 방해를 받는 것 역시 통일을 저해함을 유다와 사마리아의 역사를 통해서 배운다. 종교와 같은 이데올로기가 개입되면 화해의 길은 더욱 멀어진다. 대화, 양보, 자주적인 노력, 지도자들의 솔선이 요청된다.

3. 통일의 길

포로기 이후 남유다와 북이스라엘은 결국 화해와 통일을 이루지 못하고 역사 속에서 사라졌다. 사마리아 사람들은 자신들이 모세의 후손들이라고 부르면서 모세오경을 개작한 사마리아 오경을 만들었고, 예루살렘이 아닌 그림신산에서 야훼 하나님을 예배했다. 이들도 메시아를 기다렸지만 모세 오경만을 믿었기에 구약시대 예언자들이 알려준 메시아를 믿지 않았다.

고대 사마리아가 위치했던 지역은 이스라엘의 웨스트 뱅크(West Bank)로 추정되고 현재는 팔레스타인에 속해 있지만, 사마리아라는 말은 역사 속에서 사라졌다. 반면에 1948년 유엔과 서방국가들의 지원 속에 시온주의자들이 이스라엘 정부를 수립하면서 현재의 이스라엘이 탄생했다. 일제 강점기는 끝났지만, 한반도는 열강의 틈바구니에서 남과 북으로 갈라졌다. 같은 시간대에 국가 없이 수천 년 동안 디아스포라로 흩어졌던 유대인들은 서방의 도움 속에 통일국가 이스라엘을 세울 수 있었다. 사마리아는 역사 속에서 찾아볼 수 없게 되었다. 역사의 아이러니들이다.

신약성경은 실제 역사와 다른 이야기를 전하고 있다. 포로기 이후 갈등의 골이 깊어졌던 사마리아에 복음이 들어간 것이다. 요세푸스의 역사서에서 볼 수 있듯이 한쪽에서는 죽이고, 약탈하고 복수하고, 로마 정권에 아부하면서 자신들의 기득권을 확보하려는 시도들이 계속되고 있었지만, 성경의 기록은 사마리아에 교회가 세워지는 것을 전하고 있다. 예수님께서 사마리아 수가성에 가서서 남편이 다섯이나 있을 정도로 행동거지가 순결하지 못한 여인에게 자신이 메시아이심을 보여주셨다. 한 사람이 변화되면서 수가성 사람들이 예수님을 메시아로 인정하고 하나님을 찬양하는 사건이 일어났다. 하나님의 아들 예수 그리스도께서 이틀을 머무셨음은 사마리아에도 하나님 나라 복음이 임했고, 사마리아 사람들도 하나님의 백성임을 선포한 행동이셨다. 예수 그리스도로 인해서, 예수 그리스도의 복음 속에서 성취된 화해를 보여주고 예고하는 역사의 스냅 사진이다.

부활하신 예수님께서 승천하시면서 제자들에게 예루살렘과 유대는 물론 사마리아에 가서도 증인이 되라고 말씀하신 것도 주목해야 한다. 성령이 임할 때 가능한 일이었다. 사도행전 8장에서 살펴보았듯이 예수님의 열두제자 가운데 한 명인 빌립이 사마리아에 가서 복음을 전했다. 사마리아 사람들도 복음을 듣고 기뻐했다. 베드로를 통해서 사마리아에도 성령이 임했다. 훗날 바울은 사마리아 교회에 가서 자신의 이방인 선교 보고를 했다. 유다와 사마리아의 갈등이 여전했을 때, 예수님은 사마리아를 찾아가셨고, 제자들을 통해서 성령이 임하고 교회가 세워지면서 사마리아가 예수 그리스도의 복음으로 하나님 나라에 통합되었다.

요세푸스는 사마리아와 유다의 관계를 갈등의 역사로 기록되었지만, 신약성경은 화해와 일치의 사건으로 기록했다. 성육신하신 예수 그리스도께서 사마리아에 가시니 사마리아에 하나님 나라가 임했기 때문이다. 하나 되게 하시는 성령의 능력을 힘입은 빌립이 사마리아에서 복음을 전하였을 때 그곳에 성령의 임재와 하나님의 교회가 세워졌다. 물리적인 화해와 통일 없이 유다와 사마리아는 역사 속에서 사라졌지만, 예수님과 제자들을 통해서 영적인 통일이 사마리아 땅에서 이루어진 것이다.

현재 대한민국과 해외에 거주하는 이민교회들이 한반도 통일을 위해서 기도하고 있다. 특히 미주에 있는 교회들은 시민권이라는 수단을 힘입어서 북한방문과 선교, 교류에 앞장서왔다. 예수님께서 머무셨던 사마리아 수가성과 빌립이 복음을 전한 사마리아 마을을 비롯해서 사마리아 땅에 교회가 세워졌듯이, 북한에도 한반도 복음의 산실인 평양은 물론 공산치하 속에서도 목숨 걸고 신앙을 지킨 그리스도인들이 남아있다. 이들이 대한민국 통일의 영적 자원이 되지 않을까! 교회와 선교사들이 복음을 들고 북한을 왕래하는 것을 보면 이미 통일은 시작되었다. 하나님께서 통일의 사명을 교회에 주셨음을 성경을 통해서 배운다.

결론

통일이 어느 날 갑자기 다가올 것이라는 주장이 여기저기서 제기되고 있다. 남과 북이 하나가 되어서 65년 동안 헤어져 살던 이산가족들이 얼싸안고 춤을 추고, 한반도에 복음의 물결이 흘러넘치는 통일 한마당을 눈에 그려본다. 유다와 사마리아는 실제적으로 통일을 이루지 못한 채 갈등과 다툼을 일삼다가 역사 속에서 사라졌지만, 한반도의 남과 북은 화해와 일치, 무엇보다 하나 되게 하시는 성령의 인도에 힘입어 통일을 성취하길 바란다. 민족통일에 국내와 해외의 모든 그리스도인과 교회가 십자가를 지고, 예수 그리스도의 복음을 들고 앞장서 나가야 할 것이다. 사마리아를 마다하지 않으시고 찾아가신 예수님과 제자들이 지금 우리에게 주는 산 교훈에 귀를 기울여야 할 때이다.

참고문헌

성경전서. 표준새번역, 서울: 대한성경공회, 1993.

구교형. 『뜻으로 본 통일한국』. 서울: 한국기독학생출판부, 2014.

Josephus, Flavius. *The Works of Josephus: Completed and Unabridged*. Translated by William
      Whiston. Peabody, Mass.: Hendrickson, 1995.

Bruce, F.F. *The Gospel of John: Introduction, Exposition and Notes*. Grand Rapids, Mich.: William
      B. Eerdamans, 1983.

For the Reunification of the Korean Peninsula:
Lessons from the Conflicts between Judah and Samaria during the 5th century BC through 70 C.E.

S. Y. Ha

Introduction

It has been seventy years since Korea was liberated from the 36 year-Japanese colonial rule in 1945. It means the Korean peninsula has been divided by the North and the South for the past seventy years. The reunification of the Korean peninsula is the long-cherished wish of our people, though it is still uncertain when that wish will be fulfilled. Nevertheless, we still believe that the Korean peninsula will be reunited in the near future.

As the Korean peninsula is divided by the North and the South, ancient Israel was also separated by Samaria in the North and Judah in the South. The division started from the reign of Rehoboam, Solomon's son, and continued through the destruction of North Israel by Assyria in 722 BC However, ethnic conflict between the two peoples has continued throughout the history of Israel and Judah, even until 70 C.E. when the Jerusalem temple was destroyed by the Roman Empire.

This paper will pursue the lessons given by the conflict between Judah and Samaria for the reconciliation of the Korean peninsula. Giventhe time gap between Korea and ancient Israel, the comparative research has some limitations. The resources about Judah and Samaria area also limited. The biblical accounts

For the Reunification of the Korean Peninsula _ S. Y. Ha | 271 and other extra-biblical sources, such as the historical writings of Flavius Josephus, are among the few resources available to us. At the same time, the situation of the Korean peninsula is more complex than the situation that prompted the division in ancient Israel. Nevertheless, the division and conflicts of Judah and Samaria still provide insight on how the Korean peninsula can be reconciled. In particular, some passages in the New Testament give us good clues as to how to bring about reconciliation in the Korean peninsula in a biblical way.

1. Conflict between Judah and Samaria

The conflict between Judah and Samaria goes back to King Solomon's era. Solomon brought the house of Joseph, one of the Northern tribes, to forced labor under the supervision of Jeroboam. When Solomon's son Rehoboam became a king, the Northern tribes led by Jeroboam asked Rehoboam to reduce their forced labor. But Rehoboam, following the ill-advised counsel of others, said the following to Jeroboam and the Northern tribes:

He [Rehoboam] spoke to them according to the counsel of the young men, saying, "My father made your yoke heavy, but I will add to your yoke. My father disciplined you with whips, but I will discipline you with scorpions." (1Kings 12:14 ESV)

In response, Jeroboam returned north and established the northern kingdom against the southern kingdom led by king Rehoboam. This northern kingdom was called Israel, butafter they built their capital city in Samaria, it was then called Samaria.

During the period of the divided kingdom of Judah and Samaria, thenorth and south had some battles against each other, but they still sometimes cooperated against a common enemy. The real conflict between Judah and Samaria began after the destruction of the northern kingdom by Assyria in 722 BC The Assyrian kings moved their people to colonize Samaria, and the people of Samaria were de-ported to other regions. Samaria was rebuilt by Assyrian kings and became an in-ternational city. With the settlement of foreign people in Samaria, foreign reli-gions were introduced to the region. According to 1 Kings 17:29, Samaria shows the syncretism of religious belief: "But every nation still made gods of its own and put them in the shrines of the high places that the Samaritans had made, every na-tion the cities in which they lived. (2Kings 17:29).

After the destruction of Samaria and the mix with foreign people, Judah did not regard Samaria as the same people worshipping Yahweh. The southern kingdom Judah was also destroyed by Babylonia in 586 BC They had been in exile for 70 years in Babylon, until King Cyrus of Persia, who later occupied Babylon and built the Persian Empire, proclaimed a decree of allowance for the exiled Israelites to return to Jerusalem.

When the exiled people returned to Jerusalem, they started to rebuild the tem-ple and restore the city to its former state. Samaritan people wanted to participate in the restoration works, but the people of Judah rejected them because they con-sidered the Samaritans to be impure Yahweh believers. Thus, the people of Samaria interrupted the restoration of the temple and the city wall. From then on, Judah and Samaria became enemies throughout the second temple period.

The Jewish historian Flavius Josephus (37-100 C.E.) wrote the historical book, *Jewish Antiquities*, in which he recounts Israel's history from the biblical times to the Roman period toward the destruction of Jerusalem temple in 70 C.E. While Josephus wrote his historical book in favor of Judah's perspective, he still makes some interesting points regarding the conflict between Judah and Samaria during the so-called Second Temple period.

During that period, Samaria built the temple upon Mount Gerizim and revised Moses'Pentateuch in accordance with their belief system. We call their canon 'Samaritan Pentateuch.' According to Josephus, Samaritan people accepted Judeans when they fled to their territory as follows:

"Now when Alexander was dead, the government was parted among his successors; but the temple upon Mount Gerizzim remained: and if anyone were accused by those of Jerusalem of having eaten things common, or of having broken the Sabbath, or of any other crime of the like nature, he fled away to the Shechemites, and said that he was accused unjustly." (*Jewish Antiquities*, 11-346-347)

Under the Roman rule, Judah became a major power, while Samaria fell to one of the tribes dwelling between Jerusalem and Galilee. The conflicts between Judah and Samaria continued throughout the New Testament. The Judeans did not go into the territory of Samaria, usually making long detours through the wilderness so that they will not have to pass through the Samaritan region.

2. Lessons from the relationship between Judah and Samaria to the Korean peninsula

The Korean peninsula was divided by the North and the South right after the liberation of Korea from Japanese colonization in 1945. The Korean people could not participate in the procedure of the division by 38th parallel because the representatives of the United States and the Soviet Union made a decision for the separation of the Korean peninsula. The South became the democratic state, while the North Korea became the communist state. In 1950, the Korean War broke out on the peninsula. The separation of two nations further intensified after Korean War. Even with both nations sometimes practicing peaceful agreements, tensions still remain high with the threat of war looming on the horizon.

While the comparative research has some limitations, we can still learn valuable lessons from the conflict between Judah and Samaria when dealing with the current North and South divide in Korea.

During the period of the New Testament, Judah and Samaria were still in dispute and avoided each other. According to the New Testament, Jesus visited a city in Samaria and talked with a woman there. Even though she had five ex-husbands and was shunned even among the Samaritan community, she expected the Messiah. Jesus revealed himself to her, teaching her that true worship does not depend on the place of worship, such as Jerusalem or Mt. Gerazim, but rather on to whom they worship with the right heart:

> But the hour is coming, and is now here, when the true worshipers will worship the Father in spirit and truth, for the Father is seeking such people to worship him. God is spirit, and those who worship him must worship in spirit and truth(John 4:23-24).

As Jesus promised, the Holy Spirit came upon the apostles and Jerusalem became a city of Gospel. But when persecution came upon the Jerusalem church, the disciples scattered from Jerusalem to other places. One of the disciples, Phillip, went to Samaria and preached the gospel there as Jesus said: "you will receive power when the Holy Spirit has come upon you, and you will be my witnesses in Jerusalem and in all Judea and Samaria, and to the end of the earth." (Act 1:8)

We can learn from this account of Jesus and his disciples. They first visited Samaria with the gospel when both parties were still in dispute. Korean churches, both in Korea and abroad, need to lead the reconciliation efforts between two nations on the Korean peninsula. We believe the gospel of peace has an achieving power for the reconciliation and reunification on the Korean peninsula.

Conclusion

The reunification of the Korean peninsula will come. On that day, all Korean people will dance together and celebrate the reunification all over the peninsula. The separated families during the last 65 years will finally be able to live together.

Although Judah and Samaria did not achieve full reconciliation, I hope the Korean peninsula can do it under the guidance of the Holy Spirit and the power of the gospel following the examples of Jesus and his disciples in the New Testament. All of the churches in Korea and abroad have to realize that they have not only a duty to achieve the reconciliation of the peninsular with the gospel of Jesus but also a privilege to enjoy reunification of the Korean peninsula on that day.

제3강

존 웨슬리의 희년경제윤리에서 본 남북통일운동

김홍기
전 감리교신학대학교 총장

서론: 문제제기 및 지금까지의 선 연구

유석렬 박사는 그의 저서 『대망의 민족통일 도적같이 오리니』에서 서독 총리 빌리 브란트(Billy Brandt)의 말을 인용하면서 한반도의 통일도 독일처럼 도적같이 온다고 강조하였다.

그렇다. 동·서독의 통일은 아무도 예측하지 못한 1990년 10월 3일 불현듯 찾아왔다. 독일이 통일되기 전인 1989년 10월 3일 빌리 브란트 전 서독 총리가 한국을 방문했다. 그는 연설에서 "독일보다 한반도 통일이 먼저 될 것이다. 독일의 통일은 10년 후쯤이나 이야기가 시작될 것이다"라고 말했다.[1]

그러나 브란트 총리의 서울강연이 있은 지 보름 만에 베를린 장벽이 무너졌고, 일 년 만에 독일통일이 이루어졌다고 유석렬 박사는 주장한다.[2]

---

1 유석렬, 『대망의 민족통일 도적같이 오리니』 (서울: 문광서원, 2014), 35.
2 유석렬, 35.

많은 학자는 10년 안에 통일이 온다고 예견하고 있다. 필자도 압록강과 두만강을 사이에 두고 13-15m 밖에 있는 북한 강변을 보면서 10년 안에 통일이 올 것을 믿게 되었다. 우리 일행 여섯 명은 울면서 '엄마야 누나야 강변 살자!'를 부르며 그곳을 여행하였다. 지금은 그 강변에 엄마도 누나도 아무도 없다. 그러나 10년 후에 그 강변에 엄마와 누나가 돌아와 집을 짓고, 밭을 가꾸고, 과수를 심는, 그날이 올 것을 꿈꾸게 되었다.

1995년은 민족분단 50년이 되는 해로써 한국교회협의회와 조선기독교도연맹이 공동으로 희년을 선포하고 민족통일을 이루는 희년운동을 전개했다. 1995년에 통일은 이루어지지 않았다. 올해, 2015년은 하나님의 은혜로 1945년 8.15해방에도 불구하고 남·북이 분단된 지 70년이 되는 해이다. 민족의 이질감이 골 깊게 형성되어 왔기에 앞으로 70년간은 희년운동을 계속 전개하여야 민족 동질성을 회복할 수 있다고 필자는 생각한다.

세계교회협의회(The World Council of Churches: W.C.C.)와 한국교회협의회(The National Council of Churches in Korea: N.C.C.K.)는 북한의 조선그리스도연맹(조그련)과 더불어 남·북의 평화적 통일을 위해 역사적으로 많은 노력을 기울여 왔다.[3] 1984년 10월 일본에서 제1차 도잔소(Do Jan So) 대회를 통해 남과 북 대표들이 W.C.C.의 재정지원을 통하여 화해와 평화의 대화를 전개하였다. 1988년 2월 제2차 스위스 글리온(Glion) 대회를 가졌다. 이때 "민족통일과 평화를 위한 한국기독교회의 선언"을 하였다. 이것이 한국정부의 통일과 평화를 위한 노력에 영향을 미쳤다. 실상 제1차 대회에는 북한 대표들이 참석을 못 하였고, 2차 대회부터 북한 대표들이 참석하게 되었다. 그 외에 3차, 4차 대회를 러시아, 미국 워싱톤 등지에 계속 화해와 평화를 위한 남북대화

---

3 필자의 친형 고 김동완 목사는 8년간의 기독교교회협의회(NCCK) 총무직을 수행하는 동안 4차례 평양을 방문하여 평화적 남북대화를 추진하였다. 김목사의 증언에 의하면 평화적 통일을 위한 남북대화는 두 가지 중요한 원칙이 있어야 한다고 강조하였다. 첫째, 신뢰심이다. 서로 상대방을 굳게 믿어주는 믿음이 대화를 이어가는 중요한 원칙이라는 것이다. 둘째, 자존심이다. 서로 상대방의 자존심을 세워주는 입장에서 대화하는 것이 지속적인 대화의 원동력이 된다는 것이다.

를 가졌다.

통일운동을 존 웨슬리의 경제적 성결운동의 차원에서 보려는 시도는 18세기 영국에서 흑인 노예 해방운동과 산업혁명시대의 세계최초의 노동운동이 웨슬리적 희년의 이상에서 굉장한 영향을 받은 경제적 변혁운동이었기 때문이다. 존 웨슬리의 부흥 운동은 내면적 영적 성화(personal sanctification)를 통한 부흥 운동으로만 끝나지 아니하고 그것이 18세기 영국 사회를 변혁시키는 사회적 성화(social sanctification)운동, 그중에서도 사회적 성화운동은 사회봉사(social service)차원과 사회적 구조 변혁(social transformation)의 차원으로 희년운동을 발전시켰다. 또한, 필자는 그 희년 사회적 성화사상과 운동의 한국적 응용을 시도하여 보고자 한다. 필자는 특히 21세기를 맞이하면서 통일의 역사적 실현을 위해 한국교회가 어떻게 새롭게 갱신되어야 할 지 웨슬리의 사회 성화운동의 조명에서 언급하여 보고자 한다. 오늘의 한국기독교인들과 미주한인기독교인들이 정신을 차리고 바른 경제윤리의식을 갖고 살 때 이 통일의 역사적 과제를 이룩할 수 있다. 물론 여러 가지 복잡한 정치적 상황과 문화적 상황과 사회적 상황을 함께 연결시켜 통일의 역사적 과제를 논의해야 하겠지만, 필자는 본 논문에서는 경제 윤리적 차원에서만 문제를 풀어가려고 한다.

영국의 경제평론가 찰스 핸디(Charles Handy)는 자본주의의 한계를 넘어 성숙한 사회로 가는 길은 공동체의 이익에 봉사하는 민주적 가치관을 지닌 자본주의만이 살아남을 수 있다고 그의 책 헝그리 정신(The Hungry Spirit)에서 강조하였다. 시장, 경쟁 그리고 생산성은 그 자체로는 모두 바람직하지만 의도하지 않았던 부작용을 낳게 되었고, 자본주의는 공산주의 보다 다양한 형태의 여러 사회주의보다 우월성이 증명되었음에도 불구하고 아직까지는 우리의 욕구를 채워주지 못하고 있는데 그 원인이 시장 논리의 한계 때문이라는 것이다. 돈이 중요하지만, 성공의 채점표가 되어서는 안 되고, 돈이 행복의 필요조건은 되지만, 충분조건은 안 되는 데 시장 논리는 그것을 강조했다는 것이다.[4] 시장경제에서 혜택을 못 받는 하부구조에 대해 책임을 지는 훈련이

필요하다. 핸디는 무관심과 냉소주의는 민주주의의 무서운 적이라고 비판한다.[5]

결국, 한국 사회가 IMF 위기를 맞이한 것도 바로 자신에 대한 이기적 관심은 지나친 반면, 타인을 필요로 하는 인식과 타인에 대해 책임을 느끼는 인식의 부족 때문이라고 볼 수 있다. 핸디가 주장하는 올바른 이기주의, 곧 경제적 자유를 누리면서도 타인에 대한 책임을 느끼며 재분배하고 나누어 주고 더불어 사는 평등운동을 게을리하지 않는 것이 우리에게 요청되고 있다. 20세기 초 미국의 경제공항의 위기를 극복하기 위해서 라인홀드 니버 (Reinhold Niebuhr)는 책임적 자아(responsible self)가 책임적 사회(responsible society)를 만드는 운동이 필요하다고 강조한 것처럼 오늘의 한국경제 상황에서도 책임적 자아운동과 책임적 사회건설운동이 요청된다고 할 수 있다.

서울대학교 송병락 교수는 최근 저서 『자본주의의 웃음과 자본주의의 눈물』에서 한국의 IMF 위기를 집중적으로 분석한다. 송 교수는 한국인들이 자본주의의 정신을 순수하게 제대로 인지하지 못하였음에 문제가 있다고 지적한다.

> 자본주의라고 하면 많은 사람이 수단 방법을 가리지 않고 돈을 긁어모으는 것을 장려하는 주의로 생각한다. 그러나 이것이야말로 잘못된 생각이다. 자본주의란 무엇보다 우리의 일상생활에서 거품을 빼고, 알뜰하게 저축하여 모은 돈으로 일자리를 더 많이 만들고, 좋은 제품을 더 많이 생산하여 더 윤택케 하는 각종 자본시설을 더 많이 건설해야 된다는 주의이다.[6]

한국이 IMF 경제위기를 맞은 것은 올바른 자본주의 정신으로 살지 못하고 국민 생활에 거품과 낭비가 많아서 저축과 자본 축적이 잘 안 된 데서 기인하였

---

4 찰스 핸디/노혜숙 옮김, 『헝그리 정신』 (서울: 생각의나무, 1998), 25-27.
5 핸디, 256-257.
6 송병락, 『자본주의의 웃음 자본주의의 울음』 (서울: 김영사, 1998), 234.

다는 것이다. 송 교수는 돈을 쓰는 데 있어서 조금도 거품이 생기지 않도록 많이 아껴 많이 저축해야 하고 저축한 돈은 다시 생산적인 투자가 되도록 하여 한국인의 생활을 윤택하게 할 수 있게 해야 하며, 또한 올바른 자본주의 정신은 개인의 능력개발은 남에게 도움이 되는 일을 할 수 있는 방향으로 해야 하고, 재산은 반드시 남에게 도움이 되는 일을 열심히 한 노력의 대가로 받은 것이어야 한다고 강조한다.[7]

한국 사회의 문제는 남에게 도움이 되는 일을 통해 돈을 벌려고 하지 않고 남에게 해를 끼쳐서 부정한 방법으로 돈을 벌려고 한 것에 있다. 그리고 송 교수는 이웃을 사랑하고 돌보는 박애주의의 건전한 윤리의식으로 회개하여 새사람으로 태어나는 거듭남의 운동이 필요함을 역설한다.[8] 바로 이 점에서 한국기독교가 건전한 신앙운동과 윤리운동을 일으켜 한국을 건전한 경제윤리의 사회로 만들고, 통일된 사회를 만들어야 할 중요한 책임이 있음을 느끼게 한다.

유석렬 박사도 1천만을 헤아리는 기독교가 한국 사회의 제일 큰 단일세력인데 기독교가 손해를 볼 줄 아는 의식을 가져야 통일에 기여할 수 있다고 강조한다.

기독교는 민족의 복음화와 통일을 목표로 하기 때문에 정치나 경제적 측면에서는 손해 볼 줄 알아야 한다. 북한 주민들을 직접, 간접적으로 접촉의 기회를 확대하고 손해 보는 봉사를 통해 여리고성과 같은 난공불락의 성이 주님의 품으로 떨어져 들어오도록 적극적인 대북선교와 민족통일의 기반을 이뤄내야 한다.[9]

바로 이런 의미에서도 웨슬리의 경제윤리의식을 배우고 그것을 실천하는 나눔 운동으로 한국교회가 깨어 일어나야 할 것이다. 필자의 졸서『존 웨슬리의 경제윤리』(대한기독교서회)를 보수적인 교회나 진보적인 교회나 기독교 실업

---

7 송병락, 236.
8 송병락, 197.
9 유석렬, 39.

인회나 기독교인 경제학 교수 혹은 경영학 교수 모임에서 발제하였는데, 이구동성으로 웨슬리의 경제윤리로 한국교회가 거듭나야 하고 그런 경제윤리로 통일의 문을 열 수 있다고 응답하였다. 그래서 본 논문에서는 한국교회가 웨슬리 당시의 초기 메도디스트 운동처럼 더불어 나누어 먹고 더불어 섬기는 희년경제윤리와 사회적 성화의 구체적 실천방안으로 사회봉사와 사회변혁운동을 통하여 사회복지의 희년 사회건설에 앞장서야 한다는 것을 강조하고 그러한 사회적 성화 중심의 교회가 되기 위한 한국교회의 개혁을 제안하여 보고자 한다.

이렇게 웨슬리의 메도디스트 운동을 사회적 성화운동 내지 희년운동으로 해석한 많은 학자의 공헌을 말하지 않을 수 없다. 불란서 역사가 할레비(Elie Halevy)는 웨슬리와 메도디스트 들의 사회적 영향력으로 영국이 불란서 같은 피의 혁명으로부터 보호받을 수 있었다는 중요한 이론을 전개하였다.[10] 이러한 할레비의 논리를 발전시켜 시카고대학교 역사학 교수였던 셈멜(Bernard Semmel)은 메도디스트 운동을 사회혁명(Methodist revolution)으로 해석하였다.[11] 아우틀러(Albert Outler)는 웨슬리에게 있어서 기독교 공동체는 사회개혁에 헌신해야 함을, 신앙의 본질은 내면적이지만(the essence of faith is inward) 신앙의 증거는 사회적(the evidence of faith is social)이라는 건전한 복음주의(healthy evangelism)를 강조하였다고 해석한다.[12] 런연은(Theodore Runyon)은 1977년 여름에 옥스퍼드 대학교 링컨대학(Lincoln College, Oxford)에서 개최된 제6차 옥스포드 세계감리교신학자대회에서 발표된 논문들을 모아 『성화와 해방』(Sanctification and Liberation)이란 제하의 책을 편집 출판하였다.

---

10 Elie Halevy는 그의 두 권의 책들을 통해 이 문제를 취급하고 있다. *The Birth of Methodism in England*. Tr. and Ed. Bernard Semmel (Chicago: University of Chicago Press, 1971)와 *England in 1815*. Tr. E.I. Watkin and D.A. Barker (London: Ernest Benn, 1961).

11 Semmel은 할레비의 이론을 그의 책 *The Methodist Revolution* (New York: Basic Books, 1973)에서 발전시키고 있다.

12 Albert Outler, *Evangelism in Wesleyan Spirit,* (Nashville: Tidings, 1971), 25.

필자는 웨슬리의 성화신학은 개인 구원에 관심을 갖는 한국 개신교 주류의 경건주의와 사회 구원에 관심을 갖는 민중신학 사이에서 에큐메니칼적 대화를 여는 다리 역할을 할 수 있다. 이런 웨슬리를 통한 대화는 민중신학으로 하여금 개인적 성화를 향하여 마음을 열게 하고, 한국의 보수적 경건주의로 하여금 사회적 성화를 향하여 마음을 열게 할 수 있다. 이런 차원에서 웨슬리의 성화 신학은 한국의 진보 진영과 보수 진영 사이에 에큐메니칼적 대화를 발전시키는 데 크게 기여할 수 있다. 이러한 웨슬리신학의 새로운 해석의 조명에서 필자는 그의 희년사상을 한국적 상황에서 재해석하는『존 웨슬리의 경제윤리』를 저술하게 되었고, 그러한 희년사상의 개념에서 통일의 실현을 위해 새로운 문제제기를 하기에 이르렀다.

특별히 이러한 웨슬리의 경제윤리문제에 관하여는 최근에 많은 연구가 쏟아져 나오게 되었다. 제닝스(Theodore Jennings)는 그의 책『가난한 자를 위한 복음』(Good News to the Poor)에서 웨슬리의 경제윤리는 복음적 경제윤리로서 그 핵심이 청지기 정신에 있다고 해석한다.[13] 웨슬리는 루터의 두 왕국론과 다르게 종교와 세속을 구분하지 않고 회심과 성결은 세속제도의 변혁을 일으키고, 나아가 민족 생활과 지구 생활의 변혁을 일으키며, 크리스찬은 부의 축적에 의해 경제활동에 관여할 수 없다고 강조하고, 그의 청지기의식은 자본주의 시장경제에 대한 도전적 해석으로 등장하게 되었고, 개신교를 자본주의의 보루와 옹호자(Bulwark)로 생각하는 사람들에게 큰 놀라움이 되게 되었다고 제닝스는 지적한다.[14]

믹스(Douglas Meeks)도 최근 연구논문 "성화와 경제"(Sanctification and Economy)에서 청지기 경제윤리를 소개하고 있다.[15] 믹스는 제7차 옥스퍼드

---

13 Theodore W. Jennings, *Good News to the Poor* (Nashville: Abingdon Press, 1990), 97-118.

14 Theodore W. Jennings, Jr., *Good News to the Poor- John Wesley's Evangelical Economics* (Nashville: Abingdon Press, 1990), 97-99.

15 Douglas Meeks, "Sanctification and Economy: A Wesleyan Perspective on Stewardship," *Rethinking Wesley's Theology* (Nashville: Kingswood Books, 1998),

감리교신학자대회의 여러 메도디스트 학자들의 웨슬리 경제윤리에 관한 논문들을 모아서 『가난한 자의 몫』(The Portion of the Poor)—웨슬리 전통에서 본 가난한 자를 위한 복음—을 편집 출판하기에 이르렀고, 『하느님의 경제학』(God the Economist)이란 책을 저술하기도 하였다. 그는 본 저서에서 삼위일체 하느님의 개념을 사회공동체적으로 해석한다. 사회공동체적인 삼위일체 하느님은 절대적 사유재산 소유자로서 예배 되지 않는다.[16] 믹스는 카파도키아학파의 삼위일체의 상호적 공동내재성(perichoresis)개념을 발전시켜서, 삼위는 셋이 서로 함께 서로를 위하여 서로 안에 임재함으로써, 상호 간 헌신의 관계를 갖고 절대적 배타적 권리가 없이 모든 것을 공유한다고 해석한다.[17] 따라서 이러한 삼위일체 하느님의 소유양식은 자기 소유에 근거를 두지 않고 오히려 십자가 사건에서 가장 드라마틱하게 보여주신 것처럼 자기를 내어주는 것이다. 하느님은 피조물과 더불어 나누고, 줌으로써 소유한다.[18] 따라서 믹스는 그러한 삼위일체 하느님을 믿는 백성들도 나눔과 줌으로써 소유해야 함을 강조한다. 또한, 신명기에 나타난 십일조 정신은 제사장과 레위인을 먹여 살리는 종교체제유지만을 위하는 것이라는 현대교회의 해석을 뒤집어 가난한 과부와 고아와 나그네를 위해 나누어 주어야 함도 의미한다고 해석한다.

더욱 나아가서 믹스는 하느님의 경제를 본받아 성도들이 하느님으로부터 받은 은사와 선물을 우리의 이웃들에게 되돌려 주는 것이 성화라고 해석한다. 1998년 10월 20일(화) 오전 11:00-오후 13:00까지 서울 감리교신학대학교대학원에서 행한 "God and the Economy of Gift in Wesley's Theology"이란 제목의 강연에서도 역시 카파도키아학파의 공동체적 삼위일체론(perichoresis)을 끌어들이면서 내재적 삼위일체론에 있어서나 경세적 삼위일체론에 있어서

83-98.
16 더그라스 믹스/홍근수 · 이승무 옮김, 『하느님의 경제학』 (서울, 도서출판 한울, 1998), 145-146.
17 더그라스 믹스, 『하느님의 경제학』, 146-147.
18 더글라스 믹스, 『하느님의 경제학』, 149-150.

나 성령의 역사는 하나님의 은사를 되돌려 드리는 것이라고 강조하였다.[19] 또는 웨슬리에게 있어서 성결(holiness)은 하나님의 사랑의 은사를 되돌려 주는 정의 안에서 사랑의 실천을 의미한다고 해석하였다.[20] 그리고 우리에게 은혜로 베풀어 주신 모든 물질적 축복과 은사들을 다시 우리의 가난한 이웃들에게 되돌려 주는 것이 웨슬리 성화론의 핵심임을 다음과 같이 주장한다: "웨슬리의 모든 신학은 하나님의 성화케하는 은사 때문에 그 계명을 심각하게 지키는 영적 훈련(spiritual exercise)이다. 성화는 하느님이 우리에게 베푸신 은사를 하느님께 돌려 드리는 것이다."[21] 이렇게 시장의 논리를 반대하면서 은사의 논리를 웨슬리신학의 시각에서 전개한다.

또한, 독일 웨슬리 학자 마르크바르트(Manfred Marquardt)가 『존 웨슬리의 사회윤리』(John Wesley's Social Ethics)를 저술하면서 그의 경제윤리가 어떻게 영국 사회에 영향을 미치고 있는지를 소개하고 있다. 웨슬리의 설교와 논문들 속에 나타난 경제윤리는 종교적 차원을 넘어서서 영국의 경제와 정치의 발전에 큰 영향을 미쳤음을 마르크바르트는 강조한다.[22]

필자도 이러한 새로운 웨슬리의 경제윤리 해석의 노력에 동참하는 신학적 시각으로 본 연구에 임하게 되었다. 그러나 필자의 학문적인 독창적 공헌이라면 지금까지 어떠한 유럽과 미국의 웨슬리 학자들 중 아무도 웨슬리를 희년과 희년경제와 연결시켜 해석하지 않았다는 점에서 그 새로운 해석의 시도라는 점이다. 그리고 이 희년경제를 한국의 통일운동 상황으로 끌어들여 재해석하였다는 점에서 새로운 학문적 시도이다.

---

19 Douglas Meeks, "God and the Economy of Gift in Wesley's Theology," (Lecture at Methodist Theological Seminary in Seoul, Oct. 20, 1998), 9.
20 Meeks, "God and the Economy of Gift...," 9.
21 Meeks, "God and Economy of Gift...," 9.
22 Manfred Marquart, John Wesley's Social Ethics (Nashville: Abingdon Press, 1992), 35.

I. 존 웨슬리 희년경제윤리의 신학적 근거

1. 화해와 성결

웨슬리의 구원론의 핵심은 성화다. 회개는 종교의 현관(porch)이요, 믿음이 종교의 문(door)이라면 성화는 종교 자체(religion itself)이다.[23] 그런데 이 성화는 개인적일 뿐 아니라 사회적이다. 웨슬리의 개인적 성화는 성결적 요소(holistic factor)로써 히브리어 카도쉬(kadosh)와 희랍어 하기오스($\alpha\gamma\iota o\sigma$)로 표현된다. 곧, 세속성과 죄악성으로부터의 분리(separation)와 성별을 뜻한다. 그것은 외적 행위 죄들(actual sins)뿐 아니라 내적 죄(inner sin)까지도 사함 받는 죄 없음(sinlessness)의 경지에 이르는 것이다. 둘째로 웨슬리의 사회적 성화는 성육신적 요소(incarnational factor)로 세속성으로부터 분리된 성별의 힘을 갖고 세속을 찾아가는 성육신의 참여 곧, 사랑의 적극적 행위를 세상 속에서 실천하여 세상의 빛과 소금이 되는 것이다. 그러니까 성결은 소극적 성화의 방법이고 사랑은 적극적 성화의 방법이다. 행함이 없는 믿음은 죽은 것이요, 사랑의 에너지로 채워지는 믿음—사랑으로 역사하는 믿음—이 산 믿음이다.

웨슬리는 이 산상수훈 설교에서 그의 사회적 성화 개념과 하나님 나라 개념을 특히 강조하고 있다. 그는 동생 찰스와 함께 1739년에 출판한 찬송가 Hymns and Sacred Poems의 머리말에서 "그리스도의 복음은 사회적이지 않은 종교를 모른다. 사회적 성결 아닌 성결을 모른다"(The Gospel of Christ knows of no religion but social; no holiness but social holiness)[24]고 강조했고, 산상수훈 설교 중 세상의 빛과 소금을 해설할 때 "기독교는 기본적으로 사회적 종교이다. 기독교를 고독한 종교로 바꾸는 것은 참으로 기독교를 파괴시키는 것이다."(Christianity is essentially a social religion; and that to turn it into a solitary

---

23 John Wesley, *The Works of John Wesley* Vol. 8, (Hendrickson Publishers: Peabody, 1986), Jackson Edition, 472. 이하 *The Works*로 표기함.
24 Leon O. Hynson/이희숙 역, 『웨슬리의 윤리 사상』 (서울: 전망사, 1987).

religion, is indeed to destroy)라고 힘주어 말한다.[25] 또한, 그는 "민족을 개혁하는 것"(to reform the nation)에서 그의 평신도 지도자들을 교육할 때, 우리의 선교 목표는 "민족을 개혁하는 것"임을 힘주어 강조했다.[26] 웨슬리는 "감리교도라고 불리는 설교가들을 일으키시는 하나님의 목적이 무엇이라고 우리는 합법적으로 믿을 수 있는가? 어떤 새로운 종파를 만드는 것이 아니라, 민족을 개혁하는 것(to reform the nation), 특별히 교회를 개혁하는 것 그리고 온 땅에 성경적 성결을 널리 퍼트리는 것"이라고 말한다.[27]

내면적 성결을 위해서는 부단한 회개와 부단한 믿음의 필요성을 강조한다. 자범죄들은(actual sins) 의롭다 하심을 얻고 거듭난 성도들이 사함을 받았다 할지라도, 거듭나고 의롭다하심을 얻은 성도라도 내면적 죄악성(inner sin)은 남아있기에 부단한 회개와 믿음으로 날마다 성결하여 범사에 그리스도에게까지 자라가는 성화 수련, 경건의 연습(works of piety)이 필요하다는 것이다.

그러나 사회적 성결을 위해서는 부단한 사랑의 실천이(works of piety) 필요하다는 것이다. 그 사랑은 원수까지 사랑하는 화해의 모습으로 나타나야 함을 웨슬리는 강조한다. 예수 그리스도가 십자가에서 보여주신 것을 본받는 평화와 화해의 성도가 되어야 한다는 것이다. 그런 의미에서 통일의 사회적 성결운동은 십자가의 사랑을 통한 화해와 평화의 운동이다.

특히 웨슬리는 런던에서 히브리서 12:14: '모든 사람으로 더불어 화평함과 거룩함을 쫓으라, 이것이 없이는 아무도 주를 보지 못하리라'는 말씀을 설교했다가 영국성공회로부터 설교를 금지당하여 브리스톨(Bristol)로 내려갔지만, 예배당 안에서 또 설교를 금지당하자 예배당 밖에서 옥외설교를 시작한 것이다.[28] 브리스톨에서 옥외설교를 시작한 것은 1739년 4월이었고, 런던 무어필즈(Moorfields) 공원에서 옥외설교를 시작한 것은 같은 해 1739년 7월이

---

25 *The Works* Vol. 5, 296.
26 Leon O. Hynson, *To reform the Nation* (Grand Rapids, Michigan: Francis Asbury Press, 1984), 9-10
27 *The Works* Vol. 7, 299.
28 웨슬리, "하나님의 포도원에 관하여", 『웨슬리설교전집』 7권, 126.

었다. 무어필즈는 세계감리교회 어머니 교회로 알려진 파운데리(Foundery)에서 가까운 곳이다. 이곳은 또한 감리교회센터(Methodist quarters)이기도 하였다. 그러므로 메도디스트 운동에서 히브리서 12:14은 아주 중요하다. 예수 그리스도의 십자가의 은총을 믿음으로 의롭다 하심을 강하게 설교하면서도, 십자가를 지고 화해와 성결을 추구하는 작은 예수의 삶을 본받는 성화가 또한 중요하다는 것, 곧 칭의와 성화가 함께 구원론의 핵심을 이루고 있다. 진정한 그리스도인이 되는 것은 화해와 사랑으로 민족통일을 위해 일할 수밖에 없다.

웨슬리의 설교 "성경적 기독교"에서 평화와 정의가 서로 입 맞춘다는 개념이 강조되고 있다. 웨슬리는 감리교("성경적 기독교")는 평화와 정의와 성결이 서로 더불어 나누어 갖는 사랑의 승리의 모습으로 나타나는 것을 강하게 주장하였다. 이것은 완전성화와 사회적 희년운동으로도 이어지고 있다.

> 때가 찼음을 생각하라… 전쟁은 지상에서 끝나고 다시는 형제가 형제를 대적하지 아니하고 나라와 도시가 나누어지지 아니하고, 다시는 가난한 자를 강탈하지 아니하며, 도적도 강포도 불의도 없으리라, 왜냐하면 모든 사람이 소유한 것으로 만족하기 때문이다. 그리하여 정의와 평화가 서로 입 맞추리라(시편 85:10). 정의가 땅에서부터 흘러넘치고 평화가 하늘에서부터 내려온다… 아무도 그가 소유한 것이 그의 소유라고 말하지 않는다. 그들 중에는 아무도 궁핍한 사람이 없다. 왜냐하면, 모든 사람이 그의 이웃을 그 자신처럼 사랑하기 때문이다.[29]

평화적 남북통일도 형제끼리 서로 사랑하는 마음으로 나누어 갖는 경제적 정의를 실현하는 운동이 겸하여 있어야 한다. 진정한 평화는 밥을 함께 나누어 먹을 때 실현된다는 의식이 중요하다. 자기 소유를 자기 것으로 생각하지 않는 청지기와 희년정신으로 이웃을 내 몸같이 사랑하는 것이 진정한 성결운

---

29 John Wesley, "Scriptural Christianity," *The Works*. Vol. 5, 46.

동이다. 예수처럼 사는 작은 예수운동은 밥상공동체를 이루는 화해와 성결의 모습을 보여주는 사랑운동이다.

2. 완전과 희년

웨슬리는 이 성화의 완성(Perfection 혹은 entire sanctification)이 죽기 전에 가능하다고 해석한다. 그 이유는 우리의 죄악성의 깊이로는 불가능하지만, 은총의 높이가 크기에 크신 은총으로 지상의 완전이 가능하다고 믿는다. 그러나 절대적 완전은 죽음 후에 영화(Glorification)에서 이루어진다. 왜냐하면, 지상의 완전은 의식적인 죄(voluntary sin)는 범하지 않지만, 무의식적인 죄(involuntary sin)의 가능성,[30] 무지(ignorance), 실수(mistake), 유혹(temptation), 연약(weakness)의 상태는 남아있기에 상대적 완전이다.[31] 그리고 완전은 정착된 상태가 아니고 계속적인 과정(continuous process)에 있다. 어디까지 이르렀든지 계속 달려가는 것이 완전이다.[32] 또한, 이것은 개인적 완전을 의미할 뿐 아니라 사회적 완전도 뜻한다.

은총의 낙관주의에 의해서 사회적으로도 지상의 천국을 실현할 수 있다고 웨슬리는 믿는다. 물론 절대적 신국의 모습은 초월적, 미래적이지만 상대적인 의미에서 웨슬리는 지상의 천국을 믿는다. 그것이 곧, 그의 희년사상(jubilee)으로 나타난다. 웨슬리는 희년 실현을 위해 세금 제도의 개혁, 고용제도의 개혁, 노예해방, 여성해방, 청지기의식에 의한 경제적 분배와 나눔, 재산상속 반대, 광부와 농부와 산업노동자의 노동조합운동 등을 실천하였다.

그래서 웨슬리는 메도티스트 운동을 반대하는 존 프리박사(Dr.John Free)에게 메도디스트를 변증하는 편지에서 메도디스트가 발전한 New Castle,

---

30 John Wesley, "On Perfection," *The Works*. 46-61.
31 John Wesley, "Christian Perfection," *The Works* Vol. 6, 2-4.
32 John Wesley, *A Plain Account of Christian Perfection* (London: Epworth Press, 1985), 11. 이하 *A Plain Account*로 표기함.

Cornwall, Kingswood 지역에 하나님께서 놀라운 일(wonderful work), 위대한 일(great work)을 이미 지상에서(upon earth) 시작하신 희년 사회가 실현되었다고 믿었다.[33] 그는 실현될 종말론(realized eschatology)을 믿는 사람이었다. 또한, 그는 브리스톨에서 옥외설교를 시작한 첫날(1739년 4월 1일) 산상수훈 강해를-예수께서도 옥외 산상에서 설교하신 것처럼-설교하면서 하나님 나라의 현존을 실존적으로 사회적으로 경험하는 복음을 선포하였고, 둘째 날(1739년 4월 2일) 옥외 하이웨이에서 누가복음 4:18-19의 본문을 설교하였다.[34] 그는 가난한 자, 눌린 자, 고통당하는 자, 갇힌 자, 병든 자, 나그네, 고아, 과부, 신체장애인들을 해방케 하는 희년의 복음을 브리스톨 탄광 지역의 민중들에게 선포하였던 것이다.

웨슬리는 그의 「신약성경주해」(*Explanatory Notes Upon The New Testament*)에서 누가복음 4:18-19절을 해석하기를 "은혜의 해"는 희년이라고 풀이한다. 모든 빚진 자들과 종들이 자유를 얻는 희년이라고 말한다.[35] 그는 주기도문 해설 설교에서도 "하나님의 나라는 이 지상에서(below) 시작되었다. 성도의 마음속에 세우신다."[36] 회개하고 믿을 때 이미 하나님의 나라가 실현되기 시작한 것이다. 성도의 마음속에 하나님의 통치가 영생의 모습으로 임재한다. 그는 "성경적 구원의 길"(The Scriptural Way of Salvation)에서 구원은 미래에서 누리는 축복이 아니라 현재적임을 강조한다.

또한, 웨슬리는 그의 신약성경 주해에서 마태복음 3:2을 주석하면서 하나님의 나라는 지상에서 형성되고 후에 영광 속에 완성된다고 보며, 성경 속에는 지상의 모습을 말하는 구절들도 있고 영광된 상태로 표현된 부분들도 있으나 대부분의 말씀은 양면이 모두 있다고 해석한다.[37] 까닭에 웨슬리는 하나님

---

33 *The Works* Vol. 9, 330.

34 John Wesley, *The Works* Vol. 19, (Nashville: Abingdon Press, 1986), 46.

35 John Wesley, *Explanatory Notes Upon The New Testament* (London: Epworth Press, 1976), 216.

36 *The Works* Vol. 5, 335.

37 G. Roger Schoenhals ed., *John Wesley's Commentary on the Bible* (Grand Rapids:

나라를 겨자씨의 자람처럼 현재 여기서 이미 시작되었으며 완성을 향해 자라간다고 이해한다. 그런데 저세상의 미래적 구원을 바라는 것이 아니라 현재 여기서 하나님 나라를 확장해 가는 것이 중요하다.

웨슬리는 그의 동생 찰스와 함께 <만입이 내게 있으면>(O for a thousand tongues to sing)을 샬롬과 희년의 환상으로 찬송한다. 제5절에 신체장애인이 회복되는 환상을 다음과 같이 노래한다. "너 귀머거리여 그분의 말씀을 들으라, 너 벙어리여 너의 굳은 혀가 풀려 그를 찬양하라, 너 눈먼 자여 너의 구세주가 오심을 보라, 너 절름발이여 기쁨으로 뛰어라."[38] 제4절에서는 해방과 자유가 보여지고 있다. "그는 말소된 죄의 권세를 깨뜨리신다. 죄인을 자유케 하신다…"[39]라고 노래한다. 또한, 제9절에서는 "하늘나라를 여기 지상에서 기대하라"고, "사랑을 소유함이 곧 하늘나라"라고 노래한다.[40]

웨슬리는 레위기 25장에 나타난 희년의 모습대로 빚진 자를 탕감하고, 포로 된 흑인 노예를 해방해 주고, 굶주린 민중들에게 먹을것을 제대로 나누어 주고, 상속할 재산 대부분은 사회에 환원하고(자녀들에게 필수적인 것은 상속할 수 있지만), 가난한 민중에게 힘에 겨운 세금을 부과하지 말고, 부자들이 사치하며 음식을 낭비하지 말아야 하며, 일거리 없는 자들이 구체적으로 일거리를 찾을 수 있는 제도적 개혁을 주장하였다.[41] 또한, 희년생활은 마태복음 25:35-40의 소자에 대한 사랑—갇힌 자, 병든 자, 가난한 자, 헐벗은 자, 나그네 등—임을 역설한다. 그리고 눈먼 자에게 눈이 되어 주는 것, 발 없는 자에게 발이 되어 주는 것, 과부에게 남편이 되어 주는 것, 고아에게 아버지가 되어 주는 것이라고 해석한다.[42] 찰스 웨슬리의 희년찬송 <불어라, 너 희년의

Rancis Asbury Press, 1987), 405.

38 *The Works* Vol. 7, 80.

39 *The Works* Vol. 7, 80.

40 *The Works* Vol. 7, 81.

41 John Wesley, "Thoughts on Present Scarcity of Provisions," "Thoughts on Liberty," "Thoughts on Slavery," *The Works* Vol. 11 등에서 이러한 제도적 개혁을 강하게 표현하고 있다.

42 Wesley, "The Important Question," *The Works* Vol. 6, 500.

나팔을 불어라>(Blow Ye the Trumpet, Blow)에서 희년의 실현을 신앙의인화를 통하여 다음과 같이 설명한다.

1절, 불어라 너 희년의 나팔을 불어라! 기쁜 복음의 소리가 모든 민족에게 저 지구의 가장 먼 곳에 있는 사람들에게까지도 알려지게 하여라. 희년이 오고 있다! 희년이 오고 있다! 너 속죄함 받은 죄인들이여 집으로 돌아오라.

…

6절, 복음 나팔을 들어라 하늘의 은혜의 소식을, 지구를 구원하신 구세주의 얼굴 앞에 나아오라. 희년이 오고 있다! 희년이 오고 있다! 너의 영원한 집으로 돌아오라.[43]

특별히 웨슬리는 종말론을 그의 설교 "새 창조"(New Creation)에서 새 창조와 우주적 성화의 회복으로서 해석한다.

사자는 어린양을 다시는 찢지 않을 것이다. 어린양의 살과 뼈를 사자의 이빨로 깔지 않을 것이다. 어떤 피조물도 짐승도 새도 물고기도 서로서로 해치지 않을 것이다. 잔인성과 야만성과 맹렬함이 사라져 버리고 잊힐 것이다. 다시는 지구의 표면에서 폭력성과 파괴와 낭비가 보이지 않을 것이다…. 여기서부터 아담이 낙원에서 즐겼던 것 보다 더욱 훌륭한(far superior) 성결과 행복을 누리게 될 것이다…. 거기에는 죽음도 고통도 병도 슬픔도 친구와의 이별도 울부짖음도 없을 것이다. 그러나 지금보다 더 더욱 위대한 구원이(a greater deliverance) 있을 것이다. 왜냐하면, 더 이상 죄는 없을 것이기 때문이다(no more sin). 거기에는 성령을 통하여 성부와 성자와 더불어 끊임없는 교제(a constant communication with)를 나누게 될 것이다. 삼위일체 하나님의 지속적인 즐거움을 모든 피조물이 누릴 것이다(a continual enjoyment of the Three-one God).[44]

---

43 *The United Methodist Hymnal* (Nashville, TN: The United Methodist Publishing House, 1989), 379.

여기서 웨슬리는 옛 아담의 옛 창조보다 더 훨씬 위대한(far superior to) 새 창조, 현재의 구원보다 더 훨씬 위대한(a greater deliverance) 구원, 더 이상 죄와 타락이 없는 구원을('no more sin' means 'no more fall') 말한다.

특별히 이 새 창조는 인간만이 누리는 축복이 아니라 모든 피조물이 함께 누리는 구원이라는 점이다. 이 새 창조는 내면적 성화, 사회적 성화 그리고 우주적 성화를(personal sanctification, social sanctification and cosmic sanctification) 모두 포함한다는 것이다. 웨슬리의 우주적 성화의 개념은 "새 창조" 뿐만 아니라 그의 다른 설교들에서도 나타난다.

특별히 웨슬리는 그의 두 설교 "일반적 구원"(The General Deliverance)과 "인간의 타락"(On the Fall of Man)에서 우주적 성화의 개념을 설교하였다.[45] 인간은 우주 만물 중에도 뛰어나서 하나님이 우주 만물을 관리하고 돌보고 다스리고 지배하는 청지기로, 관리인으로 삼으셨다. 그것이 바로 하나님의 정치적 형상(political image of God)이다. 그런데 이 정치적 형상을 인간이 바로 사용하지 못하였다. 하나님의 형상의 극치인 도덕적 형상(moral image of God)이 전적으로 파괴됨으로 인하여 정치적 형상도 부분적으로 파괴되는 결과를 초래하게 되었다. 하나님의 도덕적 형상이란 의로움과 참 거룩함(righteousness and true holiness)이다. 인간이 타락할 때 이 도덕적 형상이 전적으로 파괴된 것이다. 의로움과 거룩함이란 전혀 찾아볼 수 없는, 전적으로 타락한 죄인이 된 것이다. 그리고 이 도덕적 형상의 전적 파괴로 인하여 정치적 형상도 파손되게 되어 인간이 만물을 섬기고 돌보고 관리하는 청지기와 하나님께로 우주 만물을 인도하고 이끌어 오는 존재가 아니라, 우주 만물 위에 폭력적으로 군림하는 지배자가 되었다.

웨슬리는 그의 설교 "일반적인 구원"(General Deliverance)에서 이러한 타락

---

44 Wesley, "New Creation," *The Works* Vol. 2, 509-510.
45 웨슬리는 우주적 성화(cosmic sanctification)란 말을 사용하지 않았으나 필자는 우주적 구원을 우주적 성화란 의미로 사용하고자 한다. 그러나 "universal sanctification"이란 용어는 자주 사용한다. 웨슬리의 설교는 우주적 성화운동을 통한 우주적 구원에 초점이 있다.

한 인간과 자연의 관계를 묘사한다. 로마서 8:19-22의 말씀을 해석하면서 모든 피조물이 인간의 억압과 착취에서 허무하게 탄식하고 신음하는 상태에서 벗어나 해방되는 종말론적 구원의 환상을 설교한다.[46] 웨슬리는 인간이 만물을 지배하는 정치적 형상을 부여받은 것은 하나님의 축복을 전달하는 채널이 되기 위함이었는데, 인간이 타락함으로 인하여 자연에 대한 학대와 착취의 지배로 전락하게 되었음을 개탄한다.[47]

이러한 인간과 자연의 타락한 관계는 성화의 역사에 의해 변화를 경험하게 된다. 인간이 하나님의 도덕적 형상과 정치적 형상을 다시 회복하는 성화의 은총을 받을 때 인간만 성화 되는 것이 아니라 우주 전체가 성화 되어 가는 우주적 구원이 시작되는 것이다. 그러므로 인간이 하나님의 형상으로 화하는 내면적 성화는 사회적 성화와 함께 우주적 성화로 확산되는 우주적 구원을 이루어간다. 까닭에 그의 구원론에서 우주적 성화도 내면적 성화와 사회적 성화만큼 중요한 의미를 지닌다고 말할 수 있다. 이것이 웨슬리 구원론의 총체적, 통전적 이해라고 할 수 있다.

이러한 하나님 형상의 회복은 성령의 성화시키는 능력에 의해서 일어난다. 성령의 역사를 통하여 잃어버린 하나님의 형상을 새롭게 갱신한다. 웨슬리는 이 성령의 갱신과 변혁과 창조의 성화 사역이 개인적 내면적 차원을 넘어서서 사회적 우주적 차원으로까지 발전하는 것이다. 성화의 역사는 창조의 전 질서에 모두 적용되는 것이다. 까닭에 인간과 사회와 우주의 타락과 고통은 더욱 아름다운 행복에 이르는 새 창조로 성화하도록, 진보하도록 하나님은 역사를 섭리하신다는 것이다. 웨슬리는 은총의 낙관주의 입장에 서서 타락을 전 창조의 성화와 구원으로 전환시키는 성령 역사의 우주적 희망을 강조한다. 웨슬리는 "인간의 타락에 관하여"라는 설교에서 인류의 전적 타락보다 그의 사랑으로 온 인류를 구원하시는 은총을 더욱 강조한다.[48] 창조의 선하심은

---

46 Wesley, "The General Deliverance," *The Works* Vol. 2, 440-441.
47 Wesley, "The General Deliverance," 440.
48 Wesley, "On the Fall of Man," *The Works* Vol. 2, 410-412. 웨슬리는 이 설교에서 타락의

타락으로 인하여 완전히 손상된 것이 아니라 하나님의 자비에 의해 아담보다 더 나은 성결과 더욱 높은 영광으로 구원받도록 재창조하는 섭리를 갖고 있음을 주장한다. 하나님의 자비는 우주적 보편적 악에 대한 우주적 보편적 치유를 제공하신다.[49]

하나님의 새 구원과 새 창조는 전 우주를 모두 포함하는 것이다. 결국, 웨슬리의 구원론은 창조론을 흡수한다. 우주적 구원의 차원에서 구원론과 창조론이 만나고 있다. 바로 이 점에서 웨슬리는 서방 교회적 구원론과 동방 교회적 창조론을 종합하고, 창조론적 차원에서 그의 구원론을 발전시켰다.

웨슬리는 우주적 성화(universal holiness)의 개념을 그의 설교에서 다음과 같이 강조한다.

> 모든 편견 없는 사람들이 그들의 눈으로 하나님이 지구의 표면을 이미 새롭게 갱신시키심을 볼 수 있다. … 그는 주 예수의 날에 이 축복된 성령의 역사를 중단하지 않을 것이다. 그의 모든 약속이 성취될 때까지, 죄와 연약함과 곤경과 죽음을 소멸하실 때까지, 우주적 성화(universal holiness)와 행복을 다시 회복하실 때까지…. 그는 지구의 모든 거민들이 함께 노래하게 하실 것이다. "할렐루야 전능하신 주 하나님이 통치하실 것이다!" 축복과 영광과 지혜와 명예와 능력과 권능이 우리 하나님께 세세에 무궁토록 있을 찌어다!(요한계시록 7:12).[50]

웨슬리는 이 우주적 성화의 실현이 인간 타락의 죄악적 본성보다 은총의 위대하심을 믿는 은총의 낙관주의에 의해 가능할 것이라고 그의 설교"인간의 타락에 관하여"(On the Fall of Man)에서 강조한다. 인간의 부패함보다 하나님의 사랑과 은총에 의해 잃어버린 하나님의 정치적 형상의 회복이 가능하고

절망보다는 새 하나님의 형상의 회복을 더욱 강조한다. 다시 말해서 타락으로 인하여 잃어버린 도덕적 형상, 곧 의로움과 참 거룩함을 회복하는 "하나님의 성결의 참여자"(partakers of his holiness)가 되는 환상과 희망을 강조하는 은총의 낙관주의를 보여준다.

49 Wesley, "On the Fall of Man," 411.
50 Wesley, "The General Spread of Gospel," 288.

그 정치적 형상의 회복에 의해서 우주와 자연의 회복까지도 가능하게 된다.51

영화 <공동경비구역>, <태극기 휘날리며> 그리고 <웰컴 투 동막골>은 이러한 완전한 사랑과 희년의 평화를 잘 보여주고 있다. 어린이같이 순수하고 단순한 사랑이 완전성화를 이룰 수 있다고 예수님과 웨슬리가 강조하였듯이, 영화 <웰컴 투 동막골>에서 여주인공은 정말 순수하고 단순한 사랑(singleness and simpleness)으로 미국 군인과 북한 군인, 남한 군인이 총을 내려놓고 서로 평화스럽게 사랑하는 통일의 마을을 이루는 것을 보여주고 있다. 사자도 없고, 독사도 없고, 이리도 없고 모두 독을 잃어버리고 희년의 새 창조의 공동체를 이루어 함께 춤추고 노래한다.

II. 존 웨슬리의 희년경제 : 복음적 경제윤리(Evangelical Economic Ethics)

사회복지가 가장 바람직하게 이루어지는 희년사회의 실현을 위해 웨슬리의 구체적인 희년경제윤리를 다음과 같이 복음주의적 시각에서 강조하고 있다.

1. 청지기의식과 경제적 성결(economic holiness)

하늘과 땅의 소유주이신 창조주가 인간을 이 세상에 보내실 때 소유주가 아니라 청지기로 보내셨다. 모든 재산은 우리의 것이 아니요 모두 하나님의 것이다. 첫째로, 우리는 우리 자신이 먹고 입는 것을 위해 돈을 써야 한다. 둘째로, 우리는 우리의 아내, 자녀 그리고 우리 집에 딸린 사람들을 위해 돈을 써야 한다. 그런데 더욱 안일하고 편리하게 그리고 사치하게 살도록

---

51 Wesley, "On the Fall of Man," 410-412.

돈을 써서는 안 되고 꼭, 필요하고 필수적인 것을 위해서만 돈을 써야 한다고 강조한다. 우리는 우리의 식구들을 위하여 돈을 사용하는 것 이외에는 하나님의 소유를 하나님께 돌리지 않으면 안 된다고 하였다. 우리는 육체의 정욕, 안목의 정욕 그리고 이생의 자랑을 위해 돈을 쓰기보다 하나님을 기쁘시게 하고 영화롭게 하기 위해 돈을 사용해야 한다. 그는 우리가 모든 영혼, 몸 그리고 본성을 하나님의 뜻대로 사용해야 함을 설교하였다.[52]

우리가 갖고 있는 모든 것을 주님께 빚지고 있다. 빚진 자는 그가 받은 것을 갚아야 할 의무가 있다. 주인과 함께 계산하는 날이 다가오기까지 마음대로 사용하는 것은 그의 자유이지만, 그가 청지기정신대로 사는 것은 아니다. 청지기는 오직 주인의 기쁨을 위해, 주인의 뜻대로 사용해야 한다. 우리는 우리가 기뻐하는 일을 위해 돈을 사용할 권리가 없다.[53]

그리고 그는 명령한다. "기회가 있는 대로 모든 사람에게 선을 행하라. 하나님의 것을 하나님께 돌려 드리되 십 분의 일도, 십 분의 삼도, 십 분의 오도 아니라, 모든 것이 하나님의 것임을 알고 하나님께 갚아야 한다."고 강조한다.[54] 하나님은 우리에게 위임하시기를 우리에게 맡기신 돈으로 마 25장의 말씀대로 굶주린 자를 먹이고, 헐벗은 자를 입히며, 나그네 된 자를 돕고, 과부와 고아를 돌아보며 그리고 모든 인류의 필요를 해결하기 위해 사용하도록 부탁하셨다는 것이다. 어떤 다른 목적을 위해 돈을 사용하는 것은 하나님을 속여 빼앗는 것이라고 웨슬리는 해석한다. 그는 설교하기를 만약 어떤 사람이 은행에 수백만 원을 저금하고도 가난한 자에게 그것을 나눠주지 않는다면 그는 아직도 가난한 사람이다. 인간 중에 가장 가난한 사람이라고 해석한다. 가장 많은 소유를 가진 사람들은 가장 많은 액수를 나눠주어야 한다고 역설하였다.

웨슬리는 유대인은 자기 소유의 1/10을 나누어주고, 바리새인은 자기

---

52 *The Works* Vol. 8, 360-361.
53 Wesley, "The Good Steward," *The Works* Vol. 2, 283.
54 Wesley, "Good Steward," 133-135.

소유의 2/10를 나눠주지만, 참 크리스찬은 그들이 할 수 있는 한, 모든 것을 나눠주어야 한다고 강조한다.[55] 그러나 필수적인 의식주 문제를 해결하지 않고서 나누어주라는 것은 아니다. 필수적인 것은 해결하고 그 후에 남는 것은 모두 나누어주라는 것이다. 필수적인 의식주와 편리한 생활(the plain necessaries and conveniences of life)을 위해 돈을 사용하되 그 이상의 욕심을 부리지 말고 하나님이 원하시는 대로 나누어주는 청지기가 되라는 것이다.[56] 웨슬리는 "The Danger of Riches"에서 1/10, 2/10뿐만 아니라 1/2, 3/4, 아니 전부를 나누어주라고 권면한다.[57]

　　웨슬리는 그의 설교 "더욱 좋은 길"(The More Excellent Way)에서 다음의 이야기를 소개한다.

　　옥스퍼드에서 감리교도라고 불리는 한 청년이 연 수입 30파운드 중에 28파운드를 자기 생활비로 쓰고 2파운드를 가난한 사람에게 나누어 주었고, 그다음 해 연 수입 60파운드 중에 역시 자기 생활비로 28파운드만 쓰고 32파운드를 가난한 사람에게 나누어 주었으며, 세 번째 해에 년 수입 90파운드 중에 역시 자기 생활비로 28파운 드만 쓰고 62파운드를 가난한 사람에게 나누어 주었고, 네 번째 해에 년 수입이 120파운드가 되었는데 역시 자기 생활비로 28파운드를 쓰고 92파운드를 가난한 사람에게 나누어 주었다.[58]

　　이 청년은 존 웨슬리였다고 Tyerman은 해석하고 Green은 John Clayton이라고 추측한다. 그러나 많은 학자는 웨슬리가 자신의 경험을 고백한 것이라고 추측한다. 그래서 그는 초대교회 속에 나타난 원시적 공유사회를 존경하였다.

　　그러므로 부자가 구원에 이르려면 나사로 같은 거지를 돌보고 나눔을

---

55 *The Works* Vol. 7, 9-10.
56 "The Danger of Riches," *The Works* Vol. 3, 237.
57 "The Danger of Riches," 239.
58 "The More Excellent Way," *The Works* Vol. 3, 275-276.

실천할 때 가능하다는 것이다. 내 소유가 전부 내 것이 아니라 하나님의 것이라고 고백하면서 하나님의 것을 하나님의 것처럼 나누어주어야 구원에 이를 수 있다는 것이다. 그는 이 설교에서 부를 축적하는 어리석음과 감리교도들을 향하여 질타한다. 또한, 자신을 따라오지 않고 청지기의식이 없는 것을 비애하고 좌절을 느끼는 점도 강하게 표현하고 있다.

웨슬리는 "부의 증가의 위험"(Danger of Increasing Riches)이라는 설교에서 재산을 증식시키고 상속하려는 사람들의 어리석음을 지적하면서 삭개오처럼 재산을 상속하지 않고 그 재산을 필요에 따라 가난한 사람에게 나누어 주어야 함을 주장하였다.

> 오! 그러나 부자들이 그들의 마음을 재물에 두고 있음을 누가 확신시킬 수 있습니까? 반세기(50년) 이상 동안 나는 나의 명백한 권위로 이러한 중요성에 관해 말해 왔습니다. 그러나 효과가 얼마나 적습니까! 나는 항상 50명의 구두쇠에게 그들의 탐욕스러움을 회개하도록 지적해 왔는지 의심스럽습니다. 돈을 사랑하는 사람이 확실하게 묘사되어지고, 가장 강한 색채로 그려졌을 때, 누가 이것을 그에게 적용했습니까? 하나님과 그를 아는 이들이 누구에게 '당신이 바로 그런 사람입니다'라고 말했습니까? 만약 그가 현재 함께 있는 당신중의 어떤 이에게 이야기한다면, 오 제발 당신의 귀를 막지 마십시오! 차라리 삭개오와 같이 말씀 하십시오: '보십시오! 주님, 저는 저의 재산의 반을 가난한 자들에게 나누어주겠습니다. 그리고 만약 제가 누군가에게 해를 끼친 일이 있으면 네 배로 갚겠습니다!' 그는 과거에는 이렇게 행하지 않았지만 앞으로는 그렇게 하기로 결심했습니다. 나는 하나님 앞에서 돈을 사랑하는 당신들에게 명합니다. '가서 이와 같이 행하시오!'[59]

그는 50년 동안에 "탐욕으로 얼룩진 욕심쟁이" 50명도 채 변화시킬 수 없었다고 마음에 내키지 않는 결론을 내게 되었다. 이것은 책망과 호소가

---

59 웨슬리, "부의 증가의 위험," 김홍기 편저, 『존 웨슬리의 회년사상』, 339.

결합된 파토스(pathos)임이 분명하다: "희미한 눈으로, 떨리는 손으로, 비틀거리면서도 죽기 전에 나는 여러분에게 다시 한번 충고합니다"(6절).

이 설교의 서두는 '부자가 하나님의 나라에 들어가는 것보다 낙타가 바늘귀로 지나가는 것이 더 쉽다'라는 주님의 말씀으로부터, 우리는 어느 누구도 재물로 인해 위험에 처하지 않고서는 부를 얻을 수 없음을 쉽게 알 수 있다고 경고하는 것으로 시작한다. 만약 재물이 거의 없는 사람에게도 위험성이 그렇게 크다면, 늘어나는 재물로 인해서 생기는 위험성은 얼마나 더 큰가를 지적한다. 이러한 위험성은 조상으로부터 재산을 물려받은 사람에게조차 크게 작용하나, 그것은 자기의 기술과 기업으로 재물을 얻은 사람에게 더욱더 엄청나게 작용한다는 것이다. 따라서 '재물이 늘어나더라도 거기에 마음을 두지 말라'는 경고만큼 더 신중한 주의를 요하는 것은 없다면서 웨슬리는 청지기의식을 강조한다.[60]

2. 성결의 방해요소: 돈 사랑

웨슬리는 돈 사랑의 위험을 그의 설교 "부에 관하여"(On Riches)에서 성화 생활에 방해됨을 아주 구체적으로 지적한다. 웨슬리의 *Sermons on Special Occasions*, Ⅳ(1760)의 마지막 설교는 '돈의 사용'에 관한 것이었다. 그리고 SOSO, Ⅷ(1788)의 마지막 설교는 '부에 관한 것'이었다. 이 두 설교 사이의 유사성(그리고 그것들의 위치)은 주목할 만하다. 30년 동안 많은 감리교 신자들은 그들의 부지런함과 절약, 그 시대의 일반적인 번영에 힘입어(비교적, 적어도) 풍족하게 되었다. 따라서 웨슬리는 그의 세 번째 규칙인, '가능한 한 모든 것을 주어라'하는 규칙을 그들로 하여금 따르도록 설득하는 것이 허사임을 깨달았다. '돈의 사용'에 대한 어조는 훈계조였다. (예를 들면 그리스도인이 재물을 가지고 해야만 하는 일에 대하여; 그가 이 설교 Ⅱ장 10절에서 이야기하듯이

---

60 웨슬리, "부의 증가의 위험," 김홍기 편저, 『존 웨슬리의 회년사상』, 333-334.

'그들이 처음 만났을 때'는 단 한 사람의 감리교인도 부자가 아니었기 때문에) 그는 실제로 부는 그들의 영혼에 도덕적인 위기 즉 '천국에 들어가는 것'을 방해하는 것이라고 열렬히 믿었으므로, 이제 웨슬리는 부자인 감리교도들과의 심각한 목회적 갈등에 처하게 되었다. 이 설교는 돈 사랑이 경건 생활과 구원에 심각한 방해를 줌에 대한 경고와 권면이라고 보는 것이 바람직하다.

첫째로, 돈 사랑은 무신론(atheism)의 유혹을 받을 위험이 있다. 부는 자연적으로 하나님으로부터 멀어지게 하고 하나님을 전적으로 잊어버리게 만든다. 부유한 사람과 위대한 사람들 속에는 방탕의 기술이 얼마나 큰가를 감탄한다.[61]

둘째로, 돈 사랑은 무신론에서부터 우상숭배(idolatry)로 쉽게 전이됨을 웨슬리는 지적한다. 참 하나님을 예배드리지 않는 자들은 거짓 신들을 예배드리게 된다는 것이다. 하나님을 사랑하지 않는 자들은 그의 손으로 만든 어떤 것을 사랑하게 된다. 창조주를 사랑하지 않는 자들은 피조물을 사랑하게 된다.[62]

셋째로, 돈 사랑은 안목의 정욕(the desire of the eyes)에 휩싸이게 한다고 강조한다. 부자들은 눈을 즐겁게 해주는 새것과 아름다운 것을 좋아하는 심미주의에 빠져들게 된다. 아름다운 집, 우아한 가구들, 호기심을 끄는 그림들, 멋진 정원들 속에서 행복을 추구한다. 시와 역사, 음악과 철학, 예술과 과학 속에서 인생의 행복을 찾으려 한다고 비판한다.[63]

넷째로, 돈 사랑은 이생의 자랑(the pride of life) 속에서 행복을 추구한다. 런던시 전체가 '부'(rich)와 '선'(good)을 같은 의미의 단어로 사용한다고 비판한다.[64] 런던 사람들은 "그(부자)는 선한 사람이다. 그는 10만 파운드만큼 값어치가 있다"라고 말한다는 것이다.[65] 칭찬을 받으면 받을수록 치명적으로 고난을

---

61 "On Riches," *The Works* Vol. 3, 523.
62 "On Riches," 524.
63 "On Riches," 524-525.
64 "On Riches," 525.
65 "On Riches," 525.

겨을 수밖에 없음을 말한다.

오늘날 한국교회에도 헌금이 그의 수입에서 몇 퍼센트를 차지하는가를 묻지 않고 다만 헌금의 액수를 가지고 헌금을 많이 바치는 교인은 선하고 믿음 좋은 교인이요 헌금의 액수는 적어도 그의 수입에서 많은 퍼센트를 바치는 교인은 무시당하는 경향이 있다.

다섯째로, 돈 사랑은 하나님 사랑과 이웃 사랑에 거슬리는 자기 의지 (self-will)와 이기주의에 사로잡히게 만든다. 십자가를 지고 자기를 부인하여야 하나님을 사랑하고 이웃을 사랑하며 예수의 뒤를 따르는 제자가 될 터인데, 정반대의 길을 걷게 된다. 웨슬리는 이렇게 질문한다.

> 당신들이 가난했을 때 자기를 부인한 것만큼, 지금 부자로서 자기를 부인하고 있는 가? 당신들이 오 파운드의 값어치도 없을 때만큼, 지금도 기쁜 마음으로 노동과 고통을 견디고 있는가? … 더 이상 자기를 부인하지 않고 자기 십자가를 지지 않기 때문이다. 그들은 더 이상 예수 그리스도의 선한 군사로서 어려움을 견디지 않기 때문이다.[66]

웨슬리는 이 설교에서 성화(sanctification) 곧, 성결(holiness)의 삶을 방해하는 걸림돌로 돈 사랑을 지적한다. 돈 사랑이 성화의 걸림돌이 되는 이유를 믿음의 방해물, 믿음의 첫 열매인 하나님 사랑의 방해물, 하나님 사랑에서 솟아 나오는 이웃 사랑의 방해물, 겸손의 방해물, 온유의 방해물이 됨을 지적한다. 또한, 돈 사랑은 우리에게 경건하고 성결 된 성화의 성품을 주기보다 불경건하고 성스럽지 못한 속성과 기질을 우리에게 심어주는데, 예를 들면 무신론과 우상숭배와 이 생의 자랑과 안목의 정욕과 육체의 정욕만을 불러일으켜 성화에 이르지 못하는 악한 기질과 속성만을 주는 것이다. 처음 감리교회가 시작할 때는 부자가 하나도 없어서 가난하고 온유한 마음으로 자기를 부인하고 자기 십자가를 지고 다녔는데, 이제는 부유해짐으로써 그 성화의

---

66 "On Riches," 527-528.

속성을 상실하였다고 아주 날카롭게 책망하고 있다.

　오늘날의 한국교회 모습을 웨슬리가 와서 보면 무어라고 말씀하실까? 똑같은 염려를 하시면서 똑같은 설교를 강한 어조로 말씀하실 것이다. 한국교회가 자본주의의 나쁜 병폐를 너무 많이 받아들여 물량화, 기업화, 돈 사랑의 유혹에 깊이 빠져드는 것은 아닌가? 영국 감리교회가 웨슬리의 책망을 끝까지 외면하고 회개하지 않음으로 결국 중산층화, 상류층화 되면서 점점 쇠퇴해갔고, 미국 감리교회도 역시 U.M.C.(United Methodist Church)가 U.M.C.(Upper Middle Class)로 되면서 점점 교인들이 줄어들고 생명력을 잃어가고 있으며 성령이 떠난 교회가 되어가고 있다. 한국교회도 웨슬리의 경고를 받아들이지 않고 돈 사랑의 죄를 회개하지 않으면 똑같은 역사의 과정을 밟지 않을까? 역사는 완전히 회귀(circulation)하지는 않지만, 나선형적으로 반복하는 역사의 법칙을 갖고 있는 것이라면 한국교회는 희년의 나팔 소리를 듣고 깨어야 할 것이라고 생각한다.

　또한, 웨슬리는 "부자들이여, 가라 당신들에게 다가올 환란을 인하여 통곡하고 울라"고 외친다(야고보서 5:1). 전적으로 깊이 회개하지 않고 변화되지 아니하면 환난의 날이 곧 다가오고 너의 금과 은이 너를 거슬러 증거 할 것이고 그것들이 너의 육체를 불로 삼켜 먹어버릴 것이라고 경고한다. 전심으로 온 마음을 다하여 하나님만을 사랑하라! 하나님 안에서 너의 행복을 찾으라. 오직 그분 안에서만 행복을 찾으라. 이 세상은 너의 살 곳이 아니니, 세상을 사랑하지 말고 세상을 즐기지 말며, 오직 하나님을 즐기고(enjoy) 세상은 사용하라(use)고 권고한다. 이 세상에서는 오직 가난한 거지처럼 모든 것을 잃어버리고, 하나님의 풍부한 은사들로 선한 청지기가 되라고 권고한다. 그리할 때 주께서 "잘하였도다 착하고 충성된 종아, 네 주인의 즐거움에 참여하라"고 말씀하신다(마태복음 25: 21). 특히 위에서 언급한 대로 웨슬리의 생애에 가장 마지막으로 쓰여진 것으로 알려진 "부의 축적의 위험성"이란 설교에서 거의 절망스러운 어조로 감리교인 들의 신앙상태를 염려한다.

당신들은 당신들이 죽은 후에 1만 파운드를 남겨 두시렵니까? 신발과 부츠 1만 켤 레를 남겨 두시렵니까? 오, 당신 뒤에 아무것도 남겨 두지 마십시오. 당신이 소유한 모든 것을 더욱 좋은 세상으로 보내십시오. 그것을 빌려주세요. 주님께 빌려드리 세요. 그리하면, 그것을 다시 돌려받을 것입니다. 주님의 진리가 실패할 위험이 있 습니까? 그 진리는 천국의 기둥으로 확정되어 있습니다. 서두르십시오. 서두르십 시오, 나의 형제들이여, 서두르십시오! 당신이 가진 것을 이러한 안전보장에 정착 시키기 전에 하나님의 부름을 받지 않도록 하십시오! 당신들은 이것을 다 행한 후 에 담대히 말하기를 '지금 죽는 것 이외에 아무것도 행할 일이 없습니다! 아버지시 여, 내 영혼을 당신 손에 의탁하나이다! 주 예수여 오시옵소서. 빨리 오시옵소서.'[67]

웨슬리는 그가 죽은 후에 감리교회가 성령 떠난 교회가 될까 염려한 것만큼 돈 사랑의 시험에 빠질까 봐 심각하게 염려하였다. 결국, 영국감리교회 는 웨슬리의 경고를 듣지 아니하고 물량화되고 부를 축적함으로써 성령이 떠난 교회가 되어 버리고 말았다. 오늘날 한국교회에 웨슬리가 다시 온다면 똑같은 경고를 아주 높은 어조로 외칠 것이다.

3. 경제적 성결로서의 하늘나라 저축

웨슬리는 그의 설교 28번 산상수훈설교 VIII(Sermon on Mount VIII)에서 "너희 자신을 위해 보물을 땅에 쌓아 두지 말고 하늘에 쌓아 두라"고 역설했다. 이것은 개인적 안정과 번영을 위해서 부를 사용해서는 안 되고 하나님의 영광을 위해 사용해야 함을 의미한다. 이 하나님의 영광을 위해 보물을 하늘에 저축하는 것은 헌금만을 의미하는 것이 아니라, 이웃을 구제하고 나누어주는 것을 뜻한다고 힘주어 강조한다.[68]

---

67 Wesley, "Danger of Increasing Riches," 186.
68 웨슬리, "산상수훈 VIII" (Sermon on Mount), 김홍기 편저, 『존 웨슬리의 희년사상』, 285.

그대는 남는 재물을 이 세상에 두는 것보다 안전한 곳에 저장하십시오. 그대의 재물을 하늘의 은행에 저축하십시오. 그러면 하나님께서 그대에게 다시 갚아 주실 것입니다. "가난한 자를 불쌍히 여기는 것은 여호와께 꾸이는 것이니 그 선행을 갚아 주시리라" 하였습니다…. 그러므로 미련 없이 순순한 심정으로 가난한 자를 도우십시오. 그러면 그만큼 하나님께 드리는 것입니다. 주님은 "너희가 여기 있는 형제 중에 지극히 보잘것없는 사람 하나에게 해준 것이 곧 내게 해준 것이다"라고 하셨습니다.[69]

가난한 이웃에게 나누어주는 것은 주님께 꾸어 주는 것이고 주님은 다시 그에게 갚아 주실 것이라고 해석한다.[70] 주님께로부터 거저 받았기에 거저 주어야 한다는 것이다. 배고픈 자, 헐벗은 자, 병든 자, 갇힌 자 등 마태복음 25:34-46의 소자들에게 나누어주고 베풀기 위해 항상 준비해야 한다고 강조한다. 또한, 억눌린 자를 변호하고 고아를 위로하고 과부에게 남편이 되어 주어 마음속에서 기쁨의 노래가 나오도록 도와야 한다는 것이다.

"거저 받았으니 거저 주어" 재물을 땅에 쌓아 두지 말고 하늘에 쌓아 둘 것입니다. 모든 사람에게 필요에 따라 나누며 재물을 해쳐 가난한 사람을 돕고 굶주린 자를 먹이고, 헐벗은 자를 입히며, 나그네를 대접하며, 옥에 갇힌 자에게 구호의 손길을 펴십시오. 병자를 고쳐주되 기적으로 보다도, 그대가 제공하는 필요한 물질적 도움을 통한 하나님의 축복으로 하십시오. 눌린 자를 변호하고, 고아를 돕고, 과부를 감싸주어 위안을 얻게 하십시오. 그리하여 곤궁에 쪼들려 사경을 헤매는 사람들의 축복이 그대에게 임하도록 저들을 힘써 도우십시오.[71]

웨슬리는 설교 "더욱 좋은 길"(The More Excellent Way)에서 세상 은행에

---

69 웨슬리, "산상수훈 VIII," 김홍기 편저, 『존 웨슬리의 회년사상』 285-286.
70 웨슬리, "산상수훈 VIII," 285.
71 웨슬리, "산상수훈 VIII," 286-287.

저금하는 1파운드도 하늘나라에서는 이자를 받을 수 없고 상금을 받을 수 없다고 강조하고 가난한 이웃에게 나누어주는 1파운드도 하늘의 은행에 저금하는 것이 되고 영광스러운 이자를 받게 될 것이라고 역설한다.[72] 그는 그의 평신도 설교자들에게 더욱 부유해지기를 추구하는 부자들을 경고하는 설교를 해야 함을 가르쳤다.

웨슬리는 참사랑의 가치를 하나님 사랑에 두지 못하고 재물 사랑에 두는 인간의 비참한 말로를 여기서 지적한다. 우리는 우리의 궁극적 사랑의 대상을 하나님으로 두고 있는가? 아니면 돈 사랑이 우리의 궁극적 가치는 아닌가? 를 스스로에게 물어보고 하늘나라에 보화를 쌓아야 한다는 것이다. 웨슬리에게는 이 세상 부귀와 명예와 권세와 물질에 최고의 가치를 부여할 수 없다. 예수사랑 때문에 이 모든 것을 배설물로 여기고 예수의 영광을 위하여 물질을 하늘나라에 저축하여야 한다는 것이다.

III. 존 웨슬리의 희년경제윤리: 제3의 대안적 경제윤리(The Third Alternative Economic Ethics)

웨슬리의 경제윤리는 복음적 경제윤리를 넘어서서 대안적 경제윤리로 발전하고 있다. 다시 말해서 자본주의 시장경제를 인정하면서도 자본주의의 독점화와 이기주의화의 문제점을 지적하면서 경제적 나눔과 재분배와 더불어 사는 상생을 강조함으로써 제3의 대안을 제시한다. 북한은 경제적 자유가 인정되지 않고 재산의 사유화가 없어서 열심히 일하는 분위기가 형성되지 못하기에 자연히 경제적 위기를 겪게 되었고, 남한은 경제적 자유가 넘친 나머지 경제적 정의와 평등과 나눔이 이루어지지 않았기에 IMF 위기가 다가왔다. 우리는 이러한 민족경제의 위기상황에서 웨슬리의 대안적 경제윤리를

---

72 Wesley, "The More Excellent Way," *The Works* Vol. 3, 275.

배울 필요가 있다.

1. 시장독점화의 죄악성

웨슬리는 시장경제(laissez-faire)에 의한 자본의 독점화에 대해 분노하였다. 그의 가장 중요한 관심은 돈과 음식을 재분배하는 것이었다. 큰 농장들은 상대적으로 부를 많이 축적하게 되고, 작은 농장들은 상대적으로 부를 적게 축적할 수밖에 없는 구조적 모순을 갖고 있음을 지적한다.[73]

참 크리스찬 사랑이 계속하는 한, 초대교회는 모든 소유를 공유할 수 있었다. 18세기에 크게 영향을 미친 칼빈주의적 자본주의의 윤리를 비판하였다. 웨슬리는 시장경제이론을 비판했다. 웨슬리는 경쟁을 부추기는 자유무역과 시장경제 체제를 거절하였다.[74] 막스 베버(Max Weber)는 웨슬리를 자본주의 신학자로 단순화하였다. 막스 베버는 웨슬리의 신학과 윤리가 단순히 한 개인이 가진 소유의 양이 한 개인에게 하나님의 은혜가 미친 크기를 보여주고 있다고 부정확하게 주장한다.[75] 웨슬리는 아담 스미스와 아담 페르구손(Adam Ferguson)의 시장경제이론(laissez-faire)을 비판하였다. 왜냐하면, 실업의 증가, 가난, 사회적 불평등, 시장 독점화와 부동산 독점화 현상을 나타내기 때문이다. 빈곤의 조건을 증대시키는 현상을 정부가 콘트롤하고 분배를 제도화해야 한다고 웨슬리는 믿었다. 웨슬리의 경제적 아이디어가 흥미롭고 중요한 것은 특별한 이론이나 치유방법 때문이 아니라, 인도주의적 정신 때문에 20세기 교회가 본받아야 할 정신이 된다. 웨슬리의 경제 아이디어는 인간 요구에 대한 깊은 동정에 기초하고 있었다.

자본주의 시장경제가 일등만 살아남도록 경쟁하게 만드는 것이 상대적으

---

73 Wesley, *Letters*, 56.

74 T.W. Madron, "John Wesley on Economics," *Sanctification and Liberation* Ed. Theodore Runyon (Nashville: Abingdon Press, 1981), 113.

75 Max Weber, *The Protestant Ethic and the Spirit of Capitalism* (New York: Charles Scribner's Sons, 1976), 142-143.

로 중소기업을 무산시키고 많은 실직사태를 만들고 있다. 이러한 시장경제의 문제점을 일찍이 웨슬리는 비판하였던 것이다. 이러한 사유재산을 인정하고 시장경제를 인정하면서도 그 문제점을 해결하기 위한 분배와 나눔과 평등의 사회구조를 만드는 중요한 경제의 3대 원리, 돈 사용의 3대 원리를 그의 설교에서 강조하고 있다.

2. 돈 사용의 3대 원리: 대안적 경제원리

그의 설교에서 돈 사용의 세 원리를 설교하였다. 제1원리는 '열심히 벌어라'(gain all you can)는 것이다. 웨슬리는 크리스찬들이 금을 사는 것 없이, 이웃에게 상처를 주는 것 없이 자신의 사업을 위해 이웃의 사업을 해치는 것 없이 열심히 돈을 벌어야 한다고 강조한다. 웨슬리는 이웃을 삼키면서, 그들의 고용인들에게 상처를 주면서 돈 벌기 원하는 사람들에게 경고하였다. "그것이 이 사람들의 피가 아닌가? … 피, 피가 거기에 있다. 기초와 마룻바닥과 벽과 지붕에 온통 피로 물들어 있다!. 너 피의 사람아, 네가 가장 사치스러운 자줏빛 아마포로 옷 입었다 할지라도, 너의 피 밭을 너의 후손에게 물려주기를 희망할 수 없다. 네가 몸과 영혼을 모두 파괴한 네 고용인들처럼 너의 기억과 함께 너도 멸망할 것이다."[76] 또한, 웨슬리는 하나님이 주신 모든 재능을 사용하여 부지런히 돈 벌기를 제안한다. "어떠한 일도 결코 내일까지 미루지 말라! 오늘 할 일을 오늘에 하라!"

제2의 원리는 "할 수 있는 대로 많이 저축하라"(save all you can)는 것이다. 웨슬리는 육체의 욕망을 만족시키기 위해서, 맛을 즐기는 기쁨을 더하기 위해서, 집을 사치스럽게 장식하기 위해서 그리고 값비싼 그림과 책을 사기 위해서 돈을 낭비해서는 안 된다고 설교하였다.[77] 자녀를 위해 돈을 지나치게 낭비하는 것은 돈을 바다에 던지는 것과 같다고 웨슬리는 비판한다.

---

76 Wesley, "Use of Money," *The Works* Vol. 6, 129.
77 Wesley, "Use of Money," 131.

제3의 원리는 "할 수 있는 대로 많이 주어라"(Give all you can!)는 것이다. 제1 원리와 제2 원리는 제3 원리를 위해 존재한다고 생각한다. 웨슬리는 제3 원리를 가장 중요시했다. 열심히 노력하여 돈을 모으고 저축한 것이 올바른 일을 위해, 하나님이 기뻐하실 일을 위해 바르게 사용돼야 한다고 강조한다. 경제적 재분배가 가장 중요하다. 인간이 모으는 것과 저축하는 것 이상으로 나아가지 않으면, 이 모든 소유가 아무 의미도 없게 되어 버린다. 만일 그들이 할 수 있는 대로 열심히 나누어주지 않으면, 돈을 바다에 던지거나 땅에 파묻어 버리는 것이 된다.

3. 일자리 창출

웨슬리는 그의 논문들과 설교들 속에서 가난과 실업은 18세기의 사회적 불평등체제의 결과라고 보았다. 웨슬리는 가난한 사람들이 가난한 이유는 그들의 게으름 때문이라고 말하는 것은 사악하고 악마적인 거짓말이라고 선포한다. 웨슬리는 더욱 정직한 평가는 백성들이 일할 거리가 부족하기 때문에 가난한 것임을 인식해야 한다고 말한다.[78] 웨슬리가 그 당시의 가난과 실업에 대한 원인을 분석한 것이 Lloyd's Evening Post의 편집자에게 보낸 1772년 12월 편지에서 나타나고 있고, 그다음 달에 쓴 논문 "Thoughts on the Present Scarcity of Provisions(식량의 현재적 궁핍)"에서 확장되어 나타나고 있다. 이 시기는 전쟁, 높은 물가, 흉년 그리고 일반적인 빈곤 등으로 특징지어진다. 그는 논문에서 "왜 그들이 육식을 못 하는가 하면 일거리가 없기 때문이다… 또한 실업률이 늘어나기 때문에 필수품, 특히 음식물의 물가가 상승하고 있다… 과거에 50명을 고용했던 고용주들이 이제는 겨우 10명을 고용하고, 과거에 20명을 고용했던 고용주들이 이제는 겨우 한 명 혹은 아무도 고용 못 하는 실정이 되어 버렸다"라고 한다.[79] 그리하여 웨슬리는 경제적 빈곤의

---

78 John Wesley, "Thoughts on Present Scarcity of Provisions," *Works*, Vol. 11, 54. 이하 "Thoughts on Present Scarcity…"로 표기함.

문제를 극복하기 위해 잘 조직된 고용 체제를 만드는 사회 변혁의 필요성을 느꼈다. 부자들의 낭비 때문에 썩어 버리는 음식이 많아서 식료품값이 비싸다고 보았다. 영국에서 산출되는 밀의 반가량이 부자들의 낭비에 의해 버려진다고 지적한다.[80] 식량의 절대적 부족으로 인한 기가 막힌 빈곤의 상태를 다음과 같이 언급한다.

나는 우선 국가의 전역에서 왜 수많은 사람이 굶주려 죽어가고 있는가?를 묻는다. 나는 이 땅의 구석구석에서 그 사실을 내 눈으로 목격했다. 나는 매일 매일 보잘것 없는 식사 한 끼밖에 먹지 못하는 사람들을 알고 있다. 나는 런던에 살고 있는 한 사람이(그 사람은 몇 년 전까지만 해도 가장 편안한 삶을 살던 사람이다) 냄새가 나는 똥 더미 속에서 생선을 꺼내 그녀와 아이들을 위한 식량으로 가져가고 있음을 안다. 나는 또 다른 사람을 아는데 그는 구차한 삶을 연장하기 위해 개들이 먹다가 남긴 뼈들을 모아 국을 끓여 먹고 있다. 나는 다음과 같은 꾸밈이 없는 제3의 소리를 듣는다. 정말로 나는 몽롱하고 힘이 없어 걸을 수조차 없다. 우리 집 강아지는 집안에 먹을 것이 없자 밖에 나가 근사한 뼈다귀를 물고 들어 왔다. 나는 강아지 입에서 그것을 빼앗아서 저녁식사를 만들었다. 그런 사실이 젖과 꿀이 흐르는 풍요의 땅! 즉 생활필수품, 편리품, 사치품들이 넘쳐나는 이 땅에서 살고 있는 대다수 사람의 현실이다.[81]

그러면 그 이유는 무엇인가? 왜 이 모든 사람이 먹을 것이 없는가? 그들이 할 일이 없기 때문이다. 그들이 고기가 없는 간단한 이유는 그들이 일자리가 없기 때문이다. 웨슬리는 일자리를 구해 주는 고용제도의 개혁이 그들에게 음식을 제공하는 것보다 더더욱 중요함을 지적한다.

웨슬리 자신이 편물기계를 통하여 일자리 창출을 위해 노력하기도 하였고,

---

79 "Thoughts on Present Scarcity...," 54.
80 "Thoughts on Present Scarcity...," 55.
81 존 웨슬리, "식량의 현재적 궁핍에 관하여 논함," 김홍기 편저, 『존 웨슬리의 희년사상』, 421.

신용조합을 조직하여 미소금융을 대출하기도 하였다. 이자 없이 5파운드를 대여하여 주었는데, 한 감리교도가 5파운드를 빌려서 런던시에서 제일 두 번째 큰 중고책방을 경영하게 되기도 하였다. 웨슬리가 사망할 무렵 상당히 큰 부자가 되기도 하였다.

식량의 궁핍 원인은 비싼 술 제조와 세금과 부자들의 사치와 낭비 때문임을 지적하고 가장 기본적으로 문제가 해결되려면 실직자들에게 일자리를 구해 주는 것이라고 주장한다. 한국이나 미국의 경제위기 극복을 위해서도 고용제 도의 개혁이 시급하다. 실직자들에게 일자리를 마련해 주는 일이 급선무다. 자본주의 시장경제가 일등만 살아남도록 경쟁하게 만드는 것이 상대적으로 중소기업을 무산시키고 많은 실직사태를 만들고 있다.

IV. 한국의 통일경제운동과 한국교회의 갱신

이러한 웨슬리의 희년적 꿈은 통일희년의 꿈과 통한다. 바로, 이러한 신학적 통찰이 한국의 희년경제운동의 신학적 기초가 될 수 있다. 웨슬리가 오늘 한국에 다시 온다면 그는 이런 희년사회가 실현되기 위해 열심히 통일운 동에 앞장설 것이다. 이런 희년운동의 프락시스를 한국적 상황 속에 다시 응용할 수 있을 것이다.

21세기 한국교회는 통일을 실현하는 희년경제운동을 위한 역사적 사명을 위해 다시 거듭나야 한다. 웨슬리 신학의 빛에서 다시금 자기변혁을 시도해야 한다.

첫째, 한국교회는 루터의 칭의론과 함께 웨슬리의 성화론을 구원론의 중심으로 끌어들여야 한다. 예수를 믿는 것과 함께 작은 예수화 되어가는 것에 더욱 관심을 가져야 한다. 구원의 출발—의인화와 거듭남—만큼 구원의 과정과 영적 성장과 성숙을 의미하는 성화를 중요시해야 한다. 이것은 오늘날 한국교회가 무시해 왔던 부분이다. 영적 탄생의 부흥 운동은 많이 일어났으나 영적 성장과 성숙의 부흥 운동은 약화되었다. 앞으로 한국교회는 성화를 열심히 가르쳐야 한다. 그리스도의 의로움과 참 거룩함(righteousness & true holiness)을 닮아 가는 하나님 형상의 회복(에베소서 4:24) 운동에 한국교회가 주력하여야 할 것이다. 한국교회는 웨슬리의 경건주의에 많은 영향을 받았음에도 불구하고 독일 경건주의가 강조해온 수동적 성화에는 익숙해 있지만, 웨슬리의 능동적 성화 이해는 부족하므로 신앙의 행동화, 생활화, 사회화, 문화화 그리고 역사화가 일어나지 않고 있다.[82] 십자가의 의롭다 하심의 은총을 믿음으로 체험한 성도들로서 6.25 전쟁의 아픔을 체험하였지만, 북한 동포를 한민족으로 용서하고, 화해하고, 믿음으로 대화하여야 한다. 작은 예수로 성화 되어가는 성도로서 원수마저도 사랑하는 십자가 예수의 사랑으로 북녘 동포들을 끌어안아야 한다.

둘째, 신앙이 사랑으로 완성되는 완전교리를 한국교회가 강조해야 한다. 웨슬리는 완전 교리에 의해 종교개혁 구원론을 더욱 성숙시키고 완성 시켰다. 인간의 죄악성 때문에 죽기 전의 완전 실현이 불가능하다고 보았으나, 웨슬리는 죄악성의 깊이보다 은총의 높이가 더욱 크심을 주장하는 은총의 낙관주의에 의해 완전의 실현 가능성을 강조함으로써 메도디스트들로 하여금 보다 열심 있는 구원 완성의 순례자들이 되게 하였다. 당시 영국성공회보다 더욱 빠르게 성장한 이유가 완전교리를 믿었기에 죽기 전 사랑의 완성을 이루기 위해 열심히 봉사하고 열심히 전도할 때 급성장하는 교회를 만들었다.

셋째, 한국교회는 루터부터 웨슬리까지 공들여 만들어진 종교개혁의 영성 곧 십자가 신학(theology of the cross)의 영성으로 거듭나야 한다. 물량주의와 성공주의 신앙에서 십자가 신학의 신앙으로 거듭나야 역사적 책임을 지는 한국교회가 될 수 있다. 역사의 소외와 빈곤과 억눌림의 아픔을 함께 나누어지는 십자가의 한국교회가 될 때 한국역사의 바른 방향에 설 수 있고 역사에 앞장서 가는 교회가 될 수 있다. 특별히 자기 교회의 이익만을 생각하는

---

82 이 문제에 대하여는 김홍기, "한국교회와 경건주의," 한국교회사학연구소 편, 『기독교사상』 (서울: 연세대학교 출판부, 1998), 205-258을 참고하기 바람.

집단이기주의를 버리고 실직자들과 노숙자들, 기근에 허덕이는 북한 백성들을 위해 함께 아파하고 더불어 나누어 갖는 책임적 공동체가 되어야 한다. 웨슬리의 의인화와 거듭남과 성화와 완전의 중심은 십자가의 복음이었다.

넷째, 믿음이 행함으로 성숙하는 온전한 신앙, 산 신앙으로 거듭나야 역사창조의 공동체가 될 수 있다. 신앙제일주의(solafideism)에서 사랑과 행함으로 성숙하는 신앙으로, 세상의 빛과 소금이 되어야 한다. 특별히 경제적으로 섬기고 나눔을 실천하는 행함이 있어야 한다.

다섯째, 개인 구원과 사회 성화의 이원화에서 벗어나서 총체적인 구원을 말하는 한국교회로 거듭나야 한다. 그래서 복음 선교뿐만 아니라 통일운동에도 앞장서 나가야 한다. 앞으로 21세기의 한국사와 세계사는 한국교회로 말미암아 새롭게 창조되기 위해서 보수와 진보를 넘어서 개인적 성화와 사회적 성화를 총체적으로 이루어 가야 할 것이다.

특히 우리는 북한의 고아와 어린이들을 돕는 인간화 운동에 동참하여야 한다. 유니세프와 북한중앙통계국이 지난 2012년 9월 북한 어린이와 여성의 영양실태를 조사한 보고서에 의하면 북한 5살 미만 어린이 28%가 발육저하상태라는 것이다. 외교안보연구원 교수를 25년 이상 역임한 유석렬 박사는 다음과 같이 지적한다.

> 특히 평양보다 지방 어린들의 영양 상태가 심각하고, 평양의 경우 발육저하가 약 20%를 차지한 반면 함경도 지역에서 30%로 10% 이상 차이가 났으며, 아이를 둔 여성의 경우 30% 가량이 빈혈에 시달리고 있고, 4명 중 1명이 영양실조라고 한다.[83]

매월 10불씩 지원하면 북한 고아를 1명씩 살릴 수 있다.

여섯째, 불건전한 자본주의 병폐인 이기주의적 신앙에서 건전한 자본주의의 신앙 곧 더불어 살고 더불어 나누어주는 신앙으로 거듭나야 민주화와

---

83 유석렬 지음, 『대망의 민족통일 도적같이 오리니』 (서울: 문광서원, 2014) 95.

통일의 시대적 사명을 감당하는 교회가 될 수 있다. 웨슬리가 가르친 청지기 정신에서 '할 수 있는 대로 열심히 나누어주는 정신'으로 속회 헌금 및 구역예배 헌금을 통일 기금화 하는 운동을 일으켜야 할 것이다. 만약 천만 기독교도들이 일주일에 천 원씩 52주를 헌금한다면 일 년에 5천 2백억이 될 것이고 그것을 10년만 하면 5조 2천억을 북한 돕기를 위해 일할 수 있을 것이다. 미주에서도 매주 1불씩 속회 헌금이나 구역예배헌금을 북한 주민 돕기에 쓰는 운동을 일으켜야 한다.

일곱째, 우리는 사회적 성결의 정신으로, 청지기 정신으로 재산상속을 반대하는 캠페인을 벌일 수 있어야 한다. 우리는 우리 소유의 1/3 혹은 1/4은 자녀들에게 상속하고 그 나머지 2/3 혹은 3/4은 사회에 환원하는 운동을 벌여야 한다. 우리 사회는 재산상속의 문제로 심각하게 병들어 가고 있는 자본주의, 인간의 얼굴을 잃어버린 자본주의의 문제점을 안고 있음을 직시해야 할 것이다.

여덟째, 은총의 낙관주의 신앙으로 한국역사의 예언자가 되어 정의와 사랑의 실현을 위해 앞장서야 한다. 지금까지 한국교회는 예언자적 공동체가 되기보다, 5.18과 12.12 사태에서 체제 지향적 공동체였음을 회개하고 반성해야 한다. 하나님의 정의와 사랑의 뜻이 한민족사 속에도 실현되어 하나님의 통치가 현존하도록 역사 속에서 일하는 예언자적 공동체가 되어야 한다.

아홉째, 앞으로의 한국교회는 자유와 평등의 공동체로 거듭나야 한다. 웨슬리가 외친 자유를 모든 교인이 누리는 자유함의 공동체가 되어야 한다. 21세기는 역사가 헤겔이 예언한 대로 역사는 모든 사람이 자유 하는 방향으로 더욱 발전한다. 또한, 모든 교인이 평등한 인간으로 대우받는 교회가 되어야 한다. 초대 감리교회사에서처럼 여성도 똑같은 인간으로 대우받아야 한다.

그리고 북한 사회에는 경제적 자유운동을 일으키고, 남한 사회에는 경제적 평등운동을 일으키는 일에 앞장서는 한국교회가 되어야 한다. 그러기 위해서 미소금융을(1천불) 북한 가정에 지원하여 쌀가게, 생선가게, 신발가게를 경영하는 시장경제를 도와야 한다. 압록강과 두만강을 넘어서 식량을 구하러 오는 북한 주민들을 돕고, 탈북 한 새터민들의 창업을 도와야 한다. 그것은 북한 선교에 도움을 주고, 북한의 개혁과 개방에 도움을 주어 사회주의를 벗어나게 하는 중요한 원동력이 될 수 있다. 건전한 자본주의 시장경제가 북한에서 활성화되게 하여야 한다. 이것은 통일 이후의 남한의 경제적 부담을 덜어주는데도 크게 기여할 수 있다.

이미 미주 내에서 "겨자씨선교회"를 통하여 샌프란시스코, LA, 뉴욕, 시카고, 보스턴, 디트로이트 등지에서 미소금융지원운동이 일어나고 있다. 한 달에 한 가정이 10불, 20불씩 헌금하여 북한가정경제를 일으키는 운동이 일어나고 있다. 샌프란시스코 베이지역에 "겨자씨선교회"를 통하여 매달 100불씩 지원하기로 한 이사가 10명이 넘었다.

열째, 웨슬리가 강조한 대로 성육신적인 정신으로 역사 속에서 섬김으로 사회적 성화를 열심히 이루어야 한다. 앞으로 21세기는 섬김(service)정신을 요구한다. 많은 21세기를 얘기하는 미래학자들이 주장하는 말은 섬기는 서비스 정신이다.

지금 북한에 사는 K씨 가족은 성육신의 정신으로 살고 있고, 그들의 성육신 정신에 감동 받은 흑인과 백인가정 30명이 살고 있다. 세계화와 국제화 시대에 살아남는 사람이 되려면 섬기는 사람이 되어야 하고, 살아남는 교회가 되려면 섬기는 교회가 되어야 하고, 섬기는 정신을 생활화하는 국가가 국제 경쟁력에서 살아남을 수 있다. 무엇보다도 한국교회는 영적으로나 경제적으로 섬기는 교회가 되어야 21세기를 이끌어 가는 교회가 될 수 있다.

열한째, 웨슬리가 강조한 사회봉사운동, 사회변혁운동, 희년경제운동에 참여해 가는 한국교회가 될 때 북한 선교와 통일의 역사를 창조해 가는 주체가 될 수 있을 것이다. 웨슬리는 "세계는 나의 교구이다"(The all world is my parish)라는 슬로건만 강조한 것이 아니라 "민족을 개혁하자"(To reform the nation)라는 슬로건도 자주 사용하였다. 하나님이 메토디스트 설교가들을 부르신 것은 어떤 새로운 종파를 만들려는 것이 아니라 민족을 개혁하기 위해서라고 강조하였고, 영국성공회를 개혁하기 위해서라고 주장하였다.

미주 한인교회나 한국교회가 지금 세계선교에 앞장서 가고 있다. 미국이 아니라 한국이 세계선교의 주체가 되어가고 있다. 그 세계선교와 함께 평화적 통일의 민족개혁운동을 동시에 전개할 때 한국이 21세기 동북아 시대와 태평양 시대에 아시아만 아니라 세계를 이끌어갈 수 있다. 골드만 삭스가 보도한 대로 GDP 7만 불, 미국 다음의 부국이 될 수 있다. 어느 대통령이 말한 대로 통일은 대박이 될 수 있다.

V. 변화하는 북한: 북한 선교와 평화통일의 길을 여시는 하나님의 역사 섭리

하나님은 우리보다 먼저 북한에서 역사하고 계신다. 우리는 하나님의 북한 선교와 평화통일의 열심이 우리보다 훨씬 앞서 나가심을 알아야 한다. 바로 이 점에서 우리는 WCC가 1960년에 이후로 발전시켜온 "하나님의 선교"(Missio Dei) 개념을 더욱 한반도 상황에서 응용 해석할 필요가 있다고 본다.

다시 말해서 종전의 교회적 선교개념에서는 하나님-교회-세계의 도식으로, 하나님이 교회를 통해서 선교하신다는 교회 주체적 선교개념을 강조하였다면, 하나님의 선교개념에서는 하나님-세계-교회의 도식으로, 하나님이 오히려 세계 속에서 일하시는데 그 세계 속에서 일하시는 하나님의 부르심을 듣고 교회가 세계 속으로 들어가야 한다는 선교의식이다.

이것은 상당히 웨슬리적 "선행적 은총"(prevenient grace)의 개념으로 이해할 수 있다. 하나님이 먼저 양심과 이성과 자유의지 속에서 성령의 일반계시로 역사하신다는 것이다. 이미 북한 사회 속에서 하나님이 성령의 강한 역사로 일하고 계신다. 지하교회운동이 일어나는 것을 보면 그렇게 이해할 수 있다. 북한에 선교사들이 들어갈 수 없는 상황에서 하나님이 강한 바람 같은 성령의 역사로 일하고 계신다. 우리는 그 선교적 부르심에 동참해야 한다.

탈북자들의 증언을 들어보면 북한에서 이미 성경을 읽고 탈북을 결심하고 남한으로 내려왔다는 것이다. 북한 정치장교 중좌(중령) 심주일은 북한 보위부(한국의 '국정원' 같은 기관) 간부가 선물로 준 성경을 몰래 일독을 하고, 극동방송을 이불 속에서 듣다가 하나님을 체험하면서 탈북을 결심하고 남한에 내려와 광나루 장신대를 졸업하고 목사가 되었음을 간증서 『멈출 수 없는 소명』에서 고백하고 있다.

> 사실 그렇다. 나에게 성경을 전해준 사람도 보위부 사람이며 또 탈북신학생들 가운데 하나님을 믿는 보위부 사람들의 도움으로 한국으로 와서 신학 공부를 하는 사람들의 증언들을 통해 북한 보위부에도 하나님을 믿는 사람들이 많음을 알 수 있다.[84]

북한 공훈 배우 1호 주순영 선교사(김일성의 아내요, 김정일의 생모였던 김정숙 역의 배우로 선발된 여성)도 김일성 사망 이후 외화벌이로 중국에 가서 십일조를 내는 것을 통해 하나님체험을 한 후 여러 우여곡절 끝에 서울로 와서 총신대를 졸업하고 선교사가 되었다. 간증집 『축복의 땅으로 1, 2』를 통해 생생하게 인도하시는 하나님의 불기둥과 구름기둥으로 탈북하여 남한에서 지금 선교사 생활을 하고 있음을 증언하고 있다.

> 하나님, 고맙습네다. 어제는 기도한 대로 한 배로 부풀려 주셔서 감사합네다. 내일이면 3일 출장을 끝내고 고향으로 돌아가야 합네다. 어제는 몰라서 한 배만 부풀려 달라고 했습네다. 오늘은 500위안을 드리니 10배 아니 100배로 부풀려 주십시오. 꼭 부탁드립네다.[85]

그런데 사람들이 호텔 문 앞에까지 몰려와서 2시간이나 기다리면서 북한노래공연을 기다렸고, 그날의 수입은 500위안의 70배가 넘는 3만 6천 위안이었

---

84 심일수 지음, 『멈출 수 없는 소명』 (서울: 도서출판 토기장이, 2013), 74.
85 주순영 지음, 『축복의 땅으로』 1권, (서울: 예찬사, 2014), 46.

다는 것이다.[86] 하나님이 너무 급하셨다. 하나님이 너무 바쁘시다.

1995년 100년 만의 대홍수로 농지의 28%가 침수되어 식량난이 가중되어 200-300만 명의 아사자들이 생기가 되자, 북한은 "고난의 행군"을 선포하였다. 그래서 식량을 구하기 위해 20만 명이 중국으로 몰려 들어갔다가 한국선교사들을 만나서 복음을 영접하게 되었고, 선교사들이 도움으로 그들이 북한으로 다시 돌아가서 많은 지하교회가 세워지는 놀라운 선교 역사가 이루어지게 되었다.[87] 한 증언자 K씨에 의하면 일 년에 평균 4백 명씩 순교한다고 한다.

이것은 AD 313년 콘스탄틴 대제의 밀라노칙령 이전에 200년간의 순교를 방불케 하는 기독교 역사상 최대의 사건이라고 할 수 있다. 초대 교부신학자 터툴리안의 증언대로 "순교자의 피는 교회의 씨앗"인데 북한교회들과 북한 성도들은 이 순교의 피로 날로 성장할 수밖에 없고, 밀라노칙령으로 초대교회가 해방된 것처럼 그들의 피가 북한을 해방시키는 통일의 문을 열 수밖에 없을 것이다.

1989년 9월의 동독 라이프지히 니콜라이교회에서 월요기도회가 500명, 1,000명, 10,000명, 200,000명이 되면서 독일의 베를린 장벽이 무너지고 동독 정부가 붕괴되면서, 독일통일이 이루어졌듯이 북한 지하 교인들의 기도가 통일의 문을 열 것이다.[88]

북한경제전문가 권태진 박사에 의하면 2015년 북한의 가뭄 사태가 100년 만에 처음 겪는 심각한 상황이라면서, 이것이 남북대화를 재개하는 기회가 될 수도 있을 것으로 전망하였다.

2015년 상반기 북한은 평년에 비해 적은 강수량에다 기온마저 높아 가뭄이 더욱 기승을 부린 것으로 보인다. 게다가 지난 2년 동안 북한지역에는 연속적으로 가뭄이 발생하였기 때문에 저수지나 댐의 저수율마저 낮아 가뭄 피해가 더욱 확대되었다.[89]

---

86 주순영, 52.
87 유석렬 지음, 249.
88 유석렬, 39.

게다가 이란 핵협상 이후 한미일 공조체제로 북한 핵문제 대화도 활발히 재개하려는 상황에 평화적 통일의 문이 더욱 열리는 역사가 전개되기를 희망한다.

결론

우리는 웨슬리의 희년사상과 희년운동을 통하여 통일운동의 역사 신학적 의미와 근거를 찾아보았다. 위에서 고찰한 바와 같이 웨슬리는 단순히 내면적 개인적 성화만을 강조한 부흥사가 아니라 외향적 사회적 성화운동까지 전개한 사회 변혁가였다. 웨슬리의 경건주의는 개인적 성화와 동시에 사회적 성화를 함께 중요시했기에 18세기 영국의 심령부흥운동을 일으켰을 뿐 아니라 사회 변혁운동까지 일으키게 된 것이다. 이러한 개인 구원과 사회 변혁의 신학적 기초는 성화 사상에 뿌리를 두고 있다.

특히 웨슬리의 희년경제윤리는 오늘의 통일 희년운동에 큰 교훈을 주고 있다. 웨슬리가 외치고 실천했던 경제의 3대 원리 청지기 정신, 하늘나라의 저축 운동 및 경제의 재분배 운동은 남북통일을 위해 복음적 경제윤리요 대안적 경제윤리이며, 우리가 실천해야 할 프로그램들이다. 사유재산을 인정하면서도—gain all you can과 Save all you can— 분배하는 삶—give all you can—을 외친 웨슬리의 가르침은 확실히 공산주의와 자본주의의 모순을 극복해가는 제3의 길(Third alternative)이다. 웨슬리의 가슴속에 붙은 개인적 성화와 사회적 성화의 불이 오늘 한국 교인들과 미주 한인들, 더욱 나아가 전 세계에 흩어진 배달의 겨레의 가슴 속에 다시금 붙어져야 할 것이다.

우리 한국인과 한국 그리스도인들은 온 세계의 세계인들과 세계 크리스찬들의 지지와 기도와 연대를 받아야 한다. 한국은 자본주의와 사회주의의

---

89 권태진, "2015년 북한 가뭄실태와 식량난 현황," (인터넷 자료).

냉전의 희생양으로서 분단되었다. 독일은 제2차 세계대전의 주범으로서 그들 자신의 범죄로 동독과 서독으로 분리되어야 마땅하였다. 그러나 한국은 일본 제국주의 36년 통치하에 제국주의와 식민지주의의 희생양이 되었다가, 갑자기 분단되어야 할 세계사적 정당하고 합리적인 이유도 없이 자본주의 강대국 미국과 사회주의 강대국 소련의 야욕에 의해 일본군 무장해제를 이유로 다시 분단의 희생양이 되었던 것이다. 그래서 우리는 자본주의와 사회주의의 냉전 죄악의 마지막 십자가를 지고 비틀거리는 민족이 되었다. 현대세계사의 죄악의 짐을 우리가 대신 짊어지고 있다.

그러한 고난의 이유가 무엇인가? 함석헌은 그의 책『뜻으로 본 한국역사』에서 여기에 한국을 향하신 하나님의 역사 섭리가 있다고 해석한다. 함석헌은 그의 책을 영어로 번역한 "Queen of Suffering"에서 한국을 십자가에 달린 늙은 여인, 창녀로 비유한다. 그리고 그 늙은 여인을 오른손은 중국이 왼손은 일본이 머리는 러시아가 다리는 미국이 잡아당기고 있다고 묘사한다. 한국의 고통이 온 세계의 고통이요, 온 현대사의 고통이다. 이것은 또한 하나님의 고통이다. 그러나 그는 이것이 세계사를 정화시키고, 용서하고, 구원하시는 하나님의 계획임을 믿는다.[90]

한국의 고난은 세계사를 정화하고 성화시킨다. 세계사적 짐을 짊어짐으로써 한국인 스스로를 성화시키고 스스로를 구원하며 또한 동시에 세계를 성화시키고 세계를 구원할 수 있게 된다. 한국인은 세계사를 보다 높은 수준으로 승화시키는 지구적 사명(a global mission)이 있다. 그러므로 한국의 통일은 한국사의 문제만 아니라 세계사의 문제이기도 하다. 따라서 지구에 사는 모든 인류는 한국의 통일희년운동을 지지하고 도와야 한다.

함석헌은『뜻으로 본 한국역사』에서 세계사의 죄 짐을 지고 세계사의 꼴등에 서 있는 한국을 뒤로 돌아 앞으로 명령하시는 날 세계를 이끌고 가는 세계사의 주인이 되도록 섭리하신다는 것이다. 독일이 먼저 통일이

---

90 Sok-Hon Ham, *Queen of Suffering*. Tr. E. Sang Yu (Philadelphia: Friends of World Committee for Consultation, 1985), 19.

되고 우리가 세계의 마지막 분단국가로 남게 된 것은 하나님의 역사 섭리라는 것이다. 우리가 통일되어 냉전 이후의 세계사를 이끌어 가도록 하나님이 섭리하신다는 것이다.

함석헌은 이사야 53장의 고난의 종은 예수님을 의미하기도 하지만, 또한 한국을 의미하기도 한다고 해석한다. 한국이 세계사의 죄 곧 자본주의와 공산주의의 싸움, 제국주의와 식민지주의의 비인권적인 죄악을 한국이 속죄하도록 하나님이 섭리하신다는 것이다. 이것이 한국의 "지구적 사명"이라는 것이다.

함석헌은 특별히 우리가 통일을 이룰 수 있고 세계사의 주인이 되는 원동력은 군사의 힘도, 정치의 힘도, 경제의 힘도 아닌 신앙의 힘이라고 강조한다. 반만년 고난의 역사를 통하여 신앙으로 훈련되어온 우리 민족이 그 신앙의 힘으로 통일을 이루고 더 이상 십자가에 매달린 여인이 아니라 여왕의 왕관을 쓴 세계사의 주인으로 부활할 것을 함석헌은 예언한다. 동방의 등촉 그 빛을 발휘하는 날, 아세아뿐만 아니라 세계를 놀라게 할 날이 다가올 것이라고 한다.[91]

그리하여 21세기 태평양 시대와 동북아 시대에는 한국이 더 이상 세계사의 하수구 노릇을 하지 않고 세계사에 앞장서 가는 민족, 새로운 세계사를 창조하는 민족이 되어야 할 것이다. 독일이 하지 못한 세계사의 새로운 창조를 분단 마지막 국가인 한국이 이룩할 것이다. 예일대학교 역사학 교수 폴 케네디(Paul Kennedy)가 예언한 대로 일본도 아니고 중국도 아니고 한국이 민주화, 기독교 신앙으로 말미암은 도덕의 신장 그리고 생산성의 활성화로(반도체, 스마트폰, 자동차 등) 21세기 세계사의 주체가 될 것이다.

---

91 Sok-Hon Ham, 178.

John Wesley's Understanding of Jubilee Economic Ethics and Its Application to Reunification Movement of North and South Korea

Hong Ki Kim, Ph.D.

Introduction

Dr. Suk-ryul Yoo mentioned "Reunification of North and South Korea will come like a thief"in his book 『대망의 민족통일 도적같이 오리니』: *Coming the Reunification of North and South Korea like Thief.* Dr. Yoo quoted the German Prime Minister Billy Brant's speech in Seoul, October, 1989. He prophesied that Korean reunification will come earlier than German reunification. But German re-unification came true in October, 1990. When my friends and I traveled together on the road of the Aprok River and the Duman River which are located between the border line of China and North Korea, we could see North Korea from the China side only 13 to 15 meters away. At that time I believedthat reunification would happen in ten years. Many scholars prophesy that reunification will happen in ten years.

The World Council of Churches (WCC) and the Korean National Council of Churches (KNCC) have both made great contributions toward the reconciliation and reunification of North and South Korea. It was not until the WCC delegates from the U.S., Germany and Canada visited North Korea that North Korea began to participate in the international discussions on Korean reunification. While North Korean delegates were absent from the international discussion on Korean reunification and reconciliation held at Do Jan So, Japan in October 1984, they were indeed present at the second international discussion on Korean re-unification at the Glion Council in Switzerland. The KNCC has also been influential by creating the "Korean Church Declaration for National Reunification and Peace" in February 1988 which influenced Korean government policy on reconciliation and reunification.

Fifty years after the division of North and South Korea, the South Korean National Christian Council of Korea and the North Korean Chosun Christian Confederation declared 1995 as the year of jubilee. Since then I believe that we have begun a movement for reconciliation and reunification to unify our different cultures, customs, political systems, economic systems and social lives. One of the most urgent issues has been overcoming bitterness and distrust that developed during the Korean War. To have constructive dialogue between North and South Korea, we need forgiveness, reconciliation, trust and love. So the re-unification movement of Korea needs a theological and spiritual perspective.

For this kind of spiritual reconciliation and healing we can look to John Wesley who made reconciliation a remedy for the bipolarization of the rich and poor in eighteenth century English society. Wesley's theology of sanctification and social sanctification are especially meaningful in the Korean historical context. I would like to suggest how to heal our national wounds through Wesley's spirituality and theology of reconciliation in terms of justification, sanctification, perfection, social sanctification and jubilee economy. I would then like to suggest how to share our riches with North Korean people: the suggestions for the praxis of sharing in the perspective of John Wesley's theology of jubilee.

I. Reconciliation and Sanctification

The main point of Wesley's theology is sanctification, while the most important point of Luther's theology is justification. For Wesley repentance is like the porch of religion and justification by faith is like the door of religion and sanctification by love is religion itself. For Wesley sanctification has two dimensions: holiness of heart and life. For Wesley, personal sanctification is defined as two concepts: holiness (*kadosh* in Hebrew and *hagios* in Greek) and love. This concept of holiness is expressed as holiness of heart and life. Wesley highlights the fact that individuals wait for entire holiness, for full salvation from all our sins - pride, self-will, anger, desire, and unbelief. This is liberation from inner sin, original sin or the roots of sin as well as actual sins. For Wesley, actual sins are forgiven at the moment of justification. However, inner sin still remains in believers, even though it does not dominate, rule or control them. Thus, even believers have to repent inner sin until it will be cleansed by the grace of perfection. The grace of perfection signifies saving Christians from all sins. For Wesley, perfection is attainable in this life.

For holiness of heart we need repentance and faith continuously. In his sermon "On Sin in Believers" Wesley built upon an assumption that believers who are justified are not wholly sanctified. At the moment of justification, the believer is delivered from the dominion of actual sins. Although the power of inner sin is broken, it is not destroyed. Therefore they are still sinners who need continual repentance.

Thus he emphasized repentance and faith for the gradual work of sanctification in his sermon "The Repentance of Believers." For Wesley repentance of believers means an inward change, a change of mind from sin to holiness. Through faith the repentant believer is saved from the sin that still remains in the heart: self-will, pride and temper. By faith believers receive not only mercy but also the grace of purifying the heart and cleansing hands. By faith we feel the power of Christ every moment resting upon us, whereby we are enabled to continue in spiritual life. For Wesley through repentance believers understand the pessimism of human nature, but through faith believers receive the optimism of grace. So Wesley made a very clear comparison between repentance and faith:

> By repentance we feel the sin remaining in our hearts, and cleaving to our words and actions. By faith we receive the power of God in Christ, purifying our hearts and cleansing our hands. By repentance we are still sensible that we deserve punishment from all our tempers and words and actions. By faith we are conscious that our advocate with Father is continually pleading for us, and thereby continually turning aside all condemnation and punishment from us⋯. Repentance says, 'Without him I can do nothing': faith says, 'I can do all things through Christ strengthen in me.'

However, Wesley emphasized that we need works of piety and works of mercy for holiness of heart and life. In his sermon "The More Excellent Way" Wesley introduced two ways of sanctification: the lower path, avoiding evil in terms of holiness, and the higher path, seeking to gain the mind of Christ and walk as he walked in terms of love. The more excellent way is a pure love of God and a humble love of all human beings for God's sake. Even though Wesley was never gave up his soteriology of justification by faith alone, he changed his mind to understand way of salvation. Wesley insisted in his sermon "The More Excellent Way" as follows:

> From long experience and observation I am inclined to think that whoever finds redemption in the blood of Jesus, whoever is justified, has then the choice of walking in the higher or lower path. I believe the Holy Spirit at that time sets before him the more excellent way, and incites him to walk therein, to choose the narrowest path in the narrow way, to aspire after the heights and depths of holiness, after the entire image of God.

For the reconciliation and reunification of Korea we need a more excellent way in terms of the practice of love. Since 1945, the year of Korean division, South Korean Christians have tried to love North Korean people, but only in the lower way: the practice of love which springs out of justification by faith alone. From now on we, South Koreans, have to practice love in the higher way to imitate Christ.

For Wesley and early British Methodists Hebrews 12:14 is very important: reconciliation and holiness. Without reconciliation and holiness we cannot see the Lord. When Wesley preached the doctrine of sanctification of reconciliation and holiness as well as the doctrine of justification by faith, the Church of England prohibited such preaching in London. So Wesley came down to Bristol, April, 1739 and preached outside of the church building. We call it open air preaching or outfield preaching. He preached open air at Moorfields, London as well. That Moorfields are very near to Methodist Foundery, Methodist Headquarters, July, 1739. He preached at Kennington Common, open space near to south of Themes River. Therefore, reconciliation and holiness are very important in the salvation process and historical Methodist movement.

For Wesley reconciliation and peace are strongly related to economic justice through true love of sharing. Wesley insisted in his sermon "The Scriptural Christianity" that the Methodist believes in the victory of perfect justice and perfect love as the dream of the restoration of the image of God. In the righteous and holy society in terms of holiness community there is no enemy because they have peace, forgiveness, reconciliation and sharing:

Suppose now the fullness of time to be come, and the prophecies to be accomplished. What a prospect is this! All is peace, "quietness, and assurance for ever." Here is no din of arms, no "confused noise," no "garments rolled in blood." "Destruction comes to a perpetual end." Wars are ceased from the earth. Neither are there any intestine jars remaining; no brother rising up against brother; no country or city divided against itself, and tearing out its own bowels. Civil discord is at an end for evermore, and none is left either to destroy or hurt his neighbor. Here is no oppression to "make" even "the wise man mad;" no extortion to "grind the face of the poor;" no robbery or wrong; no rapine or injustice; for all are "content with such things as they possess." Thus righteousness and peace have kissed each other; (Psalm 85.10;) they have "taken root and filled the land;" "righteousness flourishing out of the earth," and "peace looking down from heaven."

II. Perfection and Jubilee

The concept of entire sanctification before death implies doing good works and loving perfectly as well as entire holiness from inner sin. For Wesley, the positive meaning of sanctification is love, whereas the negative meaning of sanctification is holiness or sinlessness. What is sanctification? What is perfection? Wesley answers, "It is loving God with all our heart, mind, soul and strength." This love is pure love without any intention and any emotion: a single intention to glorify God and a simple emotion to love God. To get this single and simple love we need spiritual practice and exercises for sanctification.

It is love excluding sin, love filling the heart. This love is interrelated to faith: it is faith-filled work with the energy of love. Without faith no human being is sanctified; no human being is sanctified until she or he believes. While faith is a free gift of God, love is synergistic action: God's initiating grace followed by human response. The concept of impartation signifies that our sinful nature becomes renewed and that one can participate in the image of God, in righteousness and true holiness by sanctifying love.

The Spirit of impartation, the Holy Spirit, leads us into becoming the partakers and partners of the Divine nature. The real testimony of the Spirit appears as the fruit of the Spirit in terms of love and good works. For Wesley, good works and love are needed for the assurance and the fullness of salvation or final salvation, whereas faith is only for initial salvation in terms of justification. Thus, for Wesley, faith is the condition of necessity for salvation and good works or love are the condition of fullness for salvation.

For Wesley, new birth is not enough; sanctification is necessary for renewal in the image of God in righteousness and true holiness. Sanctification is necessary for accepting the challenge and risk the struggle for the fullness of life to make visible the kingdom of God: the kingdom of peace and justice. This kind of dream realizes the kingdom of God through social sanctification developed into the concept of jubilee. Jubilee is social perfection. While Wesley insisted on the pessimism of human nature, he believed in the optimism of grace to realize jubilee as the perfection of social sanctification.

Wesley believed in the concept of realized eschatology. When he preached his first outfield sermon in Bristol, Wesley used the text of the Sermon on the Mount in April 1, 1739 just as Jesus preached the Sermon on the Mount in outfield. In the second outfield preaching in April 2, 1739 he used the text of jubilee: Luke 4:18-19. He preached the gospel of jubilee to the people of *minjung*: the poor, the oppressed, the prisoner, the sick, the orphan, the widow and the disabled. Wesley interpreted "the year of the grace"(Luke 4:18-19) as "jubilee" in his Explanatory Notes Upon The New Testament).

In his sermon "On Working Out Our Own Salvation," Wesley preached that salvation was like the growth of a mustard seed, just as Jesus preached:

> It begins the moment we are justified, in the holy, humble, gentle, patient love of God and man. It gradually increases from that moment, as "a grain of mustard-seed, which, at first, is the least of all seeds," but afterwards puts forth large branches, and becomes a great tree; till, in another instant, the heart is cleansed from all sin, and filled with pure love to God and man. But even that love increases more and more, till we "grow up in all things into Him that is our Head"; till we attain "the measure of the stature of the fullness

of Christ."

Here Wesley combined the Pauline theology of perfect and entire sanctifica-
tion as the teleological point of salvation, growth to the fullness of the Christ, and
Jesus' gospel of the kingdom of God through the interpretation of the parable of
the mustard seed.

Wesley described the evangelical development of the Methodist society
through the interpretation of the parable of the mustard-seed as well in his sermon
"The General Spread of Gospel." Wesley interpreted that just as the grain of mus-
tard-seed is the least of all the seeds and a few years later it grows into a large tree,
the Methodist society grows from Oxford to London, Bristol, Newcastle-upon-
Tyne, Ireland and America. He hopes that this general spread of the gospel will
reach to Africa and Asia beyond Europe.

Therefore, Wesley's theology of jubilee as the present kingdom of God is
linked with his doctrine of perfection. While for Wesley individual personal per-
fection is possible in this world, social perfection as jubilee is possible as well.
However, social perfection as jubilee is not achieved as the absolute meaning and
absolute status but as the relative meaning and relative status in this world, where-
as personal perfection is not achieved as the absolute meaning and absolute status
in this world. Wesley held that personal perfection in this world is not free from
involuntary sin, mistake, weakness, ignorance and temptation. For Wesley, the
absolute status of personal perfection will be realized in the grace of glorification
glorified as spiritual body through the power of the Holy Spirit after death.

Even though we cannot achieve the absolute status of jubilee, we have to try
to realize the society of jubilee in this world. Because the kingdom of God will be
realized in the future absolutely in connection with our present movement of jubi-
lee, we ought to work for the realization of the jubilee as the present kingdom of
God.

Particularly, Wesley insisted on eschatology as the new creation and restora-
tion of this world in connection with the present movement of the kingdom of

God rather than the destruction of this world in his sermon, "New Creation":

> The lion will have no claws to tear the lamb; no teeth to grind his flesh and
> bones. Nay, no creature, no beast, bird, or fish, will have any inclination to
> hurt any other; for cruelty will be far away, and savageness and fierceness be
> forgotten. So that violence shall be heard no more. neither wasting or de-
> struction seen on the face of the earth. "The wolf shall dwell with lamb",(the
> words may be literally as well as figuratively understood,) "and the leopard
> shall lie down with the kid: They shall not hurt nor destroy", from the rising
> up of the sun, to the going down of the same. ... Nay, but there will be a great-
> er deliverance than all this; for there will be no more sin. And to crown all,
> there will be a constant communication with the Father and the Son Jesus
> Christ, through the Spirit; a continual enjoyment of the Three-one God, and
> of all the creatures in him!

Here Wesley describes the new creation as far superior to the old creation of
the old Adam and a greater deliverance than our present pain. For Wesley' no
more sin' means 'no more fall.' Thus, the new creation implies a much better salva-
tion than the old creation. However, this new creation begins and starts at the time
of justification by faith through the grace of Jesus Christ and regeneration through
the Holy Spirit in this world. So, a constant communion with the Triune God and
a continual enjoyment with the Triune God have already been gained from the
present experience of salvation in this world rather than in the other world.

Especially, this new creation does not exclude all the creatures except the hu-
man beings. Thus this new creation includes personal sanctification, social sancti-
fication and cosmic sanctification. For Wesley the concept of cosmic sanctifica-
tion was revealed in his other sermons as well as "New Creation."

For Wesley Leviticus 25 and Isaiah 61 are very important in order to realize the
dream of jubilee. The place of Leviticus 25 in the Bible kept the vision of an age
alive when economic life would start over from scratch; and the testimony of

Isaiah 61 demonstrates its fruitfulness as a vision of the coming revival. Wesley's Journal is filled with reference to various acts of charity. Furthermore, the General Rules of United Societies indicate that acts of charity were a basic requirement for all Methodists.

Wesley here lists three fundamentals for membership in the Methodist classes and societies. The second of these fundamentals is:

> Doing good, by being in every kind merciful after their power, as they have opportunity doing good of every possible sort and far as is possible to all men. To their bodies, of the ability which God giveth, by giving food to the hungry, by clothing the naked, by visiting them that are sick, or in prison.

To realize jubilee we need a process of reconciliation. Recently so many Korean movies have shown the possibility for reconciliation. For instance, in the movie "Joint Security Area," North Korean soldiers and South Korean soldiers play and eat together with joy and peace, overcoming their ideological differences in the De-militarized Zone (DMZ). And in the movie "Tae Kuk Gi," the main character is a North Korean soldier who chooses to love his brother who is a South Korean solider, despite their political differences. Minjung and the rich made reconciliation through repentance of the rich.

Therefore, to share our riches with North Korean people is the process of sanctification and perfection to realize Jubilee. Dr. Sun-Kyung Park pointed out that Jubilee is the subject of covenant faith and theology. Dr. Park continually mentioned that Jubilee is related to national liberation, social change and socio-national equality.

Among so many jubilee movements the most urgent one is economic sharing. The bipolarization of a rich South Korea and poor North Korea is very serious. Economic sharing to overcome the bipolarization of egocentric South Korea and starving North Korea is terribly important on the Korean peninsula.

We have to start the national economic sharing through the repentance of the

South Korean people, particularly South Korean Christians. South Koreans must learn and recognize the idea of jubilee. We have to get the vital balance between personal piety and social reform, personal holiness and social holiness for realization of jubilee. The gospel of Christ knows of no religion but social; no holiness but social holiness. "Faith working by love" is the length and breadth and depth and height of Christian perfection.... And in truth, whomsoever love his brethren, not in word only but as Christ has loved him, cannot but be "zealous of good works." Christians feel in her or his soul a burning, restless desire of spending and being spent for them··· And at all opportunities she or he is, like her or his Master, "going about doing good."

Sanctification is necessary to accept the challenge and risk for the struggle for the fullness of life to make visible the kingdom of God: the kingdom of peace and justice. This kind of dream realizes the kingdom of God through social sanctification developed into the concept of jubilee. While we must accept the pessimism of human nature, we have to accept the optimism of grace to realize jubilee as the perfection of social sanctification. Salvation and the kingdom of God start from here and grow to completion in the future just as a seed of mustard.

In his sermon Wesley preached three principles on the use of money according to the spirit of stewardship. The first principle is 'gain all you can!'. For Wesley, Christians must gain all they can without hurting their employees and swallowing up neighbors. The second principle is 'save all you can!'. Wesley preached that we don't have to waste money on gratifying the desires of the flesh, for increasing the pleasure of tasting, for adorning our houses and for buying costly pictures and books. The third principle is 'give all you can!' The first and the second principles are directed to the third principle. Economic distribution is most important to use. If human beings do not go beyond gaining and saving, all these things are nothing to them. One North Korean refugee said that North Korea is a crazy society and South Korea is a corrupted society. One Korean scholar who is teaching in Germany said after visiting to both North and South Korea, North Korea is like prison and South Korea is like hell.

For Wesley, God entrusts us with that money in order to feed the hungry, to clothe the naked, to help the stranger, the widow, the fatherless and to relieve the wants of all mankind. To apply it to another purpose is to defraud God. To lay up treasures in heaven is to give money to the hungry, the naked, the stranger, the fatherless, the widow and the handicapped. However, most Korean preachers emphasize that to lay up treasures in heaven is only to offer money to the church. In his sermon "On Riches" Wesley emphasizes that the love of money is the hindrance against sanctification of life concretely. To love riches is a hindrance to the love of God, loving our neighbor as ourselves, humility, meekness, yieldingness and patience. The temptation to riches causes the temptation to atheism, idolatry, the desire of the eyes, the pride of life, the physical desire and self-will. We have to do enthusiastic sharing and distribution of their possessions with strong stewardship. We ought to have the spirit of stewardship, realizing that all our possessions belong to God: not mine but God's. We ought to give all we can except our basic living costs. We ought not to follow and imitate the diseases of capitalism: the egocentric mind as well as various entertainment and shopping habits. We must change our concept that just church offerings are the only way to lay up our treasures in heaven. To share our food and money with the North Korean people is to lay up our treasures in the heaven as well. We can make a campaign to renounce of the inheritance of wealth. We ought to donate this wealth to the society.

III. Jubilee Economy as Evangelical Economy Ethics

A. Stewardship and Economic Holiness:

God is the owner of our property and possessions. We are not owners but stewards who manage God's property and possession as God's servant. So we need economic holiness not to use our own desire but to use God's pleasure. With stewardship we offer tithe or 20%, 30% or 40% of our income.

Wesley himself offered 90% of his income to the church and social service and justice. Wesley mentioned one youngman at Oxford who used for himself just 28 pounds and used for the poor 2 pounds: total income was 30 pounds. In the second year 28 pounds and used for the poor 32 pounds in the first year: total income was 60 pounds. In the third year he used for himself just 28 pounds and 62 pounds for the poor: total income was 90 pounds. In the fourth year he used for himself just 28 pounds and used 92 pounds for the poor.

B. Increasing Riches as Hindrance of Economic Holiness

Loving money and increasing riches are hindrance of economic holiness. Economic desire is related to atheism, idolatry, self-will and all kinds of evil tempers like anger, wrath and jealousy. Wesley explained this kind of hindrance in his sermon "On Riches."

C. Laying Treasure in Heaven

For Wesley laying treasure in heaven is giving to the poor as well as offering to the church. Sharing or giving to the poor means to God who is debtor and saving in the heavenly bank which God will pay back with eternal interest. So for Wesley the giver is the creditor.

IV. Jubilee Economy as the Third Alternative

Wesley focused on a responsible society which criticized capitalistic monopolistic desire without sharing and socialistic equality without possessive freedom.

He emphasized economic freedom and economic justice to overcome the weakness of capitalism and the weakness of socialism. He wanted to make healthy capitalism with economic equality and sharing.

A. Monopolistic Capitalism of Market:

Wesley criticized the laisser faire system of Adam Smith and Adam Ferguson to make monopolization of market, farm and land. In his article "The Present Scarcity of Provisions" Wesley pointed out this monopolization.

B. Three principles of Using Money:

He preached three economic principles in his sermon "Use of Money." These three principles are the third alternative principle to overcome and remedy the crisis of the cold war of the world, the division of capitalism and socialism.

1) The first principle is "gain all you can."

We can and must gain all we can and must with wisdom and sincerity. We have to keep our health and our employee health. Wesley warned exploitation of employment of unhealthy capitalism. Wasting money for buying expensive paintings and wasting for children are to throw money to sea or earth.

2) The second principle is "save all you can.":

Wesley also emphasized economic saving to pay our debts. He also insists saving for family's convenient and comfortable life.

3) The third principle is "give all you can.":

Wesley taught sharing more than gaining and more than saving. The first and the second principles are directed to the third principle. The third principle is the most important among them. The more and the richer we have, the more sharing and the more redistributing we can and must do. If we can, we must share ten percent or twenty percent or thirty percent of our income to the poor, that is saving in heaven as well as church offering.

C. New Creation of Employment

Wesley mentioned unemployment which each company decreased 50 employees to 10-20 employees because of the shortage of creation of employment. The poor does not commit the crime of laziness; rather theydonot have enough employment. Wesley himself made new creation of job like knitting and credit union for micro economy.

V. The Reconciliation and the Reunification Movement of Korea in the Perspective of John Wesley's Ethics of Jubilee Economy:

I would like to suggest the following for the reconciliation and reunification movement of Korea in the perspective of Wesley's jubilee economy :

First, we Korean Christians ought to develop our spirituality for sanctification as well as justification to realize reconciliation in the Korean peninsula. We need dialogue with the North. We Korean Christians must love North Korean Christians and people with singleness and simpleness even though they are our political enemies. We need the process of forgiveness training with repentance and faith continually because we have serious wounds through the Korean war.

Second, we need to mature in the process toward perfection, perfect sanctification by faith working with love and holiness. Our faith must show love in the Korean society and our faith can appear through holiness as the transforming

power of Korea. The Holy Spirit leads and guides us to deeper and wider spiritu-
ally with fullness of spiritual gifts and fruits.

Third, we have to return to the spirituality of reformation, the spirituality of the
theology of the cross made from Luther to Wesley. To overcome the spirituality
of cheap grace in terms of the theology of success and materialism with positive
thinking, we need to listen to the spirituality of Luther and Wesley to take the cross
for the poor, the oppressed, the alienated, the homeless and the unemployed. We
have to identify with suffering people in North Korea.

Fourth, we ought to develop from solafideism to a life of faith and doing good
through servicing and sharing. We Korean Christians have to renew our solafide-
ism by doing good works. We need the actualization and socialization of faith for
the reunification of North and South Korea.

Fifth, we must overcome the bipolarization of individual salvation and social
holiness. Since 1990 the Korean liberal camp and the conservative camp have
tried to harmonize evangelical concerns and social concerns through the Korean
National Council of the Church.

Sixth, we have to believe that the reunification or jubilee movement is the
movement of the kingdom of God because it is the movement of repentance
through the cross of Jesus Christ, the movement of reconciliation through the
cross of Jesus Christ, the movement of restoration through the cross of Jesus Christ
and the movement of sharing through the cross of Jesus Christ.

Seventh, we ought to have the spirit of stewardship, realizing that all our pos-
sessions belong to God: not mine but God's. We ought to give all we can except
our basic living costs. We ought not to follow and imitate the diseases of capital-
ism: the egocentric mind as well as various entertainment and shopping habits.

Eighth, we must share with stewardship for North Korean children. We can
support North Korean orphan with $10 monthly.

Ninth, we need to use our resources to support class meetings and small group
meetings for North Korean people. Each member can contribute $1 every week.

Tenth, we can support micro economy($1, 000) for North Korean family to open fish market, rice market and shoes market etc.. We can see some families who open their market with micro economy. We organized recently "Mustard Seed Mission Society" to support North Korean people in the San Francisco Bay Area.

Conclusion

Wesley's social transformation movement with ethics of Jubilee economy give us insight for reunification of North and South Korea. For realization of re-unification we need economic freedom(gain all you can and save all you can) and economic justice for sharing and redistribution(give all you can). We need responsible stewardship. We must realize the Jubilee economy movement for seventy years because we have been separated for seventy years. Just as the Jubilee economy movement was ideal for the liberation movements for labor union, black slavery and woman liberation movement in the eighteen century in England, we can create a new history in Korea.

Ham Sok-hun gives us a national dream and vision: it is a"global mission." Global mission for forgiveness of global cold war and for opening a new global society beyond the cold war. God's providence is global mission of Korea through reunification. According to Paul Kennedy, a history professor at Yale University, Korea can become a leader of the era of the Pacific Ocean. With reunification Korea will lead the world even beyond China or Japan. I believe this is God's plan for world history. Germany cannot lead the globe because she has already unified so that Korea as a last nation of division will lead new global society beyond cold war. I believe this is part of God's providence.

통일 페다고지
: 통일 신앙 공동체를 위한 실천신학적 고찰과 제언

김은주
서울여자대학교 기독교학과 강사

I. 들어가는 말

2009년 무더운 여름, 경기도 파주에 위치한 탈북민을 위한 한 기독교 대안학교에서 수업하고 있을 때였다. 당시 필자는 신학생 신분으로 몇몇 동기들과 함께 15명 남짓의 탈북 청소년들에게 성경과 영어를 가르치는 자원봉사를 하고 있었다. 나의 학생들은 남한에 도착한 지 불과 세 달여 된 초등학생으로부터 거주한 지 수년이 되어 검정고시를 준비하는 이십대 초반 학생들까지 다양하였다. 그러나 그들 모두는 한국교회 혹은 전 세계의 다양한 기독교 단체의 도움으로 북한에서 탈출하여 새로운 정착지를 찾아 모였다는 공통점을 갖고 있었다. 학생들의 교육 열기는 뜨거웠고, 특히 성경공부를 통해 삶을 나누는 모습은 신학생으로서 매번 강한 인상과 위로를 받았다. 그러던 중 내가 갖고 있던 통일에 대한 생각을 완전히 바꾼 계기가 있었다.

---

* 2015년 심포지엄은 통일논문을 공모, 최종 2인 중에 김은주 당시 GTU 박사후보생의 글을 선정, 발표했다.

그것은 성경공부 시간에 일어난 일이었다. 교회에 관한 이야기를 나누던 중 학생들은 모두 자신들이 기독교인이라 정체성을 확립했으나 그 중 절반 정도의 학생들은 교회에서 예배를 드리지 않는다는 것이다. 이유는 간단했다.

교회도 적응하기가 어려워요. 통일이 되도 북한사람들도 남한 사람들도 서로 적응하려면 한참 시간이 걸릴 거예요.

나의 학생들은 남한에 거주하고 있지만, '북한인과 남한인은 여전히 남'이라는 이분법적 사고를 갖고 있다고 고백했다. 남한 사람들의 '우리'라는 개념 안에 그들은 없었고, 학생들의 '우리' 개념 안에도 남한 사람들은 포함되지 않았다. 비단 사회에서만 느끼는 감정은 아니었다. 교회공동체 안에서조차 그들은 '주변부'였다고 자신들을 지칭했다. 학생들과의 대화는 통일 개념에 한 번도 반문하지 않았던 나에게 다음의 질문을 가져왔다.

한국 신학적 관점에서 통일은 어떠한 함의를 갖고 있는가? 공동체 안에서 통일을 이룬다는 것은 어떠한 상태를 말하는 것인가? 한국교회 공동체는 통일을 위해 무엇을 가르쳐야 하는 것인가?

본 논고의 목적은 주로 거시적 담론에서 이루어진 통일 개념을 기독교 교육 관점에서 재해석하고, 한국교회를 위한 통일 공동체 교육을 모색하고 제안하는 데 있다. 특별히 본 글이 주목하는 것은 공동체에 대한 이해에 따라 달라지는 통일 개념이다. 지금까지의 통일연구는 주로 공적이고 전체적인 담론에서 시작되었고, 정치와 경제적 관점에서 이해되어 졌다. 2014년 통일인식연구에 따르면 시대별 세대와 공동체가 어떤 사회, 경제, 정치적 이념을 가졌는가에 따라 통일에 대한 접근과 이해 방식도 달라졌다.[1] 이것은

---

1 임성빈, "세대 차이와 통일 인식에 대한 신학적 반성," 「장신논단」 Vol.46 No.2(2015), 250.

여전히 다수의 국민이 통일을 원하고 있었다. 반면 통일 인식은 개인의 이해타산에 따라 달라짐을 알 수 있었다. 또한, 국가와 개인이 속한 공동체의 이익에 맞지 않는다면 통일에 대한 생각도 바뀐다는 것을 통해, 타자와 소외당하는 이웃—탈북자—에 대한 이해와 배려가 부족하다는 부정적인 시각도 불러일으켰다. 이것은 칼 융이 염려한 것과 같이 개인을 함께 더불어 살아가는 인격체로 인식하지 않고 경쟁과 이기심에 의한 부품으로 전락시키는 불행을 안길 수 있다.[2] 바꾸어 말하자면 통일이라는 거대한 개념에만 집중한 나머지, 실질적으로 그것을 이루는 남·북한 한 사람 한 사람에 대한 배려와 연구는 올바른 공동체 관점에서 이루어지지 못했다는 것이다. 그렇기에 통일이 '지금, 여기서, 함께' 시작된다는 인식과 실천으로 이어지지 못하고 있다. 이러한 문제 제기는 참된 교회로서의 공동체를 이어가는 데에도 갈등을 제기한다. 하루하루가 긴박한 남북관계 속에서 한국교회는 통일에 대한 성찰과 실천이 끊임없이 이루어져야 하는데 이것에 대한 공동체적 교육이 아직 미비한 실정이기 때문이다.

논문의 연구방식은 다음과 같다. 먼저 박순경의 통일신학 관점에서 공동체 정의와 토마스 그룸(Thomas Groome)의 나눔의 공동체 교육 이론의 대화를 통해 통일공동체 교육의 원리를 구성할 것이다. 그 후 현재 한국 공동체의 통일의식을 비판, 반성한 후 교회공동체를 위한 통일 페다고지의 기초를 제언할 것이다. 박순경은 이화여자대학교에서 조직신학을 가르쳤으며 통일신학을 주장하였다. 그녀는 통일신학의 주체는 민족공동체라고 정의했다. 박순경에게 있어서 한국신학은 우리 민족 전체를 주제로 취급해야 하는 것으로, 민족사, 종교, 문화, 사회, 사상을 신학적으로 재해석, 재조명하는 포괄적인 것이다. 그러한 의미에서 통일신학은 한국신학의 한 특수 문제이다. 그러나 통일문제가 오늘을 사는 우리 민족의 핵심적인 과제로서 민족 전체의 운명에 관계된다는 점에서 그 문제는 특수적이면서 동시에 보편적인 것이다.[3] 파울루

---

2 칼 구르타프 융/김세영 번역, 『무엇이 개인을 이렇게 만드는가?』 (부글북스, 2013), 29.
3 김영선, 『박순경의 통일 신학의 의의: 여성 신학적 관점에서』 (이화여자대학교 출판부, 2007), 13.

프레이리에게 영향을 받은 토마스 그룹은 비판적 탈식민지적 관점에서 기독교 교육을 재조명하여 하나님 나라를 해방과 나눔의 관점에서 해석하였다. 그의 이론은 교육현장에서 이루어지는 타인의 억압과 고통에 마주하여 개인, 세상 그리고 교회의 관계를 재구성하는 것을 강조하며, 교회의 프락시스(praxis)를 주장한다.[4] 이러한 논지에서, 그의 이론은 진정한 타자성과 주체성의 회복이 요구되는 통일신학에 새로운 관점을 부여하여 통일 교육의 이론적 기초가 되리라 생각한다. 박순경과 토마스 그룹은 모두 공동체 관점에서 각자의 시대를 해석하였으며 '개인-공동체-세상'이라는 창조적인 관계를 통해 하나님 나라가 가능한 것임을 확신했다. 이것은 통일의 문제가 타자성과 주체성을 동시에 갖춘 개인들이 연대하여 공동체 안에서 실천해야 함을 말하고 있다. 한국 사회와 교회가 간절히 통일을 희망하고 있는 이 시점에 교육론적 관점에서 박순경의 통일공동체 이론과 토마스 그룹의 나눔의 기독 교육 이론을 연구하여 통일교육의 기초를 마련하는 것은 시의적절하다. 이 기초를 근거로 한국교회의 통일공동체 교육 이론의 틀을 잡으려 한다.

II. 공동체 관점에서 바라본 박순경과 토마스 그룹의 대화

한국 신학적 관점에서 통일은 어떠한 함의를 갖고 있는가? 또한, 공동체 안에서 통일을 이룬다는 것은 어떠한 상태를 말하는 것인가? 이 두 가지 질문에 답하기 위해서는 먼저 신학적 관점에서 통일을 해석하고 오늘날 통일이 한국 기독교인에게 갖는 의미를 알아내야 한다. 두 번째로는 공동체는 무엇인지 그리고 그 공동체는 어떻게 삶과 신앙을 나누어야 하는지에 대하여 생각해봐야 할 것이다. 이 두 가지 질문에 대답하기 위해 박순경과 토마스 그룹은 공동체라는 공통의 관점에서 서로 대화할 수 있다.

---

4 Groome, Thomas H., *Christian Religious Education: Sharing Our Story and Vision* (San Francisco: Harper & Row, 1980), 137.

박순경은 1923년 경기도 여주에서 출생하였으며 한국 최초의 여성 신학자이다. 그는 감리교 신학교와 서울대 철학과를 졸업한 후, 1955년 말 한국에서는 더 이상 신학을 할 여건이 안 된다는 판단으로 미국 유학길에 올랐다. 1966년 Drew대학에서 "Man In Karl Barth's Doctrine Of Election"이라는 주제로 박사 학위를 받았다. 그 후 1966~88년까지 이화여대 기독교학과에서 조직신학을 담당한 후 은퇴하였다. 그는 1980년대에 통일운동권에 관여하게 되었고, '민족화해 자주 통일 협의회'의 상임고문이며, EATWOT(Ecumenical association of Third World Theologians, 제3 세계 에큐메니칼 신학자 협의회) 한국 위원회 고문을 역임하고 있다.

필자가 주목하는 것은 박순경이 말하는 민족과 공동체이다. 박순경은 통일신학의 주체를 민족 공동체라고 주장하며, 통일은 외부의 힘이 아닌 한국 공동체가 스스로 이루어 가야 하는 의무가 있으며, 이것은 남·북의 지형적 통일을 넘어서 화해를 통한 재통합이 이루어져야 한다고 주장한다.

토마스 그룸은 보스톤 칼리지(Boston College) 기독교 교육 현직 교수이며 기독교 교육을 공동체 교육으로 정의했다. 그룸에 따르면 개인은 결코 홀로 삶을 지속할 수 없는 존재이며 타인과 함께 연대할 때 비로소 세상을 인식/의식할 수 있으며 이러한 과정은 곧 신앙생활의 과정이라 주장한다. 그렇기에 공동체적 신앙생활은 곧 기독교인의 영적 여정이며, 역사와 시간 안에 하나님을 느낄 수 있는 유일한 방법이라 말한다.

두 학자의 이론에 따르면 기독교인은 공동체를 통하여 건강한 신앙생활이 가능하며, 공동체 안에 있는 '우리'를 통하여 비로소 세상을 바라볼 수 있다. 이러한 공동체가 끊임없는 화해와 용서를 실천하고 타인의 고통과 슬픔을 나눌 때 비로소 진정한 화합이 일어남을 알 수 있다.

1. 박순경의 통일신학과 민족 공동체

1) 박순경 신학의 특징과 배경

　박순경에게 오늘을 산다는 것은 민족사의 과거 여건들 아래서 여기에 내포된 문제점들을 판별하고, 이것들을 극복하면서 미래에로의 새로운 민족 사회를 창출하는 역사적인 삶을 의미한다. 이것이 그녀에게는 곧 하나님의 구원에 참여하는 길이다. 그러므로 그의 하나님 이해 문제는 실존의 역사성 문제와 관련되어 있다. 그는 교회 밖의 변혁 물결들이 하나님을 알든 모르든, 하나님의 섭리와 구원의 경륜과 무관하지 않다고 생각한다. 그의 이러한 신학의 사상적 배경은 20세기 개신교 신학자인 스위스 출신 칼 바르트(Karl Barth)에게서 연유한다. 박순경은 스위스와 독일에서 역사, 사회철학, 서구신학의 현황을 살피는 기회를 통해서 신학의 전환점을 갖게 되었고, 이는 그의 신학적 주제가 서구의 어느 위대한 신학자들이 아니라 우리 민족이라는 확인과 전환을 의미하는 것이었다. 여기서 그는 한 가지 결단을 내리게 된다. 한국신학은 한민족과 통일문제를 주제로 삼아야 한다는 것이다.[5]

　박순경은 서양의 신학 전통이 고정된 것이 아니라 비판적으로 재해석될 수 있다고 생각한다. 과거의 신학 전통은 그 자체로는 언어적 이론으로 전해지는 것이며, 구체적인 역사적 사회적 상황에서 현재적 상황이라는 실천의 장에서 새롭게 실천적 도구로서 되살아날 수 있다는 것이다.[6] 인류에 대한 하나님의 보편적인 구원의 복음을, 인간의 특수한 문제 상황을 초월한 추상적인 보편성이 아닌, 죄악과 억압이 작용하는 역사와 사회에서 구체적으로, 억압자 측에 대하여는 하나님의 부정의 심판으로서, 피억압자 측에 대하여는 적극적인 구원과 자비로 역사하심으로서 그의 보편적인 구원의 사랑이 세계에 선포되는 것으로 해석하고 있다. 그러기에 이것은 한국의 상황에도 적용될

---

5 박순경, 『민족의 미래』 (한길사, 1991), 101.
6 박순경, 『민족통일』 (한길사, 1990), 193.

수 있으며 나라가 분단되어 생겨난 고통, 슬픔, 억압, 소외 등도 신학적 관점에서 해석이 될 수 있다고 주장하였다.

박순경에게 신학 한다는 의미는 구체적으로 교회가 선포하는 역사, 사회에 현재적으로 오시는 하나님, 예수 그리스도, 성령, 즉 삼위일체 하나님에게서 출발한다. 그녀가 신학의 주제를 서구 신학을 넘어서 민족통일이라는 우리 민족의 핵심 문제 상황으로 자리를 옮길 수 있었던 것은 하나님 구원의 빛이 역사, 사회, 세계의 문제들을 밝혀내는 동시에 변혁하는 계기를 역사, 사회, 세계에 열어놓는다는 믿음에서 가능하였다.[7] 이러한 박순경의 하나님 이해, 역사이해는 바르트의 삼위일체 하나님론과 종말적 계시의 역사이해와 맥을 같이 하고 있다. 박순경은 '통일신학'이라는 표현을 1990년 전후부터 공적으로 표명하고 있다.[8] 그러나 1975년 이래 기록한 그의 모든 글에서 통일신학적 성격을 보게 된다. 그에 의하면 '통일신학'이라는 표현은 미국에 있는 개신교 통일신학 동지회가 먼저 사용하기 시작했으며, 한국에서는 1988년 12월에 개신교 통일 신학 세미나가 처음으로 개최되면서 '통일신학'이라는 주제가 공식으로 논의되기 시작했다고 한다.[9] 박순경은 통일신학의 범위는 한국신학, 한민족의 신학, 민중신학, 여성신학을 포괄할 수 있으며, 그 시작을 1920년대로 소급하고 있다.[10]

박순경의 하나님 이해는 '역사에 오시는 하나님'에서부터 출발한다. 구약에서 고난받는 이들을 찾아오시는 전형적인 출애굽의 하나님, 또한 이스라엘 백성의 역사를 능가하는 종말적 증언으로서의 예수 그리스도 사건, 역사사회 변혁의 중심이 될 교회를 움직이시는 성령을 전제하고 있다. 이렇듯이 역사에 오시는 하나님은 삼위일체 하나님으로 예수 그리스도 사건에 기초해 있으며, 하나님 자신의 관계성 혹은 역사성을 의미한다고 하겠다.[11] 그녀는

---

7 Ibid.
8 박순경, 『민족의 미래』 (한길사, 1991), 188.
9 Ibid.
10 Ibid.
11 박순경, 『민족 통일과 기독교』 (한길사, 1986), 188-189.

삼위일체 하나님의 개념에 있어서 하나님 자체의 내재적 존재 양식과 세계와 역사에 오시는 하나님의 행위 양식이라는 두 측면을 고려하고 있다.[12] 즉, 창조, 화해, 구원이라는 하나님의 행위 양식은 구별되면서도 상호 관련되고 일치해 있고, 하나님의 아버지, 아들, 성경이라는 하나님 자체의 내재적 존재 양식의 위격적 구별과 일치를 전제하고 있다.[13] 즉, 하나님의 내재적 존재 양식은 하나님의 창조, 화해, 구원이라는 역사 안에서의 행위에서 인식된다.

그녀는 또한 통일이 민족사에 갖는 의의를, 세계의 지배 세력들로부터 민족 해방의 확립으로 민족의 자주성 혹은 주체성을 실현하는 것으로 파악한다. 이것은 불평등한 사회, 경제 구조의 극복과 피억압 민중·여성의 해방과 평등한 생존권 확립의 과제를 지니게 된다. 만일 이것이 고려되지 않는 통일논의는 민족사의 새로운 미래를 열어놓을 수 없는 것은 물론이고 역사의 방향감각을 상실한 것으로, 남한 자본주의 체제로 단순한 북한의 흡수통일을 의미하는 것으로 파악된다. 그렇기에 박순경은 한국에서 신학의 역사적 과정과 작업에 있어서 서구 신학 전통의 많은 업적을 올바르게 원용하고자 한다. 하나님, 세계 창조, 역사의 구원과 종말론과 같은 주제들이 서구역사에 국한된 서구인들의 소유물이 아니므로 한국에서의 신학에 그러한 서구 신학 전통을 원용하여, 서구 신학의 새로운 역사적 기능과 의미를 포착하는 것이다. 여기서 신앙은 그것이 처해있는 민족의 역사적인 현재에서 서구역사 혹은 신학 전통의 의미를 새롭게 포착하는 계기가 된다. 이렇게 포착하는 신앙은 성령의 역사하심에 의해서 주어지는 능력이며 성령이 바로 이 민족의 역사에 참여하는 신앙의 주체를 성립시키는 근원이다. 그럼으로써 한국적 신학은 민족사를 넘어서서 세계사의 궁극적 미래의 구원을 증언할 수 있다. 박순경에게 한국적 신학이란 신앙과 민족의 역사적 과제를 해석하는 과정이며 신학 그 자체가 한 역사의 과정이 된다. 왜냐하면, 한국신학은 성서적 의미와 증언을 민족사의 현재에서 들으며, 현재에서부터 긴긴 과거의 의의와 문제를 조명하고 새로운

---

12 Ibid.
13 박순경, 『민족의 미래』(한길사, 1991), 101.

미래를 지시하기 때문이다. 그와 같은 양식으로 신학은 역사성을 가진다고 하겠다.

2) 통일, 민족 그리고 공동체

박순경은 민족의 재통합, 민족 사회 변혁, 세계 변혁의 과제에 동참하면서 또한 한국교회와 신학, 세계교회와 신학의 변혁이라는 과제를 갖는 것에서 통일신학을 한국 신학의 특수 주제이면서 동시에 세계적인 주제로 여긴다. 따라서 그는 역사의 현재를 사는 우리에게 "민족 사회의 멍에를 짊어지고 고난받은 모든 선열과 열사들의 얼을 이어받아서 역사 사회의 변혁과 통일된 평등한 새 민족 사회 창출을 시도해야" 한다는 필연적인 과제를 제시하고 있다.[14] 그리고 이것은 결코 개인이 할 수 있는 것이 아닌 우리 민족 그리고 우리 공동체만이 이행할 수 있는 과제이다. 그녀에 따르면 우리는 의식하든 의식하지 않든 간에 민족 공동의 죄악과 멍에를 운명적으로 지니고 있으므로 민족의 문제들과 씨름할 수밖에 없으며, 이렇게 함으로써 우리 민족에게 새로운 미래를 개척하는 사명을 갖는다.[15] 박순경의 독특한 민족과 공동체의 정의는 여기에서 출발한다. 새로운 미래가 주어진다는 것은 궁극적이고 종말적인 하나님 구원의 미래가 주어짐을 의미한다. 그리고 이것을 수행할 수 있는 유일한 존재는 개개인이 이루는 민족으로 보고 있으며 민족을 신학의 주체, 주제로 세우고 있다.

박순경이 말하는 신학의 주체, 주제로서 민족의 당위성을 살펴보면, 첫째로 구체적인 역사의 사건 안에서 행위 하시는 하나님에 대한 신앙과 선교가 바로 민족 전체를 주제적으로 문제 삼아야 하기 때문이다.[16] 여기에 민족을 주제로 삼는 신학의 주체는 바로 민족의 일원들로서 주체와 주제라는 주객은

---

14 박순경, 『통일신학의 고통과 승리』 (도서출판 한울, 1992), 43.
15 Ibid.
16 박순경, 『통일신학의 고통과 승리』 (도서출판 한울, 1992), 27.

하나가 된다.[17] 박순경의 이러한 정의는 굉장히 독특하고 한국답다고 할 수 있겠다. 식민지 지배 후 나라의 분단과 긴장은 여느 나라에서도 찾기 힘든 사례이며 한국인들이 아니면 이해할 수 없는 고통과 아픔을 의미한다. 박순경은 바로 이점을 인식하였다는 것이다.

둘째, 기독교 선교는 복음, 하나님의 구원을 주제로 가지므로 결코 정치사상-자본주의, 식민주의, 공산주의 등과 동일시 될 수 없고, 주체가 우리 민족이 아닌 누군가가 될 수 없기 때문이다.[18] 기독교 선교는 문화적 옷을 입고 실천이 되는 것이나 동시에 문화를 뛰어넘는 것이다. 따라서 통일은 외부의 도움은 받을 수 있으나 그 주체는 결코 남·북한 민족 공동체여야만 한다고 주장한다.

마지막으로 이 민족 전체의 과거 유산과 운명을 지니고 새로운 미래를 창출하려는 시도를 허용한 주체는 피조물을 자유로운 주체로서 존재하게 하고 행위 하도록 허락하시는 전능하신 하나님이다.[19] 하나님께서는 모든 억압받는 민족들의 해방을 대변하시고, 정의와 평등이 실현되는 그날까지 우리 민족에서 사명을 부여하는 주체시라는 점이다.

그럼 이렇게 통일의 주체로서의 민족 공동체는 어떻게 통일을 모색하며 실천할 수 있는 것인가?

2. 토마스 그룹의 나눔의 공동체 교육

박순경의 민족공동체적 관점에서, 한국교회는 통일을 어떻게 가르쳐야 하는가? 하나님의 나라가 이루어지는 종말론적 관점은 과연 통일신학을 어떻게 조명할 수 있는 것인가? 또한, 이러한 것은 어떤 프락시스(praxis)를 통해

---

17 박순경, 『박순경의 통일 신학의 의의: 여성 신학적 관점에서』(이화여자대학교 출판부, 2007), 49.
18 박순경, 『통일신학의 고통과 승리』(도서출판 한울, 1992), 31.
19 박순경, 『박순경의 통일 신학의 의의: 여성 신학적 관점에서』(이화여자대학교 출판부, 2007), 13.

공동체를 변혁시켜야 하는가? 이에 대한 질문을 위해 필자는 토마스 그룹의 나눔의 공동체 교육에서 재해석한 기독교 공동체적 통일 교육이 이루어져야 한다고 주장한다.

그룹은 역사에 오시는 하나님이라는 관점에서 하나님 나라를 해석하고, 기독교 교육이 '의식하고, 나누고, 실천적 섬김을 통해 세상을 변혁해야 함'을 주장하고 있다.[20] 이것은 파울루 프레이리와의 만남에서 비롯된 관점인데, 파울루 프레이리는 교육의 모든 행위는 정치적이며 사회적이라는 주장을 한다.[21] 프레이리는 역사적 관점에서 세상을 억압 하는자/억압당하는 자라는 이분법으로 세상을 정의했고 전통적 교육방법이 단지 이 이분법적 정치 체제를 유지하려는 목적에서 비롯되었다고 주장한다. 그렇기에 기존에 행해 지던 주입식 방법으로부터 탈피하여 스스로 생각하고 의식하여 세상을 변혁시 키는 대화식 교육 방법론을 주장한다. 프레이리에 따르면 커리큘럼은 의도되 었으며 참여자를 변혁시키기 때문이다. 이러한 프락시스는 변증법적 관계로 서 비판적 교육 방법론으로, 모든 교육적 행위들은 참여자들의 현실 상황을 인식하고 변혁하여, 개인적-사회적 참여자로 바로 세우는 데 있다.

한국신학은 박순경이 주장한 것과 같이 우리 민족 전체를 주제로 취급해야 하는 것으로, 민족사, 종교, 문화, 사회, 사상을 신학적으로 재해석, 재조명하는 포괄적인 작업이다. 그러나 통일문제가 오늘을 사는 우리 민족의 핵심적인 과제로서 민족 전체의 운명에 관계된다는 점에서 그 문제는 특수적이면서 동시에 보편적인 것이다.[22] 그러나 앞서 비판했던 것과 같이 통일에 대한 세대별 극심한 이해의 간격과 다양한 관점에서의 통일 이해는 다시금 재해석 되어야 하며, 발전된 개념은 신앙 공동체 안에서 재교육 되어야 한다. 이러한 일련의 비판적 과정이 있어야만 신앙 공동체에서 탈북자를 참된 주체성을

---

20 Freire, Paulo, *Education for Critical Consciousness* (New York: Continuum, 1973), 46.
21 Ibid.
22 박순경, 『박순경의 통일 신학의 의의: 여성 신학적 관점에서』 (이화여자대학교 출판부, 2007), 13.

가진 존재로 인식할 수 있으며 기독교적 상호 타자성을 진정으로 회복할 수 있다. 상호적 타자성은 기독교적 평화통일 및 사회통합을 추구하는 데에 의미 있는 통찰을 제공해 준다.

미국의 신학자 볼프는 정체성과 타자성이라는 주제를 상호관계 속에서 이해해야 하며, 개인이나 공동체의 다름을 수용하기 위해서는 사회적 구조 (social arrangement)보다는 사회적 행위자(social agent)에 초점을 맞추어야 한다고 강조한다.[23] 볼프의 관심은 어떤 종류의 사회를 만들어야 하는가보다는 타자와 조화롭게 살기 위해 어떤 종류의 주체가 되어야 하는가에 있었기 때문이다. 따라서 "자기 자신을 다른 사람들에게 내어주고, 그들을 받아들이고, 그들을 위한 자리를 마련하기 위해 정체성을 재조정하려는 의지가 다른 사람들에 관한 어떤 진리나 판단보다도 우선한다"라고 주장한다.[24]

이것은 그룸의 공동체 교육 목회에서도 찾아볼 수 있는데 그룸은 교육적 목회는 반드시 공동체 안에서 이루어져야 하며, 나-너, 나-세계, 나-하나님의 관계를 인식하는 힘을 길러주어야 한다고 주장한다. 특히 '공동체'는 상대방을 통해 나를 이해할 수 있으며 그렇기에 서로의 대화와 나눔 속에 진정한 교회 공동체가 이룩될 수 있다.

> The ministry of Christian religious education, [is] to represent Christ in service to the community, it is a ministry of the Word and of incarnating that Word. The substance of our teaching act consists of a three fold responsibility: to make present the Story, to propose its Vision, and to choose life in the present.[25]

그룸에게 있어 교육적 목회는 반드시 나의 이야기를 나누고 해석하여

---

23 Miroslav Volf/박세혁 역, 『배제와 포용』 (서울: IVP, 2012), 29-30.
24 Ibid., 44.
25 Groome, Thomas H., *Christian Religious Education: Sharing Our Story and Vision* (San Francisco: Harper & Row, 1980), 137.

함께 비전을 나누고 현재의 삶을 선택한다. 이러한 삶의 여정은 나 혼자 이룰 수 있는 것이 아니라, 공동체 안에서 나를 인식할 때 비로소 가능한 것이 된다.

　이러한 관점에서 볼 때, 서론에서 언급한 탈북민 대안학교 학생들의 고백은 볼프의 이론에 적용하였을 때 '다름'에 대한 고질적 거부감과 더불어 공동체 속의 타자성 이해에 대한 심각한 교육의 부재가 한국교회에 내재하여 있음을 단적으로 보여준다. 자신의 폐쇄적 정체성에 대한 인식에서 출발하는 타자를 초대하고, 타자를 기다리며, 타자를 인정하는 것은 기독교 진리 실천의 정수임에도 불구하고 낯설고 나와 다른 방식을 고수한다는 이해로 타자성을 거부해 버리는 것이 바로 남북통일을 가로막는 가장 큰 문제점이다. 실제로 탈북자의 질적 연구 중 남한 정착 후 따돌림과 부적응으로 인하여 공립학교를 자퇴한 청소년은 전체 인구 중 47%에 해당하고, 성인이 되어서도 정신건강에 심각한 영향을 초래한다는 것을 알 수 있다.[26] 토마스 그룹의 하나님 나라에 대한 재해석과 공동체 교육 이론은 분열과 갈등의 세상을 살아가는 한국기독교 교육에 적합성을 띠고 있다.

　박순경이 통일신학을 한국 신학으로 받아들였을 때 전제하였듯이 서구 신학의 전통과 이론을 한국 사회로 받아들일 때, 그 이론의 발생 배경과 그 신학 이론의 외형을 이루는 문화요소들을 고려해야 한다. 바꾸어 말하자면 한국에서 신학의 역사적 과정과 작업에 있어서 서구 신학을 유입하는 것은 필수적인 과정이나 이것을 적용하고 실천함에 있어 한국적 상황에 고려하여 각색, 적용하는 것 또한 반드시 필요한 작업이다. 또한, 이러한 조심스런 적용 과정이 잘 연구될 때 비로소 한국신학 또한 양과 질적으로 발전할 수 있음을 알 수 있다. 이러한 전제로 한국 통일신학을 고려할 때 토마스 그룹의 나눔의 공동체 교육 이론은 매우 적절하다고 생각된다. 특히 교회 교단이나 공식적인 통일 교육의 커리큘럼이 여전히 부재한 상태에서 그의

---

26 Ibid.

이론에 대한 고찰은 통일 기독교 교육에 있어서 긍정적인 결과를 가져올 것이라 예상한다.

1) 토마스 그룹의 하나님 나라에 대한 이해와 실천

그룹은 교회 공동체를 '하나님 나라'에 대한 인식에서부터 가져온다. 하나님 나라에 대한 올바른 이해를 위해서는 먼저 '나라'라는 용어의 본래적 의미를 파악해야 한다. '나라', Kingdom으로 번역되는 이 말은 히브리어 'malkuth'와 희랍어 'basileia'에서 온 것이다. 이 말들의 주된 의미는 바로 "왕이 행사하는 계급, 권위, 주권"을 뜻한다. 그렇기에 그룹에게 있어 '나라'라는 개념이 일반적으로 가지고 있는 지리적이며, 영토적인 그리고 공간적인 의미는 오히려 배제되고, '다스림, 통치, 왕의 주권' 등을 의미한다. 따라서 구약에서 malkuth이라는 단어는 "하나님의 나라를 지칭할 때에는 언제나 그의 통치와 다스림, 그의 주권"을 가리킨다. 이때 그룹은 두 가지 이유로 인해 Kingdom of God(하나님 나라)보다는 Reign of God(하나님의 통치)라는 용어를 사용해야 한다고 주장한다.[27] 첫 번째는 여성해방론적인 관점에서 볼 때 kingdom이 가부장적인 용어이기 때문이고, 두 번째 이유는 reign이 하나님 나라를 뜻하는 히브리어 malkuth Yahwek와 희랍어 basilcia tou theo를 번역하는 데 있어 더욱 정확한 단어라는 것이다.[28] 하나님의 통치라고 번역될 때 그 하나님의 나라는 하나님이 모든 피조 세계와 역사의 주권을 갖고 계시며, 바로 그 하나님이 인간 세상을 통치하는 유일한 하나님임을 반영하는 것이 되며, 하나님의 통치는 역사 속에서의 하나님의 목적과 섭리 속에서 평화와 정의, 사랑과 자유 그리고 하나님이 인간과 함께 동역의 관계 속에 있게 된다고 주장하기 때문이다. 성서학자들은 대체적으로 하나님의 나라라는 용어가 하나님의 역동적인 지배 또는 통치를 지칭한다는 데 동의하

---

27 Ibid., 252.
28 Ibid., 255.

고 있다.[29] 그룹의 이 같은 개념 정의는 통일신학의 유의한 의미를 선사한다. 완전한 하나님 나라의 건설은 물리적이거나 지리적 연결을 의미하지 않는다. 오히려 완전한 하나님 나라의 건설은 하나님의 말씀과 주권의 인정을 통해 이루어진다. 통일을 대다수의 남한 주민들이 물리적 통일을 이룩하여 개인의 이익 합산에 영향을 끼치는 것으로 생각하는 것과는 전혀 다른 관점인 것이다.

이러한 하나님 통치라는 개념을 밑바탕으로 그룹은 "기독교적 종교교육의 목적은 사람들로 하여금 활력 있는 실재로서의 기독교 신앙이 성숙하도록 돕는 것"이라고 정의한다. 그런데 그룹에게 있어서 이 기독교 신앙이란, 하나님 께서 선물로 주시는 은총이며 사랑의 구체화이다. 하나님 나라 또한 신앙인을 위한 하나님의 선물이며 하나님의 인간 사랑의 결정적 실현이 된다. 이어서 그룹은 하나님 나라로서 하나님의 통치가 사람들이 기독교인이 되는 까닭과 함께 사람들로 하여금 그 자신을 하나님의 통치 역사 속의 대행인으로 참여하 도록 인도하는 기독교적 종교교육의 목적 내지는 평화의 나눔을 가장 잘 나타내 주는 성서적 상징이라고 주장한다. 이러한 관점은 전통적 교회 관점에 서 발전된 이론이라 할 수 있다. 전통적인 교회 교육은 하나님의 전적인 활동만을 강조한 후 단순한 암기식 교육법을 말하여 순종을 강조하였으나, 그룹의 교육론은 하나님께서 인간을 역사의 변혁을 위한 파트너로 부르셨고, 함께 일하시는 것을 강조하신다. 그렇기에 하나님을 말씀과 주권을 인정하면 서도 인간의 적극적인 변혁과 참여는 하나님의 통치를 확장시키는 데에 기여 한다. 이것은 인간의 주체성 회복을 주장하는 동시에 타자성에 대한 인식을 함께 요구한다. 하나님께서는 인간을 누구나 하나님의 파트너로 부르 셔서 시간과 공간을 초월하는 활동을 할 수 있도록 부르셨다. 외부의 결정론에 따라 타의적 결정을 하는 주체가 아니라, 세계를 인식해야만 하고 그 인식에서 나오는 의식화 과정을 통해 통전적 자아를 발견해나가는 것이 역사 속에 개입하시는 하나님의 참모습인 것이다.[30]

---

29 Ibid.,124.
30 Foster, Charles, *Educating Clergy: Teaching Practices and the Pastoral Imagination*

그룹의 '하나님의 통치와 의식화'는 교회 안의 남·북한 주민들이 이루어야 하는 공동체에도 함의하는 바가 크다. 교회 공동체에 속하는 모든 타자는 함께 의식하고, 대화하며, 변혁을 이끌어 나가는 파트너가 되어야 한다. 참된 프락시스는 앎과 관계적이며, 반성적인 경험적인 과정에서 이루어지는 것이다. 이러한 프락시스의 훈련은 과거와 현재와 미래의 상호의존적 관계를 도모하고, 통전적 하나님 통치를 이루어가는 공동체가 된다.[31]

2) 토마스 그룹의 나눔의 실천(Shared Praxis) 5단계 구조

그룹은 이러한 교육 철학을 곧바로 실천(practice)으로 연결하는 것이 공동체 교육의 핵심임을 주장한다. 그룹은 이러한 교육과정을 나눔의 실천(Shared praxis)이라 명명하였다. 그룹이 주장한 나눔의 실천 5단계는 첫째, 현재 행위에 대한 명명, 둘째, 참여자들의 이야기와 비전들, 셋째, 기독교 공동체의 이야기와 비전, 넷째, 기독교의 이야기와 참가자들의 이야기들 사이의 변증법적인 해석, 마지막으로 기독교의 비전과 참가자들의 비전 사이의 변증법적 해석학으로 구성되며, 그 개괄적인 내용은 아래와 같다.[32]

제1단계는 "현재의 행동에 대한 명명(naming)"으로 사람들이 자기의 현재 상황과 행동에 대해 스스로 인식하도록 돕는 과정이다.[33] "현재의 행동"은 그리스도인이 육체를 가지고 이 세상을 살아가는 모든 개인적, 개인 상호적, 사회적 수준의 삶 가운데에서 행하는 물리적, 정서적, 지적, 영적인 모든 것을 포함한다. 이러한 현재의 모든 행동이 바로 비평적 성찰의 대상이 되는 것이다.

(San Francisco: Jossey-Bass, 2006), 24.

31 Ibid.

32 Groome, 1980, 184.

33 Groome, Thmas, *Sharing Faith: A Comprehensive Approach to Religious Education and Pastoral Ministry: the Way of Shared Praxis*, (San Francisco: HarperSanFrancisco, 1991), 189.

제2단계인 "참여자들의 이야기와 비전들"은 비평적 성찰의 시작 단계로서 참가자들이 현재 행하는 것의 의미, 동기 그리고 그 결과를 그들의 이성, 기억, 상상을 통하여 돌아보도록 하는 단계이다.[34] "지금 그 행동을 하게 되는 문제의 원인은 도대체 무엇인가?"라는 자아성찰(self-reflection) 질문으로 이 과정을 요약해 볼 수 있다. 현재 명백히 드러난 행동이 무엇인지를 이해하려고 시도한다. 그다음, 보다 더 깊이 들어가 현재의 행동 안에 있는 관심이 무엇인지 발견하고, 그 행동을 유지시키는 생각을 비평하고, 그 행동이 근거를 두고 있는 가정들을 인식하려고 노력한다. 현재 그 사람이 그러한 행동을 하게 된 사회적 영향력들을 드러내고 한 개인의 생의 일대기를 탐사해보게 된다. 또한, 상상력을 동원하여 현재의 결과보다 더 기대했던 결과가 무엇인지를 생각해보게 하여 현재의 결과와 기대했던 결과 사이의 차이를 생각하게 할 수도 있다.[35]

제3단계는 "기독교 공동체의 신앙적 증거들과 비전"을 보게 하는 과정으로 성경의 많은 증거들(이야기들)에 근거하여 현재의 질문에 대한 응답을 제공하게 된다. "우리들의 문제에 대해 성경은 무엇이라고 말씀하는가?"의 질문으로 이 단계를 간략히 표현해 볼 수 있다. "기독교 공동체의 신앙적 증거들"은 하나님의 말씀인 성경과 기독교회가 가져온 믿음의 전통들, 즉 성례전, 신앙고백 등을 포함한다. 그러나 본 연구에서는 다른 기독교 전통의 요소는 배제하고 성경 말씀 만을 사용하게 될 것이다. 그룹의 자기 성찰적 방법은 성경을 자기성찰을 위한 중요한 기준점으로 삼는다. 성경 말씀은 한 리더의 과거, 현재의 삶 그리고 미래의 성찰 활동을 위한 중요한 거울과 방향키 역할을 하는 것이다. 성경 말씀을 통해 자신의 부적절한 관습이나 행동 양식 그리고 왜곡된 신념체계를 수정하고 보완하여 새로운 신앙적 가치관을 수립할 수 있는 근거를 가지게 된다.[36]

---

34 Ibid.
35 Ibid., 211-214.
36 Ibid., 214-217.

제4단계는 "기독교의 증거들과 참가자들의 이야기 사이의 변증법적 해석" 과정으로 그들 자신의 이야기와 성경 혹은 신앙전통의 가르침과 변증법 속에서 삶에 적용할 부분들을 찾게 된다. 성경의 증거들은 우리 이야기에 어떤 의미를 지니는지 그리고 우리 이야기는 성경의 증거들에 어떻게 응답해야 하는지를 묻게 된다. 즉, 성경의 증거들에 근거하여 우리 이야기가 서로 어떤 부분에서 인정하고, 한계를 짓고, 그 너머로 가도록 이끄는지를 확인하는 과정이다. 이 과정을 통해 바른 신앙의 모습이 무엇인지 인식하고 자신의 삶 속에 그것을 적용하도록 기회를 부여하게 된다.[37] 그리고 변증법적 해석에 있어서 필요한 것이 대화이다. "대화"는 현재 행동에 대해 성경에 비추어 비평적으로 성찰한 개인과 공동체가 그것을 하나님과 사람에게 나누는 과정이며, 자신의 자아와 더불어 시작된다.[38] 개인은 성찰한 내용을 하나님과의 일대일 대면의 시간, 즉 기도의 시간을 통해 아뢰고, 또한 공동체 안에서 이야기를 나눌 수 있다.

제5단계는 "기독교 신앙의 비전과 참가자들의 비전들 사이의 변증법적 해석"의 단계로 참가자의 현재 행동 속에서 구체화된 비전들을 하나님 나라의 비전에 비추어서 비평하고, 그 비전에 대한 적절한 응답이 될 미래의 행동에 대하여 결정하는 과정이다. 개인과 그룹이 새롭게 깨닫고, 느끼고, 이해한 것을 성경과 하나님 나라의 관점에 근거하여 미래에 행동으로 옮기기 위한 과정으로 미래의 실천적 행동을 이끌어내기 위한 필수적 단계이다. 자기성찰 그리고 성경 말씀과의 변증법적 대화를 통해 자신의 인성 문제를 발견한 리더는 미래지향적으로 하나님 나라를 위해 어떻게 개선되어야 할 것인가의 구체적인 비전을 품고 행동으로 실천하여, 자신은 연약함에 머물러 있어야 할 운명적인 존재가 아니라, 성령의 은혜로 자신감의 회복이라는 치유를 경험하고 다시 하나님 나라를 위해 달려갈 힘과 용기를 얻게 된다.[39]

---

37 Ibid., 217-220.

38 Groom, Thomas, "Remembering And Imagining," *Religious Education* 98, no. 4(2003): 511-512.

박순경과 그룹의 하나님 이해의 공통점은 하나님께서 역사 속으로 들어오시고 주권을 가져오시고 사람들의 아픔과 고통을 공유하시고 개개인을 공동체 일원으로 인식하셔서 그들을 통해 세상을 변혁하시는 데 있다. 이를 박경순은 한국의 분단과 통일이라는 관점으로 바라보아 한국신학의 한 부분으로 통일을 이해하였고, 그룹은 하나님 나라의 부분으로 개인을 이해하고 나눔의 실천 교육을 발전시켰다. 두 학자의 신학은 현재 분단과 통일을 마주하는 한국교회와 한국 공동체에 많은 점을 인지시켜준다. 다음 부분에서는 현재 남한의 통일에 대한 개념과 인식에 대한 연구를 바탕으로 통일신앙 공동체를 위한 교육적 제언을 하려 한다.

III. 통일 신앙 공동체를 위한 교육적 이론

우리가 이해하고 있는 통일의 개념은 무엇이며, 그 통일의 개념은 어떻게 실천될 수 있을까? 통일의 사전적 의미를 보면 첫째 나누어진 것을 몰아 완전한 것으로 만듦, 둘째 서로 다른 것을 똑같이 되게 함, 셋째 다양한 여러 요소를 서로 관련지어 떨어질 수 없게 함의 뜻을 지니고 있다.[40] 이러한 사전적 의미를 분단국이라는 상황에 적용을 시키게 된다면 1차적 통일 개념은 '분단의 외적 극복'을 의미하게 된다.[41] 그러나 한국의 분단은 대단히 복합적이고 여러 요소가 서로 얽혀있기에 1차적 통일의 의미에 한계가 있으며 재해석의 요구가 있어야 한다.

한국의 분단과정은 1945년 북위 38도선을 중심으로 미군과 소련군이 각각 분할 점령함으로써 진행된 '국토분단'(1945), 1948년 8월 15일 대한민국

---

39 Ibid., 523.
40 NAVER 국어 사전, http://krdic/naver.com/krdic.php?docid=132775, 2015년 10월 17일 검색.
41 김덕, "한반도의 통일," 한국 정치학회 학술대회 발표논문, 1991, 1.

정부수립과 같은 해 9월 9일 '조선민주주의 인민공화국' 정부수립으로 진행된 '체제분단'(1948) 그리고 6.25 전쟁의 비극을 치르면서 가중된 '심리적 분단'(1950)이라는 복합적 성격을 지니고 있다.[42] 지리적, 정치적, 문화적 분단은 시간이 지날수록 사회를 이루는 여러 가지 요소들에까지 영향을 주었다. 남·북한 분단 이후 60년 이상의 시간은 양쪽에게 언어, 경제, 이데올로기, 종교성, 대중문화, 심지어 외모에도 영향을 주었으며 급기야 전쟁 이후의 세대들에게는 한민족이라는 의식을 퇴색시키는 상황에까지 이르렀다. 여기에 안팎 생존의 위협을 느끼는 정치적 사항들이 더해지면서 통일에 대한 다층적 이해와 심도 있는 검토가 요청되는 상황이다.

한국의 분단 상황을 고려하여 좀 더 구체적으로 남북통일의 의미를 살펴보면, 통일은 남·북의 주민이 공존할 수 있는 새로운 민족 공동체를 만들어 나가는 과정이라 할 수 있다. 이것은 지리적, 사회정치적, 문화적, 역사적 등의 단절 상황을 멈추어 서로를 이해와 신뢰를 바탕으로 점진적 연합을 이루는 연속이다. 따라서 통일은 단번에 현실을 전복시킬 수 있는 것이 아니다. 차라리 통일은 유기적이며 상호의존적 관계를 형성하여 인내와 시간이 필요한 작업이다. 김강녕에 의하면 통일이란 남·북이 대립된 정치, 경제적 제도를 하나로 만들고 차이가 공존할 수 있는 문화를 탄생시키는 작업이다.[43] 이러한 과정을 거쳐 남·북에 거주하는 주민이 서로를 인정하며 심리적으로 '우리는 하나'라고 느끼게 될 때, 비로소 우리의 진정한 통일을 이루었다고 할 수 있다. 이러한 다층적 통일 개념을 남·북이 모두 공유될 때 비로소 통일의 기초적 토대가 마련될 수 있을 것이다.

그러나 남·북한의 상황은 이러한 이상적 통일 개념을 공유하기에는 아직 무리가 있다. 2000년대 이후로 계속 심화 되는 북한의 도발과 전쟁의 긴장 조성, 외세의 여러 가지 압박이나 간섭 등은 남한 사회에 통일에 대한 절실함보다는 정치적 위협을 안겨주었고, 남한 경제사회에서 연이어 제기되

---

42 김강녕, "남북통일의 과제와 전망," 한국동양정치사상사학회, 2008, 77.
43 Ibid., 77.

는 경제 위기론은 통일 비용 부담에 대해 부정적인 영향을 끼치고 있는 것이 사실이다. 특히 2010년 천안함 사건과 전쟁의 공포감 형성을 계기로 북한에 대한 이해는 남한 사회에서도 이분법적으로 나뉘어 통합하는 것이 어려워지고 있다.

이러한 상황 속에서 세대별 갖고 있는 통일에 대한 이해와 그 세대 공동체 속에서 비판되고 발전해야 할 점들을 고찰하는 것은 유의미한 작업이라 할 수 있겠다. '세대'란 한 시대를 같이 살아가는 사람들을 부르는 말로써 역사, 정치, 문화, 경제 등 사회문화적 요인들을 공유한 집단을 이르는 말이다. 급변하는 사회 속에서 사회 공동체는 보다 그 범위를 좁혀 살펴볼 필요가 있다. 특히 한국의 분단 상황을 살폈을 때, 분단을 경험한 세대, 분단 이후의 세대로 나뉠 수 있어서 보다 세분화할 필요가 있다. 따라서 한국 사회의 공동체라는 의미는 거시적 관점에서 논의하는 것보다 세대적 관점에서 살펴 비판하는 것이 옳다고 여길 수 있다. 이러한 재해석을 토대로 본 부분에서는 통일신앙 공동체를 위한 교육 실천에 대해 상고해보려 한다.

1. 통일: 세대와 공동체 인식에 대한 연구 추적

기독교 윤리학자 임성빈의 세대간 통일 인식 분석은 이러한 관점에서 매우 흥미롭다. 임성빈에 따르면 '세대'가 현대 한국 사회 갈등의 새로운 축으로 등장했으며 세대별로 사회와 경제를 이해하는 방식이 상이하기 때문에 단순한 문제로 치부할 수 없다.[44] 그는 남한 사회가 경제위기를 몇 차례 겪으면서 복합적인 정치, 경제적 차원의 주도권 논쟁으로 번지고 있음에 주목하여 통일 인식의 분석이 요청됨을 주장한다. 사실상 통일은 더 이상 이전 세대의 과제에 국한되지 않는다. 동시대를 살고 있음에도 불구하고, 실질적으로 통일에 대한 구체적이고 막대한 비용을 고려해야 하는 세대가

---

44 임성빈, "세대 차이와 통일 인식에 대한 신학적 반성," 「장신논단」 Vol.46 No.2, 249.

있고, 일부를 감당하겠지만 그것에 따른 수혜자가 될 세대도 있을 것이기 때문이다. 그러므로 세대별로 통일을 어떻게 인식하며 받아들이는지에 대한 것은 교회 현장에서도 매우 중요한 작업이라 할 수 있다. 사회학자 함인희는 한국의 세대별 역사적 경험과 가치관에 의해 현시대를 세 가지의 세대로 분류하였다.[45] 첫 번째는 근대화/산업화 세대, 두 번째는 386(운동권)/민주화 세대, 마지막으로 정보화/디지털 세대가 있다. 이 세대들은 각각 군부독재와 민주화, 세계화를 경험하였고 전쟁과 기근에 대한 접근방법이 상이 하였다. 이 세대를 기초로 2013년 국민 통일의식 조사에 의한 통일의 분석은 지금 남한 사회가 통일을 얼마나 다르게 이해하는지에 대하여 보여주고 있다. 먼저 공통점은 연령대와 상관없이 북한에 대한 반감이 사회적으로 고조되고 있다.[46] 그러나 세대별로 통일의 당위성에 대한 응답은 조금씩 달랐다. 60대 이상은 40.9%이었던 반면, 20대는 15.9%에 불과했다. 또한, 20대의 경우, "통일되지 않는 편이 더 낫다"라고 답변한 비율이 15%에 달했다.[47] 다시 말해 연령대가 낮아질수록 통일에 대한 당위성이 약화하고 있다는 것이다. 실제로 정보화/세계화 세대의 경우, 회의적인 태도를 보이는데 그 이유는 통일에 대한 문제는 연령대가 낮아질수록, 현실감 있게 다가오는 주제가 아니기 때문이다. 한 가지 예로, 남한의 20대는 더 이상 통일을 민족적 관점에서 보기보다 실용적 관점에서 접근하기 시작하였고, 적대 대상이나 한민족 역사 관보다는 지원 대상으로 보는 경향이 높았다.[48] 다시 말해 근대화/산업화 세대나 386세대가 이해하는 통일은 민족적 과업이나, 한민족의 숙원으로써 같은 민족의 동질성 회복으로 풀이될 수 있으나, 비교적 생활의 반경 안에 분단으로 인한 부정적 상황을 체감할 수 없는 젊은 세대에게는 통일이란 필수적 민족 문제가 아닌 선택이며, 집단적, 공동체의 필요 관계에 의해

---

45 함인희, "세대 갈등의 현주소와 세대 통합의 전망," 한국정책학회 기획세미나, 2003, 56.
46 KBS, "2013 국민통일의식조사,"「KBS 자료집」, 2013, 82.
47 Ibid., 82.
48 Ibid., 253.

수행해야 하는 문제로 해석된다는 것이다.

국민이 지닌 통일의식이란 복합적 산물이다. 일반적으로 국민이 북한과 통일문제, 남·북한 관계, 대외관계 그리고 대북정책 등에 대해 무엇을 얼마나 알고 있고, 어떻게 느끼는가, 실제로 어떻게 행동하고 있는가를 보여주는 것이 바로 통일의식이다. 그런데 이러한 의식은 사회 및 개인의 이념적 지평 그리고 정치적 경제적 이해관계와 긴밀하게 연결되어 있다.[49] 2011년 서울대학교 통일평화연구원 조사는 '통일의 이유'를 묻는 항목을 두고, 여기에 '같은 민족이니까'라는 선택지를 두고 있다.[50] 흥미로운 것은 해마다 줄어들고 있지만, '같은 민족이니까'에 대한 응답률이 '전쟁위협을 없애기 위해'와 '선진국이되기 위해'라는 응답률을 압도하고 있다. 특히 2030 세대의 '같은 민족이니까'(29.5%)가 다른 선택지인 '전쟁의 위협을 없애기 위해'(34.9%)보다도 낮았다. 이는 젊은 세대가 통일에 대해 접근하는 방식이 기성세대와는 다르며, 특히 북한 주민을 같은 민족이라는 것에 당위성을 두는 것이 아니라 구제적, 난민적 관점에서 접근하여 도와주어야 하는 의식으로 변했음을 의미한다. 실용주의적 접근 경향이 강한 젊은 세대와 기존세대와의 갈등은 남북통일에 대한 이념 앞에 또 다른 갈등의 씨앗이 될 수 있으며 사회분열을 조장할 수 있다는 것을 분명히 알아야 한다. 이것은 사회에서 뿐만이 아니라 교회 내에서도 비슷하다고 할 수 있다. 통일에 대한 신학적 가르침이 빈약한 가운데 젊은 세대는 북한이라는 존재를 '우리'라는 개념 안에 넣는 데 한계가 있으며 나아가 이것은 통일 교육에 대한 요청 시 심각하게 고려하고 반성해야 할 부분이 되었다.

2. 세대별 인식을 통한 신학적 반성

여기까지 통일에 대한 개념과 인식에 대한 지금까지의 이론 연구는 다음과

---

49 변종헌, "20대 통일 의식과 대학 통일교육의 과제", 「통일정책연구」, 2012, 161.
50 Ibid.

같이 정리될 것이다. 첫째, 통일이란 한국의 복합적 분단 상황을 고려하였을 때 1차적이거나 형이상학적 개념으로 이해되지 않아야 한다. 한국은 여러 번에 걸쳐 다양한 개념으로 분단이 이루어진 나라이며 이미 60년 이상 긴박한 갈등상황을 빚어왔다. 여기에 주변국들의 이권 다툼 때문에 시기별로 이해의 범주도 달리해왔던 것을 알 수 있다. 그렇기에 서로에 대한 불신과 논쟁은 통일에 대한 개념을 물리적 관점에서의 이해—지리적, 정치적, 경제적, 사회적 관점—를 뛰어넘어 심층적, 문화적, 정신적 관점까지의 포함을 요구하고 있다.

두 번째는 통일의 당위성에 대한 학문적 연구가 다시금 재검토되어야 한다는 것을 알 수 있다. 한국인의 통일 인식 조사에서 본 것과 같이 이미 전쟁과 기근과 독재정치를 경험하지 못한 세대는 통일에 대한 당위성의 이유를 느끼지 못하고 있다. 특히나 통일에 대한 사회 경제적 부담감을 본인 세대가 떠안아야 한다는 부정적 인식은 실제적 삶과 맞닿아 있는 것이기에 이 점에 대한 신학적 연구가 절실하게 요청되는 것이 사실이다. 이러한 점은 탈북민의 포용과도 긴밀하게 연관되어 있다. 탈북자에 대해 학문적으로 연구를 시작한 것은 1990년대 후반에 이르러서다. 2014년 2월 17일, 유엔 인권위원회(The United Nations Human Rights Council)는 북한인권조사위원회에서 연구한 북한인권조사보고서를 발표하여 북한 인권의 실태와 구조의 시급성을 호소하였다.[51] 보고서에 따르면 1980년대부터 본격적으로 시작된 탈북 현상은 2000년대를 들어서며 최고조가 되었으며 현재 약 10만-13만 명의 북한 주민이 탈북한 것으로 추산된다. 이 중 약 26,000명의 북한 이탈주민은 남한에 거주 중인 것으로 알려졌다. 이들의 탈북 이유는 식량, 계급, 성폭력, 종교, 신체/정신적 자유 등으로 조사됐다. 흥미로운 점은 남한에 거주하고 있는 탈북민의

---

51 http://www.ohchr.org/en/hrbodies/hrc/coidprk/pages/commissioninquiryonhrindprk. aspx. 다음의 인권 보고서를 참고하였다. the documentation of "Human Rights Council, *Report of the detailed findings of the commission of inquiry on human rights in the Democratic People's Republic of Korea*" (The United Nations Human Rights Council, 7 February 2014), 5-6.

56.6%가 종교 생활을 하고 있으며 이들 중 95%가 개신교인이라는 것이다.[52]

북한학자 유시은에 따르면 개신교에 탈북자가 집중되는 이유는 첫째, 북한에서 남한으로 들어오는 과정에서 탈북자를 돕는 역할을 하는 데 개신교가 가장 적극적이었기 때문이다. 둘째, 남한에 입국한 탈북자에게 개신교가 가장 적극적으로 지원 및 봉사활동을 하고 있기 때문이다. 셋째, 탈북자들이 종교에 기대하고 있는 마음의 평화, 도덕적 삶, 믿음 등의 필요에 대해 적극적으로 충족시켜주기 때문이라고 보인다.[53] 민주주의와 남한 사회의 적응에 가장 많이 도움을 주고 경제적, 정신적 후원에 적극적인 개신교이기에 탈북자들의 초기 호감도가 굉장히 높다고 해석할 수 있다. 실질적으로 한국교회를 비롯하여 세계 곳곳에 흩어져있는 이민교회들이 선교적 관점을 갖고 이들을 돕는 것은 긍정적인 운동으로 해석이 된다. 특히 중국에 거주하는 약 10만 명으로 추산되는 탈북자들에게 가장 많은 선교활동을 하는 종교 또한 개신교임은 객관적 사실이다. 그러나 문제는 남한 거주 3년 이후, 탈북자의 대거 개신교회의 이탈이다. 유시은은 탈북 이후 7년 종적 연구를 통해 탈북자의 약 절반 정도가 교회를 이탈하거나 더 이상 종교 활동을 하지 않는 것으로 분석했다.[54] 그 이유는 다양하나 절대적 이유는 교회 공동체에서의 심각한 부적응에 이유가 있다고 주장한다. 이는 통일 교육과 인식 함량의 다층적 시도가 아니라 단면적인 면만을 부각하여 추상적, 이론적 접근만을 시도한 것이 이유가 있을 것이다. 실제적으로 교회 교육 안에서 통일이나 탈북민들에 대한 교육은 초기 서양 선교적 관점에서만 이루어지는 것이 대다수이며, 적극적으로 한국 신학적, 한국교회론적인 관점을 갖고 정치 경제적 관점을 통합하려는데 실패했기 때문이라 분석이 된다.

세 번째는 통일에 대한 세대별 극심한 이해의 간격과 다양한 관점에서의

---

52 유시은, "북한이탈주민의 종교생활에 대한 7년 종단연구," 『통일실험, 그 7년: 북한이탈주민의 남한살이 패널연구』 (한울출판사, 2010), 63.

53 Ibid., 81.

54 Ibid., 71.

통일 이해는 공동체 안에서 재교육되어야 한다. 이것은 새로운 대안인 과정적 통일에서의 당위성과 일맥상통할 수 있다. 지금까지 위에서 내려오는 통일에 대한 연구는 더 이상 남·북한 주민 개인에서 유의미한 이론이 될 수 없다. 복잡하고 개인주의와 탈식민적 사상이 함께 맞물려있는 현대사회에서는 더 이상 사용될 수 없기 때문이다. 오히려 아래로부터 평화에 대한 절실한 요구와 맞물려 통일을 생각해야 하며, 물리적인 개념을 뛰어넘는 문화적, 정신적 연구가 함께 수행되어 교육되어야 한다. 이것을 위해 공동체를 통한 통일교육은 당연한 요구가 될 수 있을 것이다.

　이러한 사회적 요청이 요구되는 가운데 과연 우리는 통일에 대한 이해를 한국교회 신학의 한 부분으로 수정 보완하여 수용하고 있는가를 자문해야 한다. 박순경이 앞서 말할 것과 같이 교회에서 바라보는 통일문제는 본질적으로 하나님과 성서적 관점에서는 '한국의 통일을 어떻게 해석할 수 있는가'로부터 시작되어 선교적 관점으로 연구되어 교육됐다. 다시 말해 '하나님은 과연 통일을 원하시는가'로부터 시작되어 예수의 지상 복음 명령에 적용되어 실천이 이루어지고 있다는 것이다. 그러나 여기서도 앞서 통일 개념과 인식에 대한 비판을 한 것과 같은 방식으로 비판을 가할 수 있음을 깨달을 수 있다. 단편적인 이론 연구와 서양의 선교학적 실천 연구는 북한과의 관계와 통일을 이해하기 위해 필수적인 요소였으나 현대사회에서 이루어지는 다각적인 이해관계와 소외자들에 대한 억압을 신학적으로 답변하고 발전시켜야 함을 요구받고 있다. 더 이상 남한과 북한의 통일을 단순한 전도의 확장이라는 수단으로 여기는 1차적 요구를 넘어 공동체의 일원으로서 그 안에 있는 남·북한의 삶과 삶의 접점을 이해하여 서로를 하나님 안에 거하는 타자로 인식하고 의식해야 하는 요구에 충실히 답을 해야 한다는 것이다. 물리적 이해와 배려를 뛰어넘어 왜 우리는 북한을 통해 타자성을 대면해야 하는지, 이들이 참된 '우리'의 범주 안에 들어가기 위해서 한국교회는 무엇을 가르쳐야 하는지에 대해 진지한 답변을 내놓아야 하는 시점이 되었다. 이러한 탈식민 적이며 평화적이고도 실천적 질문과 답변에 대한 고뇌가 시작될 때 비로소 우리는 과정적 통일에 동참하게 되는 것이며 사회 경제적 이해관계를 뛰어넘어 마침내 통일의 주체성을 바로 깨닫는 교육을 할 수 있을 것이다.

3. 통일 페다고지: 기독교교육학적 토대 구축하기

통일연구가 본격적으로 학문적 장에 들어선 지 약 20여 년이 흘렀다. 그동안 많은 진척과 노력이 있었기에 점진적으로 부분적인 통일이 이루어지고 있는 것은 누구도 부인할 수 없는 사실일 것이다. 이제 그동안 많이 이루어진 지엽적으로 연구는 이제 분야와 장을 넘어 대화하고, 관계하며 또한 실천의 새로운 단계로 올라가야 한다. 그룹의 공동체 교육방법 이론은 이러한 단계에 들어선 한국교회에 통일 페다고지 원리를 세우는 데 있어 중요한 발판이 된다. 그룹의 나눔의 실천은 반드시 복수의 참여자를 통해 그들의 서로 다른 나눔으로 나를 조명하여, 이것을 기독교 이야기와 비전에 연결하고, 마지막으로 해석하여 세상에 실천하는 것이다. 박순경의 통일신학과 그룹의 교육적 이론을 바탕으로 통일신앙 공동체를 이룩함에 있어 몇 가지 제언을 하려 한다.

1) 공동체 안에서 타자성과 주체성을 동시에 회복하여야 한다

박순경은 통일의 주체가 남이 아닌 내가 우리가 되어야 한다고 주장하였다. 이것이 실천적으로 어려운 이유는 당장 통일이 현실에 보이지 않고 내 공동체의 문제의식으로 변화하지 않았기 때문이다. 이제까지 이루어진 통일에 대한 실천적 이해는 단순히 선교의 일환으로 생각돼 왔으며 북한을 단순히 '도와야 하는 대상-도움 주는 자, 억압받는 자-억압을 해방해 줄 수 있는 자, 바뀌어야 하는 자-바꾸는 데 있어 도움을 주어야 할 자'로 인식하였었다. 그러나 이러한 이분법적 사고가 도리어 탈북자나 억압받는 자들의 고통을 증가시키고 진정한 타자에 대한 인식을 거부하게 만든다. 이름을 붙인다는 것은 상대방을 바라보고 온전히 주체적인 존재로 바라본다는 것을 의미한다. 동등하고 대칭적인 존재로 상대방을 인식하며 나와 변혁을 함께 이루어가는 대상으로 바라본다는 것이다. 이러한 밑거름이 있을 때 진정한 통일신앙 공동체가 시작이 이루어지는 것이다.

2) 통일에 대한 자발적 헌신과 책임의식을 함양시켜야 한다

신앙 공동체에서 함께 나누는 신앙은 하나님의 우리를 향한 구원의 부르심에서 출발하여 하나님 나라의 완성으로 마치게 된다.[55] 이때 공동체 일원으로서의 우리는 하나님의 은혜와 사랑에 주도적으로 그리고 상호의존적으로 응답하게 된다. 성숙한 관계는 한쪽의 일방적인 강압에서 이루어지는 비대칭적 관계를 거부한다. 오히려 자발적인 헌신과 책임의식을 통하여 건강하고 영적 관계를 형성할 수 있다. 그렇기에 신앙 공동체 교육에서는 책임과 헌신에 대한 강조는 중요한 항목이다. 박순경이 말한 것과 같이 통일은 민족 공동체의 운명이며 모두가 '함께' 이루어가야 하는 책임이 주어진다. 그렇기 때문에 우리는 통일 관점에서는 반드시 공동의 책임과 헌신을 요구받는다. 책임과 헌신은 우리의 신앙과는 어떠한 관계가 있는가? 한마디로 우리 신앙의 깊이와 넓이가 곧 우리의 책임과 헌신으로 구체화되어지는 것이다.[56] 통일도 마찬가지이다. 통일은 아무런 노력과 책임 없이 이루어지는 것이 아니다. 때로는 나를 헌신해야 하며 타자를 이해하기 위해 고통을 나누어야 하는 책임이 기다리는 것이다. 이것이 이루어질 때 역사적, 사회문화적, 정치 경제적 이질감에도 불구하고 남과 북 모두를 주관하는 하나님의 주권과 남과 북 모든 사람의 창조주이시며, 삼위일체 하나님을 통전적으로 신앙함으로부터 비롯되는 통일 공동체적 삶이 이루어지는 것이다.

---

55 정종훈, "독일교회에 비추어 본 한국교회의 남북통일을 위한 과제," 「한국기독교신학논총」
    68(2010): 21.
56 Ibid.

3) 교회는 공동체의 한 축인 젊은 세대를 위한 통일 교육에 대한 필요를
   인지하여야 한다

과연 교회는 이제 곧 한국 사회의 중추가 될 젊은 세대를 어떻게 이해하고 통일신앙 공동체의 일원으로 교육하여야 하는가? 무엇보다도 교회는 다음 세대를 '무책임한 세대' 또는 '이기주의와 개인주의의 세대'라는 자세를 극복하고 이들을 포용해야 한다. 앞서 통일 인식 조사에서 살펴보았듯이 20-30대 세대는 우리 사회의 통일시대를 열어갈 가능성이 있는 공동체의 일원이자 미래의 주역이다. 그래서 우리의 과제는 그들의 삶의 정황을 이해하고, 그들의 방식에 맞는 새로운 방식으로 통일의 가치관을 전달해야 한다. 박순경이 언급한 대로 통일은 어느 한 집단에 국한되거나 폐쇄적인 희망이 아니라 전민족적이고 공동의 염원이자 하나님께서 한국 공동체에 부여하신 희망과 구원이다.[57] 이러한 가치관을 젊은 세대에게 전달하기 위해서는 교회 안에서 주입식 교육방법이 아닌 대화를 통해 인식하고 의식할 수 있는 실천의 장을 마련해주어야 한다. 현재 상황과 자신들이 생각하는 통일과 분단에 대해 명명(naming)할 수 있도록 도와야 하며, 자신들의 현재 삶을 스스로 기독교 가치관과 성서를 통해 해석하도록 기다려주며, 비난 없이 귀 기울여야 한다. 이러할 때 눈앞의 개인의 문제 너머에 공동의 문제와 책임이 있으며 함께 이루어가는 공동체 의식이 젊은 세대로부터 나올 수 있다. 이러한 기성세대와 젊은 세대 간의 창조적 관계가 결국 공동체 안에서 매일 이루어져 가는 통일을 만들 것이다.

---

57 변종헌, "20대 통일의식과 대학 통일교육의 과제," 「통일정책연구」, 2012, 161.

참고문헌

김강녕. 『남북통일의 과제와 전망』. 한국동양정치사상사학회, 2008.

김덕. "한반도의 통일." 한국 정치학회 학술대회 발표논문, 1991, 1.

김영선. 『박순경의 통일 신학의 의의: 여성 신학적 관점에서』. 이화여자대학교 출판부, 2007.

미라슬로 보브 박세혁 역. 『배제와 포용』. 서울: IVP, 2012.

박순경. 『통일신학의 고통과 승리』. 도서출판 한울, 1992.

_____. 『민족통일과 기독교』. 한길사, 1986.

_____. 『민족의 미래』. 한길사, 1991.

_____. 『민족통일』. 한길사, 1990.

변종헌. "20대 통일 의식과 대학 통일교육의 과제." 「통일정책연구」, 2012, 161.

임성빈. "세대 차이와 통일 인식에 대한 신학적 반성." 「장신논단」 Vol. 46. No. 2(2015).

정종훈. "독일교회에 비추어 본 한국교회의 남북통일을 위한 과제." 「한국기독교신학논총」 68, 2010.

이주형. "국민 통일의식 추세변화." 「KBS 2013 통일의식조사 자료집」. 2013.

유시은. "북한이탈주민의 종교생활에 대한 7년 종단연구." 『통일실험, 그 7년: 북한이탈주민의 남한살이 패널연구』. 한울출판사, 2010.

전우택. 『사람의 통일을 위하여-남북한 사람들의 통합을 위한 사회정신의학적 고찰』. 연세대학교 출판사, 2007.

통일연구 엮음. "통일 준비를 위한 과제와 전략, KINU 통일포럼." 한국 통일부, 2014.

칼 구르타프 융/김세영 번역. 『무엇이 개인을 이렇게 만드는가?』. 부글북스, 2013.

함인희. "세대 갈등의 현주소와 세대 통합의 전망." 한국정책학회 기획세미나, 2003.

KBS. "2013 국민통일의식조사." 「KBS 자료집」, 2013.

Foster, Charles. *Educating Clergy: Teaching Practices and the Pastoral Imagination*. San Francisco: Jossey-Bass, 2006.

Freire, Paulo. *Education for Critical Consciousness*. New York: Continuum, 1973.

_____. *Pedagogy of the Oppressed*. New York: Continuum, 2000

Gilroy, Paul. *Against Race: Imagining Political Culture Beyond the Color Line*. Cambridge, Mass: Belknap Press of Harvard University Press, 2000.

Giroux, Henry A. *On Critical Pedagogy*. New York: Continuum International Publishing Group, 2011. Print.

Groome, Thomas H. *Christian Religious Education: Sharing Our Story and Vision*. San Francisco: Harper & Row, 1980.

_____. "Remembering And Imagining." *Religious Education*. 98, no. 4: 2003, 511-520.

_____. *Sharing Faith: A Comprehensive Approach to Religious Education and Pastoral Ministry : the Way of Shared Praxis*. [San Francisco]: HarperSanFrancisco, 1991.

_____. *Will There Be Faith?: A New Vision for Educating and Growing Disciples*. New York: HarperOne, 2011.

나가면서

　성경은 하나의 관점을 제공한다. 성경적 관점이다. 그것은 하나님께서 세상을 보시는 이치다. 천지를 말씀으로 지으신 하나님께서 세상을 보시는 방법이 있다면 그건 세상의 역사를 이루어 가시는 길이다. 오늘 우리가 성경을 읽고, 성경의 눈으로 한반도 통일의 길을 바라보는 것은 대단한 의미가 있다. 우리는 세상이 하나님의 말씀대로 이루어질 것을 믿기 때문이다.

**　　나는 내게 말씀하신 그대로 되리라고 하나님을 믿노라(사도행전 27:25b).**

　오늘 우리는 한반도가 일제의 불법 식민통치의 그늘에서 벗어나 빛을 회복한 지 70년 되는 때를 기념한다. 이때 우리는 우리에게 자유를 허락해 주신 하나님 아버지의 은혜를 기억한다. 그 은혜의 물결은 한반도 전역에 흘러넘쳤다. 이 아름다운 기억이 오늘이 되기를 기도드린다. 현재가 될 수 없는 기억은 가치가 없다.

　샌프란시스코에 우리를 보내신 하나님의 뜻은 반드시 이루어질 것이다. 여기는 한반도 통일을 위한 제3의 축이다. 태평양을 건너 조국 땅을 바라보며 부르짖어 기도하는 우리는 기도의 용사다. 300명 기드온 용사다. 오늘 여기서 들어 세운 횃불 300개가 어둠을 밝힌다.

조은석

2016년 광복 71주년 통일 심포지엄

에스겔서와 한반도 통일

일시 2016년 11월 29일
장소 버클리연합감리교회
주최 겨자씨선교회

에스겔이 본 이스라엘 통일의 비전과 한반도의 평화통일

박준서

연세대 구약학 명예교수, 전 연세대 부총장

지금 한반도는 위기 상황이다. 6.25 전쟁 이후 최대의 위기상황이라고 해도 지나치지 않다. 북한의 김정은 정권은 세계의 여론이나 국제적 제재에도 아랑곳하지 않고 핵무기 실험과 미사일 개발에 광분하고 있다. 중국의 관영신문인 환구시보는 북한이 곧 대륙간 탄도미사일을 보유해 "미국 본토까지 타격 범위(ICBM) 안에 들어갈 것이다"라고 보도하고 있다. 미국의 정권은 대북한 제재를 트럼프(Trump)를 위해서 가능한 모든 것을 위에 올려놓고 논의하고 있다는데 그 선택 테이블(option table)들 중에는 군사적 선제공격 (preemptive strike)까지 포함되어 있다는 것이다. 그런 일이 일어나지 않기를 기도하지만 만일 그런 일이 일어난다면 한반도가 다시 한번 전쟁의 참화에 휩싸이지 않을 것이라고 누구도 확언할 수 없다. 중국은 북한을 견제하기는커녕 북한이 핵무기로 중국의 변방을 지켜주기를 바라는 속내는 아닌지 의심스럽다.

한편 지난해 개성공단이 폐쇄된 이후 남북관계는 경직될 대로 경직되어 있다. 대화의 창구조차 가동되고 있지 않다. 남·북한의 군사적 긴장 상태가 지금같이 고조된 때는 없었다. 이러한 위중한 때 한반도의 평화적 통일을 이야기한다는 것이 현실감이 없는 것 같이 들릴 수 있다. 현실은 암담하고 통일의 가능성은 전혀 보이지를 않는다.

그러나 밤이 깊어지면 새벽이 가까이 오는 것이다. 동장군이 맹위를 떨치면 머지않아 봄이 돌아온다는 신호다. 일제 강점기 일본이 그렇게 갑자기 항복하고 우리 민족이 해방될 것으로 예측한 사람은 거의 없었다. 그러나 전혀 예상치 못할 때 광복의 날이 왔다. 나치 독일이 마지노선을 우회해서 불란서를 침공해 불란서의 항복을 받아내고 승승장구할 때 그들이 그렇게 패망하리라고 예측했던 사람들은 얼마나 됐을까?

하나님이 돌리시는 역사의 수레바퀴는 천천히 돌지만 확실하게 돌고 있다. 구약 이사야서의 말씀대로 "하나님은 세상에 높은 자를 폐하시고 세상에 권세 잡은 자를 헛되게 하시니 하나님이 입김을 부시니 그들이 말라 회오리바람에 날려가는 지푸라기 검불 같도다"라고 했다. 오늘날 한반도 통일의 길은 멀어만 보이고 남·북 간의 장벽은 높아만 가고 있지만, 하나님의 뜻 안에서 통일의 날은 오고야 말 것이다. 그래서 우리는 통일을 꿈꾸고 통일의 날을 준비하고 있는 것이다.

먼저 한 가지 밝혀둘 것이 있다. 필자는 북한 문제 전문가가 아니다. 정치학자도 아니고 국제정치를 전공하는 사람도 아니다. 군사적 전문지식을 가진 사람도 아니다. 평생 성경을 연구하고 가르쳐 온 성경학 교수이다. 그러나 한반도 통일을 위해 기도하며 한반도의 평화가 오늘날 우리 민족에게 주어진 최대의 과제라고 깊이 인식하고 있는 사람이다. 필자는 통일문제에 관해서 정치학적 관점이나 한반도를 둘러싸고 있는 국제정치학적 군사적 시각에서 이 문제를 다루려 하지 않는다. 다만 성경 특히 구약 성경을 연구하는 성경학도로서 성경적 시각에서 한반도 평화통일 문제를 조명해 보려고 한다.

1. 일하시는 하나님, 하나님의 동역자 인간

요한복음 5장에 보면 예수님께서 예루살렘 베데스다 못가에서 오랫동안 병으로 고생하던 사람을 고쳐주신 이야기가 기록되어있다. 그런데 그것이 문제가 되었다. 그날이 안식일이었기 때문이다. 유대인들은 예수께서 안식일을 범했다고 문제 삼았다. 그때 예수님은 유명한 대답을 하셨다. "내 아버지께서 이제까지 지금도 일하시니 나도 일한다." 일하시는 하나님. 이것은 성경이 보여주는 하나님의 모습이다. 창세기에 하나님께서 천지 만물을 창조하신 것도 하나님께서 하신 일이라고 했다.

성경은 어떤 책인가? 여러 가지로 말할 수 있다. 성경은 하나님께서 일하신 기록이다. 하나님께서 행하신 일을 기록해 놓은 것이 곧 성경이다. 그런데 성경을 보면 하나님은 아주 독특한 방법으로 일하셨다. 예를 들어본다. 출애굽기 14장에 보면 이스라엘 백성들이 기적적으로 얌 수프(yam suph)를 건넌 이야기가 있다. 얌 수프를 희랍어 70인 역에서 홍해(eruthra thalassa)라고 번역했다. 이스라엘 백성이 종의 땅 애굽을 벗어난 기쁨도 잠시뿐이었다. 그들 앞에 위기가 닥친 것이다. 앞에는 바다요 뒤에는 애굽 군대가 쫓아오고 있었다. 진퇴양난의 상황에서 하나님은 모세에게 명령하셨다. "네가 지팡이 든 손을 바다를 향해 뻗쳐서 바닷물이 둘로 갈라지게 하라." 참으로 어처구니없는 것같이 들리는 하나님의 명령이었다. 그러나 모세는 하나님의 명령에 순종해서 바다를 향해 손을 뻗쳤다. 그러자 하나님은 큰 동풍을 불게 하셨다. 아라비아 사막에서 불어오는 큰바람이다. 그것이 밤새도록 바다 위로 불게 하셨다. 마침내 바닷물이 둘로 갈라졌다. 기적이 일어난 것이다.

그런데 이 기적은 하나님이 홀로 단독으로 행한 것이 아니다. 모세와 같이 일하셨다. 모세가 바다를 향해 손을 뻗치는 것은 바다가 갈라지는 기적과는 아무런 관계가 없는 것같이 보인다. 그러나 하나님은 모세에게 "손을 뻗치라"고 하셨고, 그대로 했을 때 하나님은 큰 동풍이 불게 해서 바다를 가르는 일을 행하셨다.

사실 모세가 했던 일이란 바다가 갈라지는 엄청난 일에 비하면 너무도 미미한 것이었다. 그러나 만일 모세가 "바다를 향해 손을 뻗친다고 바다가 갈라지나요? 하나님이 다 해주세요," 하면서 뒷짐 지고 있었더라면 바다가 갈라져 이스라엘이 구원받는 놀라운 경험은 하지 못했을 것이다.

이스라엘 백성이 약속의 땅 가나안에 들어가서 제일 먼저 정복한 도성은 여리고였다. 높고 견고한 성벽으로 둘러싸인 여리고 성을 이스라엘 백성이 어떻게 무너뜨렸나? 무기도 없고 군대도 없는 이스라엘 백성들이 여리고 성을 정복한다는 것은 불가능해 보였다. 하나님은 이스라엘 백성에게 명하셨다. "7일 동안 매일 한 바퀴씩 성을 돌고 제7일에는 일곱 바퀴 돌고 나팔을 불며 함성을 지르라"는 것이었다. 황당하게 들리는 하나님의 명령이었다. 그러나 이스라엘 백성이 하나님의 말씀대로 7일 동안 매일 한 바퀴씩 돌고, 일곱째 날에는 일곱 바퀴 돌고 나팔을 불며 함성을 질렀을 때, 견고한 여리고성이 무너져 내렸다는 것이다. 여리고 지역은 지진이 자주 일어나는 지진지대이다. 아마도 이때 하나님이 지진을 보내주신 것으로 추정된다.

여리고성은 하나님의 능력으로 무너져 내렸다. 하나님께서 하신 일이다. 그러나 하나님이 단독으로 이 일을 행하지 않으셨다. 이스라엘 백성들이 할 일이 있었다. 만일 이스라엘 백성이 "왜 매일 여리고성을 뱅뱅 돌라고 하십니까? 그런다고 견고한 여리고성이 무너집니까? 하나님이 다 해 주세요," 하면서 여리고성을 돌지 않았더라면, 하나님은 여리고성을 무너뜨려 주지 않으셨을 것이다.

구약시대 이스라엘 북쪽에 당시 군사 강국 아람이 있었다. 오늘날 시리아 (Aram)이다. 아람에 나아만이라는 군사령관이 있었다. 그런데 그가 나병에 걸렸다. 그는 이스라엘 땅에 그의 병을 고칠 수 있는 고명한 분이 있다는 소문을 듣고 그를 찾아서 이스라엘의 사마리아로 갔다. 그를 찾아온 나아만 장군에게 선지자 엘리사는 요단강에 가서 일곱 번 몸을 씻으라고 했다. 좀 더 특별한 비방으로 그의 병을 고쳐주기를 기대했던 나아만 장군은 처음에는 화를 내며 엘리사의 말을 따르려 하지 않았다. 그러나 그의 수하 사람들의 설득에 따라 요단강에 가서 일곱 번 몸을 씻었다. 그때 그의 몸이 어린아이의 피부와 같이 깨끗하게 되었다고 했다.

어떻게 나아만의 병이 치유되었나? 요단강 물이 특별하기 때문이 아니었다. 하나님이 고쳐주신 것이다. 만일 나아만 장군이 끝까지 "요단강 물이 무슨 특효약이냐?" 하면서 요단강 물에 몸 씻기를 거부했더라면 하나님은 치유의 능력을 행치 않으셨을 것이다. 나아만도 그가 해야 할 일의 분량이 있었고, 그것을 행했을 때 하나님의 능력은 나타났다.

창세기 에덴동산 이야기는 누구나 다 아는 이야기이다. 살기 좋은 낙원 파라다이스이다. 그러면 에덴동산은 하나님께서 모든 것을 완벽하게 만들어 놓으셔서 사람은 할 일 없이 놀고먹는 곳이었을까? 창세기 2:15에 보면 에덴동산은 그런 곳이 아니었다. 여호와 하나님이 그 사람을 이끌어 에덴동산에 두사 그것을 경작하며 지키게 하셨다. 여기서 "경작한다"라는 말에 주목해야 한다. 에덴동산에서 하나님은 사람에게 땅을 갈고 경작하게 하셨다. "경작한다"는 히브리어로 아바드(avad) 이다. 이 말에는 일한다(work)는 뜻도 있다. 에덴동산에서도 하나님은 사람이 땅을 경작하고 일하게 하셨다. 하나님은 완제품 100% 낙원을 만들어 주신 것이 아니다. 하나님은 에덴동산에서도 사람이 해야 할 일의 분량을 남겨 주셨고, 사람이 밭 갈고 일하므로 낙원이 될 수 있었다. 에덴동산도 하나님이 일방적으로 만들어 놓으신 완제품이 아니라, 사람과 함께 만드신 합작품이었다.

요한복음 2장에는 예수께서 가나의 혼인 잔칫집에서 물로 포도주를 만드신 이야기가 있다. 예수님은 여섯 개 돌 항아리에 물을 채우라고 하셨다. 한글 번역 성경에는 그 돌 항아리의 크기에 관해서 물이 두 세 통 드는 돌 항아리라고 했다. 희랍어 원문 성경에는 돌 항아리의 크기가 명기되어있다. 두세 메트레테스(metretes) 들어가는 항아리라고 했다. 메트레테스는 물의 양을 재는 단위이다. 메트레테스는 20-30 갤런(gallon) 들어가는 항아리이다. 여섯 항아리를 모두 합하면 120-180갤런이나 되는 많은 양의 물이다.

예수께서 "여섯 개 돌 항아리에 물을 채우라"고 하셨을 때, 물이 귀한 이스라엘 땅에서 항아리에 물을 채우려면 우물까지 가서 물을 길어와야 했다. 만일 하인들이 "잔치 준비하느라고 너무 피곤해서 물을 못 길어오겠습니다"라고 했더라면 가나의 기적은 일어나지 않았을 것이다. 여기서도 예수님께서 행하신 일은 예수님 단독으로 행하신 것이 아니었다. 물을 길어와 항아리에 채우는 하인들의 수고와 예수님의 능력이 합해져서 일어난 일이었다.

이상과 같이 여러 가지 예에서 본 것처럼 하나님은 천지창조의 일만을 제외하고 언제나 우리 인간들과 합력(合力)해서 일하셨다. 하나님은 일하신다 (99%). 인간이 해야 할 일의 분량은 1%도 되지 않을 수 있다. 그러나 인간이 해야 할 일의 분량을 감당하지 않는다면 하나님이 이루시고자 하는 일은 이뤄지지 않는다. 하나님은 독주(獨奏)하시는 하나님이 아니라 우리 인간과 합주(合奏) 하시기를 원하신다. 독창(獨唱)하시는 하나님이 아니라 우리 인간들과 합창(合唱) 하시기를 원하신다. 이것이 하나님께서 일하시는 방법이다.

우리 인간들은 하나님과 함께 일하는 특권을 부여받았다. 하나님의 뜻과 계획을 성취하는데 있어서 우리는 하나님과 함께 일하는 하나님의 동역자들이다. 하나님께서 맡겨 주시는 일의 분량을 감당하지 않는다면 하나님께서 하시고자 하는 일은 성취되지 않는다. 종교개혁가 마틴 루터(Martin Luther)는 이런 명언을 말했다. "하나님은 일하시는 하나님이시다." 그런 하나님을 믿는 자들은 하나님과 함께 일해야 한다.

2. 에스겔 37장. 두 막대기가 하나로

이스라엘 역사를 잠시 살펴본다. 구약시대 이스라엘 역사의 번성기는 다윗-솔로몬 시대였다. 무명의 마을 베들레헴의 목동 출신 다윗이 우여곡절 끝에 이스라엘 지파 전체의 왕이 되었다. 다윗은 입지전적 인물이고 수직적 신분 상승을 한 인물이다. 신앙의 눈으로 보면 하나님께서 그를 크게 들어 쓰신 것이다. 다윗은 이스라엘 왕정의 기초를 놓았다.

그의 뒤를 이은 솔로몬 왕은 선왕이 이루지 못한 꿈인 예루살렘 성전을 건축했다. 이재(理財)에 특출한 능력이 있어서 국제무역을 통해 엄청난 부를 쌓았다. 솔로몬을 "지혜의 왕"이라고 부르지만 사실 솔로몬은 왕으로서 지혜롭지 못한 일을 많이 했다. 그중의 하나가 유다 지파 출신인 솔로몬이 지나치게 유다 지파 중심, 유다 지파 우위의 통치를 했다. 그 결과 다른 지파들의 불평이 높아갔다.

솔로몬 왕이 죽자, 결국 이스라엘 12지파 중에 북쪽 10지파는 떨어져 나가서 나라를 따로 세웠다. 즉 이스라엘이 남과 북으로 분열된 것이다. 북쪽 지파는 이스라엘 왕국이 되었고, 수도를 몇 번 옮긴 후에 사마리아로 정착됐다. 그들은 성전도 단과 벧엘 두 곳에 따로 건축했다. 한편 다윗 왕조의 법통을 이은 나라는 남쪽 유다왕국이었고 수도는 예루살렘이었다. 이렇게 같은 하나님의 백성 이스라엘이 남과 북으로 나누어져 북쪽 이스라엘 남쪽 유다왕국으로 분열되고 성전도 각각이었다.

이 두 왕국 시대는 북이스라엘이 먼저 멸망함으로 끝이 났다. 주전 722년 당시 세계를 제패하던 앗수르 제국의 대군은 북이스라엘의 수도 사마리아를 침공했다. 북이스라엘을 정복한 앗수르 제국은 북이스라엘을 사마리아 지역이라고 이름을 바꾸고 앗수르 제국의 속주로 만들었다. 따라서 그곳에 사는 사람들은 사마리아인(Samaritans)이라고 부르게 되었다.

넓은 지역을 정복한 앗수르 제국은 정복민들의 반란을 막기 위해 소위 인구교환정책을 썼다. 정복지들의 사람들을 교환하는 것이었다. 물론 정복지의 인구를 모두 교환하는 것은 불가능했다. 그래도 많은 지도층 인사들을 교환했다. 북이스라엘 즉 사마리아 지역에 행한 인구교환정책의 실상은 열왕기하 17장에 잘 기록되어있다. 북왕국 백성들을 여러 지역으로 이주시켰고, 다른 지역의 사람들이 사마리아 지역으로 이주해 들어왔다.

여기서 잃어버린 이스라엘 지파(Ten Lost Tribes of Israel) 전승이 생겨났다. 그 결과 많은 사마리아인은 혼혈이 되고 말았고, 남쪽 유다왕국 사람들은 사마리아인들을 "혼혈된 사람들"이라며 멸시하고 차별하였다.

북이스라엘 왕국이 멸망한 지 약 130년 후 남쪽 유다왕국도 멸망하는 비극이 일어났다. 그동안 제국의 운명도 바뀌었고, 이번에는 바빌론 제국의 군대가 예루살렘을 공격해서 예루살렘을 정복했다. 유다왕국의 마지막 왕이 된 시드기야는 예루살렘이 함락되기 직전 성을 빠져나와 도망하다가 붙잡혀 바빌론 왕 앞에 끌려갔다. 바빌론 왕은 시드기야가 보는 앞에서 왕자들을 쳐서 죽이고 시드기야의 두 눈을 빼고, 사슬로 묶어 바빌론으로 끌고 갔다. 그곳에서 시드기야는 죽고 만다.

예루살렘을 정복한 바빌론 군대는 예루살렘에 불을 질러 초토화했다. 이때 예루살렘의 성전도 소실되고 말았다. 유다 왕국은 나라의 멸망, 다윗 왕조의 종말, 예루살렘의 초토화, 예루살렘 성전의 소실 그리고 많은 유다 백성들이 바빌론에 포로로 잡혀가게 되는 다중의 비극을 맞게 된 것이다.

유다왕국이 멸망한 이후부터 유다왕국에 속했던 사람들 그리고 그 후손들을 "유대인"(Jews)이라고 부르게 되었다. 바빌론에 포로로 잡혀갔던 유대인들은 뜨거운 태양 볕 아래 장장 189km에 달하는 사막 길을 걸어 바빌론 포로지로 끌려갔다. 바빌론에 포로로 잡혀간 유대인들은 절망, 낙심, 좌절하며 자신들을 "마른 뼈"와 같이 되었다고 탄식했다. 바빌론에 포로로 잡혀간 유대인들 망향의 노래가 시편에 남아있다. 시편 137편이다.

우리가 바빌론의 여러 강변 거기에 앉아서 시온을 기억하며 울었도다. 그 중의 버드나무에 우리가 우리의 수금을 걸었나니… 우리가 이방 땅에서 어찌 여호와의 노래를 부를까. 예루살렘아 내가 너를 잊을진대 내 오른손이 그의 재주를 잊을지로다.

절망하고 있는 유대인 포로민들에게 하나님은 예언자 에스겔을 보내주셨다. 에스겔은 예루살렘의 제사장 출신으로 포로로 잡혀 와 있었다. 에스겔 37장을 보면, 하나님은 에스겔에게 이스라엘이 회복될 것이라는 희망의 메시지를 환상으로 보여주셨다. 하나님은 에스겔을 마른 뼈들이 쌓여있는 골짜기로 데리고 가셨다. 그리고 에스겔에게 물으셨다.

이 뼈들이 살아날 수 있겠느냐?

도저히 불가능한 일을 물으시는 하나님의 질문에 에스겔은 외교적으로 대답했다.

주 여호와여, 주께서 아시나이다.

하나님은 계속해 말씀하셨다.

내가 생기를 마른 뼈들에게 들어가게 하리니
마른 뼈들이 살아나리라.

결국, 마른 뼈들이 움직이기 시작했고, 뼈들이 서로 맞아 연결된 후 뼈에 힘줄이 생기고 살이 오르고, 그 위에 피부가 덮였다. 살아난 마른 뼈들에 하나님이 영을 불어넣으시니, 그들이 곧 살아나서 엄청나게 많은 수가 되었다는 것이다. 이런 환상을 보여주시고 하나님은 말씀하신다.

내 백성들아 내가 너희 무덤을 열고
너희로 거기서 나오게 하리라!

모든 것이 끝난 줄 알았던 포로민들에게 하나님은 이스라엘을 다시 회복시켜 주실 것이라는 말씀이었다. 그리고 계속해서 하나님은 앞으로 이루고자 하시는 더 큰 계획을 말씀하신다. 하나님은 에스겔에게 "막대기 하나를 가져다가 그 위에 유다와 이스라엘 자손이라고 쓰라"고 하신다. 그리고 "다른 막대기에는 에브라임과 이스라엘 족속이라고 쓰라"고 하신다.

여기서 유의해야 할 점이 있다. 첫째 우리 한글 번역은 유다와 이스라엘 자손 그리고 에브라임과 이스라엘 족속이라고 되어있어 자손과 족속이라고 다르게 번역을 했다. 그러나 히브리 원문은 둘이 같은 단어이다. B'nei 이다. 하나님은 유대인이나 사마리아인들을 똑같이 하나님의 백성, 이스라엘 자손(b'nei israel) 이라고 부르신다. 유대인들은 사마리아인들이 혼혈이라고 낮게 보고 멸시하지만, 하나님은 똑같이 이스라엘 자손이라고 부르신 것이다.

둘째로, 바빌론 포로 시절은 북이스라엘이 멸망한 지 130년이 훨씬 지난

때이다. 그러나 하나님은 과거 북 왕국이 존재했을 때 흔히 부르던 호칭 에브라임을 사용하신다. 북이스라엘 지파 중에 에브라임 지파가 중심이었기 때문이다. 북 왕국의 존재는 역사에서 사라졌지만, 하나님은 북 왕국을 잊지 않으셨다는 것을 보여준다. 하나님은 이렇게 막대기 하나에는 유다와 이스라엘 자손 다른 막대기에는 에브라임과 이스라엘 자손이라고 쓰게 하시고, 에스겔에게 명하신다.

두 막대기들을 서로 합하여 하나가 되게 하라.
네 손에서 둘이 하나가 되리라.

그다음 하나님은 계속해서 말씀하신다.

두 막대기가 하나가 되게 한즉
내 손에서 하나가 되리라.

하나님은 에스겔에게 "네 손에서 하나가 되게 하라"고 하셨다. 그리고 하나님은 "내 손에서 하나가 되게 하리라"고 하셨다. 두 막대기가 하나가 되는 것은 하나님이 일방적으로 혼자 이루시는 것이 아니라는 것을 암시하신 것이다. 에스겔의 손에서 하나가 될 때 하나님의 손에서도 하나가 된다는 말씀이다. 네 손에서 두 막대기가 하나가 된다는 말씀은 이스라엘 백성들이 하나가 되는데 그들이 할 일이 있다는 것을 상징적으로 말씀하신 것이다.

궁극적으로 유대인과 사마리아인이 하나가 되어 한 나라가 되는 것은 하나님이 이루시는 일이다. 이것이 하나님의 뜻이요, 계획이다. 에스겔 37:22 에 이 점을 분명하게 말씀하신다. 한글 번역은 "그 땅 모든 산에서 그들이 유대인 사마리아인 한 나라를 이루리라" 했다. 한글 번역에는 주어가 없다. 누가 한 나라를 이루어 주신다는 주어가 없다. 그러나 히브리 원문은 분명하게 주어가 나온다.

'asiti otham (I will make...)

내가(=하나님이) 만들리라

무엇을 너희들을

한 나라로.

하나님께서 한 나라를 만드시겠다는 것이다. 하나님의 말씀은 계속된다. "그들이 다시는 두 민족이 되지 아니하고 두 나라로 나누이지 아니하리라." 그리고 "하나님의 백성이 하나가 되면, 하나님을 섬기는 성전도 하나가 될 것이라"고 말씀한다. "내 성소를 그들 가운데 세우리라." 여기서 성소는 단수이다. 즉 하나의 성소성전(miqdash)을 말씀한다. 계속되는 말씀이다.

내 처소가 그들 가운데에 있을 것(mishkan)이요.

여기서도 하나님이 세워주실 처소 "성전"은 단수이다. 하나님의 메시지는 분명하다. 한 민족이 두 나라 북이스라엘 남유다 두 민족 유대인, 사마리아인으로 나뉘었던 것이 하나가 되어 한 나라가 되고, 하나의 성전에서 하나님을 예배하게 될 것이라는 것이다. 이것이 하나님의 뜻이요 계획이었다.

그러면 여기서 중요한 신학적 문제가 제기된다. 왜 하나님은 둘로 나누어진 나라, 둘로 나누어진 이스라엘 백성들을 하나로 만들어 주시려는가? 하나님은 샬롬의 하나님이기 때문이다. 샬롬을 이루시는 하나님이기 때문이다.

샬롬은 단순히 평화, 화평이라는 뜻이 아니다. 물론 그런 뜻도 있다. 샬롬의 어원은 온전함, 완전함(wholeness, completeness)이다. 조화(harmony)를 이룬 가운데 온전함, 완전함(harmonious wholeness)을 뜻한다. 창세기에 보면 하나님께서 창조하신 것을 보시고 좋다고 하셨고, 모든 만물을 창조하신 후에는 참으로 좋다고(tov meod) 하셨다. 단순히 보기 좋다 아름답다는 뜻이 아니다. 아름다운 조화와 질서를 이룬 온전한 피조물의 세계를 평가하신 말씀이다. 분열되고 깨진 상태가 아니라 화합하고 통합되어 온전함을 이룬 상태가 샬롬이다.

한 민족이 분열되어 서로 반목하고 불신하고 갈등을 일으키고 대결하고 투쟁하는 것은 샬롬이 깨어진 상태이다. 하나님은 깨어진 샬롬을 회복시켜 화해하고 서로 신뢰하고 사랑으로 온전한 관계가 되는 것을 원하시는 하나님이다. 하나님의 백성인 이스라엘이 둘로 갈라져서 하나님께 예배도 같이 드리지 않는 유대인과 사마리아인들, 하나님은 이 둘을 하나로 만드시고 하나의 성전에서 함께 예배하는 하나님의 백성으로 새 출발 하게 하시겠다는 것이었다.

그런데 하나님의 뜻과 계획은 하나님이 일방적으로 홀로 이루시는 것이 아니었다. 이스라엘 백성들과 합력해서 같이 이루시기를 원하셨다. 유대인과 사마리아인들도 그들이 해야 할 일의 몫이 있었다. 왜? 이미 누누이 말씀드린 대로 하나님은 우리 인간들과 함께 일하시기를 원하시기 때문이다. 독자적으로 작품을 만드시지 않고 인간과 함께 합작의 걸작품을 만드시기를 원하신다. 이것이 하나님이 일하시는 방법이다.

그러면 유대인과 사마리아인을 하나로 만드시려 했던 하나님의 뜻과 계획은 역사적으로 실현되었나? 실현되지 않았다. 왜? 이유가 있었다. 유다 왕국을 멸망시키고 유다 백성들을 포로로 잡아갔던 바빌론 제국에도 종말의 날이 왔다. 바사 페르샤의 고레스(Cyrus) 왕은 메데와 동맹을 맺고 대군을 이끌고 바빌론으로 진격했다. 고레스 왕이 이끄는 군대가 바빌론으로 진격했을 때 바빌론 군사들은 전의를 잃고 바빌론 성문을 활짝 열어주었다. 2중, 3중의 철옹성 바빌론이 허망하게 무너지고 말았다. 이때가 주전 539년이었다.

바빌론 제국을 쓰러뜨린 바사의 고레스 왕은 계몽적인 정복자였다. 그는 바빌론에 포로로 잡혀 와 있던 유대인들에게 포로 해방령을 내렸다. 유명한 "고레스 왕의 칙령"(Edict of Cyrus)이다. 감격했던 유대인들은 고레스 왕의 칙령을 세 번이나 반복해서 구약성경에 기록으로 남겼다(역대하 36:22-23; 에스라 1:2-3; 6:3-5).

고레스 왕의 칙령으로 자유인이 된 유대인들에게는 세 가지 선택이 있었다.

첫째는 귀향파였다. 꿈에도 그리던 예루살렘으로 돌아가기를 원한 사람들이다. 둘째는 넓은 세계로 흩어져 나간 디아스포라 유대인이었다. 셋째는 바빌론 잔류파였다. 잔류파들은 바빌론 지역을 유대인들의 제2의 중심지로 만들고 많은 학자를 배출했고 바빌론 탈무드를 만들어냈다.

귀향파 유대인들은 다윗 왕가의 후손 스룹바벨과 제사장 여호수아를 필두로 해서 예루살렘으로 돌아왔다. 그들이 제일 먼저 해야 할 일은 소실된 성전을 재건하는 것이었다. 그들은 부족한 재정을 모아 성전의 기초를 놓았다. 성전을 재건한다는 소문이 사마리아인들에게 퍼졌다. 사마리아인들은 예루살렘으로 와서 "성전을 재건하는 일에 참여시켜달라"고 청했다.

우리도 사마리아인들 너희와 유대인 함께 성전을 건축하게 하라.

우리도 너희와 같이 너희 하나님을 찾노라.

여기서 하나님을 찾는다는 말은 다라쉬(darash) 이다. 이 말은 여기서는 예배한다(worship)는 뜻이다. 즉 "우리 사마리아인들도 당신들 유대인들과 같이 하나님을 예배하는 자들이다"라는 뜻이다. "같은 하나님을 예배하는 우리 사마리아인들도 성전을 재건하는 일에 참여할 수 있게 해달라"고 하는 요청이었다. 예루살렘의 유대인 지도자들은 당연히 사마리아인들의 요구를 들어주고 내민 손을 잡으면서 "같이 힘을 모아 성전을 짓고 같이 하나님을 예배합시다"라고 해야 했다. 귀향파 유대인들의 지도자 스룹바벨과 예수아는 바빌론 포로지에서 예언자 에스겔이 선포한 두 막대기가 하나가 되는 말씀을 틀림없이 들었을 것이다. 나누어진 민족이 하나가 되고 하나의 성전에서 사마리아인과 유대인이 함께 예배하는 것이 하나님의 뜻이요 계획이라는 것을 누구보다도 잘 알고 있었을 것이다. 당연히 그들은 사마리아인들이 내민 손을 맞잡고 "북의 형제여 잘 오셨소. 힘을 모아 같이 성전을 짓고 함께 하나님께 예배합시다" 해야 했다. 그러나 예루살렘의 유대인 지도자들은 사마리아인들이 내민 손을 매몰차게 뿌리쳤다.

성전을 건축하는데 너희는 우리와 상관이 없느니라.
우리가 홀로 건축하리라.

왜 그랬을까 사마리아인들과 너무도 오랫동안 떨어져 있어서 마음으로도 멀어져 있었고 한 민족으로 동질의식이 없었기 때문이다. 더구나 사마리아인들은 혼혈이 되었으므로 상종할 대상이 아니라고 생각했다. 혼혈이 되어 깨끗하지 못하고 동질감도 없는 사마리아인들과는 거룩한 하나님의 성전을 같이 지을 수 없다는 것이었다.

유대인 지도자들은 하나님의 뜻에 반하는 행동을 했다. 만일 사마리아인들이 선의의 손길을 내밀었을 때 예루살렘의 유대인들이 그들의 손을 따뜻하게 잡아주었다면 당연히 그랬어야 했다. 그 후의 역사는 하나님의 뜻이 성취되어 이스라엘의 새 역사가 시작될 수 있었을 것이다. 자존심이 상할 대로 상한 사마리아인들은 유대인들로부터 등을 돌렸다. 그들은 유대인들의 성전재건을 수단 방법 가리지 않고 방해했다. 당시 종주국인 바사 페르샤의 왕에게 성전재건을 방해하는 상소문을 올리기도 했다. 그래서 성전재건이 일시 중단되는 일까지 생겼다.

사마리아인들은 마침내 그들이 성산(聖山)으로 여겨왔던 그리심산에 그들의 성전을 따로 건축했다. 사마리아인들의 성전건축의 정확한 연대에 관해서는 학자들 간에 논란이 있다. 그러나 그리심산 위에 세운 사마리아인들의 성전은 오래 존속하지 못했다. 마카비 혁명의 성공으로 수립된 유대인 하스모니안 왕가는 그리심산 위에 세운 사마리아인의 성전을 파괴시켜 버렸다. 이로써 사마리아인과 유대인의 관계는 돌이킬 수 없는 불구대천의 관계로 악화되었다.

요한복음 4장에는 예수님께서 사마리아 지역을 지나가시다가 야곱의 우물가에서 사마리아 여인과 대화하신 이야기가 기록돼있다. 야곱의 우물은 그리심산 바로 밑의 지역에 있다. 지금도 야곱의 우물에는 맑은 물이 샘솟고 있다. 예수께서 사마리아 여인에게 마실 물을 달라고 하셨을 때, 사마리아 여인은 놀라서 물었다.

당신은 유대인으로서
어찌하여 사마리아 여자 나에게 물을 달라고 하십니까?

요한복음은 다음의 말을 첨부했다. "이는 유대인이 사마리아인과 상종하지 아니하더라."(요한복음 4:9하)

요한은 그 후 예수님과 사마리아 여인의 대화는 예배하는 장소에 관한 이야기로 옮겨갔다. 사마리아 여인은 그리심산을 올려다보면서 말했다.

우리 조상들은 이 산 그리심 산에서 예배하였는데,
당신들 유대인들은 예배할 곳이 예루살렘에 있다고 하더이다.

오늘날 사마리아인들은 천명도 안 되는 극소수 민족이 되었고, 이들은 주로 그리심산 정상 부분에 그들의 공동체를 이루고 살아가고 있다. 오늘날도 그들은 유월절이 돌아오면 구약에 있는 대로 양을 잡는 의식을 행하고 있다.

하나님은 유대인과 사마리아인이 하나의 하나님의 백성이 되기를 원하셨다. 그러나 그들은 하나님의 뜻을 사보타주 했고, 하나님께서 이루시려고 했던 일은 실현되지 않았다.

이러한 실패의 역사는 남·북한의 통일을 염원하는 우리에게 중대한 역사적 교훈을 준다. 한반도의 평화통일은 궁극적으로 하나님께서 이뤄주시는 일이다. 남·북한의 통일은 샬롬의 하나님 뜻이다. 그러나 하나님은 한반도의 통일도 우리와 함께 합력해서 합작품을 만들려고 하신다. 우리가 해야 할 일의 몫이 있음을 기억해야 한다.

3. 독일통일에 있어서 교회의 역할

제2차 세계대전 후 동과 서로 분단되었던 독일이 통일된 것은 우리에게 좋은 모델이 될 수 있다. 제2차 대전 결과 한 나라가 둘로 나누어져 분단되었다는 점에서 독일과 우리나라는 공통점이 있다.

그러나 독일의 경우는 인류 최대의 전쟁을 일으킨 가해국 전범 국가였기 때문에 분단되었다. 분단될만한 이유가 있었다. 그러나 우리나라의 경우는 전쟁의 피해자임에도 불구하고 분단이 되었다. 억울한 일이다. 하나님은 1990년 27전 년 독일을 통일시켜 주셨다. 우리의 경우 분단된 지 70년이 지났지만, 아직도 분단의 상태로 남아있다.

독일의 통일은 샬롬의 하나님께서 이뤄주셨다고 믿는다. 그러나 하나님께서 일방적으로 이뤄주신 것이 아니다. 독일 사람들 특히 독일의 교회가 그들의 몫을 최선을 다해 감당했다. 서독 정부가 독일통일을 위해 빌리 브란트 총리 이후 일관되게 펴온 동방정책(Ostpolitik)은 이미 잘 알려진 사실이다.

독일통일에 있어서 특별히 독일교회가 어떤 역할을 했는가 하는 것을 밝혀주는 중요한 자료가 작년에 출간되었다. 권오성 목사가 편집한 독일통일 교회가 열다(2016) 라는 책이다. 권오성 목사는 선교와 에큐메니컬 선교동역자로 독일교회에서 일했고, 한국 NCCK 총무를 지낸 분이다. 이 책을 보면 독일의 통일을 위해서 서독의 교회가 얼마나 많은 수고와 노력을 했는가를 잘 보여준다. 자세한 내용을 다 설명할 시간이 없으므로 간단히 줄여 본다.

공산정권 밑에서 경제적으로 취약했던 동독지역 교회들의 유지보수비용 거의 모두를 서독교회가 부담했다. 또한, 동독교회 목사들 사례비의 거의 절반은 서독교회가 지원했다. 동독교회가 운영하는 유치원, 양로원과 같은 사회봉사기관은 서독의 교회가 꾸준히 재정지원을 했다. 공산주의 체제 하에서 상황이 어려웠던 동독교회 총회의 예산 부족 부분은 서독교회가 보전해 주었다. 분단시대 서독이 동독에 지원한 액수는 약 천억 DM였다. 그중에 정부 차원의 30% 지원이 있었고, 나머지 70%는 민간 차원의 지원이었다.

민간 차원의 지원 중심에는 서독교회와 서독의 크리스찬들이 있었다. 서독교회가 담당했던 중요한 일 중에 정식명칭은 Freikauf(Häftlingsfreikauf, Sale of Prisoners' Freedom) 프로그램이 있었다. 동독에 수용되어 있는 소위 정치범들을 서독 측이 돈을 지불 하고 서독으로 데리고 오는 프로그램이었다. 이 프로그램으로 약 34,000명에 달하는 동독의 정치범들이 서독의 자유의 땅으로 이송되었다. 이 프로그램을 서독의 교회가 전담했다. 거기에 들어간 비용은 약 35억 DM이었다. 동독 정부는 점점 그 값을 올렸지만, 평균 한 사람을 자유의 땅으로 데려오는데 평균 10 DM를 지불했다.

올해가 종교개혁 주년을 맞는 해인데 종교개혁과 관련된 지역은 거의 다 동독지역에 있었다. 공산 치하의 어려운 상황에서도 루터의 신앙을 이어받은 동독교회는 유지되었고, 특히 라이프치히(Leipzig)에 있는 성 니꼴라이 교회의 기도운동은 잘 알려진 사실이다.

이렇게 독일의 교회가 독일통일에 있어서 중추적 역할을 감당했다는 것은 한반도 통일에 있어서 한국의 교회가 무엇을 해야 할 것인가 그리고 한국교회에게 주어진 통일의 몫을 어떻게 감당해야 하는가를 보여주는 좋은 모델이 된다.

4. 한국교회는 한반도 평화통일을 위해 무엇을 해야 하나

이스라엘 역사에서 남과 북으로 나누어졌던 이스라엘의 통일은 이뤄지지 않았다. 그러나 20세기 독일의 통일은 총 한 방 쏘지 않고 평화스럽게 이뤄졌다. 독일의 경우 그들은 특히 독일교회는 통일을 위해 그들이 해야 할 일의 분량을 충실하게 감당했기 때문이다. 샬롬의 하나님은 남과 북으로 나누어진 한반도가 샬롬의 땅으로 변화되기를 원하신다.

그러나 하나님은 일방적으로 통일의 기쁨을 주지는 않으신다. 우리가 해야 할 일의 분량이 있다. 현재 남·북 간의 대화와 교류의 통로는 완전히 절단되고, 둘 사이의 장벽은 높아만 가고, 전례 없이 군사적 긴장 상태가 계속되고 있다.

모든 길이 다 막혀있는 것 같아도, 한 가지 길이 남아있다. 그것은 교회를 통한 길이다. 하나님은 한국교회에게 국내에 있는 교회이건 해외에 있는 교회이건 통일을 위해 우리가 감당해야 할 일의 분량을 주셨다고 믿는다.

5. 한국교회는 통일을 위해 무엇을 할 것인가?

두 가지 면에서 생각할 수 있다. 첫째 교회 내의 차원에서 할 일이다 교회가 대내적으로 해야 할 가장 시급한 문제는 한국 사회와 성도들에게 통일에 대한 의지와 의식을 고취시키는 일이다.

사회여론 조사에 따르면 한국 사회에서 통일문제에 대한 무관심한 태도는 점점 늘어가고 있다. 특히 젊은 층으로 내려갈수록 무관심의 정도는 심해지고 있다. 무관심과 함께 통일에 대해 부담을 느끼는 사람들이 늘어간다. "통일이 되면 남한이 북한까지 먹여 살려야 하느냐" 하는 경제적 부담을 느끼는 사람이 많다. 물론 통일의 비용은 만만치 않을 것이다. 경제적 격차가 워낙 크기 때문이다. 북한은 정확한 경제통계를 발표하지 않지만, 경제학자들의 말에 따르면 남·북한의 격차는 최소한 1:20 또는 1:30 정도라고 한다. 최근 경제학자 출신으로 국무총리를 지낸 분은 한 공개강연에서 그 차이가 1:40에 이른다고 했다. 독일통일의 경우에도 통일 후 통일 비용 때문에 불평하는 서독 사람들이 적지 않았다. 그러나 오늘날 그런 불평을 하는 사람은 없다. 통일된 독일은 과거보다 더 큰 경제적 번영을 누리고 있다.

통일은 단기적으로는 남한에 큰 부담이 될 것이다. 그러나 북한의 자원과 남한의 기술력이 합해지면 7천 5백만 명의 통일된 한국은 세계적 대국의 반열에 들어갈 수 있을 것이다. 한국의 교회는 한반도의 평화통일이 하나님의 뜻이라는 것을 가르쳐서 통일에 대한 의지와 의식을 고양시킬 책임이 있다.

한편 진정한 통일은 단순히 정치적 통일 지리적 통일만이 아니다. 남과 북이 진정으로 하나가 되는 심리적 통일이 중요하다. 오랜 기간 분단되었기 때문에 쌓인 심리적 분단의 장벽을 허무는 데 교회가 앞장서야 한다. 교회는 사랑과 화해의 정신으로 북한의 동포들을 포용하는 형제애를 가르치고 실천해야 한다. 통일을 위해서 교회가 해야 할 무엇보다도 중요한 일은 한반도의 평화와 통일을 위해 기도하는 것이다. 평화통일 기도운동이 모든 교회에서 일어나야 한다. 국내·외 교회 중에는 이미 통일 기도운동을 전개하고 있는 곳도 많이 있다. 한 교회도 모든 교회가 빠짐없이 통일 기도운동에 참여할 때 하나님은 그 기도 소리를 들으시고 통일의 날을 앞당겨 주실 줄로 믿는다.

기도가 무슨 힘이 있나? 성경을 보면 모든 중요한 역사의 고비 고비마다 기도가 있었고, 기도의 응답으로 새 역사가 이뤄졌다. 이스라엘 역사의 큰 전환점이었던 출애굽 사건도 이스라엘 백성들이 간절히 기도했던 결과였다.

> **이스라엘 자손은 고된 노동으로 말미암아 탄식하고 부르짖으니**
> **그들의 부르짖는 소리가, 즉 기도소리가 하나님께 상달된지라(출애굽기 2:23).**

하나님은 모세를 부르시고 그를 통해 출애굽 역사를 이루셨다. 예수께서 부활 승천하신 후 백여 명의 성도들이 예루살렘 다락방에 모여 전심으로 기도했을 때 교회의 역사가 시작되었다. 예수님의 수제자 베드로가 감옥에 갇혔을 때 예루살렘 교회 성도들이 한마음으로 간절히 기도했다. 그때 베드로를 묶었던 족쇄가 풀어지고 감옥 문이 열리는 기적이 일어났다. 기도는 역사를 움직이는 힘이 있다. 기도를 들으시고 응답하시는 하나님이 계시기 때문이다.

한 가지 제안할 것이 있다. 모든 교회가 예배시간에 한반도의 평화통일을 위한 공동기도문을 한목소리로 기도하는 것이다. 교회의 간절한 기도는 통일의 문을 여는 열쇠가 될 것이다.

한국교회가 대내적으로 해야 할 일이 또 하나 있다. 그것은 탈북자들을 크리스찬의 따뜻한 마음으로 돌보는 것이다. 현재 한국에는 거의 3만 명에 달하는 탈북자들이 있다. 생명을 내걸고 자유를 찾아온 우리 동포들이다. 그들은 남한과는 너무나 다른 일당독재 공산주의 체제 아래서 오랫동안 살아왔기 때문에 남한의 생활에 적응하기가 쉽지 않다. 그래서 탈북자들이 하는 말이 있다.

　북한에서는 배고파 못 살겠고
　제국에서는 말이 안 통해 못 살겠고
　남쪽에 오니 모르는 것이 너무 많아 못 살겠다

　국문학자들은 남ㆍ북한 언어의 이질화도 심각한 상황이라고 말한다. 의사소통에 문제가 될 정도라는 것이다. 북한에서 쓰는 말, 꽝포(거짓말), 열스럽다(부끄럽다), 어렵다(바쁘다), 초대소(고급 숙박시설) 그리고 좀 쑥스러운 말이지만 불알전구 등을 예로 들 수 있다.
　탈북자들이 한국 사회에서 잘 적응하고 자유를 찾아온 보람을 느끼며 살 수 있도록 한국교회가 도움을 주는 일에 나서야 한다. 물론 탈북자들을 위한 정부 차원의 공식적인 지원 프로그램들이 있다. 그러나 그것만으로는 충분하지 않다는 것이 탈북자들의 증언이다.
　탈북자들 문제에 있어서 더욱 중요한 것은 그들을 그리스도의 사랑 안에서 복음화하는 것이다. 앞으로 통일이 되었을 때 그들은 북한 선교의 기수들이 될 수 있을 것이다.
　둘째 한국교회가 북한 동포들을 위해서 무엇을 해야 할 것인가? 북한의 동포들은 선한 사마리아인 비유의 말씀에 나오는 강도 만난 사람들이다. 아무런 다른 이유 없이 분단된 한반도의 북녘땅에 살고 있다는 사실 때문에 고통당하는 우리의 혈육인 것이다. 강도 만난 북녘의 동포들을 위해 한국교회는 선한 사마리아인의 역할을 해야 한다. 선한 사마리아인 비유 말씀을 하시고 예수님은 "가서 너도 이같이 행하라"고 하셨다. 예수님의 말씀은 오늘날 한국교회를 향해서 주시는 말씀이기도 하다.
　남ㆍ북한 간의 대화와 교류의 채널은 모두 끊어졌지만, 교회를 통한 인도주의적 교류의 채널은 완전히 닫힌 것은 아니다. 2016년 WCC 대표단이 북한을 방문하고 그곳의 교회 지도자들과 대화하고 돌아온 것은 교회를 통한 대화의 창구가 조금은 열려있다는 것을 보여준다. 한국교회가 통일을 위해 기도하고 노력하는 것은 궁극적으로 북한 땅에도 복음의 빛이 비치고 우리 민족이 그리스도의 복음 안에서 하나가 되기 위함이다.

현재 북한에 대한 직접선교는 불가능하다. 케네트 배(Kenneth Bae) 선교사가 북한에서 체포되어 옥고까지 치른 것은 우리가 다 아는 사실이다. 북한의 직접선교가 길이 막혔으면 간접선교의 길로 돌아가야 한다. 북한 선교를 연구하는 분들은 현재 우리가 할 수 있는 간접선교를 통틀어서 북한의 복지선교라고 부르고 있다. 북한의 복지선교를 위해 할 일이 많고 그 길은 열려있다. 연세대학교 의과대학의 인요한 교수를 비롯한 존 린튼(John Linton) 선교사 가문은 꾸준하게 북한에 결핵약 보내기 운동을 추진해 오고 있다. 최근 미국에 있는 구호단체에서 북한에 의약품과 의학기기를 보냈다는 보도를 보았다.

겨자씨 모임도 그동안 북한 동포 돕기 운동을 해 오신 것으로 알고 있다. 이런 훌륭한 일들이 더 많은 교회의 참여로 확대되기를 기도한다. 기독의사회 같은 조직을 통해서 북한에서 의료봉사활동을 할 수 있는 길도 있을 것이다. 지금 한국이나 해외의 교회에는 통일을 위한 기도 모임과 북한 동포 돕기 운동을 하는 모임들이 많이 있다. 이러한 선한 사마리아인들의 모임과 기관들이 네트워킹해서 정보를 교환하고 힘을 모으면 더 큰 힘이 되고 더 큰 일을 할 수 있을 줄로 믿는다.

이제 나의 말을 마무리 지으려 한다. 1945년 광복의 날을 맞았을 때 그 기쁨과 감격을 말할 수 없었다. 본인은 지금도 해방의 날, 서울역 광장을 가득 메운 수많은 사람이 태극기를 흔들며 만세를 부르던 장면을 생생하게 기억하고 있다. 당시 다섯 살이었던 나는 집이 서울역 근처에 있었기 때문에 그때의 감격스러운 장면이 기억 속에 강하게 각인되었다. 그때 누구도 한반도가 남과 북으로 나누어져 동족상잔의 전쟁까지 치르고 한 가족이 서로 나누어져 생사도 모른 채 살아가게 될 줄은 꿈에도 몰랐다.

이제 어느덧 분단 72년이라는 긴 시간이 흘렀다. 이스라엘의 70년 바빌론 포로 기간보다도 더 긴 시간이 흘렀다. 이제 한반도는 통일되어야 한다. 남·북이 하나 되어 평화로운 의 땅이 되어야 샬롬(shalom) 한다. 그것이 샬롬 하나님의 뜻이다."

그러나 하나님은 일방적으로 통일을 우리에게 주시지는 않는다. 하나님은 한국교회와 함께 한반도 평화통일이라는 역사적 걸작품을 만드시기를 원하신다. 우리 한국교회가 감당해야 할 일의 몫이 있다. 국내·외의 한국교회가 통일을 위한 대업에 충성스런 하나님의 동역자가 될 때 샬롬(shalom)의 하나님은 한반도 평화통일의 문을 활짝 열어주실 것으로 믿는다.

한반도 샬롬 통일을 위한 기도*
Prayer for Shalom Reunification of the Korean Peninsula

하늘 땅 지으시고 죽을 몸 구원하신 우리 아버지 하나님, 찬송과 영광을 영원토록 받으소서. 십자가로 하나님과 샬롬 하게 하신 사랑의 예수님, 허락하신 십자가를 등에 지고 좁은 길을 걷습니다. 주님, 오늘 그 샬롬을 분단된 땅 한반도에 주시옵소서. 성령님께서 하나 되게 하신 것을 힘써 지키게 하옵소서. 예수님 이름으로 기도드립니다. 아멘.

Oh, God our Father, the Creator and the Savior, may the praises and the glories be to you forever. Oh, loving Jesus, the shalom-maker of reconciling us with God by the Cross, we now walk the narrow path, carrying the crosses you granted. Oh Lord, give us the shalom to Korean Peninsula. Let us make every effort to keep the unity of the Spirit through the bond of peace. In Jesus name, Amen.

---

* "한반도 샬롬통일을 위한 기도"는 박준서 교수의 논찬자로 참여한 조은석 목사가 논찬의 일부로 발표한 것이다. 박준서 교수는 온 교회가 샬롬 통일 기도에 합심할 것을 주문한 것이다. 금문교회는 매주 주보, 주일예배 순서 아래 실리는 내용이다. 2021년 2월 28일, 3.1절 기념주일예배 때 전 교인이 함께 읽는 기도로 삼았다. 한반도 샬롬 통일을 위한 기도는 조 목사의 동의를 얻어 다양한 공동체의 기도문으로 진화를 거듭하고 있다.

2017년 광복 72주년 통일 심포지엄

지금 교회는
"무엇을", "어떻게" 할 것인가

일시 2017년 10월 14일 토요일 오후 3:00

장소 금문교회

주최 금문교회 & 좋은교회

후원 샌프란시스코지역한인교회연합회 & 샌프란시스코지역한인회
 & GTU 한인학생회

특별후원 한국일보 샌프란시스코

심포지엄 순서

사회: 조은석 목사(금문교회 담임)
찬송: 582장(어둔 밤 마음에 잠겨)
기도: 김이수 목사(전 샌프란시스코 평통 회장)
인사: 강승구 회장(샌프란시스코지역한인회)

들어가면서

한국교회를 위한 다윗과 사울 다시 읽기 _ 김용환 박사(GTU 총장)
　　　Re-imagining David and Saul for Korean Churches

열왕기하 새로 읽기: 이스라엘과 한반도 _ 조은석 목사(금문교회/BST 강사)
　　　A New Reading 1-2 Kings. Israel and Korea

한반도의 위기와 한국교회의 평화통일운동 _ 김홍기 박사(전 감리교신학대학교 총장)
　　　Korean Church. What to Do Now

통일, 화합, 교회와 설교: 신음의 설교학 _ 박상일 박사(BST 설교학 교수)
　　　Reunification, Union, Church and Preaching:Homiletics of Groaning

한국교회, 성경공부를 어떻게 할 것인가? _ 하시용 목사(참빛교회/BST 강사)
　　　Korean Church. How to Study the Bible

질의응답
자유토론

들어가면서

샬롬!

연일 쏟아져 나오는 한반도 위기설에 우리는 고국을 염려합니다. "Korea Passing." 무슨 소립니까? 대한민국이 무시당하고, 국운이 남의 손에 달렸습니까? 설마 사실이 아니겠지요. 오천 년 역사 한반도가 그래서야 되겠습니까? 그런데 "Church Passing"은 사실처럼 보입니다.

3.1 운동을 기점으로 독립운동의 주역이었습니다. 독재정권도 맞섰습니다. 그런데 교회가 침묵합니다. 어떤 가장이 집안 돌볼 의지를 상실했다면, 그는 다른 데 빠진 거 아닙니까? 교회가 영적으로 부패했습니까? 교세 확장 같은 자기 함정에 빠졌습니까? 아니라면 왜 이렇게 무기력합니까? 기도 소리가 잘 들리지 않습니다. 도대체 "길이 없다"라는 게 밤낮 내리는 결론 맞습니까? 고개를 젓고 일어나 힘없이 걸어 어디로 가십니까? 박차고 일어나 스스로 물었습니다. "교회는 지금 무엇을 어떻게 해야 할까?"

마침 광복 72주년을 맞는 시점입니다. 교회사와 설교학 그리고 성경을 가르치는 신학자들이 모였습니다. 교회사의 큰 그림에서, 설교자의 심장으로, 한 자 한 자 짚어가는 하나님 말씀의 빛을 따라가면, 우리가 꿈꾸던 한반도 평화가 내다보일 줄 믿습니다. 그를 논구하는 심포지엄을 엽니다. 이론이 아니라 "말씀의 향연"입니다. 그 빛 아래서 현실이 던진 질문을 곱씹고 엎드려 주님의 답을 구합니다.

그런데 주최나 후원이나 모두 부실합니다. 거대한 주제에 비하면, 그 무게를 생각하면! 준비하는 내내 힘에 부쳤습니다. 그렇지만 지극히 작은 힘이라도 모았습니다. 한반도를 염려하는 여러분을 모십니다. 교회가 무슨 생각을 하는지, 교회가 어떤 일을 할 수 있는지, 무엇보다 하나님께서는 성경 말씀으로 무엇을 명령하시는지, 우리가 겸손하게 함께 듣고 생각을 나누기 바랍니다. 소찬이지만 저녁도 맛있게 준비했습니다.

돌아가시는 길, "이제 됐다!" 그런 소망이 움터날 줄 압니다. 이번 발제 원고는 2005년 이래 "샌프란시스코 통일 심포지엄" 모든 원고와 함께 한영으로 엮어 출판하여 더 많은 이들에게 선한 영향력을 미치게 할 예정입니다. 출판 전에 글로 읽기 원하시면 이메일로 출판원고 PDF 파일을 요청해 주십시오. 곧 보내드리겠습니다. 샬롬! 평화의 왕으로 오신 주님의 그 평화를 기원합니다.

조은석

한국교회를 위한 다윗과 사울 다시 보기*

김용환
GTU 총장

나는 나의 학문이 제3의 공간(the Third Space)적 사고(thinking)를 기반으로 하는 상황에 근거하고 있다고 정의하고 싶다. 이것은 서로 다른 문화와 정체성 (identity) 간의 만남이 자주 일어나는 사회적 공간에 초점을 맞추는 사고방식을 의미한다. 또한, 이러한 사고방식은 현실에 대한 우리의 관점을 분명하게 하지만, 다른 한편으로는 현실을 모호하게도 만드는 이데올로기적 이원론의 대안으로 여겨지는 사고방식(mode of thinking)을 일컫는다. 나는 이 글에서 성서의 형성과 성서 세계의 역사를 가능한 한 과학적으로 정확하게 묘사하려는 시도를 제1의 공간(the First Space)적 사고로, 전통을 정확하게 이해하며 신앙 공동체를 위한 의미 있는 해석을 제시하는 신학적 해석학을 제2의 공간(the Second Space)적 사고로 정의하고 싶다. 그러나 나는 고대와 현대의 사회적 정황(context), 즉 서로 다른 문화와 정체성이 만나 상호작용을 일으키며, 그 안에서 사람들이 타자와 만났을 때 어떻게 반응했는지를 보여주는 정황에 초점을 맞추려고 한다. 어떤 사람들은 타자와의 만남을 그들의 "순수한 (pure)" 문화와 정체성을 위협하는 것이라고 여기며 그것을 꺼릴 것이다. 반면 어떤 사람들은 타자와의 만남을 혁신과 연대를 위한 기회로 받아들이며

---

* 번역 이태웅 목사: 충북대 영문과, 대전신대 신대원, 한남대 대학원, Luther Seminary (M.TH), GTU Ph.D./현재 대전용전교회 부목사

그것을 반길 것이다.

우리가 가나안 땅에 출현한 이스라엘 왕국을 연구할 때, 초기 이스라엘 사람들이 자신들을 위한 공간을 확보하고 그들의 정체성을 구축하기 위해서 다른 민족들과 소통, 혹은 경쟁했음을 알 수 있다. 이스라엘 사람들은 그들과는 다른 주변의 이웃 민족들에 의해 둘러싸였으며, 심지어 이스라엘의 "영토(territory)" 안에는 많은 "이방인(foreigners)"과 토착민들이 이스라엘 사람들과 섞여 살고 있었다. 각각의 민족 그룹들은 그들의 신, 문화, 언어와 역사를 소유하고 있었으며, 이들은 다른 민족들과 서로 교류하며 가나안 땅을 혼종적(hybrid) 정체성이 존재하고, 새로운 연대들이 형성될 수 있는 공간으로 만들어 가고 있었다.

이런 상황 속에서, 사무엘(아마도 신명기 사가의 목소리일 것이다)은 이분법적인 신학적 관점으로 역사를 봐야 함을 주장했고 그래서 다른 민족들처럼 왕을 요구하는 사람들을 비난했다. 당시 그 지역에 주둔한 블레셋 사람들이 중앙 고산 지대(central hill region)에서 이스라엘을 지속적으로 위협했을 때, 사무엘이 임시 지도자들(사사들)과 민병대로 블레셋 사람들의 군사적 위협에 대항한 것은 잘못된 것이었다. 반면에 이스라엘 사람들이 정규 군대를 소집하고 명령을 내릴 수 있는 왕을 요구한 것은 옳은 일이었다. 사무엘은 마지못해 사람들의 뜻에 동의했다. 그것은 하나님이 사무엘에게 그렇게 하는 것을 원하셨기 때문이었을 뿐, 사무엘이 자신의 눈앞에서 벌어지는 변화를 이해해서 그랬던 것은 아니었다. 사울이 왕이 되었을 때, 그는 블레셋 사람들에 대항하여 재빨리 산악지대의 다양한 민족들을 모으기 시작했다. 신명기 사가는 이스라엘 사람들과 블레셋 사람들 간의 갈등을 제2의 공간적 관점으로 보았고, 블레셋 사람들을 적으로 간주했다. 그래서 블레셋 사람들이 무엇을 하든, 그들이 무엇을 지지하든, 신명기 사가는 그것들을 잘못된 것으로 여겼다. 블레셋 사람들과 비-이스라엘 사람들은 이스라엘의 적으로 여겨졌지만, 동시에 제3의 공간에서 그들은 이스라엘의 이웃들이자 잠재적 협력자들이었다.

신학적으로 말하자면, 우리는 사무엘상의 내러티브를 통해서 하나님께서 다윗과 함께하셨으나, 사울은 죄를 범했으며, 다윗이 사울보다 뛰어났기 때문에 그의 왕국을 성공적으로 건설했음을 알 수 있다. 화자(narrator)는 다윗이 뛰어난 심성과 기질, 믿음을 가지고 있으므로 하나님이 그를 택했음을 보여준다. 그러나 이러한 평가는 모든 사건을 특정한 신학적 관점으로 보는 화자의 제2의 공간적 사고로부터 비롯된 것이다(그것이 무엇인지 여기서 밝힐 필요는 없다). 그러나 나는 심성, 기질, 혹은 신앙에 있어서 다윗이 사울보다 뛰어나지 않았다고 주장한다(그것이 무엇인지를 밝히는 것은 주제를 벗어난다. 후에 이러한 특징들은 모든 크리스천 지도자들에게 필요한 전제조건으로 여겨졌다). 다윗이 사울보다 나은 사람이라고 말하는 것은 다윗이 다양한 정체성과 문화가 섞인 상황에서 왜 성공적인 지도자였는지를 설명해주지 않는다. 그러므로 제2의 공간적 사고를 통해서 다윗의 성공과 사울의 실패를 이해하는 것은 어떻게 다윗이 다양한 사람들로 구성된 왕국을 건설할 수 있었는지를 밝히는 것만큼이나 많은 것을 숨기고 있다.

나는 다윗의 이야기가 다윗이 사울의 부족 정책을 중단하고 다민족 왕국을 형성하기 위한 정책을 실행했음을 보여준다고 생각한다. 사울의 권력이 그의 부족들에 근거해서 형성된 것과는 대조적으로, 포괄주의자(inclusivist)로서의 다윗은 그의 부족 외의 민족들과 동맹을 맺었으며, 그 민족들은 다윗 군대의 구성원이 되었고, 결국에는 다윗의 왕국에까지 포함되었다. 다윗은 민족적, 부족적, 종교적 정체성과 상관없이 다양한 사람들과 관계를 맺었고, 그들은 자신들의 충성과 친절을 다윗에게 바쳤다. 다윗은 이스라엘의 대적인 블레셋 사람들과 함께 일했으며, 다른 이방인들, 토착민들과 함께 다양한 사람들로 구성된 왕국을 건설했다. 다윗 군대의 구성원들은 다윗이 급진적인 포괄주의를 추구했음을 보여준다. 다윗은 그의 군대에 히브리인, 베냐민 족속들, 갈렙의 후손들, 유다 족속, 히타이트 족속, 쿠시인들, 이집트인들, 기브온 사람들, 블레셋 사람들을 포함했다. 다윗은 그들이 비록 과거에는 적으로 간주하였더라도, 정체성과 관련해서는 누구도 배제하지 않았다. 또한, 다윗은 그의 군대처럼 다양한 민족들을 그의 왕국의 구성원으로 삼았다. 이때 다윗은 그들의 부족적, 민족적, 종교적 제휴를 그의 왕국의 구성원이 되는 기준으로 삼지 않았다. 이것은 다양한 민족이 그들만의 공간을 원할 때 그리고 그런 사람들로 가득 찬 지역에서 필요한 일종의 지도력이었다. 다윗은 새로운 정체성을 포용하고 새로운 연합을 인정하는 다민족 왕국(multi-people kingdom)을 건설한 것이다.

나는 다윗의 이러한 행동 너머에 존재하는 신조(guiding principle)가 헤세드(hesed)라는 단어로 구현됨을 보여줄 것이다. 넬슨 글루크(Nelson Glueck)의 헤세드에 대한 정의, 곧 "권한(rights)과 의무(duties) 간의 상호관계와 조화되는 행동"과 헤세드라는 단어를 세 영역(세속적, 종교적, 신앙적)에서 구분하여 사용했는데, 이것은 1926년 이후 학자들의 "헤세드" 연구에 기준이 되었다. 캐서린 둡 자켄펠트(Katharine Doob Sakenfeld)는 글루크의 헤세드 개념을 다소 수정했다. 그녀는 글루크가 관계(relationship)의 범위를 지나치게 넓게 설정하여 헤세드라는 단어가 권한과 의무와 관련된 인간의 모든 행동에 적용될 수 있게 되었다고 주장한다. 그녀는 헤세드라는 단어가 적용될 수 있는 인간의 행동 범위와 상황을 제한하였다. 자켄펠트는 헤세드를 어떤 특정 상황에서 우월한 집단이 열등한 부류를 위해서 하는 행동으로 이해한다. 이때 이 우월한 집단은 법적 의무가 아닌 도덕적 책임을 지지만, 그런 행동을 하는 데는 여전히 제약이 따른다. 헤세드는 이미 존재하는 관계 속에서 실천되는 것이지, 새로운 관계 안에서는 실현될 수 없다. 이런 의미에서 자켄펠트는 그녀의 다른 글에서 헤세드의 의미와 가장 유사한 단어로 "충성(loyalty)"을 제안했다.

먼저 나는 헤세드라는 단어가 '마음'이라는 의미와 더불어 '의지'라는 의미가 담긴 행위로써 이해되어야 하며, 감정적이면서 도덕적인 행동을 지칭하는 단어로 이해되어야 함을 주장한다. 헤세드를 주로 이미 존재하는 관계 안에서 이루어지는 의지적 행동으로 이해할 때, 이전의 관계를 벗어나 다른 집단들과의 관계를 형성할 수 있는 마음의 행동으로써 헤세드를 이해하지 않는다면, 의지적 행동으로서의 헤세드를 완전히 이해한 것이라고 볼 수 없다. 또한,

헤세드의 사용 범위를 신적-인간적인 분리로 구분하려 하기보다, 그 의미가 양쪽 모두를 포함한다고 봐야 한다. 그래서 헤세드는 "충성"(한국말로 의리), 즉 어떤 사람이 의무적 관계에서 다른 사람에게 보이는 것을 의미한다. 동시에 헤세드는 "정"(한국말로 애정, affection) 혹은 친절(kindness의 개략적인 번역), 즉 어떤 사람이 다른 사람과 가까운 관계인지 아닌지를 개의치 않고 하나님 때문에 혹은 인간의 연대성 때문에 다른 사람에게 보이는 것을 의미한다. 한편, 헤세드에 담긴 '의리'는 계약적, 혹은 도덕적 관계를 지탱한다. 헤세드에 담긴 '정'은 기존의 관계를 부드럽게 하고, 새로운 관계의 형성을 돕는다. 헤세드의 이런 측면은 차이로 인해 분리되었던 다른 사람들과의 애착 관계를 형성할 수 있도록 한다. 그것은 어떤 의무나 이익 때문이 아닌, 하나님과의 관계, 혹은 인간 간의 연대성 때문에 가능하다. 다윗의 권력 중심부에는 이러한 신조로서 헤세드가 존재했다.

1. 제3의 길로서의 교회

우리가 신명기 역사서에서 보는 대로, 다윗이 세운 다민족 왕국은 제2 공간의 역사에서 "진짜"(real) 이스라엘 사람들을 위한 왕국이 되었다. 이러한 사실은 다윗 왕국을 '충성'(loyalty)에 근거한 것이 아닌, '정체성'(identity)에 근거해서 건설된 것으로 보게 했다. 그것은 또한 예루살렘을 기반으로 한 정치적 국가와 배타적으로 연결되어 있었다. 신명기 사가에 따르면 하나님은 유다 왕국을 파괴하셨는데, 그것은 유다 왕, 특별히 므낫세의 불신실함 때문이었다. 바벨론 포로기 이후에 예루살렘을 기반으로 한 정치적 국가가 역사의 조류(tide)에 의해 사라졌을 때, 이스라엘 사람들은 제2 성전을 중심으로 다시 모이기 시작했다. 성전은 종교의 중심일 뿐만 아니라, 유대인들의 경제 구조의 중심 역할을 했다. 그래서 예수 시대에는 하나님의 백성을 조직하는 최소 두 개의 모델이 존재했다. 하나는 이 땅에 정치적 국가로서 다윗 왕국의 재건을 의미하는, 정치적 왕국으로 하나님의 백성을 보는 신명기 사가의 관점이다. 다른 하나는 그들의 일(business)을 중심으로 성전에 근거한 종교적 공동체로 하나님의 백성을 보는 역대기 사가의 관점이다. 그러나 예수 그리스도 직후에 형성된 교회(ecclesia)는 왕국(정치적 국가)과 성전(경제적 구조)으로부터 분리되었고, 교회는 하나님의 백성들을 조직하는 대체 모델로 제시되었다.

이것은 다윗 왕국의 재건과 발전을 설명하는 폭넓지만 간략한 개요에 지나지 않는다. 하지만 내가 제시하는 요점은 오늘날 교회를 형성하는 크리스천들은 어쩌면 명령일지도 모르는 선택권을 가지고 있는데, 그것은 인종/민족/국가/종족의 정체성에 근거한 것이 아닌, 그리스도에 대한 충성심에 근거해서 교회를 형성하는 것이며, 교회는 국가(state)와 시장경제(market)로부터 분리되어야 한다는 것이다. 교회는 철저히 포괄주의를 표방할 필요가 있으며, 교회는 국가와 시장에 존재하는 불의(injustice)에 대항하는 목소리를 내는 자리에 위치해야 할 뿐만 아니라, 국가와 시장에 대해서 무엇이 옳은지를 제시해야 할 수 있어야 한다. 한국과 미국에 사는 한인 크리스천들은 민주정치와 시장경제가 굳게 자리를 잡은 다민족 사회 안에서 살아가고 있다. 그러나 크리스천들은 교회가 정부의 일부가 아님을 그리고 자본주의 시장경제를 위한 응원단이 아님을 반드시 기억해야 한다. 교회는 국민을 부양하는 이 두 개의 기둥들로부터 반드시 분리되어야 한다.

2. 한국교회에 대한 소견

내가 소년이었던 1976년에 처음 미국에 온 후, 30년 만에 한국에 방문했다. 이때 내가 한국에서 발견한 것 중에 가장 놀라운 것은 한국은 초기 다문화 사회로 바뀌고 있으며, 이와 관련된 문제들을 이미 직면하고 있다는 점이다. 일반적으로 다문화 사회로의 전환은 선택이 아니라 국가가 직면한 현실이다. 나는 이러한 현실이 한국에 갑작스럽게 닥쳐왔다고 생각한다. 한국의 경제적 발전이 다른 나라의 사람들을 이 역동적인 땅으로 불러들이고 있다. 그러나 나는 이러한 시기임에도 불구하고 한국교회들이 보수와 진보의 신학적 노선에 따라 분열되었을 뿐만 아니라, 정체성의 차이에 따라 분열되었음을 보았다.

　나는 한국교회의 보수와 진보의 갈등을 제3의 공간적 사고, 혹은 탈식민주의(postcolonial)적 사고가 반영된 생각(reflection)을 통해 이해해보려고 한다. 상황은 모두에게 알려진 대로 정치, 문화, 종교 분야에서 진보와 보수로 나뉘어 있는 미국의 상황과 유사하다. 나는 북미 주류의 개신교 교회를 위한 제3의 길을 모색하고 있는 안토니 로빈스(Anthony Robins)의 입장에 동의한다. 그는 기독교의 복잡한 본성과 북미의 교회를 보수 대 진보와 신학적 분열을 통해서 이해하는 것은 유익하지 않다고 본다. 왜냐하면, 미국에서 보수와 진보의 분열은 문화 전쟁을 반영할 뿐만 아니라, 양극화를 초래하는 수사(rhetoric)이기 때문이다. 로빈스는 이러한 대화의 방법은 건설적이지 못하며, 오히려 현재 상황을 더욱 모호하게 한다고 주장한다. 그는 주류 교회(congregation)들이 현실을 가능한 한 정확하게 서술하고 난 후, 이 상황에 어떻게 적절하게 응답할 것인지에 관한 대화를 시작해야 한다고 충고한다. 로빈스는 지난 40년간 일어났던 변화들, 그래서 우리가 지금 변화의 물결 한가운데에서 살게 하는 변화들이 어떻게 모더니티(modernity)에서 포스트모더니티(postmodernity)로의 변화를 가능하게 했는지 설명한다. 그러나 나는 우리가 현재 포스트식민주의(postcolonialism)의 시대에 살고 있다는 말을 덧붙이고 싶다. 로빈스는 주류 교회들이 무엇을 잘못하고 있느냐가 아니라, 여전히 모더니티의 체계 속에서 운영되고 있지만, 사람들은 포스트모더니티화(내 생각엔 포스트 식민주의화)되고 있다는 점이 문제라고 지적한다.

　로빈스는 진보와 보수의 움직임은 우리가 양쪽 모두를 선택할 수 있는 선택권을 제한하는 이분법적인 수사를 통해서 표현된다고 생각한다. 로빈스에게 제3의 길은 좌파와 우파, 진보와 보수의 구분이 아니다. "그들은 개인의 변화 혹은 공공 영역 중에 오직 하나만 중점적으로 관심을 가지는 교회가 아니다. 그들은 양쪽 모두에게 관심을 가져야 하며, 양쪽 모두를 위해 일해야 한다." 그는 제3의 길, 혹은 양쪽 모두를 위한 길은 단지 양극단의 타협 혹은 양극단의 사이에서의 혼란스러운 상태가 아니라, 이것은 필수적이며 대화를 위한 새로운 틀을 형성하는 것이라고 주장한다. 그의 제안은 아마도 북미에서는 효과가 있을 것이다. 그러나 나는 한국의 진보와 보수 교회들이 지속적인 대화를 통해서 변화될 수 있다고 보지만, 그들의 영향력(교인들 그리고 도덕적이고 영적인 힘)과 각자의 정체성을 포기하지 않은 채, "개인의 변화(personal transformation)"와 "공공 영역(the public square)"을 위해서 일할 수 있다고 생각하지는 않는다. 정부와 시장경제를 수용하여 그들과 평화로운 관계를 유지하는 보수적인 교회를 위한 대안으로 소외된 자들에게 관심을 가지는 것과 정의를 위해서 싸우는 것이 중요하다고 말하는 것이나, 혹은 정부나 시장경제와 대립각을 세우는 것을 정의를 위해서 싸우는 것으로 믿는 진보적 진영을 위한 대안으로 개인적이고 영적인 변화를 추구하라고 말하는 것은 양쪽 진영 모두에게 적합하지 않다. 이처럼 상대 진영에서 추구하고 있는 것을 실천하라고 요구하는 것은 아마도 양쪽 모두를 위한 제3의 길은 아닐 것이다.

우리가 제2의 공간에서 진보와 보수 진영으로 나누어진 상황을 상상해볼 때, 우리는 두 진영을 폭넓고 견고한 경계선에 의해 분리된 것으로 간주하는 경향이 있다. 그러나 우리가 우리의 생활공간에서 일어나는 일들을 관찰해보면, 우리가 가진 것들은 절대로 건널 수 없고 통과할 수 없는 두껍고 견고한 경계선이 아니라, 양쪽 모두에서 그 경계선을 쉽게 넘나들 수 있는 넓은 공간(중간영역, borderland)이라는 것이다. 현실(reality)은 이것이다: 비록 진보와 보수 교회들은 상대방의 공간이라고 생각되는 영역을 좀처럼 넘나들지 않을지라도, 그들은 중간영역 혹은 사이영역(in-between space) 안에 놓여있다. 진보와 보수 교회들은 모두 이 중간영역에 위치한다. 또한, 비록 그들이 의도하지는 않았어도 각자의 자원(resource)과 헌신(commitment)은 이러한 사이영역에서 서로 공유된다. 나는 잘 고안된 좌파와 우파 사이의 중간영역에서의 목회(ministry)는 한국교회를 위한 제3의 길(way)로 향하는 촉망받는 길(path)이라고 생각한다.

나는 한국교회에 부탁하고 싶다. 그것은 그들이 자유주의 노선이든 진보주의 노선이든 간에, 현재 한국에서 일어나고 있는 혁명적인 변화에 응답해야 한다는 것이다. 즉 크리스천 지도자들이 더 주의를 기울여야 하는 것은 크리스천들이 실제로 살아가며 그들의 믿음을 실천하고 있는 제3의 공간이지, 제2의 공간에서 일어나는 진보와 보수의 논쟁이 아니다. 나는 믿음의 공동체들을 위한 세계와 하나님에 대한 일관성 있는 신학적인 이해를 평가절하하는 것이 아니다. 그러나 우리가 우리의 생활공간에서 어떤 일이 일어나고 있는지에 주의를 기울이지 않는다면, 우리는 이 시대를 위한 하나님의 일에 대해 어떤 영향력도 발휘할 수 없을 것이다. 현실적인 사람은 이미 신학적으로 형성된 세계에서 타자를 만나지 않는다. 그들은 경계와 경계가 불분명하고, 혼종성이 자주 나타나며, 새로운 연대가 형성되는 곳에 살면서 타자를 경험한다. 나는 새로운 신학이나 기존에 없었던 제도적(institutional) 모델로부터 한국교회를 위한 제3의 길이 발견될 수 있다고 생각하지 않는다. 오히려 그것은 진보와 보수 진영의 한국교회가 서로 연합함으로써 가능해진 사이영역(in-between)에서의 사역을 통해서 이루어지는 일반적인 원인(causes)과 헌신(commitments)으로부터 가능해진다고 생각한다. 한국교회들이 그들 각자의 신학적인 입장을 포기하지 않고 원인 지향적(cause-oriented) 목회를 지지하는 데 개방적이어야 할 필요가 있다.

이제 교회의 지도자들은 최근 20년 동안 세계화(globalization)에 따른 중요한 변화가 일어나고 있으며, 한국교회는 그 변화에 응답할 필요가 있음을 인식해야 한다. 세계화 특징 중의 하나는 남반구와 북반구 부의 불평등에 의한 국제적 이주가 퍼지고 있으며, 가난한 나라의 국민이 더 부유한 나라로 일자리를 얻기 위해 이동하고 있다는 점이다. 한국은 최근 수십 년간 대단히 부유한 나라가 되었으며, 그 결과 가난한 국가의 사람들을 그들의 나라로부터 이 땅으로 불러들이고 있다. 또한, 한국은 빠르게 도시화 되고 있으며, 혹자가 한국은 곧 서울 공화국이 될 것이라고 말할 정도로 서울은 크게 확장되었다. 이것은 한국인이 그들의 생활공간 안에서 타자와 섞여 살아야 하는 하나의 큰 도시권으로 한국 사회가 빠르게 변화하고 있다는 것을 의미한다.

크리스토퍼 베이커(Christopher Baker)의 글은 도시화 과정에 있는 사회 안에서 교회들이 어떻게 하면 빠르게 변화하는 사회적, 문화적 추세를 받아들일 수 있는지에 대해 생각해보는 데 유용하다. 그리고 그의 의견은 교회가 포스트식민주의 세계 속에서 성장하는 데 필요한 것이다. 베이커는 혼종성이 "우리의 이전 지위가 식민자이든 피식민자이든 상관없이, 모두에게 영향을 미치는 보편적인 전제조건이며, 모든 부류의 사람들은 다른 사람과의 포스트식민주의적 만남을 통해서 변화된다"라고 강조한다. 베이커는 혼종성, 즉 다른 문화와의 융합을 통한 새로운 정체성의 형성은 "우리의 정체성을 개인이자 도시 거주자(urban dweller)라고 모두에게 알리는 문화적 규범(norm)이며, 우리의 일상 존재를 형성하는 공간적(spatial)이며 정치적인 현실(reality)"이라고 주장한다. 베이커는 이 새로운 현실 속에서 목회의 주된 문제점으로 타자에 대한 두려움을 발견했는데, 그것은 오늘날 세계에서 많은 사람이 타자와의 만남을 기회라기보다는 위협(threat)으로 보기 때문이다.

한국의 크리스천들은 그들에게 다가온 세계화와 도시화의 기회를 반드시 잡을 필요가 있다. 이 두 흐름은 "낯선 사람(stranger)"을 그들의 땅으로 불러왔다. 한국의 크리스천들은 그들을 어떻게 대할 것인가? 그들은 타자와 위협으로 볼 것인가, 아니면 기회로 볼 것인가? 한국의 기독교인들은 새로운 연합을 형성할 기회들을 거부하며, 외국인들이 과연 한국의 경제, 문화와 정체성에 유익한지 혹은 무익한지를 논쟁할 것인가? 정부는 이민 정책을 지배하며, 시장(자금과 노동력)은 얼마나 많은 사람이 한국에 머물 수 있는지를 결정한다. 이 이슈와 관련해서 교회가 어떤 태도를 보이는 것과는 상관없이 크리스천으로서 우리는 이미 한국에 머무는 외국인들을 친절하고 공정하게 대해야 하며, 우리가 우리의 이웃들에게 하듯이, 그들의 권리를 보호해야 함에 어떤 의심의 여지도 없다. 교회의 지도자들은 동반자 관계(partnership)를 형성하며, 자원과 헌신을 결합하여, 외국인들에게 프로그램과 종합시설(centers), 지원(요컨대, 목회)을 제공함으로써, 그들이 한국을 마치 그들의 집으로 느끼도록 도와야 한다. 이러한 보편적 이유에서의 협력과 동반자 관계는 보수적인 교회와 진보적인 교회 사이에서 공유되는 사이영역(in-between space)을 확대하는 데 이바지할 것이다. 그리고 그 경계선은 좌파와 우파에 소속된 "영역(territory)"만큼이나 헌신과 자원을 확보할 수 있게 할 것이다. 나는 사이영역에서 목회의 확장이 한국교회를 위한 제3의 길이라고 믿는다.

한국의 크리스천들은 한국에 새로운 기회와 도전을 가져온 혁명적인 변화들에 어떻게 대응할 것인가? 변화가 가져온 협력과 동반자적 관계를 통해서 확장된 사이영역의 목회를 기회로 붙잡을 것인가? 제3의 길 위에서의 목회를 새롭게 도시화되고 있는 다문화 한국 사회에서 새로운 정체성을 포용하고, 분열을 봉합하는 연대성을 형성하는 도구가 되게 할 것인가?

3. 요약

한국교회는 보통 다윗의 심성과 기질, 믿음에 초점을 맞추어 하나님께서 통일된 이스라엘 왕국을 만드시기 위해서 왜 사울 대신 다윗을 선택하셨는지를 설명했다. 그 결과, 한국교회는 다윗과 사울이 처해있었던 지역적, 토속적 상황에는 충분한 관심을 기울이지 않았다. 그리고 한국교회는 우리가 두 왕의 지도자 스타일과 정책들로부터 얻을 수 있는 교훈들을 자주 놓쳤는데, 그것은 성경의 다른 이야기에서도 쉽게 발견할 수 있는 도덕적인 가치에 대한 교훈이 아니라, 한국교회의 상황과 더 깊이 연결될 수 있는 교훈들이었다. 사울은 그의 왕국이 확장될 때, 그의 스타일이나 정책들을 변화시킬 수도 없었고 그렇게 하지도 않았다. 사울은 지속적으로 배타주의(exclusivism), 족벌주의(nepotism), 당파주의(partisanship), 관습주의(conventionalism)에 근거한 행동들을 이어갔다. 그러나 다윗의 지도 스타일과 정책들은 포용주의(inclusivism), 평등주의(egalitarianism), 에큐메니즘(ecumenism), 혁신주의(innovation)로 특징지을 수 있다. 더구나 다윗과 사울이 그들의 왕국을 세우기 위해서 적용한 헤세드라는 개념에는 근원적인 원리가 구현되어 있다. 사울은 헤세드를 그의 부족들에게만 실천했지만, 다윗은 그것을 그의 정체성 집단 너머까지 그 적용 범위를 확대했다. 한국교회는 자주 특정한 정체성 부호(identity marker)를 기반으로 공동체를 형성한다. 그리고 한국교회는 그들 자신과 다르거나 타자로 여겨지는 사람들을 잘 포용하지 못한다. 만약 남한의 교회들이 북한 사람들을 위한 효과적인 목회를 추구하며, 그들을 자신들의 공동체로 수용하려고 한다면, 한국교회는 정체성에 근거한 정책이 아닌, 헤세드의 실천에 근거해서 교회 공동체를 형성하는 법을 가능한 한 빨리 배워야 할 것이다.

참고도서와 해설

Identity and Loyalty in the David Story (Sheffield: Sheffield Phoenix Press, 2008).

Glueck, *Hesed in the Bible*.

Sakenfeld, *The Meaning of Hesed in the Hebrew Bible*.

Sakenfeld, *Faithfulness in Action*. (고대 근동에서 종교는 정부나 경제 체제와 분리될 수 없었다. 그러므로 나의 논지를 종교적 중심으로서의 성전의 역할을 약화하는 것으로 이해해서는 안 된다. 나는 특별히 종교를 일반적 요인으로서 다루었는데, 그것은 교회가 정부와 경제 체제로부터 어떻게 독립될 수 있는지를 보여주기 위함이다.)

Anthony Robins, *Changing the Conversation: A Third Way for Congregation* (Grand Rapids: Eerdmans, 2008). (로빈스는 지적하기를, 모더니즘의 시대에 기독교를 이성적이고 객관적인 모더니티 세계에 맞추려고 노력했던 주류 교회들은 비록 그들이 종교의 도덕적이고 제도적인 양상들을 만드는 데는 성공했다 하더라도, 그들은 종교의 영적인 모습들을 도외시하고 말았다.)

Robins, *Changing the Conversation*, p. 6.

http://www.koreaherald.co.kr/NEWKHSITE/data/html_dir/2009/09/04/200909040024.asp (accessed September 3, 2009). (한국국토개발연구원의 보고서에 따르면 1인당 한국의 총 국민 소득은 2050년에 8만 불에 이를 것이라고 내다봤다. 이 연구는 한국의 경제력이 미국과 유럽 연합, 일본과 같은 강대국과 비슷한 수준이 될 것이며, 2050년 외국인의 비율은 전체 한국 인구의 10%를 차지할 것이라고 예상한다. 이것은 1990년 한국 인구의 0.11%였던 외국인 비율에 비하면 놀랄만한 결과이다.)

Christopher Baker, *The Hybrid Church in the City: Third Space Thinking* (Second Edition; London: SCM Press, 2009). (이 책은 제3의 공간에 대한 포스트식민주의적 이해를 돕고, 이것을 도시적 상황에 부닥친 혼종적 교회hybrid church에 적용하기 좋은 개론서이다.)

Baker, *The Hybrid Church in the City*, p. 25. (이 책은 영국의 도시 교회에 관한 베이커의 연구를 근거로 한다.)

Baker, *The Hybrid Church in the City*, p. 26. (교회는 특별히 이민 노동자들을 위한 목회를 제공해야 할 필요가 있다. 그들 중에 다수는 불법적이며, 열악한 환경에서 일하고 있고, 착취를 받기 쉬운 위치에 있기에 보호와 도움이 필요하다. 나는 북미에 사는 외국인들의 상황도 이와 유사하다고 본다.)

Re-imagining David and Saul for Korean Churches

Uriah Y. Kim, Ph.D.

I would characterize my scholarship as being contextual that relies on the Third Space thinking. It is a mode of thinking that focuses on the lived space, where encounters between different cultures and identities occur regularly, and that is always open to alternatives to ideological dualisms that obscure as much as illuminate our view of the reality. In my work I do not ignore the historical-critical scholarship, which I would liken to the First Space thinking that attempts to describe as accurately as scientifically possible the formation of the Bible and the history of its world, or the theological hermeneutics, which I see as the Second Space thinking that seeks to appropriate the tradition and to explicate meaningful interpretations for the faith communities. But I tend to focus on the ancient and current lived contexts where interactions between different cultures and identities are often the norm and how people respond when they come in contact with the Other. Some react with fear and see the encounter with the Other as a threat to their "pure" culture and identity; some react with enthusiasm and see it as an opportunity for innovation and solidarity.

When we examine how the kingdom of Israel emerged in Canaan, we can make a case that early Israelites lived in a context in which diverse groups of people interacted and competed with one another in order to establish a space of their own and to forge their identity. Israelites were surrounded by neighbors who were different from them, and even within Israel's "territory," there were many "foreigners" and indigenous people living amongst them. Each group may have had its own god, culture, language, and history, and these groups came in contact with one another and thus making the land of Canaan suitable for hybrid identities to emerge and new solidarities to form.

In such a context, Samuel (likely the authorial voice of the Deuteronomist/s) insisted on viewing the history through the either/or theological lens and reprimanded the people for desiring a king like other nations. Samuel was wrong to insist on continuing to respond to military threats from Israel's neighbors through ad hoc leaders (judges) and militia when the Philistines who recently arrived in the region posed a permanent threat to the central hill region. The people were right in demanding a king who can conscript and command a permanent army. Samuel reluctantly agreed to go along with the people's wish because God wanted him to do so, not because he understood changes that were happening under his nose. When Saul became king, he quickly gathered various groups of highlanders in opposition to the Philistines. The Deuteronomist/s saw the conflict between the Israelites and the Philistines through the Second Space lens and saw the Philistines as the enemy and, therefore, whatever the Philistines did or stood for was wrong. The Philistines and other non-Israelites who were viewed as adversaries, however, were also Israel's neighbors and potential allies in the Third Space.

Theologically speaking, based on the narrative we find in First Samuel, David was successful in establishing his kingdom because: God was with him, Saul sinned, and he was better than Saul. The narrator claims that God chose David because of his outstanding heart, character, and faith. This assessment, however, comes from the narrator who is working with the Second Space thinking that sees all events through a particular theological lens (which does not need to occupy us here). I would argue, however, that David was no better than Saul in terms of his heart, character, or faith. (But that's beside the point; after all these traits should be prerequisite for all Christian leaders under any circumstances.) To say that David was a better man than Saul does not explain why he was a successful leader in a context in which multiple identities and cultures intermingled. Therefore, understanding David's success or Saul's failure through the Second Space thinking hides as much as it reveals about how David was able to forge a kingdom of multiple peoples.

In my reading of the David story'David discontinued Saul' stribal politics and practiced a policy that allowed him to form a multi-people kingdom. In contrast to Saul whose power was based on his own tribe, David was an inclusivist who sought alliances outside of his tribe and included all sorts of people into his army and eventually into his kingdom. David was open to making connections with all sorts of people regardless of their ethnic, tribal, or religious identity, as long as they gave their loyalty and kindness to him. He worked with the Philistines, the archenemy of Israel, and other "foreigners" and indigenous people to establish a kingdom of multiple peoples. The makeup of his army reflects well David's radical inclusivism. He included in his army Hebrews, Benjaminites, Calebites, Judahites, Hittites, Cushites, Egyptians, Gibeonites, and the Philistines, among others. He didn't reject anyone based on identity, including those who were considered enemies. Like his army, David was able to establish a kingdom that was made up of diverse groups of people, without regard to their tribal, ethnic, or religious affiliation as a criterion for membership in his kingdom. This was the kind of leadership that was needed in the region that was teeming with different groups of people all wanting a space of their own. David formed a multi-people kingdom that embraced new identities and allowed new solidarities to be forged.

I would argue that the guiding principle behind David's actions is embodied in the word *hesed*. Since 1926 Nelson Glueck's definition of *hesed* as "a conduct in accord with mutual relationships of rights and duties" and his division of the usage of the word into three categories (secular, religious, and theological) became a standard with which subsequent scholars engaged. Katharine Doob Sakenfeld made significant modifications to Nelson's understanding of *hesed*. She argued that Glueck left the degree of the relationship too wide so that the term hesed could be applied to any act appropriate to any human relationship of 'rights and duties'. She restricted conditions and circumstances in which an act performed can be rendered with the word *hesed*. For Sakenfeld, the word *hesed* was used for an action for a situationally inferior party by a situationally superior party who has a moral responsibility, but not legal obligation, to act but is still free not to perform the act. *Hesed* is performed within existing relationships; no new relationships can be formed through rendering of *hesed*. Moreover, in her subsequent work, Sakenfeld suggested the English word "loyalty" as a word that most closely captures the meaning of hesed.

I would like to argue, first, that hesed should be understood as a conduct involving the heart as well as the will, an emotional as well as a moral act. Understanding it primarily as an act of the will within a pre-existing relationship is incomplete without understanding it as an act of the heart that can create a relationship between parties outside of a prior relationship. Second, instead of dividing its usage along the divine-human divide, the meaning of *hesed* should be understood as having two sides. Thus *hesed* means loyalty (*euri* in Korean) a person shows to another in a mutually obligated relationship, but it can also mean jeong (a rough translation of "affection and kindness" in Korean) a person shows to another for the sake of God or for the sake of human solidarity, irrespective of whether or not there is a close relationship between them. It is the *euri* side of *hesed* that maintains the contractual and moral side of a relationship; it is the *jeong* side of hesed that not only lubricates an existing relationship but also allows new bonds to emerge. It is this side of *hesed* that enables those who are separated by differences to create an attachment between them, not because of some obligation or benefit, but for the sake of God or for human solidarity. It is this guiding principle of *hesed* that is at the core of David's power.

1. The Church as a Third Way

The kingdom of multiple peoples that David established became a kingdom for only the "real" Israelites in the Second Space history we find in the

Deuteronomistic History. It became to be imagined as a kingdom that was based on identity rather than on loyalty. It was also associated exclusively with the political state centered in Jerusalem. According to the Deuteronomist/s God destroyed the kingdom of Judah because of the unfaithfulness of the Judean kings, especially Manasseh. After the Babylonian Exile when the political state in Jerusalem was swept away by the tides of history, the people of Israel reorganized themselves around the second temple. The temple functioned as the center of religion as well as the center of economic system of the Jewish people. So, at the time of Jesus, there were at least two models of organizing the people of God. One followed the Deuteronomist's view of the people of God as a political kingdom, understanding the reestablishment of David's kingdom as a political state on earth. The other version followed the Chronicler's view of the people of God as a religious community based on the temple as the center of their business. But the ecclesia that was formed soon after Jesus Christ became independent of the kingdom (state) and the temple (economic system) and thus offered an alternative model of organizing the people of God.

This obviously is no more than a very broad and simple sketch of the establishment and development of David's kingdom. But the point I want to make is that Christians who form the Church today have the option, perhaps even the directive, to form the *ecclesia* based on loyalty to Christ rather than on racial/ethnic/national/tribal identity and to be independent of the state and the market. The church needs to be radically inclusive and needs to position itself to raise voices against injustice in the state and the market but also to support what is right about them. Korean Christians in South Korea and the United States are living in a multi-people society where democratic government and market economy are firmly in place. Christians must remember, however, that the Church is not part of the government or a cheering section for the capitalist market economy. It must remain independent of these two pillars that support these two nations. Christian leaders must remember that the Church itself as founded by Jesus Christ is the third way to the state and the market and thus must function to provide an alternative form of prosperity and solidarity in South Korea as well as in the United States.

2. A Personal Reflection on Korean Church

One of the biggest surprises for me during my first visit to Korea in more than thirty years since I came to the U.S. as a boy in 1976 is to discover Korea that has become a nascent multicultural society and is facing multiple issues that come with it. A transition to a multicultural society is often not a choice but is forced upon a nation, and I think it has been thrust upon Korea; as it prospered economically, it has attracted others to its dynamic land. But I was not surprised at how divided Korean churches were along the conservative-liberal theological line but also on identity differences.

I'd like to apply the Third Space thinking or a postcolonial reflection on the liberal-conservative conflict in the Korean Church. The situation is similar to the United States, which knows all too well the liberal-conservative divide in politics, culture, and religion. I agree with Anthony Robins, who is looking for a third way for the mainline Protestant churches in North America, that it's not helpful to understand the complex nature of Christianity and the church in North America through the theological divide that pits conservative versus liberal, mirroring the culture war and the polarizing rhetoric in the U.S. Such a conversation, Robins argues, is not constructive and also obscures more than it reveals about the present context. Instead he advises the mainline congregations to describe reality as accurately as possible and then begin to talk about how to respond appropriately. Robins explains how changes that have occurred in the last forty years or so are due to the fact that we are now living in the midst of sea change, shifting from modernity to postmodernity; I would add that we are living in the time of postcolonialism. It's not that what the mainline churches have done was wrong, he argues, but that people have become postmodern (I think, postcolonial) whereas the mainline churches are still operating within the framework of modernity.

Robins thinks that the liberal and the conservative movements have been framed in the either/or rhetoric that limits us from looking for the both/and option. The third way for Robins is not left or right, liberal or conservative: "They are not churches that care only, or primarily, about either personal transformation or the public square. They care about both, and they work at both." He argues that a third way or a both/and path is more than merely a compromise between extremes, a muddle in the middle, but a vital center and a new framing of the conversation. His suggestion might work in North America, but I just don't think the liberal and the conservative churches in Korea can transform themselves through a series of conversations and work at both "personal transformation" and "the public square" without losing their strength (church members and moral and spiritual force) and respective identities. To say that an alternate way for the conservative church, which often embraces or is at peace with the state and the market economy, is to care about the marginalized and fight for justice, or an alternate way for the progressive camp, which is characterized by its fight for justice even if it means taking a stand against the state and the market economy, is to care for personal, spiritual transformation would be unfair to both camps. Moreover, practicing what the other party is doing may not be a third way for either movement.

When we visualize the situation of the liberal-conservative divide in the Second Space, we tend to see two sides as being separated by a wide, solid line. However, when we see the situation in the lived space, what we have is not the thick, solid line that appears uncrossable or an impenetrable border but a broad space (borderland) that has permeable boundaries on all sides. The reality is that both the liberal and the conservative churches regularly enter the borderland or the in-between space, even if they seldom cross over to the area that is considered to be part of the other side. Both churches are represented in the borderland, and the sharing of resources and commitments in the in-between space happens, albeit often unintentionally. I'd argue that ministry in the borderland between the left and the right, if it is coordinated and done deliberately, is a promising path to the third way for the Korean churches.

I would call upon Korean churches, whether one belongs to the liberal or the conservative corner, to respond to the revolutionary changes that are occurring in Korea today. That is, Christian leaders need to focus more on the Third Space where Christians actually live and practice their faith and less on the liberal-conservative debate in the Second Space. I am not undervaluing the need for a coherent theological understanding of the world and God for the faith communities. However, if we don't pay more attention to what's happening in the lived space, we will become ineffective in doing God's work for our time. The real people don't encounter others in the theological constructed space; they live and experience others in the space where boundaries are often crossed, hybridities emerge regularly and new solidarities are formed. I don't think the third way for the Korean churches can be found in a new theology or a new institutional model but in common causes or commitments that exist in the in-between space ministry around which the Korean churches, both liberal and conservative, can form partnerships. All Korean churches need to be open to supporting cause-oriented ministries without necessarily giving up their respective theological stances.

Church leaders must acknowledge that significant changes, some of which are due to *globalization*, have occurred in the last two decades or so to which Korean churches need to respond. One of globalization's features is the intensification of international migration due to the growing inequalities of wealth between the North and the South and thus forcing many people from the poorer nations to search for work opportunities in the wealthier nations. Korea has prospered greatly in the last decades and, as a result, has attracted people from poorer nations to its land. Furthermore, Korea has urbanized rapidly and Seoul has expanded to the extent that people quip that Korea is actually the Republic of Seoul. This indicates that Korea is rapidly transforming into one big urban area in which Koreans must intermingle with the others in the lived space.

Christopher Baker's work is helpful in thinking about how the church in the urban context can adapt quickly to the changing social and cultural landscapes in order to thrive in contexts that need to operate in the postcolonial world. Baker emphasizes that the concept of hybridity is "a universal condition that affects us all, regardless of our previous status as colonizers or colonized. *All* parties are changed by the post-colonial encounter with each other." Baker argues that hybridity, creation of new identities through fusion of different cultures, is thus "the cultural norm that informs all our identities as individuals and urban dwellers, and the spatial and political realities that shape our daily existence." In this new reality Baker sees the fear of the Other as the main pastoral problem because for many people in the world today they see encounter with the Other as a threat rather than an opportunity.

Korean Christians need to seize the opportunity globalization and urbanization have brought upon them. It has brought "strangers" into their land. How will Korean Christians treat them? Will they see the others as a threat or as an opportunity? Will Korean Christians argue over whether the foreigners are good or bad for the economy or for the Korean culture and identity while neglecting opportunities to form new solidarities? The government controls the immigration policy and the market (capital and labor) dictates how many can stay in Korea. Regardless of where one's church stands on these issues, as Christians there is no doubt that we must treat foreigners who are already in Korea kindly and fairly and defend their rights just like we would for our own neighbors. Church leaders need to cooperate and form partnerships and combine resources and commitments in order to provide programs, centers, and aids (in short, ministries) to help foreigners to feel at home in Korea. Such cooperation and partnership on common causes could expand the in-between space that is shared by both the conservative and the liberal churches so that the borderland will occupy as much commitment and resources as the "territories" belonging to the left and the right. I believe expanding the in-between space ministry is the third way for the Korean churches.

How will Korean Christians respond to revolutionary changes that have brought new opportunities and challenges to Korea? Will they seize the opportunity that changes have brought and expand the in-between space ministry through cooperation and partnership? Will the third way ministry be instrumental in embracing new identities and forming solidarities across divisions in the newly urbanized multicultural Korea?

3. Summary

Korean churches often focus on David's heart, character and faith to explain why God chose him to victory over Saul on his way to establishing the unified kingdom of Israel. As a result, they do not pay enough attention to the regional and local contexts in which David and Saul operated and often miss the lessons we can learn from their leadership style and policies that are more relevant to the context of Korean churches than lessons of moral values, which are readily available in many other stories in the Bible. For Saul, he was unable or unwilling to change his style or policies when his kingdom expanded, continuing to rely on actions based on exclusivism, nepotism, partisanship, or conventionalism. For David, his leadership style and policies can be characterized by inclusivism, egalitarianism, ecumenism, and innovation. Moreover, there is an underlying principle, embodied in the concept of *hesed*, which David and Saul apply to forge their kingdom. Saul limited the practice of *hesed* to his own tribe, whereas David extended it beyond his own identity group. Korean churches often create communities based on specific identity markers and are not very good at including those who are different or consider the others. If the Korean churches of South Korea desire to be effective in doing ministry to the people of North Korea and are open to accepting them into their communities, then the Korean churches need to learn to create a church community based on the practice of hesed rather than on identity politics sooner rather than later.

Bibliography with Some Notes

Identity and Loyalty in the David Story (Sheffield: Sheffield Phoenix Press, 2008).

Glueck, *Hesed in the Bible*.

Sakenfeld, *The Meaning of Hesed in the Hebrew Bible*.

Sakenfeld, *Faithfulness in Action*. (In the ancient Near East you couldn't separate religion from the state or the economic system and thus my statement should not be understood as undermining the role of the temple as the center of religion. I'm treating religion as the common factor that is taken out of the equation in order to describe how the *ecclesia* can be seen as independent of the state and the economic system.)

Anthony Robins, *Changing the Conversation: A Third Way for Congregation* (Grand Rapids: Eerdmans, 2008). (Robins points out that during modernity, the mainline church in its effort to make Christianity fit the rational and objective world of modernity ended up neglecting the spiritual aspect of religion, even though it was successful in the moral and the institutional aspects of religion.)

Robins, *Changing the Conversation*, p. 6.

http://www.koreaherald.co.kr/NEWKHSITE/data/html_dir/2009/09/04/200909040024.asp (accessed September 3, 2009). (The report by the Korea Research Institute of Human Settlements shows that Korea's gross national income per capita will reach $80,000 in 2050, which will be near the level of those in rich countries like the United States, European Union and Japan, and foreigners are likely to account for 10% of Korean population in 2050. This is a startling development when foreigners made up only 0.11 percent of Korean population in 1990.)

Christopher Baker, *The Hybrid Church in the City: Third Space Thinking* (Second Edition; London: SCM Press, 2009). (This is a good introduction to a postcolonial understanding of the Third Space and its application to emerging hybrid churches in the urban context.)

Baker, *The Hybrid Church in the City*, p. 25. (This book is based Baker's research on the urban churches in the United Kingdom.)

Baker, *The Hybrid Church in the City*, p. 26. (Churches need to provide ministries especially for the migrant laborers, many of whom are illegal and are working under inferior conditions and are very vulnerable to exploitation, need protection and help. I'm sure this sounds familiar to those living in North America.)

열왕기하 새로 읽기
: 이스라엘과 한반도

조은석

금문교회/BST

열왕기하는 소위 "신명기 역사서" 중 마지막 책이다. 신명기 역사서는 예언자들이 기록했다. 당연히 예언자의 관점이다.

신명기 역사가들이 "이스라엘"을 말할 때는 그들의 관심이 "이스라엘"에 국한된 것이 아니었다. "하나님"이었다. 하나님이 누구신가? 그렇게 되면 그들이 서술하는 "이스라엘"은 "어떤 나라"가 아니라 "모든 나라"가 되는 것이다. 말하자면, 이스라엘의 자리에 모든 나라를 대입할 수 있는 것이다.

구조는 메시지다. 그러면 열왕기상하의 구조를 살피자.

열왕기상에서 이스라엘은 새 왕을 맞는다. 솔로몬이다. 솔로몬은 부왕 다윗을 계승한다. 이스라엘 역사에서 최초의 부자세습이다. 이스라엘이 사사 시대를 마감하고 왕정시대로 들어선 이래 사울은 아들 요나단에게 왕위를 물려주지 못했다. 대신 다윗이 올라섰다. 예언적 역사서에서 이것을 설명하는 것은 "하나님께서 사울을 버리고 다윗을 선택하셨다"라는 말 외에는 없다.

최초의 왕위계승이 다윗에게서 솔로몬으로 이어졌다. 여기도 왕자의 난을 통해 드러나듯, 솔로몬은 어떤 권리도 없었다. 다만 "하나님께서 솔로몬을 기뻐하셨다"라는 것이 유일한 설명이다.

이 솔로몬이 통일 이스라엘을 부강하게 했다. 왕궁을 지었고 성전을 지었다. 예언적 역사가는 성전건축 사건을 "출애굽 사건"과 연결되어 설명했다. 출애굽 이후 480년이 지난 시점이다. 480년이 시사하는 것처럼, 여기는 대단히 엄격한 "하나님의 계획"이 스며있다. 하나님께서 그만큼 솔로몬의 왕위계승을 기뻐하셨고, 그에게 복을 내리셨다.

솔로몬은 하나님의 뜻을 받들었다. 그래서 제사를 중히 여겼고, 성전건축에 최선을 다했다. 그리고 지혜로서 백성을 다스렸다. 두 창녀의 소송을 직접 재판한 예가 상세하게 그려져 있다. 그러나 거기까지였다. 솔로몬은 하나님을 떠났다. 십계명을 위시한 모든 계명에서 금지한바, 이방 신들을 가까이했다. 이것은 그의 인간적인 계략이 앞선 탓이다. 이웃 나라와 정략결혼을 했다.

하나님께서 이스라엘의 운명을 바꾸기로 하셨다. 남북분열이었다. 솔로몬의 휘하에서 강제노역을 지휘했던 여로보암이 반기를 들었다. 솔로몬은 그를 대하여 칼을 들었다. 여로보암은 애굽으로 도망쳤다. 놀랍게도 애굽이 그의 망명을 받아들였다. 애굽은 어떤 나라인가? 솔로몬과 혼인 관계로 맺어진 동맹국이었다. 하나님의 뜻대로 애굽이 움직였다. 애굽은 여로보암을 지원함으로써 이스라엘의 남북분열을 도왔다.

애굽의 세력을 등에 업고 귀국한 여로보암은 북이스라엘을 따로 떼어 나라를 세웠다. 주전 722년이었다. 열왕기상은 후반부에 이 두 나라가 서로 대결 구도를 세웠고, 때로 군사적으로 합력했던 사실을 적었다.

열왕기하에 이르면, 정세가 급속하게 전개되어, 급기야 북이스라엘의 패망 소식이 들린다. 아시리아가 북이스라엘을 친 것이다. 예언적 역사서는 북이스라엘의 멸망 배후에 하나님의 역사개입이 있었음을 지적한다. 하나님을 떠난 북이스라엘을 치신 것이다. 이것은 솔로몬 때 통일 이스라엘을 치신 것과 맥이 같다. 솔로몬 때는 남북분열이었고, 북이스라엘에게는 멸망이었다.

아시리아는 북이스라엘의 주민 상당수를 데려갔고, 이민족을 사마리아에 투입했다. 북이스라엘이 이스라엘로서의 정체성을 상실하고 말았다.

열왕기하 후반부는 남유다의 정세변화를 주목한다. 히스기야 통치 때 북이스라엘의 유민들이 남쪽으로 흘러들었으나, 대부분 환영받지 못했다. 그의 아들 므낫세는 하나님 앞에 악했다. 하나님께서는 남유다에도 징벌을 내리기로 하셨다. 솔로몬 때의 모델을 따라 분열이 아니라, 북이스라엘처럼 멸망의 길을 준비하셨다. 아시리아를 물리친 바빌론이 그 도구였다.

　　하나님께서 남유다를 멸망시키기로 하셨다. 그런데 그 결심을 실행에 옮기시기까지 다소 시간이 있었다. 그 틈에 하나님의 마음에 드는 왕이 나타났다. 요시야였다. 요시야는 궁중 반란으로 아버지를 잃고 8세 되던 해에 왕위에 올랐다. 그를 옹립한 것은 친아시리아 세력인 "암하아레츠"였다.

　　요시야가 왕위에 18년 동안 있을 때까지 큰 변화가 없었다. 그런데 그 해, 곧 그의 통치 제18년인 주전 622년에 요시야는 성전에서 토라를 발견했다. 당시 대제사장 힐기야가 성전에서 발견하여 서기관 사반에게 건넸다. 사반이 왕 앞에서 읽은 그 토라가 왕의 개혁 동기를 제공했다. 요시야는 여 예언자 훌다에게 사람을 보냈다. 훌다의 예언이 그의 결심을 재촉했다.

　　요시야는 예루살렘 성전을 개혁했다. 각종 우상을 성전에서 제거하고 불태웠다. 우상 관계자들을 배척했다. 범위를 예루살렘 전역으로 확대했다. 마침내 개혁의 칼날은 유다 전역까지 퍼져나갔다. 모든 산당이 제거되었고 산당에서 사역하던 제사장들을 가두었다.

　　요시야는 거기서 멈추지 않았다. 북이스라엘의 영토였던 북쪽 지경으로 확대했다. 결과적으로 요시야는 다윗부터 솔로몬 때까지 통일 이스라엘이 누렸던 영토를 회복했다. 국토로만 보면 요시야는 유다를 솔로몬 시절로 돌이켰다. 정치도 그랬다. 다윗 왕족인 요시야가 남·북을 통일해서 다윗 집안으로 돌린 것이다.

　　종교의 경우 상황은 달랐다. 요시야는 다윗-솔로몬 때를 넘어서서 사사시대로 거슬러 올라갔다. 여호와 유일신 신앙을 회복한 것이다. 다윗-솔로몬 때도 각종 우상이 예루살렘은 물론 온 이스라엘에 편만했었다. 요시야는 사사시대 때, 곧 열두 지파가 여호와 유일신 신앙으로 뭉쳤던 때로 돌이켰다. 그것은 그가 주도하여 실시한 "유월절"에서 잘 드러난다. 이를 예언적 역사서는 사사시대 이래 최초라고 평가했다. 제사적 역사서도 그 평가에 공감했다.

　　물론 주전 622년은 북이스라엘 멸망 이후 100년이 흐른 뒤다. 북이스라엘은 정치적으로 와해 되었다. 사마리아 사람들은 이스라엘의 정체성을 상당히 상실했다. 그러나 과소평가할 수 없는 것이 있다. 이런 북이스라엘에도 여호와 유일신 신앙이 보존, 유지되어 내려온 것이다. 요시야와 동역한 예언자 중에 북쪽 출신이 압도적이었다. 예레미야가 그 대표적 인물이다.

이런 점에서 요시야의 개혁은 남북통일이다. 정치만 아니라 경제도 그랬다. 중앙집권제도 아래 세제개혁이 시행되었다. 전국의 십일조가 예루살렘으로 운반되었다. 외교를 보면, 반아시리아 기치를 내걸고, 반애굽도 표방했다. 아시리아는 애굽과 긴밀한 관계를 유지하고 있었다. 애굽으로서는 당시 막 일어서던 바빌론을 견제하는 동기가 컸다. 아시리아가 견제해 주어야 했다.

요시야는 바빌론을 의지했던 것 같다. 그러나 바빌론은 유다를 지원하지 않았다. 오히려 요시야 사후 급속하게 쇠락한 유다를 멸망시킨 세력이었다.

요시야가 죽고 난 이후 유다가 멸망의 길로 들어서는 과정을 주목하면, 하나님의 뜻이 드러난다. 하나님께서는 이미 므낫세 때 남유다의 멸망을 예고하셨다. 그렇다면 요시야의 개혁은 그 자체로 실패가 예견된 일이었다. 그러나 요시야의 개혁은 그 뜻이 분명했다. 토라의 재발견이었다. 겨우 13년에 불과했지만, 남북통일을 성취했다. 솔로몬의 범죄 징벌로 임한 남북분열이 회복된 것이다. 이로써 우리는 분열된 이스라엘이 통일의 길로 들어서기 위해 토라가 결정적인 역할을 맡았다는 점을 짚어야 한다.

토라는 모세를 통해 주신 하나님의 말씀이다. 토라에서 하나님께서는 한 하나님이시며, 하나님께 제사 드리는 성전은 하나이며, 하나님께 제사 드리는 이스라엘은 한 백성이라는 점이 두드러진다. 소위 The Three Ones가 토라에서 제시된 것인데, 토라를 근거로 한 요시야의 개혁도 바로 그 The Three Ones로 요약이 가능하다.

예언적 역사서의 결론 부분인 열왕기상하는 남북분열과 북이스라엘의 멸망 그리고 남유다의 멸망을 차례대로 그린다. 마틴 노트(Martin Noth)는 예언적 역사서의 기록목적이 "어떻게 이스라엘이 멸망하게 되었는가?"라는 질문에 대한 대답이라고 했다. 폰라트(G. von Rad)는 "어떻게 이스라엘에게 새로운 소망이 있는가?"를 보이기 위한 것으로 풀었다. 내 생각은 다르다.

이스라엘이 중심이 아니다. 하나님이시다. "하나님은 이스라엘의 분열, 멸망을 통해 온 세상이 하나님의 뜻을 알기를 원하셨다."

열왕기상하에 드러난 하나님의 뜻은 어떤 세대 어떤 나라에도 적용이 가능하다. 실제로 열왕기상하를 포함한 성경 말씀을 온 세상이 읽고 그 말씀에 나타난 하나님을 자기들의 하나님으로 믿고 섬기고 있다. 말하자면 이스라엘-한반도는 오히려 보편적인 성경 읽기의 한 예가 되는 것이다. 여기 오늘 한반도에서 열왕기서를 읽으려고 한다.

한반도가 하나의 나라가 된 것은 한참을 거슬러 올라가야 한다. 신라의 삼국통일은 주후 676년이다. 신라는 백제와 고구려를 멸망시키고 통일신라를 구성했다. 고구려의 전부가 아니어서, 발해가 나타났다. 그래서 신라의 통일을 완전한 통일이 아니고 고려의 건국이 한반도 통일의 첫 사례라고 주장하기도 한다. 그러나 신라통일을 한반도의 정치적 정체성을 구축한 첫 번째 사건으로 보는 것이 타당하다.

한반도의 분단은 1948년에 발생했다. 미소 양국의 냉전이 한반도를 희생물로 요구한 것이다. 그들의 결정이 한반도의 운명이 된 것은 슬픈 일이었다. 오늘 2017년의 시점에서 보면 70년 세월이 지나도록, 외세가 한반도의 분단을 지속적으로 유지하게 하는 결정적인 힘으로 작용해 온 것이다.

이것을 예언적 역사서의 해석관점에서 볼 수 있을까? 한반도의 분단을 하나님의 징벌로? 그건 무리라는 견해가 대다수일 것이다. 우리가 무슨 죄를 지었는가?

혹자는 광복 자체가 연합군 승리의 부산물이었다고 말하고, 그건 한민족이 정당하게 취득한 피와 땀의 열매가 아니었다는 점을 지적한다. 그러므로 분단도 연합군 작전의 연장 선상에서 볼 수 있다는 것이다. 따라서 분단을 놓고 한민족의 "죄"를 묻는 것은 어불성설이라고 주장한다. 도리어 그 죄를 전범 국가들이 받아야 했다고 한다. 동아시아에서 어떤 나라가 분단되는 벌을 받아야 했다면 한반도가 아니라 전범국의 하나인 일본이어야 했다는 것이다. 유럽에서의 독일처럼. 그러므로 한반도의 분단은 연합국의 오판

내지 잘못, 혹은 굳이 "죄"를 묻자면, 그들의 죄라는 것이다. 말하자면 분단 문제에 관한 한 한반도는 무죄다라는 말이다.

다른 사람들이 거론하는 이론 중에는 한반도 부분 책임론이 있다. 신탁통치 안이 나왔을 때, 한반도가 온 힘을 다하여 반대했어야 했다는 것이다. 그런데 북쪽의 김일성과 남쪽의 이승만이 미소의 앞잡이 노릇을 하며 분열을 부추겼 다는 것이다. 적어도 그런 점에서 한반도가 책임이 있다는 주장이다.

분명한 것은 이스라엘의 남북분열과 한반도의 남북분단은 그 원인에 있어서 일치하지 않는다. 이스라엘은 솔로몬의 죄, 구체적으로 우상숭배가 그 원인을 제공했다. 물론 하나님께서 참아 주셨거나 다른 형벌을 내리셨다면 분열까지 겪지는 않았을 테니, 결정적인 원인은 하나님께 있다. 말하자면 이스라엘은 하나님의 뜻으로 분열되었다. 한반도의 남북분단에는 하나님의 뜻이 전혀 보이지 않는다. 누구라도 그건 하나님께서 그렇게 하셨다고 주장한 다면, 그런 엄청난 일이 한반도에 내리도록 한, 한반도 모든 사람이 그 분단의 고통을 겪도록 한, 그만한 죄가 언급되어야 할 것이다.

일부 기독교인 중에서 한반도의 전적 책임론을 내세우는 수가 있다. 하나님 께서 연합군을 도구로 사용하셔서 한민족에게 광복이라는 "은혜"를 베푸셨다. 그렇다면 마땅히 한민족은 모두 하나님께 감사예배를 드려야 했고, 많은 교회를 세워 복음전파에 전념하여, 하나님께서 주신 은혜를 갚아야 할 것이었 다. 그러나 실제로 1945년에서 1948년에 이르는 기간 동안 한반도에서 벌어진 것은 온갖 타락상이었다. 남쪽에서는 친일파가 득세할 기회를 제공했고, 북쪽에서는 교회를 무너뜨렸다. 그것을 하나님께서 분단이라는 벌로 내리셨 다는 것이다. 다른 많은 기독교인은 비록 하나님께 감사가 부족했다는 점은 인정한다고 해도 이렇게 묻는다. 정말 그 4년 동안 한반도가 정말 그런 죄악을 저질렀나? "이 벌은 너무 중하여 견딜 수가 없나이다!" 가인이 오히려 부르짖은 것이 인용되어야 할 판 아닌가? 그렇게 반문하고 있다.

다시 말한다. 한반도 분열 이유 중에서 하나님의 뜻을 분명하게 찾기는 어렵다. 이스라엘의 경우라면 죄에 대한 벌이었는데, 한반도는 그 죄가 기소될 가능성이 별로 없다. 그러면 이스라엘과 한반도는 공통점이 없다는 중간결론에 힘이 실린다.

맨 앞에 우리는 예언적 역사가들이 이스라엘을 말할 때 그것은 "하나님"을 전하기 위함이었다고 했다. 이 세상에 생겨났다 사라진 나라가 어디 한 둘인가? 이스라엘도 그 점에서 지구상에 잠시 존재하고는, 그것도 아주 미약한 나라로 그리고 역사 속에 그 이름을 감춘 나라에 불과하다. 그러나 여호와 하나님께서는 영원무궁하시다. 창조주시며 구원주 하나님이시기 때문이다. 예언적 역사서에 드러난 하나님이 이스라엘의 하나님이실 뿐 아니라 온 세상의 하나님이시라면, 하나님께서 이스라엘을 대하신 그 모습은 "어떤 보편성"이 보여야 한다. 아니라면 우리가 성경에서 그들의 역사를 오늘 읽어야 할 이유를 발견하기가 어렵다. 키에르케고르의 말처럼, 현재가 될 수 없는 과거는 기억할 가치가 없기 때문이다. 우리나라의 과거도 그런데 하물며 남의 나라임에랴!

단언한다. 하나님께서 이스라엘을 대하신 방법은 공통점이 있다. 내 주장이 아니라 성경에 드러난 하나님의 뜻에 근거함이다. 그러므로 "이스라엘과 한반도가 적어도 그 분열/분단에 있어서 일치점이 안 보인다"는 의심은 재고되어야 한다.

일치점이 있다. 이 전제로 다시 출발하면서, 우리는 이스라엘의 분단을 다시 돌아보아야 한다. 이스라엘이 범죄 하여 하나님께서 그들을 분단시키셨으나, 이는 도로 싸매시고 회복시키시기 위함이다. 당신께서 돌아오는 이스라엘을 용서하시고 회복하실 때는 그 죄를 묻지 않으신다. 그 죄는 당신의 뒤로 던져버리셨다. 그 주홍 같은 붉은 죄를 양털처럼 희게 해 주셨다. 죄가 문제가 아니다. 죄가 문제였다면 그들은 벌써 죽고 말았다. 용서가 문제고 회복이 문제며 하나님의 사랑이 문제다. 그건 "새 창조"다. 아닌가? 이미 출애굽 사건 자체가 새 창조였음은 이스라엘 오랜 역사 중에 증명되었다. 주님께서 그렇게 선포하신 바다.

이런 점에서 모든 나라, 모든 민족에 지금 현재 존재하고 있는 모든 종류의 "분단"은 그 원인을 추궁하는 대신 그 회복이 선포되어야 한다. 훨씬 더 힘을 보태어, 훨씬 더 강하게, 훨씬 더 관심을 집중하여!

한반도의 분단 극복은 하나님의 은혜의 빛 아래서 조명되어야 한다. 이스라엘을 그 포로에서 돌리신 하나님께서, 다시 본토로 돌아가게 하신 하나님께서, 오늘 우리를 분단의 장벽을 허물고 하나가 되게 하신다. 그것이 하나님의 뜻이다.

이스라엘을 사용하여 온 세상에 하나님의 뜻을 드러내시는 것이 하나님의 뜻이었다면, 오늘 한반도를 사용하여 지구인 모두에게 하나님께서 살아계심을 증거 하심이 그 뜻 아닌가?

한반도는 분단이 극복되어야 한다. 이스라엘의 분단 극복이 요시야의 종교개혁을 통해 일시라도 성취되었다면, 오늘 우리는 요시야개혁의 때다.

요시야의 개혁이 13년 천하로 마친 것이 아니라는 것은 상식이다. 요시야 때 성취한 신학적 성과물은 이후 "메시아니즘"과 같은 신학적 주제로 영원한 하늘의 별이 되었다. 요시야가 그 개혁을 통해 국가주의를 타개하고 오히려 "사사시대" 모델을 선택한 것은 결과적으로 말해 이후 국가가 사라지고 온 세계로 방랑하게 되는 디아스포라 시대를 준비한 것이었다. 보통 그 나라가 사라지면 그 나라의 종교도 운명을 같이하는 법이었다. 그러나 여호와 유일신 신앙은 달랐다. 요시야의 개혁 때 실험을 거쳐 그것이 증명된 것이다.

한반도는 분단이 극복되어 통일될 것이다. 전쟁으로 하는 통일은 아니다. 요시야는 "무혈통일"이었다. 그건 이미 북이스라엘이 멸망한 때문이라고 하겠지만, 그건 북이스라엘이라는 국가의 존재 여부과 크게 관계가 없다. 왜냐하면, 이미 히스기야 때 북이스라엘은 나라가 사라졌다. 그러나 히스기야는 물론 므낫세, 아몬에 이르기까지 누구도 요시야 같은 통일작업에 몰두하지 않았다. 그러므로 국가 존재가 통일에 걸림돌이 된다거나 반대로 도움이 된다거나 하지 못한다. 말하자면 그건 "조건"에 들지 않는다.

지금 상태에서 한반도는 통일을 꿈꾸고 이를 위해 기도해야 한다. 하나님께서 한반도를 통일시켜 주심은 온 세상에 존재하는 모든 종류의 분단을 극복하게 하심과 같은 이치다.

그동안 소위 "6자회담"이 인구에 회자 되었다. 이런 구도에서 한반도의 두 체제, 곧 남한과 북한은 강대국의 결정에 의존하는 형태였다. 그들은 힘이 세었고 우리는 약했다. 그러나 발상의 전환이 필요하다. 역발상으로써 우리가 얻는 것은 한반도 문제에 국한하면 남·북한 당사자가 중요하다는 사실이다. 한반도를 둘러싼 4개 강국은 서로의 이익 때문에 한반도를 분단시켰지만, 그 이상 할 역할이 없다. 남·북이 마음을 같이하여 통일의 길을 걷기로 한다면 그들은 그것을 막을 길이 없다. 명분이 없고 능력이 닿지 않는다. 문제는 남·북 당사자다. 이 논지를 입증하기 위한 정치, 경제, 문화, 군사적인 연구는 내 몫이 아니다. 남·북 당사자가 열쇠를 가졌다는 생각에 동의하는 각계 학자들이 연구하여 동참할 몫이다.

문제는 요시야가 보였던 열심이다. 그는 율법을 읽고 옷을 찢었다. 그는 회개했다. 그리고 그의 손안에 있는 모든 가능한 인력을 동원했다. 북쪽 출신 예언자들은 남쪽에서 저평가되었다. 그러나 요시야는 그의 오른손으로 그들을 품었다. 평소에 전혀 눈에 띄지도 않았던 여 예언자 훌다도 중용했다. 그의 편에 서서 그의 개혁을 돕자는 사람들이 하나둘씩 모였다.

그러나 동시에 요시야는 수많은 적을 대면해야 했다. 여태까지는 동지였고 친구였던 자 중에 특히 그랬다. 무엇보다도 "암하아레츠"다. 그들은 어린 요시야를 왕위에 옹립했던 주역이었다. 지난 18년 동안 한결같이 그를 지지했다. 그런데 요시야의 개혁에서 암하아레츠가 제1 타깃이었다. 요시야는 반아시리아 정책을 표면에 내걸었기 때문이다. 북이스라엘 지역은 아시리아의 영토가 된 지 이미 100년이 되었다. 요시야가 개혁의 범위를 북이스라엘지역까지 포함했다는 것은 아시리아를 상대로 일전을 불사했다는 뜻이다.

또한, 그가 만난 적들은 각종 우상과 산당들을 배경으로 기득권을 누린 자들이었다. 이들은 이미 사회에서 상류층에 자리매김 된 자들이었다. 그들을 적으로 돌려세운 요시야는 그 전투에서 목숨을 걸어야 했다. 동시에 이기는 전투마다 그는 인적, 물적 자원을 상실해 나가야 했다. 특히 유다 각 지역의 산당들은 해당 지역의 토호 세력의 비호를 받고 있었다. 산당 제거는 토호세력

제거와 맥을 같이 한다. 철저한 "중앙집권화"가 이뤄졌지만, 그 과정은 피나는 생존싸움의 연속이었다.

요시야가 그 개혁으로써 선택한 것이 무엇이었나? 안정 대신에 불안정을, 평화 대신 전쟁을 그리고 길고 긴 고독을 선택했다. 여호와 하나님 앞에 서기로 한 그 날 이후 요시야는 그 선택의 길에서 물러나지 않았다. 므깃도에서 애굽 왕 느보 2세의 칼날에 최후를 맞기까지.

한반도 당사자가 중심점을 잡아야 한다. 우리는 대한민국과 대한민국을 기반으로 한 이민자들이다. 우리는 한반도의 남쪽, 곧 대한민국의 "통일열심"에 도전한다. 누구 할 것 없이 통일을 중심 주제 삼고 앞으로 달려가야 한다.

요시야개혁의 요시야 같은 지도자가 필요하다. 지도자 없는 모임은 아무리 잘 표현해도 중구난방이다. 나는 그 지도력을 "교회"가 행사해야 한다고 믿는다. 왜냐? 교회는 "텍스트"가 있다. 성경이다. 성경이 그 지도력 매뉴얼이다. 사실은 그 이상이다. 성경은 하나님의 말씀이며, 그 말씀은 그저 말이나 글이 아니다. 그건 능력이다. 말씀은 살아 역사하는 힘이다.

> 하나님의 말씀은 살아 있고 활력이 있어, 좌우에 날 선 어떤 검보다도 예리하여 혼과 영과 및 관절과 골수를 찔러 쪼개기까지 하며 또 마음의 생각과 뜻을 판단하나니, 지으신 것이 하나도 그 앞에 나타나지 않음이 없고, 우리의 결산을 받으실 이의 눈 앞에 만물이 벌거벗은 것 같이 드러나느니라(히브리서 4:12-13, 개역개정).

오늘 교회의 위기를 말한다. 부정하고 부패한 것이다.

> 마음이 부패하여지고 진리를 잃어버려 경건을 이익의 방도로 생각하는 자들의 다툼이 일어나느니라(디모데전서 6:5, 개역개정).

마음이 부패하여지고, 진리를 잃어버렸다. 경건을 이익의 방도로 생각하는 자들! 그들의 다툼이 일어남! 이것보다 한국교회를 더 잘 설명하는 무엇이

안 보인다. 슬프고도 슬프다.

어째서 이렇게 되었나? 많은 설명이 가능하다. 그중 하나로 교회가 대 사회 지도력을 상실했다. 스스로 물고 먹기다. 전도가 중요한데, 그게 실상은 교인 수평 이동을 유도하는 장치와 그 노력에 불과하다. 대 사회적인 영향력이 추락한 결과 어쩔 수 없는 선택일지도 모른다. 그러나 그런 것은 치우자. 사회를 내다보자. 우리를 부르신 하나님의 부르심은 세상을 변화시키라는 것 아닌가!

하퍼 리(Harper Lee)의 『앵무새 죽이기』(To Kill A Mockingbird, 1960, J.B. Lippincott & Co.)에서 법원은 "혐오"의 대상으로 전락했다. 무죄한 흑인을 유죄로 몰았기 때문이다. 법원이 정의를 분간할 수 없다면 그건 사라져야 하는 괴물에 불과하다. 그때 미국의 법원이 오늘 한국의 교회가 되었다.

대 사회 이슈를 선점하라! 이것이 오늘 내 발제의 결론이다. 교회가 한반도 통일을 두고 말씀을 읽고 선포하며, 기도하고 삶으로 실천해 나간다면, 교회가 그 혐오의 옷을 하나씩 벗어버릴 수 있다. 하나님께서 입혀 주시는 새 옷을 입을 수 있다. 요한계시록 성도의 "흰옷"처럼, 그 옷은 "회개"한 자, "죄 용서받은 자"가 입을 옷이다. 새 옷으로 갈아입은 교회는 한반도 통일을 주도하는 리더로 거듭날 것이다.

다시 요시야로 돌아가자. 그는 옷을 찢었다. 낡은 옷을 스스로 찢은 것이다. 그리고 새 옷을 입었다. 말씀의 옷이다. 그는 그때부터 말씀의 사람이 되었다.

한국교회가 권위의 옷을 찢어야 한다. 부정과 부패의 옷을 찢어야 한다. 자기만 먹이는 이기심의 옷을 찢어야 한다. 그리고 말씀의 옷을 입어야 한다. 세상이 교회를 주목할 것이다. 자기 살림을 위해 이전투구 하던 교회가 새 옷을 입은 까닭이다. 말씀은 텍스트다. 오늘 우리에게 특별히 통일 한반도의 청사진을 제시하는 텍스트다. 말씀을 손에 든 한국교회는 말씀 개혁의 길을 걸어야 한다.

요시야처럼 우상을 버려야 한다. 태우고 부수고 묻고 물에 흘려보내야 한다. 거짓으로 행세하던 예언자들과 거짓 축복을 남발하던 제사장들을 끊어

내 버려야 한다.

그리고 처음부터 다시 해야 한다. 한반도 당사자들이 무릎을 맞대고 이야기를 나누어야 한다. "현재가 될 수 있는 과거" 이야기를 풀어내는 것이 단초다. 우리는 수천 년의 세월을 함께 한 동족이다. 한반도 안에 살아가는 한 배를 탄 한 운명이다. 그리고 무슨 일이 있어도 동족상잔은 안 된다는 공감대를 마련하고, 모든 대화를 거기에 근거해야 한다. 그러면 일이 반은 성사된 것이다.

정치가 하지 못하니까 교회가 해야 한다. 겨우 분단을 전제로 득세한 자들이므로 그들에게 의존하는 것은 명백한 한계가 있기 때문이다. 경제가 이익만 앞세우니까, 그들에게 묻지 말자. 대신 교회가 하자. 예수님 말씀대로, 형제를 먼저 사랑하고 그다음이 예배다. 그러니까 예수님 말씀을 듣자면 교회가 제일 먼저 나서야 한다. 그래서 민간창구를 열고, 대화의 물꼬를 터야 한다. 본래 대화는 아이들이 먼저 시작할 수 있다. 그게 더 큰 효과를 불러일으킬 수도 있다. 교회가 하자. 오래 무시당하던 교회가 시작하자. Korea Passing을 버리자. Church Passing을 떨쳐내자. 교회가 먼저 대한민국을 살려내자. 대내·외적으로 아무런 목소리를 내지 못하고, 내도 그걸 들어줄 자가 없던 대한민국에 활기를 주자. 곳곳에 자리 잡은 교회가 기도하고 말씀을 선포하고 나가 전도하면서 한반도 통일의 소망을 먼저 품자.

마지막으로 말한다. 큰 교회는 자격이 없다. 기업원리가 먼저 발동하는 태생적 한계 때문이다. 작은 교회가 먼저 하자. 겨우 2-30명 모이는 교회가 하자. 우리끼리 모여 우리가 더 큰 우리를 만들자. 하나님 아버지를 모시면 우리는 강하다. 예수 그리스도를 모퉁이 돌로 모시면 우리는 하나님의 큰 교회를 만들어 갈 수 있다. 그 큰 교회가 되어 한반도를 품자. 품어서 새 한반도를 잉태하자. 교회가 하자. 이건 하나님의 뜻이다.

이스라엘이 한국 되는 원리가 여기 있다. 이스라엘이 "보편성"을 통해 모든 나라가 되듯, 오늘 한반도의 분단 극복과 평화통일은 모든 나라의 비전으로 드러날 것이다. 한국교회가 세상 모든 교회, 세속의 물결에 부침하는 교회에 소망이 되자. 그게 안 될 이유가 없다. 하나님께서 고난을 주신 이스라엘이 세상의 빛이 되었다. 예수 그리스도께서 유대인의 왕으로 오셨다. 오늘 세상에서 가장 크고 심각한 스트레스를 받는 한반도에 예수님께서 왕이시다. 다 버리고 예수님을 따른 제자들처럼 오늘 우리가 다 버리자. 더러운 옷을 벗어 던지고 새 옷을 입자. 말씀으로 오신 예수 그리스도로 옷 입자.

오직 주 예수 그리스도로 옷 입고 정욕을 위하여 육신의 일을 도모하지 말라(로마서 13:14, 개역개정).

그러면 못 할 일이 없다. 통일도 가능한 일이다. 우리 시대에.

한반도의 위기와 한국교회의 평화통일운동

김홍기
전 감리교신학대학교 총장

들어가는 말: 문제제기

2017년에 북한의 미사일 실험과 핵폭탄 실험은 한반도뿐 아니라 미국과 일본 등 전 세계를 경악시키는 핵전쟁의 종말론적 상황으로 몰아가고 있다. 미국은 북핵 문제를 한국을 제외시키고 일본과 중국과 함께 해결하려는 태도도 보이고 있다. 과연 "Korea Passing"이 가능한가를 묻지 않을 수 없다. 이 심포지엄을 주최하는 주최 측은 한국교회 패싱 현상도 염려할 수밖에 없다고 생각하면서, 이 심포지엄을 개최하게 된 것 같다. "The Korean Church Passing"이 발생하지 않도록 한국교회가 정신 차려야 하지 않을까? 통일운동이 과연 한국교회 속에 있는 것인가? 질문하지 않을 수 없다.

역사의 위기상황이 전개되지만, 그럼에도 불구하고 우리는 통일은 도적같이 온다고 믿는다. 아니 하나님만이 통일이 도적같이 오도록 섭리하실 뿐 아니라, 우리도 도적같이 통일이 임하도록 일하여야 한다. 요한복음 5:17 말씀대로 "하나님이 일하시니 나도 일한다"라는 정신으로 일하여야 한다.

2017년 5월에 "겨자씨선교회"(이사장: 김홍기, 회장 이성호 목사) 이름으로 개최된 통일 심포지엄 강사 연세대 명예교수 박준서 박사(연세대 부총장 및 경기여자대학교 총장 역임)가 발제한 대로 하나님은 이스라엘의 통일을 원하는 예언의 메시지를 에스겔을 통하여 에스겔 37장에서 에스겔 골짜기의 마른 해골들의 부활과 두 막대기가 하나 되는 이야기로 선포하셨지만, 바빌론 포로 이후 남왕국 유다가 예루살렘성곽을 재건하고, 예루살렘 성전을 재건할 때, 북왕국 사마리아 사람들이 함께 역사를 재건하자고 제안하였지만, 그 제안을 거부함으로써 이스라엘이 통일을 이루지 못했다는 통찰력 있는 해석을 하였다.

그러나 독일은 하나님의 통일 섭리를 잘 받아들여 동독과 서독이 통일을 이루는 놀라운 역사를 만들었다고 명쾌한 해석을 하였다. 하나님과 인간이 함께 일하는 복음적 신인 협동(evangelical synergism)으로 우리도 통일을 도적같이 오게 하여야 한다.

사실 서독교회가 통일을 위해 부단히 노력하였기에, 도둑같이 통일이 온 것이지 서독교회가 일하지 않았으면 저 이스라엘처럼 통일이 도적같이 올 수 없었다. 우리는 한반도의 위기를 통일의 기회로 만들어야 한다. 한 문이 닫힐 때 하나님은 항상 더 큰 문을 여시고 우리를 부르신다. 그 하나님의 부르심에 우리도 열심히 일함으로 응답하여야 통일의 문이 열릴 수 있다.

I. 한반도의 위기

1. 핵전쟁의 위기와 기회

북한은 2017년 8월 27일 일본열도 상공을 날아가는 미사일 실험을 두 번이나 성공시켰다. 9월 3일에는 6차 핵실험을 성공시켰다. 그 위력이 히로시마 원자폭탄의 4~7배 되는 수소폭탄이라고 한다. 최근의 이 두 차례 도발은 과거와는 차원이 다른 한반도와 일본과 미국과 전 세계를 경악케 하는 수준이다. 괌 타격이 가능함을 보여주는 사건이고, 다음에는 알래스카와 하와이 부근에 떨어지는 미사일 실험을 통해 미국 본토, 우리가 사는 샌프란시스코 베이지역 공격도 가능함을 보여주려고 한다. 그래서 유엔 안전보장이사회에서는 만장일치로 북한에 들어가는 전체 유류의 30%를 차단하는 결의도 하였다. 최근에는 중국정부가 중국에 있는 북한 식당 100여 개의 문을 3개월 안에 닫는 조치도 취하였다.

그 결의를 끌어내는 일을 주도한 미국 유엔대사 니키 헤일리는 "미국은 전쟁을 바라지 않는다. 북한은 아직 돌아올 수 없는 선을 넘지 않았다."라고 말하면서, 강경론을 추진하는 당사자가 아직도 제재를 통한 대화 협상의 가능성을 시사하고 있다. 목사의 딸인 독일 총리 메르켈은 이란 모델로 북한 핵무기동결과 폐기의 외교적 협상이 가능함을 시사하였다. 6자회담이 아니라 통일의 경험을 한 독일도 참여하는 7자회담을 통해 대화의 문을 여는 것도 바람직하다. 중러와 미일이 팽팽하게 맞설 때는 제3의 독일이 대화의 물꼬를 틀 수 있다.

문재인 대통령도 사드 배치에 대하여 후보 시절에는 소극적이다가 상황이 급박해지자 임시설치를 수용한 것은 잘한 일이다. 그러면서도 우리는 어떤 방법으로든 북한 자존심과 신뢰를 다시 일으켜 대화의 장으로 북한을 끌어들여야 한다. 통일 대화에서 제일 중요한 원칙은 자존심과 신뢰이다.[1]

북한은 경제적인 면에서 분석해 보면 도저히 전쟁할 능력이 없다. 그럼에도 핵 개발에 몰두하는 것은 경제적 도움을 받고자 하는 것과 체제유지와 그 핵 개발 능력을 통해 자존심을 살리려는 것이다. 내세울 것이라고는 핵 개발밖에 없는 것이다. 대화에 나오면 어떤 행태로든 경제 활성화의 물꼬를 터주면서 핵 동결과 핵 포기로 나오도록 길을 열어주어야 한다. 어떤 형태로든 자존심을 살려주면서 핵 동결과 핵 포기로 발전하도록 기회를 주어야 한다.

---

1 필자의 친형 고 김동완 목사는 8년간의 기독교교회협의회(NCCK) 총무직을 수행하는 동안 4차례 평양을 방문하여 평화적 남북대화를 추진하였다. 김 목사의 증언에 의하면 평화적 통일을 위한 남북대화는 두 가지 중요한 원칙이 있어야 한다고 강조하였다. 첫째, 신뢰심이다. 서로 상대방을 굳게 믿어주는 믿음이 대화를 이어가는 중요한 원칙이라는 것이다. 둘째, 자존심이다. 서로 상대방의 자존심을 세워주는 입장에서 대화하는 것이 지속적인 대화의 원동력이 된다는 것이다.

2. 키신저식 위기 극복

키신저가 제안한 대로 북한 김정은 정권을 제거하고 미군을 철수하는 것을 미국과 중국이 대타협을 이루어 새 역사의 틀을 만들 수도 있을 것이다. 그러나 우리는 가만히 지켜보고 강대국들의 대타협에 의하여 당하는 코리아 패싱의 역사변혁은 안 될 것이다. 함석헌 선생은 『뜻으로 본 한국역사』에서 한국사는 수, 당, 명, 청, 일본, 미국과 소련 등에 의하여 반만년 동안 지배당하여 왔는데, 하나님의 역사 섭리는 이제 세계사의 꼴등에 선 한국을 뒤로 돌아 앞으로 명령하셔서 세계사의 주체와 주인으로 세계를 이끌어 가도록 하신다고 주장한다.

우리 한국인과 한국 그리스도인들은 온 세계인들과 세계 크리스찬들의 지지와 기도의 연대를 받아야 한다. 한국은 자본주의와 사회주의 냉전의 희생양으로서 분단되었다. 독일은 제2차 세계대전의 주범으로서 그들 자신의 범죄로 동독과 서독으로 분리되어야 마땅하였다. 그러나 한국은 일본 제국주의 36년 통치하에 제국주의와 식민지주의의 희생양이 되었다가, 분단되어야 할 세계사적 정당하고 합리적인 이유도 없이 자본주의 강대국 미국과 사회주의 강대국 소련의 야욕에 의해 일본군 무장해제를 이유로 갑자기 분단의 희생양이 되었다. 그래서 우리는 자본주의와 사회주의의 냉전 죄악의 마지막 십자가를 지고 비틀거리는 민족이 되었다. 현대 세계사의 죄악의 짐을 우리가 대신 짊어지고 있다.

그러한 고난의 이유가 무엇인가? 함석헌은 그의 책 『뜻으로 본 한국역사』에서 여기에 한국을 향하신 하나님의 역사 섭리가 있다고 해석한다. 한국의 고통이 온 세계의 고통이요, 온 현대사의 고통이다. 이것은 또한 하나님의 고통이다. 그러나 그는 이것이 세계사를 정화시키고, 용서하고, 구원하시는 하나님의 계획임을 믿는다.[2] 한국의 고난은 세계사를 정화하고 성화시킨다.

---

2 Sok-Hon Ham, *Queen of Suffering*, tr. E. Sang Yu (Philadelphia: Friends of World Committee fro Consultation, 1985), 19.

세계사적 짐을 짊어짐으로써 한국인 스스로 성화시키고 스스로 구원하며 또한 동시에 세계를 성화시키고 세계를 구원할 수 있게 된다. 한국인은 세계사를 보다 높은 수준으로 승화시키는 지구적 사명(a global mission)이 있다는 것이다. 그러므로 한국의 통일은 한국사의 문제만 아니라 세계사의 문제이기도 하다. 따라서 지구에 사는 모든 인류는 한국의 통일희년운동을 지지하고 도와야 한다.

오늘의 위기와 고난은 세계사를 한 단계 높이는 새 역사창조의 부활의 새 아침을 여는 아픔으로 이해하여야 한다. 통일의 새 아침은 밝아 올 수밖에 없다. 그래서 함석헌은 겟세마네와 골고다 예수의 고난이 우리 민족에게는 통일과 평화의 새 세계를 여는 부활의 역사로 새 창조됨을 믿어야 한다고 역설한다.[3]

함석헌은 특별히 우리가 통일을 이룰 수 있고 세계사의 주인이 되는 원동력은 군사의 힘도, 정치의 힘도, 경제의 힘도 아닌 신앙의 힘이라고 강조한다. 반만년 고난의 역사를 통하여 신앙으로 훈련되어온 우리 민족이 그 신앙의 힘으로 통일을 이루고 더 이상 십자가에 매어 달린 여인이 아니라 여왕의 왕관을 쓴 세계사의 주인으로 부활할 것을 함석헌은 예언한다. 동방의 등촉 그 빛을 발휘하는 날, 아세아뿐만 아니라 세계를 놀라게 할 날이 다가올 것이라고 한다.[4]

그런 의미에서 "Korea passing"이란 있을 수 없다. 한국 없이 냉전의 역사를 속죄하고, 치유할 수 없다. 세계사가 더욱 진보할 수 없고, 발전할 수 없다. 한국의 참여 없이 통일도 이루어질 수 없고, 한국의 참여 없이 냉전을 완전히 종식시키고 세계사를 더욱 발전시킬 수 없다. 어거스틴의 [신국] 이후 세계사는 하나님의 사랑(amor Dei)의 완성이라는 역사적 목표를 향하여 달려간다는 목적론적(teleological) 역사관이 서구역사와 세계역사를 이해하는 가장 뛰어난 역사이해가 되었고, 그것을 세속화시킨 헤겔의 [역사철

---

3 HAM SOK-HON, *Queen Of Suffering*. 178.
4 Sok-Hon Ham, 178.

학 이후 세계사는 자유의 완성이라는 목표를 향해 발전하는 목적론적 진보 사관을 거의 역사이해의 정설로 받아들였다. 어거스틴이 말하는 사랑의 완성이나 헤겔이 말하는 자유의 완성으로 역사가 진보하고 발전할진대, 한국을 제외하고 세계사의 사랑의 완성이나 자유의 완성을 이야기할 수 없다. 완전사랑과 완전자유의 세계사적 희생양과 고난의 종이 한국이기 때문이다. "Korea passing"은 하나님의 역사 섭리 사관에서도 맞지 않고, 세속사적 진보 사관에도 맞지 않는다. 지금 한국은 세계사의 중심에 서 있는 지구적 사명(a global mission)이 있다.

3. 북한 내의 내재적 민중(inner proletariat)과 외향적 민중(external proletariat)

역사가 아놀드 토인비(Anold Toynbee)는 일찍이 『역사의 연구』(A Study of History)라는 방대한 저서를 통하여 세계 32개 문명의 역사발전과 쇠퇴과정을 해박하고, 통쾌하게 비판적으로 해석해 냈다. 그 『역사의 연구』를 전개한 사관을 집중적으로 요약한 『시련에 선 문명』(Civilization on Trial)에서 아주 흥미 있는 구조분석을 하였다. 32개 문명이 생성(BIRTH), 발전(GROWTH), 쇠퇴(BREAKDOWN), 해체(DISINTEGRATION), 몰락(DESTRUCTION)하는 과정에서 여러 역사적 요소들이 나타난다는 것이다.[5]

역사의 해체기와 몰락기에 백성의 존경과 사랑을 받는 창조적 소수(Creative Minority)와 백성을 폭력으로 다스리는 지배적 소수(Dominant Minority) 사이에서 창조적 소수를 따르고 지지하는 평화적이고 비폭력적인 내재적 민중(inner proletariat)이 역사탄생의 번데기(chrysalis) 역할을 한다는 것이다. 이 토인비의 프로레타리아 개념은 맑스가 말하는 유물론적 프로레타리아가 아니고, 역사적 플로레타리아 개념이다. 그리고 폭력을 행사하는

---

5 Arnold Toynbee, *Civilization on Trial* (New York: Oxford University Press, 1948), 36.

지배적 소수에게 저항하는 외향적 민중(external proletariat)이 전투군단을 만든다는 것이다. 창조적 소수가 지배적 소수로 전락할 수도 있는 것이다. 우리는 역사 속에서 그런 현상을 많이 본다.

이미 장성택 처형 이후에 김정은 체제를 비판하는 외향적 민중 세력이 등장하고 있다. 김정은 체제를 비판하는 노래도 나오고 비판하는 소리가 흘러나온다는 것이다. 김일성, 김정일, 김정은 체제를 거치면서 이제는 체제의 말기인 해체기와 몰락기 현상이 나타나고 있다.

북핵은 주체사상 김일성, 김정일, 김정은 체제유지와 무력에 의한 남북통일의 필수조건으로 생각하고 있다. 핵실험은 점점 완성단계에 이르고 있지만, 이미 체제의 해체기와 몰락기에 이르고 있음을 불안해하고 있다. 주체사상이 발생하게 된 것은 러시아를 버리고, 중국과 손잡으면서 만들어 낸 사상이다. 그런데 지금 중국도 북한의 손을 점점 놓고 있다. 러시아와 중국은 한국과 경제개발을 더 하고 싶어 한다. 그래서 정권 유지가 불안하니까 고모부 장성택이나 형 김정남을 처형하였다. 장성택 처형 이후 중국은 아주 실망하였다. 장성택은 중국통이었기 때문이다. 주체사상은 김일성 왕조에 의한 통일의 이데올로기요, 그 과정에서 핵무장은 필수조건이다. 그리고 궁극적으로 정전협정이 아니라 평화협정으로 미국을 한반도에서 몰아내고 무력으로 남진통일을 이루어내겠다는 것이라고 옥세철 한국일보 논설위원은 주장하고 있다.[6] 옥세철은 북한은 결코 무력통일을 위해 핵무기를 포기하지 않을 것이라고 주장한다. 그것이 체제를 더욱 해체시키고, 몰락시키는 지름길임을 모르고 있는 것이다.

워싱턴 포스트지는 북한은 유엔의 경제제재 결의 이후에 현재 1백 18만의 군인이 있는데 청년들 500만이 더 군대를 가겠다고 서명하였다는 것이다. 중국은 2백37만의 군인을 가지고 있고, 인도는 1백41만의 군인을 갖고 있다는 것이다. 그런데 문제는 북한 군인은 싸울만한 건강한 체력을 갖고 있지 못하다

---

6 「한국일보」 2017년 9월 27일 A11.

고 비판하였다.[7] 식량이 풍부하지 못하기 때문이다. 게다가 미사일과 핵무기 이외에는 재래식 무기밖에 없어서 현대화한 미군과 한국군의 군사력을 당할 수 없다.

최근 한국일보(2017년 9월 21일 자)는 워싱턴 포스트 컬럼니스트 파리드 자카리아(예일대 졸, 하버드대 정치학 박사)의 흥미 있는 컬럼을 실었다. "김정은, 예측불허의 광인인가 현명한 전략가인가?"라는 제목의 컬럼에서 김정은은 미국을 핵 혹은 미사일 공격을 하면 자신과 자국(북한)이 파멸된다는 것을 잘 알고 공격하지 않을 것을 예언하면서, 핵을 개발하는 이유는 자신의 정권을 유지하고, 정권을 인정받는 유일한 길이기 때문에 그 길을 가는 어쩌면 현명한 전략가일지(?)도 모른다는 식의 글을 썼다.[8] 맞는 해석이라고 생각한다. 정권의 유지를 위해 핵이 필요한 것이다. 거기에 하나 더 보탠다면 핵을 동결하고, 그 대가로 돈을 받으려는 것이다. 돈과 정권보장을 받기 위한 것이다. 그러나 필자는 그러한 태도는 체제 해체기의 지배적 소수(dominant minority)의 지도자가 보이는 말기현상이라고 해석하고 싶다. 할아버지 보다, 아버지 보다 더 과격한 태도를 보이는 것은 그만큼 핵과 미사일 개발의 과학적 발전이 따라 준 것도 있지만, 할아버지와 아버지 보다 더 체제가 흔들리는 몰락의 위기를 향해 치달리기 때문이다.

그러나 북한과 김정은을 "전적으로 파괴시키겠다"(totally destroy)는 트럼프의 유엔연설은 전혀 적절치 않은 발언이었다. 자연스럽게 파괴되어가는 체제에다 내가 그 파괴의 불을 붙이겠다는 발언은 세계적인 리더다운 발언이 아니다. *Time*지는 트럼프는 세계적 지도자답지 못한 발언을 하였음을 지적한다. 모든 유럽의 지도자들이 트럼프에게 오히려 경고하였다고 비판한다.[9]

최근에 트럼프 대통령의 유엔연설을 북한 외무성장관 리용호가 선전포고라고 언급하면서 미군 폭격기를 요격할 수도 있다고 발언한 이후에, 백악관

---

7 *Washington Post* 2017년 9월 28일.
8 「한국일보」 2017년 9월 21일, A10.
9 *Time* 2017년 10월 2일, pp. 13-14.

444 | 2017년 광복 72주년 통일 심포지엄 _ 지금 교회는 "무엇을", "어떻게" 할 것인가

안보담당 보좌관 맥매스터(McMaster)가 새로운 대화가(new negotiation) 시작되었다고 발언하였다고 뉴욕 타임즈는 보도한다.[10] 이어서 그다음날 9월 27일에는 국무장관 틸러슨과 국방 장관 짐 매티스(Jim Mattis)가 외교적 대화를 통하여 문제를 해결하여야 한다는 입장을 보이고 있다.[11] 최근에 중국을 방문하고 있는 틸러슨 장관은 중국에서 북한과 접촉을 시도하고 있음을 보였다. 북한의 자존심과 신뢰를 북돋아 주는 대화를 끊임없이 전개해야 한다. 그것만이 핵 동결과 핵 포기로 이끌어가는 길이다.

북한은 배급체제가 흔들리면서 헌법상 50%의 사유재산을 인정하고, 장마당을 허용하고 있다. 김정은 체제가 등장하면서 장마당이 꾸준히 증가하여 현재 400여 개에 이르렀고, 장마당을 활용하는 북한 주민들이 180만 명에 이르기까지 한다고 한다.[12] 장마당이 계속해서 발전하면 중국 조선족 동포들을 통하여 북한 주민의 쌀가게, 생선가게, 신발 가게 운영을 위해 $ 1,000씩 도울 수 있는 날이 올 것이다(조선족 동포들은 비자나 여권 없이 통행증만으로 북한을 들락거린다). 그것이 개혁과 개방의 문을 열 수 있다. 지금 석유마저도 30% 수입이 금지된 상황에서 장마당을 더욱 활성화할 수밖에 없을 것이다.

북한의 지하교인 순교자가 한 해에 400여 명씩 나온다고 하는 것은 새 창조의 창조적 소수의 분출이라고 볼 수 있다. 그리고 20만에서 40만이 되는 지하교인들은 내재적 민중이라고 볼 수 있다. 2만 8천 명의 새터민(한국에 거주하는 탈북자)과 중국, 미국, 세계 도처에 흩어져 사는 탈북자가 내재적 민중이다. 순교자의 피는 교회의 씨앗이라고 라틴 교부의 아버지 터툴리안이 말하였는데, 교회의 씨앗일 뿐 아니라 새 역사의 씨앗이다.

토인비는 『시련에 선 문명』에서 *Pax Romana*에 박해를 받는 기독교회(Christian Church)가 우주적 교회(Universal church)와 창조적 소수로써 새 역사의 번데기(chrysalis) 역할을 한다고 강조한다. 로마 문명의 해체기(disintegration)에

---

10 *New York Times* 2017년 9월 26일(화), A6.
11 *The Wall Street Journal* 2017년 9월 27일, A6.
12 「중앙일보」 2017, 9월 25일 종합 2.

순교 당하는 기독교가 새로운 기독교 문명을 탄생시키기 위해서 로마 문명의 해체와 쇠퇴를 딛고 일어서고 있음을 강조한다.[13] 북한의 순교자들과 지하교인들은 그러한 새 역사의 창조적 소수와 내재적 민중이다. 토인비는 로마제국의 박해가 기독교회의 뿌리와 확장을 추진하는 기회였다고 본다.[14] 오늘의 위기는 북한교회와 민족통일의 기회이다. 토인비는 여러 문명의 해체와 쇠퇴(destruction)에서 종교의 역사적 번데기 역할, 창조적 소수의 역할을 제시한다.[15] 토인비는 한 문명의 죽음(death)과 새 문명의 탄생(birth)의 역사적 반복현상을 보면서 그 역사가 나선형적으로 발전함을 지적한다. 그 나선형적 역사의 진보와 발전에서 신의 역사 섭리와 계획을 언급한다.[16] 세계의 32개 문명이 새롭게 탄생하고 태어날 때, 종교가 항상 번데기(chrysalis) 역할, 내재적 민중의 역할을 해 왔음을 또한 강조한다. 나선형적 역사진보에 종교의 역할이 있음을 강조한다.

북한의 순교자들과 북한 지하교인들이 남한과 미주 교인들을 회개시키는 날이 올 것이다. 그들의 외침이 예언자적 목소리로 들려 회개하는 운동이 일어나야 통일의 문이 열릴 것이다. 물론 남한 교회와 미주 한인교회가 한국통일의 새 역사에 내재적 민중을 하여왔고, 앞으로 더욱 그런 역할을 할 것이다. 그런데 북한 순교자들과 북한 지하교회가 한국교회와 미주 한인교회를 더욱 회개시키는 창조적 소수와 내재적 민중 역할을 할 것이다.

동독에서 라이프지히 니콜라이 교회에서 월요기도회가 50명, 60명, 1만 명, 10만 명, 20만 명으로 발전하면서 독일 분단장벽이 무너졌듯이, 북한 내에서 통일 기도회가 일어나야 한다. 지하교회에서 이미 통일 기도회가 시작되었지만, 그것이 지상으로 올라와 점점 기도회가 확산하여가는 운동이 일어날 것이다. 그런 점에서 평양과학기술대학교(Pyongyang University of

---

13 Toynbee, p. 13.
14 Toynbee, p. 13.
15 Toynbee, p. 14.
16 Toynbee, p. 15.

Science and Technology)도 중요하다. 그 속에서 이미 미국 시민권자 교수들과 직원들이 침묵으로 통일을 위한 기도를 강하게 하여왔지만, 그것이 일반 대중으로 확산하는 날이 오고야 말 것이다.

그런데 평양과기대도 현재 위기다. 600여 명의 학생이 영어로 공부하였는데, 미국 시민권자 교수 중 2명이 체포된 상태이고, 다른 미국 시민권자 교수들도 미국 정부의 명령으로 9월 1일 자로 평양을 떠났다. 남아 있는 유럽에서 온 교수들에 의하여 9월 4일 개학을 하였지만, 미국 시민권자 교수들이 못 돌아오는 날에는 그 학교가 북한의 프로젝트가 될 것이라고 *Time*지는 우려하고 있다.[17] 우리는 평양과기대가 동독의 니콜라이 교회처럼 통일의 중요한 센터 역할을 할 수 있도록 기도하여야 한다. 구속된 교수들이 석방되고, 미국으로 돌아온 교수들이 다시 들어가 가르칠 수 있도록 간절히 기도하여야 한다.

II. 한국교회의 평화통일운동

1. 조그련과의 대화

세계교회협의회(The World Council of Churches: W.C.C.)와 한국교회협의회 (The National Council of Churches in Korea: N.C.C.K.)는 북한의 조선그리스도연맹(조그련)과 더불어 남·북의 평화적 통일을 위해 역사적으로 많은 노력을 기울여 왔다. 미국연합감리교회(UMC)도 조그련과 지속적으로 대화를 하여왔다. 1984년 10월 일본에서 제1차 도잔소(Do Jan So) 대회를 통해 남과북 대표들이 W.C.C.의 재정지원을 통하여 화해와 평화의 대화를 전개하였다. 1988년 2월에는 제2차 스위스 글리온(Glion) 대회를 가졌다. 이때 "민족통일과 평화를 위한 한국기독교회의 선언"을 하였다. 이것이 한국정부의 통일과

---

17 *Time*. 2017년 9월 4일, p. 41.

평화를 위한 노력에 영향을 미쳤다. 실상은 제1차 대회에는 북한 대표들이 참석을 못 하였고, 이 2차 대회부터 북한 대표들이 참석하게 되었다. 그 외에 3차 4차 대회를 러시아, 미국 워싱톤 등지에 계속 화해와 평화를 위한 남·북대화를 가졌다.

조그련은 분명히 북한 정부에 어용화된 단체이다. 그럼에도 불구하고 어거스틴식 교회관을 갖고 보이는 교회(visible church)와 보이지 않는 교회(invisible church)의 인식이 필요하다. 북한에 있는 지하교회는 보이지 않는 교회다. 그러나 어용화된 조그련이라는 보이는 교회 속에도 성령이 역사하고 있음을 우리는 믿어야 한다. 중국의 삼자교회는 중국 정부에 어용화된 교회로 보이는 교회적 요소가 많았다. 그리고 가정교회는 보이지 않는 교회로 성령의 역사가 강한 것으로 인정하였다. 그러나 세월이 흐르면서 삼자교회 속에도 성령의 놀라운 역사가 일어나고 있다. 필자가 중국을 2013년 2개월 반 선교여행을 했는데 삼자교회 교인들이나 가정교회 교인들이 성만찬을 받을 때 눈물로 그리스도의 십자가의 은총에 감격하면서 흐느껴 우는 것을 볼 수 있었다. 북한 지하교회에 지금 강하게 일고 있는 성령의 바람 같은 역사가 조그련 속에도 일어날 것이다.

2. 한국교회의 나눔 운동

한국교회 패싱이 안 되려면 한국교회가 정신 차리고 서독교회처럼 경제적으로 열심히 나누어주는 일을 하여야 한다. 독일통일에 있어서 서독교회가 교회 예산의 42%를 10년 이상 동독 주민을 위하여 나누어 주는 운동을 하였다.[18] 그 비용은 동독교회, 교회 부속병원, 양로원 및 기타 분단에 의한 수백만의 고통을 완화시키는 것에 사용되었다. 이러한 서독교회의 재정지원은 적대감을 해소시키고, 민족의 동질성 회복과 연대감 증진에 큰 역할을

---

18 『동서독 교류 협력 사례집』(통일원, 1993) 749-750, 김홍기, 『존 웨슬리의 경제윤리』(대한기독교서회, 2001), 180.에서 재인용).

하였다.

박근혜 대통령이 말한 "통일은 대박이 될 수 있다" 보다 먼저 책을 쓴 신창민 교수는『통일은 대박이다』에서 박근혜 대통령보다 먼저 통일은 대박이라고 강조하였다. 그것이 영어로 번역되어 오바마를 비롯하여 미국 정치인들도 동조하기 시작하였다는 것이다. 박 대통령이 아무런 대화도 없이 신창민 교수의 표현을 쓰기 시작하였다는 것이다.[19] 그의 책 초판은 박 대통령 취임 (2013년 1월) 이전인 2012년 7월 16일이다.

통일 이후 남한의 협력에 북한 주민이 함께 노력하여 생산과 소득의 급속한 증대에 따라 1인당 평균 소득이 미국 다음 세계 제2위로 발전할 수 있다는 것이다.[20] 남한의 GDP의 1%가 약 140억 달러 정도 되는데,[21] 그것이 현재 북한의 GDP의 50% 정도가 된다. 남한이 그것을 10년간 북한을 위해 사회간접자본으로 지원하면 GDP 6만 2천 정도로(남 · 북한 주민 모두) 발전하는데, 미국의 7만 3천불 정도 다음으로 세계 제2위의 국민 1인당 소득이 된다는 것이다.[22] 골드만삭스도 그렇게 한국이 미국 다음에 잘 사는 나라가 된다고 보도하였다.

북한의 경제력은 현재 남한의 1/40 수준 밖에 안 되지만 그런 나눔 운동이 놀라운 기적을 일으킨다는 것이다.[23] 독일의 통일과 베트남의 통일 경우에도 민심이 중요하였다는 것이다.[24] 이런 나눔 운동이 민심을 하나로 모은다는 것이다. 의식화란 표현으로 바꿀 수 있을 것이다. 북한 주민들이 우리의 진정성을 보고 신뢰를 느끼며, 그들에게도 통일 의식화의 문이 열린다는 것이다. 북한 정부와 북한 주민을 분리하고 정경분리의 원칙을 갖고서 북한 주민을 경제적으로 활성화시키는 운동이 필요하다는 것이다.[25] 국민적, 민족

---

19 신창민,『통일은 대박이다』(서울: 한우리통일출판, 2017), 131.
20 신창민, 132.
21 신창민, 98.
22 신창민, 51.
23 신창민, 110.
24 신창민, 125.
25 신창민, 93, 96.

적 합의가 이루어지는 민심과 의식화가 이루어질 때 남한 정부도 GDP 1%를 지원하도록 마음이 움직일 수밖에 없을 것이다. 독일처럼 한국과 해외 동포 그리스도인들이 먼저 나눔과 분배 운동을 실천할 때 이러한 국민적, 민족적 의식화 운동이 일어날 수밖에 없다. 통일된 다음에야 남한 정부가 GDP 1%를 나누어 줄 수 있을 것이다. 그러나 한국교회와 미주 한인교회가 먼저 나누어주는 운동을 하여 남한 정부를 계속 각성시켜야 하고, 남한 백성들을 깨우치게 만들어야 한다. 우리는 오병이어의 기적을 믿는 예수의 제자들이다. 우리의 나눔이 오병이어밖에 안 되더라도 낙심하지 말고 계속해서 나눔을 실천할 때 오병이어의 기적은 일어날 수밖에 없다.

3. 한국교회와 미주 한인교회의 평화적 통일운동 방안

첫째, 믿음에 의한 의롭다 하심과 믿음과 사랑에 의한 성화를 이룬다는 것의 통전적 이해가 필요하다. 2017년 종교개혁 5백 주년을 맞아 예수를 믿는 것과 함께 작은 예수화 되어가는 것에 더욱 관심을 가져야 한다. 루터의 신앙의인화가 2006년 서울 금란교회에서 개최되었던 가톨릭교회, 루터교회와 감리교회가 공동으로 칭의 교리를(justification by faith) 선언함으로 에큐메니칼적으로 수용된 것이다. 그것을 우리는 종교개혁 5백 주년에 다시 자축하여야 한다. 그러면서도 루터, 칼빈, 웨슬리가 동시에 강조한 구원의 출발—의인화와 거듭남—만큼 구원의 과정과 영적 성장과 성숙을 의미하는 성화를 중요시해야 한다.

이것은 오늘날 한국교회가 무시해 왔던 부분이다. 영적 탄생의 부흥운동은 많이 일어났으나 영적 성장과 성숙의 부흥운동은 약화 되었다. 앞으로 한국교회는 성화를 열심히 가르쳐야 한다. 그리스도의 의로움과 참 거룩함(righteousness & true holiness)을 닮아 가는 하나님 형상의 회복(엡 4:24) 운동에 한국교회가 주력하여야 할 것이다. 한국교회는 웨슬리의 경건주의에 많은 영향을 받았음에도 불구하고 독일 경건주의가 강조해온 수동적 성화에는 익숙해 있지만,

웨슬리의 능동적 성화 이해는 부족하기 때문에 신앙의 행동화, 생활화, 사회화, 문화화 그리고 역사화가 일어나지 않고 있다.[26] 십자가의 의롭다 하심의 은총을 믿음으로 체험한 성도들로서 6. 25전쟁의 아픔을 체험하였지만 북한 동포를 한민족으로 용서하고, 화해하고, 믿음으로 대화하여야 한다. 서로 사랑하는 거룩한 성품(holy temper)의 작은 예수로 성화되어가는 성도로써 원수마저도 사랑하는 십자가의 예수 사랑으로 북녘 동포들을 끌어안아야 한다. 웨슬리는 "사랑에 대하여(On Mercy)"라는 설교에서 믿음으로만 구원받는 것이 아니라, 사랑으로 거룩한 성품(holy temper)을 이루어야 구원받는다고 강조하였다. 풍성하고, 영광되고, 상급 있는 구원을 받기 위해서는 사랑의 성품, 거룩한 성품의 성화가 중요하다는 것이다. 신앙제일주의(solafideism)에서 사랑과 행함으로 성숙하는 신앙으로, 세상의 빛과 소금이 되어야 한다. 특별히 경제적으로 섬기고 나눔을 실천하는 행함이 있어야 한다.

둘째, 북한의 지하교회운동을 적극적으로 지원하여야 한다. 조선족 목사들과 조선족 동포들을 통하여 북한 지하 선교를 부단히 협조하여야 한다. 지하교회가 평화적 남북통일의 내재적 민중 구축운동이라는 시각을 가져야 한다. 이면에서 NCCK나 UMC도 생각을 넓혀야 한다. 에큐메니칼 통일운동만 아니라 복음주의적 통일운동을 진보적 에큐메니칼 그룹이 수용하여야 한다.

셋째, 북한의 조그련과도 대화를 지속적으로 가져야 한다. 복음주의자들은 지하교회 속에서만 성령이 역사한다는 의식을 넓혀서 조그련 속에서도 성령이 역사한다는 생각으로 마음을 열어야 한다.

넷째, 평양과기대를 통하여 600여 명의 북한 학생들이 영어로 공부하고 자본주의 시장경제를 맛보고 있는 것이 통일의 문을 여는 개혁과 개방의 좋은 프로그램임을 인식하고 평양과기대의 활성화를 위해 적극적으로 기도하고, 도와야 할 것이다.

다섯째, 불건전한 자본주의 병폐인 이기주의적 신앙에서 건전한 자본주의

---

26 이 문제에 대하여는 김홍기, "한국교회와 경건주의," 한국교회사학연구소 편, 『한국기독교사상』 (서울: 연세대학교출판부, 1998), 205-258을 참고하기 바람.

의 신앙 곧 더불어 살고 더불어 나누어주는 신앙으로 거듭나야 민주화와 통일의 시대적 사명을 감당하는 교회가 될 수 있다. 웨슬리가 가르친 청지기 정신에서 '할 수 있는 대로 열심히 나누어주는 정신'으로 속회 헌금 및 구역예배 헌금을 통일 기금화하는 운동을 일으켜야 할 것이다. 1천만 기독교도들이 일주일에 2천 원씩(2 달러씩) 52주를 헌금한다면 일 년에 1천 4백억 원이 될 것이고, 그것을 10년만 하면 1조 4천억을 북한 돕기를 위해 일할 수 있을 것이다. 미주에서도 매주 2불씩 속회 헌금이나 구역예배헌금을 북한 주민 돕기에 쓰는 운동을 일으켜야 한다.

여섯째, 북한 사회에 경제적 자유 운동, 시장경제 운동을 일으켜야 한다. 그러기 위해서 미소금융(1천불)을 북한 가정에 지원하여 쌀가게, 생선가게, 신발가게를 경영하는 시장경제를 도와야 한다. 북한에 장마당이 이미 400개를 넘어서고 있고, 유엔 경제제재 이후 더욱 장마당이 활성화될 수밖에 없다. 압록강과 두만강을 넘어서 식량을 구하러 오는 북한 주민들을 돕고, 탈북 한 새터민들의 창업을 도와야 한다. 그것은 북한 선교에 도움을 주고, 북한의 개혁과 개방에 도움을 주어 사회주의를 벗어나게 하는 중요한 원동력이 될 수 있다. 건전한 자본주의 시장경제가 북한에서 활성화되게 하여야 한다. 이것은 통일 이후의 남한의 경제적 부담을 덜어주는데도 크게 기여할 수 있다.

이미 북가주 내에서 "겨자씨선교회"를 통하여 샌프란시스코에서 미소금융 지원운동이 일어나고 있다. 샌프란시스코 베이지역에 "겨자씨선교회"를 통하여 매달 100불씩 지원하기로 한 이사가 10명이 넘었다. 1년에 1만 2천 불의 회비로 북한 주민에게 쌀, 의약품, 방한복, 이불을 보내고 있다.

지금 북한에 사는 K씨 가족은 성육신의 정신으로 살고 있고, 그들의 성육신 정신에 감동 받은 흑인과 백인가정 30명이 살고 있다. 세계화와 국제화 시대에 살아남는 사람이 되려면 섬기는 사람이 되어야 하고, 살아남는 교회가 되려면 섬기는 교회가 되어야 하고, 섬기는 정신을 생활화하는 국가가 국제 경쟁력에서 살아남을 수 있다. 무엇보다도 한국교회는 영적으로나 경제적으로 섬기는 교회가 되어야 21세기를 이끌어 가는 교회가 될 수 있다. 세계에 해외 선교사를 가장 많이 파송하는 한국교회의 세계선교와 함께 평화적 통일의 민족 개혁 운동을 동시에 전개할 때 한국이 21세기 동북아 시대와 태평양 시대에 아시아만 아니라 세계를 이끌어갈 수 있다.

나오는 말

이미 상기한 바와 같이 "THE KOREAN CHURCH PASSING"은 있을 수 없다. 왜냐하면, 북한 지하교회와 조그련과 미주 한인교회와 남한 한국교회를 포함하는 한국교회는 평화적 통일의 민족사와 세계사 창조의 내재적 민중이기에 "THE KOREAN CHURCH PASSING"이란 말을 해서는 안 된다. 또한, 그런 말이 나오지 않기 위해서 새 역사창조의 내재적 민중이 되기 위하여 총체적 한국교회는 일어나 빛을 발하여야 한다. 일어나 일하여야 한다. 열린 마음으로 보수와 진보를 넘어서서 대화에 앞장서고, 열린 마음으로 경제적 나눔에 보다 적극적으로 앞장서야 한다.

"Korea Passing"이란 말도 나와서는 안 된다. 한국이 자본주의와 공산주의의 냉전 싸움의 희생 국가인데, 한국을 제외하고 냉전을 넘어서는 세계사의 새 창조나 발전이란 있을 수 없다. 한국의 지구적 사명과 역할이 바로 현대 세계사의 죄악을 속죄하고, 치유하며, 새로운 세계사로 나아가는 나선형적 진보의 디딤돌이고, 중심이다. 한국과 한국교회가 일어나 빛을 발휘할 때가 되었다. 동방의 등촉, 그 빛을 발휘하는 날 아세아만 아니라 세계를 놀라게 하는 새 창조가 일어날 것이다.

통일, 화합, 교회와 설교
: 신음의 설교학*

박상일
GTU/BST

서론: 평양의 교회들

2040년 3월 5일 평양에서 개성고속도로를 타고 남쪽으로 24분 정도를 차로 달리니 강남읍 사인이 눈에 들어오고 오른쪽 출구를 통해 고속도로를 나와 시내로 들어오니 강남읍 사거리가 나온다. 도로 주변에 꽤 오래된 고층빌딩이 즐비하지만, 사거리 이면의 골목길로 들어서니 군데군데 아파트 단지 사이로 허름한 상가와 일부 전통주택들도 눈에 뜨이고, 낡은 공공건물과 정돈되지 않은 도로와 하천 등 손 볼 곳이 한두 군데가 아니고 여기저기에 건축공사가 한창인 것을 알 수 있다. 놀라운 것은 여기저기 새로 들어선 건물과 아파트 단지에는 거의 한 골목 건너 하나씩 교회 간판이 보이고, 심지어는 어떤 상가건물에는 십자가 사인이 몇 개씩 눈에 띄는 것을 볼 수 있다.

김정은 정권이 무너지고 남·북의 자유 왕래가 허락된 지 불과 십수 년 만에 과거 북한 땅 심장부 평양시 외곽 강남에서 목격하는 풍경이다.

---

* 이 글은 2017년 10월 14일 금문교회에서 열린 통일 심포지엄에서 "통일시대의 설교"라는 제목으로 발표된 일부 원고를 확장하여 2020년 2월 7일 75회 한국실천신학회 정기학술대회(장소: 인천 카리스호텔)의 주제강연으로 제시되었음을 밝힌다.

재미있는 것은 여기가 서울의 강남인지 평양의 강남인지 혼동이 될 정도로 눈에 들어오는 부동산 중개소, 슈퍼마켓, 빼곡한 식당, 또 골목마다 가득한 차량과 북적이는 유흥가가 너무나 눈에 익은 장면들이다. 더욱 신기한 것은 여기저기에 눈에 띄는 교회 건물과 간판에 새겨진 이름들이다. 평양 XX교회, XX 교회 평양 3성전, XX 선교회, XX기도원. 거의 골목마다 하나씩 보이는 건물 종탑 위의 십자가들과 환히 보이는 교회 간판들, 특히 여기저기 우뚝 서 있는 대형교회 간판들을 보니 이 건물들이 서울의 몇몇 교회들의 지교회 이거나 후원으로 세워진 것이 아닌가 하는 생각이 든다.

어렵사리 골목 한 코너에 차를 대고 얼마간 걸어가니 며칠 전 인터뷰를 위해 약속된 한 상가교회 건물이 눈에 들어온다. 좀 허름한 이층 건물 코너에 교회 간판이 보여 그 밑 계단을 올라가 문을 열고 들어가니 K 목사님이 반가이 맞아 주신다. 직장생활을 하시다가 40세에 하나님의 부름을 받으시고 서울에서 교단신학대학원을 졸업한 후 서울 외곽 수도권에서 10년 이상 작은 개척교회를 하시다가 목회지를 이곳 평양 강남으로 옮기신 지가 3년 정도 되셨다고 한다. 6.25때 남하하신 선친의 고향이 평양이셨던 것도 하나의 이유지만, 사실 남한 땅 수도권에서 개척교회가 너무나 힘들었던 것이 주원인 이라고 했다.

목사님, 서울보다 목회가 어떠신지요?

말도 마세요, 더 힘든 것 같습니다.

교회 수가 사람 수 보다 더 많은 것 같아요… 더군다나 대형교회의 물량 공세에 저희 같은 사람들은….

그게 무슨 말씀이신지요?

예, 저기 보세요. 이 앞에 보이는 것도 그렇고, 저 앞의 땅도 그렇고, 서울의 대형 교회들이 사람도 없는데 땅을 사서 교회를 먼저 짓고 있어요. 그리고 주일이면 서울서 사람들을 여기까지 버스로 실어와요. …

오후 시간에 우여곡절 끝에 평양 XX교회 P 담임목사님을 만나는 영광이 있었다.

목사님, 너무 바쁘신 것 같은데, 이렇게 시간을 내주셔서 감사드립니다.
감사합니다.
불과 몇 년 사이에 교회가 이렇게 부흥하고 성전도 이렇게 아름답게 지으셨으니, 참 놀랍습니다.
예, 하나님의 은혜죠.
어려움은 없으신지요?
전도가 쉽지 않네요. 사람들이 마음을 쉽게 열지 않고, 우리를 상당히 경계하는 것 같습니다.

저녁 시간에 인근의 작은 식당에 들러서 평양냉면을 시켜 놓고 우연히 사장님으로 보이는 아주머니와 대화를 할 기회가 있었다.

여기서 얼마나 사셨나요?
평양에서 태어나 가족들 모두가 여기서 살아왔습니다.
혹시, 교회 나가세요?
…
죄송합니다, 공연히 그런 걸 여쭤봐서….
냉면 한 그릇을 단숨에 비우고, 아주머니께서 친절하게 서비스로 내주신 개성 인삼차를 마시는데 아주머니께서 말씀하신다.
우리 증조할아버지, 할아버지 가족 모두가 예수를 믿으셨어요. 그래서 저희도 통일 후 처음 한두 해 여기서 멀지 않은 교회를 나갔었는데, 지금은 쉬고 있습니다.
그러셨군요. 무슨 이유가 있나요?
남쪽에서 온 사람들과 모든 것이 잘 안 맞는 것 같습니다…. 우리를 너무 무시하는 것 같았어요.

통일 열망과 교회의 본질

물론, 위의 이야기는 이미 통일이 되어 남·북한 간 자유 왕래는 물론 북한 땅에서도 누구나 자유로운 거주, 비즈니스 및 기독교 선교가 가능한 상황을 상상하며 그려본 목회현장의 한 단면이다. 좀 무리한 추측이 될 수도 있겠지만, 오늘날 한국교회의 상황과 최근에 발표된 한국 및 미국의 탈북자들 연구에 비추어 보면 위의 모습이 그렇게 불가능 해 보이지도 않는다.

오늘 한국 개신교가 선교 130여 년 만에 전체 인구의 다수를 차지하는 종교라고 하지만 교회의 신인도 및 사회적 영향력은 그 위치에 이르지 못하는 대표적 이유로 개교회 중심주의, 물량주의, 대형교회 부패 등을 지적한다. 이런 교회의 부정적인 이미지 쇄신없이, 만일 통일이 된다고 할 때, 한반도의 북반부마저도 교파 간, 교회 간 무분별한 교회개척 전쟁으로 이어질 때 발생할 여러 가지 부작용들을 생각해보라.

한국인에게 민족의 평화적 통일은 양보할 수 없는 우선 과제다. 단순히 정서적 아픔을 넘어 분단으로 인한 이념 논쟁이 가져오는 사회적 경제적 손실은 이루 말할 수 없기에 더욱 그렇다. 그러기에 한국교회는 해외 동포까지 지난 수십 년간 하루도 빼놓지 않고 통일을 위해 기도해왔다. 통일이 언제 어떻게 이루어질지는 정치인들의 몫이라 해도, 통일이 이뤄진다고 할 때 교회가 감당해야 할 역할이 무엇인가? 아니, 우리 교회는 통일을 감당할 수 있는가? 한국교회가 통일된 사회의 여러 갈등과 상처를 꿰매고 화합과 치유를 위한 매개자 역할을 할 수 있을 만큼 준비가 되어 있는가? 교회의 설교는 이를 위해 어떤 역할을 해야 하는가?

머리 없는 교회

미국 연합감리교회 목사인 할런 길레스피는 오늘날 물량주의 및 세속의 가치에 물들어 있는 북미주 개신 교회의 모습을 "머리가 없는 교회"로 비유하며, 그 근원을 복음을 지배의 논리와 세속의 가치와 함께 묶어 제도화된 교회를 세우는 선교정책을 펼친 로마제국 및 유럽의 선교 역사에서 찾는다. 미국의 경우 역사 초기부터 20세기 중반까지 산업화 도시화로 인한 인구집중으로 어느 도시든 다운타운에는 모든 교단이 저마다 "제일 교회"라는 간판을 내걸고 교회를 세웠고, 이들은 넘치는 인적 재정적 자원을 가지고 크고 아름다운 교회 건물을 지으며 다양한 프로그램으로 사람들을 경쟁적으로 모으며 양적으로 성장해왔다. 이들에게 성장의 평가 기준은 당연히 세속의 성공가치인 교인 숫자와 교회 재정 규모였고, 성공적인 교회들은 스스로에 대한 자부심이 가득해 주변 지역은 물론 선교의 세계화까지 힘을 쏟게 된다. 이런 조직화된 교회는 단순히 교회를 넘어 교인들에게 소속감은 물론 심지어는 특권의식까지 제공하고 자신들의 세속적 성공의 통로가 되기까지도 한다. 길레스파는 자신이 담임목사로 섬기던 아이오와주에 있는 한 도시의 교회가 최근 2-30년 사이 이민자 유입, 범죄 등 각종 도시문제의 증가로 기존 교인들이 그 지역을 떠남으로 교세 면에서 일등 자리를 다른 교회에 넘겨주자 교인 중 한 사람이 "나는 이제 더 이상 이 지역의 1등 교회의 교인이 아니므로 앞으로 어떻게 해야 할지 모르겠다"는 식의 푸념을 들었음을 언급하며, 이게 머리 되신 예수 그리스도와 단절된 영혼이 없는 교회의 모습이라고 지적한다. 이런 교회의 단면은 이미 로마 시대부터 세속 문명의 힘을 바탕으로 한 선교, 즉 섬김과 희생의 십자가 신학에 근거한 하나님의 선교를 통한 '그리스도의 제자 만들기'가 아닌 문화의 일부가 된 제도화된 '교회의 교인 만들기,' 하나님 나라의 확장을 위한 변혁 운동이 아닌, 숫자와 양의 가치관으로 교회를 하나의 세속 집단화시키는 그릇된 교회관의 산물로 본다.

통일된 한국 사회의 일차적 과제는 사회통합과 치유일 것이다. 이미 한국 사회의 큰 과제인 이념과 경제적 불평등 및 이로 인한 계층 간의 갈등 문제가 통일 후에는 상상할 수 없는 정도로 증폭될 것이며, 교회 역시 이 문제를 심각한 선교의 과제로 감당해야 할 것이다. 문제는 오늘의 한국교회가 이를 위한 준비를 하고 있느냐이다. 아니, 현재대로라면 교회는 오히려 통일 사회의 갈등과 분열의 원인 제공자로 보이지 않을까 하는 염려도 하게 된다. 예로서, 평양 외곽 및 주요 도시에 서울을 비롯한 전국 각지의 경제력이 있는 교회들이 교인도 없는데 교회부지를 위해 여기저기 땅 구입 경쟁을 하고, 주말마다 잘 차려입은 서울 교인들을 버스로 동원해 총동원 전도를 위해 몸에 띠를 두르고 골목을 누빈다고 할 때 가난한 북한 주민들의 눈에 그들이 어떤 모습으로 비칠지를 생각해 보라.

중국인에서 탈북자 사역을 하던 조선족 출신 목회자인 박천봉에 의하면 상당수 탈북민이 태국 등 제3국에 임시 머물며 영구정착지를 선택할 때 한국보다는 미국 등 다른 선진국을 원하고, 또 이미 한국에 정착한 이들 중에도 상당수가 다시 한국을 떠나기를 원한다고 한다. 주요 이유로 탈북민들이 한국 사회에서 겪는 "편견과 차별"로 꼽는다. 한국에서 탈북자들이 겪는 이런 아픔을 인터넷 매체 등을 통해 접한 일부 탈북자는 제3국에 머무는 동안, 한국으로 갈 기회가 여러 번 있었으나 가지 않고, 오히려 몇 년을 더 기다려 미국으로 왔다고 한다. 한국에 가서 같은 민족에게 천대와 멸시를 받느니 차라리 외국에서 타 인종에게 그런 취급을 받되, 대신 고생을 해도 기회가 많은 미국 땅을 선택하기 원한다는 것이다. 추측하건대 탈북자들이 한국 사회에서 보편적으로 겪는 이런 편견과 차별 경험이 많은 교회 공동체 내에서도 그대로 있을 것으로 짐작해본다. 문제는 남·북의 장벽이 무너지면 전국의 각 교회가 훨씬 큰 규모로 이 문제에 직면할 것이다.

논자는 통일을 염두에 둔 한국교회가 이런 편견과 차별 문제의 해결을 넘어서 화합의 길을 찾는 것이 한국교회가 우선적으로 관심 가져야 하는 것으로, 이는 마치 잃어버린 주님의 머리를 회복하여 교회가 온전한 주님의 몸이 되는 길이라고 본다. 길레스피는 이를 위한 해결책의 첫 방법으로 "신음의 교회론"을 제안한다.

신음의 교회론은 성 어거스틴이 당시 교회가 도나투스 등 교회의 이해에 대한 복잡한 논쟁에 휩싸여 어려움을 당할 때 취한 일종의 성서 묵상법이다. "거룩한 교회의 품 안에 죄인들의 자리는 없다는 도나투스파의 배타적 엄격주의에 맞서" 교회는 성도는 물론 죄인들에게도 문이 열려 있다(corpus permix-tum)는 "어머니"의 품 같은 "관용적 교회론"을 견지하며, 동시에 창녀 같은 오류투성이의 교회도 자비로 받아 주시는 주님의 은총에 근거해, 어거스틴은 자신이 속한 교회가 안고 있는 문제점들과 불완전함을 안타까워하며 온몸으로 신음하되 시편 기자의 탄식에 동참해 "주여 나의 심장이 요동을 치며… 나의 탄식이 주 앞에 감추이지 아니합니다" 라고 고백한다. 또, "내 육체와 마음은 쇠약하나 하나님은 내 마음의 반석이시요 영원한 분깃이시라"; "내 죄악이 내 머리에 넘쳐서 무거운 짐 같으니 내가 감당할 수 없나이다." 이렇게 반복된 시편의 신음의 묵상을 통해 참여자는 말씀 속에서 "교회를 향하여, 교회와 함께, 교회 안에서" 말씀하시는 성육하신 주님의 한 음성, 즉 머리와 몸, 전체의 그리스도 음성(uox totius Christi)을 듣게 된다. 그 말씀 안에서 교회는 성서 본문을 깨닫는 것은 물론, 성서 본문이 교회의 상황을 해석해 주고, 교회는 자신을 향한 자신의 정체성을 깨우치며 결국은 그리스도의 몸으로서의 정체성을 회복해 간다는 것이다. 어거스틴의 이러한 그리스도 중심적 성서해석은 종종 상황을 벗어난 알레고리적 해석의 위험이 있으나, 머리 되신 그리스도와 분리되어 세속의 가치 속에 마치 영혼 없는 자처럼 방황하는 교회의 구성원들에게 교회의 참 의미를 깨닫고 다시금 그리스도의 몸에 연합하여, 세상 속에서 그리스도의 십자가를 진 자들의 삶으로 초대해 준다. 이로써 교회의 구성원들은 내적으로는 그리스도와 연합하고 외적으로는 이민자들, 탈북자들, 소외된 자들, 가난한 이들의 고통에 참여하고 예수께서 이 땅에 구현하시려 한 하나님 나라의 건설에 헌신하는 사명을 다시 찾게 된다. 행여 이 사명을 감당하기는 커녕, 교회 안에서 교회의 머리이신 예수님은 정성껏 예배하면서도, 같은 믿음의 공동체 내에서 위와 같은 소외된 이들을 차별하거나 상처를 주는 일은 교회의 몸과 머리가 되신 전체 그리스도(totus Christos)에게 상처를 주는 것이다.

어거스틴의 영향을 받은 루터는 교회를 성자들의 모임이 아닌 "불치병 환자들의 병원"이라고 했다. 교회의 불완전성과 한계를 알려주는 단적인 선언이다. 그러니, 교회는 문화와 이념, 신앙의 양태가 비슷한 환경에 있는 사람들 간에도 서로 분열과 다툼, 차별과 냉대 등이 있을진대, 평생을 다른 환경에서 살아온 통일한국의 한민족들 및 여러 다민족 출신자들이 한 지붕 밑에 있을 때, 교회가 겪는 아픔은 어쩌면 당연한 일이라고 할 수 있다. 그럼에도 불구하고 루터는 교회를 이 땅의 희망과 약속의 장소로 보는데, 그 이유는 마치 그리스도께서 우리의 질병과 연약함을 담당하시고 우리가 주님 곁을 떠날 때 그분께서 우리를 참아 주신 것처럼, 교회도 하나님의 자비와 은총으로 서로의 짐을 나눠서 지고 서로를 참아 주고받아 주는 노력을 해야 하기 때문이라고 역설한다.

공동체 회복과 설교

루터는 교회의 가시적 표시로 성례전과 설교를 언급한다. 죄인으로 가득한 믿음의 공동체가 본질적인 한계에도 불구하고 사회 속에서 하나의 희망 공동체 역할을 감당하게 하는 매개가 성례전과 설교라는 것이다. 개신교의 경우 세례와 성찬으로 구성되는 성례전은 작게는 기독교인 한 사람 한 사람이 "그리스도 안에서 새로운 피조물"(고후 5:17)이란 새로운 정체성을 얻게 해주고, 크게는 교회 구성원들로 하여금 자기가 속한 공동체는 물론 온 세계에 흩어진 모든 다양한 기독교인들이 문화와 이념 및 인종적 차이를 넘어서 믿음 안에 한 가족이라는 연대감을 갖게 해준다. "이와 같이 우리 많은 사람이 그리스도 안에서 한 몸이 되어 서로 지체가 되었느니라(롬 12:5). "몸이 하나요 성령도 한 분이시니 이와 같이 너희가 부르심의 한 소망 안에서 부르심을 받았느니라. 주도 한 분이시요 믿음도 하나요 세례도 하나요"(엡 4:4-5). "떡이 하나요 많은 우리가 한 몸이니 이는 우리가 다 한 떡에 참여함이라"(고전 10:17).

루터에게 설교된 말씀은 그 자체가 하나님 말씀이다. 물론 사람의 성품과 언어를 도구로 사용하지만, 하나님이 기록된 성경 말씀을 설교자를 통해 말씀하시기 때문이다. 문제는 설교자 자신이 세속의 성공 논리에 사로잡혀 복음을 왜곡하고 또 그런 복음을 원하는 청중의 바람에 편승시킬 경우 그의 설교는 그리스도의 영혼이 없는 하나의 소리로 들릴 뿐이다.

논자가 오래전 한인 이민 교회를 섬길 때의 이야기이다. 어느 여자분이 연세 드신 어머니와 새로이 교회에 출석하게 되었는데 첫 대면에 논자의 설교에 대해 감사를 표시하며 이 교회에 오게 된 것이 큰 축복이라고 언급했다. 이 두 분은 그 이후 멀리서 이뤄진 교회 수련회도 참석하였는데, 수련회 때 논자에게 자신의 집값이 지난 몇 년간 두 배나 올라간 예를 들며 하나님이 자신들을 얼마나 축복해 주셨는가를 말해 주었다. 그 후 몇 주가 지난 다음 논자가 교회력 설교 본문에 따라 물질적 삶의 양식에 도전을 주는 강한 예언적 설교를 하게 되었는데, 그 날 이후 이 두 분은 교회에 다시 오질 않았다. 설교자들이 청중의 귀에 거슬리는 설교를 주저하는 이유이다. 그러나 반면에 현재 논자가 섬기는 작은 교회에 몇 년 전 우즈베키스탄에서 무슬림 남편의 박해를 피해 임신 중에 미국에 입국, 망명 절차를 기다리는 여인이 우리 교회를 한두 번 방문하게 되었다. 얼마 후 그가 병원에서 아이를 출산하자 우리는 당연한 듯이 약간의 모금을 하여 그를 찾아가 도울 기회가 있었다. 큰 것은 아니지만 교회로서의 본질을 회복하며 이웃을 섬기자 문 닫기 직전에 있던 이 믿음의 공동체는 전 세계 15개국 이상에서 온 성도들로 구성된 다민족 교회로 새롭게 태어나게 되었다. 예수님은 마태복음 12:49-50에서 "누가 내 어머니이며 내 동생들이냐 하시고 누구든지 하늘에 계신 내 아버지의 뜻대로 하는 자가 내 형제요 자매요 어머니이니라."고 말씀하셨다. 학자들은 이를 두고 1세기 말 당시 마태복음의 수신자인 교회 공동체가 이미 다문화 도시에서 경제적, 인종, 문화적 차이로 구성원들 간에 심한 계층 간 갈등이 있었을 것이라는 추측을 하며, 이에 대한 대안으로 마태는 예수님의 말씀을 통해 교회는 혈연, 인종, 경제적 지위가 아닌, 가난한 자와 억압된 자를 섬기는 복음의 원리 위에 세워질 수 있을 때만 비로소 참 교회가 될 수 있다는 설교를 했다고 본다. 결국, 여기서 우리는 교회의 본질과 설교의 관련성을 발견한다.

한국교회의 심장은 설교이다. 한국교회만큼 한 주일에 목회자들이 설교를 많이 하는 교회도 많지 않다. 설교가 교인들의 가치관 및 교회의 정체성에 주는 절대적 영향을 감안할 때, 교회의 부정적인 이미지와 역할의 큰 책임이 설교 때문이라고 할 수 있고, 이 말은 동시에 설교가 달라지면 해결점도 찾을 수 있다는 희망을 갖게 해준다.

설교는 설교자들의 생각이 아닌, 복음의 안내를 받아 교회의 구성원들로 하여금 현재의 삶의 자리(A)에서 하나님의 뜻과 약속이 있는 자리(B)로 삶을 옮기도록 초대하는 성령의 사건이다. 마태복음 기자가 예수님의 말씀을 통해 자기 교회 식구들을 물질의 풍요 속에서 분열과 갈등을 겪는 현장을 목격하고 화합과 섬김의 삶으로 저들을 초대해 대안적 공동체를 추구하였듯이, 또 루터가 하나님의 말씀으로 죄인의 집합체가 자비와 긍휼이 넘치는 치유(병원) 공동체로의 변화를 소망하였듯이, 오늘날 한국교회도 지금부터라도 설교자들이 현재 서 있는 교회의 현주소를 뼈아프게 점검하며, 설교의 방향 전환을 통해 교회의 변화를 시도해야 한다.

신음의 해소와 설교

크리스틴 스미스는 설교의 기능 중 하나로 통곡(weeping)을 언급한다. 미국 사회의 백인 중산층으로 진보 여성신학자 및 설교학자로서 그간 각종 사회적 억압의 문제를 신학적 성찰 대상으로 삼아 온 스미스에게 위와 같은 설교 이해를 갖게 해 준 결정적 계기는 그가 남미 과테말라에서 가진 가난한 자들의 만남이다. 그가 목격한 억압적 경제 구조 아래 처절한 노동자들의 가난의 삶은 상아탑에서 논하던 가난과는 차원이 다른 '극단적 악' 자체였으며, 처음에는 "이들에게 어떻게 희망의 말씀을 설교할 수 있는가?"라는 자조적인 질문이 나중에는 "이런 상황에서 어떻게 이들에게 희망과 믿음의 설교를 하지 않을 수 있는가?"라는 또 다른 질문 아닌 답으로 떠올랐음을 상기시킨다.

설교의 어려움과 동시에 설교가 줄 수 있는 희망을 역설적으로 설명해주는 말이다. 스미스는 그 경험을 통해 "사람들이 통곡의 순간에 자신들 내면의 가장 깊은 열정과 강한 욕구 및 바램에 접할 수 있음"을 주목하며, 설교는 곧 말씀선포의 순간에 청중의 이런 내면의 열정, 가치, 아픔 등을 끌어내 복음과 만나게 해 주는 행위라고 본다.

미국 내 흑인교회의 예배는 억압의 구조 속에서 가난과 차별의 아픔을 설교를 통해서 극복하고 치유를 경험하는 대표적인 예이다. 흑인들에게 있어서 교회는 단순히 교회가 아니다. 자신들의 영적 문화적 정체성을 지켜내는 것을 넘어서 그것을 새롭게 창출해가는 고향 집의 어머니 품과 같은 곳이다. 노예제도의 아픈 경험과 아프리카의 문화적 유산인 독특한 춤과 언어가 어우러져, 복음을 내면 깊숙이 역동적으로 경험하게 해주는 한 편의 주일 설교는 사회의 중심이 아닌 주변인으로 살아가며 받은 고난과 차별의 아픔의 정점을 찍는 순간이요, 하나님의 임재 경험 안에서 새로운 희망과 가능성을 찾고 삶을 새롭게 시작하는 출발점이다. 축제적 예배의 설교가 주는 해방과 치유 경험이 저들에게 자신감과 자신에 대한 가치를 발견하게 해주기 때문이다.

룩 파워리는 시편 기자들의 신음의 애가(lamentation)에서 흑인교회 설교의 신학적 실천적 모델을 찾는다. 예로서 시편 39편 7, 12절에서 시편 기자는 "주여 이제 내가 무엇을 바라리요 나의 소망은 주께 있나이다." "나의 부르짖음에 귀를 기울이소서. 내가 눈물을 흘릴 때 잠잠하지 마옵소서. 나는 주와 함께 있는 나그네이며 나의 모든 조상들처럼 떠도나이다"라고 신음한다. 파워리는 여기서 시편 기자의 신음이 비록 고난과 갈등의 상황에 있지만, 그가 하나님의 이름을 부르는 것을 볼 때, 그의 신음은 하나님의 거부 혹은 불신이 아닌 변함없는 신뢰 내에서의 신음이며, 이 솔직한 고난의 호소에는 이미 그 고난을 듣고 긍정적으로 답하시는 하나님에 대한 그의 흔들리지 않는 믿음이 전제되어 있다는 것이다. 또 시편 22편의 경우 1절에서 "내 하나님이여 내 하나님이여 어찌 나를 버리셨나이까? 어찌 나를 멀리하여 돕지 아니하시오며 내 신음 소리를 듣지 아니하시나이까?"라고 하지만, 23,

29절에서 "야곱의 자손이여 그에게 영광을 돌릴지어다. 너희 이스라엘 모든 자손이여 그를 경외할지어다…. 진토 속으로 내려가는 자 곧 자기 영혼을 살리지 못할 자도 다 그 앞에 절하리로다"라고 결론짓는 것은 시편 기자가 신음 속에서 주님을 다시 만나 고난을 극복하고 힘차게 일어나 그분을 찬양하고 새 삶을 향하여 정진하는 모습이라고 볼 수 있다.

애원과 간청으로 시작된 이러한 시편이 찬양으로 귀결되는 이 성서적 장르에서 파워리는 설교 유형의 가능성을 찾는다. 즉, 위의 예에서 보면 시편 기자는 첫 단계로 자신의 상황에 어떤 문제가 있음을 깨닫고, 두 번째 단계로 그는 믿음 안에서 하나님의 도우심을 찾게 되고 하나님의 도우심으로 문제가 해결되자, 결국 마지막 단계로 그런 하나님의 개입에 대한 찬양의 응답으로 시편을 마무리하는 것을 볼 수 있다. 여기서 파워리는 상처, 분노, 도움의 필요, 외면당함, 버려짐 등 구체적 고난의 경험이 귀납법적 구조를 통해 문제의 해결과 신음의 해소로 전개되는 것이 하나의 설교 형식이 될 수 있다고 본다. 물론, 파워리는 모든 시편이 위의 애원-찬양의 간단한 구조를 따르거나 신음이 해결 받는 구조가 아님을 인지한다. 그럼에도 불구하고 위의 역동적 문제 해결의 구조가 고난과 아픔을 해소하는데 유용한 설교 도구임을 인식한다. 여기서 찬양은 꼭 원하는 것을 얻어내거나 고통의 원인이 제거됨에서 오는 성취감의 결과가 아닐 수도 있다. 오히려 문제는 그대로 있을 수 있으나, 처절한 고통의 진술 한 가운데서 신음자가 "말할 수 없는 탄식으로" 함께 통곡해 주시는 성령(롬 8:26)의 임재하심과 자신의 탄식 속에서 "엘리 엘리 라마 사박다니"(막 15:34)를 외치신 십자가 위 예수의 음성을 듣고 고백한 하나의 신앙고백일 수도 있다. 이런 신앙 고백자에게 고난은 단순한 고난이 아니다. 오히려 자신이 겪는 고난은 자신의 삶과 세계에 대한 새로운 이해를 갖게 해주며, 설사 자신이 원하고 뜻하는 바를 당장 삶 속에서 보지 못한다고 해도, 그의 궁극적 삶의 목표가 세속의 성공과 이익을 넘어서, 부활의 주님을 바라보며 "그와 함께 영광을 받기 위해"(롬 8:17) 받아야 한다는 종말론적 희망을 품게 하는 기회를 준다.

효과적인 설교는 언어의 선택과 직결된다. 헨리 미첼에 의하면 흑인교회의 경우 목회자 선택 시 저들의 언어(Black English) 구사 능력은 신학교의 학위보다 우선시 된다. 이들에게 설교 언어는 단순히 입만의 언어가 아니다. 아프리카 축제 문화에 뿌리를 둔 몸동작과 소리내기(whooping) 등이 설교자의 온몸을 통해 표현될 때 단순히 지적인 개념전달로는 이룰 수 없는 복음의 메시지가 청중의 감성 심연에 다다르고, call and response 등 회중과의 교감 기구를 통해 설교는 하나의 성령 사건이 되어 예배자 모두가 온몸으로 겪는 축제(celebration)가 된다. 설교가 이렇게 축제가 되는 순간에 예배자들은 자신들이 가진 고난을 넘어 희망과 약속을 경험하고, 그간 사회 속에서 받은 차별과 억압의 상처를 치유 받게 된다.

파워리는 이런 축제의 설교가 감정주의 혹은 거짓된 낙관주의로 전락해 복음의 사회적 책임을 등한시한 개인 구원과 세속의 가치로 포장된 번영신학의 도구가 되는 경우를 경계하며, 축제설교는 꼭 위에 언급한 신음의 애가와 연합해야 한다고 주장한다. 이는 라승찬이 말하는 신음의 해결로서의 축제가 기독론 신학과의 균형을 유지해야 하는 이유이다. 다시 말해, 성령의 개입으로 신음이 극복되어 축제에 참여해도 교회가 잊어서는 안되는 부분이 십자가의 주님이라는 뜻이다. 머리를 잃은 교회가 십자가의 주님을 다시 만남으로 본래의 정체성을 회복하여 예수님의 삶과 가르침을 실천하는 온전한 몸으로 회복해야 한다는 말이다. 대형교회 목사와 그 교회에 속한 교인들의 세속적 우월감이 작은 교회, 가난한 이들, 나와 피부 색깔이 다르고 말씨가 다른 이들을 향한 차별적 태도까지 이어지는 영혼 없는 행태들이 신음의 애가를 통해 본래의 교회 모습으로 회복해야 한다는 것이다. 파워리에게 신음의 애가는 성령의 인도하심으로 교회가 "그리스도에 참여하여"(participati Christi) 그분의 십자가 고난은 물론 그분이 보여주신 섬김, 나눔, 일치, 사회정의를 위한 사역에 교회가 헌신하게 도와주는 길이다. 축제와 신음이 만난 영성은 설교자로 하여금 한편으로는 교회 구성원의 아픔을 복음의 능력으로 치유하고 다른 한편으로는 교회 내의 분열, 차별 및 교회 밖의 각종 사회적 문제에 교회 공동체가 응답하여 일치와 화합 및 정의실현을 위해 적극 참여하는 설교의 동기를 마련해 준다.

설교의 형식은 내용만큼 중요하다. 축제로서의 설교를 통해 치유를 추구하는 흑인설교는 내러티브를 주요 도구로 사용한다. 일반적으로 내러티브 설교의 내용전개와 이동은 설교의 앞부분에서 후반부로 점진적으로 부정적인 것에서 긍정적인 것으로, 작은 아이디어에서 큰 아이디어로, 느리고 낮은 어조에서 빠르고 높은 어조로 변화를 시도한다. 성서 본문 혹은 상황의 문제를 제기하고 갈등을 부각시키며 이를 심도 있는 신학적 심리적 분석을 거쳐 결국은 복음을 통해서 제기된 문제를 해소하는 형식이다. 파워리는 시편의 구조에서 보인 이런 애원-축제의 구조를 흑인설교의 기본 골격으로 제안하면서, 메리 힐커트(Mary Catherine Hilkert)를 인용해 앞부분 애원의 과정에서 성급히 희망과 축제를 도입하는 것을 경계한다. 이는 예수님의 십자가-부활로 설명되는 복음의 사건에 비추어 봐도 합당하지 않기 때문이다. 다시 말하면, 성금요일의 아픔과 참혹함을 심도 있게 경험한 후에라야 비로소 부활의 참 감격을 맛볼 수 있듯이, 충분한 애원의 과정이 축제의 우선 단계로 제시되어야 한다는 것이다. 설교의 목적이 청중으로 하여금 고난에서 희망으로 옮겨가도록 돕기 위한 것이라면, 앞부분에서 고난의 현실을 다각도로 심도 있게 제시, 분석하여 청중이 자신들의 경험과 깊이 공감한 후에라야 보다 역동적으로 제시되는 희망의 메시지를 얻을 수 있기 때문이다. 이는 내러티브 설교학자 유진 라우리(Eugene Lowry)가 자신의 Plot 이론을 통해서 설교자는 고난과 인간 실존의 문제 분석을 위해 설교 앞부분 3/4까지를 할애하고, 나머지 1/4부분에서 복음의 메시지를 제시할 때 반전의 효과가 극대화될 수 있다는 주장과도 어느 부분 일치한다.

일치와 화합

위에 논의한 설교 신학과 유형의 논의가 실제 현장에서 일치와 화합을 위한 설교로 활용되는 방법은 무엇일까? 글로벌시대를 사는 우리에게 양극화 현상은 이제 한국이나 미국만의 현상은 아닌 것 같다. 어느 사회에도 계층 간, 인종 간, 종교 간의 갈등은 고사하고 한 교단, 한 교회 내에도 존재하는 다양한 신학과 이념 간의 충돌은 믿음의 공동체를 약화시키고 교회가 사회 속에서 사용해야 할 에너지를 낭비시킨다. 그 예로, 논자가 속한 미국 연합감리 교회는 동성애 문제로 교단이 분립 위기에 처해있다. 그간 교단이 지켜온 전통주의 입장은 동성애자들에 대한 무조건적 사랑과 환영 및 그들을 향한 목회의 필요성은 인정하나, 동성애 자체가 성서의 가르침에 어긋난다는 사실을 명시하고 동시에 동성애자들의 목회자 안수를 금지해야 한다는 입장이다. 이에 반해 모든 이들의 온전한 포용을 주장하는 진보주의 입장은 위에 언급한 금지조항이 삭제될 때만이 진정한 그리스도의 몸인 교회가 될 수 있다는 것이다.

교단 내 한국인 교회들을 포함한 보수적 입장의 교회들에게 "동성애 반대" 는 생존의 문제이며, 앞으로 법이 어떻게 바뀔지에 큰 관심이 쏠리고 있다. 이런 가운데 이성의 정체성을 가지고 살아가고 있는 10대 자녀를 둔 가정이 어느 교회에 오게 되었고, 부모는 고민 끝에 그 사실을 그 교회 담임목사에게 알리게 된다. 처음에는 모르고 이 가정의 모든 식구를 환영하였지만, 이 이야기를 들은 목사는 큰 고민에 빠진다. 그러나 자녀가 이성으로 살아가는 것이 본인의 선택과 무관하게 선천적이었고 부모는 그간 온갖 노력을 다해 본 후 아이의 행복을 위해 현재의 삶을 선택하게 도와주었다는 이야기를 들은 목사는 자신의 역할은 이 가정을 사랑하고 이들을 위해서 기도해 주는 것뿐이라는 새로운 깨달음을 얻게 되고 그 이후로 이 가정의 문제를 비밀로 부치고 후원자 노릇을 하고 있다. 물론 이 목사는 모든 동성애 문제가 이 아이처럼 선천적인 것에 비롯된 것이 아닌 경우가 있음을 인지하고 동시에 교인들도 이 문제에 대해 지지와 반대의 다양한 의견을 가지고 있는 것을 알고 있기에 이 문제를 간단히 해결할 수 없는 사실을 알고 있다. 문제는 이 이슈가 아니더라도 교회가 늘 크고 작은 일로 바람 잘 일이 없는 상황이기에 이렇게 작은 교회에서 이 문제를 전부터 언급조차 쉬운 일은 아니었는데, 이제 교단이 처해 있는 문제의 심각성 때문에 피해 갈 수만은 없는 상황이다. 이 목사가 설교에서 교회의 일치를 염두에 두며 동성애 이슈를 다룰 수 있는 방법은 무엇일까? 아니, 설교가 아니더라도 성경공부나 토론 등의 기회에 이 문제를 다룬다고 해도 효과적인 방법이 있을까? 동성애에 대한 성서의 가르침을 근거로 반대 주장을 펴는 경우, 포용적 입장에 있는 이들은 하나님 사랑 이웃 사랑이 모든 법에 우선한다는 예수님의 대 계명을 거론할 것이다. 또, 목회자가 후자에 근거해 지나치게 포용을 강조한다고 해도 성서의 절대적 권위를 존중하는 교인들의 입장을 바꾸기는 쉽지 않기에 이 문제를 향한 일치를 가져오기가 쉽지 않다.

성서의 메시지는 다양함을 넘어서 혼란스럽기까지 하다. 신학적 성향 및 삶의 경험에 따라 해석이 다르고, 자신의 입장을 쉽게 바꿀 수 없기에 교회는 늘 혼란과 분열을 겪는다. 다양한 기독교 전통은 이 복잡한 성서의 메시지를 체계적으로 이해하는 일을 돕기 위해 저마다 교리를 탄생시켰다. 그러나 교리는 성서의 다양한 목소리를 다 담아내지 못한다. 설교자는 오늘의 모든 문제에 답을 제시할 수 없다. 그러기에 분열과 갈등의 한 가운데서 어떻게 치유와 화해의 방법을 찾을 수 있을지 고민한다. 한 가지의 방법은 현장의 목회자로서 설교자는 사람들의 아픔에 귀를 기울이며 시편 기자의 신음의 애가에 참여하는 것이다. 마치 목사를 찾아온 그분 딸애가 이미 어린 나이에 사내아이로 살아갈 수밖에 없었다는 기막힌 사연을 들으며 그 엄마와 함께 눈물을 흘린 그 목사처럼. 그렇게 성령 안에서 신음하는 설교자는 주님을 만나고 자신의 눈이 아닌 주님의 눈으로 밖을 볼 수 있는 힘을 얻는다. 설교자가 성도들뿐만 아니라 이 땅의 교회 밖의 약한 자들, 차별받는 이들, 소외된 자들과의 진술한 만남을 통해 그들의 아픔을 함께 나누고, 그 경험을 통해 성서를 다시 읽고, 그 속에서 듣는 교회의 머리 되신 주님의 음성과 사람들의 생생한 이야기들을 잘 아울러 엮어내어 청중의 귀에 잘 들리게 소개하면 그게 내러티브 설교요 그게 힘을 발휘한다. 청중은 그렇게 잘 엮어진 복음의 이야기, 삶의 이야기에서 자신들의 이야기를 발견하고, 고통당하는 자들의 아픔에 함께 참여하여 함께 울어주시고 웃어 주시는 주님과 그분의 치유의 손길을 맛볼 수 있다. 교회 구성원들이 그 치유의 경험을 가지고 다시 삶의 현장에서 고통당하는 다른 이들을 만나 그분들의 이야기를 들어 주고 그분들과 함께 웃고 울어주는 작은 일을 감당할 수 있다면, 설사 주일날 강단을 통해서 달변으로 메시지를 선포하거나 문제에 대한 답을 제공할 수 없다고 해도, 그게 훌륭한 설교요 예언적 설교다.

모든 설교는 예언적 설교다. 성서가 가르치는 예언자적 삶의 핵심은 세속의 물질적 성공이 주는 안락함과 편안함보다는 하나님의 뜻, 즉 하나님 사랑과 이웃 사랑을 위해 자신의 삶을 기꺼이 내어주는 삶이다. 예수님의 삶이 바로 그것이었고 그게 예언적 삶의 표준이며 모든 교회가 이 길을 가도록 초대받았다. 김세광의 지적대로 모든 설교자가 이 설교를 "할 수 있고 또 해야 한다."

문제는 모든 설교자가 오늘의 교회 상황을 인지하며 시편 기자의 통곡의 영성을 회복하는 게 필요하다. 교회의 머리이신 그리스도와 다시 연결되고, 세속의 영광이 아닌, 그분의 영광, 그분의 뜻에 내 뜻을 맞추는 노력이 필요하다. 이를 위해 설교자는 헨리 나우엔(Henry Nouwen)이 말한 대로 세상이 그토록 원하고 바라는 위로의 움직임, 권력의 추구, 올라감의 지도력이 아닌, 십자가로의 낮아짐, 예수의 길, 사랑의 지도력, 종의 지도력을 끊임없이 추구하는 자세가 필요하다. 오늘날 감동을 주는 설교는 말에 있지 않고 능력에 있다. "남의 눈의 티를 지적하기 전에 내 눈의 들보를 먼저 보고"(마 7:3) 통곡하며, 그 속에서 함께 통곡해 주시는 성령의 도우심이 필요하다. 세속화의 물결 속에 영혼이 하나님을 등진 백성들에게 설교자 예레미아는 "슬프다 나의 근심이여…"를 외치며 통곡한다. 그리고 보통의 언어로서는 저들의 굳어진 심성을 녹일 수 없으니, "여호와께서 시온에 계시지 아니한가? 길르앗에는 유향이 있지 아니한가? 그곳에는 의사가 있지 아니한가? 내 딸이 치료를 받지 못함이 어찌 됨인고?"(렘 8:18-22)라고 시인의 음성을 동원한다. 월터 브르그만은 이런 예레미아의 시적 언어가 단순히 그의 언어를 세련되게 표현하기 위한 옷가지 정도가 아니라 "말씀으로 하여금 살아서 역사적 현실 속에 무엇인가 변화를 가져오게 한 전략이었다"라고 말한다. 예레미아에게 "기존 세계의 현실을 무너뜨리고 새로운 것이 창출하기 위해서는 통상적인 것이 아닌 청중의 감각에 자극을 주는 언어가 필요했다"는 것이다. 더 나아가 그는 위의 통곡의 언어를 넘어서 허리띠를 매고(렘 13장), 토기장이의 장면을 보여주며(렘 18장), 그릇을 깨고 멍에를 매는(렘 19, 27-28장) 등의 상징적 행동을 설교에 동원하고 있다. 이는 그만큼 청중의 변화가 쉽지 않다는 증거이며 예언자는 피를 말리는 노력을 통해 설교의 언어선택을 위해 창조적인 노력을 기울여야 한다는 뜻이기도 하다.

그러나 최고의 설교, 최고의 설교 언어는 역시 이웃 사랑이다. 현재 교회들이 서 있는 위치 혹은 앞으로의 목적지가 7-80년대식의 성장주의, 넓은 땅에 웅장한 예배당을 갖추어 많은 사람을 모아야만 성공이라는 세속적 물량주의가 아닌, 가난한 자, 상처받은 자, 차별과 편견에서 소외감을 느끼는 하나님의 백성 한 사람 한 사람들을 찾아가 인종과 계층을 뛰어넘어, 모든 사람에게 사랑과 섬김의 도를 보여주며, 결국은 십자가에서 자신의 전부를 내어주신 예수 그리스도의 삶을 교회가 따라갈 수 있다면, 이 땅의 하나님의 교회는 비록 숫자는 적고, 허름한 건물을 가지고 있더라도 교회로서의 제 역할을 할 수 있으리라 본다. 교회가 명예나 감투의 자리가 아닌 단순히 머리 되신 예수님의 손과 발이 되어 궂은일을 하더라도 그게 감사며 그게 특권인 것을 깨닫는 이들이 건강한 교회를 이루며, 그런 교회들이 골목마다 존재할 수 있다면, 그것 자체가 교회가 세상을 향해 보여주는 살아 있는 설교이고, 교회의 부흥이고, 하나님 나라의 확장이며, 이게 통일된 한국을 준비하며 회복해야 할 교회의 모습이리라. 이를 위해 한국교회는 우리 사회의 여러 계층 간, 지역 간, 종교 간의 차별과 분열의 치유 및 화해는 고사하고 교회 간, 교인들 간의 갈등을 위해 우선적으로 노력하고 이를 위해 설교하는 게 절실하다고 본다. 그게 2040년 평양 강남에서 만나게 될 우리의 형제들이 기다리는 교회의 모습이요 설교라고 본다.

참고문헌

Brueggemann, Walter. *Like Fire in the Bones: Listening for the Prophetic Word in Jeremiah.* Minneapolis: Fortress Press, 2006

Cameron, Michael. "Totus Christus and the Psychagogy of Augustine's Sermons." *Augustinian Studies.* 36:1, 2005.

Gillespie, Harlan D. "Christ's Soul Talk: Preaching and the Soul of the Church for Renewal and Revitalization in the Twenty-First Century." DMin. Diss., University of Dubuque Theological Seminary, 2016.

Karkkainen, Veli-Matti. *An Introduction to Ecclesiology: Ecumenical, Historical & Global Perspectives.* InterVarcity Press, 2002.

Lowry, Eugene. *The Homiletical Plot.* Atlanta: John Knox Press, 1980.

McCarthy, Michael C. "An Ecclesiology of Groaning: Augustine, the Psalms, and the Making of Church." *Theological Studies* 66, 2005.

Mitchell, Henry H. *Black Preaching: The Recovery of a Powerful Art.* Nashville: Abingdon Press, 1990.

Nouwen, Henri J. M. *In the name of Jesus: Reflections on Christian leadership.* New York: Crossroad, 1989.

Powery, Luke A. *Spirit Speech: Lament and Celebration in Preaching.* Nashville: Abingdon Press, 2009.

Rah, Soong-Chan. *Prophetic Lament: A Call for Justice in Troubled Times.* Downers, IL: IVP Books, 2015.

Russell, Keith. *In Search of the Church.* NY: The Alban Institute, 1994.

Smith, Christine M. *Preaching As Weeping, Confessing, and Resistance.* Louisville: Westminster/John Knox Press, 1982.

김세광. "예언적 설교를 통한 교회의 공공성 회복의 가능성 연구."「한국기독교신학논총」, 71집.

박상일 · 황병준 편저.『21세기 설교학』. 서울: 올리브나무, 2014.

박천봉. "탈북민의 미국사회 적응을 위한 교회 역할 연구." DMin. Diss., BST, 2017.

최원오. "아우구스티누스의 어머니 교회."「신학전망」, 2016.

한국교회, 성경공부를 어떻게 할 것인가?

하시용
참빛교회/BST

I. 시작하면서

마치 유대인들이 유월절을 지키듯 한국 교인들은 그때만 되면 모든 일상생활을 접어 두고 오직 성경공부와 기도에만 전념합니다. 이같이 성경공부에만 전념한 결과 교회 전체가 단합되어 사랑과 봉사로 이루어지는 진정한 부흥이 가능케 되었습니다. 이 점에서만큼은 미국도 한국을 본받아야 할 것입니다(*The Korean Pentecost and the Suffering which Followed*, 1977, 67).

한국교회사가 이덕주는 그의 책 『한국교회 처음 이야기』에서(195쪽) 한국교회의 사경회 모습을 평양 선교사 블레어(W. N. Blair)의 글을 통해서 소개한다. 선교사 블레어가 사경회를 유대인 최고의 명절인 "유월절 문화"에 비유했다는 것이다. 유대인들에게 유월절은 민족 최고의 명절이다. 요한복음서의 예수님도 그러셨듯이 유월절이 되면 이스라엘 사람들은 예루살렘에 모여서 자신들을 이집트에서 해방하신 하나님을 기억했다.

우리나라에 복음이 전해졌을 때, 사경회를 찾아서 하나님의 말씀을 배우는 그리스도인들의 모습이 유월절 순례자들과 같았다는 것이다. 그만큼 사경회 즉 하나님 말씀인 성경을 배우려는 열정이 가득했고, 성경을 신앙생활의 기준(정경)으로 삼고, 성경을 통해서 하나님의 은혜를 체험하는 삶과 신앙의 통합을 시도했음을 알 수 있다. 오죽하면, 블레어 선교사가 미국교회도 한국을 본받아야 한다고 했을까! 하지만 한국교회의 성경공부가 태생적으로 갖고 있었던 한계도 있었다.

본 고(稿)에서는 한국교회 성경공부의 특징을 먼저 짚어보고, 평화통일을 지향하는 한국교회에 필요한 성경공부의 방향에 대해서 살펴보려 한다.

II. 한국교회 성경공부의 특징

블레어 선교사의 보고에 있듯이 한국교회는 처음부터 성경을 신앙의 기본으로 삼았고 성경을 공부하는 것을 중요하게 여겼다. 영국 선교사 존 로스와 매킨타이어에 의해서 누가복음이 번역되고(1882년), 일본에 수신사로 갔던 이수정이 마가복음을 번역하면서(1885년) 선교사들이 한국에 들어올 때 우리말 성경을 갖고 와서 복음을 전할 수 있었다. 매서인(賣書人) 또는 권서인(勸書人)이라 부르는 사람들이 성경을 보급하였는데, 성경이라는 명칭에서 알 수 있듯이 우리나라 초기 기독교인들은 성경을 "서(書)"보다 "경(約)"으로 대하면서 성경 자체의 권위를 높인 듯하다.

성경을 경(經)으로 받아들인 것에 장단점을 발견할 수 있다. "성경 봉독(奉讀)"이라는 용어가 지금도 교회 안에서 쓰이듯이 성경은 받들어 모시는 하나님 말씀이지 성경을 "서(書)"로서 연구하고 공부하는 것을 꺼렸다. 한국의 토속 종교인 불교와 유교에서 경전을 귀하게 여기는 것과 일맥상통했을 수 있다.

성경이 하나님 말씀의 권위를 갖고 있기에 성경 말씀을 통해서 심령이 변하고, 하나님이 주시는 말씀으로 받아 죄를 회개하고 구원에 이르는 길잡이가 된 것은 높이 사야 할 것이다. 하지만 성경에 대한 해석 또는 성경의 역사적 배경에 대해서 연구하고 그것을 우리 사회에 적용하는 성경의 공적인 측면을 등한시했다.

물론 한국의 기독교가 발전하고 교회가 부흥하면서, 성경은 물론 신앙의 사적인 측면(개인 구원)과 공적인 측면(사회 구원)을 강조하는 그룹들이 생겨났다. 하지만 구령의 열정을 가진 그룹과 적극적으로 사회에 참여하려는 그룹이 소통하기보다 때로는 서로 반목하면서 각기 자신의 길을 걷게 되고, 한국교회는 신앙과 생활, 개인과 사회가 통합된 총체적인 복음을 발전시키지 못하였다.

그 가운데 소위 복음주의로 대표되는 개별 교회의 부흥을 이끈 주체는 사회 구원을 강조한 그룹이 아닌 개인의 구원을 설파한 그룹이었다. 이들이 주로 성경공부를 강조하며 교회의 성경공부를 주도했기에 교회의 성경공부는 기독교인 개인의 차원에 대한 가르침과 나눔에 그친 경우가 많았다.

이를테면, 구원에 관한 성경연구는 예수님을 개인적으로 그리고 인격적으로 자신의 구세주로 영접하는 내용과 방법에 집중했다. 사영리(四靈理)로 대표되는 복음의 제시가 대표적일 것이다. 성경공부는 물론 신앙이 이 세상보다 죽은 이후에 천국 가는 것에 초점을 맞추기도 했다. 기독교인이 된 이후 그리스도인의 삶에 관한 성경공부를 '제자도 성경공부'라고 부르곤 했는데, 대부분의 제자도에 관한 성경공부는 "기도", "전도", "헌신", "교회 생활" 등 개인과 교회 중심이었다.

게다가 1980년대에 도입되어 한국교회의 필수 덕목으로 여겨진 "Q.T (Quiet Time, 경건의 시간)"는 철저하게 개인의 신앙과 삶을 돌아보는 시간이었다. "오늘 나에게 주시는 말씀이 무엇인지"에 집중해서 성경을 읽었다. "한 줄 묵상"이라는 용어가 생길 정도로 성경의 전체 맥락(context)을 고려하지 않은 성경 읽기가 유행했다.

물론, 경건의 시간을 통해서 각 개인이 말씀과 기도를 규칙적으로 실천하고, 묵상을 통해서 개인의 신앙이 깊어지는 좋은 기회가 된 것을 간과해서는 안 된다. 그렇지만, 큐티로 대표되는 개인 성경 읽기가 한국교회에 전반적으로 유행(?)하면서 신앙의 범주를 개인적인 차원에 가둬둔 것을 지적하지 않을 수 없다.

이처럼 한국교회의 성경 읽기는 기복 또는 개인주의 신앙과 편승했고

때로는 신앙의 개인주의화를 조장했다. 게다가 개교회의 부흥이 중요하게 부각 되면서, 성경 읽기 역시 자신이 출석하는 교회의 프로그램을 넘어서지 못한 채 개인과 교회에 포로가 되는 한계를 보여주었다.

III. 성경공부와 공적 신앙

성경은 신앙 공동체에 주신 하나님 말씀이다. 구약성경의 주체는 하나님께서 선택한 민족인 이스라엘이다. 하나님께서 아브라함과 그의 가족을 택하셨다. 그리고 모세를 통해서 이집트에서 종살이하던 이스라엘 민족을 해방하시면서, 시내산에서 그들과 언약을 맺으셨다.

나는 너희 중에 행하여 너희 하나님이 되고 너희는 나의 백성이 될 것이니라 (레 26:12).

하나님께서 이스라엘과 언약을 맺으시면서 거룩한 백성이 지켜야 할 시간(안식일), 거룩한 장소(성막, 다윗 이후 성전), 거룩한 삶(율법의 조항들)을 알려 주셨다. 구약성경은 하나님께서 선택하신 백성이 하나님과의 언약을 준수할 때, 하나님께서 그들을 보호하시고 축복해 주실 것을 약속한다. 반면에 하나님과의 언약을 파기하면, 자신의 백성이라도 하나님의 심판을 받게 될 것을 예고하고, 이스라엘 역사 속에 임했던 하나님의 심판을 가감 없이 기록했다. 이처럼 구약성경은 하나님 백성인 이스라엘 공동체에 주신 말씀이다.

구약성경이 하나님의 말씀이 되기까지 신앙 공동체의 역할을 무시할 수 없다. 성경이 어느 날 갑자기 하늘에서 뚝 떨어지지 않았다. 특별히 구약성경은 천년이 넘는 기간 동안 다양한 개인과 그룹에 의해서 기록되었다. 그리고 신앙 공동체가 물려받은 신앙의 전승들과 문서들을 편집하고 필사하며 전수했다. 이처럼 신앙 공동체는 성경의 수신자이자 성경을 전수한 주체였다.

신약성경도 예외가 아니다. 성육신하신 예수님께서 십자가에 죽으시고 사흘 만에 부활하심으로 기독교 공동체 탄생의 토대가 마련되었다. 예수님께서 약속하신 대로 오순절에 성령이 임하고 베드로와 바울 등 사도들의 선교를 통해서 지역 교회들이 세워졌다.

기독교인들은 죄를 고백하고 예수님을 믿음으로 그리스도인이 되는 순간 하나님 나라 백성이 되고 교회에 편입된다. 신약의 말씀들은 가시적이든지 비가시적이든지 하나님 백성으로 신앙 공동체를 이룬 그리스도인들과 교회에 주신 말씀이다. 역시, 기독교 초기 신앙 공동체가 신약성경 27권을 하나님 말씀, 경전으로 공인했다.

그렇다면, 우리 역시 성경을 대할 때 공동체를 배제할 수 없다. 개인 중심의 성경 읽기는 성경의 본뜻을 고려하면 반쪽짜리 성경 읽기에 불과하다. 이런 관점에서 보면, 한국교회의 성경 읽기가 개인에게 치우쳤음을 지적할 수밖에 없다.

한국교회는 공동체 성경 읽기를 재차 강조하고 공동체의 관점에서 성경을 읽는 것에 힘을 내야 한다. "나에게 주시는 하나님 말씀"이 아니라 "우리에게 주시는 말씀"을 강조해야 한다. 각 기독교인이 공동체 성경 읽기를 통해서 한 길을 걷는 신앙의 동지임을 확인하고, 개인의 구원에 그치는 것이 아니라 두렵고 떨림으로 함께 구원에 이르는 신앙 공동체의 중요성을 일깨워야 한다.

공동체 중심의 성경 읽기가 궁극적으로 나가야 할 목표가 있다. 그것은 예수님께서 가르쳐주신 기도에도 있듯이 하나님의 뜻이 이 땅에 이뤄지고 주님의 통치 즉 하나님 나라가 이 세상에 임하길 소망하는 것이다. 예수님께서 산상수훈에서 말씀하셨듯이 세상에서 빛과 소금으로 살아가는 것이다. "이같이 너희 빛이 사람 앞에 비치게 하여 그들로 너희 착한 행실을 보고 하늘에 계신 너희 아버지께 영광을 돌리게 하라"(마태 5:16)는 예수님 말씀을 실천하는 것이다.

개인과 교회가 세상 속에서 선교적 삶(missional life)을 살도록 격려하는 것이다. 세상 속에서 빛과 소금의 삶을 살도록 격려하는 것인데 무엇보다 성경공부를 통해서 가능할 것이다. 교회는 물론 각 기독교인이 세상에 대한 관심과 책임을 절감하도록 돕는 것이다.

우리가 신앙 공동체에 속하고 교회가 이 세상에 존재하는 이유는 결국 하나님의 뜻이 이 땅에 이뤄지는 것을 보는 것이다. 세상이 하나님께 영광을 돌리는 날을 기대하면서 세상 속에서 하나님 나라 백성으로 살아가는 것이다. 교회가 성경공부를 통해서 신앙의 공적인 측면을 강조해야 할 이유이다.

IV. 평화통일을 위한 성경공부

평화통일을 지향하는 교회 안의 성경공부도 개인을 뛰어넘는 공동체 성경 읽기라는 맥락에서 시도될 수 있을 것이다.

우선 한반도의 평화통일이 왜 성경적인지 생각해 볼 수 있다. 하나님께서는 혼돈과 분열을 원치 않으신다. 화평과 일치가 하나님의 뜻이다. 삼위 하나님께서 조화를 이루시고 서로 소통하는 삼위일체의 속성 안에서 평화통일의 근거를 찾을 수 있다.

내게 주신 영광을 내가 그들에게 주었사오니 이는 우리가 하나가 된 것 같이 그들도 하나가 되게 하려 함이니이다(요한 17:22).

화평케 하는 자는 복이 있고 하나님의 아들이라 불리게 될 것이라는 산상수훈의 말씀(마태 5:9)도 그리스도인이 민족의 분열과 갈등에 무관심하지 않고 평화통일을 주도해야 함을 일깨워준다.

평화통일을 소망하는 교회 안의 성경공부를 위한 구체적인 제안은 다음과 같다.

1) 성경공부를 진행하면서 구약이든 신약이든 말씀을 받는 주체가 "2인칭 복수(너희들)"라는 점을 지속해서 강조할 필요가 있다. 성경을 개인적으로 읽는 것에 습관이 된 현실에서 성경이 공동체에 주신 하나님 말씀임을 일깨우는 것이다. 개인주의 신앙과 내게 주시는 하나님 말씀에 익숙한 한국교회에서는 성경에서 지칭하는 "너희"가 복수형, 즉 신앙 공동체임을 강조하는 것 자체도 신선할 것이다.

2) 평화통일을 지지할 성경 본문을 택해서 실제로 성경을 공부하는 것이다. 하지만, 성경에서 평화통일과 직접 관련된 본문을 찾기가 쉽지 않다. 실제로 신명기 역사서라고 불리는 여호수아부터 열왕기상하는 이스라엘의 분열을 고발한다. 그렇지만 하나님께서는 성경을 통해서 화합과 일치를 보여주신다. 아브라함과 롯이 갈등을 해결하는 방식(창13:1-13), 이사야서에 펼쳐진 하나님 나라의 모습(사65:17-25), 유다와 이스라엘의 통일(겔37:15-23), 예수 그리스도께서 지신 용서와 화해의 십자가 등 하나 됨을 알려주는 본문을 갖고 "평화통일"이라는 주제로 교회 안에서 성경공부를 시작할 수 있다.

3) 성경 밖으로 나와서 평화통일에 대한 자료를 찾고 그것을 활용하는 것이다. 성경이 평화통일에 대한 원리를 알려 준다면, 성경 외적인 자료들은 한반도의 현실과 평화통일을 위한 구체적인 정보를 제공할 것이다. 쉽게 구할 수 있는 믿을만한 신문기사, 출판된 논문, 정부가 제공하는 통계자료 등을 참고할 수 있다. 성경 외적인 참고자료의 도움을 받으면 성경공부가 구체화 될 수 있을 것이다.

4) 평화통일을 위한 운동이나 모임 등에 참여하는 것이다. 성경공부가 이론에 그치는 것이 아니라 삶으로 연결하는 것이다. 성경공부 이후에 또는 성경공부 중에 성도들과 평화통일과 관련된 행사나, 모임 등에 참여해서 성경을 통해서 배운 것을 현실에 적용하고 평화통일에 대한 열망과 꿈을

기도와 삶으로 표출할 수 있다면 더욱 바람직하다.

V. 이민 교회의 한계와 과제 — 조국의 평화통일을 넘어서

이민 교회에서 조국의 평화통일을 위한 성경공부를 한다는 것은 한계가 있다. 떨어져 있으면 마음도 멀어진다고 하듯이 지정학적인 위치로 인해서 조국의 통일에 관한 관심이 크지 않다. 힘겨운 이민자의 삶 속에서 조국의 통일을 생각할 겨를이 없다. 통일과 관련된 자료도 쉽게 구할 수 없고, 통일과 관련된 행사나 모임도 부족하다. 태평양 너머 위치한 거리만큼이나 통일에 대한 공감이나 동기가 부족한 것도 사실이다.

그럼에도 불구하고 조국의 통일에 대한 당위성과 다급함에 대해서는 충분히 공감하고 있다. 어떤 면에서는 밖에 나와 있기에 국내 상황에 갇혀서 조국의 통일을 생각하기 힘든 내국인들보다 제3자의 입장에서 객관적으로 상황을 보고 통일의 긴급함을 더 크게 느낄 수 있다.

이민 교회라는 특수한 상황을 고려해서 평화통일에 대한 성경공부를 적절하게 진행하면, 통일에 대한 열망은 물론 통일에 대한 성경적 원리와 하나님의 뜻을 발견하는 기회가 될 것이다.

우리가 살고 있는 미국 역시 평화와 하나 됨이 요청된다. 인종별, 계층별, 지역별로 분열된 미국에도 하나님께서 원하시고 그리스도께서 허락하시는 평화가 임하길 기도해야 할 것이다. 이민 교회의 평화를 위한 성경공부를 한반도의 평화통일을 넘어서 이민 사회는 물론 미국 전반으로 확장시킬 기회로 삼을 수 있다.

VI. 마치면서

한국의 기독교는 사경회를 비롯한 하나님 말씀인 성경을 귀중하게 여기면서 씨가 뿌려졌고, 그것을 토대로 여기까지 성장했다. "영혼 구원"이라는 다급한 과제에 쫓겨서 성경에서 중요하게 여기는 공동체성이 간과된 것이 사실이지만, 성경을 사랑하고 성경을 읽고 암송하고 심지어 성경을 통째로 필사하는 기독교인을 세상에서 찾아보기 힘들 것이다.

이제 한국교회의 성경공부가 개인과 교회를 넘어서 세상으로 향하길 원한다. 성경이 신앙 공동체에 주신 하나님 말씀이며, 동시에 신앙 공동체의 산물임을 성경공부를 통해서 강조하고, 하나님께서 원하시는 세상의 모습을 발견하고, 교회공동체 속에서 그 길을 함께 걷는 동지들과 연대하는 사건이 일어나길 바란다.

한반도의 통일은 민족의 숙원이자 전 세계에 평화의 하나님 나라가 성취되는 것을 구체적으로 보여줄 기회이다. 그것을 위해서 평화통일이 되어야 하고, 남·북한이 주체적으로 통일에 참여해야 한다.

작금의 한반도의 상황이 급변하고 있지만, 위기가 기회인 것을 알고 교회가 나설 때가 되었다. 교회는 정치 경제적인 이익에 따라 움직이지 않고 오직 한반도의 평화만을 위해서 기도하고 평화를 원하는 그룹들과 순수하게 연대할 수 있기 때문이다. 하지만 한국의 교회도 한반도의 평화통일을 주도할 동력을 잃어버린 것이 사실이다. 비록 이민 사회라는 환경에 있지만, 오늘 함께 모여서 평화통일을 논할 수 있음이 뜻깊은 일이고, 이것이 조국의 평화통일에 작은 파장이 되길 바란다.

또한, 성경공부를 통해서 잃어버린 교회의 동력을 회복하고 한반도의 평화통일을 열망하며 통일의 길로 나가는 희망을 발견하기 원한다. 하나님의 영감으로 기록된 하나님 말씀이 성경을 읽고 공부하는 성도들과 교회에 평화와 일치를 위한 힘을 주고, 한반도의 통일로 인도하길 기도한다.

통일기도문

박찬길
좋은교회 담임목사

하늘과 땅을 지으시고 우주 만물을 주관하시는 하나님 아버지, 우리의 고국, 한반도는 너무 많은 시간 동안 분단의 아픔을 겪고 있습니다. 서로 연합하여 하나가 되기는커녕 자기의 유익을 앞세워 비난하고 있습니다. 최근에는 북한의 핵실험으로 인하여 어느 때보다도 불안이 증폭되고 있습니다. 이러한 답답한 현실 가운데, 광복 72주년을 맞이하여 하나님 말씀의 빛을 따라가며 주님께서 무엇을 말씀하시는지 답을 얻고자 과거 해외 독립운동의 본부 역할을 했던 샌프란시스코에서 통일 심포지엄으로 다시 모였습니다. 십자가에서 인류의 화목제물이 되셔서 하나님과 화평의 다리를 놓으신 예수님, 갈등과 대립을 물리치고 대화와 소통의 문이 열리도록 은혜를 베풀어 주시옵소서. 머리를 맞대고 만나서 공동의 번영을 위한 새로운 역사를 활짝 열어주시옵소서. 평화를 목말라하는 수많은 백성의 간절한 부르짖음과 호소를 들어주시옵소서. 칼과 창을 녹여서 쟁기와 낫을 만들어 땅을 일구고 생명을 살리게 하여주시옵소서. 모든 것을 합력하여 선을 이루시는 성령님. 우리의 의지와 상관없이 분단된 한반도 땅에 주님의 평화를 내려주옵소서. 대결과 긴장감이 기쁨과 환희의 시간으로 바뀌어 가슴 벅찬 나날이 되게 하옵소서. 사랑과 관용과 포용과 수용의 대화가 지속하도록 주님의 마음을 부어주시옵소서. 하나님도 한 분이시고 주님도 한 분이시고 성령도 한 분이시기에 우리도 하나가 되는 은혜의 역사를 이루게 하여주시옵소서. 주여, 수년 내에 민족의 소원인 통일을 이루어 주셔서 찬송과 영광을 받으시옵소서. 예수님의 이름으로 기도합니다. 아멘.

2019년 광복 74주년 통일 심포지엄

한반도에 평화통일의 문이 열리다

일시 2019년 5월 17일
장소 프리몬트 제일감리교회
주최 겨자씨선교회

샬롬, 한반도 평화의 길
— 이사야 9:1-7을 중심으로

조은석

금문교회/BST

들어가면서

인내의 열매가 있다. 그러나 한반도의 평화는 감 떨어지기를 기다리는 데서 오지 않는다. 어디선가 나무 아래 감이 떨어질 것이다. 그러나 때와 장소는 예측불허다. 수주대토(守株待兎)도 어리석기는 마찬가지다. 독일이 통일되었다고 그 방식 그대로, 거기가 길은 아니다. 분명히 공통점이 없지 않으나 독일과 한반도는 전혀 다르다. 적어도 둘러싼 열강의 이해관계가 현저하게 다르다.

다르다면 다른 접근법을 요구한다. 나는 오늘 여기서 그 다른 접근법 하나를 제시한다. 이것이 전혀 다른 까닭은 성경은 읽는 자 각자에게 모두 독특한 하나님의 메시지가 되기 때문이다. 이것이 전혀 다른 또 다른 까닭은 성경이 그리고 있는 과거 그림은 오늘 우리에게 현재가 되기 때문이다. 누구나 우리의 현재는 당연히 독특하다. 언제 어디선가 존재한 적이 있거나, 지금 다른 데서 대체물을 찾을 수 있는 거라면 오늘 우리는 이렇게 실존의 고민을 하지 않는다. "현재가 될 수 없는 과거는 기억할 가치가 없다."[1]

---

1 S. Kierkegaard, *Fear and Trembling* (Princeton University Press), 30.

샬롬은 그 명사가 "평화"다. 그런데 동사의 뜻은 "되갚다"이다. 성경의 샬롬 정의에 따르면 되갚아야 할 어떤 것을 갚아서 이루는 변화가 샬롬이다.

갚아야 할 것이 있다면 갚아야 한다. 그것이 무엇일까? 성경이 제시한 샬롬 정의이므로 성경에 물어야 답이 나올 것이다. 그래서 우리는 성경을 읽는다.

평화의 조건으로 화해를 말한다. 화해가 정치적 계략을 넘어서서 진정한 평화를 가져오려면 갚음이 있어야 한다. 무엇을 어떻게 갚을까?

교회는 메시지가 있어야 한다. 오늘 사회를 향하여 교회가 내는 목소리는 무엇인가? 평화라면 무슨 갚음을 말하는 평화일까?

한반도 통일, 오기는 올 것이다. 어떤 면으로 읽어도 휴전선으로 그어 놓은 그 경계는 사라질 것이 분명하다. 세계 모두가 주목하는 그 열기, 그 에너지, 그 긴장, 그것이 이 상태로 한없이 오래 가리라고 보는 것은 비현실이다. 무엇보다 좋으신 하나님께서 선한 일을 이루실 줄 믿는 이것이 현실이다.

그런데 통일, 그 내용이 평화여야 한다. 전쟁은 안 된다. 성경을 읽는 그리스도인은 이스라엘 역사에서, 좁게는 이사야의 예언에서 제시된 샬롬을 구한다. 분단 이후 한국전쟁 휴전 이후 전쟁의 위기가 매일 현실인 한반도가, 한반도를 고향으로 둔 우리가 오늘 간절히 샬롬을 구한다.

I. 이사야 9:1-7(히브리어 8:23-9:6) 본문 읽기[2]

이사야서에서 "샬롬"은 중요하다. 오늘 본문에 두 차례 등장하는 "샬롬"의 위치에너지 측정이 필요하다. 그래서 히브리어 본문을 직역한다. 여기에 구조 분석을 시도한다. 히브리어 본문으로 구조 분석할 때는 직역이어야 한다. 단어뿐 아니라 배열도 그대로 살린다. 번역어가 어색할 것이다. 투박성이 부담스럽기도 할 테다. 날것 먹을 때처럼 비리거나 몹시 쓰디쓰기도 할 것이다.

---

2 히브리어 번역은 Eun Suk Cho, *Isaiah 6-10. SPRiNG to Echo Bible 23* (2018)에서 인용한다.

그렇지만 그 전혀 생소함이 잠자던 영혼을 일깨우는 데 일조한다면, 그건 환영하는 것이 좋다.

이사야서 전체에서 오늘 본문이 차지하는 위치는 샬롬이라는 주제를 주목할 때 분명하다. 예언자 이사야가 샬롬을 말하고 싶었다면, 오늘 본문이 오기까지 그는 참았던 것이 있다. 그가 샬롬 외에 다른 주제를 던지고 싶었더라도, 그 다른 주제는 샬롬을 품어야 한다. 그 다른 주제는 틀림없이 구원일 터다. 예언자 자신의 이름 이사야가 드러내는 바로 그 구원은 샬롬을 끌어안는다. 왜냐하면, 그가 구원주로서 제시하는 메시아는 "샬롬의 통치자"이기 때문이다. 샬롬은 바로 그 통치자의 속성이며, 동시에 그의 통치의 내용이다.

> But will be no gloom
> > for who were narrowness to her.
>
> 그러나 우울함이 없을 것이다.
> > 속 좁음에 있던 자들에게.
>
> (Isaiah 9:1a/Hebrew 8:23a)

> Like the time of the first one
> > he has made light
> > land of Zebulun and land of Naphtali[3].
>
> 그 때처럼, 그 처음
> > 그분께서 가볍게 다루셨다
> > 땅을, 스불론 그리고 땅을, 납달리.
>
> (Isaiah 9:1b/Hebrew 8:23b)

> But later he has made heavy
> > way of the sea, beyond the Jordan
> > Galilee of the nations.
>
> 그러나 나중에 그분께서 무겁게 다루셨다
> > 길을, 그 바다의, 저편에, 그 요단
> > 갈릴리를, 그 민족들의.
>
> (Isaiah 9:1c/Hebrew 8:23c)

---

3 Hebrew, "my struggle"; cf. Genesis 30:8b.

Parallelisms of Isaiah 9:1/Hebrew 8:23
Isaiah 9:1a-b/Hebrew 8:23a-b

	1	2	3
A	but will be no gloom	for who were narrownes s to her	
	2	1	3
B	like the time of the first one he has made light		land of Zebulun
			and land of Naphtali

Isaiah 9:1c/8:23c

	1	2
A	but later he has made heavy	way of the sae, beyond the Jordan
B		Galilee of the nations

The people, the ones walking in the darkness

    have seen light, great one.

그 백성이, 그 걷던 자들, 그 어둠에

    보았다, 빛을, 위대한.

(Isaiah 9:2a/Hebrew 9:1a)

Those dwelling in land of shadow of death

    light has shined upon them.

거주하던 자들에게, 땅에, 죽음의 그늘

    빛이 비추었다, 그들 위에.

(Isaiah 9:2b/Hebrew 9:1b)

Parallelism of Isaiah 9:2/Hebrew 9:1

	1	2	3
A	the people	the ones walking in the darkness	have seen light, great
B		those dwelling in land of shadow of death	light has shined upon them

The people (A-1) stands outside of A-2 and B-2; the verb in A-3 meets

with the subjects in A-2 and B-2, not the people (A-1), the singular.

Or,

	1	2	3
A	the people	the ones walking in the darkness	have seen light, great
	2	1	3
B	those dwelling in land of shadow of death	light	has shined upon them

This parallelism places the people (A-1) juxtaposed to light (B-1) so that the people, have seen light, great, to be sure resides in the light which has shined upon them.

Take a note of the unbuttoned in B, placing B-1 in the second place, next to B-2, identical one to the people (A-1), dwelling in land of shadow of death (B-2).

You have enlarged the nation.
　　Have you not increased the joy?
당신께서 크게 하셨습니다, 그 민족을.
　　당신께서 증가시키지 않으셨습니까, 그 기쁨을?
(Isaiah 9:3a/Hebrew 9:2a)
They have rejoiced to your faces
　　like gladness in the harvest
　　as they will shout with joy in their dividing[4] the booty.
그들은 즐거워합니다, 당신의 얼굴에
　　기쁨처럼, 추수 때
　　그들이 즐거워하듯, 나눌 때, 약탈물을.
(Isaiah 9:3b/Hebrew 9:2b)

The Parallelisms of Isaiah 9:3/Hebrew 9:2
Isaiah 9:3a/Hebrew 9:2a

---

4 Piel, infinitive, construct.

	1	2
A	you have enlarged the nation	have you not increased the joy?

The joy is that of shalom, repaid for freedom. God has increased the joy by the shalom.

Isaiah 9:3b/Hebrew 9:2b

	1	2
A	they have rejoiced to your faces	like gladness in the harvest
B		as they will shout with joy in their dividing the booty

Because
yoke of his burden
    and stick of his shoulder
    rod of the one pressing against him
        you have dismayed
            like day of Midian.
왜냐하면
    멍에를, 그의 짐의
    그리고 몽둥이를, 그의 어깨의
    그리고 지팡이를, 억압하는 자의, 그를 대항하여
        당신께서는 당황하게 하셨기 때문입니다
            미디안의 날처럼.
(Isaiah 9:4/Hebrew 9:3)

Parallelism of Isaiah 9:4/Hebrew 9:3

	1	2
	because	
A	yoke of his burden	
B	and stick of his shoulder	
C	rod of the one pressing against him	you have dismayed
		like day of Midian

The victory of Gideon over the Midianites (Judges 8:24-27) is implied here. Israel has been set free from the bondage, like the time of the

Exodus.

Because
    all boot
        one treading, in shaking.
왜냐하면
    모든 부츠는
        짓밟는 자의, 떨림으로.
(Isaiah 9:5a/Hebrew 9:4a)

And garment
    one rolling in bloods.
그리고 겉옷은
    뒹굴던 자가, 피에.
(Isaiah 9:5b/Hebrew 9:4b)

And she will be
    for burning
    food for fire.
그리고 될 것이다
    불태움이
    먹거리가, 불의.
(Isaiah 9:5c/Hebrew 9:4c)

Parallelism of Isaiah 9:5/Hebrew 9:4

	1	2	3
	because		
A	all boot	one treading in shaking	
	and garment	one rolling in bloods	
B	1	2	3
		will be	for burning
			food for fire

YHWH Sebaoth will finish/complete (shalom) the war (saba'). The shalom by verb is implied here. This is a powerful foreshadowing of the Messiah who would come forward in the next verse.

Because

Child is born to us.

왜냐하면

한 아이가 태어났기 때문이다, 우리에게.

(Isaiah 9:6a/Hebrew 9:5a)

Son is given to us.

한 아들이 주어졌다, 우리에게.

(Isaiah 9:6b/Hebrew 9:5b)

And will be

the rule

upon his shoulder.

있을 것이다

통치가

그의 어깨 위에.

(Isaiah 9:6c/Hebrew 9:5c)

And he will call his name

Wonder

Counselor

El

Mighty One

Everlasting Father

Prince of Shalom.

그리고 그분께서 부르실 것이다, 그의 이름을

놀라움

카운슬러

엘

전능하신 분

영존하시는 아버지

통치자, 샬롬의.

(Isaiah 9:6d/Hebrew 9:5d)

Parallelisms of Isaiah 9:6/Hebrew 9:5
Isaiah 9:6a-b/Hebrew 9:5a-b

	1	2
	because	
A	child	is born to us
B	son	is given to us

Isaiah 9:6c/Hebrew 9:5c

	1	2
A	and will be	the rule
B		upon his shoulder

Isaiah 9:6d/Hebrew 9:5d

	1	2
A	and he will call	his name
B		Wonder
C		Counselor
D		El
E		Mighty One
F		Everlasting Father
G		Prince of Shalom

The one calling (A-1) is YHWH, God of Israel.

In the parallelism, B-G, Wonder meets Prince of Shalom; C-F, Counselor meets Everlasting Father; D-F, El meets Mighty One. Highlight is found in B-G. The Hebrew verb pala' from the Wonder (pele') implies "wonderful acts of judgment and redemption" (BDB 810c). The vertical dimension of shalom is noted here.

For abundance
    the dominion.
풍성함에는
    그 통치가.
(Isaiah 9:7a/Hebrew 9:6a)
And for shalom
    there will be no end.

그리고 샬롬에는

    없을 것이다, 끝이.

(Isaiah 9:7b/Hebrew 9:6b)

Upon throne

    David.

왕좌 위에

    다윗이.

(Isaiah 9:7c/Hebrew 9:6c)

And upon his kingdom

    to establish her

    and to support her

        with justice

        and with righteousness

            from now and until forever.

그리고 그의 왕국 위에

    이루도록, 그녀를

    그리고 그녀를 지지하도록

        정의로

        그리고 의로움으로

            지금부터 영원토록.

(Isaiah 9:7d/Hebrew 9:6d)

Zeal of YHWH Sebaoth will do this.

열심이, 여호와 쓰바오트의, 행할 것이다, 이것을.

(9:7e/Hebrew 9:6e)

The Parallelisms of Isaiah 9:7/Hebrew 9:6
Isaiah 9:7a-b/Hebrew 9:6a-b

	1	2
A	for abundance	the dominion
B	and for shalom	there will be no end

In the parallelism, the character of shalom (B-1) is stated: abundance (A-1), to make the dominion (A-2). As the verb pala᾿ which met Prince of Shalom (Isaiah 9:6/Hebrew 9:5) implied, shalom is now understood as "judgment and redemption" (cf. BDB 818d), which will make eternity (cf. B-2).

In addition, there will be no end for the very shalom. This unconditional character of shalom we find in the vertical shalom.

Isaiah 9:7c-e/Hebrew 9:6c-e

	1	2	3	4
A	upon throne	David		
B	and upon his king dom		to establish her	
C			and to support her	with justice
				and with righteo usness
			from now and until forever	
D	zeal of YHWH Sebaoth will do this			

This seems to be a solid construction, by the picture by the syntax, building upon who YHWH Sebaoth is.

II. 이사야 9:1-7(히브리어 8:23-9:6) 본문 분석

본문에 샬롬이 두 차례 등장한다. 모두 명사다. 두 가지 중요한 선언에 들었다. 첫 번째는 메시아가 샬롬의 통치자라는 것이다. 두 번째는 그 샬롬이 영원하다는 것이다.

동사 샬롬은 본문에 없다. 그러나 본문 안에 동사 샬롬 정신이 충분히 함축되어 있다.

하나님 편에서 읽는 동사 샬롬은 인간으로서 불가능한 상황에서 당신의 능력으로 이루시는 "구원"이다. 오늘 본문에서 이사야는 구원주 메시아를 샬롬의 왕으로 묘사한다. 그분의 샬롬은 영원하다고 못 박는다.

이사야	샬롬 정신
9:1a/H 8:23a	전에 고통받던 자들에게는 흑암이 없으리로다
9:1c/H 9:23c	후에는 해변 길과 요단 저쪽 이방의 갈릴리를 영화롭게 하셨느니라
9:2/H 9:1	흑암에 행하던 백성이 큰 빛을 보고 사망의 그늘진 땅에 거주하던 자에게 빛이 비치도다
9:3a/H 9:2a	주께서 이 나라를 창성케 하시며 그 즐거움을 더하게 하셨으므로
9:3b/H 9:2b	추수하는 즐거움과 탈취물을 나눌 때의 즐거움 같이 그들이 주 앞에서 즐거워하오니
9:4/H 9:3	이는 그들이 무겁게 멘 멍에와 그들의 어깨의 채찍과 그 압제자의 막대기를 주께서 미디안의 날과 같이 하셨음이니이다
9:5/H 9:4	어지러이 싸우는 군인들의 신과 피 묻은 겉옷이 불에 섶 같이 살라지리니
9:6/H 9:5	평강의 왕이라
9:7a/H 9:6a	그 정사와 평강의 더함이 무궁하며
9:7b/H 9:6b	또 다윗의 왕좌와 그의 나라에 군림하여 그 나라를 굳게 세우고 지금 이후로 영원히 정의와 공의로 그것을 보존하실 것이라
9:7c/H 9:6c	만군의 여호와의 열심이 이를 이루시리라

III. 역사적 배경: 주전 8세기 유다의 샬롬

주전 931년, 솔로몬이 죽던 해 이스라엘은 분열되었다. 정치-외교를 주목하면 애굽 관여가 분명하다. 솔로몬의 정적 반군 대장 여로보암을 후원한 것이 한 예다. 소위 "쪼개서 정복한다"라는 동서고금 원칙이다.

웃시야(792-740)가 죽던 해 하나님의 부르심 받은(이사야 6:1) 이사야는 메시아를 샬롬의 왕으로 기다렸다. 그는 누구인가? 아하스(735-715) 때 시리아-에브라임 연맹이 나라의 위기가 되었다. 그때의 샬롬은 무엇인가?

자유인이 노예가 되는 길은 크게 두 가지다. 전쟁에서 포로가 되거나 빚을 갚지 못할 때다. 동사 샬롬은 이 두 가지 경우에 이들의 신분을 자유인으로 되돌림이다. 명사 샬롬은 부자유에서 자유를 획득한 상태다. 기드온에게

300명은 미디안 대군에 비하면 아무것도 아니다. 승리는 만군의 하나님의 능력 아니면 가능성 제로다. 모세 때 애굽이 기드온 때 미디안이었다. 이사야 때 미디안은 아시리아다.

이사야서의 사회-정치-군사적 배경에서 큰 사건 두 가지는 아하스 때 시리아-에브라임 연합군 침공(734. 참고. 왕하 16:5-9; 대하 28:1-7;)과 히스기야 (729/715-686) 제14년 아시리아 산헤립 침공(701. 참고 이사야 36) 등 두 가지다. 오늘 본문 이사야 9:1-7(히브리어 8:23-9:6)은 배경이 시리아-에브라임 침공이다.

당대는 아시리아 천하였다. 그런데 반아시리아 전선을 구축한 시리아-에브 라임은 친아시리아 노선을 택한 유다를 압박했다. 아시리아가 돕지 않았다. 그 정도는 망하게 버려두어도 해롭지 않았던 까닭이다. 고립된 유다는 절망했 다. 왕은 믿지도 않았고 굳게 서지도 못했다(참고 이사야 7:9). 전국은 마이너스 샬롬(-shalom)이었다. 이사야가 선포한 것은 왕 위의 왕, 플러스 샬롬(+shalom) 으로 구원하는 메시아였다.

IV. 샬롬(Shalom), 그 일차적인 뜻

명사 샬롬(Strong's #7965; BDB 1022d-1023b)은 "평화"라고 번역한다.
명사 샬롬은 구약에서 210회 나온다. 시편에 27회 그리고 이사야서와 예레미야서에 각각 25회로 두 번째로 많다. 이하는 이사야서다.

9:6-7; 26:3; 26:12; 27:5; 32:17-18; 33:7; 38:17; 39:8; 41:3; 45:7; 48:18; 48:22; 52:7; 53:5; 54:10; 54:13; 55:12; 57:2; 57:19; 57:21; 59:8; 60:17; 66:12.

이사야서의 경우 오늘 본문 중 9:6-7(힙. 9:5-6)이 그 첫 번째 경우다. 말하자 면 이사야서 샬롬 메시지는 오늘 본문에서 열린다. 샬롬을 놓고 읽으면 이사야 서는 오늘 본문 이전과 이후로 나눌 수 있다.

V. 샬롬, 보다 깊은 그 뜻

평화로 번역하는 샬롬을 보다 깊게 이해하기 위해서는 그 동사 샬롬 (Strong's # 7999; BDB 1022b-c)의 뜻 살피기는 게 좋다. 그러면 "성경에서 제시하는 평화"의 성격을 이해할 수 있다. 동사 샬롬의 뜻은 이렇다.[5]

1. 끝내다.
2. 온전하다.
3. 잃어버린 것을 회복하다. 빚을 탕감하다.
4. 서원을 갚다.

이 네 가지는 서로 상치하는 개념이 아니다. 1-2는 3-4의 결과다. 결국, 빚 내지 서원을 갚는 데 동사 샬롬의 뜻이 모아진다.

동사 샬롬은 구약에서 94회 나온다. 시편에 16회, 출애굽기에 14회 그리고 이사야서에 10회, 빈도수로 세 번째다. 아래 도표는 이사야서다.

이사야	샬롬 동사형
19:21	여호와께 서원을 갚다
38:12-13	생명이 끝나다
42:19	되갚은 자(동명사)
44:26	성취하다
44:28	성취하다
57:19	하나님께서 되돌리시다 (위로를)
59:18	하나님께서 갚으시다
60:20	끝마치다
65:5(히. 65:6)	하나님께서 되갚으시다/보응하시다
66:6	하나님께서 보응하시다

---

5 BDB 1022-1023.

열왕기하 4:1-7은 예언자의 생도의 과부 아내가 두 아들을 빚에 팔리게 된 상황이다. 엘리사가 말한다.

And he said: "You shall walk. You shall sell the oil. And you shall shalom your debt. And you, your sons, you will live with the one remaining." 그러자 그가 말했다: "당신은 가시오. 당신은 파시오, 그 기름을. 그리고 당신은 샬롬 하시오, 당신의 빚을. 그리고 당신, 당신의 아들들, 당신은 살 것이다, 그 남은 것으로" (열왕기하 4:7b, Echo Bible).

여기서 동사 샬롬을 만난다. 이사야는 이런 수평적 샬롬을 언급하지 않는다. 하나님 구원의 능력이 특별히 강조된 까닭이다.

그러나 하나님 구속의 능력을 드러내는 자의 사역은 분명히 동사 샬롬의 뜻이 들었다. 안식일 명령이다.

여호와께서 이와 같이 말씀하시기를, 너희는 정의를 지키며 의를 행하라. 이는 나의 구원이 가까이 왔고, 나의 공의가 나타날 것임이라, 하셨도다. 안식일을 지켜 더럽히지 아니하며, 그의 손을 금하여 모든 악을 행하지 아니하여야 하나니, 이와 같이 하는 사람, 이와 같이 굳게 잡는 사람은 복이 있느니라(이사야 56:1-2, 개역개정).

이사야의 안식일 준수 강조는 특별하지 않다. 이미 모세오경, 특히 신명기에 강도 높은 안식일 명령이 있다. 이사야의 신학은 모세오경의 연장 선상에 있다. 안식일은 예배로써 풀어 살리는 날이다. 주목하는 그대로 모든 빚을 탕감하는 희년은 안식일의 결정체다.

출애굽 제1세대는 하나님께서 창조하심을 기억하고 안식일을 지켰다(출애굽기 20:8-11). 출애굽 제2세대는 하나님께서 구원하심을 기억했다(신명기 5:12-15). 창조@출애굽 다이내믹스는 안식일 명령에서 극명하게 드러난다. 이사야의 수평적 샬롬은 안식일 준수 명령에 함축된 것으로 충분하다.

VI. 샬롬, 수직과 수평

샬롬은 수직적 의미와 수평적 의미가 있다. 수직적 샬롬은 하나님께서 인간의 빚을 탕감해 주심이다. 구원이다. 수평적 샬롬은 인간이 서로 빚을 탕감해 줌이다. 수평적 샬롬은 스스로 기능하지 않는다. 하나님의 수직적 샬롬을 품은 인간이 수평적 샬롬의 주체가 될 수 있다. 수평적 샬롬은 "명령"과 "순종"의 형태로만 기능하기 때문이다. 수직적 샬롬을 은혜로 경험한 자가 수평적 샬롬을 이해하고, 그 명령을 순종한다. 즐거운 순종이다.

샬롬은 탄력적이다. 샬롬은 우선 하나님께서 인간에게 대한 평화, 곧 수직적 샬롬에서 보인다.

1. 수직적 샬롬

1) 평강의 왕 샬롬

하나님께서 이 세상을 사랑하셨다. 그래서 독생자 예수 그리스도를 보내셨다(요한복음 3:16). 평강의 왕으로 임하시는 예수 그리스도가 그 실체다.

> 지극히 높은 곳에서는 하나님께 영광이요
> 땅에서는 하나님이 기뻐하신 사람들 중에 평화로다.
> (누가복음 2:14, 개역개정)

2) 서원 갚기 샬롬

동시에 샬롬은 인간이 하나님께 대하여 평화를 추구하는 데서도 보인다. 하나님께 드린 모든 서원을 갚을 때 이 동사를 사용한다.

And I, in voice of thanksgiving

I will slaughter to you.

What I have vowed, I will shalom.

Salvation is to you.

그리고 저는, 목소리로, 감사의

제가 희생제사 드리겠습니다, 당신께.

제가 서원한 것을, 제가 샬롬하겠습니다.

구원은 당신께 있습니다

(요나 2:10, Echo Bible).

2. 수평적 샬롬

아울러 샬롬은 수평적 인간관계에서도 돋보인다. 형제가 형제의 빚을 탕감할 때다. 이 경우, 특정한 형제가 특정한 형제에 한정하지 않는다. 사람은 누구라도 언제든지 빚을 질 경우가 생긴다. 어제의 부자가 오늘 가난할 수 있다. 오늘 가난하지만, 내일 풍요를 누릴 수 있다. 누구라도 빚을 갚아 주고 빚을 탕감받는 일에 예외가 없다.

이에 수직적 샬롬에 바탕을 두어야 수평적 샬롬 이해와 실천이 가능하다. 이 사실에 근거하여 몇 가지 제안을 낸다.

VII. 샬롬. 그 명령 순종

반복한다: 수평적 샬롬은 수직적 샬롬에 대한 순종으로 나타난다.

아리스토텔레스의 레토릭 패턴을 활용, 툴민(Toulmin)은 아래와 같은 구도를 선보인다.[6]

---

6 Jeanne Fahnestock & Marie Secor, *A Rhetoric of Argument*. Third Edition, 2004, 16-44.

클레임 Claim (주장)	리즌 Reason (이유)
워런트 Warrant (근거)	

어떤 클레임이라도 이유가 타당해야 받아들여진다. 예를 들면 어떤 남자가 여자에게 이렇게 말한다.

우리 커피 한 잔 합시다.

이건 클레임이다. 그것이 받아들여질지는 불투명하다. 그러자 타당한 리즌이 곁들여진다면 이야기는 다르다.

우리가 처음 데이트 할 때 비가 내렸어요. 오늘 비 내리는 길을 오면서 당신과 커피 한잔하고 싶었습니다.

이렇게 클레임-리즌이 제대로 결합하면 여자는 커피점에 동행할 가능성이 대단히 높다. 그러나 잠깐! 워런트가 남아있다. 여자가 최종 결정을 내리기 전에 들어야 할 말이다.

나는 당신의 남편입니다!

만일 워런트 설정이 잘못되었다면 아무리 클레임-리즌이 타당해도 듣는 사람을 설득하여 행동으로 옮기게 할 수 없다.
수평적 샬롬 명령 내용은 아래와 같다:

클레임: 샬롬하라!
리즌: 왜냐하면 하나님께서 너희를 샬롬하셨기 때문이다.
워런트: 여호와께서 하나님이시다.

이 내용을 툴민 구도 안에 위치시켜 본다.

클레임 Claim	리즌 Reason
샬롬하라!	하나님께서 너희를 샬롬하셨다
	창조@출애굽
워런트 Warrant	
여호와께서 하나님이시다	

여기서 창조@출애굽 다이내믹스는 먼저 출애굽 이스라엘에게 선보이셨다. 이스라엘은 매년 유월절-무교절을 지키면서 클레임에 대한 리즌을 "기억"했다. 수직적 샬롬을 이해한 자가 받는 명령은 이런 레토릭 형태다.

VIII. 샬롬, 한반도 평화의 길

하나님의 은혜 아니면 사람은 누구나 조건 없이 남의 빚을 갚아 줄 수 없다. 예수님께서 발을 씻어 주신 자는 그 배운 대로, 그 명령을 따라 이웃의 발을 씻는다. 파멸이 아니라 생명이라면, 한반도 통일의 길은 샬롬 외에 달리 없다. 수직적 샬롬 회복에 바탕을 둔 수평적 샬롬의 실천을 모색한다.

따라서 내가 제안하는 평화의 길이란 예수 그리스도 안에서 그리스도인에게 권면하는 분명한 제한이 있다. 그리스도를 믿고 따르지 않는 자들에게는 실현이 가능하지 않은, 어쩌면 빈곤한 상상력에 지나지 않을 테다. 이건 정치-경제-외교-군사 같은 범주에서는 "버린 돌"이다.

그러나 믿는다. 인류 역사에 믿는 이들이 이뤄낸 아름다움은 인간 스스로 신뢰하며 구축한 그 어떤 미학보다 월등하다. 생명을 살려내는 능력이 있다. 그러므로 이 제안은 예수 그리스도를 믿고 구원을 얻으라는 복음 전도의 한 방편이다. 한반도의 진정한 평화를 원하는 모든 자는 그리고 저들 자리에서 이 같은 평화를 기다리는 모든 인간은 반드시 들어야 하는, 광야에서 외치는 목소리다. 말씀 외에 달리 아무것도 기다릴 것 없는 이 거친 땅에서.

1. 미주 한인의 샬롬

샬롬의 정의와 그 필요성을 먼저 오늘 여기 미주 샌프란시스코 베이지역에 모인 우리가 새롭게 이해한다. 이것을 다양한 채널을 통해 되도록 많은 사람이 공유한다. 물론 북한 지도자들과 북한 주민들도 포함한다. 소위 "6자회담" 당사국이 먼저 고려되겠지만, 땅끝에 사는 그 누구라도 들으면 한다. 나비효과가 거기서부터 여기를 거쳐 한반도까지 미칠 수가 있다.

서로 형제의 어깨에 걸린 빚이 무엇인가 생각한다. 그리고 어떻게 그 빚 탕감을 도울 수 있을까 생각한다. 여기까지 가면 길이 보인다.

한인 이민교회가 눈을 떠야 한다. 말씀의 눈을 떠야 한다. 샬롬을 가르치는 말씀의 눈을 떠야 한다. 교회란 무엇인가? 이익단체인가? 친교 클럽인가? 아니다. 자기를 부인하고 십자가를 지고 예수님을 따르는 무리다.

자기를 내려놓은 교회는 한인사회에 길을 제시한다. 샬롬의 길이다. 하나님께로부터 받은 사랑을 이웃과 나눈다.

2. 남한의 샬롬

남한이 샬롬에 앞장서는 길에 교회가 있다. 한국교회는 세속화의 늪에서 벗어나야 한다. 기득권을 과감하게 버리고 하늘 만나를 매일 기다리는 진정한 말씀개혁이어야 한다. 하나님의 말씀 공부에 그 가능성이 보인다.

특히 샬롬 이해가 당면한 한반도 평화문제의 열쇠라는 점에서, 교회는 샬롬 실천의 선봉에 설 수 있다. 교회가 사회 지도력을 상실하면 비난과 비판을 견딜 수 없다. 성별을 깃발(야웨 닛시)로 내거는 교회에 거는 원천적 사회적 기대가 있기 때문이다. 교회의 지도력은 대 사회적 공통 이슈를 선점하는 데 있다. 지도력은 공통 이슈를 찾아내고 깃발로 내걸 때 생긴다. 지난 세대 교회는 3.1운동 같은 사회 이슈를 선점했다. 오늘 가장 강력한 이슈는 통일이다.

3. 미국의 샬롬

미국은 기독교 신앙이 기반이다. 미국 교회가 성경 말씀을 배운다. 샬롬을 바르게 이해한다. 교회가 가진 힘을 샬롬하는 데 사용하라는 하나님의 명령을 순종한다. 한때 선교사를 파송했던 한반도에 샬롬 메시지를 보내야 한다.

미국교회가 엄청난 속도로 무너지고 있다. 말씀을 거역하는 교회는 살아남을 수 없다. 사데교회처럼 살았다는 이름뿐이라면, 그건 벌써 죽은 것이다. 미국교회가 무너지면 미국도 소망이 없다. 교회는 핍박을 두려워하지 않아야 한다. 사회적 기득권에 안주하던 것이 여태 패인이라면, 이제 핍박을 선택하라.

4. 중국의 샬롬

북한과 국경을 맞대고 있는 중국의 샬롬은 한반도 평화의 필연이다. 무자비한 핍박에도 교회가 부흥하는 중국이다. 세계에서 가장 빠르게 교회가 성장하는 나라 몇 개 중 하나다. 누가 부인하더라도 중국은 하나님의 명령을 순종하는 길로 들어섰다.

중국 선교는 한국교회가 큰 역할을 맡았다. 이제 중국교회는 스스로 일어서고 있다. 말씀 양육이 관건이다. 이미 불법이 된 선교사역을 다양화해야 한다. 한국이나 미국 등지에 나온 유학생이나 주재원, 혹은 취업자나 관광객에게 말씀을 가르치는 길이 있다.

조선족의 역할을 주목한다. 조선족 교회의 부흥을 돕는 것, 그들에게 말씀 양육의 길을 열어주는 것, 진일보하는 샬롬의 길이다.

5. 일본의 샬롬

일본 기독교는 소수지만 깊은 말씀 이해가 있다. 사변으로 기우는 경향은 교회 부흥으로 일으켜 세운다.

일본은 특히 한반도에 식민통치의 빚을 졌다. 일본이 한반도 샬롬을 도움으로써 그 빚을 갚을 수 있다.

일본은 남·북한 "공공의 적"이다. 원수를 사랑하라는 예수님의 절대명령 순종으로 일본의 모습이 변한다. 일본은 남·북한 공공의 친구다. 샬롬으로 가는 길에 남·북한 그리스도인이 일본을 사랑한다. 가해자 콤플렉스에서 벗어난 일본은 한반도의 분단 극복을 돕는다. 샬롬의 동역자다.

6. 러시아의 샬롬

러시아의 정신문화는 기독교다. 톨스토이와 도스토예프스키의 나라다. 러시아에 느리지만, 기독교가 부흥하고 있다. 한국교회가 러시아 선교사역에 힘쓴 열매가 이미 뚜렷하다.

7. 북한의 샬롬

형제의 빚을 탕감해 주는 데서 형제 관계의 샬롬이 온다. 그러면 남한이 북한의 빚을 갚아 주자는 제안이 오늘 우리 해법인가? 북한의 어떤 빚을 남한이 어떻게 갚을까? 북한이 남한의 빚을 갚아 주는 발상의 전환은 현실성이 있는가?

북한은 절대 약소국인가? 그래서 샬롬에 관한 한 언제나 수동적일 수밖에 없는가? 이 질문을 곱씹으면 그렇지 않다는 것을 안다. 교회의 성장사를 살피면 가난한 이들의 헌신이 있다. 그들의 몇 푼 연보로 교회가 세워졌다. 나는 여기서 찬란한 보물을 품은 그런 인간 자랑의 교회를 말하지 않는다. 하나님께 신령과 진정의 예배를 드리는 교회다. 평양은 제2의 예루살렘이었다고 했다. 우리 주님께서 지금까지 그 불씨를 남기셨다고 믿는다. 교회가 있다면 절대빈곤에 허덕이는 북한이 형제의 빚을 갚아 줄 수 있다.

북한이 손에 쥐고 있는 것 중에 그 열쇠가 있다. 비틀리고 꼬였으며 엉켜버린 문제의 해법을 그 열쇠가 결정적으로 이끌어낼 수 있다. 북한이 샬롬하는 자세로 돌아서는 것은 수많은 사람이 오늘까지 기다린 이유 중 하나다. 오늘 샬롬에 대한 새로운 이해가 북한의 주민과 지도자들에게 전달되기를 바란다. 영원한 피해자, 약자 콤플렉스에서 벗어나, 샬롬하는 주체로 굳건히 서서, 샬롬의 광장으로 당당히 걸어 나오기를 바란다. 오해를 원하지 않는다. 북한 정치 지도자 누구를 말함이 아니다. 하나님을 믿고, 그 샬롬의 은혜를 받은 단 한 명(참고, 렘 5:1), 우리는 오늘 그를 부른다.

북한의 교회를 생각한다. 누구도 파악하지 못한 북한교회다. 그러나 북한교회는 죽지 않았다. 죽은 자는 하나님의 말씀을 듣지 못한다. 들어도 깨닫지 못한다. 그러나 북한은 듣는다. 설령 죽었다고 해도, 그건 일시다. 말씀의 능력으로 깨어 일어날 것이다. 그러므로 그들은 겨우 잠든 것뿐이다(참고, 요한복음 11:11). 오늘 우리가 믿는 것은 말씀의 능력이다. 주님께서 가신다. 그들을 깨우실 것이다. 죽음에서 일어난 그가 증언할 것이다. 그의 증언은 능력이 있다. 샬롬의 길에 그는 중요한 증인이다.

8. 모든 이들의 샬롬

미주 한인 외에 소위 "6자회담"의 당사자에 해당하는 여섯 나라를 샬롬의 주체로 위에 열거했다. 눈치챘을 것이다. 이러면 실제로 정치적 해법인 셈이다. 그러나 아니다. 한반도를 자주 언급하는, 어쨌거나 한반도 샬롬이 관심사인 그들을 먼저 살핀 것뿐이다.

사실 성경이 모든 이들을 위한 것이듯, 샬롬은 "모든 이들"이 주체로 일어서야 하는 절대명령이다. 모든 이들이 샬롬을 위해 광장에 나올 때 어떤 일이 벌어질 것인가? 나는 해외 교육 선교에서 성경을 강의한다. 내 생각에 이건 통일 선교다.

한반도 샬롬은 소수 몇 나라의 손에 걸려 있지 않다는 사실이 밝혀진다. 모든 이들이 하나님 두려운 줄 알고, 하나님의 명령/클레임에 순종할 때 한반도 샬롬은 필연으로 부각된다.

온 세상 모든 마이너스 샬롬(-Shalom)을 뽑고 파괴하고 파멸하며 넘어뜨리고, 샬롬을 심고 건설하라는 명령(참고, 예레미야 1:10a)으로 한반도 플러스 샬롬(+Shalom)이 실현되면, 후속타는 온 세상 샬롬이다.

나가면서

샬롬은 특정한 자가 특정한 자를 특정한 방식으로 탕감하는 것이 아니다. 그건 차라리 "고엘"의 몫이다. 이번에 깊지 않게 제기된 샬롬과 고엘의 관계가 내게는 숙제다. 샬롬의 동사와 고엘의 동사가 어느 정도 맞물린다. 고엘은 같은 지파, 같은 족속, 같은 집안의 상실된 것을 회복시키는 사역 및 사역자다. 한반도를 역사적 운명공동체로 볼 때 분단 극복의 길로 신학적 고엘이 타당성을 확보한다. 다음은 한반도 통일의 신학적 전거로 고엘 하는 길을 연구해 보겠다.

샬롬이나 고엘 모두 하나님의 뜻 안에 움직이는 역동성이다. 하나님의 뜻은 이루어진다. 선이 악을 이긴다. 분단은 극복된다. 인간이 그 길을 방해하는 대신 하나님의 뜻을 받든다면, 그는 통일 사역의 선구자다.

참고문헌

조은석. *SPR*. 서울: 쿰란출판사, 2012.

BDB: *The Brown-Driver-Briggs Hebrew and English Lexicon*. Reprinted from the 1906 Edition. Sixth Printing. Hedrickson Publishers, 2001.

Eun Suk Cho. "Josianc Reform in the Deuteronomistic History Reconstrutced in the Light of Factionalism and Use of Royal Apology. GTU Ph.D. Dissertation, 2002.

_____. *What is SPR?*. Kindle Direct Publishing, 2002.

_____. *Micah*. SPRiNG the Bible 33. Kindle Direct Publishing, 2017.

_____. *Isaiah 1-10*. SPRiNG the Bible 23-1. Kindle Direct Publishing, 2018.

Fahnestock, Jeanne & Marie Secor. *A Rhetoric of Argument*. Third Edition. McGraw-Hill, 2004.

Molano, Hector. *To Teach SPR As A New Reading of the Book of Micah. That Encourages Peace in Colombia*. BST D.Min. Dissertation. Kindle Direct Publishing, 2018.

예언자 이사야가 부르는 통일 노래
— 이사야 65장 17-25절을 중심으로

하시용
참빛교회/BST

I. 시작하면서

통일을 그리워하며 평생 조국의 통일을 꿈꿨던 문익환(文益煥, 1918-1994) 목사는 <꿈을 비는 마음>(1978)이라는 시에서 남한과 북한의 청춘 남녀가 만나서 사랑을 나누고 결혼해서 아이를 낳고 가족을 이루는 꿈을 다음과 같이 노래했다.

> 그도 아니면 / 이런 꿈은 어떻겠소? / 철들고 셈들었다는 것들은 다 죽고 / 동남동녀들만 남았다가 / 쌍쌍이 그 앞에 가서 화촉을 올리고 / 그렇지 거기는 박달나무가 서 있어야죠 / 그 박달나무 아래서 뜨겁게들 사랑하는 꿈 그리고는 / 동해바다에서 치솟는 용이 품에 와서 안기는 태몽을 얻어 / 딸을 낳고 / 아침햇살을 타고 날아오는 / 황금빛 수리에 덮치는 꿈을 꾸고 / 아들을 낳는 / 어처구니없는 꿈 말이외다. (문익환, "꿈을 비는 마음," My History 2019년 5월 1일, https://biencan.tistory.com/1422).

41년 전 문익환 목사께서 "어처구니없는 꿈"이라고 부른 한반도의 통일이 가까이 느껴진 적도 근래에 없다. 물론, 지난 2월 말 미국과 북한의 정상회담이 아무런 결실 없이 끝나면서 통일에 대한 논의가 교착상태에 빠진 것도 사실이지만, 아직은 꿈만 같던 통일의 불씨가 살아 있음에 감사할 뿐이다.

통일로 가는 길이 평탄할 수는 없다. 70년이 넘는 세월 동안 남과 북은 해방 이후 3.8선과 한국전쟁 이후 휴전선을 가운데 두고 나뉘어 있었다. 자유 민주주의와 공산주의라는 이데올로기의 장벽은 휴전선보다 훨씬 높았다. 김일성 일가로 계승된 일인 독재 체제인 북한과 많은 정권이 바뀌면서 민주주의를 정착시킨 남한은 정치, 경제, 문화 등 모든 면에서 큰 간격을 보인다. 무엇보다 통일이라는 민족의 사명 앞에 남·북은 물론 미국과 중국 등 관련된 국가와 당사자 간에 이해관계가 엇갈린다.

이처럼 통일의 길목에 놓인 여러 가지 사안들을 고려하면 통일이 힘겨워 보인다. 하지만 역사를 주관하시는 하나님께서 통일에 대한 민족의 염원에 응답하신다면, 한반도의 통일이 어느 날 갑자기 우리 앞에 닥치지는 않을지! "그도 아니면 이런 꿈은 어떻겠소?"라고 반문하는 시인의 말처럼 통일은 우리의 상상력이 현실이 되는 날이라고 생각하면 어떨지!

본 논고에서는 구약 시대의 예언자 이사야가 꿈꾸었던 하나님 나라를 우리가 꿈꾸는 통일에 대입해서 생각해보고자 한다. 논문의 많은 부분을 이사야 해석에 할애한 것은 하나님께서 주도하시는 역사의 속성을 살피기 위함이다. 자칫 현실성이 결여될 수 있지만, 통일의 길이 현실을 넘어서 꿈과 상상력의 여정일 수 있다고 생각하면서 이사야 선지자와 함께 한반도의 통일을 노래하고 싶다.

II. 구약성경 이사야서의 신학적 특징

1. 이사야서의 문학적 배경

폰 라드(Gehard von Rad)는 이사야서를 두고 구약성경 가운데 신학적으로 가장 높은 수위에 있는 말씀(the theological high water mark of the whole Old Testament)이라고 했다(Gerhard von Rad, *Old Testament Theology*. Vol. 2, New York: Harper Collins, 1965, 147). 그만큼 이사야서는 구약성경에서 중요한 위치를 차지한다. 구약성경뿐 아니라 이사야서의 메시아 예언은 복음서의 예수님에 대한 예언으로 이어지고, 예수님께서 공생애를 시작하실 때 회당에서 처음 펼쳐 읽은 말씀도 이사야서 61장1-2절이었다.

> [16]예수께서 그 자라나신 곳 나사렛에 이르사 안식일에 늘 하시던 대로 회당에 들어가사 성경을 읽으려고 서시매 [17]선지자 이사야의 글을 드리거늘 책을 펴서 이렇게 기록된 데를 찾으시니 곧 [18]주의 성령이 내게 임하셨으니 이는 가난한 자에게 복음을 전하게 하시려고 내게 기름을 부으시고 나를 보내사 포로 된 자에게 자유를, 눈 먼 자에게 다시 보게 함을 전파하며 눌린 자를 자유롭게 하고 [19]주의 은혜의 해를 전파하게 하려 하심이라 하였더라(눅 4:16-19).

그런데 66장으로 구성된 이사야서는 읽기가 쉽지 않다. 분량만 긴 것이 아니라 내용도 복잡하다. 성경에 대한 비평적 접근이 제기되면서, 이사야서의 경전화 과정에 대한 본격적인 연구가 시작되었다. Bernhard Duhm (1847-1928)이라는 독일 신학자를 시작으로 대부분이 이사야서가 세 부분으로 나뉜다는 데 동의한다: 제1 이사야(1-39장), 제2 이사야(40-55장), 제3 이사야(56-66장). 첫 번째 이사야는 주전 8세기 예루살렘에서 활동했고, 두 번째 이사야는 이름은 알 수 없지만, 이사야 선지자의 전통을 전수하며 바빌론 포로기에 활동했을 것이다. 포로 후기에 활동한 세 번째 이사야는 첫 번째 이사야는 물론 특히 두 번째 이사야의 전통을 이어받아서 온 세상에 하나님 나라가 임하길 소망했다.

하지만, 이사야서가 정확히 세 부분으로 나뉘는 것은 아니다. 혹자는 세 번째 이사야서에 하나님의 간섭으로 인한 묵시적 하나님 나라에 대한 사상이 있다고 하지만, 실제로 이사야서의 묵시는 24-27장에 배치되어 있다.

첫 번째 이사야의 예언에 바빌론의 멸망과 포로 귀환에 대한 메시지가 들어있는 것도(사 13-14장) 이사야를 시대 구분에 따라 세 부분으로 나누는 것에 한계를 보여준다.

따라서 이사야서 66장이 세 부분으로 나뉘지만, 한 권의 정경(canon)으로 통일성을 보이는 것도 강조해야 한다. 주전 8세기 이사야의 예언을 토대로 바빌론 포로기와 포로 후기의 상황에 맞게 이사야의 예언이 발달하고 그것이 완벽한 예언으로 그리고 하나님 말씀인 정경으로 완성되었기 때문이다. 따라서 이사야서 전체의 문맥 속에서 이사야서 선지자를 통한 하나님 말씀을 포착하는 것에 주력할 수 있다.[1]

2. 이사야서의 역사적 특징

이사야서의 역사적 배경은 위에 소개한 이사야서의 문학적 특징과 맥을 같이 한다. 이사야 선지자는 주전 8세기 남유다에서 활동했다. 길게는 40년 동안 남유다의 네 왕(웃시야, 요담, 아하스, 히스기야)이 통치하던 시기에 예루살렘에서 활동했고, 성전에서 직책을 맡았다는 기록은 없지만, 왕을 비롯한 귀족들과 함께 예언 활동을 한 것으로 추측된다.[2]

이사야가 활동하던 시기는 아시리아가 고대 근동을 장악하고 있을 때였다. 고대 바빌론에 이어서 패권을 잡은 아시리아는 남방 정책을 펼치며 팔레스타인을 공격했다. 결국, 북이스라엘이 주후 722년 아시리아의 살만헤셀 왕에게 멸망하고(왕하 17:1-6), 남유다 역시 아시리아의 침략에 시달렸다. 아하스 왕의

---

1 정경 비평(canonical criticism)이라는 새로운 성경해석의 지평을 연 B.S. 차일즈는 이사야의 세 부분을 인정하지만, 각각의 특징과 더불어 연결되는 부분을 지적하면서 이사야 66권을 하나의 통일된(unity) 정경으로 볼 것을 요청한다. Brevard S Childs, *Introduction to the Old Testament as Scripture* (Philadelphia: Fortress Press, 1979), 328-334.
2 이사야가 활동했던 당시의 왕들의 연대는 다음과 같다: 웃시야(주전 783-742), 요담(주전 742-735), 아하스(주전 735-727), 히스기야(주전 727-687). John D. W. Watts, *Isaiah 34-66; Word biblical Commentary* 25 (Waco, Texas: Word book, 1987), 354.

경우 시리아와 연합군을 형성해서 아시리아에 대응하지만, 번번이 실패로 끝나고, 히스기야 시대에는 산헤립이라는 장수가 예루살렘을 위협했다. 그때마다 이사야 선지자는 왕의 자문역할을 하면서 예언자로 활동했다(이사야 36:1-22).

외세의 침략만 있었던 것이 아니다. 이스라엘은 지속해서 하나님을 떠났다. 하나님을 섬기지 않고 우상을 섬기던 북이스라엘이 아시리아에 멸망한 것이 하나님의 심판임을 알면서도 남유다 역시 온전히 하나님께 돌아오지 않았다. 포도원의 노래(사 5장)에서 밝히듯이 하나님께서는 가장 좋은 포도나무를 심으시고 최상급 포도를 기대하셨지만, 이스라엘은 들포도만 맺고 말았다. 하나님께서 포도원을 헐고 포도나무 대신에 찔레나무와 가시나무가 자라게 하실 것이다.

이사야서의 두 번째 부분(40-55장)의 역사적 배경은 바빌론 포로기이다. 아시리아가 바빌론에 무너졌고, 바빌론은 주전 586년에 남유다와 예루살렘 성전을 무너뜨렸다. 시드기야 왕을 비롯한 예루살렘의 백성들이 적어도 두 차례 이상 바빌론에 포로로 잡혀가서 살고 있다. 이에 대해서 선지자 예레미야는 70년이 지나면 포로에서 돌아올 것을 약속했다(렘25:12). 예레미야의 예언대로 바빌론도 페르시아에 무너지고, 페르시아의 첫 번째 왕 고레스는 칙령을 발표해서 바빌론 포로들을 예루살렘으로 돌려보냈다(주전 536년).

이사야 두 번째 부분은 바빌론 포로에 있던 이스라엘 백성들을 위로하는 말씀으로 시작한다. 이전 것은 지나가고 새로운 세상이 펼쳐질 것이다. 하나님께서 페르시아 왕 고레스까지 기름을 부으시고, 그가 이스라엘을 해방할 것이다. 바빌론 제국이 섬기는 벨(Bel)신은 사람이 만든 가공품에 불과하고 하나님만이 온 세상을 주관하시는 유일한 신임을 고백한다(사43:10-11; 44:6,8; 45:5-7, 14,18,21; 46:9).

이사야서의 세 번째 부분(56-66장)은 포로 후기로 옮겨온다. 이스라엘 백성들은 포로에서 돌아온 후에도 여전히 악한 길에서 떠나지 않았으며, 하나님께서 이사야를 통해서 약속하신 예언을 접수할 준비를 하지 않았다.

이사야는 하나님의 간섭을 촉구한다. 하나님께서 악한 자들을 심판하시고 선한 자들을 위해서 하나님 나라를 성취하실 날이 올 것이다. 또한, 이스라엘뿐 아니라 온 열방이 하나님께 와서 주님을 찬송할 날이 올 것이다.

3. 이사야서의 대표적인 신학

1) 그루터기, 남은 자 (사 6:13)

"남은 자(remnant)"에 대한 사상은 구약성경에서 꾸준히 제기된다. 그 가운데 이사야서는 남은 자 사상의 보고(寶庫)라고 볼 수 있다. 이사야서 1장은 하나님을 떠난 이스라엘을 고발하는 것으로 시작한다. 하나님께서 이스라엘을 자식이라고 부르시는데, 자식이 하나님을 거역했다. 하지만 하나님께서 그루터기를 남겨놓으시고, 그들을 통해서 구원의 역사를 새로 쓰실 것이다. 이사야는 아들의 이름을 "스알야숩"이라고 짓는데 "남은 자가 돌아오리라"라는 뜻이다.

2) 여호와의 주권

이사야서의 첫 번째 책인 1-39장의 핵심 사상이 "남은 자"라면, 두 번째 책(40-55장)에서는 하나님의 주권을 강조한다. 이사야서 40-55장은 바빌론에서 포로 상태에 있던 이스라엘에 주신 말씀이다. 나라를 잃고 예루살렘 성전은 무너졌으며 바빌론에 포로로 잡혀 갔지만, 하나님께서는 자신이 택한 백성을 잊지 않으셨다. 40장에서는 선지자에게 자신의 백성을 위로하라고 부탁하신다. 하나님께서 세상의 창조주가 되시고, 이스라엘을 구원할 유일한 하나님이시다. 여호와 외에 이스라엘의 구원자는 없다(사45:7; 43:10-11; 44;6 등).

3) 메시아와 하나님 나라

이사야서가 구약성경은 물론 성경 전체에서 중요한 위치를 차지하는 것은 메시아의 오심과 마지막에 이루어질 하나님 나라를 예고하기 때문이다 (사2:2-4; 7:13-14; 9:6-7; 61:1-3). 기독교의 관점에서 보았을 때, 이사야서의 메시아 예언은 예수 그리스도에 대한 예언이다. 또한, 이사야서의 세 번째 책인 56-66장에는 장차 임할 하나님 나라와 열방의 구원을 예언한다. 이스라엘 백성뿐 아니라 하나님께 돌아오는 모든 백성이 구원을 얻게 될 것이다. 새로운 신앙, 새로운 백성, 새로운 세계가 임할 것이다.

4. 이사야서 65장 17-25절에 나타난 하나님 나라

1) 본문의 역사적 맥락

바빌론 포로에서 돌아온 이스라엘 백성들은 느헤미야의 지도하에 예루살렘 성곽을 다시 세우고, 제사장 여호수아와 학개 선지자의 촉구로 솔로몬 성전에 비하면 초라하지만 두 번째 성전도 건축했다. 이 과정에서 사마리아 출신 예루살렘 주민들과 갈등도 있고, 예루살렘의 재건을 방해하는 세력이 있었지만, 에스라를 비롯한 위대한 영적 지도자들 덕분에 성전건축까지 마쳤다(주전 516). 페르시아 역시 성전 축 비용을 제공하는 등 식민지 통치에 자율권을 보장했다.

포로에서 돌아온 백성들이 수문 앞 광장에 모여서 에스라가 읽어주는 하나님 말씀에 은혜를 받고 영적 부흥을 경험했다(느 8장). 역대기사가는 다윗 왕조의 재건을 꿈꾸며 미래 지향적인 역사서를 기록하면서 한껏 꿈에 부풀지만, 현실은 녹록지 않았다. 이스라엘 백성들은 다시 죄의 길로 들어섰다. 하나님께서 약속하신 이스라엘의 회복도 성취되지 않았다. 하나님 약속이 연기되면서 백성들은 조바심을 냈고 결국 하나님을 떠나서 각자의 길을 가기 시작했다. 구약성경 마지막 책인 말라기를 보면, 중심을 잡아야 할 제사장을 비롯한 종교지도자들도 부패했다(말 2:1-9). 이처럼 포로 후기 절망의 순간에 본문이 위치한다.

2) 본문의 문학적 맥락

(1) 본문의 전후 문맥

이사야 65-66장은 이사야서의 마지막 부분(epilogue)으로 이사야서 1장(prologue)과 대응된다. 1장에서 제기된 이스라엘의 죄악상, 회개 가능성, 하나님의 구원이 마지막 두 장에 다시 등장하기 때문이다. 65-66장은 제3이사야의 결론에 해당하는데, 세 번째 책의 서두인 56:1-8에서 제기한 문제에 대한 해답이고, 63:15-64:12까지 이스라엘의 회개와 간구에 대한 응답이다. 이처럼 이사야 65-66장은 책의 마지막 두 장이라는 위치에 걸맞게 결론부에 해당한다.

또한, 본문은 65장의 전반부(1-16절)와 달리 하나님께서 새롭게 창조하시는 새로운 세계를 강조한다. 이스라엘 백성들은 산에서 우상을 섬겼다. "그들이 산 위에서 분향하며 작은 산 위에서 나를 능욕하였음이라"(사 65:7). 하나님의 성산을 기억하지 않고 우상에게 돌아간 이스라엘을 하나님께서 칼로 심판하신다(사 65:11). 그렇지만 본문에서는 분위기가 역전되고 심판이 아닌 구원을, 하나님 성산의 회복을 소개한다.

본문의 새로운 하늘과 땅의 창조는 이사야 전체 특히 이사야 두 번째 책에서 강조한 이전 것이 지나고 새것이 등장하는 것과 연결된다. 더 나가서 창세기 1-3장의 창조와 문학적인 주제를 공유한다.

(2) 본문의 구조 (65:17-25)

A		새로운 창조:Prologue	17
	A)	보라	17a
	B) 새 하늘과 새 땅을 창조		17b
	C) 이전 것은 기억되지 않을 것임		17c
B		기쁨의 교류	18-19
A)		너희의 즐거움과 기쁨	18a
	B)	하나님의 기쁨	18b-19a
A)'		너희의 우는 소리가 사라짐	19b
B'		새 땅에서의 삶	20-23
A)		날수가 없는 영원한 세상	20
	B)	빼앗지 못하는 삶의 터전	21-23a
A)'		여호와의 복된 자손	23b
A'		새로운 세상: Epilogue	24-25
A)		하나님의 응답	24
B)		하나님의 완벽한 동산	25

본문은 창세기 1-3장의 창조를 연상시킨다. 아담과 이브가 하나님을 거역하므로 에덴동산에서 쫓겨난 것에 대한 하나님의 회복이 본문에 나타난다.

본문의 구조를 위와 같이 나눠보면, 하나님께서 새롭게 창조하신 새 하늘과 새 땅이 본문의 처음과 마지막에 배치되어 있다(A 와 A'). 프롤로그와 에필로그에서는 하나님의 새 창조를 선포한다. 가운데 본문(18-23절)은 새 창조에 참여한 자신의 백성과 더불어 나누는 하나님의 기쁨(B), 새롭게 창조된 세상에서의 삶(B')이 구체적으로 묘사된다. 전적으로 하나님께서 주도하시는 새로운 창조이다. 하나님께서는 새 창조에 하나님 백성을 초대하시고 마음껏 누리게 하심을 본문의 구조가 보여준다.

(3) 본문 해석

[17절] 새로운 시대가 열린다. 이전 것은 기억되지 않고 마음에 떠오르지도

않을 것이다. 하나님께서 새로운 하늘과 새 땅을 창조하실 것이다. 창조에 해당하는 히브리어 "바라"는 하나님이 주어일 때만 사용되고, 이사야 40-66장에 19번 등장한다. 창세기 1장 1절에서 "태초에 하나님께서 천지를 창조하시니라"고 했고, 본문에서는 하늘과 땅에 "새로운"이라는 형용사가 첨가되었다. 새로운 것은 "이전 것"과 대조되는 이사야 40장 이후에서 중요한 개념이다. 이사야서 전체에서 1-39장이 이전 것에 대한 심판 예언이었다면, 40-66장은 포로와 포로 이후의 새로운 질서를 하나님께서 주도하시는 재창조로 묘사하고 있다.[3]

[18-19절] 새로운 질서가 임하는 것에 대한 기쁨의 교류가 이뤄진다. 18절과 19절에는 "기뻐하다"와 "즐거워하다"에 해당하는 히브리어 "슈쉬"와 "길"이 6번 반복된다. 처음에는 하나님의 창조를 경험한 사람들에게 기뻐하고 즐거워할 것을 명령한다. 그다음에는 예루살렘과 그곳에 사는 주민의 기쁨과 즐거움을 보고한다. 이들은 모두 1-39장에서 강조된 "남은 자"와 관련될 것이다. 그리고 마지막에 하나님께서 똑같은 히브리어 동사로 기뻐하고 즐거워하신다. 그런 점에서 18-19절은 새로운 창조에 대한 하나님과 하나님 백성의 기쁨의 교류이다. 축제의 순간이다. 더 이상 예루살렘에서 우는 소리와 부르짖는 소리가 들리지 않을 것이다.

[20-23절] 새로운 질서가 성취된 새 하늘과 새 땅에 대한 구체적인 묘사이다. 사람들이 수(壽)를 모두 누린다. 100세에 죽는 자가 젊은이이고 100세 이전에 죽으면 저주받을 정도이다. 에덴동산에서 아담과 이브가 선악과를 먹으면서 죽음이 그들에게 임했다. 이사야 1-39절에서 이스라엘 백성들이 하나님을 거역하면서 전쟁에 시달렸고 전염병과 가뭄으로 죽음을 경험했다. 이제는 재앙이나 하나님의 심판으로 죽는 자들이 다시는 없을 것이다. 영원한 삶을 살게 될 것이다.

가옥을 건축해서 그곳에 살고 그들이 가꾼 포도 열매를 먹을 것이다.

---

3 John D. W. Watts, *Isaiah 34-66*, Word Biblical Commentary 25 (Waco, Texas: Word Book, 1987) 354.

그들이 건축한 곳에 타인이 살거나 그들이 심은 것을 다른 사람에게 빼앗기지 않을 것이다. 이스라엘이 하나님을 거역하면서, 아시리아의 침략을 받았고 결국 남유다가 바빌론에 멸망하면서 이스라엘의 집과 터전이 외세에 빼앗겼다. 새로운 세상에서는 그런 일이 없을 것이다. 여호와께서 그들과 그의 후손들에게 베푸시는 복이다.

20-23절을 다음과 같이 요약할 수 있다.

A 수명의 회복 (20)
B 터전의 회복 (21-22a)
A' 수명의 회복 (22b)
B' 터전의 회복 (23a)
C 여호와의 복된 자손 (23b)

[24-25절] 이전에는 하나님을 거역한 백성들이 아무리 불러도 하나님께서 응답하지 않으셨다. 그런데 이제는 그들이 부르기 전에 응답하시고 그들이 말을 마치기 전에 들으신다. 하나님과의 소통이 완전하게 복구되었다. 창세기의 아담과 이브 이래 단절되었던 관계, 이스라엘이 하나님을 거역하면서 단절된 관계가 복구되었다. 하나님과 하나님 백성의 관계가 회복된 것이다. 이것이 17절에서 말한 새로운 하늘과 새 땅의 삶이다.

하나님과 인간의 관계뿐 아니라 동물들을 비롯한 자연 세계도 창조 질서를 회복한다. 이리와 어린양은 상극이다. 그런데 이들이 함께 먹는다. 육식 동물 사자가 소처럼 짚을 먹고, 뱀은 흙을 양식으로 삼는다. 평화가 이뤄졌다. 이것은 이사야 11장 6-9절에서 약속하신 하나님 나라의 성취이다.

[6]그 때에 이리가 어린 양과 함께 살며 표범이 어린 염소와 함께 누우며 송아지와 어린 사자와 살진 짐승이 함께 있어 어린아이에게 끌리며 [7]암소와 곰이 함께 먹으며 그것들의 새끼가 함께 엎드리며 사자가 소처럼 풀을 먹을 것이며 [8]젖 먹는 아이가 독사의 구멍에서 장난하며 젖 뗀 어린 아이가 독사의 굴에 손을 넣을 것이라 [9]내 거룩한 산 모든

곳에서 해 됨도 없고 상함도 없을 것이니 이는 물이 바다를 덮음 같이 여호와를 아는 지식이 세상에 충만할 것임이니라.

25절은 이사야 11:6-9을 요약한 것으로 보인다. 또한, 이것은 역사 속에서 성취되는 하나님 나라이기보다 궁극적으로 성취될 종말론적인 특징도 갖고 있다. 하지만 이사야서는 막연한 미래만을 지향하지 않는다. "나의 성산에서는 해함도 없고 상함도 없으리라"(25절)고 했듯이 하나님의 성산은 이사야사가의 독특한 표현으로 하나님의 임재는 물론 하나님의 평화와 기쁨을 경험할 수 있는 지상의 장소를 가리킨다.[4] 하나님께서 주도하시는 구원이 세상에 임할 것을 희구하는 이사야 선지자의 마음을 느낀다. 하나님께서 주도하시고 이사야가 노래하는 화해와 일치(통일)의 세상이다.

III. 하나님 나라를 소망하며

성경은 에덴동산의 하나님 나라로 시작해서 요한계시록 마지막 장의 수정 같은 강물이 흐르고 생명나무가 강가에 심겨진 하나님 나라로 끝이 난다. 시작과 끝에만 하나님 나라가 등장하는 것이 아니다. 먹구름 사이로 햇볕이 얼굴을 내밀듯이 신구약 성경 여기저기에 하나님 나라가 맛보기처럼 등장한다. 이사야서의 마지막 65:17-25 역시 하나님 나라를 보여주는 창문과 같은 말씀이다.

이사야서에서는 11:6-9부터 하나님께서 꿈꾸시는 평화의 하나님 나라를 소개했다. 남은 자들을 중심으로 하나님께서 세워 가실 하나님 나라이다. 상극(相剋)이 하나를 이루는 곳이다. 이리가 어린양과 함께, 표범이 어린 염소와 함께, 송아지가 어린 사자와 살찐 짐승들이 함께 산다. 현재의 먹이사슬 이 무너지고 약육강식의 세상이 상생(相生)의 세상으로 변화된다.

---

4 Ibid., 355.

사자가 소처럼 풀을 뜯어 먹고, 젖먹이가 독사 굴에 손을 넣는다. 창세기에 의하면 독사와 사람은 상극인데 그 나라가 되면 화해가 이뤄진다. 해(害)도 없고 상함도 없고 여호와를 아는 지식만이 물이 바다를 덮음같이 충만하게 된다. 이것이 하나님께서 꿈꾸는 하나님 나라의 모습이다. 여기서 중요한 개념이 남은 자(remnant)이다.

이사야 40장 이후로 넘어오면서 남은 자의 개념은 "종(servant)"으로 바뀐다. 이사야서에서 소개하는 여섯 개의 종의 노래(servant songs, 이사야 42:1-4; 49:1-6; 50:4-9; 52:13-53:12; 61:1-3)는 하나님 나라를 소망하고 전파하는 주님의 종을 소개한다.[5] 고대 이스라엘 백성들은 자신들을 하나님의 종과 동일시했고, 종의 모습 속에서 메시아를 생각했다. 기독교에서는 종의 노래 속에서 메시아 예수님을 보았다.

아브라함 헤셸(Abraham J. Heschel)은 이사야서의 종은 겉으로 보면 고난받는 종이지만 잘못한 것에 대해서 벌(penalty)을 받는 것이 아니라 그가 고난받고 견딤으로 하나님의 뜻을 이루는 특권(privilege)을 누린다고 했다. 이스라엘을 예로 들면서, 이스라엘의 고난과 고뇌는 구원을 위한 산고(birth-pang)라고 묘사한다.[6]

종들이 전파하고 그들이 소망하는 하나님 나라는 이전 것이 지나고 새것이 되는 것이다. 하나님을 거역한 이스라엘은 예루살렘의 멸망과 함께 이전 것이 될 것이다. 그리고 하나님께서 계획하시는 새로운 세상이 도래한다. 그곳은 하나님께서 주도하시는 구원이 완성되는 곳이다. 바빌론 포로에 잡혀간 백성들이 예루살렘으로 돌아올 것이다. 바빌론도 페르시아에 멸망하면서 이전 것은 지나고 새로운 제국이 등장하고, 예루살렘에 돌아온 백성들은 다윗 왕국의 재건을 꿈꾸게 될 것이다.

하지만, 하나님께서 보여주신 새로운 세상이 쉽게 이뤄지지 않았다. 성전을

---

5 혹자는 마지막 61:1-3을 뺀 다섯 개의 종의 노래에 초점을 맞추지만, 본 논고에서는 예수님께서 인용하신 61:1-3을 종의 노래에 포함시켰다.

6 Abraham J. Heschel, *The Prophet* (New York: Perennial Classics, 2001), 190.

다시 세웠지만, 제사장들은 이전 것으로 돌아갔고, 백성들은 우상을 섬기면서 옛 습관을 버리지 못했다. 하나님께서 제시하신 새로운 세상에 걸맞지 못했다. 그때 이사야는 다시금 마지막 날을 꿈꾼다. 하나님께서 주도하시는 하나님 나라를 꿈에 그린다.

"보아라, 내가 새 하늘과 새 땅을 창조할 것이다"(사65:17). 창세기 1장 1절 "엘로힘" 하나님의 음성을 다시 듣는다. 이제 만드실 세상은 "새 하늘과 새 땅"이다. 창세기 1장의 창조가 아닌 그보다 더 새로운 하나님 나라의 완성이다. 그곳에는 기쁨과 즐거움만 있다. 하나님과 이스라엘 백성이 모두 함께 기쁨으로 소통한다. "창조하다(바라)"라는 동사가 세 번 사용되듯이 하나님께서 주도하시는 새로운 세상이다.

더 이상 탈취와 멸망이 없는 곳이다. 하나님께서 부르기 전에 응답하실 정도로 하나님과 얼굴을 맞대고 산다. 요한계시록 22장 4절에서 "그의[하나님의] 얼굴을 볼 터이요"라고 했듯이 하나님께서 곧바로 응답하시고 말씀하신다. 이리와 어린양, 사자와 소, 뱀이 함께 어울려 지내는 평화의 동산이다. 더 이상 전쟁놀이가 필요 없다. 아시리아와 바빌론과 같은 제국의 간섭이나 위협이 없다.

이처럼 하나님께서 꿈꾸시는 하나님 나라는 새로운 곳이다. 더 이상 이전 것이 작동하지 않는다. 현재의 세상이 사라진 후에 새롭게 창조되는 하늘과 땅의 모습이다.[7] 기쁨과 즐거움이 있는 곳이다. 서로 경쟁하고 약탈을 일삼던 존재들이 화평을 누리는 곳이다. 무엇보다 하나님께서 다스리는 곳이다.

IV. 이사야가 부르는 통일 노래

시인 문익환 목사는 <잠꼬대 아닌 잠꼬대>라는 시에서 다음과 같이 통일을

---

7 Claus Westermann, *Isaiah 40-66*. Old Testament Library (London: SCM Press, 1969), 408.

희구한다.

객쩍은 소리 하지 말라구 / 난 지금 역사 이야기를 하고 있는 거야 / 역사를 말하는 게 아니라 산다는 것 말이야 / 된다는 일 하라는 일을 순순히 하고는 / 충성을 맹세하고 목을 내대고 수행하고는 / 훈장이나 타는 일인 줄 아는가 / 아니라고 그게 아니라구 / 역사를 산다는 건 말이야 / 밤을 낮으로 낮을 밤으로 뒤바꾸는 일이라구 / 하늘을 땅으로 땅을 하늘로 뒤엎는 일이라구 / 맨발로 바위를 걷어차 무너뜨리고 / 그 속에 묻히는 일이라고 / 넋만은 살아 자유의 깃발로 드높이 / 나부끼는 일이라고 / 벽을 문이라고 지르고 나가야 하는 / 이 땅에서 오늘 역사를 산다는 건 말이야 / 온몸으로 분단을 거부하는 일이라고 / 휴전선은 없다고 소리치는 일이라고 / 서울역이나 부산, 광주역에 가서 / 평양 가는 기차표를 내놓으라고 / 주장하는 일이라고 // 이 양반 머리가 좀 돌았구만.

(문익환, "잠꼬대 아닌 잠꼬대," 『Azrail의 날개』, 2019, https://chance3000.tistory.com/24).

통일은 우리 민족이 가야 할 역사임이 틀림없지만, 역사를 뛰어넘는 민족의 살길이다. 통일의 과정에서 훈장을 타고 유명해지려 한다면, 이사야가 비판했던 예루살렘의 지도자들과 무엇이 다를까! 이것은 남과 북의 모든 지도자와 통일과 관련된 이해관계자들에게 해당한다. 민족의 통일 앞에 어떤 정치적 또는 경제적 잇속도 게재될 수 없다. 주전 8세기 이스라엘의 지도자들은 백성들을 학대하면서 자신들의 사리사욕을 채웠다. 포로에서 돌아온 이스라엘 역시 구태의연한 옛 습관을 답습했다. 금식하면서 서로 싸웠다. 겉으로는 금식한다고 자랑하면서 뒤로는 향락을 추구했다. 하나님의 공의와 규례를 내팽개치고 자신들의 명예와 권력을 추구했다(이사야 58:2-4). 그때 하나님께서 기뻐하시는 금식이 무엇인지 차근차근 알려 주신다:

내가 기뻐하는 금식은 흉악의 결박을 풀어 주며 멍에의 줄을 끌러 주며 압제 당하는

자를 자유하게 하며 모든 멍에를 꺾는 것이 아니겠느냐 또 주린 자에게 네 양식을 나누어 주며 유리하는 빈민을 집에 들이며 헐벗은 자를 보면 입히며 또 네 골육을 피하여 스스로 숨지 아니하는 것이 아니겠느냐(이사야 58:6-7).

민족의 통일이야말로 하나님께서 알려주신 금식과 맥을 같이 한다. 일인 독재하에서 압제당하고 결박된 채로 살아가는 북녘 동포들과 지하 기독교인들에게 해방을, 양식이 없어 굶주리는 북녘의 아이들에게 양식을 공급하고, 북한을 떠나서 중국과 동남아시아를 전전하는 탈북민들을 보호하는 일이다. 무엇보다 70여 년 휴전선을 중간에 두고 혈육의 정을 나누지 못하는 이산가족의 한을 풀어주는 것이 통일이요 통일로 가는 길목이다. 그런 점에서 통일은 역사를 넘어서 7천만 한민족의 삶이다.

시인은 통일이 우리의 생각을 뛰어넘는 상상의 세계임을 다음과 같이 노래한다: "역사를 산다는 건 말이야/ 밤을 낮으로 낮을 밤으로 뒤바꾸는 일이라구/ 하늘을 땅으로 땅을 하늘로 뒤엎는 일이라구"

역사는 문헌으로 남지만, 역사를 사는 것은 삶으로 표현된다. 통일 역시 밤을 낮으로 바꾸는 일이요, 하늘과 땅을 뒤엎는 일이다. 하나님께서 창조하시는 새로운 세상이 펼쳐지는 것이 통일이다. 이사야가 노래했듯이 "이전 것은 기억되거나 마음에 생각나지" 않는 것이다. 어쩌면 현재 남한과 북한 정부나 국민이 미련을 갖고 지키려는 것들마저 "이전 것"이 되었을 때 이사야가 노래한 통일이 임할 것이다.

남과 북이 각자의 기득권을 주장하거나, 통일 이후의 잇속에 연연한다면 그런 통일은 닥쳐도 많은 문제를 야기시킬 것이다. 통일의 길에서 하늘과 땅을 뒤엎어야 한다. 낮을 밤이라고 부르고 밤을 낮이라고 부를 수 있어야 한다. 통일은 이 정도로 역발상(逆發想)이 현실이 되는 꿈같은 일이 아닐까? 그 일이 어떻게 가능할까? "보라 내가 새 하늘과 새 땅을 창조"한다고 선포하시는 하나님께서 주도하실 때 가능하다.

그 옛날 이스라엘 백성들이 바빌론 포로에서 돌아왔을 때, 예루살렘 성곽을 튼튼히 세우고 성전을 다시 짓고 나면 70년 포로 생활 동안 꿈꾸었던 신세계가 펼쳐질 줄 알았다. 하지만 그들은 여지없이 실패를 경험했다. 그때 하나님께서 세 번째 이사야 선지자를 통해서 자신이 주도하시는 새 하늘과 새 땅을 소개하신다. 자신이 주도하시는 하나님 나라를 보여주신다. 이리와 어린양이 함께 먹고, 사자가 소처럼 풀을 뜯어 먹는 평화의 동산이다.

한반도의 통일도 쉽지 않다. 그동안 통일을 위한 노력을 여러모로 기울였지만 쉽게 열매를 맺지 못하고 쳇바퀴처럼 도루묵이 되었다. 이제 하나님께서 한반도의 통일을 주도하시길 기도한다. 한반도를 향한 역사의 수레바퀴를 하나님께서 친히 돌리시길 기대한다. 역사를 주관하시는 분이 하나님이시고, 분열된 세상을 하나가 되게 하시는 분이 하나님이심을 믿는다.

그렇다고 우리는 가만히 지켜만 보아야 할까? 시인 문익환 목사는 이 땅에서 역사를 산다는 것은 누군가 문을 박차고 나가는 것이라고 노래했다: "맨발로 바위를 걷어차 무너뜨리고 / 그 속에 묻히는 일이라고 / 넋만은 살아 자유의 깃발로 드높이 / 나부끼는 일이라고 / 벽을 문이라고 지르고 나가야 하는 / 이 땅에서 오늘 역사를 산다는 건 말이야"

하나님은 자신의 역사를 이룰 조력자를 찾으신다. 하나님께서는 그들과 함께 일하시고 함께 자신의 나라를 세워 가신다. 첫 번째 이사야서(1-39장)에는 남은 자였다. 그날이 오면 하나님께서 친히 끝까지 남은 자들에게 "영광의 면류관"과 "아름다운 화관"이 되신다(이사야 28:5). 커다란 나무가 모두 잘려나가고 마지막 남은 그루터기에서 다시 싹이 나면서 하나님의 역사가 다시 시작된다(이사야 6:13).

이사야서 후반부(40-66장)에서 하나님은 종들(servants)과 함께 일하실 것이라고 천명하셨다. 이사야서에 등장하는 종의 노래는 때로는 고난 가운데서 하나님의 일에 동참하는 이스라엘 백성을, 그들이 기다리던 메시아 그리고 절정에 예수 그리스도께서 계신다. 첫 번째 종의 노래를 보자:

¹내가 붙드는 나의 종, 내 마음에 기뻐하는 자 곧 내가 택한 사람을 보라 내가 나의 영을

그에게 주었은즉 그가 이방에 정의를 베풀리라 [2]그는 외치지 아니하며 목소리를 높이지 아니하며 그 소리를 거리에 들리게 하지 아니하며 [3]상한 갈대를 꺾지 아니하며 꺼져가는 등불을 끄지 아니하고 진실로 정의를 시행할 것이며 [4]그는 쇠하지 아니하며 낙담하지 아니하고 세상에 정의를 세우기에 이르리니 섬들이 그 교훈을 앙망하리라(이사야 42:1-4).

이사야서에서 노래하는 종들은 이 세상에서 하나님의 일을 대행하는 주의 종들이다. 문을 박차고 나가서 하나님의 일에 앞장설 주의 종들이다. 그렇다면 우리 민족의 통일에 주의 종들이 나서야 한다. 하나님께서 자신의 역사를 이루실 주의 종들을 기다리신다. 통일이 힘겹고 낙심되어도 "상한 갈대를 꺾지 아니하며 꺼져가는 등불을 끄지" 않으면서 통일의 문을 열어젖힐 주의 종들이다. 하나님께서 이들에게 주의 영을 부어주실 것이다. 하나님 백성인 그리스도인들, 남한과 북한 그리고 이민 교회가 하나님께서 쓰시는 남은 자요 주의 종이 될 수 있다면 얼마나 좋을까!

하나님께서 주도하시고 이사야 선지자가 꿈에 그리며 노래했던 하나님 나라가 한반도의 통일을 통해서 실현되길 바란다. 지난 70여 년 "우리의 소원은 통일"이라고 목 놓아 불렀던 민족의 간구에 응답하시는 하나님의 통일이다. 70년 바빌론 포로에서 이스라엘을 해방시킨 하나님께서 우리 민족에게도 진정한 해방을 허락하시길 간절히 원한다. 한민족과 더불어 하나님께서 부르시는 통일 노래를 듣고 싶다.

V. 마치면서

과연 한반도에 통일은 찾아올까? 1972년 7월 4일 남·북은 공동 성명을 발표하면서 "자주, 평화, 민족 대단결"의 통일 3대 원칙에 합의했다. 통일의 기초를 놓은 남·북한 정부 최초의 합의였다. 2000년 6월 15일 평양에서 만난 남·북 정상은 6.15 남북공동선언문을 발표했고 그에 따라서 이산가족

상봉, 개성공단, 금강산 관광이 시작되었다. 그리고 마침내 지난해 4월 27일 남·북 정상의 판문점 선언과 9월 19일 평양공동선언을 통해서 통일을 위한 이정표를 세웠다. 미국과 북한의 정상도 작년에 이어 올해 2월 역사적인 만남을 가졌다. 하지만, 여전히 통일로 가는 길에 비핵화를 비롯한 수많은 장애물이 놓여있다.

한반도의 통일을 낙관할 수 없다. 그렇기에 통일을 향한 꿈이 필요하다. 시인 신경림은 "끊어진 철길"이라는 시에서 민통선 안에서 꿀을 따며 살아가는 농부 이철웅 씨의 마음을 통해 통일을 노래한다.

> 끊어진 철길이 동네 앞을 지나고/ '금강산 가는 길'이라는 푯말이 붙은/ 민통선 안 양지리에 사는 농사꾼 이철웅씨는 틈틈이 남방한계선 근처까지 가서 나무에서 자연 꿀 따는 것이 사는 재미다/ 사이다 병이나 맥주병에 넣어두었다가 네댓 병 모이면 서울로 가지고 올라간다/ 그는 친지들에게 꿀을 나누어 주며 말한다/ "이게 남쪽 벌 북쪽 벌 함께 만든 꿀일세/ 벌한테서 배우세 벌한테서 본뜨세"
> (신경림, 〈끊어진 철길〉, 「사랑 시의 백과사전」 2019년 5월 1일, http://www.poemlove.co.kr/bbs/board.php?bo_table=tb01&wr_id=9607&sca=&sfl=wr_1&stx=%BD%C5%B0%E6%B8%B2&spt=-30936&page=2).

남쪽 벌 북쪽 벌이 함께 만든 꿀벌을 서울의 친지들에게 나눠주면서 벌들에게 배우자고 말한다. 이념이, 정권이, 외세가 한반도를 두 동강 냈지만, 벌들은 자유롭게 휴전선을 오가듯이 남과 북이 자유롭게 왕래하고 하나가 되는 꿈을 꾸는 것이다. 벌들도 하는데 우리가 못 할 리가 있을까! 하나님께서 함께하시기에 더욱 힘을 낼 일이다.

통일은 꿈이 현실이 되는 것이다. 상상력을 동원해서 통일을 꿈꾸지 않고 주판알을 튕기며 각자의 잇속을 챙긴다면 통일은 우리에게서 점점 멀어질 수 있다. 한반도의 통일을 꿈꾼다. 하나님과 예루살렘 백성들이 함께 기뻐하고 즐거워했듯이, 서울과 평양의 주민들이 함께 기뻐하는 꿈이다. 거기에 그칠 수 없다. 남과 북이 하나 되어 기뻐하는 것을 보신 하나님께서 "쉬슈, 길루" "길라 마쇼쉬" "갈티 샤쉬티" 이사야 선지자와 더불어 춤을 추시는 것을 눈에 그려본다.

동화 속의 이야기처럼 보이더라도 아니면 종말론적인 통일이라도 매일같이 통일을 꿈꾸고 상상하기 원한다.

참고문헌

Childs, Brevard S. *Introduction to the Old Testament as Scripture*. Philadelphia: Fortress Press, 1979.

Heschel, Abraham J. *The Prophet*. New York: Perennial Classics, 2001.

Von Rad, Gerhard. *Old Testament Theology*. Vol. 2. New York: Harper Collins, 1965.

Watts, John D. W. *Isaiah 34-66*. Word biblical Commentary 25. Waco, Texas: Word book, 1987.

Westermann, Claus. *Isaiah 40-66*. Old Testament Library. London: SCM Press,. 1969.

2020년 구국감사예배

해방의 종소리

일시 2020년 4월 4일
장소 구국감사교회
주최 금문교회

해방의 종소리

조종희*

목사. 구국감사교회/건국훈장 애족상 수훈

해설: 조종희 목사는 1920년 평남 순천에서 출생, 1943년 항일무장단체 '순국회'를 조직하여 독립운동하다 체포되어 수감생활 중에 평양형무소에서 해방을 맞았다. 조 목사는 구국감사예배를 드린 2020년 4월 4일 100세를 일기로 하나님의 부르심을 받았다. 일평생 강단에서 외친 마지막 설교가 "해방의 종소리"였다. 같은 해 11월 16일 인천공항에서 열린 독립유공자 봉영식에서 국무총리는 이 설교를 인용, "그때 해방의 종소리는 오늘 통일의 종소리"라고 했다. 그는 1996년에 구국감사교회를 개척, 하나님의 부르심을 받을 때까지 24년 동안 목회했다. 그의 마지막 설교를 여기 싣는다.

이는 갇힌 자의 탄식을 들으시며, 죽이기로 정한 자를 해방하사, 여호와의 이름을 시온에서, 그 영예를 예루살렘에서 선포하게 하려 하심이라(시편 102:20-21).

나는 "해방의 종소리"를 평양형무소에서 들었다. 허기진 배를 끌어안고 바닥을 기던 그 여름날이었다. 말려 들어가던 혓바닥을 굴려 "하나님!" 부르짖던 그때였다. 종소리를 들었다. 그건 교회당 높이 매달린 종에서 난 것이 아니었다. 일제는 모든 교회의 종을 빼앗아가 무기를 만들었던 것이다. 그건 쇳소리였다. 형무소 방방마다 손바닥으로 발바닥으로, 숟가락으로 밥그릇으로, 쇠창살을 두드리는 소리, 엄청난 쇳소리였다. 모두의 가슴에서 터져 나오던 봇물이었다.

해방이다! 해방이다! 우리나라가 해방이다! 하나님 감사합니다!

1945년 8월 15일, 일본이 항복했고, 나는 이튿날 출옥했다. 나는 믿었다. 하나님께서 한반도와 나를 살리시기 위해 일본을 멸망시켰다고… 민족과 개인을 따로 떼어 놓을 수 없다는 믿음, 교회는 하나님의 뜻을 따라 민족을 이끌어야 한다는 강한 믿음이 이때 생겨났다. 무릇 일본과 같이 불법으로 남의 나라를 침범한 세력은 결코 살아계신 하나님의 심판을 피할 수 없다는 성경의 역사의식도 이때 가슴에 새겼다.

시편 102편의 부제는 이렇다. "고난 당한 자가 마음이 상하여 그의 근심을 여호와 앞에 토로하는 기도." 우리 민족이 고난으로 마음이 상했다. 그때 부르짖음을 하나님께서 들으셨다.

나는 1996년 SF에 구국감사교회를 개척했다. 하나님께서 한반도에 주신 해방을 감사하고, 분단 극복 및 평화통일의 길에서 그 감사를 이어가야 한다는 것이 내 설교의 일관된 주제였다. 현재가 될 수 없는 과거는 기억할 가치가 없다. "해방의 종소리"를 가슴에 영원히 남게 해주신 하나님께서 오늘 우리에게 "통일의 종소리"를 들려주실 것이 분명하다는 것이 내 역사관이다.

그러므로 내 자녀들은 분단의 슬픔 중에 기도로써 그의 근심을 여호와 하나님 앞에 토로할 것이다. 나는 믿는다. 해방을 주신 하나님께서 통일을 허락하실 것이다. 어제의 하나님은 오늘의 하나님, 영원하신 하나님이시기 때문이다.

나는 최근 본국에서 방문한 보훈처 직원들에게 당부했다: "대한민국이 세계에 뻗어나가는 나라가 되게 함께 기도해 주시오." 나는 성경 말씀을 따라 한반도가 평화롭게 통일되어 세계사에 빛날 것을 믿고 있다. 성경을 읽고 하나님을 믿는 모든 교회가 마땅히 해야 할 일이 무엇인지 나는 전한다. 이스라엘을 이집트에서 해방하신 하나님께서 한반도를 일제의 손아귀에서 해방시켜 주셨다.

이제 분단의 슬픔으로 울부짖는 한반도를 하나님께서 치유하실 것이다. 우리가 모두 이것을 믿고 그 믿음의 길에서 하나가 된다면, 그 믿음은 현실이 될 것이다. 내가 기억하는 나의 해방은 오늘 내 자식들의 세대에서 그들의 통일이 될 것이다. 나의 해방의 종소리는 내 사랑하는 아이들에게 통일의 종소리다.

주여, 우리를 도우소서! 예수님의 이름으로 기도합니다. 아멘.

2021년 50회 희년 미국장로교 한인총회(NCKPC)

성경으로 내다보는 한반도 통일

일시 2021년 4월 17일(분과)
2021년 5월 19일(총회)
장소 온라인 줌(Zoom) 특강
주최 미국장로교 한인총회(NCKPC)

SPR: 요시야개혁과 한반도 통일

조은석

금문교회/BST

감사, 기억 그리고 드림

십자가의 보혈로 모든 죄를 사하시고 부활의 소망으로 복음 전도의 사명을
허락하신 내 주 예수 그리스도께 감사드립니다.

내 아버지 조종희 목사님(1920-2020)을 기쁘게 기억합니다. 무장 항일운동가로
평양형무소에서 해방을 맞았고, 착취하는 소련군에 항거하다 공산당에 쫓겨
월남한 이후 일생을 목회자로 헌신하고 한반도 평화통일을 위해 기도하셨습니다.

내 아버지께서 사랑하신 모든 가족과 교회 위에 드립니다.

---

* 본 특강은 YouTube 조은석 목사 강의, "한반도 통일을 이끌어가는 새 교회(수정)"에서 볼 수
있다. 아래는 유투브 주소이다.
https://www.youtube.com/watch?v=aiofeY8ZqhQ

가. 전체 강의

A-1. 영상자료 1

참고: 김재은 목사 작업한 영상자료 애니메이션 시리즈가 조은석 목사 유투브 채널에 수시로 업데이트 되고 있다.

1. 이제부터 요시야개혁을 소개한다.

2. 여호수아부터 열왕기하에 이르는, 소위 "신명기사가의 역사서" 내지 "예언적 역사서,"그 중에 열왕기하 22-23장에 근거한 재구성이다.

3. 여덟 살 요시야가 왕위에 올랐다.

4. 그의 배후 세력은 암하아레츠였다.

5. 암하아레츠는 친 아시리아 당파였다.

6. 요시야의 아버지 아몬은 궁중에서 신하들에게 죽었다.

7. 아몬을 죽인 신하들은 반아시리아 당파였다.

8. 아몬은 친아시리아 정책을 폈다.

9. 요시야 재위 제18년, 주전 622년, 곧 그의 나이 26세 때 개혁을 실시했다.

10. 요시야개혁은 정치적으로 반아시리아였다.

11. 요시야는 아버지의 외교와 다른 길을 걸었고, 아버지를 지지하던 친아시리아 당파, 곧 암하아레츠를 제거했다.

12. 요시야는 아시리아 세력을 물리치고, 722년 이래 100년 동안 아시리아가 장악하고 있던 과거 북이스라엘 영토를 회복했다. 이스라엘 통일을 이룬 것이다.

13. 요시야가 개혁을 실시하게 된 동기는 "율법책" 발견이었다.

14. 제사장 힐기야가 성전에서 율법책을 발견했다.

15. 힐기야는 예언자 예레미야의 아버지다.

16. 힐기야가 건넨 율법책을 요시야 왕이 보낸 서기관 사반이 읽었다.

17. 사반은 요시야에게 "제사장 힐기야가 내게 책을 주더이다" 하고 보고했다.

18. 사반이 요시야 앞에서 율법책을 읽었다.

19. 율법책의 말씀을 들은 요시야가 그 옷을 찢었다.

20. 요시야가 힐기야, 사반의 아들 아히감, 미가야의 아들 악볼, 사반, 왕의 시종 아사야에게 명령했다.

21. "너희는 가서 나와 백성과 온 유다를 위하여 이 발견한 책의 말씀에 대하여 여호와께 물으라."

22. 우리 조상들이 이 책의 말씀을 듣지 아니하며, 이 책에 우리를 위하여 기록된 모든 것을 행하지 아니하였으므로, 여호와께서 우리에게 내리신 진노가 크도다."

23. 그러자 힐기야, 아히감, 악볼, 사반, 아사야가 여선지자 훌다에게 갔다.

24. 훌다가 말했다: "여호와께서 말씀하셨다. 내가 이 책의 모든 말대로 이 곳과 그 주민에게 재앙을 내릴 것이다."

25. "왜냐하면 이 백성이 나를 버리고 다른 신에게 분향하며, 그들의 손의 모든 행위로 나를 격노하게 했기 때문이다. 그러므로 내가 이곳을 향하여 내린 진노가 꺼지지 아니하리라!"

26. "너희를 나에게 보낸 유다 왕에게 말하라. 이스라엘의 하나님 여호와가 말한다. 내가 이 곳과 그 주민에게 대하여 빈 터가 되고 저주가 되리라 한 말을 네가 듣고, 마음이 부드러 워져서 옷을 찢고 회개하였으므로, 나도 네 말을 들었노라."

27. "그러므로, 보라. 내가 너로 너의 조상들에게 돌아가서 평안히 묘실로 들어가게 하리니, 내가 이곳에 내리는 모든 재앙을 네 눈이 보지 못하리라!"

28. 이들이 요시야에게 돌아가서 그대로 보고했다.

29. 요시야는 유다와 예루살렘의 모든 장로들을 자기에 모았다.

30. 그리고 요시야는 예루살렘에서 유다 모든 사람과 예루살렘 주민과 제사장들과 선지자들과 모든 백성을 모았다. 그들에게 율법책 말씀을 읽어주었다.

31. 요시야가 단 위에 섰다. 그리고 여호와 앞에서 언약을 세웠다.

32. 요시야가 말했다: "마음을 다하고 뜻을 다하여 여호와께 순종하고, 그의 계명과 법도와 율례를 지켜, 이 책에 기록된 언약의 말씀을 이루게 하리라!"

33. 그러자 백성이 다 동의했다.

34. 이제 왕이 개혁을 실시했다.

35. 예루살렘 성전에서 온갖 우상들을 끌어내 기드론 밭에서 불사르고, 그 재를 벧엘로 가져가게 했다.

36. 이전에 유다 왕들이 세웠던 산당들의 제사장들의 직무를 정지시켰다.

37. 또 바알과 해와, 달과, 별 떼와 하늘의 별에게 분향하는 자의 직무를 정지시켰다.

38. 또 여호와의 성전에서 아세라 상을 꺼내어 기드론 시내에서 불사르고 빻아 평민의 묘지에 뿌렸다.

39. 또 여호와의 성전에서 남창의 집을 헐었다.

40. 또 유다 각 성읍에서 모든 제사장을 불러 모았다.

41. 제사장이 분향하던 산당을 더럽게 했다. 게바에서 브엘세바까지.

42. 성문의 산당들을 헐었다.

43. 산당의 제사장들은 예루살렘 제단에 올라갈 수 없었다. 그의 형제들 중에서 무교병을 먹게 했다.

44. 힌놈의 아들 골짜기의 도벳을 더럽게 했다. 어떤 사람도 몰록에게 자기의 자녀를 불로 제사하지 못하게 했다.

45. 유다 왕들이 태양에게 드린 말들을 제거했다. 태양 수레도 태웠다.

46. 제단들을 헐었다. 곧, 유다 여러 왕이 아하스의 다락 지붕에 세운 제단들과 므낫세가 성전 두 마당에 세운 제단들을. 그 빻은 가루들을 기드론 시내에 쏟았다.

47. 예루살렘 앞 멸망의 산 오른쪽의 산당들을 더럽게 했다. 솔로몬이 시돈의 아스다롯과 모압의 그모스와 암몬의 밀고을 위해 세웠던 것들이다.

48. 요시야가 석상들을 깨뜨렸고, 아세라 목상들을 찍었다. 사람의 해골들로 그 곳에 채웠다.

49. 요시야는 산에 있는 무덤들을 보고, 거기서 해골들을 가져다가 제단 위에서 불살라, 그 제단을 더럽게 했다.

50. "저것이 무슨 비석이냐?"

51. "왕께서 벧엘의 제단에 대하여 행하신 이 일을 전하러 유다에서 왔던 하나님의 사람의 묘실입니다!"

52. "그대로 두고, 그의 뼈를 옮기지 말라!"

53. 참고로, 여로보암 1세 때, 하나님의 사람이 예언한 것이 요시야에게서 그대로 이루어진 것이다.

54. 하나님의 사람이 제단을 향하여 여호와의 말씀으로 외쳐 이르되, "제단아, 제단아, 다윗의 집에 요시야라 이름하는 아들을 낳으리니, 그가 네 위에 분향하는 산당 제사장을 네 위에서 제물로 바칠 것이요, 또 사람의 뼈를 네 위에서 사르리라, 하셨느니라"(열왕기상 13:2).

55. 요시야는 산당의 제사장들을 제단 위에서 죽였다. 사람의 해골을 제단 위에서 불살랐다.

56. 그리고 예루살렘으로 돌아왔다.

57. 요시야는 유월절을 지켰다.

58. "이 언약책에 기록된 대로 여호와께 유월절을 지키라!"

59. "사사가 이스라엘을 다스리던 시대부터 이스라엘 여러 왕의 시대와 유다 여러 왕의

시대에 이렇게 유월절을 지킨 일이 없었더니"(열왕기하 23:22).

60. 요시야는 유다 땅과 예루살렘에 보이는 신접한 자와 점쟁이와 드라빔과 우상과 모든 가증한 것을 다 제거했다.

61. "이는 대제사장 힐기야가 여호와의 성전에서 발견한 책에 기록된 율법의 말씀을 이루려 함이라"(열왕기하 23:24b).

62. "그러나 여호와께서 유다를 향하여 내리신 그 크게 타오르는 진노를 돌이키지 아니하셨으니, 이는 므낫세가 여호와를 격노하게 한 그 모든 격노 때문이라"(열왕기하 23:26).

63. "여호와께서 이르시되, '내가 이스라엘을 물리친 것 같이 유다도 내 앞에서 물리치며, 내가 택한 이 성 예루살렘과 내 이름을 거기에 두리라 한 이 성전을 내버리리라' 하셨더라"(열왕기하 23:27).

64. 애굽 왕 느고가 앗수르로 올라가는 길을 요시야가 므깃도에서 막았다. 느고가 요시야를 죽였다.

A-2. 영상자료 2

참고: 김재은 목사 작업한 영상자료 애니메이션 시리즈가 조은석 목사 유투브 채널에 수시로 업데이트 되고 있다.

1. 교인: 요시야가 성전에서 발견한 책, 모세오경은 어떤 책입니까?

2. 목사: 요시야개혁의 모든 청사진이 들어있고, 요시야의 옷을 찢고 회개에 이르게 한 책 그리고 모든 반대를 무릅쓰고 마침내 개혁을 이루게 한 책입니다.

3. 교인: 모세오경은 어떤 책입니까?

4. 목사: 창세기, 출애굽기, 레위기, 민수기, 신명기 등 다섯 권입니다.

5. 교인: 모세오경 다섯 권은 누가 기록했습니까?

6. 목사: 성령님의 영감을 받아 모세가 기록했습니다.

7. 교인: 언제 어떤 컨텍스트에서 기록했습니까?

8. 목사: 시내산에서 하나님의 부르심을 받고, 그의 입애굽, 이스라엘의 출애굽, 이스라엘의
광야생활 그리고 모압 땅에서 그가 출애굽 제2세대에게 설교하던 모든 과정입니다.

9. 교인: 기록 내용과 기록 목적을 볼 때, 다섯 권 중에 한 권이 특이합니다. 무엇입니까?

10. 목사: 창세기입니다. 출애굽기부터 신명기는 모세 당시 시대배경이지만, 요셉의 죽음
(주전 1784)으로 끝나는 창세기는 출애굽 때(주전 1447) 때를 기준으로 337년의 간격이
있습니다.

11. 교인: 그러면 창세기는 문학 장르가 무엇입니까?

12. 목사: 역사서(historiography)입니다. 이 도표를 보십시오.

역사서	모세 당대
창세기	출애굽기 레위기 민수기 신명기

13. 교인: 역사서의 기능은 무엇입니까? 제가 아는 카아(E. H. Carr, 1892-1982)는 "과거와
현재의 대화"라고 했지요.

14. 목사: 타당합니다. 그러나 적어도 성경의 역사는 그 정도 이상입니다. 키에르케고르가
공포와 전율에서 한 말을 인용 합니다: "현재가 될 수 없는 과거는 기억할 가치가 없다."

15. 교인: 그러면 역사서로서 창세기는 기억해야 할 과거군요!

16. 목사: 그렇습니다. 창세기는 기억해야 합니다. 창세기는 기억하여 현재가 되어야 합니
다. 창세기는 기억하여 현재가 되어야 할 과거입니다.

17. 교인: 누가(Who) 창세기를(What) 언제(When) 어디서(Where) 기억했습니까
(How)? 왜(Why)요?

18. 목사: 그 질문이 중요합니다. 나의 대답이 만족스럽지 않더라도 그 질문을 계속 붙들고 계십시오. 그러면 그 질문은 당신이 끊임없이 창세기를 공부하게 하는 동력이 될 것입니다.

19. 교인: 좋은 질문이 좋은 대답을 결정한다, 그런 뜻인가요?

20. 목사: 훌륭하십니다!

21. 교인: 제가 기대하는 대답은 제가 앞서 질문에 목사님께서 주셨던 대답과 내용상 일치하겠군요.

22. 목사: 제가 무슨 대답을 드렸습니까?

23. 교인: 목사님께서 대답하셨습니다: 모세가(Who) 창세기를(What) 출애굽 때(When) 시내산-애굽-광야-모압에서(When) 기록했다(How). 창세기의 과거가 출애굽의 현재가 되기 위해서(Why)!

24. 목사: 훌륭하십니다!

25. 교인: 여쭙습니다. 창세기의 과거가 현재가 되면 모세 때 이스라엘은 어떻게 됩니까?

26. 목사: 질문으로 대답하지요: 출애굽 사건으로 나타난 영적 의미는 무엇입니까?

27. 교인: 구원입니다.

28. 목사: 그렇습니다. 창세기의 과거가 현재가 되면 나타나는 것이 "구원"입니다.

29. 교인: 이스라엘이 종살이 하던 애굽에서 구원 받았지요! 창세기에서 그 역사적 전거, 혹은 "그림자" 내지 "청사진"이 들었다는 말씀인가요?

30. 목사: 달리 말하면, 창세기는 "약속"이며, 출애굽기-레위기-민수기-신명기에서 하나님께서 이루신 현실은 그 "성취"입니다.

31. 교인: 창세기 공부가 기대가 됩니다!

32. 목사: 창세기는 1:1-2, 1:3-2:25, 3-11장, 12-50장 등 넷으로 구분이 가능합니다. 각각, 창조 이전, 창조, 창조명령 거역, 창조명령 순종 등입니다.

33. 교인: 그렇군요! 창세기는 모두 다 "창조" 기사가 아니지만, 결국 "창조"를 중심으로, 달리 말하면 창조의 빛으로 구성된 역사서라는 말씀이군요.

34. 목사: 그렇습니다. 창세기 1:3-2:25에 나오는 창조는 셋으로 구분 합니다: S, P, R.

35. 교인: 무슨 말씀입니까?

36. 목사: 창조 처음 3일은 S, 그다음 3일은 P, 마지막 제7일은 R. 이렇게 구분합니다. S는 Separation(분리), P는 Placement(파송), R은 Rest(안식)의 약자입니다.

37. 교인: 단어는 알겠는데 뜻은 잘 모르겠습니다.

38. 목사: 조금만 참아 주십시오. 다음 도표를 보십시오.

S 제1일 제2일 제3일	P 제4일 제5일 제6일
R 제7일	

교인: 창조의 7일을 이렇게 배치하는 것은 특이합니다.

목사: 버클리 GTU 구약학 교수였던 마이클 가이난(Michael Guinan) 박사가 그의 책 *The Pentateuch* (1990)에서 소개한 것입니다.

39. 교인: 제7일이 R이라는 것은 당장 알겠습니다. 그런데 S와 P는?

40. 목사: 조금 발전된 도표를 보십시오.

S 제1일: 빛과 어둠 제2일: 궁창과 물 제3일: 육지와 바다	P 제4일 제5일 제6일
R 제7일	

41. 교인: 아, 처음 3일 동안 차례대로 "분리"(Separation) 하셨군요.

42. 목사: 그렇습니다. 첫날은 빛과 어둠을 분리하시고, 빛을 "낮"이라고 부르셨습니다. 어둠을 "밤"이라고 하셨지요. 둘째 날은 물을 상하로 분리하셔서, 그 중간에 생겨난 "공간"을 "궁창" 내지 "하늘"이라고 부르셨습니다. 나머지는 "물" 그대로입니다. 그러나 "분리된 물"은 "분리 이전의 물"과 사뭇 다릅니다.

43. 교인: 분리된 물이라고요?

44. 목사: 분리된 물은 생명을 담아낼 수 있는 물입니다. 분리 이전은 "혼돈" 그 자체입니다. 생물화 시켜낸 것이 "리워야단," "베헤못," "라합" 그런 가상의 동물들입니다.

45. 교인: 창조 때 하나님의 손에서 그들이 죽임을 당했군요!

46. 목사: 그런 신화적인 표현도 시편과 욥기 등에서 읽을 수 있습니다.

47. 교인: 그러면 두 번째 카테고리, 곧 P는 무엇입니까?

S	P
제1일: 빛과 어둠 제2일: 궁창과 물 제3일: 육지와 바다	제4일: 해(큰 광명체)/달(작은 광명체), 별 제5일: 물고기/새 제6일: 동물과 사람
R 제7일	

48. 목사: 다시 발전된 도표를 보십시오. 제4일부터 제6일까지 하나님께서 창조하신 것을 각각 제1일부터 제3일에 창조하신 "공간"에 파송(Placement)하셨습니다.

49. 교인: 아, 그렇군요!

50. 목사: 파송(placement)은 그 사명(mission)까지 포함합니다. 부르심(calling)에 충성(faithfulness)을 요구하시는 이치입니다.

51. 교인: "그리고 맡은 자에게 구할 것은 충성이니라"(고린도전서 4:2).

52. 목사: 그렇습니다. 제4~6일에 하나님께서 각각 피조물을 창조하실 때 제1~3일에 확보해 두신바, 그 있어야 할 자리와 거기서 해야 할 사명을 염두에 두셨습니다.

53. 교인: "하나님의 은사와 부르심에는 후회하심이 없느니라"(로마서 11:29).

54. 목사: 네. "또 미리 정하신 그들을 또한 부르시고, 부르신 그들을 또한 의롭다 하시고, 의롭다 하신 그들을 또한 영화롭게 하셨느니라"(로마서 8:30).

55. 교인: 엄청나군요! 그런데 사람 창조 때 특별한 축복을 주셨지요!

56. 목사: 그렇습니다. 사람은 "하나님의 형상"으로 지으셨고, 그 사람에게 특별한 목적을 두셨습니다. 그것은 하나님의 뜻을 따라 만물을 다스리는 것입니다.

57. 제7일 말씀을 해 주십시오.

58. 목사: 제7일, 하나님께서 안식하셨습니다.

59. 교인: 이 창조 이야기를 읽어 그 창조 과거를 기억하여 그것이 현재가 되는 이스라엘 이야기를 해 주십시오. 창조 이야기를 읽고 배운 이스라엘에게 "새롭게 된 현재"는 무엇입니까?

60. 목사: 좋은 질문입니다. 그 새롭게 된 현재는 "구원"입니다.

61. 교인: 그러면 "구원은 새 창조"겠군요!

62. 목사: 그렇습니다. 구원을 기다리는 이스라엘에게 태초의 창조 이야기를 하신 것은 그때 그 창조가 현재가 되어 "구원"이 될 것이며, "구원"은 "새 창조"라는 것입니다.

63. 교인: 구원은 새 창조다. 이 말씀은 놀랍습니다. 이 말씀은 언제나 통용되는 "원리"입니까?

64. 목사: 창세기에서 요한계시록까지 성경 전체에서 발견할 수 있는 성경의 원리입니다. 이 도표를 보십시오.

창조	@	구원
Creation		Salvation

65. 교인: 창조와 구원 사이에 "컨텍스트"를 표시하는 @가 들었군요.

66. 목사: 문장으로 풀면 이렇습니다. "구원의 컨텍스트에서 창조가 선포되다." 예를 들면, 예수님께서 행하신 사역에서 "창조"가 선포된 것입니다.

67. 교인: 그러면 예수님의 구원사역 모두가 "새 창조"라고 볼 수 있습니까?

68. 목사: 좋은 질문입니다. 좋은 질문은 대답이 이미 포함되어 있습니다. 구약의 예언서를 하나 읽어 볼까요?

69. 교인: 저는 이사야를 좋아합니다.

70. 목사: 바빌론에서 회복을 선포하는 이사야가 "새 하늘과 새 땅을 창조"하시는 "창조주 하나님"을 선포했습니다. 옛날 애굽에서 구원을 기억하며 새로운 출애굽을 바라고 기도하는 그들에게 창조주 하나님이 선포된 것은 구원은 새 창조이기 때문입니다.

71. 교인: "보라! 내가 새 일을 행하리니, 이제 나타낼 것이라! 너희가 그것을 알지 못하겠느냐?"(이사야 43:19a-b).

72. 목사: 훌륭합니다! 주후 1세기 말 로마의 탄압을 받던 교회에게 주신 메시지입니다. "또 내가 새 하늘과 새 땅을 보니, 처음 하늘과 처음 땅이 없어졌고, 바다도 다시 있지 않더라"(요한계시록 21:1).

73. 교인: 창세기 1:2는 무엇입니까?

74. 목사: 창조 이전 상태입니다. 1. 땅이 혼돈하고 2. 공허하며, 3. 흑암이 깊음 위에 있었습니다.

75. 교인: 아, 알겠습니다. -S, -P, -R이군요!

76. 목사: 그렇습니다. 창세기 3-11장의 네 가지 이야기들도 그렇습니다.

77. 교인: 선악과 이야기가 -SPR이라구요? 그렇네요!

78. 목사: 가인 이야기도 그렇지요?

79. 교인: 노아 홍수 이야기도!

80. 목사: 바벨탑 이야기도, 물론!

81. 교인: 그러면 창세기 12-50장은요? 아브라함을 부르셨네요. "너는 너의 고향과 친척과 아버지의 집을 떠나 내가 네게 보여줄 땅으로 가라. 내가 너로 큰 민족을 이루고 네게

복을 주어 네 이름을 창대하게 하리니, 너는 복이 될지라"(창세기 12:1b-2). 당연히 +SPR 이네요!

82. 목사: 그렇습니다. 창세기 전체를 1:1-2, 1:3-2:25, 3-11장, 12-50장으로 볼 때, -SPR, +SPR, -SPR, +SPR 등으로 정리 가능합니다.

83. 교인: 창세기를 읽는 출애굽 이스라엘은 +SPR 되어야 하는군요!

84. 목사: 그렇습니다. 이 도표를 참고해 주십시오.

SPR	창세기	사건	의미	
SPR	1:1	창조선언	출애굽 컨텍스트에서 하나님의 창조를 선포하다. 곧 창조@출애굽	
-SPR	1:2a	창조이전	-S 혼돈	
			-P 공허	
			-R 흑암이 깊음 위에	
+SPR	1:2b-2:25	창조	+S 처음 3일	
			+P 두 번째 3일	
			+R 제7일	
-SPR	3-11장	창조명령 거역	3 아담-하와	-S 사탄과 대화
				-P 실낙원
				-R 안식부재
			4-5 가인-아벨	-S 악한 자 소속
				-P 에덴동쪽추방
				-R 안식부재
			6-9 노아홍수	-S 죄악범행
				-P 홍수로추방
				-R 사망
			10-11 바벨탑	-S 하나님 대적
				-P 사면흩어짐
				-R 안식부재
+SPR	12-50장	창조명령 순종	12-25 아브라함	+S 본토출발
				+P 가나안도착
				+R 제단쌓기
			21-35 이삭	+S 블레셋출발
				+P 가나안귀환
				+R 제단쌓기
			25-50 야곱	+S 애굽떠남
				+P 가나안귀환
				+R 안장안식

85. 교인: 창세기가 SPR로 총정리 되는군요.

86. 목사: 아브라함과 이삭 그리고 야곱의 일생은 여러 개의 +SPR의 연속입니다.

87. 한 가지 더. 신명기입니다. 이 도표를 보십시오.

역사서	모세 당대	
	출애굽 제1세대	출애굽 제2세대
창세기	출애굽기 레위기 민수기	신명기

88. 교인: 출애굽 제2세대라구요? 아, 광야에서 태어난?

89. 목사: 그렇습니다. 신명기 세대는 출애굽을 경험한 출애굽 제1세대를 기억합니다.

90. 교인: 그러면 모세는 신명기에서 제1세대에게 주신 계명을 반복하나요?

91. 목사: 정확하게 말하면 새 술을 새 부대에 담는, 새로운 계명입니다. 그 새로움은 제1세대
때 역사하신 하나님의 일을 기억하는 데서 출발합니다.

92. 교인: 기억에 바탕을 둔 새로움이라면 전혀 새로운 것은 아니겠군요?

93. 목사: 어제의 하나님께서 오늘의 하나님이시니까, 하나님의 사랑이라는 그 점에서 일관
성이 있습니다. 그러나 어제의 죄악을 기억하지 않으시는 구원이라는 점에서는 전혀
새로운 일입니다. 좋은 예가 십계명 비교입니다.

94. 교인: 아, 생각났어요! 출애굽기 20장에 있는 십계명이 신명기 5장에 다시 나타납니다.

95. 목사: 십계명 서두와 제4계명을 봅시다. 제1세대에게 주신 출애굽기 20장에서는 창조를
기억하여 계명을 지키라고 하십니다.

96. 교인: 신명기 5장에서는 출애굽을 기억하라고 하시겠군요, 그러면?

97. 목사: 그렇습니다. 도표를 보십시오.

	출애굽기 20	신명기 20
서두	너를 출애굽 시키신 하나님	조상들이 아니라 오늘 여기 살아있는 우리와 세우신 언약
제4계명	창조를 기억하여 안식일을 지키라	출애굽을 기억하여 안식일을 지키라

98. 교인: 신명기에서 모세오경이 종합, 정리되는군요!

99. 목사: 그렇습니다. 제1세대에게 명령하신 것은 "태초에 실시하신 창조"를 기억하라는 것입니다. 제2세대, 곧 신명기 세대에게 요구하신 것은 "새 창조로써 이루어진 출애굽"을 기억하는 것입니다. 신명기 이후 세대는 내내 "새 창조로써 이루어진 출애굽" 곧 창조@출애굽을 기억의 내용으로 삼게 된 것입니다.

100. 교인: 그 기억이 곧 "리즌"이라고 하셨지요? 모든 클레임에 대한?

101. 목사: 맞습니다. 모든 계명 클레임은 창조@출애굽을 리즌으로 제시합니다.

102. 교인: 그 클레임-리즌을 선포하시는 여호와 하나님의 자기 계시가 워런트겠군요!

103. 목사: 그렇습니다!

104. 이제 우리가 주목하는 요시야는 제2의 신명기 세대입니다. 학자들은 요시야개혁을 "신명기 개혁"이라고 부르기도 합니다.

105. 교인: 아, 그렇군요!

106. 목사: 신명기에 이르러 세 가지 주제가 드러납니다. 한 하나님, 한 성전, 한 백성. 이제 우리는 성전에서 발견한 "모세오경"을 순종한 요시야가 성전개혁으로 시작하여 유다와 북이스라엘 지역까지 포함하는 대개혁을 이룬 사건을 공부합니다.

신명기 주제	의미	요시야개혁
한 하나님	하나님만 참 신이시다	모든 우상 파괴
한 성전	예루살렘만 참 성소다	모든 산당 파괴
한 백성	이스라엘은 한 백성이다	열 두 지파 통일

B. 주제 강의

1. 우리는 성경에 나타난 남유다와 북이스라엘의 통일을 읽습니다. 요시야 때 한 차례 통일이 성공합니다. 여기서 우리가 배우자는 것은 요시야 때 통일이 한반도 통일의 모델이나 전거가 된다는 것 이상입니다. 흔히 독일이나 월남의 통일을 참고하는데 성경의 통일은 참고서라기보다는 차라리 설계도입니다.

2. 정확 무오한 성경은 모델이 아니라 진리요, 바로 그대로 이루어지는 하나님의 뜻입니다.

3. 성경은 하나님의 말씀입니다. 하나님의 말씀은 듣고 믿는 모든 이들에게 "오늘 그대로 이루어지는 하나님의 말씀"이기 때문입니다. 구체적으로, 어제의 하나님은 오늘과 내일의 하나님이십니다. 이스라엘의 하나님은 오늘 예수 그리스도를 통한 "새 이스라엘," 곧 "모든 그리스도인"의 하나님이십니다. 그러므로 성경의 통일은 오늘 우리에게 임할 하나님의 뜻입니다.

4. 우리가 바라고 걸어가는 한반도 통일의 길은 열릴 가능성이 없습니다. 한반도가 통일이 되려면 수많은 변수가 일치되어야 합니다. 주변국들이 동의해야 합니다. 안타깝게도 한반도는 군사-외교적으로 그들의 결정에 좌우되고 있습니다. 또한, 남·북한 내부에서 정치-경제적 결정권을 가진 자들의 동의가 필요합니다. 뿐만 아니라 국민적 합의도 필수입니다. 이 모두가 한반도의 평화로운 통일로 귀결되는 수확적 확률은 "제로"입니다.

5. 따라서 우리가 통일의 길을 가는데, 안타깝게도 그 길은 막혀있는 것입니다. 모두가 동의하는 완전한 길로서의 통일의 방법은 존재하지 않습니다.

6. 그동안 제시된 많은 방법이 있었습니다. 그러나 사방에 깔린 악조건들을 모두 물리치고 어떤 특별한 해법이 통일을 끌어낼 수 있는 길은 사실상 없습니다.

7. 그러나 한반도 통일은 옳다. "지나친 낙관론"으로 치부해서는 안 됩니다. 통일은 누구도 이룰 수 있는 것이 아닙니다. 우리가 가는 대신, 한반도 통일은 옳다. 한반도가 통일이 된다면 그건 "확률"로서가 아니라 "믿음"으로써 말해야 합니다. 이것은 진정한 믿음입니다.

8. 하나님께서 성경에 약속하신 모든 것은 이루어집니다. 하나님은 신실하신 분이시며, 하나님께서는 당신께서 내신 약속을 반드시 지키십니다. 그래서 예수 그리스도를 이

땅에 보내주셨지요. 이러므로 성경의 모든 말씀을 그대로 믿는 신앙은 "아멘신앙"입니다.

9. "나는 내게 말씀하신 그대로 되리라고 하나님을 믿노라" (사도행전 27:25b).

10. 무슨 일을 꾸미는 대신 우리는 기다려야 합니다. 하나님의 말씀을 읽으며 그 말씀이 이루어지기를 기다리는 기다림은 소위 "감 떨어지기"를 기다리는 것과 전혀 다른 것입니다. 보이지 않는 소망을 가진 우리는 참음으로써 기다려야 합니다.

11. "만일 우리가 보지 못하는 것을 바라면 참음으로 기다릴지니라"(로마서 8:25).

12. 기다림 없이 통일이 온다면, 그건 재앙입니다. 한반도의 시계로 지금은 1943년과 흡사합니다. 두 해 후에 하나님께서 해방을 주셨습니다. 그러나 기다림 없던 한반도는 분단의 비극을 맞았습니다. 극히 일부를 제외하고 모두들 포기했지요. 독립선언서 기초자들도 친일에 앞장섰습니다.

13. 기다려야 합니다. 기다림 없이 오는 모든 것은 다 재앙이기 때문이다. 묻습니다. 바른 기다림의 자세는 무엇입니까?

14. 성경에서 제시하는 한반도 통일 말씀을 드립니다.

15. 우리는 성경을 읽어야 합니다. "오직 여호와의 율법을 즐거워하여 그의 율법을 주야로 묵상하는도다"(시편 1:2).

16. 하나님께서 주시는 지혜를 배워야 합니다. 한반도 통일을 두고 우리가 성경을 읽을 때, 하나님께서 제시하시는 길을 발견할 수 있습니다. 그분의 음성을 들을 수 있습니다.

17. 우선 에스겔 36-37장입니다. "내가 너희를 여러 나라 가운데에서 인도하여 내고, 여러 민족 가운데에서 모아 데리고 고국 땅에 들어가서"(에스겔 36:24.)

18. "주 여호와께서 이 뼈들에게 이같이 말씀하시기를, 내가 생기를 너희에게 들어가게 하리니, 너희가 살아나리라"(에스겔 37:5).

19. "그 막대기들을 서로 합하여 하나가 되게 하라. 네 손에서 둘이 하나가 되리라"(에스겔 37:17).

20. 아름답고 귀한 메시지입니다. 우리가 바라고 바라는 목소리입니다. 그러나 이 말씀이

오늘 한반도와 어떻게 상관이 있습니까?

21. 성경의 이스라엘과 한반도의 관계를 생각합니다.

22. 한반도 입장에서 성경 읽기. 이런 성경 읽기는 지나치게 "아전인수" 아닙니까? 그런 자기비판도 이길 수 있는 힘은 오히려 성경에서 납니다. 사람은 누구나 성경에서 하나님께서 자기에게 주시는 메시지를 읽습니다. 성경 모든 페이지, 모든 절, 모든 단어가 그렇습니다. 그렇다면 한반도도 예외가 아닙니다.

23. 아예 정답을 말씀드리지요: 성경은 읽는 모든 사람에게 아전인수를 허락합니다. 조건이 있습니다. 그 성경 읽기가 "주석"(exegesis)이어야 합니다. 곧 밖에서 자기 이데올로기를 안고 안으로 들어가는 말씀 왜곡(eisgesis)이 아니어야 합니다. 말씀 안에서 밖으로 나오는 귀 기울임이어야 합니다.

24. 성경에서 제시하는 "통일"을 생각합니다. 솔로몬 사후(주전 933년) 이스라엘은 북이스라엘과 남유다로 분단되었습니다. 이후 여러 가지 통일 시도가 있었습니다. 남·북의 정치-군사적인 갈등은 물론 소위 "개혁"으로 분류되는 사건들도 폭넓게 보아 "통일운동"으로 읽을 수 있습니다. 그들의 저변에 깔린 동기는 "하나로 합치기"였기 때문입니다.

25. 그러나 요시야의 개혁이 유일하게 성공했습니다. 참고로, 히스기야 개혁은 유다 배타적 개혁으로서, 북이스라엘을 배척했습니다.

26. 요시야는 개혁에서 "무엇을 스스로 한 것"이 아닙니다. 그는 오는 개혁을 맞이한 것이다. 하나님께서 하셨습니다. 그 엄청난 개혁에서 요시야는 "수동태"였습니다. 그는 제사장 힐기야가 발견한 하나님의 말씀을 서기관 사반이 읽을 때 자기의 옷을 찢었습니다.

27. 요시야는 여예언자 훌다에게 자기 사람들을 보내 하나님의 음성을 들었습니다. 그리고 그 말씀 그대로 순종하였습니다. 개혁의 청사진은 하나님의 말씀에서 났고, 그 실행은 주로 예레미야 같은 북쪽 출신 예언자들에게 맡겼습니다.

28. "왕의 마음이 여호와의 손에 있음이 마치 봇물과 같아서 그가 임의로 인도하시느니라" (잠언 21:1).

29. 요시야의 개혁은 "말씀발견," "말씀순종," 그리고 "말씀선포" 등으로 그 단계를 나눌 수 있습니다.

30. 요시야개혁 1: 말씀발견. 제사장 힐기야가 성전에서 말씀을 발견했습니다. 그것은 최종 형태의 "모세오경"이었습니다. JEDP로 대변되는 문서설 편에 선 학자들은 결코 동의하지 않겠지만, 나는 모세오경은 모세가 썼다는 성경 자체의 진술을 그대로 믿습니다.

31. 다이내믹한 모세오경을 함수로 표기하면: $SPRx + C@E = A$.

32. 여기서 x는 말씀을 받은 사람들입니다. 모세로부터 이스라엘 그리고 오늘 우리까지 이릅니다. C는 창조(Creation), E는 출애굽(Exodus) 그리고 A는 여호와 하나님의 자기선언, "I AM"에서 났습니다. 모세오경의 레토릭을 점검할 필요가 있습니다.

33. 클레임(주장)-리즌(이유)-워런트(근거)로 대변되는 로고스 레토릭은 아리스토텔레스의 논리학에서 시작합니다.

34. 그런데 아리스토텔레스(384-322)보다 1,143년 전에 태어났던 모세(1527-1407)가 모세오경에서 이미 실시한 레토릭입니다. 신명기에 가장 극명하지만, 모세오경 전체에 바탕으로 깔려 있습니다. 보세요 모든 계명은 "하라" 혹은 "하지 말라"는 클레임으로 주셨습니다. 그런데 그 모든 클레임은 "이유"가 덧붙여져 있습니다. 그 리즌은 하나님의 "창조"와 "출애굽/구원"입니다. 그리고 그 클레임-리즌의 흐름을 정당화시키는 "워런트"는 여호와 하나님의 자기 계시, 곧 "나다!"입니다.

35. 모세오경의 레토릭을 이렇게 도표로 그릴 수 있습니다.

Claim	Reason
Warrant	

36. 모세오경의 모든 계명은 클레임입니다. 모든 클레임은 리즌이 있습니다. "기억"의 내용이 리즌입니다. "기억하라!" 창조와 출애굽이 그 기억내용으로 제시되는데, 그 기억을 할 때 하나님의 명령을 즐거이 순종할 수 있습니다. 클레임-리즌 관계를 가능하게 하는 것은 워런트입니다. 워런트는 클레임 제시자와 클레임 받는 자의 관계를 설정합니다.

Claim: SPRx	Reason: C@E
Warrant: A	

37. 제4계명을 예로 들어 보겠습니다. 신명기 5:12-15을 읽습니다. #1-5는 해당 본문의 흐름을 따른 것입니다.

Claim	Reason
2. 네게 명령한 대로 안식일을 지켜 거룩하게 하라. 엿새 동안은 힘써 네 모든 일을 행할 것이나, 일곱째 날은 네 하나님 여호와의 안식일인즉 너나 네 아들이나 네 딸이나 네 남종이나 네 여종이나 네 소나 네 나귀나 네 모든 가축이나 네 문 안에 유하는 객이라도 아무 일도 하지 못하게 하고, 네 남종이나 네 여종에게 너같이 안식하게 할지니라. 5. 네게 명령하여 안식일을 지키라 하느니라.	3. 너는 기억하라. 네가 애굽 땅에서 종이 되었더니 네 하나님 여호와가 강한 손과 편 팔로 거기서 너를 인도하여 내었나니
Warrant	
1. 네 하나님 여호와가, 4. 그러므로 네 하나님 여호와가	

38. 클레임으로서의 SPRx. 우리는 모두 이 함수에서 미지수 x입니다. "나는 누구인가?" "우리는 누구인가?" 함수 안에 그 답이 있습니다. 명령을 받은 자입니다. 그 말씀을 순종해야 하는 자입니다.

39. 리즌으로서 C@E. 창조(C)와 출애굽(E)의 관계는 그 사이에 "에트"(@)를 넣음으로써 정리됩니다. 이를 풀면, "출애굽(E)의 컨텍스트에서 재발견되는 창조(C)"입니다. 성경의 창조는 언제나 출애굽의 컨텍스트에서 나타납니다. 구원을 기다리는 이스라엘이 애굽 땅에서 창조 메시지를 들었습니다. "태초에 하나님이 천지를 창조하시니라!"(창세기 1:1).

40. 모세에게 기록하게 하시고 이스라엘에게 가르치게 하심으로써 이 태초에 일어난 사건을 "기억"(리즌) 하게 하신 이유는 하나님께서 "내가 너희를 구원하리라!"는 "주장"(클레임)을 믿을 수 있게 하심입니다.

41. 참고로, 인간에게 주신 모든 계명을 클레임-리즌-워런트 레토릭으로 정리할 수 있지만, 이제 말씀드린 바, 하나님의 모든 약속도 클레임-리즌-워런트 레토릭입니다.

42. 우리가 하나님께 기도드릴 때, "주여 저의 기도를 들으소서"(클레임). "하나님께서 저를 지으시고 구원하시지 않으셨습니까"(리즌). "당신은 저의 아버지 하나님이십니다"(워런트).

클레임	리즌
주여 저의 기도를 들으소서	하나님께서 창조하셨습니다 하나님께서 저를 구원하셨습니다
워런트	
하나님은 저의 아버지이십니다	

43. 워런트로서 A. 이름을 여쭙던 모세에게 하나님께서 자기 계시를 하셨습니다. "하나님이 모세에게 이르시되, 나는 스스로 있는 자니라"(출애굽기 3:14a). 이 워런트가 없었더라면 모세가 애굽에 들어가서 이스라엘을 이끌어 내라는 명령(클레임)과 그를 뒷받침하는 이유(리즌), 곧 하나님께서는 천지를 지으신 분이시라는 사실의 상호작용을 일시에 무너뜨리고 마는 것입니다. 워런트의 파워는 클레임-리즌의 관계를 성립하게 하고, 그 사역을 가능하게 하는 데 있습니다.

44. 내가 여호와인 줄 알리라! 메아리처럼 우리는 이 음성에 귀를 기울여야 합니다. 하나님께서 당신께서 어떤 분이신지 알기를 원하셨습니다. 예수님께서도 물으셨습니다: "너희는 나를 누구라고 하느냐?"(누가복음 9:20a).

45. "영생은 곧 유일하신 참 하나님과 그가 보내신 자 예수 그리스도를 아는 것이니이다."(요한복음 17:3).

46. SPRx 이해. 이제 미지수 x가 SPR에 대입된 상황, 곧 출애굽 때 이스라엘이 그랬고, 이후의 모든 이스라엘, 예수 그리스도께서 세우신 교회의 새 이스라엘이 그 SPR 명령에 대입된 것처럼, 오늘 우리가 특히 한반도 통일을 바라며 기도하는 우리가 그 미지수 x로 SPR 명령에 대입되는 것을 생각합니다.

47. 통일을 하나님의 레토릭으로 이해합니다.

클레임	리즌
하나님께서 한반도 통일을 이루어 주신다	하나님께서는 천지를 창조하신 창조주시다 하나님께서는 이스라엘을 구원하신 구원주시다
워런트	
여호와께서 하나님이시다 하나님은 어제나 오늘이나 영원토록 동일하시다 이스라엘의 하나님께서 우리 하나님이시다	

48. 이것은 우리가 오는 통일을 준비하는 자세에도 적용됩니다.

클레임	리즌
우리는 거룩함과 파송사명 감당과 예배안식 하는 중에 통일을 기다려야 한다	하나님께서는 천지를 창조하신 창조주시다 하나님께서는 이스라엘을 구원하신 구원주시다

49. 우리에게 주신 SPR 명령은 각각 성별 거룩, 파송 축복, 예배 안식입니다. 그 명령을 받는 미지수 x인 우리는 하나님의 새 창조와 새 출애굽을 "기다리는" 성도입니다. 그 기다림은 1. 스스로 하나님 앞에 거룩해야 하며, 2. 하나님께서 지시하시는 곳으로 가서 말씀 순종하며, 3. 예배로써 안식하는 것입니다. 출애굽 이스라엘이 애굽에서 나와(S), 가나안 땅에 들어가서(P), 예배로써 안식에 들어갔습니다(R).

S	P
R	

50. 첫째로, S 성별 거룩입니다. 하나님께서 실시하시는 "새 창조"와 "새 출애굽"으로서의 한반도 통일을 꿈꾸는 모든 그리스도인은 거룩해야 합니다. 그 교회는 거룩해야 합니다. 거룩은 성별인데, 그것은 세상으로부터 분리되어(separation from the world) 하나님께서 분리되어감(separation to God)입니다. 세상에 존재하면서 세상의 경영방식과 똑같이 움직인다면 하나님의 교회가 어찌 하나님께서 실시하시는 새 창조로서의 통일을 맞이할 수 있습니까?

51. 둘째로, P 파송 축복입니다. 축복은 소유가 아닙니다. 그가 보내심 받은 그 자리와 그에 걸맞은 사역입니다. 오늘 교회가 그 축복의 자리에서 축복의 사역을 감당하고 있습니까?

52. 셋째로, R 예배 안식입니다. 교회는 예배가 그 궁극적 목적입니다. 우리가 통일을 꿈꾸는 것도 한반도 모든 성도가 함께 모여 하나님께 예배드리는 것입니다. 예배목적. 그것이 통일목적입니다. 기억하십니까? 하나님께서 모세를 통해 바로에게 주신 명령을? "우리가 우리 하나님 여호와께 제사를 드리려 하오니, 사흘 길쯤 광야로 가도록 허락하소서, 하라!"(출애굽기 3:18b).

53. 요시야개혁의 두 번째 길은 "말씀 순종"이었습니다. 요시야는 옷을 찢고 회개했습니다. 자기의 길을 버리고 하나님의 길을 선택한 행위입니다. 그리고 그 말씀을 순종하기로 했습니다. 그 말씀 순종의 내용은 세 가지입니다: 한 하나님, 한 성전 그리고 한 백성.

이는 요시야개혁을 세 덩어리로 정리한 것입니다.

54. 첫째로, 한 하나님. 요시야는 한 하나님 외의 모든 우상숭배를 불법으로 처리했습니다.

55. 둘째로, 한 성전. 예루살렘 이외의 모든 산당을 제거했습니다. 오늘 예수 그리스도를 머리로 모신 세상의 모든 공교회는 "하나의 몸"입니다.

56. 셋째로, 한 백성. 이스라엘 열두 지파는 결국 한 백성입니다. 둘로 나뉠 수 없습니다. 이에 따라 요시야는 북이스라엘과 남유다를 하나로 통일했습니다. 이 통일의 결정적인 사건은 "유월절" 지킴입니다. 열왕기하와 역대기하에서 요시야의 유월절 지킴이 사사시대 이래 최초였다고 기록했습니다.

57. "사사가 이스라엘을 다스리던 시대부터 이스라엘 여러 왕의 시대와 유다 여러 왕의 시대에 이렇게 유월절을 지킨 일이 없었더니"(열왕기하 23:22).

58. 요시야와 예레미야 등 예언자들이 책임을 맡은 예언적 역사서의 평가입니다.

59. 그런데 이것은 포수기 이후 제2성전 시대의 학자 에스라도 평가가 같습니다. "선지자 사무엘 이후로 이스라엘 가운데서 유월절을 이같이 지키지 못하였고, 이스라엘 모든 왕도 요시야가 제사장들과 레위 사람들과 모인 온 유다와 이스라엘 무리와 예루살렘 주민과 함께 지킨 것처럼은 유월절을 지키지 못하였더라.(역대기하 35:18).

60. 요시야개혁 중에서 특기할 것은 "말씀 순종"의 과정은 대단히 짧았습니다. 대개의 학자들은 겨우 4개월 남짓이었다고 동의합니다. 모든 성공적인 개혁은 짧아야 합니다. 파스를 피부에서 떼어낼 때처럼!

61. 오늘 우리 그리스도인이 하나님 말씀 앞에 "빠른 결단"과 "즉시 순종"을 드려야 합니다. 지체할 이유가 없습니다. 마귀에게 기회를 주는 것뿐입니다.

62. 그러나 그 재빠른 개혁 이후가 또한 중요하다. 요시야는 "말씀선포"로써 개혁 이후를 이어갔습니다.

63. 요시야개혁의 세 번째 길은 "말씀 선포"였습니다. 요시야개혁 이후 13년 동안(주전 622-609) 합력한 예언자들의 예언서 기록 활동과 신명기 역사서 기록 활동이 있었습니다. 이들 말씀 기록은 당연히 말씀선포를 포함했습니다: 예언서. 역사서.

64. 말씀선포는 단번에 이룬 개혁을 지속시키는 역할을 맡았습니다.

65. 요시야개혁 예언자들의 예언서 기록은 이렇습니다.

예언자	활동 기간	사역 내용
스바냐	640-609	개혁에 참여.
예레미야	627-562	개혁에 참여. 예언적 역사서(수-왕하) 기록 주도.
하박국	615-598	개혁이후 합류.
나훔	613-612	개혁이후 합류.
요엘	612-609	개혁이후 합류.

66. 예언적 역사서. 예레미야가 주도하여 기록한 역사서는 다음과 같은 여섯 권을 포함합니다: 여호수아, 사사기, 사무엘상, 사무엘하, 열왕기상, 열왕기하.

67. 요시야의 죽음과 요시야개혁의 종말. 주전 609년, 요시야가 갑자기 죽음을 맞습니다. 622년 개혁 이후 13년 동안 유지되던 "통일왕국"이 무너졌습니다. 예루살렘이 바빌론의 손에 멸망하기까지 그 23년 동안 그의 세 명의 아들들과 한 명의 손자가 왕위에 오릅니다. 아시리아, 애굽 그리고 바빌론 등 강대국 간의 각축전 외에 왕자들 3인 및 손자 1인 사이에 일어난 소동을 주목해 보십시오.

왕	통치 기간	등극	임명자	퇴출자	기타
여호아하스	609	23	암하아레츠	애굽	요시야 둘째
여호야김	609-598	25	애굽	바빌론	요시야 첫째
여호야긴	598-597	18	바빌론	바빌론	여호야김 아들. 포로-석방
시드기야	597-586	21	바빌론	바빌론	요시야 셋째. 포로-죽음

68. 유다는 요시야 사후 23년을 연장하다가 끝내 패망하고 만 것입니다. 통일 이스라엘도 요시야 사후 곧 무너졌습니다. 아시리아의 후원을 받던 암하아레츠가 여호아하스를 임명한 것으로 보아 북이스라엘 지역을 다시 아시리아가 차지한 것입니다. 그러나 605년 이래 아시리아는 사실상 국제무대에서 그 힘을 상실했습니다. 이렇다면 609년 암하아레츠가 여호아하스를 임명한 것은 통일 이스라엘 내부의 반란(북이스라엘 쪽의)에 기인하는 것이 분명합니다.

69. 요시야개혁과 그의 남북통일은 바람 앞에 등불처럼 영영 꺼져버리고 만 것입니까? 하나

의 "역사적 해프닝"이었습니까? 아닙니다. 이 개혁은 여호와 신앙이 국가적 보호를 받는 국가종교가 아니라 종교 자체가 국가도 사회도 구성하는 궁극적 능력임을 드러낸 사건입니다. 포로로 끌려간 유대인들 중에서도 여호와 신앙을 지켜나간 것이나, 돌아온 유대인들은 물론 이후 다시 이방인의 손아귀에 차례대로 빠져 들어간 중에서도 그 신앙의 맥을 놓치지 않게 된 결정적인 동기가 모두 요시야개혁에서 일어난 "말씀발견"과 "말씀순종"의 신앙에 근거를 두고 있습니다.

70. 오늘 "새 이스라엘"의 통일이 실현되었습니다. 예수 그리스도 안에서 "교회"의 설립으로써!

71. 혹자는 1948년 이스라엘 건국을 말하지만, 사실과 다릅니다. 그런 갈등과 분쟁의 땅이 어째서 하나님 말씀의 실현이겠습니까?

72. 성경에서 제시하는 "새 이스라엘"은 예수 그리스도 중심의 나라, 곧 "교회"입니다. 이것은 영원한 새 나라, 그 하나님 나라의 모형으로서 그 존재 가치를 지닙니다.

73. 한반도 통일은 어떻게 올 것입니까? 하나의 물리적인 체제 대 체재 통합을 넘어서야 합니다. 미국과 중국, 러시아와 일본 등 온 세계에 흩어진 한민족도 포함되는 거대한 예배공동체를 한눈에 그려내는 통일 비전을 품어야 합니다. 그러면 구체적인 땅 한반도에 하나의 아름다운 통일된 나라를 새롭게 건설하는 새 창조의 은혜를 하나님께서 "선물"로 주실 것입니다. 그 약속이 이루어질 줄 아는 아멘 신앙이 우리에게 있습니다. 이사야 43:15, 18-21을 아리스토텔레스 로고스 레토릭으로 읽습니다:

클레임 (주장)	리즌 (창조@구원 기억)
3. 보라. 내가 새 일을 행하리니, 이제 나타낼 것이라. 너희가 그것을 알지 못하겠느냐? 반드시 내가 광야에 길을, 사막에 강을 내리니, 장차 들짐승 곧 승냥이와 타조오 나를 존경할 것은 내가 광야에 물을, 사막에 강들을 내어 내 백성, 내가 택한 자에게 마시게 할 것임이라.	2. 이스라엘의 창조자요, 너희의 왕이니라[창조@구원]. 너희는 이전 일을 기억하지 말며, 옛날 일을 생각하지 말라. 4. 이 백성은 내가 나를 위하여 지었나니, 나를 찬송하게 하려 함이라[창조@구원].
워런트 (근거)	
1. 나는 여호와 너희의 거룩한 이요	

74. 우리는 오늘 하나님 말씀 순종의 길에 서야 합니다. 그것이 하나님의 은혜로 우리에게

다가오는 통일을 맞이하는 거룩한 성도의 준비입니다.

75. 첫째로, 말씀을 발견해야 합니다. SPRx + C@E = A.

76. 둘째로, 말씀을 순종해야 합니다. 말씀 순종은 세 가지 명령으로 압축됩니다.

77. S: 거룩하라! 교회는 그 첫 번째 사명이 거룩입니다. 세속에 물들지 않는 경건입니다. 순교의 정신으로 자기의 모든 것을 부인하고 십자가를 지는 길입니다.

78. P: 가라! 교회는 주님께서 지시하시는 땅에 서야 합니다. 거기 사명이 있습니다.

79. R: 예배로 안식하라! 교회는 예배가 안식이어야 합니다. 콘서트나 엔터테인먼트가 아닙니다. 참된 안식은 하늘로부터 내리는 샬롬입니다.

S	P
거룩하라!	가서 순종하라!
R ||
예배로 안식하라! ||

80. 한마디로 SPRx입니다.

81. 셋째로, 말씀을 선포해야 합니다. 설교입니다. 말씀 설교입니다. 세속 지혜를 나눔이 아닙니다. 말씀으로 부르심 받은 예언자로 서서 하나님의 말씀을 가감 없이 그대로 전파해야 합니다.

82. 마지막으로 대 사회 리더십 회복입니다. 진정한 리더는 주제를 선점하는 자입니다. 사회적 주제를 선점해야 합니다.

83. 에스겔 비전에서 그는 마른 뼈를 살리시는 하나님, 분단된 나라를 하나로 회복하시는 하나님, 그 놀라운 주제를 선점한 자가 되었습니다. 성전에서 발원하는 강물이 동쪽으로 흘러 생명의 젖줄이 되었습니다. 그의 메시지는 전혀 새로운 새 술이었습니다. 새 부대가 마련되었는데, 세상은 새 술이 필요합니다. 누구도 꿈꾸지 않던 교회에서 선포되어 세상을 향하는 설교는 "주제선점"이 중요합니다.

84. 다음의 두 책을 참고해 주십시오. Nelle Haper Lee. 1960. *To Kill A Muckingbird*. J.B. Lippincott & Co. 앵무새 죽이기. Bryan Stevenson. 2015. *Just Mercy: A Story*

of Justice and Redemption. Spiegel & Grau.

85. 이 두 권이 오늘 질문을 던집니다: 오늘날 "법정"은 무엇을 하는가?

86. 성경책을 다시 펼쳐 주십시오. 성경책이 거룩한 질문을 던집니다: 오늘날 "교회"는 무엇을 하는가?

87. 교회가 세상을 걱정하던 시대가 지나고 지금은 세상이 교회를 걱정합니다. 세인들의 조롱거리가 되었습니다. 서로 물고 먹는 생존게임에 치중한 까닭입니다. 간혹 성공한 대형교회가 있으나, 공멸의 길일뿐입니다. "목자가 없으므로 그것들이 흩어지고 흩어져서 모든 들짐승의 밥이 되었도다"(에스겔 34:5).

88. 세계사적 리더십을 회복하는 길은 "주제선점"입니다. 오늘 한반도 통일은 가장 중요한 주제 몇 가지 중 하나입니다. 이에 파생되는 일이 셀 수도 없기 때문입니다. 한반도 평화는 세계평화입니다.

89. 샬롬 통일. 한반도 통일을 꿈꾸는 우리 관심을 중심으로 SPR을 하나로 묶어 "샬롬"이라고 말할 수 있을까요? 죄에서 건져내시고(S), 약속의 땅으로 보내셔서(P), 예배안식하게 하시는 하나님께서 우리에게 "샬롬"을 허락하셨습니다. 샬롬은 그 동사가 "빚을 탕감함"입니다.

90. 예수 그리스도께서 십자가의 은혜로서 우리의 모든 죄의 빚을 탕감하셨습니다. 또 서로의 빚을 탕감하게 하셨습니다. 서로를 풀어 살리는 길. 샬롬의 길입니다.

91. 요시야는 북이스라엘을 아시리아의 손아귀에서 건져냈습니다. 자폐적 이기주의로 뭉쳐있던 유다에 도전했습니다. 이스라엘 열두 지파가 샬롬을 맞았습니다. 그 피날레는 "열두 지파가 모인 유월절"이었습니다.

92. 오늘 우리가 남·북이 하나 되는 그 날, 함께 예배드리는 그 날을 기다립니다. 그 날은 올 것입니다.

93. 예레미야를 중심으로 한 요시야개혁팀이 교과서처럼 읽었던 것은 주전 8세기 예언서 다섯 권입니다. 곧 이사야, 미가, 요나, 호세아, 아모스. 그중에 미가 4:3-5를 SPR 방정식으로 읽습니다.

SPRx 클레임	C@E 리즌
1. 그가 많은 민족들 사이의 일을 심판하시며 먼 곳 강한 이방 사람을 판결하시리니, 무리가 그 칼을 쳐서 보습을 만들고 창을 쳐서 낫을 만들 것이며, 이 나라와 저 나라가 다시는 칼을 들고 서로 치지 아니하며, 다시는 전쟁을 연습하지 아니하고, 각 사람이 자기 포도나무 아래와 자기 무화과나무 아래에 앉을 것이라. 그들을 두렵게 할 자가 없으리니	3. 만민이 각각 자기의 신의 이름을 의지하여 행하되, 오직 우리는 우리 하나님 여호와의 이름 [창조주@구원주]을 의지하여 영원히 행하리로다.
A 워런트	
2. 이는 만군의 여호와의 입이 이같이 말씀하셨음이라.	

94. 우리에게 오시는 하나님께서 한반도 평화통일 선물꾸러미를 안고 오실 것입니다. 우리는 그 준비에 바빠야 합니다. 거룩함으로써(S), 파송 받은 사역으로써(P) 그리고 예배 안식으로써(R).

95. 요시야개혁의 신학적 이론을 제공했고, 개혁 이후 역사서 편찬을 주도했던 예레미야에게 여호와 하나님께서 허락하신 통일 비전입니다. 저의 영문 저서 *Jeremiah 46-50. SPRiNG to Echo Bible 24* (Columbia, SC: Kindle Direct Publishing, 2020)에서 인용합니다.

96. 예레미야 50:4-5 새번역 Echo Bible 및 구조분석:

Jeremiah 50:4. In the Days, They

4a
"In the days
    they.
그 날들에
    그들이.

4b
And in the time
    she."
그리고 그 때에
    그녀가.

4c

Neum-YHWH:

네움-야웨님:

4d

"Will come in

    bens-

        Israel

            hemmah

   and bens-

        Judah

           together.

들어올 것이다

   벤들이-

      이스라엘

        헴마

   그리고 벤들이

      유다

        함께.

4e

To walk

   to weep

      they will walk.

걸으며

   울며

      그들이 걸을 것이다.

4f

And et-YHWH

   their Elohim

      they will seek.

그리고 에트-야웨님

   그들의 엘로힘

      그들이 찾을 것이다.

Parallelisms of Jeremiah 50:4
Jeremiah 50:4a-c

	1	2
A	in the days	they
B	and in the time	she
C	neum-YHWH:	

Jeremiah 50:4d

	1	2	3	4
A	will come in	bens-	Israel	hemmah
B		and bens-	Judah	together

Jeremiah 50:4e

	1	2	3
A	to walk	to keep	
B			they will walk

Jeremiah 50:4f

	1	2	3
A	and et-YHWH	their Elohim	
B			they will seek

Emphatic Force in Jeremiah 50:4

	1	2	3
Conjugation	qal, infinitive, absolute	qal, invinitive, absolute	qal, imperfect, 3rd person, masculine plural
Hebrew	hlwk	wbkw	ylkw
English	to walk	to weep	they will walk
Echo Bible	they will walk to walk to weep		

This is an exceptional case, having two infinitive absolutes before conjugated verb. A prophet of weeping, Jeremiah put "to weep" between the traditional form of the verbs, to make the meaning of weeping the opposite. Accordingly, in the nation, being united, he finds himself weeping, as all they are walking back home together.

Jeremiah 50:5. Zion They Will Ask Way

5a
Zion
      they will ask
            way.
시온을
      그들이 물을 것이다
            길로.

5b
Hither
      their faces.
이쪽으로
      그들의 얼굴이.

5c
"You shall come in!"
너희는 들어가라!

5d
And they will join themselves
      el-YHWH.
그리고 그들 스스로가 연합할 것이다
      엘-야웨님.

5e
Berit
      everlasting
            will not be forgotten.
베리트가
      영원히
            잊히지 않을 것이다.

Parallelisms of Jeremiah 50:5
Jeremiah 50:5

	1	2	3	4
A	Zion	they will ask		
B			way	
			hither	their faces
C	you shall come in!			

Jeremiah 50:5d-e

	1	2	3
A	and they will join themselves	el-YHWH	
B		berit everlasting	will not be forgotten

97. 예레미야 50-51장은 바벨론 멸망 경고입니다. 요시야가 죽고 그의 개혁이 13년 만에 물거품이 되는 듯했습니다. 그러나 여호와 하나님께서는 예루살렘을 멸망시켰던 바벨론의 손에서 이스라엘을 다시 건져내어, "제2의 출애굽 구원사건"을 이루십니다. 여기서 "새 창조"를 이루시고, 그 새 창조의 한 모습이 "남북통일"입니다. 창조와 출애굽의 목적이 "예배"였던 바로 그대로, 통일된 이스라엘은 "함께" 예배의 자리로 나아올 것입니다.

98. 우리가 기도하는 남북통일은 예배의 현장에서 성취될 것입니다.

99. 당연히 남북통일은 한반도가 예배의 거룩한 자리가 되기를 원하시는 여호와 하나님의 새 창조와 새 출애굽으로 우리에게 오게 하실 것입니다. 우리의 예배를 받으시는 우리 주 예수 그리스도의 뒤를 따라서!

100. 오, 우리 주여 오시옵소서! "마라나타!"(고린도전서 16:22b).

한반도 통일을 이끌어가는 새 교회

조은석

금문교회/BST

통일은 우리가 지켜야 할 "중요한 가치"입니다. 의문의 여지가 없습니다. 그러나 생각해봅시다.

"모든 통일은 좋은가?"라고 묻고, "그렇다!"라고 주장한 통일운동가가 있습니다. 통일이 최고의 가치요, 다른 모든 가치는 하위개념으로 취급되어야 한다는 주장입니다. 어떻게 생각하십니까? 토론해 봅시다.

"자유"와 "평화"가 통일의 위에 있는 가치입니다. "자유"는 그리스도인에게는 "신앙의 자유"입니다. "평화"도 단순히 전쟁 없는 상태를 넘어서 "샬롬평화"입니다.

그러므로 "모든 통일은 무조건 좋다"는 데 동의할 수 없습니다. "통일"을 얻고 "자유"와 "평화"을 잃는 건, 비유로 하자면 내용물을 버리고 포장지만 챙긴 셈입니다. 확실히 통일은 포장지 이상의 가치지만, "모든" 통일이 아니라 "어떤" 통일이어야 합니다.

귀한 모든 것은 참음으로 기다려야 합니다(참고 로마서 8:25). 그래서 여태껏 우리가 기다려 왔습니다. 이제 그 "값"을 치루기 위해 희생을 준비하고 있습니다.

"모든 통일" 내지 "어떤 통일"이라면, 사람은 그 방법을 구하게 되는데, 폭력이나 억압 등을 정당화하며 신앙과 인권 등 인간의 소중한 가치를 내려놓

---

* 2021년 4월 17일 온라인 줌을 통한 영상 강의

게 합니다.

인식의 전환: 한반도 평화통일은 인간의 성취가 아닙니다. 인간에게는 그런 "선함"이 없습니다. 온전한 평화통일은 하나님께서 허락하시는 은혜입니다.

통일문제는 교회가 최우선 책임이 있습니다. 교회가 먼저 하나 되어야 합니다. "예물을 제단 앞에 두고 먼저 가서 형제와 화목하고 그 후에 와서 예물을 드리라"(마태복음 5:24).

교회가 하나 되는 길은 당연히 1) 성경 말씀 재발견입니다. 그리고 2) 그 말씀 순종입니다. 그리고 3) 그 말씀 선포입니다. 이 세 가지는 모두 요시야가 그의 종교개혁에서 실시한 것입니다.

요시야는 종교개혁으로써 이스라엘을 "하나" 곧 "통일"되게 했습니다. 그러나 개혁 이전에 그는 자기의 사람들, 곧 개혁의 주체들을 "하나로 삼았다"는 점을 기억해야 합니다. 통일된 자가 통일을 성취합니다.

요시야가 "옷을 찢은 것"은 스스로 하나님의 말씀 앞에 자기의 모든 것을 내려놓고 하나님의 말씀에 "순종"으로써 하나가 되었다는 것을 의미합니다. 여기서 요시야와 하나님의 말씀 사이에는 어떤 간극도 존재하지 않습니다.

통일된 교회가 대 사회적인 메시지를 던져야 합니다. 교회는 사회의 소금과 빛이 되라는 사명이 있습니다.

교회는 자기 영역 확장의 다이내믹스를 버려야 합니다. 그건 세속적 경영방식입니다. 회사와 달리 교회는 스스로 버림으로써 얻는 존재입니다. 교회의 머리 되신 예수님께서 당신을 버리심으로써 모두를 얻으셨습니다.

교회가 민족의 슬픔과 고통을 짊어져야 합니다.

19세기 말 20세기 초에 미국을 강타했던 사회 구원 vs 개인 구원, 이런 갈등구조가 아닙니다. 1970년대와 1980년대에 한국교회에 유행했던 사회주의적 모델도 아닙니다.

윤리적인 개인이 모여 윤리적인 사회를 이룹니다. 사회가 개인을 규정하지 않습니다. 사회윤리는 개인을 구속할 수 없습니다. 사회주의는 개인을 규정하는 이데올로기로 작용해서는 안 됩니다. 각 개인을 부르시는 참 목자 예수 그리스도 안에서 우리는 교회의 지체가 되었습니다.

구원의 방주로서 교회는 세상의 모든 고통을 주시하면서 하나님께 기도드립니다.

교회는 분단된 한반도를 회복하시는 하나님의 능력을 선포합니다.

정부기관, 비영리기관, 혹은 개인들과 합력의 길. 교회가 사회 안에서 사회를 책임지는 구체적인 세력으로서 다른 기관들 혹은 개인들과 합력합니다. 여기서 전제될 것은 교회의 리더십입니다. 협력하고 도와야 할 부분도 있지만, 교회가 반드시 앞장서야 할 것이 있습니다. 통일이 바로 그런 문제입니다.

그동안 통일운동 리뷰. 그동안 정치-교육-사회가 시도해 온 통일운동을 돌아봅시다. 저들의 한계는 명백합니다. 곧 1) 한반도는 통일되어야 한다는 "통일 당위성" 결여와 2) 어떻게 통일을 이룰 것인가 하는 "통일 방법론" 불일치 그리고 3) 통일 이후를 어떻게 준비할 것인가 하는 "통일 이후 대비" 등에서 한계를 드러내고 있습니다. 이런 불일치는 통일의 길에 결정적인 걸림돌입니다.

교회의 통일운동. 교회는 통일 당위성을 "하나님의 뜻"에서 찾습니다. 분단된 민족은 하나로 통일되어야 한다는 민족적 당위성은 젊은 세대 대부분이 공감하지 않습니다.

통일 방법론은 이스라엘 역사, 특히 요시야개혁에서 찾습니다. 요시야는 하나님의 말씀을 발견하고 개혁을 시작했습니다. 그 개혁은 말씀 순종이었습니다. 교회가 제시하는 통일 방법론은 성경이 그 해답입니다.

통일 이후 대비는 말씀선포입니다. 통일 이후 교회는 끊임없이 예언자적 말씀 선포와 예언적 역사서 기록과 교육이 이루어져야 합니다.

첫째로, 교회는 말씀 공부의 장을 새롭게 열어야 합니다. 성경을 창세기에서 요한계시록까지 그 흐름대로 읽어가는 공부입니다. 성경 자체의 다이내믹스에 읽는 이들이 자기를 맡기는 방법이지요.

둘째로, 성경의 빛으로 한국사 공부를 실시하는 것입니다. 동북공정이나 시민 사관 등으로 왜곡된 한국사를 진리의 빛으로 재조명합니다. 함석헌의

『성서로 본 한국역사』에서 힌트를 발견합니다. 그러면 이런 새로운 다이내믹스를 얻습니다. "성경@한반도." "한반도 컨텍스트에서 성경 읽기"입니다. "한반도 컨텍스트에서 성경말씀이 이루어짐"입니다.

이것은 또 하나의 "리즌"이 되어 통일 이후를 살아갈 후세의 새로운 클레임을 섬길 것입니다. 신명기 세대가 출애굽 세대 때에 행하셨던 여호와 하나님을 기억하는 영적 다이내믹스를 얻었던 바로 그대로!

SPRx		C@E
새로운 사명		성경@한반도
	A	
	여호와 하나님	

SPR: 성경적 통일운동. 이스라엘이 애굽을 떠나 가나안 땅으로 향했던 여정을 기억합니다. 이들은 애굽을 떠나(S), 가나안 땅에 들어가고(P), 거기서 예배로써 안식했습니다(R). 이 여정은 "구원"(E)이었습니다. 이 구원은 "새 창조"(C)였습니다. 그러므로 오늘 우리가 "리즌"으로서 기억해야 할 내용은 창조@출애굽 다이내믹스입니다.

S. 거룩하라! 하나님께서 거룩하십니다. 거룩하신 하나님께서 우리 거룩을 명령하십니다. "너희는 거룩하라. 이는 나 여호와 너희 하나님이 거룩함이니라"(레위기 19:2b).

P. 가라! "내가 너를 누구에게 보내든지 너는 가며, 내가 네게 무엇을 명령하든지 너는 말할지니라!"(예레미야 1:7b).

R. 예배로 안식하라! "하나님께 거기서 제단을 쌓으라!"(창세기 35:1c).
통일은 하나님의 구원입니다. 하나님 구원의 목적은 예배입니다.
통일은 하나님의 새 창조입니다. 하나님 창조의 목적은 예배입니다.

아멘 신앙과 교회의 영적 리더십. 말씀을 그대로 믿고 순종하는 교회는 대 사회 리더입니다. 바울이 로마로 가는 선상에서 선포한 그 말씀 그대로입니다. 그는 1) 그가 로마로 가서 황제 앞에 서야 하는 것 그리고 2) 동행하는 모든 사람의 리더가 되는 것, 이 두 가지 하나님의 말씀이 그대로 되리라고 하나님을 믿었습니다.

오늘 우리는 땅끝까지 복음을 전파해야 하며, 동행하는 모든 사람을 우리 손에 주신 하나님을 믿어야 합니다. 이것이 아멘 신앙입니다.

토론

1. "통일"을 제2차 가치로 두는 발상은 통일 의지를 약화시키지는 않는가?
2. 통일의 위에 있는 가치는 통일을 성취하는가, 방해하는가?
3. 오늘 교회는 어떻게 거룩할 것인가?
4. 오늘 하나님께서 지시하시는 자리, 교회가 서야 할 자리는 어디인가?
5. 오늘 교회의 바른 예배는 무엇인가?
6. 하나님께서 주시는 평화통일을 기다리는 교회의 바른 목회와 그 성도의 바른 신앙생활에 대하여 토론해 보자.

나가면서

샬롬!

샬롬의 히브리어 동사 형태는 "빚 탕감"이다. 하나님께서 우리의 죄의 빚을 탕감해 주셔서 평화를 내리셨다. 함께 자란 형제간에는 서로 진 빚이 많다. 서로 용서함으로써 얻는 것이 평화다.

한반도가 또 다른 동족상잔의 가능성으로 두려워하는 오늘 우리에게 가장 필요한 것은 샬롬이다. 이 샬롬이 우리에게 어떻게 올 것인가? 샬롬을 우리가 얻기 위해 우리가 해야 할 일이 무엇인가?

미국장로교 총회가 1995년에 남·북한 교회를 초청하여 "희년예배"를 드렸다. 에스겔 37장 말씀으로 두 막대기가 하나가 되는 은혜를 선포했다.

이번 우리는 한인총회 희년을 맞아 하나님의 창조@출애굽 통일을 말한다. 한반도 통일은 창조와 출애굽처럼 온전히 하나님의 손에서 이루실 것이다. 그것은 새 창조로 그것은 새 출애굽으로 우리 앞에 올 것이다.

우리는 기다리는 자다. 기다림의 바른 자세는 기도다. 오순절 성령님의 은혜를 기다린 120명 제자처럼….

맺음말

성경은 모든 믿는 자들에게 하나님의 능력이다. 우리는 하나님께서 하시는 일을 성경에서 배우고 성경을 읽으며, 성경 말씀 그대로 이루어지는 그분의 역사를 기다린다.

성경은 분명히 하나님 나라를 가르친다. 우리는 예수 그리스도의 십자가 은혜로 죄 사함받고 이 땅을 떠나 천국에 이르는 성도다. 그런데 우리가 살아가는 이 땅도 중요한 주제다. 이 땅에 하나님 나라의 뜻이 이루어지는 줄 믿는다.

나라가 임하시오며 뜻이 하늘에서 이루어진 것 같이 땅에서도 이루어지이다(마태 복음 6:10).

하나님 나라가 이 세상일로 치환되지는 않는다. 영의 일은 육신의 일과 사뭇 다르다. 그러나 말씀의 능력은 이 세상의 일에서 하나님 나라의 역사를 볼 수 있게 드러난다. 병든 자를 고치고 귀신을 쫓아내며 분열을 치유하여 평화가 오게 하는 역사다. 물이 바다를 덮음같이, 온 세상이 결코 무시할 수 없는 하나님의 능력이 영광중에 임하는 것이다.

내 거룩한 산 모든 곳에서 해 됨도 없고 상함도 없을 것이니, 이는 물이 바다를 덮음 같이 여호와를 아는 지식이 세상에 충만할 것임이니라(이사야 11:9).

여호와 하나님을 아는 지식이 한반도를 덮는다면 분명히 평화로운 통일은 그 새 땅에서 나는 아름답고 귀한 하나의 열매다.

남북분단으로 얼마나 많은 이산가족이 고통의 세월을 살아왔는가! 1948년 이래 오늘까지 우리 민족은 고난의 가시밭길을 걸었다. 물도 없는 사막 길이었다. 사망의 음침한 골짜기였다. 누가 갈랐는가, 누가 하나 됨을 가로막는가, 그런 분노는 차라리 사치다. 식민통치로 일본이 적이라면, 남북분단과 그 고착화에 누가 원수인가. 평화통일의 길에 이제 그들도 힘을 보태야 하는 때다. 구걸이 아니라 초대장이다. 혼자 하겠다는 건 다들 적으로 돌려세우고 싸우자는 말인데, 전쟁으로 평화가 오기는 오는가?

여태까지 우리는 이 상처에 붙들려 울부짖었다. 다들 나만큼 아프겠거니, 그런 돌봄도 약했다. 나만 집중하는 치졸함이 한민족 현주소였다. 세계 유일한 분단국! 그러나 모든 나라가 각종 분단 갈등으로 고통 중이다. 사회-경제계층 갈등은 물론 인종 갈등으로 미국이 들끓고 있다. 소수민족 문제가 중국을, 카스트제도가 인도를, 후투-투치 갈등이 르완다를, 장벽이 이스라엘의 발목을 잡고 있다. 평화로운 공존은 모두가 꿈꾸는 세계다. 한반도 문제도 모두의 관점에서 풀어야 한다. 믿고 시장에 내놓으면 모두가 거든다. 하나님의 일인데 사람의 손을 탄다.

이북에 식구를 두고 홀로 남하한 아버지를 둔 나는 아버지의 어두운 고독을 육십 년이 넘도록 지켜보았다. 세상에서 가장 어려운 아버지를 빨치산에 가족을 잃은 어머니가 지켰다. 감사한 것은 이 귀한 일에 예수 그리스도께서 동행하셨다. 주님께서 세우신 교회가 함께했다. 예수님 아니었으면, 그 말씀의 약속 아니었으면, 교회 아니었으면 아버지는 없었다. 어머니도, 나도 없었다.

2005년에 시작한 샌프란시스코 한반도 통일 심포지엄 운동은 샌프란시스코지역한인교회연합회가 주축이었다. 이는 1. 샌프란시스코한인, 2. 한인 그리고 3. 교회 이 세 가지 의미가 더해진 단체다. 교단을 떠나 거룩한 하나님의 말씀 안에서 하나가 되어 한반도의 평화로운 통일을 위해 기도한다. 이제 샌프란시스코지역한인교회연합회가 그간의 목소리를 모아 출간한다. 이것은 주님께서 허락하시는 참된 은혜와 위로가 분명하다.

1. 샌프란시스코는 다인종 공동체다. 비교적 인종차별의 편견이 없다. 서로 다름을 품고, 포용한다. 샌프란시스코에 처음 오는 사람도 낯설지가 않다.

처음부터 그랬던 것은 아니다. 1849년 골드러쉬 때 사방에서 몰려든 사람들이 지역적 편견을 먼저 털어냈다. 중국과 일본에서 건너온 이민자들이 숱한 애환을 겪으면서 인종적 편견을 떨쳐냈다. 아울러 마크 트웨인(Mark Twain, 1835-1910)이나 유진 오닐(Eugene O'Neill, 1888-1953) 같은 인간에게서 자연을 보는 문필가, 이스도라 던컨(Isadora Duncan, 1877-1927) 같은 자연에서 인간을 발견하는 예술가가 모여들어 소중한 문화, 곧 사람과 자연의 심포니를 뿜어내는 전통을 만들어냈다. 오페라와 오케스트라, 연극과 미술 같은 분야는 샌프란시스코의 자연미와 제대로 어우러진 인공미를 독창적으로 풀었다. 사람의 사람됨을 믿고 그 자부심으로 새로움을 개척하는 데 주저하지 않는 젊은이들이 버클리대학과 스탠포드대학 등 기라성 같은 학교에서 쏟아져 나왔다. 실리콘밸리 물줄기는 여기서 발원한다. 지역성이 세계성이라는 캐치프레이즈(catch phrase)가 적어도 이 동네에서는 항상 옳다. 여기서 일등은 세계에서도 그랬다. 교만이 아니라면 그건 찬란한 자존심이다.

장미꽃에 가시가 있다. 쏘는 벌도 있다. 치밀한 논리로 무장한 송곳날 같은 비판은 오래 지켜 온 소중한 가치에 의문부호를 정확하게 갖다 댄다. 성경적 신앙이 설 자리를 잃고 있다. 영생보다 눈에 보이는 물질이 하나님보다 인간이 우선이다. 개인주의 우상은 실질적인 무관심이다. 홈리스가 길에 눕는데 최고가의 아파트가 하늘을 찌른다. 다양성 정당화는 동성애도 품는다. 보라. 광속으로 치달리는 세속화의 물결에 교회가 속수무책이다. 손댈 데 없는 예술품 교회당이 팔리거나 헐린다. 미 전역에서 예배인 비율이 최저다. 영적 전쟁터, 슬프게도 샌프란시스코 교회는 선교사역 같은 외연 확장보다 최소한 생존으로 그 존재 가치를 말한다. 그러나 보라! 진리 말씀은 영원하다. "풀은 마르고 꽃은 시드나, 우리 하나님의 말씀은 영영히 서리라, 하라!"(이사야 40:8). 여기는 역설적으로, 그만큼 참된 신앙, 진정한 교회가 실험되는 현장이다. 여기 교회는 세계교회의 방향타다.

2. 샌프란시스코의 한인은 하와이에서 대륙으로 건너올 때 미주 이주의 첫 발걸음을 떼었다. 하와이에서 이미 시작한 고국 독립을 위한 운동이 여기 샌프란시스코에서 그 꽃을 피운 것이다.

샌프란시스코는 1908년 3월 23일 장인환과 전명운이 대한제국의 친일외교관 신분으로 일제가 한국을 병합하는 데 도움을 준 스티븐슨(Durham W. Stevens)을 저격한 도시다. 그가 샌프란시스코에 도착하여 샌프란시스코 크로니클과 인터뷰에서 그렇게 말했다. 이는 1909년 10월 26일에 안중근 의사가 이토 히로부미를 만주의 하얼빈에서 저격한 사건의 모델이다.

안창호는 1902년에 샌프란시코에 왔고, 1913년에 흥사단을 창단했다. 안익태는 1930년대 샌프란시스코를 방문, 애국가를 작곡했다. 그밖에 수많은 애국지사가 샌프란시스코를 해외 독립운동의 주요 거점으로 삼았다.

3. 그들은 교회에서 예배드렸고, 기도 중에 하나님의 뜻을 구했다. 예배 후 친교 중에 한반도의 독립 비전을 나누었다. 샌프란시스코의 한인교회는 본국에서 이식한 복음주의 전통을 다문화와 인권과 독창성이 빛나는 샌프란시스코 베이지역에 아름답게 접목했다. 교단을 초월하여 부활절 새벽 연합예배를 드렸고, 샌프란시스코 복음화와 땅끝까지 가는 선교사역에 모든 힘을 쏟았다. 무엇보다도 한반도를 기도 중에 늘 기억하며, 분단의 시름에 잠긴 조국이 베옷을 벗어던지고 화관을 쓸 날을 꿈꾸며 예배드렸다. 말씀을 깊이 묵상하고 그 말씀을 삶의 구체적인 자리에서 실천하는 교회가 여기저기 일어섰다.

지금은 그 영역이 확장되어, 남쪽으로 실리콘밸리와 산호세 그리고 몬트레이까지, 북쪽으로 새크라멘토와 모데스토까지 거의 300개 되는 교회로 성장했다. 그중에 최초의 한인교회가 포함된 샌프란시스코지역한인교회연합회는 20여 개의 회원교회가 한반도 평화통일의 길을 기도 중에 물으며 말씀을 선포하고 있다. 처음부터 지금까지 미주 한인교회가 가야 하는 길을 지시하는 방향타 역할을 감당하고 있다.

이제 샌프란시스코에서 울린 통일 심포지엄이 미국 전역으로 텍사스로 옮겨간다. 내년 2021년 미국장로교 한인총회 때 "한인총회 희년 기념 한반도 평화통일"이 그 주제다. 올해 예정되었지만, 코로나바이러스로 연기되었다. 기왕에 마련된 주제 강의록을 여기 싣는다. 급기야는 이 물결이 태평양을 가로지른다. 이 책이 한국에서 출간되는 것이다. 당신은 지금 "태극기"와 "촛불" 아닌 "제3지대"에 첫발을 디디고 있다. 여기는 서로 다른 "공존"이 평화롭다.

한반도 외에 제3의 지점 미국 땅에서 하나님의 교회가 한반도 평화통일을 위해 기도하며 응원하고 있다. 무엇보다 이로써 조국의 교회가 힘을 얻기를 바란다. 어디 있든지 하나님의 교회는 하나다. 한민족은 하나다. 창조주 하나님 께서 하나 되게 다시 새 창조해 주셨다.

> 모든 겸손과 온유로 하고, 오래 참음으로 사랑 가운데서 서로 용납하고, 평안의 매는 줄로, 성령이 하나 되게 하신 것을 힘써 지키라(에베소서 4:2-3).

그것은 우리가 그토록 바라던 "건져내심"이다. 평화통일은 한반도를 다시 빚어 만드셔서 이 죽음공포의 질곡에서 샬롬의 나라로 이끄시는 하나님의 길이다. 그것은 미래 어느 날이 아니라 바로 오늘이다.

> 그 때에 이리가 어린 양과 함께 살며, 표범이 어린 염소와 함께 누우며, 송아지와 어린 사자와 살진 짐승이 함께 있어 어린아이에게 끌리며(이사야 11:6)

> 여호와를 찬송할 것은 극히 아름다운 일을 하셨음이니, 이를 온 땅에 알게 할지어다(이 사야 12:5).

아멘. 아멘. 아멘.

저자 프로필

Marvin L. Chaney 마빈 체이니

  Harvard University (B.D., Ph.D.)

  Emeritus Professor, SFTS/GTU

Robert Anthony Scalapino 로버트 스칼라피노(1919-2011)

  Harvard University (M.A., Ph.D.)

  Emeritus Professor, UC Berkeley

김용환 Uriah Kim

  New York University (B.A.)

  Princeton Theological Seminary (M.Div.)

  Candler School of Theology, Emory University (Th.M.)

  Graduate Theological Union, Berkeley (Ph.D. in Old Testament)

  President and John Dillenberger Professor of Biblical Studies GTU in Berkeley

  GTU 총장

김윤국(1922-2016)

  대구사범대

  Princeton Theological Seminary (Th.M.)

  Cleveland State University (J.D.)

  장신대 교수 역임

  영락교회 담임 역임

김은주

  서울여자대학교(B.A.)

  장로회신학대학교(M.Div.)

  Boston University (S.T.M.)

  Graduate Theological Union, Berkeley (Ph.D.)

서울여자대학교 기독교학과 강사

김현식 H. S. Kim, Professor

　김형직사범대 교수 역임

　예일대 초빙교수

김홍기

　감리교신학대학교 (B.Th.)

　연세대학교 연합신학대학원 (M.Th.)

　와트버그신학교 (미국 아이오아, S.T.M.)

　Drew University (M.Phil., Ph.D./교회사)

　감리교신학대학교 역사신학 교수 및 총장 역임

박상일 Sang Yyil Sam Park, Ph.D.

　감리교신학대학교 (M.Th.)

　Drew University (M.Div.)

　GTU, Berkeley (Ph.D.)

　Professor, GTU/BST

박준서

　서울대학교 법대 (법학사)

　연세대학교 신학과 (신학사)

　Yale University Divinity School (M.Div.)

　Princeton Theological Seminary (Ph.D.)

　연세대학교 신과대 구약학 교수 및 부총장 역임

박찬길

　감리교신학대학교 (B.Th.)

　감리교신학대학교 선교대학원 (M.A.)

　BTS D.Min. Candidate

　좋은교회 담임목사

배성태

수원명선교회 담임목사

신기욱 Ki-Wook Shin, Ph.D.

연세대학교 사회학과 (B.A.)

University of Washington, Seattle (M.A., Ph.D.)

Stanford University 교수

연규홍 K. H. Peter Yeon, Ph.D.

한신대학교 (B.Th., M.A., Ph.D.)

한신대학교 교회사 교수/총장

염천석

시인, 목사. 「현대문학」 추천 및 「새시대문학」 추천을 받음. 제1회 미주국제펜문학상을 수상

이홍영 Hong Yung Lee, Ph.D. (1939-2017)

연세대학교 (B.A.)

University of Chicago (Ph.D.)

UC Berkeley 교수

조은석 Eun Suk Cho, Ph.D.

연세대학교 신학과 (B.A.)

SFTS (M.Div.)

Yale University Divinity School (S.T.M. in Old Testament)

GTU, Berkeley (Ph.D. in Old Testament)

금문교회 담임/BST Adjunct Professor

조종희

독립유공자. 건국훈장 애족장 수훈

모산택민교회 담임목사

구국감사교회 담임목사

채충원

목사. SFTS 졸업

하시용

연세대학교 영문과 (B.A.)

감리교신학대학교 (M.Div.)

Yale University Divinity School (S.T.M. in Old Testament)

Indiana University (Ph.D. in Old Testament)

샌프란시스코 참빛교회 담임목사/BST 강사

엮은이 샌프란시스코지역한인교회연합회

샌프란시스코지역한인교회연합회 회원교회 중에 미주 본토에서 맨 처음 설립된 한인교회가 있다. 이 교회연합회는 미주에서 최초의 한인교회연합일 것이다. 현재 스물여섯 개 회원 교회가 있다. 교단은 연합에 걸림돌이 되지 않았다. 안창호 선생과 안익태 선생이 교회와 민족을 한 품에 안는 비전을 제시했다. 애국가 작사와 작곡이 여기서 났다는 주장도 설득력 있다. 샌프란시스코 피어원에서 전명운-장인환은 일제 침략 정당화 기사를 쓴 스티븐슨을 저격했다. 이 사건은 안중근 의사에게 하얼빈 의거의 동기를 제공했다. 이들은 다 그리스도인 한국인이었다. 해방을 위해 기도하며 싸웠던 샌프란시스코지역한인교회는 벌써부터 통일을 위해 여호와닛시 깃발을 높이 세웠다. 전 세계가 모이는 샌프란시스코다. 예수 그리스도 안에서 지역이 보편으로 거듭난다. 샌프란시스코 교회는 하나님의 사랑으로 세계를 품는다. 사실 한반도 통일은 모든 나라의 주제다.

미국은 인종분쟁이다. 아프리카도, 유럽도 다르지 않다. 세계는 빈부격차가 문제다. 그래서 우리가 하면 세계가 한다. 통일 말이다. 샌프란시스코에서 교회는 모든 분단을 회복하여 하나 되게 하시는 성령님의 역사를 믿는다. 보라! 하나님께서는 당신의 말씀을 이루신다. 통일은 사람의 일이 아니다. 사람이라면 불가능이다. 오히려 통일은 하나님의 일이다. 창조@출애굽 다이내믹스에서 비로소 현실이 된다. 교회가 나서야 하는 까닭이다. 그렇다. 샬롬통일이다. 빚을 탕감해 주는 샬롬! 죄의 빚을 사해 주신 예수 그리스도의 교회가 그 평화의 열매를 거두는 밭이다.

책임편집자 조은석

1960년 충남 아산에서 독립유공자 조종희 목사와 김필규 사모의 5남 1녀 중 차남으로 출생했다. 가정에서 성경읽기로 한글을 깨쳤고 예배를 배웠다. 그리스도인 심상희 교장선생의 배방초등학교를 다녔다. 함석헌 선생, 장준하 선생, 계훈제 선생이 가르치던 구화고등공민학교에서 성경의 눈으로 한국 역사 읽기를 배웠다. 검정고시와 천안중앙고를 거쳐 연세대 신학과에서 박준서 교수와 김찬국 교수의 과목 수강 중 구약학을 일생 주제로 삼았다. 군 복무 중 비무장지대에서 군종병으로 사역하면서 철책선을 마주보며 성령님께서 하나 되게 하심을 어떻게 지킬까 고민했다.

1988년에 샌프란시스코로 도미했다. SFTS (M.Div.)에서 M. 체이니 교수에게 한국-이스라엘 다이내믹스를, Yale University (S.T.M.)에서 B. S. 차일즈 교수에게 성경/경전과 교회 다이내믹스를 배웠다. GTU에서 체이니 교수와 노만 갓월드 교수의 지도 아래 사회과학/문학으로 성경 읽기를 배웠는데, Ph.D. 논문 주제가 "유다 제16대 왕 요시야의 개혁통일"이었다. 2005년부터 성경의 눈으로 한반도 통일을 조망하는 통일 심포지엄을 기획, 실행하고 있다.

2021년 6월, 50주년 희년 미국장로교 한인총회(NCKPC)에서 "한반도 샬롬통일"을 특강한다. 1994년에 금문교회를 개척, 지금까지 담임하고 있다. BST의 구약학 Adjunct Professor이며, 스프링성경아카데미 원장이다.